侯建新 主编

欧洲文明进程

生活水平 卷

徐浩　崔洪健　王超华　著

图书在版编目（CIP）数据

欧洲文明进程.生活水平卷/侯建新主编；徐浩，崔洪健，王超华著.—北京：商务印书馆，2023
ISBN 978-7-100-22865-7

Ⅰ.①欧… Ⅱ.①侯…②徐…③崔…④王… Ⅲ.①欧洲—历史②生活水平—史料—欧洲 Ⅳ.①K500②F150.9

中国国家版本馆CIP数据核字（2023）第165558号

权利保留，侵权必究。

本卷系国家社会科学基金重大招标项目
"欧洲文明进程研究"（批准文号：12&ZD185）最终成果之一

"十三五"国家重点图书出版规划项目

侯建新　主编

欧洲文明进程

生活水平 卷

徐　浩　崔洪健　王超华　著

商　务　印　书　馆　出　版
（北京王府井大街36号　邮政编码100710）
商　务　印　书　馆　发　行
北京市十月印刷有限公司印刷
ISBN 978-7-100-22865-7

2023年12月第1版　　开本710×1000　1/16
2023年12月北京第1次印刷　印张36¼
定价：180.00元

《欧洲文明进程》编委会

主　编　侯建新　天津师范大学　南京大学　教授
编　委（以姓氏笔画为序）
　　　　　王加丰　浙江师范大学　教授
　　　　　王亚平　天津师范大学　教授
　　　　　龙秀清　中山大学　教授
　　　　　刘景华　天津师范大学　教授
　　　　　沈　坚　华东师范大学　教授
　　　　　张殿清　河北大学　教授
　　　　　陈日华　南京大学　教授
　　　　　陈晓律　南京大学　教授
　　　　　赵文洪　中国社会科学院　研究员
　　　　　顾銮斋　山东大学　教授
　　　　　钱乘旦　北京大学　教授
　　　　　徐　浩　中国人民大学　教授
　　　　　徐　滨　天津师范大学　教授
　　　　　程汉大　山东师范大学　教授
　　　　　谢丰斋　天津师范大学　教授
　　　　　R. N. Swanson　英国伯明翰大学　教授

总　序

侯建新

在课题组全体成员孜孜不倦的努力下，春风夏雨，十年一剑，《欧洲文明进程》（16卷本）终于面世了。这部多卷本著作，通过追溯欧洲文明诞生以来的历史进程，旨在探索回答几代中国人的问题——何谓欧洲文明？它从不同的侧面描述和阐释，跨语境地感知和感悟，希冀离真相再近一步！作为课题主持者，也是分卷作者，回顾走过的这段路程，我有如释重负的快乐且怀有由衷的期望，但愿我们不负前贤无愧来者，交上一份合格的答卷。

历史上的欧洲文明即于今的西方文明，又称北大西洋文明，是当今世界主要文明之一，也是我们必须与之打交道的重要文明。这部书已从16个方面对欧洲文明做了专题性论述；"总序"则力图横纵结合、通达遂晓，从总体上探讨它——诸如欧洲文明的时空维度；欧洲文明形成的条件；欧洲文明确立的标志，即"文明元规则"的生成；还有，欧洲文明对现代世界深刻而复杂的影响等。希望"总序"对这部书的完整性有所助益；同时方便读者阅读和理解全书。末了，再介绍一下这个课题的来龙去脉。

何为西方文明的核心内涵，或者说西方文明是什么？这是本序也是本部书要回答的主题。在开始我们的主题前，暂且把目光收回，回首一下近代中国人对西方文明的认知变化。对欧洲文明的认识，总有一个循序渐进、由浅入深、由表及里的过程。无论如何，前人的经验、认识及研究成果,是我们继续研究的基础;况且,中国命运始终是我们探索欧洲文明的动力。

一、回首:近代国人欧洲观嬗变

从16世纪到18世纪,以利玛窦(Matteo Ricci)、汤若望(Johann Adam Schall von Bell)、南怀仁(Ferdinand Verbiest)等为代表的耶稣会士来华传教,同时扮演了欧洲文明传播者的角色。虽然他们带来的欧洲历算知识、火炮技术等,曾经被明朝和清朝政府部分接纳,不过未能触动传统的华夷文明观。以鸦片战争为节点进入近代后,国人对欧洲的认知大致可以分为三个阶段:

从鸦片战争到甲午战争。1840年的鸦片战争,是中国与西方世界碰撞的开始,也是国人了解欧洲文明的标志性起点。战争失败后,魏源的《海国图志》、徐继畬的《瀛寰志略》等一批海外舆地著作相继出现。作者介绍了欧洲各国的经济、社会、文化及民情风俗等,并强调欧洲在世界文明格局中的中心位置。魏源对欧洲文明印象强烈,"欧列国万民之慧智才能高大,纬武经文,故新地日开,遍于四海焉"[1];徐继畬《瀛寰志略》亦有积极评价。两次战争的失败,使中国人意识到欧洲并非中国周边的"蛮夷"可比,尤其关注西洋船坚炮利之"长技"。因此,不久洋务运动启动,一批军工企业开始建立,声光化电等西学著作相继出版,使中国人进一步认识到欧洲科技和物质成就。

国门逐渐打开,动摇了部分士大夫的华夷文明观,一部分人开始承认欧洲文明的先进性。冯桂芬是洋务派代表人物之一,可他对西方的认知不止于"器物",他说,"人无弃材不如夷,地无遗利不如夷,君民不隔不如夷,名实必符不如夷",故应"惟善是从"。[2] 19世纪70、80年代,近代第一位驻外公使郭嵩焘和广东青年士子康

---

[1] 魏源撰、陈华等点校注释:《海国图志》,岳麓书社1998年版,第1103页。
[2] 冯桂芬:《校邠庐抗议》,上海书店出版社2002年版,第49页。

有为，也体会到这一点。康有为1879年游历香港后"乃始知西人治国有法度"。不过他们的看法总体上未突破中体西用的框架。

对欧洲文明的认识，也存在明显误读，甚至不无荒诞。一部分人承认欧洲文明的可取之处，可是认为所谓"西学"不过源自古代中国而已：西洋人的技术发明，其原理早已由中国上古圣人阐发，诸如电线、西医、火轮汽机等，都能在经典古籍中找到，或者出于《易经》，或者出于《墨子》等。西洋政教风俗同样源于中国，即所谓"泰西近古"说，诸如"在上下之情通，君民之分亲……实有三代以上之遗意焉"。[①]

从甲午战争到五四运动。甲午战争的失败，对中国知识界是一次前所未有的打击，也引发了中国人学习西方的热潮。不少人认为，洋务运动只学了西学的皮毛，策中国于富强，非"西政"不可。这一时期，以进化论为代表的新哲学，以及自由、平等、主权在民、男女平权等新观念，政治、法律等社会科学知识，以及小说、音乐等文学艺术，都开始进入中国。来自海外的各种信息空前丰富，推动中国思想改良，中国人对欧洲文明也有了新认识。严复称，西方社会"身贵自由，国贵自主"。他说："中国最重三纲，而西人首明平等；中国亲亲，而西人尚贤；中国以孝治天下，而西人以公治天下；中国尊主，而西人隆民。"[②]1900年，梁启超发表《立宪法议》，将欧洲君主立宪制度视为最合理的制度，强调宪法的根本法地位，"盖谓宪法者，一国之元气也"。

总之，在追求制度变革的背景下，欧洲文明和中国文明的地位出现反转，孙中山《三民主义》一书指出：义和团失败后，中国人"便明白欧美的新文明的确是比中国的旧文明好得多……要中国强盛，要中国能够昭雪北京城下之盟的那种大耻辱，事事便非仿效外国不可，不但是物质科学要学外国，就是一切政治社会上的事都要学外国"。

---

① 王韬：《弢园文录外编》，上海书店出版社2002年版，第89页。
② 严复："原强""论世变之亟"，王栻主编：《严复集》第1册，中华书局1986年版，第17、3页。

民国初年新文化运动，给予西方文明前所未有的肯定，具有一定的理论色彩。新文化运动的先进知识分子赞扬西方社会的价值观，号召个性解放，建立自主自由的人格。陈独秀将欧洲文明特征概括为"人权说""生物进化论"和"社会主义"，他说："科学之兴，其功不在人权说下，若舟车之有两轮焉。"[①]后来人们将西方文明归纳为科学与民主。李大钊《东西文明根本之异点》认为，东西方道德区别在于，"个性灭却"和"个性解放"，"东方想望英雄，结果为专制政治，……西方倚重国民，结果为民主政治"。

五四运动后到抗日战争。第一次世界大战爆发并使欧洲经济凋敝，引起西方世界的文化反思和悲观情绪，斯宾格勒《西方的没落》即在这个时期面世。与此同时，东方文明救世论在国内兴起，直接影响了国人的欧洲观。1920年，梁启超游历欧洲归国后，出版《欧游心影录》一书，态度大变，他不再说"中国与欧洲之文明，相去不啻霄壤"[②]，而是认为西方物质文明没有给人类带来幸福，却将人类带入深渊，因此西洋文明已经破产，需要东方文明来拯救。当年曾高歌"欧西文明"的梁氏尚且如此，何况一般人乎？国人对西方认知基础之脆弱，不言而喻。1935年，王新命等人发表《中国本位的文化建设宣言》，倡导新儒家的文化立场，虽然承认学习西方的必要性，但比照以前大打折扣，强调西方文明为物质文明，中国文明为精神文明。

与新儒家相对立的，是坚持全面学习西方的人物，他们继续抱有清末以来一些知识人士对西方的热情。1926年胡适指出，不能将中西文明概括为精神文明和物质文明，凡一种文明必有物质和精神两个因子，而且西方精神发展程度，"远非东洋旧文明所能梦见"。[③]同时胡适也提倡"整理国故"，他解释说他不是主张"全盘西化"，

---

① 陈独秀："法兰西人与近世文明""敬告青年"，陈独秀著、王观泉导读：《〈独秀文存〉选》，贵州教育出版社2005年版，第45、44页。
② 梁启超："论中国与欧洲国体异同"，张品兴主编：《梁启超全集》第1册，北京出版社1999年版，第312页。
③ 参见欧阳哲生编：《胡适文集》(4)，北京大学出版社1998年版，第6、10页。

而是充分现代化。另一位代表人物陈序经在《中国文化的出路》一书中认为，西洋文化是现代的基础文化，是现代化的主体。西方文化并非尽善尽美，但中国文化在根本上不如西洋。[①]

我们力求客观、简约地表述近代国人欧洲文明观的大致轨迹，难免挂一漏万。近代中国人对西方文明的认识经过了一个不断丰富和深化的过程，有高潮也有低谷。他们出于济世救国情怀而关注和评说西方文明，时有切中要害的智慧点评，也出现了一些专业性研究成果。例如，陈衡哲的《新学制高级中学教科书·西洋史》（1924年），被称为一部开山之作；还有高一涵的《欧洲政治思想史》（1926年）、蒋百里的《欧洲文艺复兴史》（1921年）、雷通群的《西洋教育史》（1935年）等。不过，总体来讲，一直到20世纪中期，中国大学很少设置世界史、欧洲史课程，教育基础薄弱，研究机构几近于无。其次，即使一般的认知也限于知识精英，与普通民众几乎无关，而且，知识精英层对西方的认识也没有达成广泛的共识。但无论如何，近代中国人关于西方文明的心路历程，于今仍具有重要价值。

19世纪中叶，当中国首次与西方世界交手并初识这个陌生文明的时候，西方却正在重新审视自己：欧洲文明如何创生，肇始于何时，其本质特征是什么？整个20世纪都是这一认识不断深化的过程，至今没有结束；令人遗憾的是，长期以来国内学界对这些动态信息所知极不充分。

二、欧洲文明的时空维度

先从西方文明的时间维度说起。

历史学家认为，最初的文明诞生于5000年到6000年之前，自此人类历史上曾先后出现数十种文明形态，上古时代基本独立形成的文明被称为"原生型文明"。随着时光的流逝，一些文明凋零了，

[①] 以上参阅了田涛教授"近代中国对西方文明的认识"授课讲义，谨致谢忱。

一些文明得以延续或再生，当今世界的主要文明不过七八家，其中再生文明居多，它们又被称为"次生型文明"。次生型文明采纳一种或若干种原生型文明的某些成分，但已然是不同质的文明。笔者认为西方文明是次生型文明，与古希腊罗马文明有本质不同，尽管与它们有着某种联系。

然而，西方学界长期将西方文明与古典文明混为一谈。欧洲人何以形成这样的观念，需要回放一下当时的历史画面。

15世纪初叶，处于中世纪晚期的欧洲人，一方面对强势的基督教教会及其文化深感压抑，希望获得更自由的空间；另一方面随着更多希腊罗马古籍的发现，被其典雅富丽的文风所吸引，希望早已衰败湮没的古典文化得以"复兴"，"文艺复兴"（Renaissance）因此得名。殊不知，此时已届中世纪的历史转捩点，面临着划时代的重要突破，岂是古典世界可比？！"他（但丁）是中世纪的最后一位诗人，同时又是新时代的最初一位诗人"[①]，正是指的这一特殊历史时期。远方地平线透出丝丝明亮，人们渴望更多的光明与自由。罗素说，他们不过企图用古典人的威信替代教会的威信而已。[②] 这些一心改善现状的人文主义者，无限美化遥远的古典世界，认为罗马帝国崩溃后的历史进入千年愚昧与沉睡，直到现在理性精神才重新被唤醒，因此"黑暗时代"（Dark Ages）、"中世纪"（Medieval, Middle Ages）等话语，一时大行其道，形成一整套话语体系。"中世纪"概念，最先出现在15世纪意大利历史学家比昂多的著作中，其含义不难发现，指两个文化高峰之间的停滞期、低谷期，带有明显的贬义。另一方面，将人文主义者与古典文明绑定，结果自然而然地将中世纪以来的欧洲文明与古典文明并为一谈，似成不刊之论。

三百年后，当18世纪爱德华·吉本撰写巨著《罗马帝国衰亡史》时，他仍然拜倒在古典文明脚下，将中世纪史看成一部衰亡、

[①] 《马克思恩格斯选集》（第1卷），中共中央马克思、恩格斯、列宁、斯大林著作编译局编，人民出版社1972年版，第249页。

[②] 参见〔英〕罗素：《西方哲学史》（下卷），马元德译，商务印书馆1982年版，第7页。

阴暗的历史。一直到19世纪中后期，不乏欧洲历史学家仍认为中世纪理智处于昏睡状态中，称之为"死海之岸"。①

文艺复兴时期的话语高调持续数百年，临近20世纪才出现拐点，因此对西方自身以及对全球学界的影响不可小觑。中国史学界亦不能幸免。地理和文化相距越是遥远，越是容易留住对方长时段、高分贝释放的声音。例如，翻开几年前我国中学历史教科书，历时千年的中世纪史内容聊胜于无，寥寥几笔便进入文艺复兴话题。也有不同的声音。据我所知，国内学者最早提出不同观点的是雷海宗先生，他在20世纪30年代即指出：欧西文化自公元5世纪酝酿期开始直至今日，是"外表希罗内质全新之新兴文化"。②近年也有学者明确指出，欧洲文明不是古典文明主体的延伸，而是新生文明。③当下国际学界，传统看法依然存在，然而文艺复兴时期的话语不断被刷新，被颠覆！尤其进入20世纪后，越来越多的学者认为，欧洲文明与古典文明具有本质性区别。

对传统看法最先提出挑战的代表性人物，是活跃在19世纪中后期的基佐。弗朗索瓦·皮埃尔·基佐（1787—1874年），是法国著名历史学家和政治人物，他在《欧洲文明史》一书中，明确区别了欧洲文明与古典文明，而且做了不失深刻的分析。基佐敏锐地发现欧洲文明有着"独特的面貌"，不同于古典文明，也不同于世界上的其他文明。他认为，大多数古代文明都有一种明显的单一性，例如在古希腊，社会原则的单一性导致了一种迅速惊人的发展。"但是这种惊人的腾飞之后，希腊似乎突然耗竭了。"在埃及和印度，这种单一性使社会陷入一种停滞状态。社会继续存在，"但一动也不动，仿佛冻僵了"。欧洲不一样，它存在着多样性，各种势力处于不断斗争

---

① Philip Lee Ralph, *The Renaissance in Perspective*, New York: St. Martin's Press, 1973, p. 5.
② 雷海宗：《西洋文化史纲要》，王敦书整理导读，上海古籍出版社2001年版。
③ 参见侯建新："欧洲文明不是古典文明的简单延伸"，《史学理论研究》2014年第2期；侯建新："交融与创生：欧洲文明的三个来源"，《世界历史》2011年第4期；侯树栋："断裂，还是连续：中世纪早期文明与罗马文明之关系研究的新动向"，《史学月刊》2011年第1期；田薇："关于中世纪的'误解'和'正名'"，《清华大学学报》（哲学社会科学版）2001年第4期。

的状态，神权政治的、君主政治的、贵族政治的和平民政治的信条相互阻挠，相互限制和相互修正。基佐认为，欧洲的多样性为欧洲带来无限的发展机会。①

大约同时代的黑格尔，也表达了相近的观点。黑格尔认为，世界精神的太阳最早在东方升起，古希腊罗马文明是它的青壮年，最后，"太阳"降落在体现"成熟和力量"的日耳曼民族身上，实现了世界精神的终极目的。他特别指出，"在表面上，日耳曼世界只是罗马世界的一种继续。然而其中有着一个崭新的精神，世界由之而必须更生"②。黑格尔的"日耳曼世界"显然指中世纪开始的欧洲文明。不久，马克思在《经济学手稿》中，也将欧洲文明和古典文明明确作了区分。③

最早将这样的历史观引进职业历史学领域的，当数斯宾格勒（1880—1936年）和汤因比（1889—1975年），他们的作品《西方的没落》和《历史研究》，具有广泛的影响。斯宾格勒认为人类历史上主要有八种文明，其中"古典文明"和"西方文明"，都是独特的、等值的、自我本位的，都有不能抗拒的生命周期，虽然西方文明是最年轻的文明。这样的观点同样体现在汤因比的《历史研究》中，汤因比指出，古希腊罗马文明无疑已经完结，被两个接替者所取代，一个是西方文明，另一个是拜占庭文明。他特别指出，所谓神圣罗马帝国不过是一个幽灵，没有什么作用，不能因此便将西方历史视为罗马史的延伸。

对文艺复兴话语的致命冲击，来自20世纪以来中世纪研究的新成就。本来，从一定意义上讲，文艺复兴话语建立在贬损和虚无中世纪的基础上，人文主义者极力赞美的人文主义好像是从地下突然冒出来的，而不是中世纪发展的结果。随着原始文献解读和考古学

---

① 参见〔法〕基佐：《欧洲文明史》，程洪逵、沅芷译，商务印书馆1998年版，第20—40页。
② 〔德〕黑格尔：《历史哲学》，王造时译，上海书店出版社2001年版，第339—340页。
③ 参见《马克思恩格斯全集》（第30卷），中共中央马克思、恩格斯、列宁、斯大林著作编译局译，人民出版社1995年版，第465—510页。

发展，中世纪研究逐步深入，人们越来越不相信"黑暗中世纪"的传统描述；恰恰相反，中世纪是最不安分的、充满创生力的时代。

一批杰出的中世纪史学家，从实证到理论彻底颠覆了人们关于中世纪的认知。例如，梅特兰《英国宪制史》(1908年)、亨利·皮雷纳《中世纪的城市》(1925年)、费尔南·布罗代尔《地中海与菲利普二世时代的地中海世界》(1972年)、贝内特《英国庄园生活》(1938年)、马克·布洛赫《封建社会》(1935—1940年)、奥尔特"共同同意的村规"(1954年)、杜泰利斯《中世纪法国公社》(1978年)、雷诺兹《西欧王国与共同体，900—1300年》(1984年)、麦克法兰《英国个人主义的起源》(1978年)、弗朗西斯等《中世纪乡村生活》(1990年)、戴尔《转型的时代：英国中世纪晚期的经济与社会》(2005年)等。[1]这些作品极大更新了人们头脑中中世纪生活的历史画面，令人震撼不已！

皮雷纳力主西方文明产生于中世纪，而且经历了漫长的过程。亨利·皮雷纳（1862—1935年）是著名中世纪学者，然而最终以其欧洲文明研究闻名于世，其论断被表述为"皮雷纳命题"（the Pirenne Thesis）。这位比利时学者认为古典文明是地中海文明，西

---

[1] F. W. Maitland, *The Constitutional History of England: A Course of Lectures*, Cambridge: Cambridge University Press, 1908; Henri Pirenne, *Medieval Cities: Their Origins and the Revival of Trade*, Princeton: Princeton University Press, First Printing, 1925; Fernand Braudel, *The Mediterranean and the Mediterranean World in the Age of Philip II*, Translated from the French by Siân Reynolds, New York: Harper and Row, First published in English, 1972; H. S. Bennett, *Life on the English Manor: A Study of Peasant Conditions, 1150–1400*, Cambridge: Cambridge University Press, 1938; Marc Bloch, *Feudal Society,* Translated from the French by L. A. Manyon, London and New York: Routledge, English translation, 1961, 1962; Warren O. Ault, "Village By-laws by Common Consent", *Speculum*, Vol. 29, No. 2 (Apr., 1954); C. E. Petit-Dutaillis, *The French Communes in the Middle Ages*, Amsterdam: North-Holland, 1978; Susan Reynolds, *Kingdoms and Communities in Western Europe, 900–1300*, Oxford: Oxford University Press, 1984; A. Macfarlane, *The Origins of English Individualism*, Oxford: Basil Blackwell, 1978; Frances and Joseph Gies, *Life in a Medieval Village*, New York: Harper and Row, 1990; Christopher Dyer, *An Age of Transition? Economy and Society in England in the Later Middle Ages*, Oxford: Clarendon Press, 2005. 20世纪上半叶中世纪史研究的经典作品还有：Norman Scott Brien Gras and Ethel Culbert Gras, *The Economic and Social History of an English Village, Crawley, Hampshire, A.D. 909–1928*, Cambridge: Harvard University Press, 1930; G. G. Coulton, *The Medieval Village*, Cambridge: Cambridge University Press, 1925; R. H. Tawney, *The Agrarian Problem in the Sixteenth Century*, London: Longmans, 1912, 等等。

方文明终结了古典文明，不过文明交替并非随罗马帝国崩溃而实现，而是及至750年到800年，欧洲文明才逐渐确立。①皮雷纳格外关注伊斯兰扩张对西方文明形成的影响，甚至说"没有穆罕默德，就根本无法想象查理曼"云云②，似乎有些夸张了，不过他从更广阔的视野分析罗马帝国与西方文明的消长，将历史时间要素和空间要素有机结合，颇富学术魅力。不止皮雷纳，不少学者都看到了伊斯兰世界对西方文明形成的刺激作用，如《西方文明简史》作者杰克逊·斯皮瓦格尔指出："在700年到1500年之间，与伊斯兰世界的冲突帮助西方文明界定自身。"③

哈佛大学法学家伯尔曼（1918—2007年）史论并茂地论证了西方文明诞生于中世纪。他集四十年心血写成的《法律与革命》，是一部探究西方法律传统形成的鸿篇巨制，明确界定了西方文明内涵和外延。伯尔曼指出，人们习惯上将西方文明与古典文明视作一脉相承，实为一种误读：西方作为一种文明，不仅区别于东方，而且区别于以色列、古希腊和古罗马。它们是不同质的文明。西方文明与它们之间存在着某些联系，然而，主要的不是通过一个保存或继承的过程，而是通过采纳的过程，它有选择地采用了它们，在不同时期采用了不同部分。他认为西方文明成形于11世纪到12世纪，"虽然直到美国革命时才贡献了'宪政'一词，但自12世纪起，所有西方国家，……法律高于政治这种思想一直被广泛讲述和经常得到承认"④。

在当代政治学家中，塞缪尔·亨廷顿（1927—2008年）因其世界文明研究而名动一时，他阐述了相似观点：随着罗马帝国崩溃，古典文明"已不复存在"，如同美索不达米亚文明、埃及文明、克里特文明、

---

① 参见 Henri Pirenne, *Mohammed and Charlemagne*, New York: Meridian Books, 1959, pp. 17, 144, 285。

② Henri Pirenne, *Mohammed and Charlemagne*, p. 234.

③ Jackson J. Spielvogel, *Western Civilization: A Brief History*, Vol. I, Wadsworth: Cengage Learning, 2010, preface, p. xxiv.

④ 参见〔美〕哈罗德·J. 伯尔曼：《法律与革命》（第一卷）：西方法律传统的形成，贺卫方等译，法律出版社2008年版，第2—3、9页。

拜占庭文明、中美洲文明、安第斯文明等文明一样不复存在。他认为西方文明成形于8世纪和9世纪，是次生型文明。①

20世纪中叶以后，这样的观念走进历史教科书，这是一个标志性的转变，1963年布罗代尔推出的《文明史纲》是代表作。费尔南·布罗代尔（1902—1985年），法国年鉴学派即20世纪最重要史学流派的集大成者，以其一系列奠基性研究成果蜚声世界。他指出，欧洲文明发展成形于5—13世纪，其中封建制确立和推行对欧洲文明形成意义重大，以至可称早期欧洲为"封建文明"。他认为：封建主义（Feudalism）打造了欧洲。11、12世纪，"欧洲达到了它的第一个青春期，达到了它的第一个富有活力的阶段"。这种统治是一种"原创性的政治、社会和经济秩序"。②关于封建制与欧洲文明内涵的关系，年鉴学派的另一位代表人物布洛赫在其享誉世界的名著《封建社会》中也做过经典论述。

问世于20世纪中叶亦广受欢迎的教科书《欧洲中世纪史》，开篇标题醒目而明确："欧洲的诞生，500—1000年"。作者认为新的欧洲文明在公元1000年左右臻于成熟，西方"是中世纪的产品"，欧洲文明与古罗马文明有着亲属关系，然而却是"迥然不同"的文明。③该书由美国历史学会主席C.沃伦·霍利斯特等著，至2006年该书已再版10次，成为美国数百所大学的通用教材。

布莱恩·蒂尔尼等在其六次再版的大学教材中指出，中世纪欧洲与罗马时期的社会图景完全不同，"'罗马帝国的衰亡'不仅仅可以被视为一种古代文明的终结，而且还可以视为一种新文明的开端"，"在11和12世纪，一种新的、独特的西方文化开始萌芽"。④

---

① 参见〔美〕塞缪尔·亨廷顿：《文明的冲突与世界秩序的重建》，周琪等译，新华出版社1998年版，第29、35页。
② 参见〔法〕费尔南·布罗代尔：《文明史纲》，肖昶等译，广西师范大学出版社2003年版，第294、296页。
③ 参见〔美〕朱迪斯·M.本内特、C.沃伦·霍利斯特：《欧洲中世纪史》（第10版），杨宁、李韵译，上海社会科学院出版社2007年版，第5—7页。
④ 参见〔美〕布莱恩·蒂尔尼、西德尼·佩因特：《西欧中世纪史》（第六版），袁传伟译，北京大学出版社2011年版，第2、131页。

总 序

　　正如广为中国读者熟知的《全球通史》的作者斯塔夫里阿诺斯强调，欧洲中世纪是崭新独特的生活方式，有几种新的罗曼语取代了拉丁语，服装、宗教、谋生之道等都发生深刻变化。他说，古典文明被永久湮没，被一种崭新的东西所代替。

　　至于"欧洲"一词进入欧洲人的实际生活，已到中世纪末期，此前只见于零星记载。据奥地利历史学家弗里德里希·希尔考证，"欧洲"这个概念在罗马帝国后期开始形成，"最初，它只是用以表明一种区别"。人们发现在罗马皇帝的军队中，来自帝国西部的"欧罗巴人"与东方的"叙利亚人"有显著不同。甚至到5世纪初，历史学家还交替使用"欧罗巴人"和"欧罗巴人军队"这两个词。据悉，这是"欧洲"一词能查阅到的最早的文字记载。[①]随着蛮族入侵，先后出现了一系列蛮族王国，法兰克是蛮族王国的主要代表，其加洛林王朝开始正式使用"欧洲"这个概念。

　　布罗代尔认为，751年建立的加洛林王朝就是第一个"欧洲"，标示为"欧罗巴，加洛林王朝统治"（Europa, vel regnum Caroli）。加洛林王朝的著名统治者查理大帝，被其后的宫廷诗人赞誉为"欧洲之父"（pater Europae）。后来十字军东征，在与阿拉伯穆斯林的冲突中，"欧洲"概念也曾浮出水面。不过，总的看，这个词在中世纪很少被使用，到文艺复兴时期，在但丁笔下还难得见到，不过彼特拉克、薄伽丘等人已一再地使用它。"欧洲"一词进入欧洲人的实际生活并且较频繁地出现在欧洲所有的语言中，则是15、16世纪的事情了。

　　显然，一个多世纪以来，西方学界关于欧洲文明时间维度的认知，取得了显著进展。可惜，对于这一不断变化的、内容丰盛的百年学术史，国内的介绍既不及时也不充分，更缺乏深入的研讨和分享。

　　欧洲文明的空间维度，似乎更加复杂。所谓欧洲，基本是文化意义上的欧洲，所以伯尔曼说，西方是不能借助罗盘找到的。地理上的边界有助于确定它的位置，但是这种边界时常变动，依从文化

---

① 〔奥地利〕弗里德里希·希尔：《欧洲思想史》，赵复三译，广西师范大学出版社2007年版，第1页。

内涵而具有时间性。这里说的欧洲是以西欧为代表的，中世纪以来即如此。南欧、中欧和北欧也属于这个文明圈，其地理与文化是重叠的，涵括大约从英格兰到中欧和从丹麦到西西里的诸民族。一部分东欧国家以及俄罗斯，虽然地处欧洲却不被认为属于这个意义上的欧洲国家。西欧某个特定时期的个别地区也是这样，罗伯特·罗伊指出，中世纪的西班牙被穆斯林统治了七百多年，其间西班牙的穆斯林统治者从不认为自己是欧洲人。[①]

显然，所谓欧洲，有一条看不见的文化边界，近代以来更加明显。"大航海"后欧洲移民在美洲和大洋洲建立起来的国家，如美国、加拿大、澳大利亚和新西兰等被认为是西方国家，虽远离欧洲本土，依然同根相连，叶枝相牵。西方文明的空间维度有一定的时间性和迁动性，未必与自然地理上的欧洲合一。

三、欧洲文明的形成：采纳、改造与创生

以往，我们习惯于将欧洲近代思想之源头，一则上溯于古希腊罗马，二则归因于17世纪自然权利观的出现，竟至低估了中世纪的贡献，低估了日耳曼人关键性的突破。欧洲文明诞生于中世纪，它与古典文明之间不是衣钵传承关系，而是拣选、采纳为其所用的过程。而且，欧洲文明采纳和改造的对象不单单是古典文明，还有日耳曼（Germanic）文化、基督宗教（Christian）、以色列文化等。事实上，入主欧洲的日耳曼人是创生欧洲文明的主体，对该文明形成具有能动的主导作用。所以萨拜因指出："在6世纪和9世纪之间，欧洲的政治命运永远地转移到了日耳曼侵略者之手。"[②]

日耳曼人是征服者，他们带着其世世代代生活方式的记忆，以

[①] 参见 Robert Royal, "Who Put the West in Western Civilization?", *Intercollegiate Review* (Spring, 1998), p. 5。

[②] 〔美〕乔治·霍兰·萨拜因著、托马斯·兰敦·索尔森修订：《政治学说史》（上册），盛葵阳等译，商务印书馆1986年版，第242页。

不同程度的部落形式整体进入欧洲，开创新生活。在这样的过程中，他们与不同的文化相遇，并从不同的文明中吸取"灵感"，然而日耳曼诸蛮族没有变成吸取对象本身。他们与采纳对象之间的位格也不一样。如果说欧洲文明是一座大厦，古典文明、以色列文明和基督宗教等文化元素不过是石块、砂砾等建材，西欧民族才是建筑师。关于中世纪政治经济制度，人们总是争论罗马因素还是日耳曼因素更多，而忽视谁是创造欧洲文明的主体。后者是有意志、有能动性的人，他们不是古罗马人，更不是古希腊人，而是中世纪西欧诸民族。12世纪罗马法复兴运动中，意大利波隆那大学是重要策源地，那里的罗马法学家们不是古罗马人；文艺复兴运动的代表人物伊拉斯谟不是古希腊人。

西方文明并非由古典世界一直延续下来。相反，罗马文明在西罗马帝国灭亡前就已经被蛮族文明替代，高度发达、极其精致的罗马法律体系与日耳曼民俗法差异极大，距罗马最后一位皇帝被废黜很早以前，罗马文明在西部就已经被哥特人、汪达尔人、法兰克人、萨克森人以及其他日耳曼人的原始部落文明所取代。伯尔曼平实而贴切地描述了这种状况，他说，西方文明与古典文明的关系，"主要的不是通过一个保存或继承的过程，而是通过采纳的过程，即：西方把它们作为原型加以采纳。除此，它有选择地采用了它们，在不同时期采用了不同部分"[1]。

即使日耳曼传统文化本身，也要经过拣选和改造。显然，欧洲文明不是任何一个文明的复制品，它所采纳的其他文明有关部分也不是如法炮制，而是经过极其复杂的交汇、嫁接和改造，所以文明创生的主体性作用不可忽视。从这个意义上讲，"罗马因素"和"日耳曼因素"这样陈旧的话语模式可以被超越，也应该被超越。

日耳曼人来自欧洲北部多雾的海边，分为不同的部落，却有大致相近的传统、惯例和制度，最重要的是马尔克（Mark）村庄共同

---

[1] 〔美〕哈罗德·J. 伯尔曼：《法律与革命》（第一卷）：西方法律传统的形成，贺卫方等译，第2—3页。

体制度。如何理解他们的共同体（Community）呢？一方面日耳曼人的个体不够强大，不得不依附部落群体；另一方面，他们有着共同的观念，通过共同的行为来追求共同的目的。比较罗马法和日耳曼法就会发现，罗马家长权主要取决于一家之主的"意志"（will），相对应的日耳曼家庭父权制度主要取决于"关系"（relation），作为基本概念，指的是一种保护和依从关系。①因此，成员之间没有根本的隶属和支配关系，识别他们的标准是自治和自律。

村民大会和协作轮耕制是其典型标识。马尔克传统在日耳曼人的全部生活里扎下了根，不少学者认为，在整个中世纪里，在大部分欧洲土地上，它是一切社会制度的基础和典范，浸透了全部的公共生活，这并非溢美之词。村社组织并非"残余形式"，而是实际的存在，乡村实行庄园-村庄混合管理结构。②即使在农奴制下，村庄也没有丧失集体行为，一些村庄共同体还有自己的印章，甚至有旗帜。中世纪的庄园法庭，明显地保留了日耳曼村民大会的古老遗风。一切重大的安排、村民诉讼以及与领主的争端，都要由这样的法庭裁决。在乡村公共生活中，"村规"（by-laws）享有很高的权威，长期保持旺盛的生命力，受到乡村社会的高度认同。③再一个标志性遗产是著名的"敞田制"，强制性轮耕制和放牧制带有明显的"均平"主义色彩。

村民带着这种观念建立的中世纪城市，就是一个城市共同体。他们有自己的法律和法庭，享有一定自治权。一些法兰西和意大利城镇还自称为"城市公社"。城市手工业行会，简直就是村庄组织的翻版，商会亦然。大学被称为"中世纪最美丽的花朵"，人们仍然可以从其教师行会身上看到马尔克共同体的影子。

---

① 参见 Roscoe Pound, *The Spirit of the Common Law*, Francestown: Marshall Jones Company, 1921, pp. 26-27。
② 参见侯建新："西欧中世纪乡村组织双重结构论"，《历史研究》2018年第3期。
③ 参见 Zvi Razi, "The Struggles between the Abbots of Halesowen and Their Tenants in the 13th and 14th Centuries", in T. H. Astonetal, eds., *Social Relations and Ideas: Essays in Honour of R. H. Hilton*, Oxford: Oxford University Press, 1983, pp. 151-167。

上层统治架构也深受日耳曼传统的影响。按照日耳曼人的观念，政府的唯一目标就是保障现存的法律和权利，地方习惯法往往成为王国法律的基础。德国学者科恩指出，中世纪的政治思想与其说是中世纪的，不如说是古代日耳曼的，后者也是欧洲封建制得以创建的重要政治资源。① 即使法律本身也导源于日耳曼传统，生活中的惯例在法律中具有排他性和独占性。不难发现，不论是乡、镇基层还是上层政治架构，日耳曼的法律、制度与传统文化为早期西方提供了社会组织胚胎。

基督教是塑造欧洲文明的重要力量，欧洲文明甚至被称为基督教文明，其实基督教本身也必须经过中世纪的过滤和演化。一个平凡的事实是，同为基督宗教，在这边是天主教和改革后的加尔文新教，在拜占庭和俄罗斯等地就变成颇有差异的东正教。经过中世纪的采纳与认同，基督教潜在要素才得以显现。首先，它以统一的一神信仰，凝聚了基督教世界所有人的精神，这一点对于欧洲人统一的身份意识、统一的精神归属意识，具有无可替代、空前重要的意义。而这样的统一意识，对于欧洲人的身份自觉、文明自觉，又发挥了重大作用。布罗代尔指出，在欧洲的整个历史上，基督教一直是其文明的中心，它赋予文明以生命。

其次，它为欧洲人提供了完整的、具有显著的文明高度的伦理体系。基督教早期是穷人的宗教，其博爱观念在理论上（在实际上受很多局限）突破了家庭、地域、身份、种族、国家的界限。耶稣的殉难，以及他在殉难时对迫害他、杀死他的人的宽恕，成为博爱精神极富感染力的象征。博爱精神既为信徒追求大的超越、神圣，实现人生价值、生命意义提供了舞台，也为信徒践行日常生活中的道德规范提供了守则。当基督教出现之后，千百年来折磨人、迫害人、摧残人、杀戮人的许多暴虐传统，才遭遇了从理论到实践的系统的反对、谴责和抵制，以对苦难的同情为内容的人道主义才开始

---

① 参见 Fritz Kern, *Kingship and Law in the Middle Ages*, New York: Praeger Publishers, 1956, Introduction, p. xviii.

流行。它广泛分布的教会组织，对中世纪动荡、战乱的欧洲社会秩序重建，对于无数穷苦人苦难的减缓，起过无可替代的作用。

最后，它关于上帝面前人人平等的观念，无论高贵者还是低贱者皆有"原罪"的理念，导致对世俗权力的怀疑，为以后的代议制度孕育预留了空间。权力制衡权力的实践在罗马时代已出现，但基督教的原罪说才提供了坚实的理论依据，开辟了真正广阔的前景。在上帝救世说中，个人是"原罪"的承担者，而灵魂得救也完全是个人行为，与种族、身份、团体无关；个人的宗教和道德体验超越政治权威，无疑助益个体和个体观念的发展。这是古典世界所不曾发生的。

中世纪基督教会的消极影响也无可讳言，它在相当长的时间里、相当严重的程度上用愚昧的乌云遮蔽了理性的阳光，诸如猎杀女巫运动，对"异端"的不宽容，对"地心说"的顽固坚持，等等。更为严重的问题是，随着教会世俗权力的膨胀，教会也不能幸免自身的腐败。作为近代早期欧洲宗教改革的重要成果，基督教会逐渐淡出世俗，完全回归到心性与精神领域。

古希腊罗马文明是欧洲文明选择、采纳其元素为己所用的另一个重要对象，当然它也要以自己的方式予以改造。古典文明的理性思考，对中世纪神学、经院哲学和对自然科学产生深刻影响。雅典无疑开创了多数人民主的先河，不过我们也应清楚地看到，雅典民主有以众暴寡的倾向，不具备现代民主的气质。说到底，古典时代没有独立的个体，缺乏现代民主的基础。

古罗马对于欧洲文明最重要的贡献是罗马法。罗马法法律体系最初不为蛮族所接受，随着蛮族的成长，12世纪他们重新发现罗马法，采纳了罗马法一些"概念"和"范式"，并重新诠释，结果气质大变，与其说罗马法复兴，不如说再造。人们可能看到，12世纪意大利比萨自由市的法律制度，采用了许多罗马法的规则，可是，相同的准则具有极不同的含义。教会法学家们热衷于解读罗马法，表面上他们在不停地辨析和考证罗马法，试图厘清本意；实际上在不断输入当时的社会共识，表达一种全新的见解。中世纪法学家最杰出的贡献，甚至是唯一成就，就是他们对罗马法中"IUS"概念的重新解读和改造，逐渐彰显自然权利和个体权利，开拓了一种新的文明源泉，为建构欧洲文明框架提供了基本元素。

倘若对中世纪与古典文明有较为深入的把握，就不难发现二者基本气质如此不同，人们对国家和权力的心理，对超自然力量的态度，还有社会组织方式、城乡布局等，都不一样。古典时代没有独立个体或半独立个体，看不到个人权利成长的轨迹，个人融于城邦整体中，最终融于帝国体制中；城邦公民的自由限于参政的积极自由而没有抵御公权侵犯的消极自由。梅因指出，"古代法律"几乎全然不知"个人"，它所关心的不是个人而是家族，不是单独的人而是集团。①在这种情况下，他们只得依附于城邦，当庞大帝国形成时则依附于帝国，如同基佐指出，臣民那么容易地接受帝国的专制政治信仰和感情，对此我们不应感到惊奇。②尽管古典文明达到相当的高度，但是最终还是与其他古代文明一样，未能摆脱谋求强大王朝和帝国的宿命。

无论如何，罗马帝国覆亡以后，不同文明诸种元素熔于一炉，或者一拍即合，或者冲撞不已，更多则是改造和嫁接，形成了一种新的文明源泉。8世纪封建制的确立进一步推进了这一历程。欧洲文明形成要比通常认为的时间晚得多，其过程也漫长得多，正是在这看似无序的过程中，文明元素逐渐更生，至中世纪中期，欧洲文明的内核基本孕育成形。

学者们试图对西方文明核心内涵做出概括性阐释。例如，亨廷顿认为西方文明的主要特征是：古典文明的遗产、天主教和新教、欧洲语言、精神权威和世俗权威的分离、法治、社会多元主义、代议机构和个人主义。西方文明所有重要的方面，他几乎都涉及了，不过这些"特征"没有逻辑关系，甚至因果混淆，未能揭示西方何

---

① 〔英〕梅因：《古代法》，沈景一译，商务印书馆1996年版，第146页。
② 参见〔法〕基佐：《欧洲文明史》，程洪逵、沅芷译，第27—28页。

以成为西方的根本所在。

梅因的研究值得关注。他的目光回溯到文明早期，他承认每一种文明都有其不变的根本，他称之为"胚种"，一旦成形，它的规定性是穿越时空的。他发现当下控制着人们行为的道德规范形式，都可以从这些"胚种"中找到根由。①也就是说，虽然欧洲文明不断变化，然而也有不变的东西，它所具有的原始特征，从初始到现今，反复出现，万变不离其宗。

无独有偶，著名的欧洲思想史学家希尔指出了同样的道理，他称不变的东西是欧洲精神版图上铺开的"重叠光环"。这些主题在欧洲历史中反复出现，直到今天还未失去它们的意义。下句话说得更明了：如果哪位读者首次看到它们时，它们已经穿着现代服装，那么我们不难辨认它们在历史上早已存在，虽然穿着那时的服装。②不论希尔的"重叠光环"，还是梅因的"胚种"，这些杰出学者的文明研究，都在探求特定文明的原始、不变的根本元素，颇似中华先贤屈原上下求索中发出的"人穷则返本"之呼唤！

四、欧洲文明确立的标志："元规则"生成

笔者认为，12—14世纪形成的自然权利，标志着欧洲文明的确立，它是欧洲文明不变的内核，大概也就是梅因所说的"胚种"。自然权利在一定意义上相当于主体权利，③只是角度不同而已。关于自然权利的起源，人们通常认为自然权利观念如同内燃机一样，是现代社会的产物。所幸国际学界近几十年的研究成果不断刷新传统结论，越来越多的学者认为，自然权利观念起源于中世纪，而且逐渐在西方学术界占据了主流地位。

欧美学者将自然权利观追溯至中世纪教会法学家的贡献固然重

---

① 〔法〕梅因：《古代法》，沈景一译，第69页。
② 〔奥地利〕弗里德里希·希尔：《欧洲思想史》，赵复三译，"前言"，第1页。
③ 参见侯建新："主体权利与西欧中古社会演进"，《历史教学问题》2004年第1期。

要，不过还应同时关注观念背后的社会生活，关注12世纪社会条件的变化。一种文明的诞生不会凭空而降，必须具备与之相应的个体与群体，特定的社会共识，相应的社会环境。再好的种子落在石板上，也不会发芽成长。

不难发现，到中世纪中期，个体发展与社会发展已经超越了古典时代，本质上不同于古希腊罗马。早在8世纪，欧洲封建制确立，创建一种原创性的政治社会秩序；同时，也是欧洲个体成长的一个重要节点。领主附庸关系蕴藏的信息相当丰富复杂：一方面领主与附庸关系是等级关系，是一种人身依附关系；另一方面领主与附庸双方都必须履行相应的权利和义务，并受到封建法保护。倘若一方没有履约，另一方可以解除关系，也就是说，领主可以抛弃违约附庸，附庸也可以离弃恶劣的领主，因此封建关系中的契约因素不言而喻。这不是说低贱者不受压迫和奴役，这里仅仅是说，他已根据某个法律体系取得了一种不可剥夺的权利——尽管是一种等级权利、低级权利，他却有条件坚持这种权利，从而获得某种程度的保护。耐人寻味的是，这样的法律条款也是封建法的一部分，几乎同时为统治者和被统治者承认，达到相当程度的社会共识。

封建法中的"准契约关系"，深刻影响了中世纪的经济社会生活。在社会上层，按照规定，附庸服军役责无旁贷，然而服役的天数受到严格限制，否则会遭到附庸质疑和抵抗。英国大宪章运动的根本起因，是男爵们不能忍受约翰王破坏封建法，一再额外征召兵役。在社会下层，在采邑里，领主不能随意提高地租，即使在通货膨胀的情况下也很难，所以"习惯地租"几乎成了固定地租的代名词。可见，不论封臣还是普通农民，虽然等级不同权利也不同，然而都有不可剥夺的权利，一种保护自己不被过分压迫和侵夺的权利。正是因为臣民手里有权利，才有维护权利的法庭博弈。

因此人们不难看到，因某个采邑的归属，一个伯爵可以与国王对簿公堂，理直气壮，声称是为了正义和法律的荣誉。同理，一个佃农，即使农奴，为了他的土地权利也可以依据习惯法与领主周旋于庄园法庭。所以中世纪很少发现农民保有地被无故侵夺的案例。实际上，一个农民同时具有三种身份，他是领主的佃户，同时也是村庄共同体成员和教会的教民，这种多元身份也是农民权利保障的重要条件。中世纪城市是封建领地的一部分，市民也有不可剥夺的权利，而且更多一些，颇有吸引力。如果农奴被迫逃亡城市，有被领主追回的危险，但是度过101天后，依据城市法逃亡者便成为一个合法市民，任何人不能威胁他，他在一个新的共同体里再次获得一种权利。

中世纪的乡、镇居民固然不是现代社会意义上的独立个体，然而与其以前世界中的自我相比，与其他文明如古典文明中的自我相比，已经发生了突破性的变化。是否称之为"准独立个体"，才能更恰当、更充分地解释他们呢？这样的个体是中世纪走向现代社会不可或缺的角色，其中坚力量注定是最不安分的、最富有创新精神的人，是不竭动力的源泉。

"准独立个体"出现的历史意义不可低估。一个具有不可剥夺权利的人，一个不可任意奴役的人，一个能够依法自卫的人，一定会产生新的观念和新的语言，炼出新的品质，创造出新的社会关系和一个新的天地。古典世界是杰出的，但是毕竟没能做出本质性的突破，走向现代世界的突破是西欧民族做出的。个体和个体权利的成长，是欧洲千年发展史的一条主线，整个中世纪都可以理解为个体及个体权利成长的历史。正是在这个意义上，弗兰克·梅耶指出，在人类过去数千年的诸多伟大文明中，西方文明是独特的，不仅与古典文明有所区别，与其他所有文明都有所区别，而且是一种本质性的区别。[①]个体以及个体成长史，是欧洲观念、规则等产生的原点，也是欧洲文明产生的原点。

与古典文明及其他古代文明一样，欧洲中世纪不曾有独立个体（individual）；不过，还须看到变化的一面，大约中世纪中期，欧洲

---

① 参见 Franks S. Meyer, "Western Civilization: The Problem of Political Freedom", *Modern Age* (Spring, 1968), p. 120。

已然出现形成中的独立个体，发展中的独立个体——"准独立个体"。历史从这里分流。

实际上，已经有学者用实证的方式描述这种个体的发展足迹。剑桥大学人类学家艾伦·麦克法兰将英国个人主义（Individualism）追溯到1200年；戴尔则认为英国自中世纪中期就启动了社会转型，开始从共同体本位逐渐转向个人本位。[①]正如布洛赫所描述的那样，在12世纪，"自我意识的成长的确从独立的个人扩展到了社会本身。……从民众心灵深处产生的观念，与神职人员虔诚追求交汇在一起"[②]。基于多元的文化交流和灵动的现实生活，在上至教皇、教会法学家、中世纪思想家，下至乡镇普通教士踊跃参与的讨论中，欧洲社会形成了颇有系统的权利话语及其语境，阐明了一系列权利观念，其中自然权利概念应运而生，被称为一场"语义学革命"（semantic revolution）。[③]一扇现代社会之窗被悄悄地打开。

欧洲学者首先将自然权利的渊源追溯到14世纪，这主要是法国哲学家米歇尔·维利（Michel Villey）等人的贡献，半个世纪后，即20世纪中叶，以布赖恩·蒂尔尼为代表的历史学家则追溯得更远，认为自然权利观念产生于12世纪。[④]彼时，一位意大利教会法学家格拉提安（Gratian），将罗马法学家注释学成果以及数千条教会法规汇编成书。为了纪念他的杰出贡献，后人称该书为《格拉提安教令集》（*Decretum of Gratian*，简称《教令集》）。在这部《教令集》中，格拉提安重新解释了罗马法中ius的概念，启动了这一概念中主体、主观的含义。继而，12世纪若干教会法学家不断推进，鲁菲努斯（Rufinus）是自然权利概念发展的关键人物，他指出，"ius

---

[①] 分别参见 A. Macfarlane, *The Origins of English Individualism*; Christopher Dyer, *An Age of Transition? Economy and Society in England in the Later Middle Ages*。

[②] Marc Bloch, *Feudal Society: The Growth of Ties of Dependence*, Vol. I, London and New York: Routledge, 1989, pp. 106-107.

[③] Takashi Shogimen, *Ockham and Political Discourse in the Late Middle Ages*, Cambridge: Cambridge University Press, 2007, p. 154.

[④] 参见 Brian Tierney, *The Idea of Natural Rights: Studies on Natural Rights, Natural Law and Church Law, 1150-1625*, Cambridge: Scholars Press, 1997。

naturale"是一种由自然灌输给个人的力量，使其趋善避恶。另一位学者休格西奥（Huguccio），被称为12世纪最伟大的教会法学家，也指出ius naturale是一种行为准则，其最初的意义始终是个人的一种属性，"一种灵魂的力量"，与人类的理性相联系。至此，自然权利概念逐渐清晰起来。

进入14世纪，著名学者奥卡姆的威廉（William of Ockham）明确将罗马法中的ius阐释为个体的权能（potestas），并将这种源于自然的权利归结于个体，正是在这个意义上，自然权利又称为主体权利，奥卡姆被誉为"主体权利之父"。他说，这种权利永远不能被放弃，实际上它是维持生命之必须。[①]自然权利（nature rights）和主体权利（subjective rights）的出现，第一次确认了在实在法权利（positive rights）之外还有位阶更高的权利，突破了以往单一的法律体系。它们不是法庭上实际运用的权利，而是"天赋权利"，是所有时候都应该承认的权利，具有极其重要的引导和感召作用，成为欧洲深层次的社会规则系统生成的思想源泉。

生活中的实际存在，反复出现的个体与群体的行为，以及观念与话语，必须上升到抽象、系统的概念和理论表述，才能沉淀下来，存续下去，从而成为社会秩序的灵魂，也就是文明的核心要素。自然权利如同欧洲文明之胚种，埋下胚种，就要生根发芽、开枝散叶，12、13世纪的法学家们创造出许多源于自然权利的权利，发展出一种强有力的权利话语体系，衍化成相应的元规则，构成欧洲文明内核。

"元规则"（meta-rules）的定义是：某种特定文明首要、起始和关键的规则，决定规则的"规则"，被社会广泛认同并被明确定义，成为社会生活的基本准则。欧洲文明元规则内涵高度稳定，以至于渗入法律和政治制度层面，从而奠定西方文明基础，使西方成为西方。这个体系大致包括五个方面的基本内容，即"财产权利""同意权利""程序权利""自卫权利"和"生命权利"。它们源自自然，不

---

① 参见 Brian Tierney, *The Idea of Natural Rights: Studies on Natural Rights, Natural Law and Church Law, 1150-1625*, p. 122。

可剥夺，也不可让渡；它们是应然权利，是消极自由权利，却深刻影响着社会走向。五项元规则简述如下：①

1. 财产权利（rights to property）。随着罗马法复兴，教会和法学界人士掀起了一场财产权讨论，而方济各会"使徒贫困"的争论第一次将财产权与自然权利概念联系在一起。

方济各会创建于1209年，宣称放弃一切财产，效仿基督，衣麻跣足，托钵行乞，受到历届教宗的鼓励。可教宗约翰二十二世在位时，却公开挑战"使徒贫困"论的合理性，他认为方济各标榜放弃一切所有权是不可能的。显然，教宗只是从实在法权利角度评判"使徒贫困"，而放弃了自然权利意义上的财产权。奥卡姆从"人法""神法"以及"自然权利"等大量权利概念分析入手，结合基督教经典教义，论证了他的复杂的主体权利思想。

奥卡姆承认方济各会士没有财物的实在法权利，然而他们来自福音的自然权利却不可剥夺，是无需任何契约认定的权利，而且位阶高于实在法权利。②结果，奥卡姆彰显了财产观中的自然权利，从而成功地捍卫了方济各会的合法性。

中世纪自然权利观念深刻地影响到社会的财产权利观。《爱德华三世统治镜鉴》（*Speculum Regis Edwardi III*）强调这样一个原则：财产权是每个人都应当享有的权利，任何人不能违背他的意志夺走其物品，这是"一条普遍的原则"，即使贵为国王也不能违反。社会底层人的财产权最易受到侵害，所以王室官员强买贫苦老农妇的母鸡是更严重的犯罪，"必将受到现世和来世的惩罚"。作者排除侵权行为的任何华丽借口，"不存在基于共同福祉就可以违反个人主体权利的特殊情况"。③

---

① 关于欧洲文明元规则论述，详见侯建新："中世纪与欧洲文明元规则"，《历史研究》2020年第3期。

② 参见 Brian Tierney, *The Idea of Natural Rights: Studies on Natural Rights, Natural Law and Church Law, 1150-1625*, pp. 121-122.

③ Cary J. Nederman, "Property and Protest: Political Theory and Subjective Rights in Fourteenth-Century England", *The Review of Politics*, Vol. 58, No. 2 (1996), pp. 332, 343.

13世纪初叶《大宪章》的大部分内容，都关涉到臣民的财产权利。依附佃农的财产权利也并非缺位，他们依照惯例拥有一定的土地权利并受到习惯法保护，权利是有限的却是很难剥夺的。有一定保障的臣民财产权，有利于社会财富的普遍积累。

2. 同意权利（rights to consent）。"同意"作为罗马法的私法原则，出现在罗马帝国晚期，进入中世纪，"同意"概念被广泛引申到公法领域，发生了质的变化，成为欧洲文明极为重要的元规则之一。

首先，"同意"概念进入了日常生活话语。按照日耳曼传统，合法的婚姻首先要经过父母同意，但至12世纪中期，年轻男女双方同意更为重要，并且成为一条基督教教义。同意原则甚至冲破了蛮族法的传统禁令，可见日耳曼传统也要经过中世纪社会过滤，此乃明证。教会婚姻法规定只要男女双方同意，即使奴隶与自由人之间的婚姻也是有效的，奴隶之间的婚姻亦然。

其次，同意原则成为公权合法性的重要基础。教会法学家认为，上帝授予人类拥有财产和选择统治者的双重权利，因此，不论世俗君主还是教宗，都要经过一定范围人士同意，才能具有足够的权威和足够的合法性。日耳曼诸蛮族入主欧洲，无论王国颁布新法典，还是国王加冕，无不经过一定范围的协商或同意。英王亨利一世加冕后写给安塞姆主教的信中说："承蒙你和其他人的忠告，我已经向自己与英格兰王国人民做出承诺，我是经过男爵们普遍同意而加冕的。"[①]

乡村基层社会亦如此，庄园领主不能独断专行，必须借助乡村共同体和村规，否则很难实行统治。这些"村规"被认为是"共同同意的村规"（Village By-laws by Common Consent）。庄园领主宣布决定或法庭判决时，一定宣明业已经过佃户全体同意，以彰显权威，而这些过程确实有佃户的参与。

最后，值得关注的是，在确立同意原则的同时，提出对"多数

---

① Austin Lane Poole, *From Domesday Book to Magna Carta 1087-1216*, Oxford: Oxford University Press, 1993, p. 10.

人同意"的限制。多数人的表决不是天然合理。其表述相当明确：民众的整体权利不比其个体成员的权利更高，对个人权利的威胁可能来自统治者，也可能就来自共同体内的多数派。显然他们已然意识到并直接排拒"多数人暴政"，中世纪即发出这样的警示难能可贵。13世纪初，特鲁瓦教堂多数派教士发动一场"财政政变"，试图强占少数派的葡萄园，结果，多数派的这一做法遭到教宗英诺森三世的否定，他的批示是：多数票决不能剥夺教士共同体中少数派的个人权利。可见，同意原则与古典时代判然不同，是民主程序，更是个人自然权利，后者不可让渡。同意原则不仅在观念上被广泛接受，在实践上也得到一定范围、一定程度的实施。

3. 程序权利（rights to procedure justice）。中世纪法学家把坚持正当程序看作一个具有独立价值的要素，在他们的各种权利法案中，程序性条款占据了法律的中心地位，法律程序地位的高低被认为是法治与人治之间的基本区别。正当审判程序原则最早见于1215年英国《大宪章》：对于封臣，如未经审判，皆不得逮捕、监禁、没收财产、流放或加以任何其他损害。还决定推举25名贵族组成委员会，监督国王恪守《大宪章》并对其违规行为实施制裁。这些高度权威性的法条，从程序上明确规约政府公权力，使臣民免于被随意抓捕、监禁的恐惧，体现了程序正义的本质，筑起法治的基石。

实行陪审制的英国普通法，更有利于"程序正义"要素的落实，他们认为刑事审判属于"不完全的程序正义的场合"，即刑事审判的正当程序不一定每次都导致正当的结果，于是，"一种拟制的所谓半纯粹的程序正义"陪审制成为必要的弥补。陪审团由12人组成，与被告人身份相当，即"同侪审判"；犯罪性质全凭陪审团判定，且须陪审员一致通过，陪审团是真正的法官。判决后的案例（case）即成为此后类似案件审理的依据，所以他们不仅是法官而且还是创造律条的法学家！陪审制使得一部分司法权保留在社会手中，减少了司法权的官僚化和法律的僵硬化。

在欧洲大陆，审判程序也趋向严格和理性化，强调规范的诉答和完整证据,即纠问制(inquisitorial system)。13世纪以后逐渐产生了代表国王行使公诉权的检察官制度,理由是刑事犯罪侵害个人同时威胁公共安全。另一个重要发展是,不断出台强化程序的种种限定,以防止逮捕、惩罚等权力的滥用。如遇重要犯罪判决,还要征求庭外一些资深人士意见。由于僵硬的证据要求,为获取口供以弥补证据不足,刑讯逼供往往成为法官的重要选项,纠问制法庭的暴力倾向明显。

近代以后,英国普通法法系与大陆法系有逐渐接近的趋向。"程序正义"从程序上排拒权力的恣意,强调"看得见的正义""最低限度的正义"以及"时效的正义"等;对当事人而言则是最基本的、不可让渡的权利。人们往往热衷于结果的正义,而真正的问题在于如何实现正义以及实现正义的过程。

4. 自卫权利(rights to self-defense)。又称为抵抗权(rights to resist),即防御强权侵害的权利,在中世纪,指臣民弱势一方依据某种法律或契约而抵抗的权利。抵抗权观念主要萌芽于日耳曼人传统中,那时人们就认为,他们有权利拒绝和抗拒违规的部落首领。进入中世纪,他们认为,国王和日耳曼村社首领之间没有天壤之别,仅仅是程度上的差异。抵抗权利观念可谓中世纪最有光彩的思想之一。欧洲封建制的领主附庸关系,被认为是一种准契约关系,这不是说欧洲封建制没有奴役和压迫,而是说奴役和压迫受到了一定的限制。倘若一方没有履约,另一方可以解除关系,即"撤回忠诚"(diffidatio)。"撤回忠诚"是从11世纪开始的西方封建关系的法律特性的一个关键。

由于抵抗权的确立,国王难以掠夺贵族,贵族领主也难以掠夺农民,从而有利于生产和经营,有利于社会财富的良性积累,成为英国、荷兰等西欧国家农业经济突破性发展的秘密。人们不难发现,国王与某贵族对簿公堂,国王未必胜诉。在一桩土地权利诉讼案中,被告席上的伯爵这样表示:"如果我屈从于国王意志而违背了理性,……我将为人们树立一个坏的榜样:为了国王的罪恶而抛弃法律和正义。"① 可见，如果受到不公正的对待，附庸可以反抗，理直气壮地反抗！

同时，国王不能侵害封臣领地，封臣完成规定的义务外，国王不能从封臣采邑中拿走一个便士。"国王靠自己生活"，即国王只能依靠王室领地收入维持王室生活和政府日常开支，只有在战争时期才能向全国臣民征税。在相当长一段时期内，西欧的国王或皇帝没有固定的驻地，他们终年在其所管辖的领地之间巡行，称为"巡行就食"，因为把食物运到驻地的成本过于昂贵。法兰克国王、盎格鲁－撒克逊国王、诺曼诸王、金雀花诸王无不如此。欧洲没有、也不可能有中国那样的"漕运"②。德皇康拉德二世1033年的行程是：从勃艮第巡行到波兰边境，然后返回，穿过香槟，最后回到卢萨提亚。直线距离竟达1 500英里左右！即使在王室领地上，国王的消费——所收缴租税的折合，也受到习惯法限制，国王随行人员数量、停留天数等都有具体规定。

同理，不论在王室庄园还是一般领主庄园，佃农的习惯地租基本是不变的。地租固定可以保证领主的收入，另一方面防止领主的过分侵夺。习惯地租被称为保护农民经济的"防波堤"（dyke），有助于土地增值部分流进农民口袋，促进小农经济繁荣。以英国为例，有证据显示，农业资本主义的成功是以小农经济的普遍繁荣为基础的。在二三百年的时间里，地租基本不变，佃户个体可以积累资金、扩大土地和经营规模，形成富裕农民群体（well-to-do peasantry），从中产生租地农场主或新型地产主，从而改变乡村社会结构。

人们普遍接受这样的理念——领主不能为所欲为，许多表面看来似乎只是偶然的起义，其实基于一条传统深厚的原则：在国王或领主逆法律而行时，人们可以抗拒之，甚至暴力抵抗之，这并不违背封建道德。附庸的权利得到法律认定，逻辑上势必导致合法自卫

---

① Fritz Kern, *Kingship and Law in the Middle Ages*, pp. 88-89.
② 漕运，指中国皇权时代从内陆河流和海运将征缴的官粮送到朝廷和运送军粮到军区的系统。漕运被认为是王朝运转的命脉，因此中国历代皇权都开凿运河，以通漕运。

权。附庸可以离弃恶劣的领主,是欧洲著名"抵抗权"的最初表达,被认为是个人基本权利的起点。自卫权没有终结社会等级之间的对抗,然而却突破了单一的暴力抗争模式,出现了政治谈判和法庭博弈,从而有利于避免"零和游戏"的社会灾难,有利于社会良性积累和制度更新。

英国贵族抵抗王权的大宪章斗争,最终导致第一次议会召开,开创政治协商制度的先河。近代美国1776年《独立宣言》、法国《人权宣言》等欧洲重要国家宪法文件,都不断重申抵抗的权利。人们不断地溯源,因为在这里可以发现欧洲文明的原始特征,布洛赫说:"西方封建主义虽然压迫穷人,但它确实留给我们西方文明某些至今仍然渴望拥有的东西。"[1]

5. 生命权利(rights to life)。生命权之不可剥夺是近代启蒙学者的重要议题,然而该命题同样产生于中世纪。教宗英诺森四世和尼古拉斯三世等,都同情方济各会士放弃法定财产权利的修为,同时支持会士们继续获得维持生命的必需品。他们同声相应,都在为生命权利观背书。进入14世纪,教会法学家更加明确指出,人们可以放弃实在法权利,但不可放弃源自上帝的自然权利,这是人人皆应享有的权利,方济各会士有权利消费生活必需品,不管是否属于他所有。[2]

出于上帝面前人人平等的理念,基督教对待穷人有一种特殊的礼遇。无论多么边缘化的人,在上帝的眼中,没有什么根本区别。甚至,可以原谅因贫穷而犯下的过错。他劝诫富者捐赠穷人,提倡财物分享,那样才是"完全人"。[3]12世纪《格拉提安教令集》就有多篇文章为穷人权利声张,法学家休格西奥宣称,根据自然法,我们除保留必需之物外,余裕的部分应由需要的人分享,以帮助他人

---

[1] Marc Bloch, *Feudal Society: Social Classes and Political Organization*, Vol. II, London and New York: Routledge, 1989, p. 452.

[2] 参见 Brian Tierney, *The Idea of Natural Rights: Studies on Natural Rights, Natural Law, and Church Law, 1150-1625*, pp. 121-122。

[3] 《新约·马太福音》19: 21。

度过饥荒，维持生命。当近代洛克写下"慈善救济使每个人都有权利获得别人的物品以解燃眉之急"的时候，生命权观念在欧洲已经走过了若干世纪，并且为社会捐献和贫困救济提供了最广泛的思想基础。

1601年，欧洲出台了现代历史上第一部《济贫法》，它不是教会也不是其他民间组织的慈善行为，而是政府颁布的法律文件，不仅济贫而且扶助失业劳动者。生命权元规则已外化为政府职能和政策，普遍、系统的社会福利制度得到极大发展，没有广泛和深入的社会共识是不可想象的。而它肇始于中世纪，其基本规则也确立于中世纪，被认为是中世纪向现代国家馈赠的最重要的遗产。

在极端需要的情况下穷人可以拿走富人余裕的物品，此之谓"穷人的权利"，由此生命权也是穷人革命的温床。13世纪教会法学家提出穷人在必要时有偷窃或抢劫粮食的"权利"，同时提出穷人索取不能超过必需的限度，否则即为"暴力掠夺"。在极端饥寒交迫的情况下，蒙难者采取非常手段获得维持生命的物品，如果腹的面包，或者几块取暖的木头是可以原谅的。可是，在实践中如何分辨"必要索取"与"暴力掠夺"？另一个悖论是，穷人的权利主张在现实生活中未必行得通，因为它们往往与法庭法律发生冲突。穷人为生存可以抢劫，这是自然权利使然；但按照实在法他们就是犯罪，要受到法庭制裁。中世纪法学家似乎给予自然权利更神圣的地位，他们认为，在法官眼里抢劫者是一个盗贼，可能被绞死，但在上帝眼里他仍然可以被原谅，如果他因生活所迫。

也就是说，即使法律禁止，主体权利本身仍然不可剥夺。[①]生命权利内含的平等观竟如此坚韧！欧洲是资本主义的策源地，殊不知它也是社会主义的故乡，发源于欧洲的空想社会主义思想的核心就是平等。不难看出，"元规则"对西方文明的影响既深远又复杂。

以上，并未详尽无遗地列出西方文明的所有元规则，这些元规

---

① 参见 Bede Jarrett, *Social Theories of the Middle Ages 1200-1500*, Westminster: The Newman bookshop, 1942, p. 123。

则也并非无一出现于其他文明之中，不过每个元规则皆植根于自然权利，而且自成体系，约束公权，笃定个体，激发社会活力，的确赋予西方文明以独有的秉性。自然权利、主体权利是欧洲文明之魂。越来越多的学者认识到，西方文明是独特的，不是普遍的，正是这些独特的内在规定性，使该文明有别于世界其他文明。经过几百年的发展，欧洲率先进入现代社会：英国1688年发生政权更迭，史称"光荣革命"，确立了君主立宪制；接着，美国、法国、意大利、德意志等也先后发生政治转型。经济上，欧洲培育出人类历史上第一个以工业为主要生产方式、城市为主要生活舞台的文明，彻底地改变了整个人类生产和生活模式。

"元规则"还有一个显著特征，它保持了足够的开放性。我们发现，欧洲文明是一条大河，在西欧诸民族主导下，凝聚了基督教世界所有人的基督教信仰，古典文明和以色列文明元素，还有他们自己的颇具个性的日耳曼传统文化，不断为它注入丰沛的水量，到中世纪中期形成了一种新的文明源泉。中世纪绝非"空档期"，恰恰相反，它是不同文化的汇通期、凿空期，更是开拓期，孕育确立新文明，循序趋近新纪元。正是在这样的基础之上，西方文明才形成近代以来浩瀚汹涌、汪洋恣肆、奔腾向前的大河景象。西方文明的发展历程雄辩地证明，一个文明要有伟大、持久的生命力，就要不断地从不同文明吸收营养，不断地自我革命，不断地开拓创新。

列出欧洲文明初创期确立的五项元规则，不意味着这些元规则总是存在并总是通行于西方社会。实际上，一些元规则所涵盖的基本权利最初只在有限的人群范围内和有限的程度上实行，虽然享有这些基本权利的人群范围在不断扩大。中世纪有农奴制，大部分农民丧失了一定的人身自由，那是领主对佃农的奴役。还有国王对臣民的奴役，基督教信徒对非基督教信徒的奴役，男人对女人的奴役，无论其范围大小、程度轻重，作为曾经长期存在于西方历史上的现象，无疑是消极、阴暗的。进入近代，还有殖民者对殖民地人民的暴行和奴役等等，不一而足。显然，欧洲文明元规则没有使西方变成一片净土。

此外，这些元规则本身也存在深刻的内在矛盾。例如，多数人权利与个人权利的关系、平等与自由的关系等，长期得不到妥善解决，反而随着民粹主义和民族主义的泛滥而更加复杂化。又如，依照"生命权"元规则，政府建立健全社会福利制度，全民温饱无虞而广受褒奖；另一方面，低效率、高成本的"欧洲病"[①]等问题又随之产生。生命权与财产权的抵牾之处也是显而易见的。欧洲文明其他元规则也出现不少新情况、新问题，它们的积极作用同样不是无条件的。"生活之树长青"，即使"天赋人权"旗帜下的主体权利，也不是推之百世而不悖的信条，历史证明，过度放纵的社会和过度压抑的社会，同样是有害的。

五、关于本书：《欧洲文明进程》（16卷本）

一个时期以来，有关"文明"的研究受到国内外学界的广泛关注，进入21世纪该因素越发凸显出来。欧洲文明是世界文明的重要组成部分，是欧美等发达国家的核心文化，是我们不可回避的一种外来文明。分析、评估欧洲文明利弊得失并消化其积极因素，乃是鸦片战争以来我国几代人的夙愿，也是我国学界不可推卸的一份责任。

"周虽旧邦，其命维新。"中华文明自古以来就以海纳百川、兼容并蓄的胸怀闻名于世，正是由于不断地汲取其他文明的精华才使我们得以生生不息，文脉永续。走自己的路，却一刻不能忘怀先贤"开眼看世界"的遗训。我们相信，西方文明是一个必须直面的文明，也是一个值得花气力研究的文明，无论这个文明之花结出的累累硕果，还是其行进过程中吞下的历史苦果，都值得切磋琢磨，化作我们"为往圣继绝学，为万世开太平"的有益资源。

就地域和文化差异而言，欧洲文明是距离我们较远的异质文明，

[①] "欧洲病"，指西方国家由于过度发达的社会福利而患上的一种社会病，其结果是经济主体积极性不足，经济低增长、低效率、高成本，缺乏活力。

是经过第二次或第三次发酵的再生文明，一种相当复杂的文明，理解、研究起来有一定难度，绝非朝夕之功。需要笃定不移的专业精神，代代相承的学术积淀，因此还需要长期安定、宽容、鼓励创新精神的社会环境。可惜，相当长一个时期，这些条件的供应并不充分，甚至短缺。鸦片战争以后的漫长岁月里，中国多灾多难，饱受内忧外患和战乱之苦，后来又有各种政治冲击，以至于"偌大国土放不下一张平静的书桌"。

前辈先贤的筚路蓝缕之功不能忘怀。令人欣慰的是，欧洲史乃至世界史研究，自20世纪80年代已有明显起色。在改革开放春风吹拂下，国门渐开，社会宽松，思想活跃，人心向上，尽管生活清贫，还是让老一代学者回归学术，更是吸引了一代年轻学人，追寻真知，潜心向学。经过改革开放四十年，他们已经成为这个领域承上启下的中坚力量。由于他们特殊的经历，对社会环境有着特殊的体验，因此他们格外感恩自己生命的际遇。毫不溢美地说，经过几十年的积累，我国的欧洲文明史研究取得了突破性进步，开土拓荒，正本清源，极大更新了以往的知识体系。为了夯实继续前行的基础，薪火相传，是否应该及时梳理和小结一下？

新世纪初年，我产生这个念头，并与学界和出版界几位朋友讨论，大家的看法竟是出乎意料地一致。更令人欣喜的是，当按照理想人选组成课题组时，所邀之士无不欣然允诺。当时没有什么经费，也没有任何项目名头，所邀者大多是繁忙非常的一线教授，可是他们义无反顾，一拍即合。本课题组成员以改革开放后成长起来的学人为主体，大多为"50后"和"60后"。雁过留声，用中国人自己的话语和方式，留下这一代人对欧洲文明的认知记录，以学术反哺社会是我们共同的梦想。2008年这个课题已经启动，2012年全国社科规划办公室批准为国家重大招标项目，则是四年以后的事了。

我们的学术团队是令人骄傲的，主要成员都是欧洲史研究不同领域的优秀学者。以天津师范大学欧洲文明研究院为依托，集中了国内外12个高校和学术机构的力量，他们来自北京大学、中国社会科学院、中国人民大学、南京大学、山东大学、山东师范大学、华东师范大学、浙江师范大学、中山大学、河北大学和英国伯明翰大学。这个项目颇具挑战性,因为每卷即是一个专题,承担者要打通传统断代分野,呈现来龙去脉,所以被称作"自讨苦吃"的项目。每个子课题大纲(即每个分卷大纲),在数次召开的课题组全体会议上,都要反复质疑和讨论方得通过。从每卷的主旨目标、框架结构,到重要概念,时常争论得面红耳赤,此情此景,令人难忘。"一年好景君须记,最是橙黄橘绿时",此时此刻,我谨向团队学人同道致以由衷的敬意和感谢!

《欧洲文明进程》(16卷本)是中国学者撰写的第一部多卷本欧洲文明研究著作,分为16个专题,涵盖了政治、法律、经济、宗教、产权、教育以及乡村和城市等欧洲文明的主要方面。我们试图突破一般文明史的叙述方式,采纳专题史与年代史相结合的编写体例。每一卷就是一个专题,每个专题都要连贯地从欧洲文明肇始期讲到近现代;同时,各个专题之间相互补充,相辅相成,让读者通过不同的侧面逐渐丰富和加深对欧洲文明的总体认知。我们的原则是局部与整体结合,特定时段与历史长时段结合,历史细节与文明元规则结合。这是我们的愿望,效果还有待于读者诸君检验。

16个专题,也是欧洲文明16个重大问题,它们是:

1. 欧洲文明进程·民族源流 卷
2. 欧洲文明进程·农民地权 卷
3. 欧洲文明进程·司法与法治 卷
4. 欧洲文明进程·政府 卷
5. 欧洲文明进程·赋税 卷
6. 欧洲文明进程·基督教 卷
7. 欧洲文明进程·自由观念 卷
8. 欧洲文明进程·大学 卷
9. 欧洲文明进程·大众信仰 卷
10. 欧洲文明进程·地方自治 卷

11. 欧洲文明进程·生活水平 卷
12. 欧洲文明进程·贫困与社会保障 卷
13. 欧洲文明进程·市场经济 卷
14. 欧洲文明进程·城市与城市化 卷
15. 欧洲文明进程·工业化 卷
16. 欧洲文明进程·贸易与扩张 卷

2008年着手课题论证、体系策划和组建队伍，这样算来我们走过了十几个年头。自立项伊始，朝斯夕斯，念兹在兹，投入了可能投入的全部精力和时间，半日不得闲。蓦然回首，年华逝去，多少青丝变白发。眼下，课题结项，全部书稿杀青，《欧洲文明进程》（16卷本）即将由商务印书馆出版。感谢张椿年先生，他是中国社会科学院荣誉学部委员、世界历史研究所原所长，他满腔热忱地鼓励本课题的论证和立项，时常关心课题的进展。可惜椿年先生不幸溘然离世，未看到该成果面世。我们永远怀念他。感谢著名前辈学者、中国社会科学院原常务副院长、德高望重的丁伟志先生，他老人家数次与我长谈，提出许多宝贵的指导性意见，那几年常有书信电话往来，受益良多，至为感激。感谢天津师范大学原校长高玉葆教授，他信任我们并最早资助了我们，使本项目得以提前启动。感谢三联书店原副总编潘振平先生，他参加了本课题早期创意和策划。感谢商务印书馆原总经理于殿利的支持，感谢郑殿华主任、陈洁主任和杜廷广等编辑人员；感谢天津师范大学陈太宝博士以及欧洲文明研究院的其他同仁，他们为本成果的出版付出了辛勤的劳动。还有许多为本成果问世默默奉献的人士，我们心存感激，恕不一一。

2021年，春季，于天津

目 录

前言 ·· 1

第一编　中世纪（5—15世纪）·· 11
第一章　告别糊口经济？·· 13
　　一、人口变化同中有异 ··· 15
　　二、消费驱动下的农业进步 ··· 23
　　三、价格史中的食品供求关系 ·· 32
第二章　领主和农民的收入变化 ·· 43
　　一、中世纪早中期领主收入增加与农民收入减少 ······················ 44
　　二、中世纪晚期领主收入下降与农民收入上升 ························· 54
　　三、习惯法及其在领主和农奴收入分配中的作用 ····················· 64
第三章　中产阶级的收入与生活水平··· 77
　　一、中世纪是否存在中产阶级？·· 77
　　二、中产阶级的收入 ·· 85
　　三、中产阶级的生活水平 ·· 93
第四章　工资劳动者的收入与饮食消费 ····································· 102
　　一、工资劳动者的构成 ··· 102
　　二、工资劳动者的收入 ··· 107
　　三、工资劳动者的饮食消费 ··· 111
第五章　老年群体与养老模式·· 118
　　一、老年群体的发现 ·· 119

二、核心家庭与独立养老模式 ………………………………… 128

　　三、扩大家庭或多对夫妻家庭的亲属养老模式 ……………… 138

第二编　转型时期（16—18世纪） ……………………………… 149

第六章　步入温饱经济 …………………………………………… 151

　　一、近代欧洲生产的增长 ……………………………………… 151

　　二、近代欧洲的人口规模及变化原因 ………………………… 164

　　三、近代欧洲的物价与供求关系 ……………………………… 175

第七章　收入分配 ………………………………………………… 187

　　一、近代欧洲各阶层的收入状况 ……………………………… 187

　　二、地租赋税的变化 …………………………………………… 197

　　三、济贫法 ……………………………………………………… 207

第八章　中产阶级生活水平 ……………………………………… 218

　　一、中产阶级的概念和人口数量占比 ………………………… 218

　　二、基本生活消费 ……………………………………………… 229

　　三、改善型消费 ………………………………………………… 243

第九章　工人阶级生活水平 ……………………………………… 255

　　一、从工资劳动者到工人阶级 ………………………………… 255

　　二、工人阶级生活水平的争论 ………………………………… 265

　　三、工人阶级的消费与生活水平 ……………………………… 274

第十章　老年人的生活水平 ……………………………………… 286

　　一、老年人的概念与规模 ……………………………………… 286

　　二、老年人的生活与养老 ……………………………………… 294

　　三、老年人养老的模式及其转型 ……………………………… 309

第三编　现当代（19—20世纪） ………………………………… 317

第十一章　走向富裕社会 ………………………………………… 319

　　一、制度保障 …………………………………………………… 319

　　二、市场开放 …………………………………………………… 328

三、经济发展 …………………………………………… 339
　　四、消费品供给 ………………………………………… 352
第十二章　收入分配 ……………………………………………… 362
　　一、劳动者收入 ………………………………………… 362
　　二、最低工资制度和农业补贴政策 …………………… 371
　　三、所得税制度与社会福利政策 ……………………… 379
　　四、大众生活水平整体评估 …………………………… 392
第十三章　中产阶级的收入与消费 ……………………………… 401
　　一、范围界定和数量 …………………………………… 401
　　二、收入与支出结构 …………………………………… 411
　　三、生活标准与改善型消费 …………………………… 421
第十四章　低收入者的生活水平 ………………………………… 438
　　一、来源和规模 ………………………………………… 438
　　二、救济与补贴 ………………………………………… 447
　　三、基本消费与生活水平 ……………………………… 452
第十五章　老年人的消费与生活 ………………………………… 463
　　一、年老与退休 ………………………………………… 463
　　二、收入与养老 ………………………………………… 472
　　三、需求与生活 ………………………………………… 493

结束语 ……………………………………………………………… 504
参考文献 …………………………………………………………… 508
索引 ………………………………………………………………… 531

前　言

生活水平（standard of living，也称为生活标准）是衡量一个社会或个人发展水平或富裕程度的重要标准，国民生产总值（GDP）或人均GDP不等于更不能代替生活水平，后者具有相对独到的观察视角。正如《枫丹娜现代思潮辞典》所说，生活标准是"一个往往被——错误地——与个人或社会的经济产量水平或收入水平等同起来的概念。但是，生活标准是一个较为广义而模糊的概念，更为正确的定义应该包括增加福利等项目，但不涉及正常的经济业务，这些项目包括工作条件、家庭和外部环境，可享有的闲暇时间的数量，保健以及其他等等"①。当然，生活水平的定义也是开放的，本卷主要指人们的生活条件或环境的变化，主要围绕着需求、匮乏、生产、收入、消费等层面进行实证研究。

欧洲生活水平的研究是从现实问题开始的。19世纪40年代，为了批判资本主义制度，马克思和恩格斯先后论证了欧洲劳动群众的贫困化。1843年1月马克思在《莱茵报》上发表《摩塞尔记者的辩护》一文，②根据德国摩塞尔河沿岸地区酿造葡萄酒农民的贫困状况的大量材料，分析了劳动群众在物质上的极端贫困，用摩塞尔记者的名义抨击了普鲁士的社会制度，公开地为"政治上、社会上备受压迫的贫苦群众"进行辩护。在此过程中，马克思感到自己的政治

---

① 〔英〕A.布洛克等编：《枫丹娜现代思潮辞典》，中国社会科学院文献情报中心译，社会科学文献出版社1988年版，第550页。
② 《马克思恩格斯全集》（第1卷），人民出版社1957年版，第210—243页。

经济学知识不够，于是奋发研究这门科学。此后，马克思还在《资本论》第1卷第23章中将英国无产阶级的贫困化作为资本主义积累一般规律的例证进行考察。①1845年，恩格斯出版了《英国工人阶级状况》，"根据亲身观察和可靠材料"向其德国同胞介绍英国工业革命后工人阶级的生活状况。恩格斯最初打算将该书仅仅作为一本内容比较广泛的关于英国社会史的著作中的一章来论述，但这个问题的重要性很快就使他不得不对它进行单独的研究。恩格斯之所以选择英国工人阶级进行研究，主要是由于英国是欧洲唯一具有典型的工人阶级和丰富的文献材料的国家："……只有在大不列颠，特别是在英国本土，无产阶级的境况才具有完备的典型的形式；而且也只有在英国，才能搜集到这样完整的并为官方的调查所证实了的必要材料，这正是对这个问题进行稍微详尽的阐述所必需的。"②该书唤起人们对劳动群众生活水平的巨大兴趣，各种研究随之产生。

在恩格斯后，德国统计学家和经济学家恩格尔继续研究工人阶级的生活水平问题。在1857年出版的《萨克森邦的生产与消费》一书中，他通过对比利时、德国、英国和法国等国工人阶级状况所做的统计调查，发现了工人收入与家庭生活支出（生活费）的比例关系的法则，亦即恩格尔法则。根据这个法则，家庭收入越少，用于饮食费的支出在家庭收入中所占比重（即恩格尔系数）越大。而随着家庭收入的增加，用于饮食费支出所占的比重越小，用于服装、

---

① 马克思：《资本论》（第1卷），人民出版社1975年版，第711—764页。为了论证工业革命后工人阶级的贫困化，马克思搜集了19世纪中期各种调查报告中对英格兰农业工人的食物和住房的统计资料，其中包括雇工食宿的大量细节。例如1863年，农业工人每周营养量为蛋白质17.73盎司，碳水化合物118.06盎司，矿物质3.29盎司，总计139.08盎司。以每盎司28.4克计算，等于3 949克，约合每天550克。再如，1851年，中等农业工人每周消费卡路里40 673大卡，蛋白质1 594大卡（合计42 267大卡，平均每天6 038大卡）。1865年调查的英格兰5 375座农业工人的小屋中，2 195座只有1间卧室，2 930座有2间卧室，250座有2间卧室以上。工业工人的饮食状况也可作为参考。据1863年对英国各类工人的调查，有半数完全得不到啤酒，28%得不到牛奶，每个成年人每周消费的面包平均总量为9.9磅（8.9斤），糖8盎司（227克），奶油5盎司（142克），肉类13.6盎司（386克）。同上书，第751—752、745、746、720页。

② 《马克思恩格斯全集》（第2卷），人民出版社1995年版，第278页。

住宅、取暖和照明支出所占比重变化不大（但支出数量会有较大增长），而用于满足文化、娱乐等需要的支出则会占越来越大的比例。1895年在论文"比利时工人家庭生活费的过去和现在"（《国际统计学会会刊》1895年第9期）中，恩格尔利用这个法则比较了比利时工人家庭生活支出后发现，1853—1891年，工人的消费结构发生了变化，用于食物的支出普遍下降，用于教育、文化娱乐、医疗卫生等方面的支出则相应上升，这表明近四十年间比利时工人家庭的生活水平大有改善。①应该说，恩格尔的研究揭示了19世纪下半叶即工业革命后欧洲工人阶级生活状况的改善，他所发明的恩格尔法则和恩格尔系数已成为当代衡量生活水平的主要标准。

19世纪历史学家也开始涉足生活水平的研究。1841年古物学家特纳编辑的《13—15世纪的习惯和家庭支出》出版，通过整理以往历史学家未曾使用的贵族家庭账簿，展示了对生活水平研究的兴趣。②罗杰斯（James E. Thorold Rogers, 1823—1890年）是最早整理和解释中世纪中期至早期现代（16—18世纪）英国价格数据的学者。作为一位激进的社会改革者和自由党下院议员，他将历史研究与关注工业革命后工人阶级的生活状况结合起来。对他而言，现代工人阶级的先驱是中世纪至早期现代的农村雇工。作为工资劳动者，雇工需要购买生活用品，而中世纪中期以来庄园账簿和阿瑟·扬（Arthur Young）的游记等史料中保留的物价和工资数据为了解他们的工资购买力提供了可能，开创了历史上农业雇工生活水平研究的先河。他以非凡毅力搜集了1259—1793年六个世纪有关价格和雇工工资的大量档案，并于1866—1902年出版了七卷本的《英国农业和价格史》，包括谷物、原材料和干草、劳动力、牲畜、羊毛、农产品、农业材料、建筑材料、农业用具、纺织品与服装、金属、鱼、外国产品等各种的商品价格，其中劳动力价格（price of labour）即为工资，"全部由

---

① 李惠村：《欧美统计学派发展简史》，中国统计出版社1984年版，第73、74页。
② T. H. Turner, ed., *Manners and Household Expenses of the Thirteenth and Fifteenth Centuries*, London: Roxburgh Club, 1841.

原始或同时代档案编辑而成"。①

长期趋势是生活水平研究的重要内容之一，罗杰斯最早比较了农村雇工生活水平的长期趋势。他在《英国农业和价格史》第1卷第1章"导论"中说，他打算撰写一部英国农业史，提供从最早的有连贯记载开始到18世纪结束的价格、特别是谷物价格和雇工工资的证据。"总之，我想将某些价格制成表格，以便展示中世纪至早期现代某些年代的货币购买力，并与19世纪的相关事实进行比较。必须承认，这些事实和评论的历史价值与英国人民的社会进步和偶尔的社会倒退密切相关。"②

在该书第1卷第29章"论工资购买力"中，罗杰斯尝试根据谷物、饮料、肉类和服装等主要生活必需品价格阐述农民是如何进行消费的，特别是比较英国历史上三四个时期雇工的工资购买力变化的长期趋势，即将黑死病之前、黑死病之后、18世纪中叶与19世纪第一个20年及60年代中期进行对照。具体而言，黑死病前农民家庭的生活水平并非后人所设想的那样贫困。相反，一个持有20英亩土地即中等农民的自由持有农的四口之家，一年消费的4夸特小麦、2夸特麦芽酿造的啤酒、800磅肉类和若干件衣物，货币价值约为3英镑，相当于其土地产出的全部净收入（如果按照黑死病前农民主要消费混合谷物或大麦计算，总支出还会减少）。此外该土地持有者打工挣的1英镑可以作为家庭储蓄或零花钱，这不包括其妻子和儿女的打工收入。此外，依据工资和物价数据，黑死病前雇工的生活消费和现金结余与中等农民基本相同。黑死病后农民生活得到改善，雇工尤其如此。鉴于食品价格低廉和工资优厚，中世纪晚期工资购买力到达相当高的水平，雇工可以生活得很富裕并且能积累财富。18世纪下半叶雇工生活水平则明显下降，与中世纪晚期相比，

---

① J. E. T. Rogers, *A History of Agriculture and Prices in England*, 7 Vols., Oxford: Clarendon Press, 1866–1902.

② J. E. T. Rogers, *A History of Agriculture and Prices in England*, Vol.I, Oxford: Clarendon Press, 1866, pp. 1, 9–10.

物价上涨8—12倍，而工资涨幅不超过4倍。该时期小麦价格较贵，但其他食品价格则比较便宜。19世纪早期雇工的生活水平不仅不及其五百年前的先人，甚至还落后于阿瑟·扬时期（1741—1820年）。尽管小麦价格比阿瑟·扬时期上涨不多，但其他食品价格和房租上涨较快，例如房租上涨2倍，肉类价格增加接近3倍，而工资涨幅却较少。[①]

以上著作内容浩繁，不便卒读，有人建议他将其中的评论部分加以整理出版。1884年罗杰斯出版了《六个世纪的劳动与工资：英国劳动史》，对13—18世纪农村雇工工资购买力演变的长期趋势进行了最后总结。他主张，从该书收集的第一份工资档案的1259年到亨利八世去世的1547年期间，雇工生活状况经历了超过一个半世纪（大约14世纪末至16世纪上半叶）的持续改善。在几乎整个亨利八世在位时期（1509—1547年），即超过三十九年的时间雇工工资购买力一直保持最高水平。此后，工资购买力大幅下降，除了18世纪上半叶外，在超过一个半世纪（即16世纪下半叶至17世纪下半叶，以及18世纪下半叶）里，雇工工资可以勉强度日，但需要时常接受救济。直到19世纪80年代早期，由于特殊原因，雇工的部分状况才得到较大改善。[②]换言之，直到19世纪80年代前，15世纪雇工的实际工资一直处于领先地位。

不仅如此，在该书第2章"劳动与工资"中，罗杰斯还放弃了以往将18世纪上半叶作为黄金时代的观点，第一次正式提出"15世纪雇工的黄金时代"的概念："我曾不止一次谈到，15世纪和16世纪的第一个25年是英国雇工的黄金时代。如果我们要解释他挣的工资与生活必需品支出的关系，相对而言，任何时代的工资都不会这样高，食物不会这样便宜。"[③]黄金时代是古希腊诗人赫西俄德在《工

---

① J. E. T. Rogers, *A History of Agriculture and Prices in England*, Vol.I, pp. 683, 689-690, 691, 692-693.

② J. E. T. Rogers, *Six Centuries of Work and Wages: The History of English Labour*, London, Leipzig: T. Fisher Unwin Press, 1912, Preface, p.4.

③ J. E. T. Rogers, *Six Centuries of Work and Wages: The History of English Labour*, p.326.

作与时日》中论述人类种族不断退化时率先使用的概念，指永无休止的暴力和战争使人类从黄金时代沦为白银时代、青铜时代和黑铁时代。[①] 罗杰斯借此寓意表明早期现代以来雇工的工资购买力大部分时间不断下降，如果说15世纪是雇工的黄金时代，那么16世纪下半叶至17、18世纪下半叶和工业革命后一段时期，则分别为他们的白银时代、青铜时代和黑铁时代。

20世纪以来，罗杰斯的中世纪以来雇工工资购买力的研究模式得到传承与发展。两次世界大战期间和"二战"以后贝弗里奇、布朗和霍普金斯等学者都有英国雇工工资购买力的研究成果问世，其中布朗和霍普金斯将13—20世纪的消费品价格与英国南部建筑工人的工资进行比较后认为，它始终处于一个大致相同的水平，1380—1510年才有所突破，直到1820年后才开始上升。[②] 较早为中世纪晚期经济危机的传统观点平反的经济史学家布赖德伯里评价说，罗杰斯也许是最卓越的中世纪史学家之一，尽管与他相似的统计工作仍在继续，但没有人可以挑战他的发现。历史学家所做的解释1264年以后时期的任何其他工作，似乎都确认了罗杰斯的研究结果。[③] 此外，罗杰斯铸造的15世纪英国雇工黄金时代的概念至今仍保持着旺盛生命力。《中世纪中晚期的生活水平：1200—1520年英国的社会变迁》的作者戴尔认为，尽管我们不同意罗杰斯对所有中世纪雇工都持有乐观估计，但他将15世纪等同于"英国雇工的黄金时代"则是一个有价值的洞见，这种观点仍构成我们对那个时期解释的组

---

① 〔古希腊〕赫西俄德：《工作与时日》，张竹明、蒋平译，商务印书馆1996年版，第4—6页。

② W. Beveridge, *Prices and Wages in England: From the Twelfth to the Nineteenth Century*, Vol.I, London: 1939（由于战争等原因，该书只出版了第一卷）; Henry Phelps Brown and Sheila V. Hopkins, "Seven Centuries of the Prices of Consumables, Compared with Builder's Wage-rates", *Economica*, 1956, p.306.

③ A. R. Bridbury, *Economic Growth: England in the Later Middle Ages*, New York: Barnes & Noble Press, Introduction, pp. vii-viii.

成部分。①不仅如此，15世纪的黄金时代也不局限于雇工阶层。几年前，戴尔发表了"黄金时代的再发现：15世纪的雇工工资"一文，指出雇工的黄金时代的概念作为灯塔不仅在经济史写作中存在了130年，甚至还扩展为同一时期"农民的黄金时代"和"妇女的黄金时代"等。②

20世纪以来，早期现代以来生活水平的变化趋势仍受到重视。大体来说，尽管学者们在有些具体问题上存在不同看法，但基本上同意早期现代生活水平的长期趋势，即相比于人口剧减1/3至1/2的14、15世纪来说，早期现代雇工工资购买力显著下降。例如布罗代尔认为："从15世纪晚期直到18世纪初期，欧洲的生活水平逐渐下降。如果可能，对在此之前的14世纪和15世纪的情况进行认真的分析或许是有趣的。大体上说，这两个世纪的情况要好一些。是否真如许多优秀的历史学家所说的那样，在我们已提到但未说明其来龙去脉的反复发生的暴乱之前，正值劳动者的黄金时代？如果真是这样，那么，随后的16世纪及17世纪早期的确就是一个贫困的时代。"③布罗代尔所说的贫困的时代究竟怎样，可以从他对15—18世纪物质文明的研究著作中找到答案。布罗代尔从食物、饮料、住房、服装以至时尚几个方面描述了早期现代生活水平的变化。他对早期现代生活水平下降的论述主要集中在食品方面，例如不能像以前那样大量消费肉类，特别是鲜肉消费减少，代之以腌肉，但英国的鲜肉消费没有发生明显变化。与此同时，布罗代尔也注意到早期现代食品消费的改善，小麦取代其他廉价谷物成为主食，啤酒和葡萄酒、白糖、咖啡、茶叶、香料、奶制品、海产品等消费量上升，越来

---

① Christopher Dyer, *Standards of Living in the Later Middle Ages: Social Change in England c.1200-1520*, Cambridge: Cambridge University Press, 1989, p.2.

② Christopher Dyer, "A Golden Age Rediscovered: Labourers' Wages in the Fifteenth Century", in Martin Allen and D'Maris, eds., *Money, Prices and Wages: Essays in Honour of Professor Nicholas Mayhew*, Palgrave Macmillan Press, 2014, p.180.

③〔法〕费尔南·布罗代尔：《资本主义论丛》，顾良、张慧君译，中央编译出版社1997年版，第283—284页。

讲究烹调质量和餐桌布置等。① 由此可见，布罗代尔所谓的贫困是与15世纪的黄金时代相对而言的，并非我们理解的饥寒交迫的含义。

工业革命是否导致了英国工人阶级贫困化，学者们存在各种不同观点，但德国和英国的比较可以在一定意义上作为参考。缺少工业化的德国导致广泛的贫困化，甚至贫困化波及中产阶级，出现所谓的白领无产阶级、官员无产阶级、饥饿的大学讲师等。德国工人阶级的工资购买力大大低于英国。1844—1846年英国平均工资每天3先令或每年300泰勒（thalers，德国旧币名），而德国每年平均工资仅为100泰勒。因此，如果按照两国货币兑换率计算，英国工人的工资可以购买两倍于德国同事的生活必需品。即使英国工人的平均工资为每天2.5或2先令，英国工人的处境仍好于德国同事。② 工人阶级生活水平的改善受益于工业化，前述的恩格尔对19世纪下半叶比利时工人阶级家庭消费结构变化的研究已经证明了这一点。实际上，工业化彻底摆脱了农业社会中制约生活水平持续改善的土地报酬递减率，从而确保工资快于农产品和工业品价格的增长，即工资购买力的提高。

那么，如何看待欧洲生活水平的长期趋势，中世纪以来欧洲生活水平是如何改善的，原因何在，值得反思。本卷认为，欧洲生活水平的长期趋势大致为，中世纪晚期欧洲只有个别国家告别了糊口经济，早期现代解决了温饱问题，现当代过上富裕生活。那么，欧洲生活水平的长期趋势受到哪些因素的影响？本卷各编的前两章集中论述了这个问题。在这些因素中，生产力水平无疑是长期起作用的重要力量，它决定着一个社会总供给的数量，是生活水平改善的物质前提。人口数量也是一个不容忽视的因素，人口数量决定着社会总需求，当总需求超过总供给时，生活水平必将下降，反之则会

---

① 参阅〔法〕费尔南·布罗代尔：《15至18世纪的物质文明、经济和资本主义》第1卷：日常生活的结构：可能与不可能，顾良、施康强译，生活·读书·新知三联书店1992年版，第2—4章。

② Wilhelm Abel, *Agricultural Fluctuations in Europe: From the Thirteenth to Twentieth Centuries*, Translated by Oliver Ordish, New York: St. Martin's Press, 1980, pp.243, 251-252.

上升。中世纪晚期至工业革命开始，英国人口出生率较低，生活水平得以改善。与此同时，收入分配也像生产力水平和人口数量一样影响着生活水平。欧洲收入分配具有悠久的法治传统。中世纪领主对农奴的经济和超经济剥削无不依据庄园习惯法，习惯法具有高度的稳定性和神圣性，双方发生纠纷时则诉诸庄园法庭并依据庄园习惯法由农奴组成的陪审团裁决。庄园习惯法和庄园法庭具有二重性，既维护了领主利益，也限制了他们的恣意盘剥。中世纪国王通常依靠自己领地收入生活，如因战争等原因向臣民征税必须得到议会批准，没有议会的同意国王不能擅自征税，因而横征暴敛很少发生。应当说，中世纪以来统治者依法进行收入分配为生活水平的改善提供了制度性的条件。

中世纪以来欧洲绝大多数人的生活水平是如何改善的，是本卷各编后三章分别讨论的问题。中产阶级是早期现代和现当代西方社会结构的主体，他们起源于何时，中世纪中晚期是否出现了由中世纪早期的两级（祈祷和打仗的教俗贵族与劳动者）社会结构向贵族、中产阶级和传统劳动者的三级社会结构的转变？他们的生活水平乃至生活方式与底层劳动者和社会边缘群体相比有何特点，对此本卷着力进行了考察。此外，本卷延续了马克思主义和左翼经济学家关注工人阶级生活水平的传统，将雇工或工人等底层劳动者作为考察重点，他们的工资购买力的变化在很大程度上成为判定生活水平改善与否的重要依据。与此同时，本卷还特别关注退休或逐步失去劳动能力的老年人，通过他们是如何养老的来反映边缘群体的生活水平，体现一个社会的文明程度。不过，由于我们学识所限，以及各国的相关史料和研究成果分布极不平衡，本卷有关生活水平的研究以英国为主线，其他国家的内容相对为弱，望读者谅解。

"生活水平卷"系国家社科重大招标项目"欧洲文明进程研究"的子项目，笔者受总主持人侯建新教授委托担任该卷主持人。2012—2016年，笔者曾参加了"欧洲文明进程研究"课题组多次研讨，获益良多。2016年下半年，笔者邀请中国社会科学院世界历史研究所王超华副研究员、河南师范大学历史学院崔洪健副教授加入子项目课题组，与我分别负责欧洲中世纪、转型时期和现当代生活水平的研究与写作。他们在百忙之中慨然应允加盟子课题组，并全力以赴投入工作，保证了本卷得以顺利完成，在此对他们表示由衷的感谢。本卷的分工如下：全书框架和主旨由我设计。前言和第一编的执笔人为徐浩，第二编为崔洪健，第三编为王超华；此外王超华还负责整理了全书的参考文献和索引。还需要说明的是，姜启舟博士、赵运华博士和杨东东博士曾帮忙在国内外搜集材料，杨东东还负责子课题组人员繁琐的经费报销，费时费力，十分辛苦，在此也要特别对他们致以谢意。

徐　浩

2019年10月初稿

2020年3月8日修订

第一编　中世纪
（5—15世纪）

第一章 告别糊口经济？

食品支出占消费支出的比重是衡量一个社会发展水平的重要标志。[①]在历史长河中，人类绝大多数时间处于糊口经济，收入所得仅能维持基本生存。告别糊口经济意味着解决了温饱问题。欧洲在世界上最早完成了从糊口向温饱的转变，但它何时告别了糊口经济，史学家曾给予不同答案。19世纪以来，经济史学家开始关注生活水平问题。[②]在此基础上，20世纪早期以来史学家认识到马尔萨斯的人口论并不适用于现代社会。如艾贝尔所说，"（在1798年马尔萨斯出版《人口原理》）半个世纪后，这些预言（包括马尔萨斯的人口论和李嘉图的土地边际收益递减理论）已被证明是错误的"。他认为，马尔萨斯的两阶段循环假设只适用于19世纪中叶以前的农业社会，此后的工业社会中工资增长明显快于生活资料价格，欧洲彻底摆脱

[①] 德国统计学家和经济学家恩格尔在1857年出版的《萨克森邦的生产与消费》一书中，通过对比利时、德国、英国和法国工人阶级生活状况所做的统计调查，发现了工人收入与家庭生活支出（生活费）的比例关系法则，亦即恩格尔法则。根据这个法则，家庭收入越少，用于饮食费的支出在家庭收入中所占比重（即恩格尔系数）越大。李惠村：《欧美统计学派发展简史》，第73页。当代以来，国际上通常使用恩格尔系数衡量社会和个人的富裕程度。恩格尔系数在59%以上为贫困，50%—58%为温饱，40%—50%为小康，30%—40%为富裕，低于30%为最富裕。本卷的糊口经济相当于恩格尔系数中的贫困。

[②] J. E. T. Rogers, *A History of Agriculture and Prices in England*, I-VIII, Oxford: Clarendon Press, 1866-1902; item, *Six Centuries of Work and Wages: The History of British Labour*, London: T. Fisher Unvin Ltd., 1884.

了两阶段的马尔萨斯循环。①后来的史学家进一步认为，19世纪初欧洲主要国家已经超越了马尔萨斯的两阶段循环模式。例如新人口论者拉杜里将英国和法国深陷"农业类型的马尔萨斯灾难的可怕循环之中"的最后时间分别确定在17世纪晚期和18世纪，换言之，至迟18世纪初和19世纪初英国和法国先后摆脱了马尔萨斯循环。②这意味着，英法两国分别在工业革命开始前或者工业革命初期告别了糊口经济。

晚近以来的更多研究将英国转变时间上溯到18世纪以前。1965年出版的《我们失去的世界》中，拉斯勒特撰写了"农民还忍饥挨饿吗？——英国前工业社会的饥荒与瘟疫"一章，探究早期现代英国人是否仍遭受年鉴学派史学家古贝尔的《博韦与博韦人》一书所反映的同时代法国人那样的苦难。他认为，尽管英国的状况远非田园牧歌般美好，甚至在16世纪90年代还发生了连年歉收，但死亡率较高的周期性传染病主要是由流行病而非食品供应危机所致。换言之，16—17世纪的英国农民已经不再忍饥挨饿。③受此启发，1998年，戴尔在"中世纪英国农民还忍饥挨饿吗？"一文中提出，如果说他自己的研究所表明的中世纪早期和中期英国农民仍缺少食品和饮料，以及拉斯勒特

---

① Wilhelm Abel, *Agricultural Fluctuations in Europe: From the Thirteenth to the Twentieth Centuries*, Translated by Olive Ordish, With a Foreword and Bibliography by Joan Thirsk, pp.3, 294-295. 对两阶段循环，马尔萨斯的解释如下：当人口增加超过生活资料增加时，"穷人的生活必然大大恶化，许多穷人必然陷于极为悲惨的境地。由于劳动者的人数也多于市场所能提供的工作机会，劳动的价格必然趋于下降，与此同时食物的价格则趋于上升。所以，劳动者要挣得和以前同样多的工资，就得更卖力地工作。在这种艰苦时期，结婚会受到严重阻碍，养家糊口也难上加难，以致人口处于停滞状态。在此期间，劳动价格低廉，劳动者人数充裕，劳动者不得不更勤勉地工作，这些会鼓励耕作者向土地投入更多的劳动，鼓励他们开垦新土地，对已耕种的土地施用更多的肥料，进行更全面的改良，直到生活资料和人口恢复最初的比例。此时劳动者的境况会有所好转，人口所受到的抑制会有所放松。劳动者生活境况的恶化与好转，就是这样周而复始地重演的"。〔英〕马尔萨斯：《人口原理》，朱泱、胡企林、朱和中译，商务印书馆1996年版，第14页。

② E. Le Roy Ladurie, "A Reply to Robert Brenner", in Aston and Philpin, eds., *Brenner Debate: Agrarian Class Structure and Economic Development in Pre-industrial Europe*, Cambridge: Cambridge University Press, 1985, pp.104-105.

③ P. Laslett, *The World We Have Lost, Further Explored*, Third Edition, London: 1983, pp.124-125.

有关早期现代英国人并不存在食品危机的观点是正确的，那么英国历史上的这一重要转折点发生在14世纪，1375年或许是一个关键节点，它开始了食品便宜和丰富的新时代。从此以后，英国农民不再忍饥挨饿，由饥饿导致的死亡率彻底结束。不仅如此，从此开始，英国人用于非食品消费的开支日益增加，毛纺织品等商品市场稳步扩大，这一切都表明中世纪晚期英国告别了糊口经济进入温饱阶段。[1]

以上论述提出了中世纪欧洲究竟是否告别了糊口经济，以及哪些因素影响了它们在中世纪完成从糊口向温饱转变等重要问题。应当说，中世纪欧洲是否告别糊口经济受制于生产、分配、灾荒、瘟疫和战乱等多种因素。仅就生产而言，最基本的取决于农业供给是否可以满足人口需求。人口需求主要受人口数量决定，农业供给则依赖农业生产水平，供求关系平衡与否则由物价变化表现出来。食品价格腾贵表明供不应求，价格低廉则意味着供大于求，供给可以满足人口需求。有鉴于此，下面拟分别从人口数量、农业生产和食品价格的变化上谈谈中世纪欧洲的食品供求关系，借此回答中世纪欧洲是否告别了糊口经济，以及原因何在。

一、人口变化同中有异

人口意味着需求，而需求多少是由人口数量决定的。庞兹认为，中世纪欧洲人口史可以划分为三个时期：中世纪早期人口下降或保持稳定；10世纪或11—13世纪末是人口增长时期；14—15世纪先是人口下降，然后出现波动，直到15世纪晚期才开始出现上升趋势。[2] 在上述三个阶段中，中世纪早期文献史料最为匮乏，导致史学家出现严重误判。以往认为中世纪早期欧洲人口一直是下降的，拉

---

[1] Christopher Dyer, "Did the Peasants Really Starve in Medieval England?", in Martha Carlin and Joel T. Rosenthal, *Food and Eating in Medieval Europe*, London and Rio Grande: The Hambledon Press, 1998, pp.70–71.

[2] N. J. G. Pounds, *An Economic History of Medieval Europe*, London and New York: Longman, 1994, pp.143–144.

塞尔曾主张，中世纪早期欧洲连续遭受鼠疫（指查士丁尼鼠疫，发生在6—7世纪）、阿拉伯人扩张、匈牙利人和北欧人入侵，导致连续几个世纪人口大量减少，因而"543—950年代表着自早期罗马帝国以来欧洲人口的最低点"[①]。

不过，拉塞尔的观点后来发生了变化，认为中世纪早期人口至少经历了三次增长过程。第一次发生在公元500年以来的半个世纪中，"复杂的欧洲-地中海区域的各个部分似乎都经历了人口的缓慢增长"。第二次人口增长"从650到700年，整个欧洲的人口有相当数量的增长，也许增加了三分之一"。至公元800年，"由于鼠疫带来人口稀少的好处，又使欧洲人口恢复到鼠疫前的水平，在大陆中部和北部地区还可能有所超过"。第三次人口增长发生在9世纪和10世纪上半叶，由于北欧海盗威胁着欧洲的北部，而匈牙利人威胁东部，因而此次人口增长数量在许多地方十分有限，"只有在很少几个地方（伊比利亚半岛、英格兰，也许还有中欧）看起来增加了许多人口"。据此，拉塞尔修正后的观点主张，受鼠疫影响，中世纪早期欧洲人口最低点出现在7世纪上半叶，此后人口开始缓慢增长。公元500、650和1000年，意大利人口分别为400万、250万和500万人，法兰西-低地国家人口为500万、300万和600万人，不列颠列岛人口为50万、50万（鼠疫在不列颠爆发于7世纪下半叶）和200万人，德意志-斯堪的纳维亚人口分别为350万、200万、400万人。[②]可见，公元1000年时所有国家的人口数量都超过公元500年，其中不列颠岛增长4倍。

如果说中世纪早期人口是在波动中增长的，那么10世纪或11世纪以来，欧洲人口进入持续增长时期。人口增长最明显的证据来自英国，在《末日审判书》（1086年）和《人头税报告》（1377年）期

[①] J. C. Russell, "Late Ancient and Medieval Population", *Transactions of the American Philosophical Society*, Vol.48, No.4 (1958), p.88.

[②] J. C. 拉塞尔："500—1500年的欧洲人口"，见〔意〕卡洛·M.奇波拉主编：《欧洲经济史》第一卷：中世纪时期，徐璇译、吴良健校，商务印书馆1988年版，第29—30页。

间，英国人口增加3倍。①不过，由于上述史料都是征税档案，学者们在将纳税人口转换为总人口时使用的修正值（包括家庭人口系数、持有地代表一户或一户以上、未成年人口比例、逃税人口比例、人口峰值时间和死亡率等）不同，导致估计结果差距较大。拉塞尔认为该时期英国人口快速增长，从1086年的110万上升到黑死病前的370万人，②但他的估计通常被认为过低。波斯坦认为《末日审判书》时英国人口大约200万—300万人。依据《人头税报告》，黑死病前人口最高为600万—800万。③米勒和哈彻估计1086年英国人口约175万—225万人。根据1377年《人头税报告》估计总人口约250万—300万。以此为基础，加上黑死病造成的40%—50%的死亡率，1347年英国人口约500万—600万人。④考虑到拉塞尔的估计偏低，波斯坦的估计偏高，因而米勒和哈彻的数据可能更准确地反映了黑死病前英国人口数量。

中世纪中期欧洲其他国家和地区的人口增长通常不会超过3倍。艾贝尔认为，斯堪的纳维亚人口在12—13世纪也迅速增长。8世纪晚期，丹麦人口仅有55万人，公元1000年达到85万人，黑死病前丹麦人口大约150万人。包括德意志东部和斯堪的纳维亚北部这些12—14世纪的新垦区在内，11世纪末至14世纪中期欧洲各国总人口可以相当肯定地说增加了3倍。⑤按照1794年的领土面积计算，1100年法国总人口大约620万人，1346年为1760万人，增长2.8倍。⑥此外，欧洲南部，如意大利北部在黑死病前人口增长3倍，其

---

① N. J. G. Pounds, *An Economic History of Medieval Europe*, p.145.

② J. C. Russell, *British Medieval Population*, Albuquerque: University of New Mexico Press, 1948, pp.54, 280, 360-362; "The Pre-Plague Population of England", *Journal of British Studies*, 5 (1966).

③ M. M. Postan, *The Medieval Economy and Society: An Economic History of Britain in the Middle Ages*, London: Weidenfeld and Nicolson, 1972, pp.32, 34.

④ Edward Miller and John Hatcher, *Medieval England: Rural Society and Economic Change, 1086-1348*, London and New York: Langman, 1995, p.29.

⑤ Wilhelm Abel, *Agricultural Fluctuations in Europe: From the Thirteenth to the Twentieth Centuries*, pp.22, 23.

⑥ J. C. Russell, "Late Ancient and Medieval Population", p.95.

中1150—1200年到1300年增加最快。不过，意大利北部人口的增长速度快于意大利平均值，1000年意大利人口为500万，1340年达到1 000万，增长2倍。①由此可见，中世纪中期欧洲大陆人口增长2—3倍。②

中世纪人口增长过程在13世纪晚期最迟在14世纪初已经结束。在中世纪中期人口增长较快的英国，从14世纪初开始物价、地租下降和工资上升，表明13世纪晚期英国人口已经出现下降，揭开了所谓的14世纪上半叶危机的序幕。③在不足半个世纪中，前所未有的天灾连续发生。14世纪早期西北欧人口遭受了大饥荒（Great Famine或Great Hunger）的打击。饥荒在许多地区持续了七年（1315—1322年），受害范围非常广泛。④大饥荒主要是气候异常导致的。1300—1850年人类气候进入了长达五个半世纪的小冰期。⑤从1310年开始，"小冰川时期来到了，一个普遍温度较低的时期一直延续到1500年以后，在欧洲北部和普罗旺斯那样的高原地区产生的后果是明显的"。在14世纪的第二个10年，漫长的严冬，多

---

① J. C. 拉塞尔："500—1500年的欧洲人口"，见〔意〕卡洛·M. 奇波拉主编：《欧洲经济史》第一卷：中世纪时期，徐璇译，吴良健校，第28页，表1、30。

② N. J. G. Pounds, *An Economic History of Medieval Europe*, pp.145-146.

③ 参见M. M. Postan, "Some Agrarian Evidence of a Declining Population in the Later Middle Ages", idem, *Essays on Medieval Agriculture and General Problems of the Medieval Economy*, Cambridge: Cambridge University Press, 1973。

④ William Chester Jordan, *The Great Famine: Northern Europe in the Early Fourteenth Century*, Princeton, New Jersey: Princeton University Press, 1996, p.7.

⑤ 1939年，著名冰川地质学家弗朗索瓦·马泰（Francois Mattes）第一次使用了"小冰期"这一概念。他认为，在此之前的4个世纪里，也就是在800—1200年，欧洲刚刚告别了"温暖期"，这期间的大多数年月里收成富足，人们获得充分的食品。夏季平均温度比20世纪高0.7—1摄氏度。欧洲中部的夏季则更加温暖，平均气温比现代高1.4摄氏度。在1100—1300年从未出现过损害喜暖作物生长的五月霜冻现象（May Frosts）。相反，小冰期的冬季气温比现在稍冷，夏季有时也和现在一样非常温和。小冰期也并非一直是极寒天气，而是时有变化，如同跷跷板般上下摇摆。这种变化十分活跃，有时带来灾难。有的年月人们会遇上极寒的冬季、灼热的夏季、严重的旱情以及猛烈的暴雨。当然更常见的则是丰裕的收成、温和的冬季以及温暖的夏季。这种以极端寒冷和异常暴雨为特征的时期有时会持续十年、几年，或者只一季。但其气候变化基本以30年为周期发生摇摆。〔美〕布莱恩·费根：《小冰河时代：气候如何改变历史（1300—1850）》，苏静涛译，浙江大学出版社2013年版，第19、56—57页。可以说，上述研究从气候角度解释了中世纪人口阶段性变化的原因。

雨的夏季，冰雹和洪水泛滥导致饥荒，它的持续时间、严重程度和范围远远超过全部有记录的更早的饥馑。这次史无前例的大饥荒在1309—1311年始于德意志南部、中部和西部，在某种程度上被英国的几次好收成所打断，然后再次爆发和传播。1315—1317年，受大饥荒折磨的地区包括英国、法国和斯堪的纳维亚各国、比利时、荷兰、莱茵兰（Rhineland）、威斯特伐利亚（Westphalia）、德意志南部、勃兰登堡（Brandenburg）和深入俄罗斯的波罗的海沿岸。①

大饥荒研究专家乔丹也认为，此次大饥荒波及整个德国，沿着波罗的海到达波兰边境，中世纪欧洲以往任何饥荒都无法与之相提并论。法国北部和除了苏格兰北部以外的不列颠列岛受到严重侵袭。适合谷物生长的斯堪的纳维亚南部受到的影响没有大陆其他地方严重，保守的估计是，大饥荒蹂躏了40万平方英里的区域，居住在这些地区的人口超过3 000万人。②大饥荒及随后发生的瘟疫（斑疹伤寒等）导致中世纪中期人口学趋势出现反转。在整个西北欧，1315年、1316年和1317年是气候反常和严重灾荒的年份，随后又发生了瘟疫。这种灾荒－瘟疫的相继发生必定使人口大量减少，在年轻人高死亡率的情况下人口下降会维持好几代人，最迟到14世纪二三十年代为止中世纪中期人口快速扩张最终结束。③大饥荒的死亡率没有整体估计，只能参考个别城市的数据。在某些佛兰德尔城市，账簿记录了市议会埋葬贫困居民的开支。1316年的5月1日—11月1日，伊普尔（Ypres）城举办了2 794场葬礼，然而1310年该市总人口仅有2万—2.5万人。这就是说，死亡率超过人口的10%，而实际死亡率可能更高。④即使按照10%的死亡率计算，欧洲人口在大饥荒中也死亡了300万人。

---

① Wilhelm Abel, *Agricultural Fluctuations in Europe: From the Thirteenth to the Twentieth Centuries*, p.38.

② William Chester Jordan, *The Great Famine: Northern Europe in the Early Fourteenth Century*, p.8.

③ N. J. G. Pounds, *An Economic History of Medieval Europe*, pp.147-148.

④ Wilhelm Abel, *Agricultural Fluctuations in Europe: From the Thirteenth to the Twentieth Centuries*, p.39.

比大饥荒更可怕的灾难是1347—1351年爆发的黑死病（Black Death，因患者皮肤上的黑斑得名）。鼠疫来自中亚，从东向西传入欧洲，几乎所有国家无一幸免。编年史家称之为"大死亡"（the Great Death），表明了此次鼠疫的死亡率之高。"在许多国家，这次人口下降比数字所显示的要大，因为在更为稠密的居住区，诸如意大利、法国、英国和低地国家，它们所遭受的损失在25%和33%之间。相对来说，人口稀少的居住区维斯杜拉河以东遭受损失较小，而且很快就恢复了。"[①] 实际上，大饥荒和黑死病在14世纪上半叶的英国造成的死亡率比以上提到的更高。戴尔认为，英国不同地区大饥荒死亡率为10%—15%，而黑死病的死亡率比大饥荒还要高出数倍。农民大量死亡，在被统计的人群中从40%—70%不等。1348—1349年死亡率的合理估计是英国死亡人口高达50%。[②]

14世纪上半叶爆发的大饥荒和黑死病还只是中世纪晚期欧洲人口大量减少的开始，此后饥荒和瘟疫轮番出现。庞兹指出，中世纪最后两个世纪，史料中提到的大雨、湿冷的夏天和严重水灾等恶劣天气越来越频繁，表明至少在西北欧，气候灾难事实上比之前多了许多，也更加严重。此外，黑死病像中世纪早期的鼠疫一样持续了一个多世纪，不定期地发生。1363—1366年的鼠疫发生范围很广，而1374年、1383年和1389年及以后发生的鼠疫则更具地方性。可以说，中世纪晚期鼠疫的幽灵在欧洲上空徘徊游荡，直到15世纪晚期才暂告结束。[③] 总的说，中世纪晚期欧洲鼠疫造成的人口死亡率不亚于黑死病，拉塞尔认为，1347—1351年的黑死病致使人口损失25%，1385年又损失20%，15世纪中叶前，在某些地方人口达到最低点之前又损失余下的百分之几。直到15世纪中叶，欧洲人口才停

---

① 〔英〕科林·麦克伊韦迪、理查德·琼斯：《世界人口历史图集》，陈海红、刘文涛译，东方出版社1992年版，第15页。

② Christopher Dyer, *Making a Living in the Middle Ages: The People of Britain 850-1520*, New Haven and London: Yale University Press, 1988, pp.232-233.

③ N. J. G. Pounds, *An Economic History of Medieval Europe*, pp.137, 154.

止下降。①拉塞尔制作了一张中世纪欧洲不同地区和国家的人口变化表，其中包括黑死病前后的人口数据，显示出1450年欧洲各地人口数量均明显少于1340年。其中1450年南欧合计仅有1 900万人，比1340年的2 500万人减少24%。1450年西欧和中欧人口为2 250万人，比1340年的3 550万人减少37%。1450年英国人口300万人，比1340年的500万人减少40%。上述数据说明在此期间各地死亡率存在较大差别，南欧不足1/4，西欧和中欧超过1/3，英国死亡率最高。②

既然1450年前后欧洲人口下降达到谷底，那么何时恢复到黑死病前的水平？以往认为英国和大陆国家人口恢复是同步的。艾贝尔认为，15世纪结束时欧洲大部分国家人口可能再次增长。法国人口在百年战争结束和宗教战争（1562—1598年，即胡格诺战争）期间经历了大幅度增长，1470—1564年出生人数增加3—6倍。15世纪最后25年至16世纪末德国人口增长十分迅速，1520—1600年人口增长率平均为0.55%，其中1520—1530年曾达到0.71%。1570—1600年英国人口的年增长率达到0.56%，有鉴于此，经过两三代，英国可以从15世纪上半叶的人口谷底恢复或逼近黑死病前的水平。16世纪上半叶尼德兰和比利时人口只有少量增长，16世纪下半叶后增长加快，至1650年人口比1500年增加一倍。③意大利人口在16世纪大约900万，未达到黑死病前水平；15世纪低于该数量，可能为700万—800万。④有学者甚至认为人口恢复在中世纪完成，"15世纪，整个欧洲逐渐得到恢复：到这个世纪末期，几乎每一个地区的人口总数都恢复到1300年的水平"⑤。

然而，进一步研究表明，欧洲各国人口恢复到黑死病前水平的

---

① J. C. 拉塞尔："500—1500年的欧洲人口"，见〔意〕卡洛·M. 奇波拉主编：《欧洲经济史》第一卷：中世纪时期，徐璇译，吴良健校，第28页，表1。

② 同上。

③ Wilhelm Abel, *Agricultural Fluctuations in Europe: From the Thirteenth to the Twentieth Centuries*, pp.99-101.

④ N. J. G. Pounds, *An Economic History of Medieval Europe*, p.159.

⑤ 〔英〕科林·麦克伊韦迪、理查德·琼斯：《世界人口历史图集》，陈海红、刘文涛译，第15页。

过程存在很大差异，其中法国人口恢复最早和最快，拉杜里主张，在1450—1560年，法国人口可能翻了一番，换言之，恢复到黑死病前的水平。① 对于英国人口恢复时间，早期经济史学家如罗杰斯、莱韦特、克拉潘和科斯敏斯基等由于对黑死病的死亡率和人口下降的持续时间估计不足，认为尽管黑死病中断了中世纪中期人口上升过程，但人口下降并未持续很长时间。中世纪结束前，人口又恢复到之前的最高水平。② 实际上，英国人口恢复到黑死病前水平既不是在中世纪，也不是在16世纪，而是在工业革命以后，大大晚于法国和其他主要国家。据哈彻估计，1400年英国人口只有200万—250万人（相当于《末日审判书》时期的水平），以后并没有多大增长，1500年仍然如此。③ 工业革命开始后人口才快速增长，马尔萨斯的《人口原理》中提到18世纪末英国人口为700万人。里格利估计1800年达到860万，即刚刚超过波斯坦估计的黑死病前英国人口的上限。④

中世纪晚期英国人口长期下降原因何在？以往被归咎为鼠疫的高死亡率所致。论者认为中世纪晚期英国人口生育率已经很高了，无法进一步增加，因而生育率的变化对人口增长不会带来任何重要影响。例如哈彻认为中世纪晚期女性在青春期或临近该年龄结婚，不能通过更早结婚提高出生率。⑤ 发明早期现代"欧洲婚姻模式"这一概念的哈伊纳尔也主张，14世纪晚期的英国仍然恪守"非欧洲婚姻类型"（a pattern of non-European marriage），因为来自1377年

---

① 〔法〕伊曼纽埃尔·勒鲁瓦·拉杜里：《历史学家的思想和方法》，杨豫、舒小昀、李霄翔译，上海人民出版社2002年版，第131页。

② M. M. Postan, "Agrarian Evidence of a Declining Population in the Later Middle Ages", pp.209-210, 213.

③ J. Hatcher, *Plague, Population and the English Economy, 1348-1530*, London: Macmillan, Press LTD., 1977, p.71.

④ 〔英〕马尔萨斯：《人口原理》，朱央、胡企林、朱和中译，第12页。另据里格利统计，19世纪前的英国人口数据为，1551年为300万人，1601年400万人，1651年为500万，1700年500万，1751年570万，1800年860万。E. A. Wrigley and R.S. Schofield, *The Population History of England, 1541-1871: A Reconstruction*, Cambridge: Cambridge University Press, 1981, pp.208-209.

⑤ J. Hatcher, *Plague, Population and the English Economy 1348-1530*, pp.56-57.

的人头税报告的证据表明女性早婚，60%—70%的14岁以上女性已经结婚。有鉴于此，中世纪晚期人口下降不是由于低出生率，而是更高的死亡率所致。①不过，晚近以来越来越多的学者质疑这种观点，例如史密斯没有将中世纪晚期英国的劳动力短缺完全归咎于1350—1530年的所谓"细菌的黄金时代"，在他看来，许多因素特别是逃税和因贫困免税可能减少了人头税报告中未婚妇女的数量，导致14岁以上已婚妇女占比在60%以下，中世纪晚期已转变为欧洲特征的婚姻类型。这一转变的原因在于，大量年轻女性因在青春期和青年阶段担任生命周期仆人而晚婚晚育，结果减少了生育率。②与史密斯观点类似的还有戴尔，他认为，1348年前直至1540年英国人口数量低迷的主要原因不是高死亡率，而是低出生率造成的。低出生率缘于城乡各阶层的年轻人从十几岁开始直到二十几岁都要外出做生命周期仆人，所以他们的平均初婚年龄从22岁推迟到26岁。晚婚使得妇女生育期缩短，生育孩子的数量减少，从而导致人口出生率较低。此外独身者占有较大比例也是导致人口数量较低的主要原因之一。③实行生命周期仆人制度与英国高死亡率造成的雇工工资快速升高密切相关。习惯于雇佣雇工的家庭为减少工资支出，使用成本更低的年轻人代替成年雇工，甚至其中不乏自己的儿女。鉴于《人头税报告》中广泛存在着生命周期仆人，那么这意味着中世纪晚期英国的出生率已开始下降。

二、消费驱动下的农业进步

加洛林王朝以来，欧洲的重心从地中海沿岸转移到西北欧平原。

---

① J. Hajnal, "European Marriage Patterns in Perspective", in D.V.Glass and D. E. C. Eversley, eds., *Population in History: Essays in Historical Demography*, London: Edward Arnold, 1965, pp.101-146.

② Richard Smith, "Human Resources", in Grenville Astill and Annie Grant, eds., *The Countryside of Medieval England*, Oxford: Blackwell, 1988, pp.210-211.

③ Christopher Dyer, *Making a Living in the Middle Ages: The People of Britain 850-1520*, pp.276-277.

中世纪早期和中期人口快速增长，迫切需要生产大量谷物。西北欧是欧洲的主要谷物种植区，以往一直被森林覆盖，中世纪早期和中期掀起大规模的垦荒运动。新垦区需要因地制宜发明一套适合西北欧地区的农业生产技术，学者们通常将这套形成于中世纪早期、普及于中世纪中期的新式农业技术体系的发明与推广称之为"中世纪农业革命"。由于中世纪农业革命的技术发明和推广历经了几个世纪，而学者们对技术发明和普及的内容又各有侧重，致使有关中世纪农业革命时间存在几种不同看法。杜比最早使用了中世纪农业革命的概念。1954年，他发表"中世纪农业革命"一文，认为中世纪农业革命开始于8世纪末，兴盛于950—1050年。它最早发生于卢瓦尔河和莱茵河之间地区，主要标志有以下三点：一是大量使用自然（水力和风力）和动物（11—12世纪马和牛成为牵引工具）能源作为辅助动力；二是铁的广泛使用，9—12世纪高卢北部出现轮式犁（重犁）；三是三圃制（春播地、冬播地和休耕地）的推广，一年两熟制得到普及。后来他又将中世纪农业革命的时间进行了调整，集中于11—12世纪。①

怀特则认为西北欧农业技术全部产生在中世纪早期，6—8世纪末欧洲历史上头等重要的大事是发明了一种适合于北方土地的崭新的农业耕作制度。随着新制度各种要素的出现，集合成一个耕作的新模式，然后加以推广。"它被证明是人力操作的最富有生产能力的耕种方法，这是世界上前所未有的。到了查理大帝时代，它的影响是以把欧洲文化中心从地中海沿岸转移到广阔的北方平原，并从此一直保持到现在。"怀特将适合于西北欧的农业耕作制度的发明称作"中世纪早期农业革命"，主要内容包括重犁、敞田制、农业与畜牧业新的结合、三圃制、现代挽具、钉马蹄铁以及车前横木等一系列的技术进步与普及。不过，他也承认，9世纪北欧海盗的蹂躏，

---

① Georges Duby, *The Early Growth of the European Economy: Warriors and Peasants from the Seventh to the Twelfth Century*, Translated by Howard B. Clarke, New York: Cornell University Press, 1974, pp.186-199.

10世纪早期马扎尔人（匈牙利人）的掠夺，使其效果不能进一步发挥，一直到10世纪后期都是如此。随着以上入侵的结束，"到1100年时，出现一个农业繁荣区域，这个区域横跨北欧，从大西洋直到第聂伯河。大约在1050年写成于南德意志地区的一首奇妙的拉丁文诗歌里给我们偶尔闪现了一幅粗略的但在过去历史上从来没有过的充满无穷生气和巨大生产力的农业社会图景。那个社会就是发生在过去五百年里农业革命的产物"①。

阿德里安·费尔哈斯特则将中世纪农业革命推迟到13世纪。他在反思了以往中世纪农业革命的研究后认为，杜比和怀特将收获比例和农业技术作为11—12世纪乃至中世纪早期前半段西北欧农业革命的证据经不起检验。从收获比例上讲，"与杜比、怀特和大部分中世纪史学家的观点相反，13世纪前欧洲谷物产量没有较大提高，更遑论农业革命了"。与此同时，农业技术产生于中世纪早期前半段并推广于11—12世纪的观点也存在可议之处。例如挽具和重犁都出现于罗马帝国，而不是中世纪早期前半段。它们在中世纪并未得到普及，而13世纪以来无轮轻犁却在英国和欧洲大陆得到传播，一直使用到早期现代。不仅如此，马匹和重犁在中世纪农业中使用的研究表明，它们与三圃制传播很少像某些史学家所设想的那样存在着直接联系（例如在中世纪英国牛是主要挽力）。他将三圃制传播尤其是技术突破作为中世纪农业革命的聚焦点。从传播来讲，加洛林时期法国北部的几个大地产已实行了三圃制，但这种做法实属例外。直到11—12世纪，在人口压力下西北欧许多地区的村庄土地推行敞田制，包括佛兰德尔、毗邻现代法国和比利时边界的瓦隆地区（Walloon regions）、法国北部、尼德兰东北部和德意志西北部等。最晚在12世纪和13世纪早期，新垦区也并入敞田制之中。在某些地区，强制性的三圃制在大约同一时期代替了以前存在的自愿性三圃

---

① 林恩·怀特（小），"500—1500年技术的发展"，见〔意〕卡洛·M.奇波拉主编：《欧洲经济史》第一卷：中世纪时期，徐璇译、吴良健校，第112、118页。

制。三圃制与二圃制相比休耕地和公共放牧权减少，牲畜及其粪肥供给下降，容易导致地力下降和收获比例减少，亟需技术上有所突破。13世纪中叶起某些地方的轮作规则开始变化。13世纪下半叶兼作饲料的豌豆、大豆和野豌豆等豆科植物，为城市毛纺织业提供染料的靛蓝和茜草等工业原料作物与夏粮一起被种植在耕地以及休耕地上，表明了在城市经济影响下集约化农业的发展。饲料作物种植引起的畜牧业扩大使牲畜存栏量大幅度增加。尽管休耕地和公共放牧权减少了，但集约化农业带来的更多肥料的供给增加了保持土壤肥力的可能性。有鉴于此，如果说农业革命的概念用于什么地方是正确的，那么肯定是13世纪人口稠密的城市化的西北欧。[1]

13世纪晚期特别是14世纪西北欧农业进步又出现新变化，佛兰德尔和英国等通过减少休耕地的办法使农业生产更加集约化。这种做法得益于中世纪晚期特殊的经济环境。由于人口减少，消费升级，谷物价格低迷，而畜产品和工业原材料作物的价格却保持稳定。有鉴于此，农场主尝试新的农业种植方法，将更多耕地用来种植饲料作物，或者在一段时间内将耕地转变为草地用来饲养更多牲畜。更多的肥料供给有利于改善耕地肥力，提高收获比例，或者种植比谷物需要更多肥料的工业原材料作物。大约从14世纪开始，这些新农业制度在佛兰德尔被首次提到。具体做法主要有：一是延长休耕时间，耕地休耕不再每隔3年进行一次，而是延长至每隔4年、5年或6年。这种集约化农业的最早记录来自1328年，法属佛兰德尔的卡塞尔西北部的布尔堡（Bourbourg）有10.5公顷土地种植了小麦、豌豆、大豆和饲料作物，没有提到休耕地。二是耕地使用一段时间后在未来若干年转变为牧场，在佛兰德尔，该过程一般为6年或更多为9年，一年种植冬季谷物，一年种植春季作物，一年休耕，然

---

[1] Adriaan Verhulst, "The 'Agricultural Revolution' of the Middle Ages Reconsidered", in Bernard S. Bachrach and David Nicholas, eds., *Law, Custom, and the Social Fabric in Medieval Europe, Essays in Honor of Bryce Lyon*, Michigan: Western Michigan University Press, 1990, pp.21-24.

后3—6年变为牧场。第一个已知从耕地变牧场的例证来自1323年根特（Ghent）城外南部的土地进行了轮换种植。1368年根特附近的圣皮特阿尔斯特（St Pieters Aalst），1372年阿尔斯特附近的莱德（Lede）都实行了这种种植方法。这种新农业方法通过种植豆科饲料作物增加土壤中的氮肥含量，促进畜牧业发展。①类似的做法稍晚时亦见于英国。坎贝尔认为，在东盎格利亚这个英格兰农业最先进的地区也经历了类似于低地国家延长休耕时间那样的农业进一步集约化的过程，提高了谷物产量。②

比较中世纪欧洲谷物产量变化的便捷方法是收获比例（yield，即种子与收获的比例），后者主要来自庄园自营地直接经营留下的财产清册、庄园账簿等地产档案。最早的庄园档案出现在加洛林时期。据巴斯统计，810年法国北部4个王室地产的财产清单显示这里已实行三圃制，种植的作物包括斯佩尔小麦、小麦、黑麦、大麦、燕麦、大豆和豌豆等，但其中只提供了部分作物的播种量，据此可以得出这部分谷物的收获比例：里尔附近的安娜佩斯（Annappes）庄园的收获比例为斯佩尔小麦720∶2 040莫迪（modii，等于1/6蒲式耳），小麦60∶160，大麦1 100∶2 900；杜埃附近的维特里（Vitry）庄园的收获比例为大麦600∶1 900；西索安（Cysoing）庄园的收获比例为斯佩尔小麦120∶360，黑麦100∶260，大麦300∶750；索梅因（Somain）庄园的收获比例大麦为400∶1 200。其中有些收获比例为1∶3，通常为1∶2.6至1∶3.17，但某些数据差别较大。③杜比认为巴斯的上述解读是错误的，810年安娜佩斯庄园扣除种子后的剩余部分不足收获量的一半，斯佩尔小麦为46%，小麦为40%，大麦

---

① B. H. Slicher van Bath, *The Agrarian History of Western Europe, A.D. 500–1850*, Trans., by Oliver Ordish, New York: St. Martin's Press, 1963, pp.178–179; J.A. Mertens and A. E. Verhulst, "Yield-Ratios in Flanders in the Fourteenth Century", *The Economic History Review*, New Series, Vol.19, No.1 (1966), pp.175–182.

② Bruce M. S. Campbell, "Agriculture Progress in Medieval England: Some Evidence from Eastern Norfolk", *The Economic History Review*, New Series, Vol.36, No.1 (Feb., 1983). pp.6–46.

③ B. H. Slicher van Bath, *The Agrarian History of Western Europe, A.D. 500–1850*, pp.65–66.

为38%。换言之，产量分别为1∶1.8、1∶1.7，是年该庄园的黑麦没有任何剩余。其他庄园的收获比例也是如此，例如西索安庄园的斯佩尔小麦为1∶2，黑麦为1∶1.6；维特里、西索安和索梅因庄园的大麦分别为1∶2.2、1∶1.5和1∶2。不过，杜比认为，该年为歉收年份，至少不如上一年的收成多，因为仓库里还有上一年收获保存下来的大量大麦和斯佩尔小麦。其他史料表明，在中世纪早期农业中大麦的收获比例在1∶1.6和1∶2.2之间绝非属于例外情况。①换言之，巴斯估计9世纪谷物收获比例大约为1∶3，杜比则倾向于1∶2。

12—14世纪欧洲大陆平均收获比例有所提高。12世纪中叶克吕尼修道院的调查员走访了6个庄园，对它们冬季作物的播种和收获进行了评估，其中也包括前述的安娜佩斯庄园。结果发现，各庄园的收获比例差别较大。其中一个农场收获为种子的6倍，在另一个农场黑麦达到1∶5，小麦1∶4，最后四个庄园黑麦和小麦分别为1∶2和1∶2.5。由此，收获比例从9世纪的1∶2上升到12世纪的1∶3，这种进步绝非微不足道，因为当收获比例从1∶2上升到1∶3时，收获中用于消费的那个部分就会增加一倍。②13世纪和14世纪上半叶收获比例继续上升。当然，不同区域的收获比例差距极大，例如14世纪开始法国西北部（即法属佛兰德尔）的阿图瓦（Artois）和蒂埃里迪瑞肯（Thierry d'Hirecon）的小麦收获比例有时超过1∶15，平均达到1∶8，燕麦1∶6。在罗克图瓦尔（Roquetoire），1319年小麦的收获比例为1∶7.5，1321年为1∶11.6。在戈耐（Gosnay），1333年小麦收获比例为1∶11，1335年为1∶15。在巴黎地区的梅维尔的圣丹尼斯修道院的地产上，小麦的收获比例一样高产，平均达到1∶8。但同一时期在整个普罗旺斯省的阿尔卑斯山

---

① Georges Duby, *Rural Economy and Country Life in the Medieval West*, Translated by Cynthia Postan, London: Arnold, 1968, pp.25-26; idem, *The Early Growth of the European Economy: Warriors and Peasants from the Seventh to the Twelfth Century*, Translated by Howard B. Clarke, Ithaca: Cornell University Press, 1974, p.28.

② Georges Duby, *The Early Growth of the European Economy: Warriors and Peasants from the Seventh to the Twelfth Century*, pp.197-198.

区，庄园自营地的小麦收获比例为1∶3—1∶4，某些小山村甚至跌到加洛林时期的水平，但城市附近的某些家庭农场施肥较多，收获比例可达1∶6或1∶7。类似的地方还有普罗旺斯和图卢兹等地，小麦收获比例在15世纪前夕从未超过1∶3.2。应该说，较高和较低的收获比例都不具有代表性。正如杜比指出的，1300年左右，欧洲大部分农场主期望的收获比例为1∶3或1∶4，他们几乎不能有更多的期望。①

英国的农书和庄园账簿（manorial accounts）留下了大量中世纪中晚期的收获比例数据。一般认为，农书的收获比例高于庄园账簿中记载的数据。根据13世纪农书作者，大麦的收获比例应为1∶8，黑麦应为1∶7，蚕豆和豌豆应为1∶6，小麦应为1∶5，燕麦为1∶4。②而实际上，上述数据高于平均收获比例，后者通常为小麦1∶4，大麦1∶3.5，燕麦1∶3，黑麦1∶5.5。即使加上在地里扣除的什一税，小麦的平均收获比例也只有1∶4.4，大麦为1∶4，燕麦为1∶3.3，黑麦为1∶6.1，仍低于农书作者提出的预期数据。③甚至更长时期的平均收获比例数据也是如此，1200—1450年温切斯特主教地产小麦的平均收获比例为1∶3.8，大麦的收获比例与小麦相同，燕麦仅为1∶2.4。④据此，13世纪所有谷物的平均收获比例可能在1∶4左右，通常不足1∶5。

14世纪晚期和15世纪早期大部分英国庄园自营地已经放弃直接经营，只有个别教会地产继续直接经营。就时间跨度之长而言，温切斯特主教地产档案在英国绝无仅有，因而当仁不让地成为比较中世纪中期和晚期收获比例数据最理想的史料，这也是自贝弗里奇以

---

① Georges Duby, *Rural Economy and Country Life in the Medieval West*, p.101。
② 〔英〕伊·拉蒙德、W.坎宁安编：《亨莱的田庄管理》，高小斯译、王翼龙校，商务印书馆1995年版，第64页。
③ B. H. Slicher van Bath, *The Agrarian History of Western Europe, A.D. 500-1850*, p.172；另参见该书第328—329页表3"中世纪种子收获比例"，记录了1200—1504年英国部分庄园各种作物的平均、最大和最小三种收获比例。
④ W. H. Beveridge, "The Yield and Price of Corn in the Middle Ages", *The Economic Journal*, Vol.37, No.2 (May, 1927), pp.158-159.

来许多史学家经常使用其研究谷物产量的主要原因。贝弗里奇依据温切斯特主教地产的收获比例数据主张,与中世纪中期相比,中世纪晚期种子的生产率(即收获比例)略有上升,土地的生产率(即单位面积产量)则没有明显上升或减少。"总的印象是稳定和停滞,几乎没有迹象表明在农业方法上的实质性的进步,以及某些学者在中世纪晚期发现的土壤肥力的下降。"①

与贝弗里奇有关温切斯特主教地产上谷物产量保持稳定的观点相反,波斯坦则认为:"实际的情况是,以出版的统计数字为标准,主教土地的实际产量也在下降,这可能使得其他更少特权的耕种者的土地产量下降得更多。"波斯坦所说的其他更少特权的耕种者指的是普通农民,他们落后的生产条件使得其份地上的谷物产量无疑低于自营地。具体说,"如果在13世纪初,在温切斯特大主教的领地上所有作物的平均收入约是种子的4倍,而这个世纪末是3—4倍,那么,在他的佃农的土地上的产量,一定低于3—4倍的种子"。②此外,波斯坦还认为,尽管中世纪晚期人口压力消失了,但地力衰竭和收益递减仍无法自愈(self-cure)。因为,旧的土地肥力消耗殆尽,没有新的土地可供开垦以替代这些失去肥力的土地,即土地无法做到所谓的"新陈代谢"(metabolism),所以中世纪晚期耕地面积和农作物产量一并下降。他甚至假设说,如果13世纪温切斯特各庄园的谷物产量减少1/2或2/3,那么中世纪晚期将降至每英亩3—4蒲式耳或种子播种量的1.25—1.75倍。在这种收获水平上,土地即使按照中世纪的标准也不值得耕种。③

法默对中世纪晚期温切斯特主教地产的谷物产量研究基本否认了波斯坦的观点。他论述说,截至1350年温切斯特主教地产上仍有50

---

① W. H. Beveridge, "The Yield and Price of Corn in the Middle Ages", pp.158-159, 160.
② 〔英〕M. M. 波斯坦主编:《剑桥欧洲经济史》(第一卷):中世纪的农业生活,郎立华等译、郎立华校订,经济科学出版社2002年版,第478、515页。
③ M. M. Postan, *The Medieval Economy and Society: An Economic History of Britain in the Middle Ages*, pp.74-79.

个庄园直接经营自营地，14世纪结束时除了6个庄园外，其他42个庄园的自营地仍然直接经营，直到15世纪40年代直接经营自营地的庄园才减少到12个以下。因此，温切斯特主教领地的财税卷宗（Pipe Rolls）成为说明黑死病后一个世纪英国南部农作物产量的最好史料。法默在考察了1325—1453年温切斯特主教地产各庄园谷物生产率后，结合蒂托对1209—1349年该地产的相关研究成果认为，大部分小麦的收获比例在紧接着黑死病之后那些年份减少、恢复，然后又在15世纪早期轻微下降。黑死病前大麦和燕麦的收获比例总体呈下降趋势，黑死病后这两种深根农作物的产量显著提高。参见表1-1。①

表1-1　中世纪中晚期温切斯特庄园种子平均收获比例的比较

年份	小麦	大麦	燕麦
1209—1270*	3.85	4.32	2.63
1271—1299*	3.79	3.36	2.21
1300—1324*	3.90	3.57	2.21
1325—1349*	3.96	3.74	2.25
1349—1380	3.66	3.53	2.43
1381—1410	3.88（3.95）	4.13（4.14）	2.93（2.96）
1411—1453	3.66（3.70）	3.64（3.77）	3.03（2.99）

*根据 J. Z. Titow, *Winchester Yields: A Study in Medieval Agricultural Productivity* (Cambridge: Cambridge University Press, 1972)的数据算出。

资料来源：David L. Farmer, "Grain Yields on the Winchester Manors in the Later Middle Ages", *The Economic History Review*, New Series, Vol.30, No.4 (Nov., 1977), p.560, Table 3.

晚近以来，坎贝尔对庄园自营地农业产量的研究证明了人口密度有助于农业集约化的观点，无论中世纪中期还是晚期莫不如此。他论证说，与温切斯特主教地产集中所在的汉普郡等南部地区相比，以诺福克郡和伦敦周围各郡为代表的英国东部和东南部等人口更稠

---

① David L. Farmer, "Grain Yields on the Winchester Manors in the Later Middle Ages", p.555.

密地区的谷物产量更高。①由此，人口压力不仅不一定导致地力耗竭和产量下降，而且还可能通过集约化增加土地的单位面积产量。此外，什一税的征税记录也表明，某些农民土地的产量甚至高于庄园自营地，②波斯坦的有关判断是片面的。

不仅如此，中世纪结束时英国已经跻身于欧洲农业先进地区。奇波拉根据巴斯的研究制作的13世纪至17世纪欧洲收获比例表格（表1-2），大致反映了这一变化。

表1-2　1200—1699年欧洲国家的小麦、黑麦、大麦和燕麦的平均收获比例

年份	英国	法国	德国
1200—1249	3.7	—	—
1250—1499	4.7	4.3	—
1500—1699	7.0	6.3	4.2

资料来源：Carlo M. Cipolla, *Before the Industrial Revolution: European Society and Economy, 1000-1700*, Second Edition, London: Methuen, 1980, p.123。

三、价格史中的食品供求关系

如上所述，中世纪欧洲人口的增长与农业生产缓慢进步具有同步性和非同步性，供求关系是否平衡，可以从食品价格中找到答案。中世纪欧洲长期存在价格纪录的食品包括谷物和牲畜，可以在各个时期进行比较。谷物主要用作面包、麦片粥、麦酒和饲料。牲畜则有多方面用途，例如猪主要用于食肉，公牛作为挽畜，母牛（cows）可以繁殖公牛和供给乳制品，羊的价值主要在于羊毛，可

---

① Bruce M. S. Campbell, *English Seigniorial Agriculture, 1250-1450*, Cambridge: Cambridge University Press, 2000, p.318.

② B. Dodds, "Demesne and Tithe: Peasant Agriculture in the Late Middle Ages", *Agricultural History Review*, Vol.56, No.2 (2008), pp.123-141.

以作为服装面料。①牲畜原皮可以制革,失去经济价值的公牛、母牛和羊可以食用。②马可以用作挽畜、拉车和骑行等,但鲜有食用。

中世纪早期欧洲大陆的蛮族法典、国王敕令以及税收记录等史料中留下了零星的价格数据。杜哈德认为,中世纪早期商品价格主要受到人口和自然因素变化的影响,而这两种因素所影响的商品价格波动幅度却相差悬殊。耕地、房屋、呢布和武器的供需随着人口规模的变化而增减。但由于9世纪前欧洲人口数量没有任何明显变化,所以可以确定这些商品的价格在中世纪早期的前几个世纪大致保持相同水平。牛和马似乎也属于此类商品,它们的价格相对稳定。由于价格稳定,牲畜和武器曾作为司法罚金。如《利普里安法典》规定,一头公牛2索里达,一匹长角的母牛3索里达,一匹马12索里达等。尽管中世纪早期人口变化不大,但其他因素可以导致物价上升。例如出口会引起呢布和原皮价格上涨。9世纪法兰克王国的呢布和原皮出口西班牙导致价格上涨,808年国王在法令集中固定了呢布和原皮的价格。除此之外,其他商品价格则对自然因素的影响表现得极其敏感,在丰收(此即所谓的熟荒)或歉收影响下,价格上涨,迫使人们花掉积蓄,因而中世纪早期的欧洲文献充满了对小麦、葡萄酒和水果价格的关注。在食品短缺年份,谷物、葡萄酒和面包的价格可以合法地上涨6倍,806年就是如此。829年食品短缺,这些商品的定价(fixed prices)比806年上涨4倍。吉拉德和其他几位学者研究表明,9世纪下半叶,谷物和葡萄酒的价格与牲畜相比明显上涨。868年,桑斯(Sens)的小麦价格比829年高出5—8倍,924年比868年高出3—5倍。每当食品供不应求、价格高企时,为了保护穷人,法国教俗统治者采取救济措施平抑物价。例如国王以低于市场一半的价格出售其自营地产品,修道院则要求修道士按照

---

① Wilhelm Abel, *Agricultural Fluctuations in Europe: From the Thirteenth to the Twentieth Centuries*, pp.67-68.

② Constance Brittain Bouchard, *Life and Society in the West: Antiquity and the Middle Ages*, San Diego: Harcourt Brace Jovanovich, Publishers, 1988, p.150.

低于其他生产者的价格出售自己的产品。此外，当食品短缺时，政府禁止出口食品或其他商品，国王命令其封臣在农民吃饱前不得出售领地的产品等。① 中世纪早期日耳曼人农业落后，谷物生产难以满足人口需求，导致食品价格频繁上涨，灾荒年份尤为严重。中世纪早期欧洲饮食研究也表明，食品消费水平在证据上相互矛盾，因而总的结论是供给不能满足消费需要。②

直到盎格鲁撒克逊末期，英国才见到相关的价格记录，主要集中在牲畜价格方面。10—11世纪时英国价格一般是稳定的，12世纪的大部分时间也是如此。威塞克斯国王阿瑟尔斯坦（Athelstan, 924—940年）的第六法典《伦敦主教和市长法令》（Ordinance of the Bishops and Reeves of London）规定，公牛30便士，母牛20便士，猪10便士，羊5便士。这些价格在后来两个世纪没有明显变化。《末日审判书》中公牛30或24便士。12世纪20年代中期，彼得伯勒修道院的瑟尔比（Thurlby）庄园的公牛仅为2先令（24便士），价格低于10世纪。但同期卡丁顿的圣保罗庄园的公牛为3先令（36便士），1135年调查的拉姆齐修道院的大部分庄园也是如此。至12世纪末，拉姆齐修道院的公牛价格为4先令（48便士），但其他地方也存在更低的公牛价格。有鉴于此，牲畜价格在一个多世纪基本保持稳定。此外，主要记录国王为王室庄园采购牲畜和为军队采购谷物的《财务署卷筒案卷》（Exchequer Pipe Rolls）提供了更加准确的采购时间与价格纪录。1165—1166年和1181—1182年购买的大多数公牛的价格为3先令（36便士），但此后直到1188—1189年大部分公牛每头在4—5先令。12世纪90年代每头公牛价格降至3—4先令，在《财务署卷筒案卷》中仅有一次超过后来的数据。如果1180年的临时涨价忽略不计，那么1000—1200年的价格上涨不超过50%，并

---

① R. Doehaerd, *The Early Middle Ages in the West: Economy and Society*, translated by W. G. Deakin, Amsterdam, New York, Oxford: North-Holland Publishing Company, 1978, pp. 240-241.

② Kathy L. Pearson, "Nutrition and the Early Medieval Diet", *Speculum*, Vol. 72, No. 1 (Jan., 1997), pp. 1-32.

且主要发生在12世纪下半叶。①与此同时,《财务署卷筒案卷》也表明谷物价格相对稳定,尽管1175—1176年的小麦价格高于1168—1169年的4倍;但在连续两个丰收年后,小麦价格几乎回落到更早年份的较低水平,即1萨姆(summ,相当于后来的夸特)小麦需要1先令多。②

其他学者也持类似看法。例如波斯坦认为,12世纪下半叶的谷物和牲畜价格较为稳定和低廉。1165年,王室经纪人购买的小麦每夸特(1夸特相当于中世纪人的年均口粮,可烤制400磅面包)1先令9.5便士,1172和1174年上涨,1178和1184年又大致恢复到1165年的水平,维持在每夸特1先令7便士至1先令10便士之间。牲畜价格的趋势同样稳定,除了1182和1184年的三年间价格上涨到每头4先令2便士外,1192年前公牛价格通常为每头3先令。羊价波动更大,但也长时期保持稳定。12世纪第一个20年,每只羊为4便士,12世纪80年代上涨到6便士,直到12世纪末没有变化。猪价更加稳定,12世纪一直是每头1先令。③由此可见,10—12世纪,牲畜和食品价格长期保持稳定,表明食品供给和人口需求基本同步,灾荒年导致的物价上涨的频率似乎也较中世纪早期明显减少。应该说,盎格鲁撒克逊时期的垦荒运动和中世纪农业革命对此功不可没。垦荒运动扩大了耕地面积,在此基础上,农业进步的作用则是多方面的。一是有助于12世纪中叶谷物收获比例从9世纪的1∶2上升到1∶3,提高50%。二是三圃制将休耕地从1/2减少到1/3,提高了每年耕种比例。三是三圃制下每年在不同时间收获两次谷物,降低了绝收风险。④

---

① David L. Farmer, "Prices and Wages, 1200-1350", in H.E.Hallam, ed., *The Agrarian History of England and Wales*, Volume II, 1042-1350, Cambridge: Cambridge University Press, 1988, p.717.

② Ibid.

③ M. M. Postan, *The Medieval Economy and Society: An Economic History of Britain in the Middle Ages*, p.261.

④ Jean Gimpel, *The Medieval Machine: The Industrial Revolution of the Middle Ages*, Harmondsworth: Penguin Books LTD., 1977, p.40.

中世纪欧洲物价快速上涨始于12世纪晚期到13世纪。为了分享价格上涨的红利，12世纪晚期以来英国庄园自营地放弃出租，改为集中经营，庄园账簿留下了连续和丰富的谷物、羊毛和牲畜的价格记录。13世纪人口快速增长，收获比例增加相对较慢，导致食品价格上升，因而12世纪末在许多方面成为中世纪价格史的转折点。贝弗里奇将这个时期的价格变化称为"中世纪价格革命"（price-revolution of the Middle Ages）。从12和13世纪之交开始，所有农产品价格明显和突然上涨。12世纪90年代后期小麦每夸特为1先令9便士，但在1199—1203年超过3先令6便士，上涨近2倍。同一时期，公牛价格在1199年前的几十年每头4先令，1201—1210年升至7先令。羊价同一时期也上涨2倍，从1199年前的每只4或6便士上涨到13世纪第一个10年的10便士以上。猪价亦如是。12—13世纪之交猪价上了一个台阶，在13世纪的其余时间和14世纪初没有变化。① 据此，中世纪中期谷物和牲畜上涨约2倍（公牛实际上涨不到两倍）。

晚近以来学者们倾向于中世纪中期食品价格上升的开始时间更晚，涨幅更大。法默认为中世纪中期价格上涨始于13世纪初。13世纪的头几年所有商品价格经历了剧烈变化。1202—1203年国王购买小麦的价格比1175—1176年这个高物价年份上涨两倍。两年后约翰王的郡守购买一头公牛要花10先令，比1182—1183年这个12世纪物价最高年份（当时公牛应为每头5先令）上涨两倍，三倍于12世纪90年代的价格。尽管1205年约翰王重铸货币时价格出现轻微下降，但从未恢复到12世纪水平，并且1205年后价格重新上涨。13世纪10年代，温切斯特主教地产购买一头公牛花费7先令，13世纪30—50年代，每头公牛的价格为9先令。13世纪70年代，来自几个地产的庄园的一头公牛均价为12先令6便士，13世纪80—90年代公牛价格略有下降。14世纪开始，公牛价格再次上升，14世纪第一个10年，一头公牛价格将近13先令，14世纪10年代上涨到16先

---

① M. M. Postan, *The Medieval Economy and Society: An Economic History of Britain in the Middle Ages*, p.262.

令。14世纪20年代价格有所下降，此后较为稳定。1330—1331年和1355—1356年期间，公牛价格始终在12—13先令。其他大牲畜的价格与公牛价格的升降紧密保持一致。此外，谷物价格随年成有所波动，但长期趋势基本相似。1180—1330年，谷物价格上涨大约4—5倍，涨幅和猛烈程度堪与16世纪的价格革命相提并论。对于工资劳动者来说，中世纪中期和16世纪价格革命的后果同样严重。直到黑死病爆发二十年以后，农业和建筑工人的工资才赶上早些时候的价格上涨。[1]法默的研究表明，中世纪中期英国牲畜价格上涨超过3倍，谷物价格上涨4—5倍，后者肯定超过了人口的增长倍数，食品供求关系十分紧张。

13世纪欧洲大陆没有同期英国那样翔实和多样化的史料，因而对食品价格长期趋势的分析近乎猜测。不过，中世纪中期欧洲大陆价格上涨速度通常情况下低于英国。厄舍认为，1202年，法国阿尔比地区34克银购买1塞蒂尔（setier，约为12蒲式耳）小麦。此后，小麦价格波动较大，许多年份价格甚至低于1202年，1256年为33克银、1258年为25克银、1327年为27克银、1337年为32克银、1341年为17克银、1345年为31克银。大饥荒和黑死病时价格奇高，1313年为113克银，1315年为201克银。1350和1351年分别为109和165克银。除去价格较低和较高年份，1301—1325年购买这些小麦的平均价格上涨到64克银，比一个世纪前上涨近1倍。[2]布瓦证实，巴黎地区的谷物价格在1284—1303年按照巴黎苏（Parisian sous，相当于先令）计算翻了一番，1320—1342年上涨幅度更高。艾贝尔认为，12、13世纪，德意志和意大利北部的谷物价格同样正在变得日益昂贵。[3]

---

[1] David L.Farmer, "Prices and Wages, 1200-1350", pp.717-718.
[2] A. P. Usher, "The General Course of Wheat Prices in France, 1350-1788", *The Review of Economics and Statistics*, Vol.12, No. 4 (Nov., 1930), p.162, Table 4.
[3] Wilhelm Abel, *Agricultural Fluctuations in Europe: From the Thirteenth to the Twentieth Centuries*, pp.19, 20.

中世纪中期欧洲各国物价都经历了不同幅度的增长，表明人口增长程度不同地快于收获比例。尽管中世纪早中期以来各国的垦荒运动扩大了耕地面积，中世纪中期收获比例比早期增加一半，三圃制的推广有助于增加土地使用率和降低绝收风险，但总的说仍不能满足不断增加的总人口和非农业人口的需要，物价高企便是证明。

中世纪晚期欧洲食品价格经历了相反运动，贝弗里奇依据九个温切斯特主教庄园的记载，以及罗杰斯的研究结果，以半个世纪为单位将1200—1450年谷物、牲畜、羊毛和盐的价格制成表格，从中可以清楚看出黑死病前后英国物价水平的变化。总的说，与1300—1350年相比，中世纪晚期英国谷物价格整体上说趋于下降，但小麦价格仍基本保持稳定，大麦、燕麦和黑麦价格明显下降。相反，中世纪晚期英国牲畜和盐的价格全部超过1300—1350年的价格水平。参见表1-3。

表1-3　1200—1500年商品的价格　　　　　（单位：先令）

商品	单位	1200—1249年	1250—1299年	1300—1349年	1350—1399年	1400—1449年	1450—1500年
九个温切斯特庄园
小麦	夸特	4.01	5.52	6.33	6.89	6.34	6.05
大麦	夸特	2.66	3.88	4.48	4.59	3.74	4.05
黑麦	夸特	3.68	4.68	5.29	5.34	—	4.87
燕麦	夸特	1.60	2.35	2.63	2.72	2.05	2.36
盐	夸特	1.87	2.60	3.62	6.05	4.68	4.11
羊毛（大羊）	7磅	1.42	1.86	2.31	1.85	2.04	1.92
羊毛（羔羊）	7磅	1.10	1.55	1.99	1.38	1.20	1.43
公牛	每头	7.97	10.46	13.30	14.92	14.19	12.76
母牛	每头	7.05	8.55	9.18	10.40	9.02	9.24
羊（羊肉）	每头	1.15	1.33	1.32	1.79	1.71	1.53
母羊	每头	1.04	1.13	1.21	1.49	1.35	1.28
公猪	每头	0.64	1.01	1.24	1.47	1.37	1.28
羔羊	每头	0.28	0.58	0.70	0.90	0.93	0.81
公羊	每头	—	1.27	1.64	1.83	2.08	1.75

续表

商品	单位	1200—1249年	1250—1299年	1300—1349年	1350—1399年	1400—1449年	1450—1500年
罗杰斯的平均值						
小麦	夸特		5.35	6.01	6.13	5.77	5.83
大麦	夸特		3.91	4.25	4.08	3.67	3.97
黑麦	夸特		4.39	4.60	4.24	4.07	4.32
燕麦	夸特		2.19	2.48	2.61	2.17	2.37
盐	夸特		2.77	3.87	6.40	4.82	4.55
羊毛	7磅		2.14	2.14	2.11	1.77	2.03
公牛	每头		10.75	13.05	14.87	18.45	14.44
母牛	每头		7.43	9.94	10.62	—	9.55
羊（羊肉）	每头		1.68	1.92	2.06	2.11	1.97

资料来源：W. H. Beveridge, "The Yield and Price of Corn in the Middle Ages", p.163, Table IV。

中世纪晚期欧洲大陆的价格趋势与英国大致是一致的，但不同的是前者的证据既缺乏连续性，且主要集中于谷物价格。艾贝尔认为，14世纪的一系列好收成预兆了15世纪长期的价格下降。1375年夏天炎热干燥，谷物和水果获得连续十四年未有的丰收。1375年阿尔萨斯的丰收导致供过于求，随后的丰收年又接踵而至，导致谷物价格下跌。1375年4月纽伦堡黑麦价格从每100公斤74克银降至1376年的每100公斤33克银。据奥格斯堡编年史记载，1382—1383年冬德意志谷物价格低廉。1395年面包师傅开始烤制法寻（货币单位，在英国相当于0.25便士）面包，因为1便士的面包一个人吃不完。阿尔萨斯编年史也认为，这种情况前所未有。15世纪的到来也没有阻止谷物价格的下降，其中只有几次价格上扬。如果以25年为单位计算，这些短期的价格波动几乎是觉察不到的，15世纪下半叶西欧和中欧的谷物价格达到最低点。可以说，中世纪晚期谷物价格下降在欧洲大陆各国没有例外。①

人口减少和食品价格下降是前述马尔萨斯人口二阶段循环中的第二个阶段，生活水平得到改善，生育率不久将再次提高。不过，由于英国实行生命周期仆人制度，降低了生育率，因而人口没有像传统社会那样很快从第二阶段恢复到第一阶段。14—18世纪，英国一直处在人口的低压状态，农业生产缓慢进步，占人口近一半的雇工的生活水平得到明显改善。在名义工资上升和食品价格下降的双重作用下，中世纪晚期尤其是15世纪农业雇工和建筑工人的实际工资快速增长。中世纪晚期食物价格变化较大，从14世纪60年代购买一个消费品购物篮高达44先令19便士，到15世纪50年代低至25先令49便士。在14世纪50、60年代的混乱时期，农业雇工和建筑工人购买消费品购物篮需要的劳动单位分别上升到24.5个和32.5个。不过，14世纪70年代以来，农业雇工和建筑工人的工资购买力迅速改善。农业雇工在14世纪70年代降为19个，15世纪10年代为16个，15世纪40年代为12个。建筑工人在14世纪70年代购买消费品购物篮需要27个工作单位，15世纪10、40和70年代则分别降为21、14和13个。法默认为，鉴于农业雇工劳动的临时性和间断性，建筑工人生活水平的改善被低估了。②15世纪被罗杰斯誉为雇工的

---

① Wilhelm Abel, *Agricultural Fluctuations in Europe：From the Thirteenth to the Twentieth Centuries*, p.49.
② David L. Farmer, "Prices and Wages, 1350-1500", in E. Miller, ed., *The Agrarian History of England and Wales*, Volume III, 1348-1500, Cambridge: Cambridge University Press, 1988, pp.492-493. 法默在原注中对其使用的概念分别做了解释。购物篮（shopping basket）包括4夸特大麦，2夸特豌豆，0.01头牛，0.5只阉羊，0.5头猪，0.25韦（wey，1韦奶酪等于224磅）奶酪，1英担（stone，1英担等于14磅）羊毛，0.01夸特盐，可用来满足一个4—5口的雇工家庭一年的食物消费。1个"农业工作单位"（unit of agricultural work）指脱粒和扬场1夸特的谷物（小麦、大麦或燕麦中任何一种），加上收割和捆扎1英亩的谷物，再加上收割和摊开晾晒1英亩草地。1个"建筑工作单位"（unit of building work）指1个不带助手的木匠1天的工作，加上1个带助手的屋顶匠1天的工作，再加上1个带助手的瓦匠1天的工作。以上各例都不提供食物和饮料。由上可知，法默所说的劳动单位不等于劳动天数。1个农业劳动单位包括3种农活。如果每种农活需1天完成，那么1个农业劳动单位需要1个农业雇工劳动3天。建筑工人的1个劳动单位包括1个人劳动1天，2个人劳动2天，所以1个建筑工人的劳动单位需要1个建筑工人劳动5天。

"黄金时代",他们的实际工资的领先地位一直保持到1880年。① 依据中世纪社会底层的雇工的生活水平的改善情况表明,中世纪晚期以来英国在欧洲各国中率先告别了糊口经济。对此,不同时代的人们都有论述。如上所述,拉斯勒特认为16世纪法国农民生活远不及英国。15世纪英国王座法庭首席大法官约翰·福蒂斯丘爵士曾在英国玫瑰战争期间在法国流亡七年(1463—1470年),亲身感受到英国农民生活水平明显超过法国农民。②

综上所述,告别糊口经济意味着彻底摆脱大部分收入仅够维持生存的贫困状态,进入食品支出在消费支出中减少的温饱阶段。告别糊口经济归根到底既是消费如何拉动生产,也是生产如何满足消费的问题。中世纪早期至12世纪晚期,消费成功拉动了生产。主要表现为伴随人口上升,西北欧掀起垦荒运动和农业革命,谷物收获比例从1:2提高到1:3,牲畜和食品价格保持稳定。13世纪人口快速增长,需求扩大,农业革命得到普及,平均收获比例从1:3增长到1:4。但此次需求没有成功拉动生产,或者说生产没完全满足需求,导致物价增长倍数接近16世纪的价格革命,生活水平出现下降。14世纪爆发大饥荒、黑死病以及其他瘟疫,造成14和15世纪上半叶人口锐减,需求减少,谷物价格下降,工资上升。此后,欧洲出现了不同的人口学趋势。15世纪晚期至16世纪法国和意大利等人口恢复到以前水平,继续遵循着传统的二阶段循环的人口学模式。英国在黑死病后城乡各阶层已经广泛使用生命周期仆人,导致年轻人晚婚晚育,人口出生率下降,在工业革命前一直没有恢复到黑死病前水平,没有重复马尔萨斯的二阶段循环。不仅如此,在人口减少形势下,英国追随佛兰德尔实行减少休耕的集约化农业,大力种植饲料作物和工业作物,谷物平均收获比例达到1:7,跻身于欧洲

---

① J. E. T. Rogers, *Six Centuries of Work and Wages: The History of English Labour*, Preface, p.4.
② 〔英〕约翰·福蒂斯丘爵士著、谢利·洛克伍德编:《论英格兰的法律与政制》,袁瑜琤译,北京大学出版社2008年版,第82—86页。

农业的先进地区。中世纪晚期特别是15世纪和16世纪上半叶，英国食品价格低廉，乡村毛纺织业异军突起，消费结构发生重要变化。有鉴于此，中世纪晚期英国率先告别糊口经济和解决温饱问题，其他国家则要等到早期现代。中世纪晚期英国人在告别糊口经济后将越来越多的支出用于纺织品、住房等其他消费甚至投资，[①]为工业革命创造了得天独厚的条件。从这个意义上说，英国在欧洲率先启动工业革命也绝非偶然。

---

① 参见〔英〕克里斯托弗·戴尔：《转型的时代：中世纪晚期英国的经济与社会》，莫玉梅译、徐浩审校，社会科学文献出版社2010年版，第四章"消费与投资"。

第二章 领主和农民的收入变化

如果说一个社会中生产与消费之间的供求关系归根结蒂是受生产制约的，那么生产与消费在各阶层中不同的供求关系则更多地取决于其收入分配，尤其是统治阶级与被统治阶级的收入分配。中世纪欧洲领主和农民收入变化的制约因素较多，但主要包括人口和经济因素，以及庄园制和农奴制等体制因素。人口和经济因素制约了土地持有、粮价、工资和地租等，属于"一次分配"的范畴，农民家庭份地和领主自营地由无偿、有偿或混合劳动耕种的产品以及工资劳动者的工资均为一次分配的收入。中世纪欧洲领主既是大地产主也是大地产上农民的统治者，向拥有不同经济、人身和土地保有权的佃农征收地租和税金，相当于"二次分配"。大体上说，领主收入包括属于一次分配的自营地收入、二次分配的地租（包括实物和货币地租）和税金，佃农收入主要为作为一次分配的家庭持有地收入扣除二次分配所缴纳的地租和税金的剩余部分，工资劳动者收入主要是作为一次分配的工资。制约一二次分配的人口和经济、庄园制和农奴制彼此关联与互动，在中世纪早中期（约5—13世纪）和晚期（约14—15世纪）呈现相反方向运动，对领主和农民的收入变化造成不同影响。在此过程中，中世纪欧洲习惯法的影响不亚于人口和经济、庄园制和农奴制，对领主加重剥削农民起到制衡作用。有鉴于此，以下拟从人口和经济、庄园制和农奴制的变化入手分别考察中世纪早中期和晚期农民和领主收入分配的变化，以及习惯法在其中的作用。

一、中世纪早中期领主收入增加与农民收入减少

中世纪早中期收入变化的长期趋势具有许多相似之处，人口增加，家庭份地和自营地的面积减少，地租和物价上升，工资下降，庄园制和农奴制分别形成，致使领主收入增加与农民收入减少，因而这里不妨放在一起谈。

中世纪欧洲大多数人的收入来源于土地。民族大迁徙后，日耳曼农民家庭份地面积的较早记载来自西哥特王国。《西哥特法典》第10节规定每个犁应该给予100阿庞（arpent，5/6—$1\frac{1}{3}$英亩）的土地，据此，100阿庞成为一个农民家庭持有地的标准面积。中世纪早期欧洲农民家庭份地和征税单位的统计方法来自罗马帝国，将土地面积、土地的劳动量和生产力等因素结合起来进行计算。罗马帝国晚期，卡罗尼卡（colonica）是一个拥有正常耕作设备的佃农的家庭份地和征税单位，中世纪早期在欧洲各地演变为不同名称。在日耳曼语地区，胡夫（hof）或海德（hide）等被用来指一个普通佃农的家庭持有地，8世纪时比德将海德定义为"家庭的份地单位"（portio unius familiae）。从7世纪起芒斯（mansus）开始出现在高卢中部和北部的文献中，指以房屋为中心的家庭份地，这种用法在加洛林时期得到普及。① 杜比也证实，从7世纪以来，在那些后来加洛林文明走向繁荣的国家的拉丁文中，芒斯被用来表达农民家庭份地这一概念。然而，直到8世纪末该术语才被用于高卢周围省份，即曼恩或高卢最南端，并传播到北部的布拉班特。9世纪时传播到南部的普罗旺斯和意大利。该词狭义上指庄园中的家庭居住地，灶台的位置，但后来引申指以宅地（homestead）为中心的整个农业单位，包括宅地、耕地和荒地的使用权。胡夫在讲日耳曼语的东部地区使用，英国农民家庭份地的同义词则是海德，面积大

---

① R. Doehaerd, *The Early Middle Ages in the West: Economy and Society*, pp.99–100.

约120英亩。①

中世纪早期的后半期人口增长，农民家庭份地面积减少。欧洲大陆的庄园档案显示，佃农家庭与芒斯的数量并不一致，许多芒斯上不止一个家庭。人口过剩可能导致了农民家庭份地的分割。在某些庄园，尤其在普鲁姆修道院（abbey of Prüm）的财产清册（polyptyques）中记录了1/4芒斯（quarts de manses）。在巴黎附近的韦尔里埃（Verrières），仅有1/5的芒斯由一户家庭使用，1/2的芒斯上有两户家庭，1/3的芒斯居住着三户家庭。②巴斯指出，这种家庭农场起初是维持一户家庭的份地单位，而在某些人口稠密地区，例如塞纳河流域，几户家庭生活在一个家庭农场上，或者一户家庭仅有0.5个或0.25个农场。尽管不止一户家庭住在一个农场上，但它仍被作为一个征税单位。③此外，人口压力也导致有些地区的芒斯面积缩小。在拥有自营地和佃农（colonus）份地的二元结构庄园，每个佃农都被授予芒斯或胡菲。尽管圣日耳曼修道院芒斯的平均面积大约是9.5邦尼尔（bonnier，等于1公顷土地）或大约9公顷，但是每个芒斯的面积并不一样。一个芒斯通常可以养活一个农民家庭，但它们的面积却差异极大。圣日耳曼修道院所记录的936.5个芒斯的面积表明，平均面积为7—9邦尼尔（9—11公顷），浮动范围从不足3公顷到超过33公顷。兰斯的圣雷米（Saint-Rémi）修道院有248.5个芒斯，平均面积略多于12邦尼尔（15公顷）。④加洛林王朝的法律规定家庭份地的最低面积为16.5公顷（40.8英亩），看来绝大多数都不能达标。⑤庞兹甚至认为，中世纪中期前，家庭份地面积不能少于10公顷（24.7英亩）太多，否则便无法为生。⑥

---

① Georges Duby, *Rural Economy and Country Life in the Medieval West*, p.29.
② Ibid., p.32.
③ B. H. Slicher van Bath, *The Agrarian History of Western Europe, A.D. 500—1850*, p.44.
④ Georges Duby, *Rural Economy and Country Life in the Medieval West*, pp.51-53.
⑤ 〔法〕马克·布洛赫：《法国农村史》，余中先、张朋浩、车耳译，商务印书馆1991年版，第176页。
⑥ N. J. G. Pounds, *An Economic History of Medieval Europe*, p.166.

盎格鲁-撒克逊时期英国的海德面积各地不一。剑桥郡的标准海德为120英亩，在东部各郡海德的面积大致相同。但在威塞克斯王国（Wessex，即西撒塞克斯王国）中部地区的标准海德较小，威尔特郡和多塞特郡只有40英亩。可以推测，伊能统治时期（688—726年）西撒塞克斯王国的刻尔（自由农民）的家庭份地与中盎格利亚同侪的相比已经变小。① 盎格鲁-撒克逊时期的标准海德供养的不是一个核心家庭。正如克拉潘所言："关于'海德'这个名词的含义，一般的意见都认为它原来是指足以维持一个家庭生活的土地总面积而言。可以肯定地说，这种家庭不是近代意义的家庭，而是一个两三代同堂的原始大家庭。"② 加洛林时期法国芒斯上的佃农大都是核心家庭，不过即使独立农民经常保持的大家庭的份地面积也不算大，如一个包括已婚子女的20口人的大家庭持有地也仅有68英亩。③

在中世纪早期人口压力增加和家庭份地减少的同时，欧洲开始了庄园化。在中世纪早期的法兰克王国，占总面积1/4—1/2的耕地为国王、高级贵族、教会大地产主占有，他们的地块面积往往十分庞大，有几百公顷。中世纪早期开始时大地产像古代一样完全由奴隶无偿劳动耕种，之后大地产的主要劳动力来自佃农的有偿劳动和工资劳动者。8—9世纪的史料显示法国部分地区已经完成庄园化，高卢的土地被为数众多的领主庄园所分割。庄园的土地分为两部分，一方面，领主亲自管理或委托代表管理着所谓的自营地；另一方面还有众多的小型地块，持有这些土地的佃农要向领主提供各种服役，特别是在自营地上的劳动。④ 尽管加洛林时期的农业和军事组织在很大程度上仍依赖自由农，但农业活动的最普遍的形式是依附农民

---

① F.M. Stenton, *Anglo-Saxon England*, Third Edition, Oxford and New York: Oxford University Press, 1989, p.279.
② 〔英〕约翰·克拉潘：《简明不列颠经济史：从最早时期到1750年》，范定九、王祖廉译，上海译文出版社1980年版，第66页。
③ Georges Duby, *Rural Economy and Country Life in the Medieval West*, p.33.
④ 〔法〕马克·布洛赫：《法国农村史》，余中先、张明浩、车耳译，第79—80页。

（包括奴隶、被释放奴隶、隶农，甚至某些为获得有势力人的保护而放弃自己土地所有权和独立地位的自由人），他们在庄园中不是完全自由的，甚至是不自由的。①

加洛林时期的依附佃农承担各种义务。"从经济角度看，佃农要对领主尽两种义务：缴纳佃租，提供劳役。"佃租形式多样，内容复杂。一种是承认领主对土地实际的最高权力而佃农本人因享用了土地收益需付的酬报，另一些按人头缴纳的租税表明领地佃农对领主的隶属，还有一些是佃农为了享用其他附加权益如牧场而付的代价，最后一些曾是国家税收、后来被领主攫为己有。大部分租税是固定不变的，有些以货币支付，大多则以实物支付。尽管租税本身已很沉重，但更重要的是劳役。"在那些形式复杂的徭役中，我们可以把比较次要的搁置一边（如货车运货义务），而区别出两种典型的劳务，一种为耕作劳务，另一种为手工业劳务。"耕作劳务通常是一周三天，但这个天数常被超过。此外，佃农至少是部分佃农每年要向领主缴纳一定数量的手工业品，如木制品、纺织品、服装和金属制品等。有时手工业品的原料由佃农自行解决，但纺织品的原料基本上由领主提供。②

英国的庄园化最晚开始于诺曼征服前夕的11世纪。从事《末日审判书》调查的专员假定，在"忏悔者"爱德华国王时代（1041—1066年）的英格兰已经是按照庄园（mansiones）来划分地产的，书记员通常将调查材料置于庄园的名目之下。尽管诺曼征服后拉丁语和法语中庄园一词才在英国逐渐流行，然而这并不意味着征服者引进了一种英国人并不熟悉的新制度，而是它们适合称呼英国这种最普通形式的地产。③盎格鲁-撒克逊时期英国庄园的历史至少可以上溯到一本题为《个人权利》（*Recti Tudines Singularum*

---

① Adriaan Verhulst, *The Carolingian Economy*, Cambridge: Cambridge University Press, 2002, p.31.
② 〔法〕马克·布洛赫：《法国农村史》，余中先、张朋浩、车耳译，第87—89页。
③ F. M. Stenton, *Anglo-Saxon England*, p.480.

Personarum）的小册子（出现在大约公元1000年），它由伍斯特主教和约克大主教伍尔夫斯坦（Wulfstan）根据其前任奥斯瓦尔德的备忘录起草而成，反映了西密德兰大地产的状况。但作者认为，没有两个庄园是完全一样的，劳役在有些庄园是沉重的，其他庄园则较轻。除奴隶和仆人外，庄园中劳役的主要承担者是茅舍农（cotsetla）和吉伯尔（gebur），他们在经济上依附于领主，分别由主人提供5英亩或1码地（yardland，等于1维尔格特，大约30英亩）的家庭份地甚至生产工具和家庭用具，但在法律上茅舍农和吉伯尔仍是自由人。有鉴于此，芬伯格认为，《个人权利》中吉伯尔被描写成一些"徘徊于农奴制的边缘"（trembling on the verge of serfdom）的人。①

《末日审判书》所反映的英国乡村的社会结构与《个人权利》中的没有根本变化。庄园中居住着经济上的依附农民，他们以不同方式束缚于庄园领主。领主自营地总共占《末日审判书》所调查耕地的1/3到2/5，其他大部分耕地由农民占有。《末日审判书》将乡村人口分为不同群体。人数最多的是维兰（villani），共计10.9万人或者占总数的41%，耕种英国大约45%的土地。第二大群体是8.7万的边地农（bordarii，该阶层12世纪融入茅舍农）和茅舍农，占人口的32%，仅持有大约5%的土地。相反，3.7万名自由人（liberi homines）和索克曼（sokemen)尽管只占《末日审判书》中人口的14%，却持有大约20%的土地。在剩余人口中，奴隶有2.8万人，占乡村人口的10%，通常没有土地，充当领主土地上的全职仆人。②

公认的观点是，诺曼王朝时英国的农奴制尚未出现。例如米勒和哈彻认为，11世纪末，英国绝大多数农民在法律上仍是自由的。在负责《末日审判书》调查的专员看来，除奴隶外的所有人都是自

---

① H. P. R. Finberg, ed., *The Agrarian History of England and Wales*, Volume I, A. D.43-1042, Part I, Cambridge: Cambridge University Press, 1972, pp.513-514.

② E. Miller and J. Hatcher, *Medieval England: Rural Society and Economic Change 1086-1348*, London: Longman, 1978, pp.22-23.

由的。①莱昂同样主张,《末日审判书》时期的维兰不是13世纪时所理解的维兰,前者最贴切的英语同义词是村民(tunesman),即一个村庄的居民。维兰的主要标志是持有1/4海德,即1个维尔格特或大约30英亩土地。②应该说,盎格鲁-撒克逊时期和诺曼王朝早期,英国的佃农与奴隶完全不同。为此,《末日审判书》使用维兰、茅舍农、边地农与奴隶、庄仆(bovarii)和隶农(coliberti)区分了自由人和不自由人。作为自由人,维兰和茅舍农、边地农可以与索克曼媲美,尽管他们都对领主承担义务,但在法律上仍是自由的,维兰、茅舍农和边地农并非13世纪的农奴,他们是持有土地的农夫或农场主,尽管他们受到领主权的束缚,但没有正式被称为不自由人。相反,奴隶、庄仆和隶农是奴隶或出身于奴隶家庭,有义务向以后几个世纪一样在领主自营地上担任有偿的雇工或庄仆,他们极度缺乏权利,至少在盎格鲁-撒克逊的法律中他们只作为动产而非人存在,尤其是无权自由离开领主的自营地。③

12—13世纪欧洲人口增加,而垦荒运动不能满足快速增长的人口对土地的需求,导致标准家庭农场不断分割,其中芒斯的分割尤其严重。在洛林(Lorraine),9世纪末已经出现的1/4芒斯,到12世纪成为领主认定的新的征税单位,面积大约为7—10英亩。换言之,家庭份地面积与中世纪早期的芒斯相比减少近五分之四。不仅如此,随着人口增加,洛林1/4芒斯继续分割。13世纪那慕尔(Namur)附近某些农村的1/4芒斯由几户佃农持有。在诺曼底农村,11世纪以后芒斯全部消失。在13世纪的巴黎地区、佛兰德尔以及阿尔萨斯和士瓦本(Swabia),所有古老的芒斯全部消失,被分割成小

---

① E. Miller and J. Hatcher, *Medieval England: Rural Society and Economic Change 1086-1348*, p.23.

② H. R. Loyn, *Anglo-Saxon England and the Norman Conquest*, Second Edition, London and New York: Longman, 1991, p.358.

③ Phillipp R. Schofield, *Peasant and Community in Medieval England, 1200-1500*, New York: Palgrave Macmillan, 2003, p.12.

块土地。①在1279年的《百户区档案》中，码地和维尔格特持有者不再是英国农民中的最大群体，绝大多数农民持有半码甚至1/4码土地，表明11世纪在《个人权利》和《末日审判书》中占统治地位的码地和维尔格特持有地的衰落。②与《末日审判书》时期领主占有全国1/3—2/5的土地相比，13世纪庄园自营地的比例有所减少。"即使在13世纪晚期自营地农业的全盛时代，大多数领主的自营地也不是很大，平均只有200英亩的耕地。自营地只占总耕地面积的一小部分，或许是1/4或1/5。"③

中世纪中期庄园自营地占比和农民家庭份地面积的减少既是人口压力的结果，也与中世纪早期引进与发明的农业技术在这个时期的普及所带来的产量提高密切相关。实际上，"在9世纪时平均收成很少能超过2∶1的比例。然而，我们有理由相信，在9世纪和12世纪之间生产力发生了普遍的增长——但这一时期有关的原始资料不幸十分贫乏。这种增长具有重要意义：收成比例3∶1和2∶1比较，表明增加利润100%"④。9—12世纪土地单位产量何以会出现提高，阿德里安·费尔哈斯特认为与中世纪的农业革命有关。尽管马耕、重犁和三圃制的技术在6—8世纪已经出现在欧洲，但马取代牛作为耕畜、重犁在西北欧的粘土中取代轻犁，以及三圃制取代原始的耕作制度，大致发生在11—13世纪，而上述技术普及的推动力来自这个时期人口扩张和垦荒运动的迫切需要。有鉴于此，中世纪农业革命的发生时间既不是怀特所说的6—8世纪末，也不是杜比起初所称的960—1050年（后来又修改为1000—1200年），而是

---

① Georges Duby, *Rural Economy and Country Life in the Medieval West*, pp.117-118.
② E. A. Kosminsky, *Studies in the Agrarian History of England in the Thirteenth Century*, edited by Hilton, R. H., Translated from the Russian by Ruth Kisch, New York: Kelley & Millman, INC., 1956, p.228, Table 12.
③〔英〕克里斯托弗·戴尔：《转型的时代：中世纪晚期英国的经济与社会》，莫玉梅译、徐浩审校，第86页。
④ 乔治·杜比："900—1500年的中世纪农业"，见〔意〕卡洛·M.奇波拉主编：《欧洲经济史》第一卷：中世纪时期，徐璇译、吴良健校，第154页。

11—13世纪。①

如果说土地单位产量的提高只能冲抵农民家庭份地和自营地减少所造成的土地毛收入的下降,那么农奴制便成为领主增加收入的权宜之计。中世纪欧洲公法和私法的合二为一为领主提供了机会,大约12世纪欧洲各国的依附农民由于不同原因失去国家的司法保护,领主完全掌控了对他们的司法权,于是农奴化在那里尘埃落定。法国官员世袭职位成为贵族,贵族依靠特恩权获得以前大多由国家和地方官员行使的高级和低级司法权。由此,公法的司法权瓦解,农民完全成为领主的人。12世纪,法国维兰(村民)分为自由人和农奴,后者所承担的税金的比例上升,其重要性甚至超过劳役地租。如布洛赫指出:"从法兰克时代以来,采地佃农不仅要交租,而且要服劳役……现在,平衡倒过来了,在旧税上又加上了新的负担:人头税、什一税、付税使用磨坊权、强迫劳役,从12和13世纪起,领主终于认为旧徭役地租施行至此已没有用处了,就代之以强迫地租,但他们一直坚持不给补贴就不废除徭役地租。"②由于中世纪中期劳役地租日益衰落,因而税金成为法国农奴制的主要标志。

英国的农奴制则起源于国家主动放弃对依附佃农的法律保护。斯科菲尔德主张,英国农奴制形成于11—13世纪,尤其是在12世纪后期和13世纪早期。12世纪亨利二世的司法改革通过扩大不动产的普通法和为自由持有农提供保护,拒绝对不自由持有农提供王室司法救济。在13世纪初,作为不自由人,农奴必须向领主承担各种义务。除了早已经存在的沉重的劳役外,还要偶尔缴纳人头税(tallage),为离开庄园缴纳迁徙税(chevage),为结婚缴纳婚姻捐(merchet),为继承财产缴纳死手捐(heriot),为非法结婚或私生子缴纳赔偿金(leyrwite)和私生子罚金(childwite),为出售牲畜缴

---

① Adriaan Verhulst, "The 'Agricultural Revolution' of The Middle Ages Reconsidered", pp.17-29.
② 〔法〕马克·布洛赫:《法国农村史》,余中先、张朋浩、车耳译,第117页。

纳交易税（tolnetum）。① 至此，劳役地租和税金成为英国农奴的两个重要标志。货币地租（来自劳役地租的折算）和税金在领主二次分配的收入中的比例因地而异。1293年，在温切斯特主教地产的托德纳姆（Todenham）庄园，农奴交纳的地租以外的货币支付数量很大。货币地租大约为6英镑，但人头税为5英镑，领主的司法收入为4英镑10先令，后两项大大超过了地租收入。而在希尔山上的鲍尔顿庄园（Bourton-on-the Hill），地租为7英镑5先令，超过人头税和司法收入之和3英镑10先令。在佃农数量较多，特别是小持有者和垦荒者比例较高的地方，地租往往占据优势。1307年在哈德威克（Hardwick），庄园法庭收入为7英镑，而地租为52英镑。1302年诺里（Knowle）庄园的法庭收入为6英镑10先令，而地租为30英镑。1313年裴肖勒（Pershore）庄园的法庭收入和人头税为8英镑，而地租为100英镑。尽管封建性收入与地租的比例有时下降得很低，但它一直存在。②

应该说，13世纪时农奴对领主的各种义务已经确立。那么，农奴的货币支付究竟在每年家庭毛收入中占多大比例？波斯坦认为，即使不包括国家等庄园以外的义务，一个维兰的货币租税也会在他的毛收入中占有很大的比例。该比例会有很大差别，但以中等面积的持有地，即由10—15英亩组成的1/2维尔格特持有地而论，平均而言经常接近或超过50%。③ 蒂托赞成波斯坦的意见，认为这样的估计是公允的，而自由人的各种强制性义务仅占其毛收入的25%。④ 换言之，领主通过二次分配从农奴和自由农家庭持有地的一次分配的收入中分别拿走1/2和1/4。不过，除了地租外，农民尤其是农奴的

---

① Phillipp R. Schofield, *Peasant and Community in Medieval England, 1200-1500*, p.15.
② Rodney H. Hilton, *A Medieval Society: The West Midlands at the End of the Thirteenth Century*, Cambridge: Cambridge University Press, 1983, pp.146-147.
③ M. M. Postan, *The Medieval Economy and Society: An Economic History of Britain in the Middle Ages*, pp.139-140.
④ J. Z. Titow, *English Rural Society 1200-1350*, London: George Allen and Unwin Ltd., 1969, p.81.

第二章　领主和农民的收入变化

某些奴役性税金不是经常税，因而扣除1/2是否合适还需斟酌。

如上所述，领主的收入包括作为一次分配的自营地收入，以及作为二次分配的地租和税金。研究表明，一、二次分配在13世纪大部分时间和13世纪晚期到14世纪早期在领主收入构成中的比例也不尽相同。13世纪商业交易（即出售自营地剩余产品）在庄园经济中逐渐占据越来越大的部分。1254年在莱斯特主教地产的货币收入中，地租总额仍大于销售收入，两者的比例为44∶41。而到1297年，地租收入不超过32%，而谷物销售额占27%，羊毛销售占35%。与此同时，在贝克修道院（abbey of Bec）的15个庄园中，来自地租和固定支付的收入是287里弗（livres，中世纪法国货币单位，相当于英镑），而来自自营地直接经营的为360里弗。然而13世纪晚期，最大的修道院庄园的自营地直接经营的收入开始下降。1255年，自营地为伊利修道院提供了1/2的收入，1298年该收入却不足40%。在13世纪第三个25年，粮食产量上涨，粮价的持续上升为销售剩余产品提供了前所未有的机会。但拉姆齐修道院的领主由于王室和教皇税收过重等原因快速放弃了自营地的直接经营。修道院的经纪人不再销售谷物，维兰再次赎买了他们的劳动，将劳役地租折算为货币地租，因为自营地不再需要。①

戴尔也认为13世纪晚期自营地收入趋于减少。有鉴于此，领主经营他们的自营地只是为了获得小部分收入，在大多数领地上，佃户们能带来更多的金钱。例如，伊利主教在1298—1299年从他的佃户那里共获得了2 100英镑的地租和法庭收入，而经营农业的收入只有1 400英镑。不过，可以确定的是，中世纪中期领主们从自营地和佃户们身上获得的收入成倍上升。从13世纪前后到14世纪早期，他们的收入通常翻了一番。例如，坎特伯雷大教堂的小修道院的年收入从1290年的1 406英镑增加到1331年的2 540英镑。②

----

① Georges Duby, *Rural Economy and Country Life in the Medieval West*, p.261.
② 〔英〕克里斯托弗·戴尔：《转型的时代：中世纪晚期英国的经济与社会》，莫玉梅译、徐浩审校，第84、85页。

二、中世纪晚期领主收入下降与农民收入上升

如上所述，中世纪欧洲领主的主要收入包括自营地的产品、地租和税金。中世纪早中期人口和经济上行，致使自营地直接经营有利可图，领主介入生产领域，从一次分配中获得收益。与此同时，庄园制和农奴制分别形成，领主向农民征收地租甚至税金，从二次分配中获得不菲的收益，领主收入成倍上升。然而，与中世纪早中期相反，中世纪晚期人口和经济下行，领主放弃自营地直接经营，退出生产领域，不再从一次分配中获得收益。与此同时，庄园制（主要指古典的二元结构庄园制）和农奴制逐渐瓦解，地租和税金日益减少甚至取消，从而影响了领主的收入。

中世纪晚期欧洲人口和经济下行导致自营地经济普遍解体，自营地直接经营或出租在欧洲各国并无统一的时间表。9—12世纪是法国庄园自营地直接经营的时期，而13世纪那里农奴的劳役大幅度减少。"田间劳作彻底消失了。劳役日仍保留下来，不过也已没有多少内容。这一阶段开始于1200年左右，此后几乎得以确立。"不仅如此，法国领主也没有使用雇工代替农奴的劳役地租继续经营自营地，而是除了保留家庭农场外将大部分自营地出租。"当然，在政治上领主仍是一个头领，因为他继续任军事首领、法官和手下人的天然保护者。但从经济上说，他已不再是庄园经营的头领了，这一点将很容易使他停止做一个简单意义的头领，他成了一个土地食利者。"[①]

11世纪以来英国庄园自营地直接经营和出租交替进行，前者存在于11—12世纪早期，以及13世纪前中期，主要依靠全职的奴隶、仆人的劳动和自由佃农和农奴的劳役地租。13世纪晚期许多劳役地租折算为货币地租，在庄园自营地上工资劳动者逐渐取代维兰劳役。科斯敏斯基对1279年《百户区档案》研究后认为，当时继续履行周

[①]〔法〕马克·布洛赫：《法国农村史》，余中先、张朋浩、车耳译，第110、117—118页。

工劳役的地区已经很少，只限于东盎格利亚地区的几个郡。在其他地区，除极个别地方外，维兰劳役水平趋于下降，少数地区农奴每年只需要承担几天或没有劳役。[①]克拉潘认为，13世纪末货币和实物地租超过劳役地租，劳役所占比例从最高40%到最低10%以下不等。[②]可见，至少从13世纪晚期起，英国庄园自营地直接经营越来越依赖雇工的劳动，这在高粮价和低工资的经济形势下有利于领主提高一次分配的收入。

14世纪七八十年代以来庄园自营地出租也加快了步伐，直接经营日益衰落。1350—1370年，列日（Liège）和勃兰登堡（Brandenburg）附近的西多会修道院逐步放弃了最后一批庄园的直接经营。来自巴黎地区基督教地产自营地的土地出租在1356年后数量增加。因此，1346—1348年，巴黎圣母院的神职人员从他们管理的位于米特里-莫里（Mitry-Mory）村庄的大块自营地中出租了75英亩土地，1352—1356年又出租了200英亩土地。自营地的分解后来停止了一段时间，但1380—1390年重新开始。1381年普雷蒙特雷修会出租其在法国奥弗涅的热哥维（Gergovie）庄园，1382年西多会出租他们在勃艮第的乌热（Ouges）庄园。与此同时，普罗旺斯的医护骑士团（Hospitallers）将其大部分庄园出租给农场主。英国的拉姆齐修道院大约在1370年将其庄园中的自营地出租给农民，二十年后他们的自营地全部出租。莱斯特修道院和许多其他宗教机构的自营地在15世纪开始时出租给农场主。[③]

应当说，14世纪晚期以来领主放弃自营地经济实属无奈之举，在维兰劳役折算后，下降的粮价和上升的工资不仅使自营地直接经营无利可图，甚至入不敷出。位于法国乌热的西多会庄园的账簿清楚地显示，在1381年，该庄园自营地几乎没有任何利润。在所收获

---

① E. A. Kosminsky, *Studies in the Agrarian History of England in the Thirteenth Century*, Chapter 8.
② 〔英〕约翰·克拉潘：《简明不列颠经济史：从最早时期到1750年》，范定九、王祖廉译，第138—139页。
③ G. Duby, *Rural Economy and Country Life in the Medieval West*, pp.320-321.

的131塞蒂尔（setier，约合150—300升）谷物中，27塞蒂尔留作来年的种子，而庄园的家庭仆人消费80塞蒂尔。货币收入合计为173里弗，但支出为168里弗，其中建筑维修支出为29里弗，设备和工具35里弗，工资100里弗，耗尽全部收入。两年以后，该庄园全部出租，从此修道士依靠租金生活。①戴尔也认为，英国从大饥荒后开始的长期的价格低落使得谷物生产利润下降，从而导致在1348年前就有部分自营地被分成小块出租。黑死病并没有使自营地经济立即结束，究其原因主要是工资没有如人们想象的那样快速上涨，当然这与雇工法令的实施不无关系。与此同时，直到1375年以前常常出现谷物歉收，致使谷物价格居高不下，也刺激了领主重新组织地产。但从1380—1420年迫于低物价和高工资的压力，大量自营地以较大面积出租，大多数大贵族领地不再为了市场生产粮食。②

中世纪晚期自营地出租意味着领主退出生产领域，不再获得一次分配。不过，随着中世纪晚期地租下降，他们从出租自营地上获得的地租收入也在下降。齐波拉指出，中世纪晚期瘟疫连续不断的发作和战争的破坏自然影响了生产要素的收益。1350—1500年，实际工资上升，而地租和利息却显示了停滞或下降的趋势。法国特朗布莱修道院（abbey of Tremblay）的货币地租从1335—1343年的大约500里弗，减少到1368—1369年的约205里弗。该国圣丹尼斯修道院（abbey of St. Denis）的地租在1342—1343至1374—1375年减少了2/3。德意志的什列斯威主教座堂（Cathedral of Schleswig）的分堂（chapter）的地租在1350年左右约为7 600吨小麦，1437年左右约为2 400吨。可见，1350—1500年显然不同于中世纪中期的其他两个阶段。1000—1250年，工资、地租和利润上升。1250—1348年，由于人口压力，实际工资停滞或下降，而地租上升。③

---

① Georges Duby, *Rural Economy and Country Life in the Medieval West*, p.321.
② 〔英〕克里斯托弗·戴尔:《转型的时代：中世纪晚期英国的经济与社会》，莫玉梅译、徐浩审校，第92—93页。
③ Carlo M. Cipolla, *Before the Industrial Revolution: European Society and Economy, 1000-1700*, Second Edition, London: Methuen, 1980, pp.217, 218.

应该说，中世纪晚期欧洲地租与人口下降具有普遍性。希尔顿指出，从托斯卡纳到英格兰，租金收入在黑死病后的那个世纪出现从40%（托斯卡纳）到70%（诺曼底和佛兰德尔部分地区）的下降，谷物等实物地租缴纳的份额从占1/2减少到1/7或1/8。[①]艾贝尔也认为，在意大利的托斯卡纳，1251—1275年至1401—1425年期间，皮斯托亚（Pistoia）的农场地租下降了1/3以上。英国的地租在14世纪晚期和15世纪早期已经下降，并在长期的谷物价格的下降中继续减少。在诺福克郡的福塞特（Forncett）地产，每英亩的年租金在1376—1378年至1451—1460年几乎减少了1/2。在地产账簿中的注释有助于解释地租下降的原因。福塞特的一个农场主解释说，他想放弃他的租佃地，"因为他想在收割季节赚更多的钱"。应该说，这反映了那个时期的主要问题，工资高于农产品的价格，这使农场主不满于他的租佃条件。当所有其他努力失败后，农场主便强迫地产主减少地租。[②]

中世纪晚期领主收入减少并不仅限于人口和经济下行导致自营地的地租下降，农奴制的式微也使领主从农奴身上获得的地租和税金减少。不过由于欧洲各国农奴制发展程度和解体时间参差不齐，致使该过程因地而异。巴斯认为，在佛兰德尔、布拉班特和列日的普兰斯主教区（Prince-Bishopric），农奴制在12—13世纪已经消失，尽管在比利时其他地区农奴制仍然存在。法国路易五世和路易七世统治下维兰获得自由非常困难。腓力四世时期（1285—1314年），农奴可以高价赎买自由。为了缓解可怕的财政困境，路易十世（1314—1316年在位）强迫所有王室地产上的农奴赎买自由。不过，维兰反对赎买自由，因为在农奴制下维兰拥有农场继承权，当他们成为普通租佃农时就会失去土地继承权。英国在13世纪

---

① Rodney Hilton, *Class Conflict and the Crisis of Feudalism: Essays in Medieval Social History*, London: The Hambledon Press, 1985, p.147.

② Wilhelm Abel, *Agricultural Fluctuations in Europe: From the Thirteenth to the Twentieth Centuries*, pp.74-75.

已经开始了向货币地租的转变。但在英国东南部的大地产，货币经济的来临发挥了相反的作用。这些地产开始为市场生产，因而迫切需要增加劳役地租。在尼德兰，庄园制度在北部从未建立起来，在西部省份农奴制无足轻重。而在上艾瑟尔省（Overijssel）和格尔兰德省（Gelderland）的某些地产，庄园农奴制直到19世纪开始还顽固存在。不过，与农场主的总数相比，这些地产上的维兰凤毛麟角，而且比农场主的地位更加优越。他们更加富裕，每年缴纳的税金少于正常的地租。德国农奴制的区域差异极大。在奥斯特法利亚（Ostphalia）庄园被出租给总管（bailiffs），农民是自由的，但他们失去了农场，新的无地农民成为茅舍农或迁徙到城市或东部地区。在威斯特伐利亚，庄园也出租给总管。尽管与庄园的联系已经中断，但农民没有完全自由。像在尼德兰东部一样，有些地方农奴制的残余存在很长时间。在法国莱茵河和默兹河地区的较大农业地产，各种义务被固定下来。13—14世纪，处在领主司法权下的胡夫持有者的地位每况愈下，他们陷入了一种新的奴役之中，但在15世纪他们中的许多人通过赎买重获自由。[①]法国农奴义务的消失确实长达几个世纪之久。布洛赫认为："农奴消失的大规模过程始于13世纪，继续到16世纪中叶。各地奴役性的义务多半由于直接废除而消失。然而，一般来说，这是明文规定的行动，'解放农奴'是确定的事，农奴逐个逐个地或者至少是逐户逐户地，有时是整个村庄地获得自由。这种自由更多地不是给与他们的，而是卖与他们的。"[②]

农奴义务瓦解在英国也非一帆风顺。除了13世纪交换经济的增长刺激了东南部大庄园劳役制的反复外，黑死病后劳役制和税金重新抬头。希尔顿认为，黑死病和14世纪70年代期间，英国出现过"领主的反动"（seigneurial reaction），劳役制被强化或重新引入。实际上，征收劳役本身并不是农奴最痛恨的。相反，货币地租和税

[①] B. H. Slicher van Bath, *The Agrarian History of Western Europe, A.D. 500–1850*, pp.146-147.
[②] 〔法〕马克·布洛赫：《法国农村史》，余中先、张朋浩、车耳译，第123—124页。

第二章　领主和农民的收入变化

金的提高招致了农奴的反抗。尽管有些地方的领主尝试提高劳役地租和增加税金，但所有延长严苛的农奴制的努力最终都失败了。即使黑死病后的最初几年，"领主的反动"也不是系统展开的。相反，1350年后不久，许多例子表明地租和其他支付下降的趋势已经开始。在伍斯特主教地产上，佃户在黑死病后的几年中占据了无人使用的持有地。因为依据出租条件，进入税下降，死手捐被适度的货币支付取代。该地产也向其他地产一样，持有地或其中的一部分以较低的货币地租出租，直到有人愿意以旧的地租水平占有这块持有地。伯克郡的进入税下降，这是领主吸引佃户的显著做法，而不是改变维兰保有地的名称。不过，维兰保有地每英亩的地租最终也开始下降，在福塞特（Forncett）庄园从14世纪70年代末的将近11便士降至15世纪中叶的6便士多一点。在奥尔西斯顿（Alciston）庄园，从14世纪90年代起，每英亩的地租开始下降。该时期兰开斯特公爵的审计员发觉领主农业的经济困难如此严重，因而有必要将其记载下来。在其笔下，自营地的产品与支出相比入不敷出，司法收益徘徊不前，磨坊和鱼塘的租金减少，福雷斯特山（Peak Forest）上的牧场的收入下降。总管和管事拒绝以土地保有权作为交换条件履行职责，因而庄园不得不使用拿薪水的官员。这位审计员以大量篇幅谴责这些人，但问题是根深蒂固的。领主地产收益的总的趋势在下降，其中位于莱斯特郡的大奥古斯丁修道院收入的变化极具代表性。1341—1477年，地租收入减少1/3，其他收入下降近1/2。[1] 正是在中世纪晚期极端严峻的人口和经济形势下，领主和农民的议价能力发生了倒转，并最终导致了庄园制和农奴制的衰落，以及税金的取消。1300年在英国的500万人口中，200万即接近1/2的农村人口属于农奴。到1400年，农奴已经不足100万人。一个世纪后，农奴只剩下几千人。1536年英国上议院否定了正式废

---

[1] Rodney H.Hilton, *The Decline of Serfdom in Medieval England*, New York: Palgrave Macmillan, 1969, p.43.

除农奴制的议案，但16世纪末剩下的几百个农奴通过赎买也获得法律自由。①

中世纪晚期欧洲人口和经济、庄园制和农奴制下行，对领主和农民的收入分配的效果大不一样。总体来说，上述形势对领主而言是弊大于利，对农民则利大于弊。具体而言，中世纪晚期领主由于不再参与一次分配且二次分配下降导致了收入大幅度减少。相反，农民不仅如上所述随着地租和税金的下降减少了支出，还通过生产收入和工资收入上升增加了毛收入。

中世纪晚期欧洲农村人口减少，土地从耕地变为牧场，贫瘠的边际土地被放弃成为荒地，德国学者最早将这种存在大量耕地变牧场和放弃贫瘠的边际土地的村庄称为"消失的村庄"（lost villages）。各地消失的村庄的比例不尽相同，德国整体为26%，即四个中世纪中期存在的村庄有一个在中世纪末期消失了。英国有些郡消失的村庄的数量达到列入1334年税收案卷上的定居点的20%以上。霍斯金斯和帕克还计算出了莱斯特郡各个时期消失的村庄的百分比，12—13世纪为7%，14世纪末为5%，1400—1509年为38%，1510—1584年为12%，1549—1603年为5%，1604年以后为13%，21%的消失的村庄时间不明。②如上所述，消失的村庄的土地大多是适合转为牧场的耕地，或者是被放弃的贫瘠的边际土地。而在更肥沃的村庄，由于人口减少形成的无主土地经常马上被来自贫瘠土地的移民重新占领，因此定居点的密度没有下降。尽管出现黑死病和向外移民，但在位于法兰西岛富饶的平原上，14世纪中叶到15世纪末，农民农场的数量似乎没有减少或重新分配。③

应该说，在中世纪晚期人少地多的情势下，几乎所有农民持有

---

① Mark Bailey, *The Decline of Serfdom in Late Medieval England: From Bondage to Free*, Woodbridge: The Boydell Press, 2014, p.4.

② Wilhelm Abel, *Agricultural Fluctuations in Europe: From the Thirteenth to the Twentieth Centuries*, pp.81-83.

③ Georges Duby, *Rural Economy and Country Life in the Medieval West*, p.340.

地的面积都程度不同地得到扩大,这一过程大体上始于14世纪。例如英国莱斯特郡的桑顿(Soughtton)庄园,14和15世纪农民持有地的平均面积都在增长。1341年,19户自由持有农中2户分摊了120英亩以上的土地(每户平均60多英亩),其余17户则不到40英亩。而在51户农奴中,2户占有稍多于1维尔格特(当地为24英亩)的土地,21户持有1维尔格特,3户持有0.5维尔格特,25户仅有一间简易小屋。到1477年,在4户自由持有农中,1户耕作170英亩,其余3户耕作60英亩。而在20户农奴中,7户耕作2—3维尔格特土地,3户持有1—2维尔格特,3户持有0.5维尔格特,4户少于0.25维尔格特,仅3户只有简易小屋。从这两组数据中可以看出中世纪晚期平均占有土地的增长情况。① 波斯坦也认为,在大多数15世纪的村庄,所有农民的平均持有地都在增长。如果按照不同于13世纪中等农民(高于0.25维尔格特且低于0.5维尔格特)的标准,那么15世纪由土地分配所体现的乡村社会结构迥然不同于13世纪的,"库拉"(Kulak,大农)稍有增长,小持有者数量减少,中等农民仍是农民的代表。②

法国的索洛涅地区(Sologne),高死亡率和外迁致使人口大量流失(15世纪中叶的一个地方,32户缴纳什一税的家庭只剩下18户),致使某些农民可以积累大量土地。在1448年,一个佃户承租一块大持有地,看上去与一个真正的庄园别无二致。他有一个农场,两个牲口棚,一块特别大的耕地,另有三块其他的持有地,上面建有住宅。农奴也有机会大量占有财产,其中一个农奴在1411—1412年的财产价值为117里弗,除了各种设备和牲畜外,包括大量土地和四处住宅。③ 诚然,中等以上农民获得生产收入过程中同样面临低

---

① 〔英〕M. M. 波斯坦主编:《剑桥欧洲经济史》(第一卷):中世纪的农业生活,郎立华等译、郎立华校订,第622页。

② M. M. Postan, *The Medieval Economy and Society: An Economic History of Britain in the Middle Ages*, pp.156-157.

③ Georges Duby, *Rural Economy and Country Life in the Medieval West*, pp.339-340.

粮价和高工资的风险，正如波斯坦指出，大农和中等农民的持有地面积扩大后，他们的收入来源主要是雇工生产和再出租土地。但低粮价、低地租和高工资会使他们减少收入甚至入不敷出，因而如何找到两者的平衡，特别是如何处理谷物和畜牧生产的平衡尤其关键，后者由于羊毛价格上升和较少使用劳动力可以规避上述风险。[1]

此外，中世纪晚期欧洲工资上升也增加了乡村中工资劳动者的工资收入。中世纪晚期地广人稀，小土地持有者数量减少。戴尔认为工资劳动者的重要性在14世纪甚至有所下降，"因为比起其他佃农来说，茅舍农的数量更加急剧地下降，并且在黑死病之后无地的各个阶层都大大减少"[2]。不过，学者们对中世纪晚期工资劳动者的占比估计不一，例如布瑞特奈尔认为，16世纪早期小持有者的比例减少。大约在1300年，茅舍农、雇工和仆人可能超过英国全部家庭的1/2。而在1525年，由工资劳动者构成的贫困家庭减少到1/3。[3]戴尔认为，中世纪晚期工资劳动者占比更高。"考虑到存在穷人、年轻人和女性的人口计算偏低的趋势，我们可以估计，在1381年和1522—1525年间，那些依赖工资作为他们大部分收入的人在英国大多数地区所占的比例稍低于人口总数的一半，但是在东部诸郡，从肯特郡到林肯郡，则高于一半。"[4]换言之，中世纪晚期工资劳动者可能达到人口的1/2。霍斯金斯甚至认为，亨利八世时期（1491—1547年）的工资劳动者及其家属占英国人口的2/3。[5]在地广人稀的中世纪晚期存在如此高比例的工资劳动者不是无缘无故的，留在该阶层中既可以避免中等以上农民可能承受的低粮价、低租金和高工

---

[1] M. M. Postan, *The Medieval Economy and Society: An Economic History of Britain in the Middle Ages*, p.157.
[2]〔英〕克里斯托弗·戴尔：《转型的时代：中世纪晚期英国的经济与社会》，莫玉梅译、徐浩审校，第218页。
[3] Richard Britnell, *Britain and Ireland 1050-1530: Economy and Society*, p.374.
[4]〔英〕克里斯托弗·戴尔：《转型的时代：中世纪晚期英国的经济与社会》，莫玉梅译、徐浩审校，第218页。
[5] W. G. Hoskins, *The Age of Plunder: England of Henry VIII, 1500-1547*, London: Longman, 1976, p.105.

资的风险，同时还能享受工资劳动者的高工资红利，何乐不为？

研究表明，至少从14世纪以来，欧洲农业工资劳动者的实际工资（即工资购买力）均有不同程度地上升。波斯坦指出，自14世纪开始至15世纪第一个10年结束，英国使用银币表示的货币工资持续上升，此后在下一个50年或多或少保持了稳定。而实际的上涨应该比银先令表示的数字更大，无论是上升的迅速程度还是持续程度，因为当工资上涨时，小麦价格是缓慢下降的，价格下降超过了保持稳定的工资率。结果，对小麦而言，工资的购买力1300—1480年上升了220%。详见表2-1。

表2-1 温切斯特主教地产工业劳动的日工资

年份	小麦价格				工资		
	1	2	3	4	5	6	7
	便士	%	格令*	%	工资（便士）	%	小麦等价物%
1300—1319	7.00	100	1 734	100	3.85	100	1.00
1320—1339	6.27	89	1 547	90	4.78	124	1.40
1340—1359	6.30	90	1 372	79	5.12	133	1.48
1360—1379	7.56	106	1 508	89	6.55	169	1.54
1380—1399	5.58	80	1 113	65	7.22	188	2.25
1400—1419	6.53	90	1 188	68	7.33	189	2.10
1420—1439	6.55	93	1 107	64	7.32	189	2.00
1440—1459	5.65	80	926	53	7.29	189	2.36
1460—1479	6.02	86	812	47	7.22	188	2.20

*格令（grain），中世纪欧洲贵金属货币的重量单位，最初在英国定义一颗大麦粒的重量为1格令。1格令等于64.799毫克。

资料出处：M.M.Postan, *Essays on Medieval Agriculture and General Problems of the Medieval Economy*, p.191, Table 10.1。

中世纪晚期欧洲农业工资劳动者的实际工资的上升并不限于英国，"尽管时间、持续时间和范围不同，但上升是普遍和显著的"。工资上升使处在农村社会底层的工资劳动者更接近于中等农民，有学者认为:"一个头等劳力的农业雇工的平均工资,例如把犁的或赶马车的,与他的妻子和儿子的收入加在一起,在英国估计相当于耕作20英亩土地能得到的收入。做这项计算有明显的困难之处,从中引出的结论不完全正确也在所难免,但是在1300年、1350年和1400年,许多低工资收入者的状况与中产阶级农民的差距是大大减小了,这一点是无可否认的。"①

三、习惯法及其在领主和农奴收入分配中的作用

中世纪典型的二元结构庄园与罗马帝国只有自营地的庄园的剥削方式截然不同,前者使用佃农,他们在土地持有、劳动时间和劳动产品的分配上受到习惯法保护。后者依赖奴隶,他们只不过是会说话的工具,没有自己的土地,除了维持基本生存条件外受到主人恣意的剥削。杜比认为,随着中世纪初期部分奴隶被授予小块土地成为佃农,奴隶地位出现了缓慢的转变,他们的境遇逐渐接近经济地位正在下降的自由人。这是人类劳动史上的一座伟大的里程碑,对经济发展无疑是一个决定性因素。奴隶的佃农化推动了从6世纪末以来一种不同于奴隶劳动的新型结构的地产传播开来,它将自营地和农民份地结合起来,份地持有者承担前者的劳动。不过,中世纪早期的前半段我们关于这些依附农民对领主的义务所知甚少,只能从少数几部出现较晚的蛮族法典(law-codes)和某些修道院保存的契据(deed)中获得部分印象。例如在欧洲南部的大部分罗马化省份,使用契约的方法流传下来,据此土地按照一定年限出租给佃户,后者只缴纳实物地租。9世纪时,尽管法国中南部地区的奥弗涅(Auvergne)的佃户中许多人还是奴隶,但仅向庄园缴纳固定比例的收获。而在欧洲北部,从大地产主那里获得持有地的自由农民看

---

① 〔英〕M. M. 波斯坦主编:《剑桥欧洲经济史》(第一卷):中世纪的农业生活,郎立华等译、郎立华校订,第591、626页。

起来好像不仅缴纳谷物、牲畜和葡萄酒,还要本人并且自带牲畜为庄园履行某些特定义务,如包括修理庄园建筑,建筑篱笆,用马车运送谷物,送信,有时还要耕种领主的土地。[①]盎格鲁-撒克逊时期威塞克斯王国的《伊能法典》(The Law of Ine)第67款规定:如果任何人为一码地或更多土地签署固定地租的契约,并耕种这块土地,他的领主希望通过索要劳役和实物地租的方式向他提出增加该土地的地租,如果他的领主没有给他住所,他无须接受该要求;但他将丧失该土地上的庄稼(forfeit the crop)。[②]杜比认为,这个被领主授予一码地的耕种者没有失去其自由,但经与领主协商后必须提供实物地租和数量固定的劳役地租。如果他从领主那里收到了房屋和上一年的种子,他未经允许不得在收获后放弃该土地。[③]莱昂认为,从上述法律规定中可以获得三点结论。一是如果领主希望的话,他可以向佃户要求劳役地租或者实物地租;二是如果领主没有为佃户提供住房,那么后者可以拒绝履行劳役地租,尽管佃户可能为此失去租佃地和种子;三是只有从领主那里获得住房的佃户才应当履行劳役。[④]

其他出现较晚的蛮族法典也规定了领主对自由人和佃农化奴隶

[①] Georges Duby, *The Early Growth of the European Economy: Warriors and Peasants from the Seventh to the Twelfth Century*, pp.40-41. 与杜比将这种新型结构的地产追溯到6世纪末不同,有学者认为它们出现较晚。在法兰克帝国的罗亚尔河和莱茵河之间,在莱茵河、台伯河和阿尔卑斯山之间,在北部和中部意大利等地区,8世纪中叶时大地产的结构和开发经历了从自营地本位向自营地和农民份地的古典二元结构的庄园(classical bipartite manor)的深远转变(Adriaan Verhulst, *The Carolingian Economy*, p.33)。

[②] "The Laws of Ine (688-694)", in Dorothy Whitelock, ed., *English Historical Documents, c. 500-1042*, Volume, I, Second Edition, London: Eyre Methuen, 1979, p.406. 对引文最后一句话的理解存在歧义,例如该史料集的编着者认为,这句话指的是,当最初签订的协定已经到期,领主将不再按照原有条件续签。不过,也有学者认为,最后一句话的含义不是佃农将失去收获,而是让该领主失去一定比例的收获(let the lord lose his proportion of the crop)。Roy C. Cave, Herbert H. Coulson, *A Source Book For Medieval Economic History*, New York: Biblo and Tannen, 1965, p.17.

[③] Georges Duby, *The Early Growth of the European Economy: Warriors and Peasants from the Seventh to the Twelfth Century*, p.41.

[④] H. R. Loyn, *Anglo-Saxon England and the Norman Conquest*, p.172.

的剥削种类和数量。成文于744—748年的《巴伐利亚法典》（The Law of the Bavarians）规定了教会隶农（colonus，相当于自由佃农）的下述义务。总管要征收地租，他应注意到，隶农根据他们所拥有的物品缴纳实物地租。他将缴纳1/10的谷物，依据乡村习惯缴纳畜牧费。他要犁地、播种、修建篱笆、收割、用马车运货，获得一定面积的份地上的收获。至于春季谷物，他务必留出相当于2个量器单位的种子，播种、收割和获得该谷物。他们还需缴纳其产量1/2的亚麻、1/10的蜂蜜、4只鸡和20个鸡蛋。他们需要提供驿马或自己送到指定的地方。他们使用自己的马车履行50里格（leagues，标准不一，通常约为1英里）半径的运输义务，但他们不能被强迫到更远的地方送货。他们有义务为领主修理住宅、干草棚、谷仓和篱笆等。蛮族法典不仅规定了作为自由人的依附佃农的各种负担，而且也包括已经被授予土地的奴隶的义务。起草于717—719年的《阿勒曼尼法典》（The Law of the Alamans）中这种已经佃农化的奴隶的劳役或多或少也被明确地加以界定。教会奴隶将根据该法典提供他们的义务：15个量器单位的大麦啤酒，1头价值1垂米斯（tremissis，1/3索里达金币）的猪，2个重量单位的面包，5只鸡，20个鸡蛋。女奴隶也要尽职尽责地完成规定的任务。男奴隶要在自己份地和自营地上分别履行一半的犁地劳役。如果时间充足，他还要像教会奴隶那样在自己份地和自营地上服三天劳役。[①]换言之，根据该法典，除了实物地租外，教会奴隶还要拿出至少一半的时间履行自营地劳役。

  以上蛮族法典规定了中世纪早期大地产上领主对各类农民进行剥削的种类和数量，这一做法对中世纪欧洲大地产上佃农经济的发展具有重要意义。蛮族法典旨在保护人民的利益不受侵犯。例如颁行于643年的伦巴德王国的《罗泰里法令》的初衷就是如此，国王

---

① Georges Duby, *The Early Growth of the European Economy: Warriors and Peasants from the Seventh to the Twelfth Century*, pp.41-42.

罗泰里在该法令的"序言"中宣称,制定成文法的目的出于对国民福祉的关怀。他意图阻止富人压迫穷人,守护所有人的安宁生活。[1]这种立法目的与其说是源于国王的主观意图,不如说是由于蛮族法典的人民立法模式使然。梅特兰等认为,"依据日耳曼传统,如部落法需记载或修改,需要首先召集民众会议,民众会议享有制定法律的最高权力。由此,以此种方式而产生的立法被称为'公约',日耳曼的立法模式中使用了'公约'这种模式,以表明它建立在民众同意的基础上,它的含义与罗马史上的'Lex'(法)十分接近。'Lex'是指在古罗马'国民会议'(comitia)或'大会'(assembly)上通过的法律"[2]。可见,无论日耳曼人还是罗马人,法(Lex)均指"人民的法律",因而无例外都是人民参与制定的,即使统治者颁布的法律也要经过人民的同意。出现较晚的蛮族法典表明,大地产上领主和农民的剥削关系需要依据习惯法,而不是古代奴隶制那样的恣意剥削。

可以说,蛮族法典为中世纪早期大地产开了依法而非恣意剥削佃农的先河。9世纪以来,庄园习惯等越来越多地取代蛮族法典成为规范领主和农民关系的法律依据。布洛赫认为,在加洛林王朝时期,"习惯法当时具体体现在条文中、法令中、通过调查制订的领主庄园的清单中。不过在大部分情况下,习惯法只停留在口头上。总之,人们信赖自己对往事的记忆。如果某制度存在于'人的记忆'中,那么它就是有效的"[3]。这里所说的"通过调查制订的领主庄园的清单",是指加洛林时期王室和教会大地产实行直接经营时所形成的管理文献。查理曼的《庄园敕令》就是如此,该敕令属于国王"法令集"(capitulary)当中的"家庭法规"部分。基佐认为,"家庭法规只包括那些与查理曼的私人财产即农场的管理

---

[1] 〔英〕梅特兰等:《欧陆法律史概览:事件、渊源、人物及运动》,屈文生等译,上海人民出版社2008年版,第26页。
[2] 同上书,第39页。
[3] 〔法〕马克·布洛赫:《法国农村史》,余中先、张朋浩、车耳译,第85页。

有关的法规；一整部题名为de villis（《庄园教会》）的法规是他在位时在各不同时期对他领地上所雇的人员发出的各种指示的一个集子"①。

"土地登录簿"（polyptych，或称"土地及封建义务记录簿"），则为我们了解加洛林时期领主和农民的收入分配提供了较早的个案信息，其中较著名和保留较完整的是829年前在伊尔米诺（Irmino）修道院院长命令下起草的来自巴黎的圣日耳曼德佩修道院（abbey of St. Germain-des-Prés）的土地登录簿。此外，至少还有七个9世纪修道院的土地登录簿被不同程度地保留下来。土地登录簿的大部分主人是修道院院长，这些文献按照土地、佃农和公共建筑等内容记录了自营地的组成情况，但更重要的是每个佃农的义务，包括劳役、实物地租和货币地租。与蛮族法典只是规定某类农民的义务不同，土地登录簿具体记载每个佃农持有的土地及其负担。例如在圣日耳曼德佩修道院的土地登录簿的残片中，第3款记载了隶农阿克塔达斯，及其隶农妻子艾莉吉尔迪斯和六个孩子。他们持有修道院的自由芒斯，包括耕地、葡萄园和牧场，以及承担的各种义务的名称和数量。第84款记载了阿克里伯图斯，他的妻子弗罗林迪斯是奴隶，以及孩子阿克莱伯格。此外，还有奴隶特弗莱达斯及其母亲。这两户人家共同持有一个不自由芒斯，包括耕地、葡萄园和草地，以及承担的各种义务的名称和数量。阿德里安·费尔哈斯特认为，编纂这些庄园文献的目的在于经过商得一致后，确定该地产居民的各项义务，以便可以标准化管理，以此方式优化地产的结构与开发。②

由于中世纪早期后半期以来庄园习惯将每个农民持有的土地及其义务的种类和数量成文化，因而农民可以依据庄园习惯反抗领主加重剥削的要求。由此，庄园习惯不仅作为领主剥削农民的工具，同时也为农民提供了维护自己权益的法律依据。如布洛赫所说："习

---

① 〔法〕基佐：《法国文明史：自罗马帝国败落起》，沅芷、伊信译，商务印书馆1995年版，第2卷，第148页。
② Adriaan Verhulst, *The Carolingian Economy*, pp.37-40.

惯法是一把双刃剑，它时而为领主时而为农民所利用。至少由于其益处与弊病的伸缩性较大，其原则可以为领主随意解释。加洛林王朝时代，当那些公共法院审理诉讼案时，人们可以看到庄园习惯有时被领主用来对付其臣仆，有时被臣民用来对付其领主。这个时期，习惯法在佃农中被广泛地推行，不仅运用于隶农，而且也适用于奴隶。"①

领主对农民的过度剥削不仅招致农民的诉讼，也导致中央政府的干预。公元800年，查理曼在听到教会和王室地产上的农民的抱怨后，在针对法国西部的勒芒地区发布的法令中，将劳役的种类和数量规定如下：每个持有1/4法克图斯（factus，更古老的货币单位，后被芝斯取代）的人应自带牲畜在自营地上犁地一整天，此后领主不能强迫他在本周内再提供手工业品劳役。没有足够牲畜履行一整天劳役者将在两天内完成该劳役；仅有四头疲弱牲畜因而不能独立犁地者必须添加其他牲畜，以便在一天内完成领主的犁地劳役，此后还要在该周承担一天手工业品劳役。不能从事上述任何劳动，且没有牲畜者将在一周内从早到晚为领主劳动三天，领主除此之外不再向他要求其他劳役。确实会出现下述不同情况：有些人履行一整周劳役，有些人半周，有些人两天。因此，我们决定依附农民不能取消这些劳役，领主也不能向他们要求更多劳役。此外，教会也反对领主加重对农民的剥削。858年，兰斯大主教欣克马尔（Hincmar）给在基耶尔济出席会议的主教们写了一封长信，在谈及领主和农民的关系时他坚持认为，地产管理人不应压迫农民，也不能向他们索取比以前更多的劳役。②诚然，无论世俗国家还是教会限制剥削的法律和态度，无不是农民反抗压力使然，正如恩格斯指出的那样："八世纪末和九世纪初以后，不自由人的赋役，甚至包括定住的奴隶们的赋役在内，都渐渐地规定出一定的、不许超过的限度。

---

① 〔法〕马克·布洛赫：《法国农村史》，余中先、张朋浩、车耳等，第85—86页。
② Adriaan Verhulst, *The Carolingian Economy*, p.48.

查理大帝在他的敕令里，对此曾作明文的规定。这显然是不自由的大众的这种带威胁性的行动的结果。"①

毋庸讳言，中世纪欧洲习惯法体系的真正建立依赖于封建制度的形成。安德森认为，西欧封建主义出现于10世纪，在11世纪扩张，在12世纪晚期和13世纪达到顶峰。②在此过程中，教会法和世俗法律体系分别建立起来。世俗法律体系包括教会法以外的所有法律，与农民关系最为密切的法律就是庄园习惯法，无论自由人还是不自由人都要依据庄园习惯法持有土地和交纳地租和税金。所不同的是，自由人在遇到领主侵犯时可以获得普通法和王室法庭的保护；而与此无缘的则属于不自由人，无权在王室法庭控告其领主。失去王室司法权保护的维兰也意味着失去了公民地位，成为领主司法权管辖下的农奴。在13世纪法学家头脑中的理想世界中，农奴的地位犹如奴隶，没有任何权利可言，农奴法将农奴地位概括如下：领主像拥有动产一样拥有自己的农奴，可以像动产一样出卖农奴。因此，农奴自己一无所有。所有他的土地和物品都属于领主。农奴不能离开土地，也不能不经领主的同意让渡它们，他不能得到王室法庭的保护去控告领主提高地租或从土地上驱逐他。由于他没有自己的财产，因而他没有任何东西遗传给法定继承人，因此除了领主（为某些目的）外没有合法的继承人。③果真如此的话，领主便可以拥有恣意剥削农奴的权利。

不过，维兰绝不像农奴法所说的那样毫无权利可言。实际上，中世纪中期存在两种权利，一种是自由人享有的普通法赋予的权利，另一种则是庄园习惯法给予农奴的权利。④伯尔曼认为，庄园

---

① 〔德〕恩格斯："法兰克时代"，《马克思恩格斯全集》（第19卷），人民出版社1963年版，第563页。
② 〔英〕佩里·安德森：《从古代到封建主义的过渡》，郭方、刘健译，上海人民出版社2001年版，第194页。
③ P. R. Hyams, *King, Lords, and Peasants in Medieval England: The Common Law of Villeinage in the Twelfth and Thirteenth Centuries*, Oxford: Clarendon Press, 1980, p.2.
④ Frederic Pollock and Frederic William Maitland, *The History of English Law: Before the Time of Edward I*, Cambridge: Cambridge University Press, 1895, Vol. I, p.343.

习惯是一种调整领主和农民关系和农业生产关系的法律，正如封建习惯（即封建法）在11、12世纪尤其是在1050年至1150期间转变为封建的法律制度一样，庄园习惯也大约在同期转变为一种庄园法律制度。[①]那么，究竟什么是"庄园习惯"？或者说，"根据庄园习惯法"农奴在持有土地和承担领主各种义务时意味着什么？[②]对此问题，史学界以往似乎语焉不详。贝克曼认为，庄园习惯很难界定，其实际上所包含的内容与想到和记忆的一样多甚至更多。庄园习惯管理着全部生活，可以分为如下几类：一是规章和程序，例如法律的和农业的程序，即事情习惯上是如何做的。二是权利，即各种身份和土地保有权等享有哪些特权。三是义务，例如习惯和服役，包括习惯地租，犁地的习惯或其他劳役，以及陪审团服务的义务等。一般认为，法律争端要根据庄园习惯来解决。[③]研究表明，惯例书（custumals，或称"习惯法汇编"）构成庄园习惯的主要载体。例如在谈到惯例书一词的含义时，让·比勒尔认为，正如它们的名字表明的那样，这些文献记录了"庄园习惯"。在这种语境下，它们几乎仅仅意味着佃户除了货币地租外应向庄园领主承担的惯例和义务。在谈到惯例书的内容时他指出，惯例书由庄园领主为了他的利益起草的，其目的是要记录除了货币地租外佃户所欠领主的各种义务。惯例书提供了一个综合性的清单，当然这种做法并不常见。这使得它不同于法国典型的权利特许状，后者只涉及某些特定的义务，但类似于德国的判例（weistüm），法语习惯上称为"报告"（rapport）或"权利确认书"（aveu de droits）。惯例书的最简单形式是"列举庄园领主的权利和特权"。而某些惯例书的内容则更加广泛，例如界定了公共牧场的权利或记录了某些"公共义务"。其他惯例书还包括

---

① 〔美〕哈罗德·J. 伯尔曼：《法律与革命》（第一卷）：西方法律传统的形成，贺卫方、高鸿钧、张志铭、夏勇译，法律出版社2008年版，第311页。
② 庄园习惯的另一种表述为"庄园习惯法"，两者含义相似。
③ John Stephen Beckerman, "Customary Law in English Manorial Courts in the Thirteenth and Fourteenth Centuries", A Thesis Submitted for Degree of Doctor of Philosophy in the University of London, June, 1972, p.42.

类似于村法（by-laws）那样的裁定，它们在13世纪晚期开始出现在庄园法庭的案卷中。当然，惯例书的主要内容是佃户应当向领主履行的各种义务。①可见，惯例书是一部综合性和独立化的庄园习惯汇编，因而某些内容难免与其他庄园档案有所交叉甚至重复，如马克·贝利指出，"调查"（survey）有时称为"惯例书"。由于各种原因，后者列出每个庄园佃户所欠的地租和惯例。然而，在多数情况下，惯例书是一种完全不同的文献，列出了所有不同的庄园习惯，包括庄园对农事、零售活动和公共秩序等问题的管理。惯例书为领主提供了一部便利的地方习惯的清单，它们经常是在经过宣誓的地方证词和记录在其他庄园文献（尤其是法庭案卷）中的判例的基础上起草的。②

如果说蛮族法典和土地登录簿旨在将地租固定化，那么中世纪中期以来的惯例书则是为了将地租和税金的征收固定化与精确化。让·比勒尔认为，幸存的惯例书无不是新旧习惯的混合体。它们篇幅冗长，这部分是由于增加或记录了新的习惯，例如死手捐、婚姻捐和交易税等偶尔的义务，而更主要的原因在于劳役清单变得更加冗长。以往对习惯佃农劳役的叙述通常是概括性的，而现在则被日益详细地加以界定。现在的惯例书不仅经常陈述一个佃农每周应为领主履行几天劳役，而且还要具体规定他在哪一天（周一、周三还是周五）服劳役，劳役日的长度（从早上到晚上，还是到中午），以及具体承担什么劳动，其详细程度令人咋舌。例如在劳役地租中佃户应该打谷的精确谷物数量被详细说明，在某惯例书中一个"工"（work）每人的打谷量包括2蒲式耳小麦，4蒲式耳大麦，4蒲式耳豌豆，0.25夸特豌豆或野豌豆，8蒲式耳燕麦。或者规定挖沟的精确尺寸，例如在某惯例书中规定1个工的挖掘量为8英尺长，5英尺宽，

---

① Jean Birrell, "Manorial Custumals Reconsidered", *Past & Present*, No.224 (August, 2014), pp.3, 6–7.
② Mark Bailey, ed., *The English Manor, c.1200–c.1500, Selected Sources Translated and Annotated by Mark Bailey*, Manchester: Manchester University Press, 2002, p.61.

5英尺深。在另一惯例书中，一个工的挖掘量为1杆（perch，等于5.5码）长的新壕沟，5英尺宽，4英尺深。或者是履行劳役的确切方式被详加规定。例如他将收割一大片土地，然后休息。与此同时，他的同伴收割另一大块土地，然后他再开始收割，如此这般必须干满一整天。或者当倾盆大雨导致无法犁地时如何去应对。例如规定他将去做另一项工作，除非他已经犁完两三个垄沟。如果是这样的话，他可以停止工作。[1]

英国最早的惯例书出现在诺曼征服前，13世纪和14世纪早期则大量涌现，成为重要的庄园档案之一。那么，中世纪中期为什么会出现如此众多的惯例书？这是否意味着中世纪中期自营地集中经营和农奴制形成后领主加重了对维兰的剥削？如上所述，惯例书是由庄园领主为了他的利益起草的，其目的是要记录除了货币地租外佃户所欠领主的各种义务，因而肯定存在领主试图恣意加重对农奴剥削的企图，但除此之外也不能排除其他原因。研究表明，中世纪中期欧洲大陆的特许状或庄园档案经常是领主用来吸引佃户的优惠措施。例如12世纪人口快速增长，许多核心村建立起来。领主为了吸引定居者，向他们提出优惠条件。1106年不来梅大主教宣布了与六个荷兰人达成的协议，其中包括一个神父，这些人打算定居在其主教区的未开垦的沼泽地上。地租和什一税被固定下来，大主教将什一税的1/10授予该神父来维持生计，后者供职于教区教堂。定居者从每个教区中授予其神父1芒斯土地。作为每年支付地租的回报，定居者被允许决定他们之间的争端。不过，他们需要将自己不能解决的更大问题提交给大主教，他将在他们提供费用的情况下前来审理诉讼。2/3的司法收入给予定居者，1/3留给大主教。12世纪期间，像老居民点一样，授予新居民点特权变得日益普遍。授予特权的具体内容差别较大，没有哪种特权是只授予新建村庄的，但许多村庄至少将部分地租和税金固定下来，土地继承权得到承认。与此同时，

---

[1] Jean Birrell, "Manorial Custumals Reconsidered", pp.13-14.

有些村庄还获得一定程度的自治，这通常包括审理部分或全部诉讼，并且可以制订某些司法程序，有时定居者像其他村民那样可以选择他们的地方官员来主持他们的集会，以及征收他们的税金。[①]

类似的情况在英国也同样存在。拉兹和史密斯不赞成希尔顿有关普通法是保护自由人的结果，造成了领主有意在自营地直接经营和粮价上升的特殊经济条件下加强农奴的负担的结论。实际上，为了获得普通法的保护，许多维兰去王室法庭证明自己不是农奴，对领主造成巨大威胁。因而，领主的当务之急不是利用普通法放弃对维兰司法权的时机加重剥削农奴，而是如何防止后者流失。有鉴于此，王室法庭诉讼数量的增长的结果是领主对更加完善的习惯记录的需要，如此可以避免潜在的和损失巨大的错误。因为在劳役是自营地直接经营的重要资源的时代，失去农奴是一个必须排除或减低的威胁。而惯例书的大量增长无疑是另一个对这种威胁的回应。不仅如此，在拉兹和史密斯看来，庄园法庭案卷的出现也不是强制农奴履行义务的结果，而是为了与王室法庭和郡法庭竞争的需要，领主通过完善庄园法庭的审判程序吸引本庄园自由人在此进行诉讼。[②]

可见，农奴制未必一定导致领主对维兰的恣意剥削，相反，义务种类和数量的固定化和精确化却是司空见惯的，惯例书等为代表的庄园习惯，以及庄园法庭案卷为标志的庄园法律制度在很大程度上维护了农民的权益。那么，为什么在中世纪中期人口和经济、庄园制和农奴制上行的有利形势下领主没有对农民进行恣意剥削，反而将剥削固定化和精确化，这不是画地为牢，作茧自缚吗？需要指出，惯例书等为代表的庄园习惯并非自然形成的，更不是领主恩赐的结果，而是农民不懈的抗争使然。如贝内特所言，在英格兰实现

---

① Susan Reynolds, *Kingdoms and Communities in Western Europe, 900–1300*, Oxford: Clarendon Press, 1984, p.126.
② Zvi Razi and Richard Smith, eds., *Medieval Society and the Manor Court*, Oxford: Clarendon Press, 1996, pp.44–46.

第二章　领主和农民的收入变化

庄园化的那些地区，领主与农奴之间的关系逐渐形成了所谓的"庄园惯例"（the custom of the manor，即庄园习惯）。维诺格拉多夫声称，这一惯例是在领主的"允许"下生长起来的。这似乎把一个非常复杂的问题过于简单化了。从理论上说，领主的意志是压倒一切的。也就是在这个意义上说，可以严格地写在法律条文中的任何特权和消遣都是领主恩惠的结果。而实际上，领主所"允许"的更可能是他自己无力制止的事情。一方是强悍的总管（steward）和管家（bailiff），另一方是倔强的农奴群体，他们间的相互抗争，在短短几年内就可以改变庄园上的一切，尤其是在"庄园惯例"得以完全确立并在人们心中占据极为重要地位以前，在领主正式将其用文字记录下来以前，这种变化更为重要。自诺曼征服以后数十年里，变化一直持续不断地发生着：每一个庄园，都是领主与农奴之间为了各自利益而无休止争斗的舞台。作为领主，他有时候可能是个乐善好施的家长，有时候绝非如此。但在任何情况下，领主一直在很大程度上控制着农民们的生活。庄园惯例的确是逐渐形成的，同样，认为它取决于农民们一次又一次的裁定也是正确的。农民们做出的一次次的"判决"（doom）的确是形成庄园惯例的决定性因素。[①]

综上所述，领主和农民的收入分配包括一次分配和二次分配。领主的一次分配主要是14世纪晚期前直接经营的自营地收入，二次分配则包括向农民征收的地租和税金等。农民的一次分配分为中等以上佃农的生产性收入和工资劳动者的工资收入。中等以上农民家庭所获得的一次分配只是毛收入，而实际收入还要扣除向领主缴纳的地租和税金等。中世纪欧洲领主和农民的收入变化的制约因素是多方面的，其中人口和经济因素、庄园制和农奴制等体制因素至关重要，而习惯法也对领主和农民的收入分配发挥了不容忽视的影响。笔者的结论是，人口和经济因素、庄园制和农奴制等体制因素在不

---

① 〔英〕亨利·斯坦利·贝内特：《英国庄园生活——1150—1400年农民生活庄园研究》，龙秀清、孙立田、赵文君译，侯建新校，上海人民出版社2005年版，第78页。

同时期对领主和农民收入分配的影响截然不同，致使中世纪早中期领主收入上升和农民收入减少，而中世纪晚期则完全相反。在此过程中，中世纪欧洲庄园的领主不能像对待奴隶那样恣意地剥削佃农。相反，佃农在很大程度上是受到习惯法保护的。蛮族法典和土地登录簿将佃农地租的种类和数量固定化，而中世纪中期以来的惯例书则将地租和税金固定化和精确化。中世纪欧洲的领主在人口和经济、庄园制和农奴制上行的有利形势下能够有此作为，当然不是由于他们主观上仁慈宽厚，而是农民坚持不懈地抗争的结果。有鉴于此，建立在习惯法基础上的固定化和精确化的剥削取代了奴隶制下几乎不受制约的恣意剥削，从而在很大程度上限制了领主通过二次分配榨取农民绝大部分的剩余劳动成果。唯其如此，中世纪早中期欧洲农民不仅没有在庄园制和农奴制的压迫之下陷于水深火热的悲惨境地，而且还在中世纪晚期实现了收入水平的普遍提高。

第三章 中产阶级的收入与生活水平

以往对中世纪欧洲收入和生活水平的研究大多是从广义的贵族（aristocracy，包括乡绅，与nobility，即作为上议院议员的世袭贵族不同）、农民、城市居民、工资劳动者（wage-earner）和穷人等各个阶层的角度进行的，戴尔的《中世纪中晚期生活水平：1200—1520年英国的社会变迁》成为上述研究方法的代表作。[①]这种研究方法的优点是注重各阶层本身的考察，却在一定程度上忽视了对各阶层之间相近收入群体的探讨。实际上，各阶层内部的收入和生活水平的差异性很大，并非一定是理想的研究单位。此外，分阶层的研究方法造成阶层之间相互阻隔，不利于以联系的和综合的观点分析问题。笔者认为，中世纪欧洲的收入和生活水平问题既需要着眼于各个阶层本身的研究，也应该以此为基础适时地展开对跨阶层的相近收入群体的考察，而中产阶级就是超越以往农民和城市居民划分的相近收入群体。鉴于至今为止国内外学术界对中世纪欧洲中产阶级及其收入和生活水平仍缺少专门研究，因而下面拟借助于原始材料和其他相关研究成果首先讨论中世纪欧洲是否存在中产阶级，然后再分别探讨他们的收入和生活水平。

一、中世纪是否存在中产阶级？

20世纪中后期，特别是八九十年代以来，西方早期现代史学

[①] Christopher Dyer, *Standards of Living Later Middle Ages: Social Change in England, c.1200–1520*, Cambridge: Cambridge University Press, 1989.

家的研究表明,大约16世纪下半叶至19世纪上半叶,英国已经存在"中产阶级"(middle class)或"中层社会"(middling sort,另译"中间阶层")。[1]然而,西方早期现代史学家通常将中产阶级或中层社会视为早期现代(16—18世纪)的产物,与中世纪无涉。晚近的研究却对早期现代史学家的这种结论提出了挑战。在2006年出版的《中产阶级史》中,詹姆斯将西方中产阶级的起源上溯到中世纪晚期,主张"14世纪至18世纪涌现出来的'中层社会'在19世纪成为了中产阶级"。他认为,尽管中产阶级诞生于1720—1832年(即工业革命前后),但作为其前身的中层社会却形成于1350—1720年(即工业革命开始前的几个世纪),因而中层社会属于中产阶级的"根源和先驱"。[2]詹姆斯将中层社会的历史追溯到1350年,后者包括对下院议员拥有选举权和被选举权的自由人、绅士、商人、富裕工匠、富裕农民和专业人员(professional)等。但令人遗憾的是他有关中层社会的研究主要侧重于早期现代,对中世纪晚期的一百五十年着墨不多。在一定意义上说,他对中世纪晚期中层社会起源的探索更多是一种工作假设,而非深入系统的实证研究。那么,中世纪早期欧洲传统的社会结构是怎样的,中产阶级是何时和如何在传统社会结构中起源和成长的,当时的人们和后世历史学家又是如何看待他们的?这些问题仍有待中世纪史学家依据现有的零散史料和研究成果予以求证。

实际上,中产阶级无论是作为概念还是阶级都源远流长,甚至可以上溯到古希腊。亚里士多德认为,"在一切城邦,所有公民可以分为三个部分(阶级)——极富、极贫和两者之间的中产阶级"。中产阶级拥有富人和穷人缺少的品德,他们顺从理性,很少野心,因而唯有以中产阶级为基础才能组成最好的政体。[3]诚然,中世纪欧

---

[1] 〔美〕约翰·斯梅尔:《中产阶级文化的起源》,陈勇译,上海人民出版社2006年版,中译本前言,第2—4页。

[2] 参见〔英〕劳伦斯·詹姆斯:《中产阶级史》,李春玲、杨典译,李春玲校,中国社会科学出版社2015年版,第2页及相关章节。

[3] 〔古希腊〕亚里士多德:《政治学》,吴寿彭译,商务印书馆1995年版,第205—206页。

洲中产阶级与古希腊无关，他们的形成经历了漫长的历史演变过程。中世纪早期的后半段（大约9—11世纪）是欧洲封建社会的形成时期，马克·布洛赫主张欧洲封建社会的第一阶段始于9世纪，结束于11世纪中期之前。在此时期，由于贸易和货币流通薄弱，酬劳官吏和雇工的薪俸制难以实行，因而只能建立以土地为纽带的自由或依附性的服役关系。[1]以封建社会第一阶段的物质状况和经济特点为基础，中世纪早期后半段旨在建构封建社会结构的三等级（the three orders）理论应运而生。如勒高夫所说："在9世纪末中世纪著作中出现一个主题，它在11世纪发展起来并在12世纪变成一句套话，它将社会分为三个阶层或等级来加以描绘。按照拉昂的阿达尔贝隆的经典表述，这个三等级社会的三个组成部分是：oratores, bellatores, laboratories，即教士、武士、劳动者。"[2]第三等级（主要用于欧洲大陆，尤其是法国）即劳动者由作为社会底层（bottom layer）的绝大多数人口组成，其功能是为承担祈祷的教士和战斗的武士提供一切所需。由于缺少充分的自由，因而他们不得不从事不体面的体力劳动。[3]尽管中世纪早期后半段劳动者从事的体力劳动包括农业和工商业等，分布在农村和城市，但他们的身份均为农民，与位于他们之上的第二等级即武士（骑士，泛指贵族）无论在法律身份还是在收入水平上都存在难以逾越的鸿沟。实际上，像所有传统社会一样，中世纪早期后半段属于两级（教给贵族和劳动者）的社会结构。

中世纪早期后半段的两级社会结构向真正三级社会结构的转变来自于劳动者的分层。应该说，劳动者的分层首先出现在中世纪中

---

[1] 〔法〕马克·布洛赫：《封建社会》上卷，张绪山译，郭守田、徐家玲校，商务印书馆2004年版，第134—135页。

[2] 〔法〕雅克·勒高夫："关于9世纪到12世纪基督教会中三等级社会、君权意识形态和经济复苏"，《试谈另一个中世纪——西方的时间、劳动和文化》，周莽译，商务印书馆2014年版，第95页。

[3] Georges Duby, *The Early Growth of the European Economy: Warriors and Peasants From the Seventh to the Twelfth Century*, p.168.

期的城市，变化的突破口来自作为工商业中心的城市的自治运动。罗伯特·雷诺兹认为，工商业者在传统的三等级社会结构中毫无地位。在法国和德国，一般认为工商业者都是农民，甚至当他们在伊普尔等城市织造和销售呢布时也是如此。相反，在英格兰、意大利和斯堪的纳维亚，一般认为工商业者是令人尊敬的，当他们拥有足够的财富时甚至是高贵的。中世纪中期欧洲市民阶级是通过享有城市特许状赋予市民的权利而与农民区别开来的崭新群体。他们为争取自己的特权不懈斗争，其中最重要的包括自由往来各地的权利，不再为庄园领主履行劳役，使用城市法和城市法庭进行审判等。此外，他们建立起商人行会和手工业者行会，实行各种限制竞争、保护和促进本城市工商业发展的政策。摆脱神圣罗马帝国统治的意大利城市还建立起城市共和国，英国城市虽隶属于王权，但市民代表可以像骑士一样作为下院议员参与国政。当中世纪中期欧洲城市获得自治权后，传统的三个等级重新排列，市民取代农民成为第三等级。1300年法国和英国以及大部分欧洲其他国家都存在着三个特权等级，教士和贵族仍是前两个特权等级，然后是新兴起的市民（英语为burgesses，法语为hourgeoisie，德语为burgers）等级，农民在有些国家变为"第四等级"（fourth estate，例如瑞典）。从此，自由和不自由农民被排除在三个等级之外，市民阶级成为传统社会结构中的中产阶级（即介于传统两等级之间的阶级，主要在英国）。[1]

其他许多经济史学家也主张中世纪西欧中产阶级起源于城市工商业者。例如阿什利的《英国经济史和理论导论》的第二章专门谈论了手工业与行会制度的演变，他在评价行会在工业史上的地位时指出，尽管行会制度限制竞争，但观其果而知其树，在中世纪行会制度内部成长起来由富裕商人和生活舒适的工匠所组成的广大的

---

[1] Robert L. Reynolds, *Europe Emerges: Transition Toward An Industrial World-wide Society, 600–1750*, Madison: The University of Wisconsin Press, 1961, pp.259-265. 第四等级在中世纪欧洲大多用来称呼缺少政治和法律权利的妇女。参见〔以色列〕苏拉密斯·萨哈：《第四等级——中世纪欧洲妇女史》，林英译，广东人民出版社2003年版。

第三章　中产阶级的收入与生活水平

中产阶级（a wide middle-class），在他们的周围是领主和农民，他们的出现在某种意义上导致封建社会向现代社会的转变。他还指出，众所周知，中产阶级是现代观念的主要代表和引进者，但他们在行会刚兴起时并不存在。实际上，资产阶级（bourgeoisie，该词也有市民和中产阶级的含义）是在行会制度下产生的。① 无独有偶，斯拉普也主张中世纪晚期英国存在中产阶级。她的代表作《中世纪伦敦商人阶级》一书几乎研究了中世纪晚期伦敦商人阶级的各个方面。她认为，商人阶级不是孤立存在的，他们与中世纪晚期的其他阶级一起构成英国的中间阶层。该书第八章题目为"英国中间阶层概貌"，对中产阶级的起源和构成进行了探讨。斯拉普认为，世俗社会的阶层应是三级划分的，在富人和穷人②之间还存在着普通人（the commons）。这种中间阶层（the middle division）可以设想为包括小乡绅、商人阶级、珍惜祖先自由传统的农村约曼（country yeomanry），也许还有伦敦和其他城市的半商业人员（semi-mercantile elements，富裕工匠和专业人员等）。然而，这些混杂的群体中间显然缺少内聚力，甚至没有一种中产阶级的共同理念（common theory）。③ 此外，史学家认为中世纪中晚期欧洲大陆的城市也出现了中产阶级，例如桑巴特在《奢侈与资本主义》第一章"新社会"中论述了中产阶级的财富，指出中世纪早期的财富几乎完全是由地产构成，而且正是大地产主（教会除外）构成贵族。那时，富裕的市民阶级实际上还不存在。不过这一状况在13、14世纪发生了变化。我们看到那一时期并非从封建关系中产生的大额财富迅速积累——这一进程在意大利最为明显。这正是欧洲开始掠夺东方，可能也是在非洲发现了贵金属富矿，以及向地产主尤其是富裕的王

---

① W. J. Ashley, *An Introduction to English Economic History and Theory*, Part II, The End of the Middle Ages, Fourth Edition, New York: G.P. Putnam's Sons, 1906, p.168.

② 斯拉普这里的穷人概念相当于笔者所说的低收入者，不是严格意义上的穷人。后者的收入通常不足以为生，生活主要依赖救济，可以免除人头税甚至法庭罚金。

③ Sylvia L. Thrupp, *The Merchant Class of Medieval London, 1300–1500*, Ann Arbor: The University of Michigan Press, 1962, p.299.

公放高利贷获利丰厚的年代。15、16世纪的德意志也是如此，"那个时期，在南德意志的城市巨额的财富开始积累，这是开采波希米亚和匈牙利金、银矿，以及后来美洲白银涌入所带来的结果，这些变化刺激了那个时代——'富格尔家族的时代'大规模的金融活动"①。

如果说中世纪中期劳动者的上升还仅限于市民阶级，那么中世纪晚期则扩展到广大乡村。在英国乡绅以下各阶层较早发展起来，希尔顿在"中世纪晚期英国的意识形态和社会等级"一文中指出，布莱（F. R. H. De Boulay）1970年出版的《雄心勃勃的世纪》(*An Age of Ambition*) 一书关注了15世纪正在壮大起来的乡绅的认同问题。而自己的这篇文章并不关心乡绅阶层，而是留意这本书忽视的乡绅以下更低的社会等级。然而，乡绅之所以被作为中心问题来讨论，主要原因是15世纪首先是一个"向上社会流动"的时期，这种流动的主要表现是商人和其他富裕的普通人向上挤进出身高贵的旧的土地贵族当中，这就是为什么立法者需要明确社会阶层定义的原因，如同限奢法以及其他法律和文学作品中所做的那样。他还指出，尽管同时代人可能觉得需要界定社会阶层，但该问题不是由于增强的社会流动引起不安所致。这个问题尤其在大约1380—1450年被同时代人视作整个较低阶级普遍的向上流动，与个别暴发户攀附上流社会的现象难分伯仲。②

14世纪下半叶以来的法律和税收的相关规定反映了这种三级框架的社会结构。1363年爱德华三世（1327—1377年在位）颁布的《限奢法》(The Sumptuary Law) 旨在禁止人们穿戴不符合自己等级身份的服饰，要求贵族和乡绅按照自己的等级身份使用不同价值的头饰和服装材料，并为此规定：只有贵族可以穿着金线织物制作的服装。富裕骑士（richer knight）可以选择他们喜欢的其他服装，他

---

① 〔德〕维尔纳·桑巴特：《奢侈与资本主义》，王燕平、侯小河译，刘北成校，上海人民出版社2000年版，第6、7页。

② Rodney Hilton, "Ideology and Social Order in Late Medieval England", in Rodney Hilton, *Class Conflict and the Crisis of Feudalism: Essays in Medieval Social History*, pp.246, 247.

们的夫人可以佩戴镶嵌珍珠的刺绣品头饰。小骑士（lesser knight）只能穿着6马克以下宽幅呢布制作的服装和长筒袜，禁止用貂皮装饰斗篷或长袍。富裕候补骑士（richer esquire）可以穿着5马克以下的宽幅呢布制作的服装，小候补骑士（lesser esquire）的呢布则限制为4马克。值得注意的是，除了贵族和乡绅依旧按传统的等级划分标准外，该法律还首次依据职业和收入赋予商人、市民和工匠等与中小乡绅等级相应的着装权利。例如伦敦和其他地方拥有1 000英镑及以上动产的商人、市民（citizens）和工匠的穿戴限制与富裕候补骑士相同。拥有500英镑及以上动产者的限制等同于小候补骑士和绅士（gentlefolk）。在这些阶层之下的工匠和约曼则被限制穿着40先令以上呢布制作的服装，并禁止使用羔羊皮、兔子皮、猫皮或狐狸皮以外的其他毛皮。车把式、犁把式、羊倌和所有约曼以下阶层只能穿劣质羊毛织成的呢布和麻质的束腰紧身衣。1463年爱德华四世颁布的《限奢法》继续实行上述法律，并给予市政官员在着装权利上以乡绅待遇，例如伦敦市长享有骑士待遇，伦敦市政官（aldermen）、五港同盟市长（Barons of the Cinque Ports）和自治市的市长与候补骑士待遇相同等。[①]

　　1363年的限奢法在按照职业和财富给予商人、工匠和市民以中小乡绅待遇时没有涉及城市的专业人员；此外，该法律虽然涉及约曼，但却没有将其作为小乡绅看待。不过，这些问题在第二次人头税的征收中得到解决。1379年，议会下院同意理查德二世（1372—1399年）为筹集战费征收人头税，税率按照纳税人的等级和财富递减。纳税最多的是英国两个公爵，每人缴纳10马克（相当于6英镑13先令4便士）。此外，伯爵缴纳4英镑，男爵（barons）和大骑士（knights banneret）缴纳40先令，小骑士（knights bachelor）缴纳

---

① Maurice Keen, *English Society in the Later Middle Ages, 1348-1500*, London: The Allen Lane Press, 1990, pp.10, 11. 这两个法律原文见 "A Sumptuary Law (against apparel)", 1363, "A Sumptuary Law, 1383", in A.R.Myers, ed., *English Historical Documents*, Vol.IV, 1327-1485, London: Eyre & Spottiwoode, 1969, pp.1153-1154, 1178。

20先令。候补骑士缴纳6先令8便士，广义贵族中的最低等级即无地的候补骑士（landless esquire，大多可能是显赫家庭能够当兵打仗的幼子）缴纳3先令4便士。在贵族和乡绅阶层按等级纳税外，那些在传统骑士等级中毫无地位的职业则参照广义贵族的不同等级纳税。在他们中，律师（lawyers）和王室法官（justices of the bench）需要缴纳5英镑，纳税额甚至超过伯爵。资深律师（sergeants of law）与男爵一样缴纳40先令，资历较浅的律师（junior barrister）的征税额与骑士相同。伦敦市长与伯爵同样征收4英镑。伦敦市政官和主要城市的市长缴纳40先令，大商人（greater merchant）缴纳20先令（与小骑士相同），小城镇的市长的税额与此相同，或者依据他们自治市的地位予以减少。小商人（lesser merchant）、富裕工匠（well-off artificer）和富兰克林（即较大的自由持有农，通常被认为是约曼的前身）的纳税额与候补骑士同样为6先令8便士，而普通劳动者每人只需缴纳4便士。[①]

至此，尽管商人、富裕工匠、专业人员和富兰克林或约曼仍是普通人或第三等级，但在法律上城乡中上阶层的着装权利和纳税额度参照乡绅阶层乃至部分贵族，表明他们已经与普通人的下层区分开来，上升为中产阶级。中世纪晚期欧洲也出现了中产阶级的概念。例如当时的布道者谴责富人压迫穷人，将领主和乡绅作为一个等级，他们一起通过法庭掠夺穷人的物品。在富人和穷人两极之间是"中间阶层"（mediocres），他们包括殷实的商人、富裕牧场主和农场主等。在伦敦城的档案中，中间阶层指的是商人和贫困劳动者之间的人。而从全国范围看，中间阶层具有更广泛的含义，尽管比较松散和模糊。例如当船主获得执照运送中间阶层的朝圣者时，后者被界定为不属于那些重要等级的人，即该执照不允许运送教士、骑士、

[①] Maurice Keen, *English Society in the Later Middle Ages, 1348-1500*, p.9. 该法律原文见 "The Poll Tax of 1379", in A.R.Myers, ed., *English Historical Documents*, Vol.IV, 1327-1485, pp.125-126.

候补骑士或其他高贵等级的人。①

有鉴于此，笔者认为中世纪中晚期欧洲存在中产阶级。其中中世纪中期的中产阶级主要是市民阶级，而中世纪晚期富裕农民又加入到中产阶级的行列。中世纪中晚期欧洲中产阶级的存在既导致法律和税收上承认中产阶级与乡绅阶层的对等性，与此同时又将两者视为不同阶层。有鉴于此，尽管中产阶级与贵族和乡绅有所交叉甚至重叠，但总的说却是介于上流社会（贵族和乡绅）与底层群众之间的阶级。

二、中产阶级的收入

如前所述，中世纪中期以来，城市中产阶级已经出现，并反映在城市居民的财富差距上。尽管中世纪城市的基石是共同体意识，但城市居民的财富和身份并不平等。罗伯特·雷诺兹认为，市民阶级按财富数量分为几个阶层。处于顶层的为城市贵族（patrician），包括商人银行家、富裕医生和律师等。在最富裕的城市，城市贵族非常富有，甚至在1200年前，在意大利城市、阿拉斯（Arras）和普罗旺斯的富裕商人银行家单独一笔生意的交易额相当于一个英国伯爵的年收入，几个米兰城市贵族的财富与德意志大领主的不相上下，商人银行家手中的财富促使意大利城市摆脱了神圣罗马帝国的统治，15世纪和16世纪威尼斯的舰队可以牵制奥斯曼土耳其的全部舰队。富裕的医生和律师也属于城市贵族，其中许多人是城市贵族的儿子，但也有一些人通过教育成为法律和医学领域的精英，跻身于城市贵族行列。其次是富裕零售商、顶级奢侈品手工业的师傅等。尽管他们没有城市贵族那样巨大的财富，但在城市社会中拥有财产和较好的社会地位，几乎所有的零售商和工匠都结为商人行会和手工业行会，师傅（master craftsmen）在小城市只有几个人，在最大

---

① Sylvia L. Thrupp, *The Merchant Class of Medieval London, 1300–1500*, pp.291–292.

的城市有几百人，他们构成市民中的坚固群体。再次为小零售商、不太奢侈手工业的师傅、其他手工业的部分帮工，以及在城市广场经商的来自农村的富裕农民。嫁妆的模式和婚约表明，小零售商和村庄富裕农民之间经常通婚。富裕农民移居到城市，在那里开设商店，这是农民向城市移民的渠道之一。他们之下则为人数众多的下层社会（underworld）。①

中世纪中期欧洲缺乏各类城市居民收入数据可资比较，只有动产税的动产估价报告和征税记录等可资利用。尽管这种税收不是按照收入和利润征收的，征税的标准每次也不一致，甚至同一种税收城乡征收标准也不相同，但这些税收档案仍能为区分纳税人的经济状况提供某些有益信息。城市居民的动产价值存在较大差别。大量但比例变化不定的城市居民由于过于贫困不能纳税，因而没有出现在纳税报告上，他们无疑属于城市底层。在纳税人中，各城市拥有不同动产价值的居民呈现出金字塔结构。例如1301年科尔切斯特（Colchester）纳税记录表明，在该城市来自146种不同职业的纳税者中，87人（约占60%）的动产价值不足1英镑，20人（约占19%）的动产价值为1—2英镑。仅有25名纳税者（占17%）的动产价值在2—5英镑。6名纳税者（3名制革匠、2名屠夫、1名呢布商）为5英镑或更多。如果以2英镑作为该城市中产阶级动产价值的最低标准，那么科尔切斯特的中产阶级大约占21%。但5英镑有时也作为纳税额的重要统计标准，似乎表明它们社会结构的划分上具有某种重要价值。据金斯林（King's Lynn）的纳税档案，该城市1285—1290年将近1/4纳税者的动产价值不足1英镑，一半以上的纳税者在5英镑以下，而37%的纳税者的动产价值在5—100英镑之间，4名纳税者在100—250英镑。这里5英镑似乎成为区分城市纳税者的重要标准。类似的标准还可在后来全国性的征税报告中经常见到。例如1327年英国若干城市二十一税的征税档案表明，只有亚姆（Yarm）

---

① Robert L. Reynolds, *Europe Emerges: Transition Toward an Industrial World-wide Society 600-1750*, pp.266-269.

一个城市不足5英镑动产的纳税者在70%以下，伯里圣埃德蒙兹（Bury St. Edmunds）、科尔切斯特和德比（Derby）占70%—79%，斯塔福德、斯卡伯勒（Scarborough）、什鲁斯伯里（Shrewsbury）、莱斯特和马基特哈伯勒（Market Harborough）占80%—89%，剑桥、伊普斯威奇、约克、亨廷顿、拉德洛（Ludlow）和切斯特菲尔德（Chesterfield）占90%—99%，古德曼彻斯特（Godmanchester）的所有城市居民的动产价值均不足5英镑。尽管动产价值在5英镑以上的纳税人在各城市中占比相差悬殊，但不少城市仍占有城市居民的一二成左右，也有个别城市的比例超过三成，似可作为中产阶级在各城市规模不同的参照。①

尽管中世纪中期城市中产阶级的财富较之前有所增长，但从整体上仍无法与贵族和乡绅等上流社会比肩。当然，城市中产阶级的动产价值无法与贵族和乡绅的年收入进行直接比较，但考虑到年收入很可能小于家庭动产价值，有助于拉抬城市中产阶级的收入，所以尚有一定的说服力。戴尔对部分贵族和乡绅年收入的调查表明，1300年左右，王室收入为30 000英镑。6个伯爵的年收入超过3 000英镑，其中康沃尔伯爵和格洛斯特伯爵各收入6 000英镑。1311年，兰开夏伯爵托马斯收到11 000英镑，这是该时期所记录的最高的土地收入之一。另有6个年收入不足3 000英镑的伯爵勉强维持生活，14世纪20年代的一篇文章说他们的收入低至400英镑。男爵领地每年可以收入266英镑，但有的只收到一半。1300年左右大部分男爵（baron）每年可以收入200—500英镑。当时存在76个完整的男爵领，另外至少还有60个不完整的男爵领。与年收入几百英镑的男爵不同，乡绅阶层一般为几十英镑。1300年，英国约有1 100名骑士，只有几个人的收入超过男爵。据《骑士财产扣押法》（Distraint of Knighthood），骑士的最低收入为20—30英镑，直到1292年前一直如此。后来骑士的最低收入增加到40英镑，但许

---

① Edward Miller and John Hatcher, *Medieval England: Towns, Commerce and Crafts, 1086-1348*, London and New York: Longman Group Limited, 1995, pp.336-338.

多土地收入超过40英镑的人没有被封为骑士。14世纪早期,英国政府为了税收和服军役的目的将年收入5英镑的人单独造册。据估计,当时年收入在5—40英镑的家庭大约为10 000户,有人估计可能在18 000—20 000户。由于逃避和低估,其中许多人的收入大大超过5英镑。戴尔认为,在此群体中,相当比例的人属于"小乡绅"(lesser gentry),笔者推测余者大概主要是城市中产阶级。当时雇工一年最多只能挣2英镑,属于低收入者。[①]可见,尽管城市中产阶级的动产价值门槛和小乡绅的最低年收入旗鼓相当,但从整体上仍屈居于贵族和乡绅之下,但又高于低收入者。

中世纪晚期仍缺乏城市工商业者年收入的直接证据,但可以通过间接证据获得某些印象。商人的年收入来自于他们在商业贸易中获得的利润。如果了解中世纪晚期商业贸易的边际利润和贸易额,就可以估计商人的年收入。据戴尔考察,15世纪伦敦的杂货商的利润率大约为10%,海外羊毛贸易的利润估计相差很大,但在15世纪晚期一般为从17%到43%不等,平均接近20%。许多羊毛商(wool stapler)每年以船运输羊毛40袋或更多,获利不会少于50英镑。鉴于中世纪贸易的非专业化性质,他们还会有其他贸易商品的收入。塞利兄弟(Cely brothers)在15世纪70年代和80年代身为海外贸易商,保留下来的档案表明他们每年获利超过100英镑。主要经营国内贸易的商人的年收入也不乏例证。马克·勒费雷(Mark le Fayre)是一位15世纪温切斯特的葡萄酒商,他的收入包括每年26英镑的租金,以及正常年份100英镑或更多的贸易利润。吉伯特·马赫费尔德(Gilbert Maghfeld)在伦敦是一位二流商人,主要从事生铁贸易。1390年的贸易额达到1 150英镑,如果利润率为10%,收入不少于100英镑。1392—1394年的两年多时间,商业大亨理查德·惠廷顿(Richard Whittington)向王室出售高档纺织

---

① Christopher Dyer, *Standards of Living Later Middle Ages: Social Change in England, c.1200-1520*, pp.29-30. 低收入者主要包括较小的工商业者、中等农民、工资劳动者和穷人等。

品，价值3 475英镑。如果利润率为10%，他收入颇丰，此外他还会有其他收入。1423年他去世时留下5 000英镑现金，以及珠宝和珍贵器皿便不足为奇了。此外，小商人的贸易额大约为50英镑或更少，因而年收入不会超过10英镑。①

中世纪晚期工匠年收入的估计仍困难重重，只有少数可以根据营业额和利润率等间接资料做出大致计算，绝大多数只能根据财产清单和劳动工具等作为参照。工匠的利润率一般低于商人，14世纪后期科尔切斯特的呢绒商的利润率约为10%。根据一个地方的习惯，屠夫的边际利润被允许为8.5%，实际上获得12%或更多，而肉类批发商的年营业额经常会超过100英镑。据此，屠夫年收入可达8.5—12英镑。大部分工匠的收入要低得多。铸钟匠、制袜匠（hosoer）和裁缝在约克位居富裕工匠的末端，根据财产清单拥有价值大约30英镑的物品。较贫困的工匠缺少史料记载，一个约克上弦匠（stringer）可以作为这类工匠的典型。他死于1436年，留下总价值6英镑的物品。许多行业在设备上的投资数额非常小，一个手套匠（glover）的工具只有2—3英镑，而某些商人（例如伦敦的呢布商）最少需要40英镑。建筑工人的工资可以作为工匠年收入的最好说明。例如13世纪晚期石匠和木匠每年能挣3—5英镑，15世纪晚期为5—7英镑。扣除必要的支出，15世纪这些工匠的净收入为3—5英镑。像布里斯托尔的铜匠（hooper）和考文垂的帽商（capper）师傅除了管饭外每年还要付给其仆人和帮工2英镑（或每周1先令），但他们留下来作为自己收入的部分会更多。某些较小的工匠，例如建筑行业的半熟练工人，他们的收入与这些帮工类似。商人和工匠下面是大量的仆人、帮工，以及短期雇工和小商小贩，收入微薄，属于城市下层群体。②

中世纪晚期城市居民收入的上述状况一直延续，1524—1525

---

① Christopher Dyer, *Standards of Living Later Middle Ages: Social Change in England, c.1200–1520*, pp.193-194.

② Ibid., pp.193, 195-196.

年英国世俗赞助金表明，各种动产和年工资在5英镑以下的占纳税者的70%，主要包括学徒和仆人。在他们之上为年收入5—7英镑的全职熟练工匠，其中不包括他们的家庭成员的额外收入。富裕工匠的收入远远超过这一数额，甚至比同样属于这一阶层的小商人还要多。城市真正的富人则为少数的城市精英，较大的城市诺里奇（Norwich）具有典型性，该市的2%的人口缴纳40%的应税财富。大多数时候，财富集中在特别富裕的少数人手中。莱斯特的威廉·威格斯顿（William Wigston）缴纳了该城25%的税收。同样地，中世纪晚期的新兴城市拉文纳姆（Lavenham）的斯普林家族（the Spring family）占该城纳税额的30%。①如上所述，中世纪晚期5英镑以下的城市纳税者占纳税人的70%，大约30%的纳税者的收入在5英镑以上，后者在一定程度上可视为中产阶级在城市人口中的比例。

　　中世纪晚期中产阶级不仅限于城市工商业者和专业人员，还应该包括新近崛起的富裕农民。如上所述，富兰克林和约曼是富裕农民的代表，他们在1363年的《限奢法》中还被视为乡绅以下阶层，但在1379年的人头税报告中却被等同于小乡绅，标志着他们在经济和社会地位上从普通农民中脱颖而出，与商人、富裕工匠、专业人员等皆为中产阶级。布瑞特奈尔认为，在贵族和乡绅之下的农民分为约曼、农夫（husbands or husbandman）、茅舍农和雇工三个阶层。富裕农民主要从事商业化农业，经常被称为约曼，这个阶层有时与他们渴望跻身的小乡绅重叠。约曼的最高和最低收入难以界定，但其成员大多数是农场主，在支付了地租和雇工的工资后，每年收入为2—10英镑。与约曼相比，农夫依靠自己的土地可以自给自足，而雇工和茅舍农主要依靠工资维持生活。②基恩也认为，中世

---

① Heather Swanson, *Medieval British Towns*, New York: St. Martin's Press, 1999, pp.117-119.

② Richard Britnell, *The Closing of the Middle Ages? England, 1471–1529*, Oxford: Blackwell Publishers Ltd., 1997, p.193.

纪晚期农民可以分为富裕农民、中等农民和贫困农民三个阶层，他们相应地被称为约曼、农夫（husbandman or ploughman）和底层农民（hind），这些名称取代了具有强烈庄园制色彩的维兰、依附农（bondman）或茅舍农。约曼是农民中的上层和富裕群体，也是农民中数量最少的群体。他们大多数租地经营，租地数量60英亩或更多，为市场生产，自己雇佣许多雇工。尽管当时的人们对约曼只留下了片言只语的记载，但他们作为农村富裕群体已经表露无遗。例如15世纪末拉蒂默（Latimer）主教所描绘的自己父亲的形象就是这样一个典型的约曼：他是一位约曼，所持有的农场每年收入3—4英镑（据此推测大约为150英亩），雇佣大约6个人耕种。他还放养了100只羊，我母亲为30只母羊挤奶。我父亲让我去上学，他为我的几个姊妹的出嫁每人花5英镑或20诺布尔（noble，中世纪英国金币，相当于6先令8便士），他对贫困的邻居殷勤好客，并给予穷人一些施舍。此外，福蒂斯丘首席大法官（Chief Justice Fortescue）也提到约曼。英国几乎没有一个小村庄没有骑士、候补骑士或称为富兰克林的某些殷实的户主。还有称为自由持有农的其他人，后者中的许多人是约曼，他们的地产足以组成一个殷实的陪审团。这些约曼中也有几人每年花费100英镑。①

尽管农村约曼的背景和大多数群体或阶层一样变化不居，但他们主要起源于庄园自由佃户或自由人。中世纪自由农可以比农奴享受更多权利。例如自由佃农以永久租佃（in feodo）的条件持有其土地，因此他的权利是安全的。此外，自由佃农可以在王室法庭受到保护。如果他的权利受到侵害，他可以向王室法庭寻求法律救济。最后，自由农在国家和地方治理中享有一定地位。他们是"正直和守法之人"（true and lawful men），经常受到传唤去调查国王需要的信息，或者作为判决陪审员解决地方争端。他们以及位居其上的大主教、主教、伯爵、男爵和骑士在王室信函的问候语中被一并提及。

---

① Maurice Keen, *English Society in the Later Middle Ages, 1348–1500*, pp.66–67.

早在13世纪和14世纪，国王获准征收赞助金的决定就是以没有头衔的自由持有农以及骑士、男爵和伯爵的名义发出的。此外，自由人还拥有选举参加议会的本郡骑士代表的权利。1429年前多大比例的自由人参加选举出席议会的本郡骑士不得而知，但这一年的国王法令将选举权限制为40先令的自由持有农及其以上者，实际上致使所有自由持有农都获得了选举权。自由农在庄园一直是一个独特群体，他们只偶尔履行布恩工，缴纳某些实物地租，它们在后来折算为货币地租。自由农的这些义务通常是固定的，而不自由佃户的义务在时间和劳动上则几乎完全听凭领主处置，至少从理论上说是如此。[1]

　　自由佃农在乡村社会的优势地位在很大程度上决定了他们能从农民中脱颖而出，率先成长为富裕农民，乔叟《坎特伯雷故事》中的富兰克林的字面意思即为自由农，不仅富裕还拥有政治地位，令人羡慕与尊重。托尼认为，14世纪和15世纪约曼的定义经历了一个长期发展过程，16世纪时已经定型。对法学家而言，约曼意味着是一个自由持有农，一个可以支配来自他的自由持有地上每年40先令收入的人。在严格的法律意义上讲，约曼的衰落等同于自由持有农的衰落。不过，约曼一词在实际上更具灵活性，可以指任何在绅士（gentlemen）阶层以下的富裕农场主，即使他不是自由持有农。因此，培根在谈到约曼时含糊其辞地写道：约曼或中等阶层（middle people）是那些地位介于绅士和茅舍农或农夫之间的人。[2]坎贝尔也主张，伊丽莎白和斯图亚特时代约曼的祖先许多人事实上是不自由农民，自由持有农只构成了约曼祖先的核心，约曼绝非只来自自由持有农。[3]不过，这一变化在很大程度上是由于黑死病特别是农奴制的衰落，法律身份对不自由人的各种限制逐渐式微，因而公簿持有农等在一定程度上也可以享受准自由农的待遇。有鉴于此，土地年收

---

[1] Mildred Campbell, *The English Yuoman: Under Elizabeth and the Early Stuarts*, London: The Merlin Press, 1942, pp.11-13.

[2] R. H. Tawney, *The Agrarian Problem in the Sixteenth Century*, London: Longmans, Green and Co., 1912, pp.27-28.

[3] Mildred Campbell, *The English Yuoman: Under Elizabeth and the Early Stuarts*, pp.15, 16.

入40先令即2英镑，这是约曼的最低经济门槛，而出身于自由农则并不是必须。如果这一群体从生而自由的自由农扩大到农奴出身（例如公薄持有农）的农场主，那么约曼在农村中的占比则会有所提高。

中世纪晚期地产主收入下降，但总体上仍高于中产阶级。以15世纪对土地收入的征税报告为例，1436年，所有土地贵族按收入被分为五级。51个世俗贵族（lay baron）的年收入平均为882英镑，183名大骑士（greater knight）的年收入超过100英镑（平均为208英镑），750名小骑士（lesser knight）为40—100英镑（平均为60英镑），1 200名候补骑士为20—40英镑（平均在25英镑以下），绅士中1 600人的收入为10—20英镑，此外另有3 400人的收入为5—10英镑。①

应该说，中世纪晚期富裕商人、律师等的收入越来越接近于贵族，而富裕工匠、小商人、富兰克林和约曼的收入与小乡绅不相上下。尽管贵族和乡绅作为上流社会的地位依然坚固，但与部分普通人即中产阶级的收入逐渐接近甚至重叠交叉在一起，甚至某些低等级的收入反超高等级的个案也比比皆是。

三、中产阶级的生活水平

中世纪中期中产阶级率先产生于城市，当时城市在多方面都是领先的，生活水平也不例外。城市生活水平的改善早于农村，其中特别明显的是食物消费。至少从中世纪中期起，城市居民饮食的消费水平整体上高于农民，甚至已经达到农民在中世纪晚期的水平。据戴尔研究，中世纪中期以来城市居民的饮食质量在整体上说要好于农民。中世纪中期城市居民普遍食用小麦面包，而农民则要到中世纪晚期。城市一直吃小麦面包，甚至在13世纪的时候也是如此。尽管市民有时吃黑麦，但不像农民那样大量地食用大麦面

---

① Maurice Keen, *English Society in the Later Middle Ages, 1348-1500*, p.12.

包，即使在位于大麦种植郡的诺里奇也烘焙某些小麦面包。城市存在大量麦酒酿造者（brewer）的证据表明城市麦酒（ale）的消费水平极高。1311年，科尔切斯特每30人中就有1个麦酒酿造者。尽管葡萄酒消费只限于少数人，但在全国却非常普遍，即使在1422年莱斯特郡的小城镇哈伯勒市场（Market Harborough）也存在葡萄酒商（vintner）。众多的肉贩和鱼贩表明这些价格昂贵食品的需求量较高。城市遗址考古的骨骼分析表明，大量的肉类来自仔畜，这意味着上等肉被送往城市出售，而农民吃的是质量相对逊色的成畜肉。粪坑和厕所的排泄物的分析反映了水果在城市饮食中的重要性。粪坑石头上的残留物表明，城市居民大量地食用苹果、李子、樱桃、葡萄、鹅莓（gooseberry）和其他栽培水果，以及诸如黑莓（blackberry）和野李子（sloes）等野生水果。城市居民还食用"中世纪水果沙拉"（medieval fruit salad），其中的水果种类丰富。[①]在此情况下，中世纪中期城市中产阶级与城市底层之间在小麦面包、麦酒和肉类等饮食结构上的差别并不显著，可能只在数量和精细度上略有不同。类似的情况也发生在中世纪晚期的农村。戴尔认为，那个时期建筑工人、农业雇工的饮食结构甚至与教士、骑士等不存在根本区别。[②]

当然，这么说并不意味着城市居民的生活水平没有差距。如上所述，中世纪中产阶级主要包括城市的商人、富裕工匠和专业人员，他们的年收入通常在贵族乡绅之下，却高于作为城市下层的低收入者。中世纪中期城市中产阶级上升的收入集中反映在他们的非饮食部分的消费水平上。

中世纪中期商人的财富和生活水平体现在他们不仅掌握大量生产资料，还拥有更多耐用消费品和不动产。以马赛的呢绒商艾蒂

---

① Christopher Dyer, *Standards of Living Later Middle Ages: Social Change in England, c.1200–1520*, pp.193, 197–198.
② 〔英〕克里斯托弗·戴尔：《转型的时代：中世纪晚期英国的经济与社会》，莫玉梅译、徐浩审校，第129页，表4—1及第131页。

安·瓦西特的死后丰厚的财产清册为例,他死于1278年,登记表首先罗列了他所销售的来自不同产地的各种呢布。他的店铺显然很大,存放的生产生活用品可谓琳琅满目。另外,他拥有两处住宅,一处位于法布勒街,另一处建在圣救世主街。此外,他还是另外两处房舍的"半个主人",一处在隆巴尔街,另一处也在法布勒街。这两处房子可能是他租借的。①佛兰德尔地区杜埃城的商人约翰·布瓦纳布罗克的生活方式一定意义上堪比贵族。他不仅是呢绒商和放贷人,还是杜埃城最富有的大地产主之一,将工商业利润用来购买房地产,拥有多处城乡住宅。②

12世纪以来伦敦富裕市民(即商人)家庭也在伦敦购买大量住房、商店、码头,同时在伦敦周围各郡(home counties)、东盎格利亚和北安普敦郡购买农村不动产。这一过程贯穿于整个13世纪,埃德蒙顿(Edmonton)和恩菲尔德(Enfield)是米尔德塞克斯(Middlesex)的最好地段,伦敦市民在那里购买乡村别墅、庄园以及小块的森林、牧场和耕地。东盎格利亚的土地广受欢迎,不仅可以用来投资,而且还能作为令人愉悦的乡村住宅。但伦敦附近的庄园十分抢手,1305年威廉·科斯(William Cosyn)在肯特郡花费200英镑购得大萨顿(Great Sutton)庄园,包括当地教堂的受俸神父推荐权。十二年后,他又花费5英镑购买了附近一所住宅(messuage),他显然完全搬过去在那里生活了。14世纪英国最大的市民房东之一是约翰·普尔特尼爵士(Sir John Pultney)死于1349年,在5个郡持有23个庄园。他最喜欢的庄园是彭斯赫斯特(Penshurst),在那里建造了乡村住宅。他还在斯特普尼(Stepney)购买了一个废弃的漂洗机,修复了漂洗机的供水系统。此外,他还在东史密斯菲尔德拥有另外两个磨坊。③商人的消费方式类似于贵族

---

① 〔法〕雷吉娜·佩尔努:《法国资产阶级史》上册,康新文等译,上海译文出版社1991年版,第102—103页。

② 同上书,第134页。

③ Sylvia L. Thrupp, *The Merchant Class of Medieval London, 1300-1500*, pp.118, 119-121.

和乡绅，他们在将收入的很大比例用于食物消费之后，其他主要支出范围为建筑和纺织品。此外，他们还通过购买银盘和珠宝等炫耀和贮存财富。① 有鉴于此，哈彻认为，城市富商的生活方式经常类似于周围农村的地产主，而不是生活在他们中间的工匠。这种共同的生活方式有助于解释为什么城市商人更容易跻身于地产主的行列。② 富裕工匠属于城市中等收入者和中产阶级的中下层，但其动产已十分可观。据1318年巴黎一份鞋匠的动产清单显示，这位鞋匠名叫弗雷曼·达米安，住在"爱蒙四子客栈"（今天巴黎的"四子大街"），他家里几乎应有尽有，在当时来说，这是一个生活相当宽裕的人拥有的动产。③

中世纪晚期中产阶级的生活水平进一步上升。乔叟的《坎特伯雷的故事》描写的29名朝圣者当中，传统的三个等级依然存在，除了作为第一二等级的教士和骑士外，还有的属于传统的劳动者，如农夫（ploughman）；但更多的则是中世纪中晚期大量涌现出来的职业或专业群体，包括作为专业人员的律师和医生等，作为新型农民的富兰克林，以及商人和富裕工匠等。乔叟笔下的农夫（本文所引中译本称之为自耕农）没有了中世纪中期的中等农户仅靠土地收入勉强度日的窘迫，成为虔诚友善和乐于助人的农民。"他是个忠实的劳动者，与人无争，乐善好施。他无时不全心全意敬爱上帝，忧乐不改他的虔心，他对旁人和对自己一样。他能为一个穷人打麦、挖沟、耕地，却不要钱，只消他有气力，他为的是基督。他按照农作物和田产而付他的什一税。穿的是一件农民的斗篷，骑的是一匹牝马。"如果说乔叟笔下的农夫尚属于中等农民，那么自由农（即富兰克林）则为中世纪晚期富裕农民的代表，无论吃穿用度还是政治地位都令普通农夫望尘莫及，俨然就是一位小乡绅，跻身于中产阶级

---

① Christopher Dyer, *Standards of Living Later Middle Ages: Social Change in England, c.1200—1520*, Chapter 7, 尤其是 p.205。
② Edward Miller and John Hatcher, *Medieval England: Towns, Commerce and Crafts, 1086-1348*, p.355.
③ 〔法〕雷吉娜·佩尔努：《法国资产阶级史》上册，康新文等译，第69—70页。

行列。①

乔叟所描绘的朝圣者中还有工商业者和专业人员等不一而足，他们的穿着打扮或政治地位绝不亚于富兰克林。比如，商人"留的是八字胡须，穿的是花色衣服。高高骑在马背上，头戴一顶法兰德斯的獭皮帽，一双整洁的鞋子用华贵的扣子扣起——他认为世上最重要的事就是维持米德尔堡（位于佛兰德尔）和奥威尔（位于英国）之间海上的安全，不使受海盗骚扰。他知道如何在交易场上卖金币。他是一位精打细算的人；能讲价，善借贷，谁也不知道他有债务在身"。律师"是一位杰出的人物——他当过巡回法庭的审判官，受到皇家的委任，特准所有性质不同的案件；由于他的学识和名望，他领受过许多酬金和赠予的衣物——他乘骑出行，装束平凡，衣服的布料是杂色的，腰围一根丝带，上有金质小扣"。"另外有帽商，木匠、织工，染工和家具商，都同我们一起，穿的是同样的服装，属于一个声名显赫的互助协会。他们的配饰都很鲜明。他们所带的刀并非铜质，而是细刻的银质，腰带、挂袋莫不整洁精巧。每一个人看起来都配做个好市民，可以在议事厅上坐居高位。每一个人都是能干的人，不愧当个互助协会会长。财物收入既然丰裕，我想他们的妻子们也一定会赞同的！除非他们有所差缺；否则，那应是一桩称心的事，被人称为夫人，斋戒祈祷的日子走在旁人前面，还有一件外套显耀地被人抬着做前导。"朝圣者中还有一位医生，"全世界没有人敌得过他在医药外科上的才能——他自己的饮食是有节制的，决不过度，但有营养，且易于消化。他的《圣经》读得不算多。穿的衣裳是红色和淡蓝色，绫绸做里子。可是他并不挥霍，大瘟疫中他所赚的钱至今还积蓄着。在医药上黄金是一种兴奋剂，难怪他爱黄金比爱什么都厉害"。②戴尔认为，乔叟以他特有的讽谕笔调，描写了城市的工匠，他们的刀鞘上装饰的包铜并非黄铜而是银材打制，

---

① 〔英〕杰弗雷·乔叟：《坎特伯雷故事》，方重译，人民文学出版社2004年版，第7、11页。
② 同上书，第6、7、8页。

身上佩戴的腰带、挂件莫不质量上乘。社会下层的服饰超过标准表明限奢法没有得到有效执行（事实是，乔叟与作《坎特伯雷故事》时，1363年的《限奢法》已被废除。）。①

乔叟所描写的中世纪晚期普通人中上层的生活水平也得到其他史料和后世史学家的确认。基恩认为，富裕约曼的住宅全然不是以往所描述的包括三间房的曲木框架住房，《穆德和算命者》（*Mumme and the Soothsayer*, 1400）的作者描绘了一座漂亮的拥有客厅和卧室，以及令人快乐的花园的约曼的住宅。该住宅的主人可以处置的动产同样令人印象深刻。当1498年约曼罗伯特·诺丁汉离世时，他将自己的动产做出了如下处理："我的大平底锅，最好的烤肉叉，以及大厅中的所有衣物继续放在本宅中。我的儿子文森特得到羽毛床垫、长枕、两个毯子、一匹马、一头母牛、一辆马车、一副犁、一个耙子，以及所有挂在房顶上的培根，所有生长在科尔伍德（Colwood）的小麦，所有他自己的土地上播种的谷物。我的兄弟威廉的妻子得到两个珊瑚珠，威廉获得一个银勺，他们的每个儿子获得两个银勺，每个女儿一个银勺。我兄弟托马斯的妻子获得一件皮制长外衣，我的兄弟理查德得到一件黄褐色长外衣。"基恩认为，诺丁汉可能比许多约曼还要富裕，他的财产表明一个介于绅士和普通农夫之间的农场主是何等的富裕。他们正在形成一个约曼等级（estate of yeomanry），民谣罗宾汉的作者将他们视为英雄。②

中世纪晚期城市各阶层非饮食消费的差距仍然很大，其中差异较大者首推住房。城市住房面积差异极大。1454年南安普顿的不动产册（terrier）登记着该市的房地产，大约6%被描写为"大房子"（capital tenement），60%为"房子"（tenement）或"小房子"（small tenement），超过30%为"小屋"（cottage）。以上各类住房都可以找到相应的代表。大房子通常是庭院式建筑，例如诺里

---

① 〔英〕克里斯托弗·戴尔：《转型的时代：中世纪晚期英国的经济与社会》，莫玉梅译、徐浩审校，第130—131页。
② Maurice Keen, *English Society in the Later Middle Ages, 1348-1500*, p.68.

奇的斯特兰杰家族府邸（Strangers' Hall）在1450年由威廉·贝利（William Bailey）重建，一层的前排是商店，楼上是卧室。院子的后排一端是一间34乘以19英尺（1英尺等于0.3048米，据此约合60平方米）的大厅，另一端则为一间两层楼建筑。其中一层为食品储藏室（buttery）和餐具室（pantry），楼上则是卧室。索尔兹伯里（Salisbury）的约翰的宅邸属于普通房子的样板。该住房前排的一层是商店，楼上是卧室。后排是一间30英尺×18英尺（约合50平方米）的客厅，另外还有一座两层楼的附属建筑，包括服务室或储藏室，楼上则是卧室。厨房大概是独立的建筑。小房子的代表是埃克塞特城埃德蒙街（Edmund Street）16号的一处住房，一层包括一间商店和厨房，面积不超过10英尺×14英尺（约合13平方米），二层为客厅，三层是两个卧室。更小和更简陋的住宅则是小屋，以考文垂城斯庞街（Spon Street）的住房为代表。这是一处两个房间的建筑，客厅位于一层，二层是卧室。此外小屋有时只有一个房间。[①] 通常，住房面积和建房支出成正比。幸存下来的城市建筑的较高质量表明，大部分城市住宅是由房东建造用来出租的，某些住宅在专业建筑工人的工资和优质建材上花费不菲。一开间的两层小屋的建筑费用需要2英镑，而14世纪早期约克街道上建筑质量较好的单个住宅（individual dwelling）需要5英镑。2—3个开间的瓦房顶的两层楼工匠住宅的建筑费用为10—15英镑，商人住宅的花费约为33—66英镑，而较大的庭院式建筑则需要90英镑甚至更多。[②] 斯拉普认为，中等面积的商人住宅的建筑费用约为50—100马克（1马克约等于13先令4便士，据此约为33.5—67英镑），每年租金约为2马克（约合1.34英镑）或更多。最富裕商人的最豪华的大房子的造价可能要高出10倍，达到500—1000马克（约合335—670英镑）。[③]

---

① Maurice Keen, *English Society in the Later Middle Ages, 1348-1500*, p.96.
② Christopher Dyer, *Standards of Living Later Middle Ages: Social Change in England, c.1200-1520*, p.205.
③ Sylvia L. Thrupp, *The Merchant Class of Medieval London, 1300-1500*, pp.132-133.

欧洲文明进程·生活水平 卷

低收入者和作为中产阶级中下层的工匠居住面积通常有所区别。城市低收入者住在一居室的住宅里，房间要么是一个较大住宅的一间出租屋，要么是作为阳台的一部分。在14世纪早期温切斯特市布鲁克街（Brook Street）的街道上，考古发掘表明每个住宅的面积为长宽各15英尺（约合21平方米）。据1381年的人头税报告，一个雇工居住在一间开间为17英尺乘以11.5英尺（约合18平方米）的两层住宅中，而一位裁缝居住在类似房屋面积的三层楼的住宅中。雇工在他人家里工作，而工匠则需要有一间额外的房间作为作坊，在那里制作工业品并销售给顾客。工匠的作坊位于一层，二层为客厅，卧室则位于三层。考文垂的一位织工托马斯·布罗纳（Thomas Brone）与其房东签订了一份建筑合同来建造45英尺长的三居室的住宅，其中一个房间作为起居室；另一间包括两个小卧室（可能供学徒居住），楼上还有一间阁楼；第三间的平层是一间卧室，楼上还有一间阁楼；全部加起来共有六个房间。房间共有两个烟囱，一个用于起居室的灶台，一个用于卧室的灶台。①

作为中产阶级上中层的商人的较大住宅通常是与街道平行的双排建筑，前排作为商店，后排为客厅和卧室。住房也可以增加楼层扩大面积，商店位于一层，二层作为客厅和厨房，卧室在三层。此外，石头砌成的地下室可以作为储藏室或商店。顶级的商人住宅在一个院里可以拥有四排建筑，像旅店和贵族的城市住宅。14世纪和15世纪的城市衰落引起许多以前的住房被放弃，南安普顿的商人也不再像1300年以前那样建筑新的石头住宅。不过，15世纪新建或重建的城市住宅表明，个人的生活标准正在提高。对城市上层阶层来说，他们的住房经历了与贵族一样的发展趋势，客厅的面积减少，私人卧室数量增加。②中世纪中晚期大多数工商业者的住宅只有一两个卧室供家庭成员居住，私密性较差。斯拉普认为，最早对住

---

① Christopher Dyer, *Standards of Living Later Middle Ages: Social Change in England, c.1200-1520*, p.203.
② Ibid., p.204.

房私密性的关注体现在大约14世纪的商人理查德·里昂（Richard Lyons）的住宅当中。除了客厅和办公室以及设施完备的厨房、餐具室（pantry）、食品储藏室（buttery）和肉类储藏室（larder）外，该住宅还有4间卧室，2个衣橱（wardrobes），1个会客室（parlor）和1个小礼拜堂（chapel）。15世纪下半叶，3个大商人的住宅也拥有大约同样数量的卧室。约曼·诺曼（John Norman）在霍尼巷（Honey Lane）的住宅不超过3个卧室，但其中至少1个卧室显然由1人居住。约翰·奥尔尼（John Olney）在圣玛丽教区的住房拥有8个房间作为卧室和会客室。15世纪末，威尼斯商人肯特里尼（Conterini）及其父母在博托尔夫巷（Botolph Lane）租用了一套庭院式的大房子，1485年使用10个房间作为个人卧室，2间为办公室，2间为会客室，但没有提到传统的客厅。[①]

综上所述，中世纪中期市民阶级和中世纪晚期富裕农民崛起，他们在政治上享有担任下院议员和地方官职的权利，着装和税收标准上参照地产主的相应等级，其中有些人甚至比肩骑士或贵族。富裕市民和富裕农民合二为一形成中产阶级，将中世纪早期的骑士和劳动者的两级社会结构转变为中世纪中晚期的贵族—乡绅、中产阶级和低收入者的三级社会结构，至今未有根本变化。尽管中世纪欧洲中产阶级可以作为一个相近的收入群体看待，但他们又绝非一个同质的阶层，可以按照职业和收入分为几个亚阶层，商人、律师的收入整体上高于小商人、富裕工匠和富裕农民。不过，中产阶级内部的上述差别并不影响他们作为介于贵族—乡绅和低收入者之间的阶级的存在。应该说，中产阶级在生活耐用品、生产资料、房地产等方面的较多消费类似于乡绅甚至更高地位的地产主。与此同时，尽管低收入者在食品和服装消费上逐渐缩小了与中产阶级的差距，但在其他方面绝难望其项背。

---

① Sylvia L. Thrupp, *The Merchant Class of Medieval London, 1300–1500*, pp.134, 135.

第四章　工资劳动者的收入与饮食消费

以往认为中世纪欧洲的领主、农民和工商业者进行生产经营活动时完全依靠农奴劳役或家庭劳动力，而实际情况并非如此。实际上，无论领主还是农民和工商业者经常作为雇主使用"工资劳动"（wage-labour）。有鉴于此，后世学者对中世纪中晚期在城乡出卖劳动力以换取货币和实物或两者混合收入的人通称为"工资劳动者"（wage-earners）。在中世纪欧洲社会结构中，工资劳动者是处于贵族与乡绅、中产阶级之下的社会底层，但又不属于没有正常收入来源的穷人。以往经常借用庄仆的谷物报酬或收获工人的工作餐等原始材料作为估计农民口粮或饮食消费变化的依据，但很少将中世纪中晚期工资劳动者本身的饮食消费作为独立问题加以研究，有碍于对中世纪中晚期欧洲社会底层人口生活状况的认知。有鉴于此，笔者这里分别考察工资劳动者的构成、收入和饮食消费等几个问题，以便从一个侧面揭示中世纪中晚期城乡底层劳动者生活标准的变化趋势。

一、工资劳动者的构成

中世纪工资劳动者的内部构成十分复杂，按照雇佣年限和是否住在主人家里等标准分属不同类型。在回答"谁是工资劳动者？"时，戴尔认为中世纪中晚期英国的工资劳动者分为两种：一是按年受雇的仆人（servants，拉丁文为famulus），通常住在主人家里。二是雇工（labourers）或帮工（journeymen），从事短期劳动，经常按日受雇，住在自己家里。[1]

中世纪仆人从事家务、农业和工商业的工资劳动。中世纪早期后半段以来，仆人已经加入庄园农业劳动队伍。马克·布洛赫认为，加罗林王朝时期庄园自营地的劳动者包括雇工、奴隶和劳役佃农。其中雇工又分为两种，一种是雇主只支付货币或实物，另一种是让雇工住在家中，主要提供食物甚至衣物。后者存在于整个中世纪，特别是在法兰克高卢，不过他们中只有自由人才可称为工资劳动者。[2]中世纪英国庄园自营地仆人称为庄仆（manorial servant），维诺格拉多夫认为他们像庄园一样在诺曼征服前已经存在。他通过一份诺曼征服前庄园管事的地产管理论文发现，除了存在庄园管理人员外，"盎格鲁撒克逊时期自营地组织的另一个重要特征是出现了一定数量的住在庄园自营地或者依附于自营地的小块土地上的庄仆，他们成为自营地耕作的核心"[3]。

13世纪前后英国庄园自营地恢复直接经营，庄仆在自营地劳动中扮演重要角色。佩奇认为，自营地主要的农业劳动由庄仆承担，他们通常包括几个犁把式、一个车把式、一个羊倌和一个女仆或住在主人家的妇女，他们扬场、制作麦芽和挤奶，有时还增加一个牛倌、猪倌和磨坊主，偶尔还有一个园丁和看门人。他们的工作是全职的，有的人可能住在庄园自营地的建筑中。[4]在没有周工劳役的肯特郡，坎特伯雷修道院的自营地无法由农奴的劳役耕种。农奴劳役主要限于运送食物，在农忙季节履行布恩工（boon work，周工以

---

[1] Christopher Dyer, *Standards of Living in the Later Middle Ages: Social Change in England c.1200–1520*, p.211.
[2] 〔法〕马克·布洛赫：《法国农村史》，余中先、张朋浩、车耳译，第81—82页。
[3] P. Vinogradoff, *The Growth of the Manor*, London: George Allen & Unwin Ltd., 1904, p.229.
[4] Frances M. Page, *The Estates of Crowland Abbey: A Study in Manorial Organization*, Cambridge: Cambridge University Press, 1934, pp.104–105.

外的临时性义务），但农奴履行了超过规定的运输劳役还要获得工资报酬。然而，农奴的有偿劳动的重要性无法与庄仆相提并论。庄仆住在庄园中，在庄官的监视下从事所有重要的农业劳动。他们在各个庄园数量众多，1307年蒙克顿（Monkton）庄园有不少于17个犁把式或车把式，4个羊倌，2个牛倌和1个猪倌，1个全职耙地者和1个兼职耙地者，3个堆垛者，3个家畜贩子，1个羔羊倌，1个播种者，1个制奶酪者，总计35个庄仆，尚不包括监督庄仆劳动的治安官（serjeant）、庄园法庭差役和家畜围栏管理员（hayward），有的庄园里庄仆几乎承担所有自营地的劳动。①

　　黑死病后人口锐减，粮价下跌和工资上升，直接经营无利可图，自营地由耕地变牧场或出租导致庄园对庄仆需求减少。法默认为，14世纪时犁把式、车把式、牛倌、羊倌和牛奶场女工等服役庄仆的数量和分布区域减少，最后除了庄园管事和某些庄园管理人员（法默称之为领薪庄仆）外，他们在温切斯特主教和格拉斯伯里修道院地产以外的其他地方几乎绝迹。直到1420—1421年，服役庄仆仍在温切斯特主教地产的庄仆中占36%，在格拉斯伯里修道院的庄仆中占21%，成为中世纪英国庄仆的活化石。15世纪末，传统的庄园仆人从历史学家的视野中完全消失。②

　　不过，庄仆的衰亡并不意味着中世纪仆人的消失。相反，在14世纪下半叶和15世纪的史料中，仆人可以指"服务于"另一个人的某些人，他们在理论上可以并偶尔在实际上指居住在父母家的儿子或女儿。如1381年埃塞克斯郡的人头税报告提到埃德蒙·坦纳的儿子和仆人约翰。在此意义上，该术语类似于雇工（mainpast）或任何居住在主人家里，并且在法律上和道德上对主人负有责任的人。

---

① R. A. L. Smith, *Canterbury Cathedral Priory: A Study in Monastic Administration*, Cambridge: Cambridge University Press, 1943, pp123-125.

② David Farmer, "The Famuli in the Later Middle Ages", in Richard Britnell and J. Hatcher, eds., *Progress and Problems in Medieval England: Essays in Honour of Edward Miller*, Cambridge: Cambridge University Press, 1996, pp.210, 236.

此外，仆人还可能指工匠的学徒。因为埃塞克斯郡和其他地方的人头税报告中并未包括学徒，后者可能与仆人合并在一个称谓下。仆人有时还指庄园的治安官等等不一而足。不过，在中世纪晚期埃塞克斯郡大多数史料中，仆人是拥有明确的男主人和女主人的，史料上表述为"A 是 B 的仆人"，他们通常是住在主人家里的年轻的和未婚的"生命周期仆人"（servant in life cycle）。① 与庄仆等将仆人作为终身职业不同，生命周期仆人只是未婚男女在获取技能和资金上的一个必不可少的准备阶段。随着获得土地、住房或成家立业，这些年轻人便会离开主人家自谋生路。

雇工是中世纪工资劳动者的另一种类型，包括农业和工商业雇工，出现于中世纪早期。布洛赫认为加罗林王朝领主自营地中存在农业雇工，雇主付与受雇者固定工钱，以货币或实物支付。这种雇佣方法较为灵活，适合于临时性劳务，劳力更换也较自由。② 盎格鲁-撒克逊时期的肯特王国和威塞克斯王国的大地产上也存在不自由雇工或半自由雇工。他们持有住宅和小块土地，大部分时间为主人劳动，收到食物或现金作为报酬，空余时间在自己土地上劳动或为邻居打工挣钱。③

可以肯定的是，农业雇工在中世纪中期以来也变得更加重要。研究表明，中世纪中期以来，不仅工资劳动的重要性已经超过劳役地租，而且雇工在工资劳动中的重要性也不容小觑。米勒认为，在伊利主教的自营地中，如果只计算庄仆的话将会严重低估雇佣劳动的重要性。雇工一般是按日或者计件领取报酬，威兹比奇巴

---

① L. R. Poos, *A Rural Society after the Black Death: Essex 1350-1525*, Cambridge: Cambridge University Press, 1991, p.185. 相反的观点则认为，与早期现代不同，中世纪晚期那种住在主人家里、年轻和未婚的生命周期仆人并不占有优势地位。Barbara A. Hanawalt, *The Ties that Bound, Peasant Families in Medieval England*, Oxford: Oxford University Press, 1986, pp.163-166。

② 〔法〕马克·布洛赫：《法国农村史》，余中先、张朋浩、车耳译，第81页。

③ 徐浩：“小持有者与中世纪英格兰农村的雇工和工匠"，北京大学历史学系世界古代史教研室主编：《多元视角下的封建主义》，社会科学文献出版社2013年版，第287页。

顿（Wisbech Barton）庄园的账簿记录表明，1316年时，5个犁把式按照每天1便士受雇犁地147天，2个在米迦勒节后两周运送肥料，其他人按照计件工资把肥料撒到地里，另一个人连续几天帮忙播种。同样，铁匠的劳动似乎总是收到工资，修理羊栏和建筑的木匠也获得许多收入。所有打谷都是计件劳动，由雇工承担。此外庄园也雇佣庄仆，包括4个犁把式、3或4个车把式、1个在春夏可以获得一个男孩帮助的猪倌、1个牛倌、1个在产羊羔季节拥有2个助手的羊倌。① 与自营地一样，缺乏劳动力的农户也使用家仆和雇工充当长工或短工。波斯坦指出："富裕村民也使用雇佣劳动力。我们的原始材料毋庸置疑地表明，在几乎所有村庄中，都有一些村民在为另一些村民做工。庄园和记录在法庭案卷中的村法充满旨在在收获季节保证领主的雇佣劳动力供给从而限制农民雇主竞争要求的劝告。事实上，庄园调查和其他文献也偶尔提到维兰的仆人。"②

中世纪中期以来工商业雇工包括作坊或商店的帮工。爱泼斯坦认为，帮工既有出师不久的十七八岁的工商业学徒，也有拖家带口的中年人或更大年龄的人。巴黎补鞋匠的条例表明，某些帮工事实上是以前的师傅，由于贫困重新沦为帮工。对师傅来说，帮工成为剩余劳动的蓄水池，在招收数量上不受任何限制。帮工可与师傅订立口头或书面的工作合同，期限一般为六个月至两年。解除工作合同必须经过双方同意，否则须要提交由师傅组成的仲裁人委员会解决。所以，如果帮工单方面解除合同，他们会处于不利地位。师傅通常不给帮工提供食物和服装，工资按日计算，但通常每周支付

---

① Edward Miller, *The Abbey & Bishopric of Ely: The Social History of an Ecclesiastical Estate from the Tenth Century to the Early Fourteenth Century*, Cambridge: Cambridge University Press, 1951, pp.90-91.

② M M. Postan, *The Medieval Economy and Society: An Economic History of Britain in the Middle Ages*, p.148.

一次。①此外，中世纪的采矿业、毛纺织业和建筑业等则雇佣更多的雇工。以建筑工人为例，当13世纪伦敦只有3.5万人时，建筑博马里斯城堡雇佣了400名石匠、30名铁匠和木匠、1 000名非熟练工人和200名车把式。②1295年夏建造卡那封城堡雇佣的建筑工人一周中上升到528人，1344年春温莎城堡雇佣的建筑工人达到710人。③凡此种种，共同汇成了中世纪欧洲各国规模不等的工资劳动者队伍。

二、工资劳动者的收入

如上所述，中世纪工资劳动者分为仆人与雇工，他们在雇佣期限和是否住在主人家里上存在显著差异。受上述差异的影响，仆人与雇工在报酬的支付方式和形式上也存在差异。仆人通常按年和若干周获得报酬，以实物为主。雇工一般获得计件工资或者日薪，现金占主要部分。

黑死病前（特别是13世纪晚期）劳动力竞争激烈，庄仆收入有所下降。据法默研究，13世纪庄仆的收入包括现金和谷物、自己持有地上的收获和领主使用庄园犁队为他们无偿耕地。例如13世纪早期，在大多数温切斯特主教地产庄园，主要庄仆每年收到3或4先令现金。3/4的温切斯特庄园给予其牛倌和车把式等主要庄仆至少每八周1夸特谷物。如果谷物按照13世纪10年代的价格出售，主要庄仆每年谷物价值在不同的温切斯特庄园分别为15—22先令，为其现金工资的5倍以上。13世纪末，温切斯特各庄园的主要庄仆的收入没有上升，通常收到与该世纪早期相同数量的现金和谷物，但大

---

① Steven A. Epstein, *Wage Labor & Guilds in Medieval Europe*, Chapel Hill and London: The University of North Carolina Press, 1991, pp.111-115.

② Carlo M. Cipolla, *Before the Industrial Revolution, European Society and Economy, 1000-1700*, Second Edition, London: Methuen, 1980, p.129.

③ Edward Meiller & John Hatcher, *Medieval England: Towns, Commerce and Crafts, 1086-1348*, p.87.

麦成为他们收到的最好谷物。13世纪90年代通货膨胀导致庄仆每年所收谷物报酬的现金价值上升到大约30先令,10倍于现金部分的价值。不过,受到粮价上涨的影响,许多温切斯特庄园在14世纪初开始减少庄仆收入中的谷物比例,增加现金部分。从1306年米迦勒节起,大部分南部庄园的谷物报酬从每8周1夸特减少到每10周1夸特,现金报酬从每年3先令增加到4先令。由此,犁把式和车把式每年少收到1夸特2蒲式耳大麦,这些谷物现金价值约为5先令,而现金报酬仅增加1先令。[①]

雇工工资在13世纪大部分时间停滞不前,但13世纪晚期到黑死病前却出现了较大增长,其中尤以工期和劳动最为紧张与繁重的收割工人的工资上升最多。例如13世纪早期温切斯特各庄园收割和捆扎1英亩谷物的计件工资需要支付大约3.5便士。在14世纪10年代歉收的10年间,收割1英亩谷物的平均计件工资超过6.5便士,1316—1317年伊伯里(Ebury)庄园偶尔甚至支付了每英亩1先令1便士的计件工资。14世纪40年代,收割雇工的计件工资回落到每英亩6便士以下,但1347—1355年再次上涨到8便士以上。黑死病前农业雇工的日工资也在上升。1309年夏天,霍利韦尔(Holywell)收获季节中农业雇工的日工资从1.5便士上升到2.5便士,1333年收获季节的日工资每天为2—3.5便士。温切斯特各庄园在收获季节很少使用日工,1312年、1313年和1316年夏天收割工人的日薪高达每天4便士,但14世纪10年代的平均日薪没有超过3便士。[②]

黑死病后劳动力短缺致使工资上升,尽管国家采取冻结工资的政策来控制工资增长,但在绝大多数庄园中庄仆的收入超过法定工资。例如1380年在伍斯特主教地产,斯托克埃皮斯柯皮(Stoke Episcopi)庄园的犁把式一年收到6先令,亨伯里(Hembury)的犁

[①] David L. Farmer, "Prices and Wages, 1200-1350", pp.760-762.
[②] Ibid., pp.765-767.

把式一年收到7先令，拜伯里（Bibury）的犁把式收到8先令，汉普顿露西（Hampton Lucy）的掌犁者（plough-holder）收到13先令。此外，尽管他们每十二周获得1夸特谷物，但谷物种类更好，拜伯里的谷物报酬全部为小麦。15世纪20年代，巴特尔的修道院长付给巴恩霍恩（Barnhorne）的资深犁把式约翰·贾尔斯（John Gyles）每年26先令8便士，以及每周1蒲式耳燕麦和0.25蒲式耳蚕豆。阿帕尔德拉姆（Apuldram）的犁把式威廉·卡登（William Cardon）每年收到20先令现金，以及每周1蒲式耳谷物，其中3/4为大麦，其余为小麦。①

生命周期仆人的收入主要是主人提供的饮食、住宿和服装等实物报酬，以及少量现金，庄园法庭案卷记录了生命周期仆人报酬的某些信息。1383年，瑞特尔（Writtle）庄园的裁缝约翰·米尔福德（John Melford）提起诉讼称，他曾同意他的儿子到约翰·赫特林德（John Hurtlynd）家里做一年的生命周期仆人，但他（米尔福德）比约定的5先令工资少收了15便士。赫特林德回答说，该男孩打碎了一个壶，弄伤了他的两只羊，应扣除一部分工资作为赔偿。②此外，生命周期仆人的货币工资随着年龄和经验的增长而上升。爱丽丝·费奇（Alice Fynch）从1410年开始连续四年作为约翰·惠勒瑞（John Whelere）的生命周期仆人，在这些年里她分别收到12便士、4先令、5先令和6先令8便士的现金工资。③

黑死病后农业工人的工资也超过国家规定的最高工资。脱粒经常是在非农忙季节的2月（罗杰斯认为在冬季几个月）进行的农业劳动，因而脱粒工人的工资更能代表农业工人的平均收入。14世纪早期，温切斯特主教地产各庄园脱粒工人的工资已经轻微上升。在黑死病前，该地产的各庄园为脱粒和扬场3夸特谷物付给脱粒工人5.5便士。14世纪50年代，除伦敦外，庄园审计人员允许管事为同

---

① David Farmer, "The Famuli in the Later Middle Ages", pp.231-232.
② L. R. Poos, *A Rural Society after the Black Death: Essex 1350-1525*, pp.194-195.
③ Ibid., pp.205-206.

样的工作支付大约6便士。14世纪70年代，脱粒和扬场工人的工资标准上升到7.5便士，15世纪早期超过8便士，15世纪中叶超过9便士。15世纪60年代的庄园账簿数据表明，那时的工资标准比黑死病前上升了2倍。①

建筑工人的工资在黑死病后同样快速上升，尤以1360年至1370年最为显著。②约克的工资早在14世纪60年代经历了剧烈上升。一位不熟练建筑工人每年工作250天，教会禁止圣坛日和星期天工作的强制性的假日有100天或更多。冬天每日工资为3便士，夏天为4便士（夏天工作时间长于冬天），一年收入3英镑10先令。熟练建筑工人冬季每天工资5便士，夏天6便士（夏天工作时间长于冬天），一年挣5英镑10先令。与黑死病前相比，普通工匠的工资有了大量增加。③15和16世纪的第一个25年，工匠一天挣6便士。木匠常常修理农具和修建住宅，日工资为6便士。星期日和圣日等必须停止工作，工匠每年至多只能收到300天左右的工资，但为国王工作的工匠有时可以获得全年工资。例如1408年温莎的4个木匠一天挣6便士，6个木匠挣5便士，按一年365年计算，前者全年获得9英镑2先令6便士，后者为7英镑12先令1便士。④

黑死病后英国雇工的名义工资（nominal wages，也称货币工资）上涨不是孤立的，应该说，西欧其他国家大体上经历了类似的趋势。有鉴于此，英国、法国、西班牙和意大利城市不同程度和范围地制订了旨在限制工资上涨的劳动立法。⑤不过，如英国一样，这

---

① David L. Farmer, "Prices and Wages, 1350-1500", pp.469-474; J. E. T. Rogers, *A History of Agriculture and Prices in England*, Vol.I, p.683.
② M. M. Postan, *The Medieval Economy and Society, An Economic History of Britain in the Middle Ages*, p.274.
③ H. Swanson, *Medieval Artisans: An Urban Class in Late Medieval England*, Oxford: Basil Blackwell, 1989, pp.152,155.
④ J. E. T. Rogers, *Six Centuries of Work and Wages: The History of English Labour*, pp.327, 328.
⑤ Samuel Cohn, "After the Black Death: Labour Legislation and Attitudes towards Labour in late-Medieval Western Europe", *The Economic History Review*, New Series, Vol.60, No.3 (Aug., 2007), pp.459-468.

些国家的上述努力并未取得应有效果。黑死病后法国农业工人的工资出现大幅度增长。佩罗瓦认为，尽管黑死病和15世纪早期连续发生的瘟疫造成法国各地没有一起出现持续的工资上升，但波尔多大主教的账簿长期但不连续地记载了葡萄种植者的日工资，表明了中世纪晚期工资上升的一般趋势，从1350年左右的4或5便士增长到1430年的9或10便士，期间工资增长最快的时期出现在1410—1430年。[1]黑死病也导致意大利城市工资强劲上涨，直到15世纪早期工资涨幅才有所减缓，但仍比13世纪工资水平高出3倍，这还没把生活成本的下降包括在内。即使在黑死病后的通货膨胀时期，工资增加了3.5—4倍，而物价则只上涨了2—2.5倍，因而相比之下实际工资还是上升的。[2]目前大多数史学家认为，总的来说，黑死病导致西欧各行业和长时期（从1348年—15世纪最后几十年）的劳动力短缺，并由此推动了名义工资上升数倍。

三、工资劳动者的饮食消费

中世纪工资劳动者处于社会底层，主要靠出卖劳动力养家糊口，有关他们消费水平的记载和研究主要集中于饮食方面。中世纪中晚期欧洲存在着工资劳动者饮食消费的直接史料，包括修道士的生活必需品补助（monastic corrodies）、庄园账簿案卷（account rolls）记载的庄仆谷物报酬和布恩工人（boonworkers）的工作餐等。

中世纪史料中包括对仆人饮食消费的直接记载。修道士的生活必需品补助原本是修道院为修道士提供的食物、服装甚至住房和照料等基本生活保障，但俗人也可以通过购买的方式获得，相当于在修道院养老。中世纪中期以来，不同社会地位的老年人以转让自

---

[1] E. Perroy, "Wage labour in France in later Middle Ages", *The Economic History Review*, New Series, Vol.8, No.2 (Dec., 1955), p.234.

[2] D.Herlihy, *Medieval and Renaissance Pistoia: The Social History of an Italian Town, 1200-1430*, New Haven: Yale University Press, 1967, pp.151,152.

己房地产或支付货币的形式交换、购买修道院提供的生活必需品补助，类似于中世纪老年人将持有地交给继承人并与后者签署赡养协议的养老方式。值得注意的是，如果修道士或乡绅等被保障人拥有自己的仆人，那么修道院也将每天分别为主仆提供不同消费水平的饮食。例如1272年，林肯郡弗莱伯格（Fleyburgh）的亚当及其妻子艾玛将斯塔灵波勒（Stallingborough）的2所住宅和7玻非特（bovates，相当于carucatede的1/8，后者约为60—120英亩，故1博瓦塔约为7.5—15英亩）土地交予位于约克郡的塞尔比（Selby）修道院，以换取修道院提供的生活必需品补助。该生活必需品包括这对夫妇每天收到2条（loaf，通常为1公斤）白面包，2加仑麦酒，1条该修道院犁把式吃的褐色面包，2份菜（messes），2份零食（pittance），每周吃3次肉，以及以年为单位收到的其他食品、衣物和燃料等不一而足。此外，他们也应收到一个马夫（即仆人）的生活必需品补助，每天包括1条白面包，1份菜，1加仑二等麦酒。1269年，萨塞克斯郡小修道院的一位教士及其马童每天分别收到的饮食：包括2条白面包和2条二等的小麦面包，1加仑优质麦酒，1加仑二等麦酒，在吃肉日收到肉菜，在吃鱼日教士获得5条鲱鱼或5个鸡蛋，马童2条鲱鱼或3个鸡蛋。[①]由上可知，仆人的修道士生活必需品补助中的日常饮食标准包括：每人每天1加仑啤酒，1—2条面包等。

庄园账簿记载了庄仆每隔若干周从庄园收到不同数量的谷物报酬，据此可以获悉他们每年收到的口粮数量。如上所述，13世纪早期3/4的温切斯特主教地产庄园发给牛倌和车把式等主要庄仆至少每8周1夸特谷物，除一个庄园外，其余1/4庄园的庄仆每10周收到1夸特谷物。[②]如果按照庄仆每8—10周收到1夸特谷物计算，那么他们全年收到6.5—5.2夸特谷物。假设1蒲式耳大麦、燕麦、黑麦和

[①] David L. Farmer, "Prices and Wages, 1200-1350", pp.826-827.
[②] Ibid., p.761.

小麦的重量分别为47、40、53和60磅，1蒲式耳混合谷物的重量平均为50磅，那么1夸特混合谷物约为360斤，5.2—6.5夸特约为1872—2340斤。[①]如果按五口之家计算，那么庄仆家庭成员每年人均口粮为374.4—468斤。

13世纪中叶到15世纪中叶的庄园账簿记载了领主提供的"收获工人的工作餐"（harvest workers's diets），从特定角度展示了农忙季节收获工人的饮食消费，以及中世纪中晚期收获工人饮食结构经历的巨大变化。戴尔考察了保留收获工人工作餐记录的17个庄园（5个在诺福克，4个在汉普郡，萨福克郡和萨塞克斯郡各2个，亨廷顿郡、林肯郡、牛津郡和沃里克郡各1个）后认为，中世纪晚期收获工人的饮食改善普遍存在某些相似趋势。第一，通过增加肉、鱼和奶制品等副食品的消费，饮食结构从以谷物（面包、燕麦粥和麦酒）为主转向膳食平衡。在诺福克郡的辛多维斯顿（Hindolveston）庄园，13世纪中叶面包消费约占1/2，1362年减至28%，1412年降为15%；而同一时期肉的消费数量显著增加，从1/10上升为1/4以上。14世纪中叶成为收获工人饮食结构变化的重要转折点，例如在林肯郡的瑟尔比（Thurlby）庄园收获工人消费的肉食比例从1341年的8%增加到1362年的26%，谷物食物（包括麦酒）与肉蛋奶等副食品的消费比例从77∶23变为56∶44。第二，更多谷物用于酿酒而非烘焙。例如萨塞克斯郡的阿普尔德拉姆（Appledram）庄园，1287年16%的谷物用于酿酒；但1341—1450年的许多年份该比例为30%以上。第三，肉蛋奶等副食品的构成发生变化，肉的比例上升，奶制品占比减少。此外，面包谷物也发生了重要变化。在诺福克郡以外的其他地区，14世纪经历了小麦作为主要或惟一的面包谷物的转变，而这一过程经常在该世纪80年代完成。例如汉普郡、牛津郡和萨塞克斯郡的收获工人甚至在13世纪晚期和14早期起收到小麦面包。与13世纪相比，15世纪

[①] David L. Farmer, "Prices and Wages, 1200-1350", p.838.

早期收获工人的工作餐在质量和数量上发生根本变化。以前述的诺福克郡的塞奇福德庄园为例，13世纪收获工人每人每天收到2—3品脱（1.3—1.7升）浓麦酒或4—5品脱淡麦酒，2磅面包，以及1—2盎司（1盎司等于28克）肉或5盎司鱼；15世纪早期他们每人收到6品脱浓麦酒（3.4升）或1加仑淡麦酒（4.5升），2磅面包，以及1磅肉，3—4盎司鱼。①

工资购买力（purchasing power of wage）或实际工资（real wage）目前为止仍是考察农业工人和建筑工人日常饮食消费最为有效的方法。与主要靠生活必需品补助和谷物报酬生活的仆人不同，农业雇工或建筑工人绝大部分收到现金工资（cash wage），并从市场上购买绝大部分食品，因而实际工资即工资购买力可以较为准确地反映他们饮食消费的真实状况。工资购买力是罗杰斯提出的概念，用以分析13—18世纪工资劳动者的年收入购买生活必需品和生活便利品的能力，包括小麦和其他谷物，肉和其他农产品，服装，以及工具和用具等。罗杰斯对中世纪工资劳动者的消费水平持有十分乐观的估计。他认为，一年工作300天的建筑工人的工资可以大量购买上述生活必需品。诚然，并不是所有建筑工人都可以每年干满300天，如果以工作200天算，鉴于较低的食物价格和优厚的报酬，雇工仍能生活丰裕，并有所积蓄。②罗杰斯认为，15世纪和16世纪早期工资劳动者的实际工资达到最高水平，"假如我们根据生活必需品的支出评估雇工所挣的工资，我已经不止一次地指出，15世纪和16世纪第一个25年是英国雇工的黄金时代。相对而言，包括18世纪在内的任何时代工资都没有如此高，食品没有如此便宜"。③

---

① Christopher Dyer, "Changes in Diet in the late Middle Ages: The Case of Harvest Workers", idem, *Everyday Life in Medieval England*, Rio Grande, Ohio: Hambledon Press. 1994, pp.84-85, 87-88.

② J. E. T. Rogers, *A History of Agriculture and Prices in England*, Vol.I, pp.682-683, 689-690.

③ J. E.T. Rogers, *Six Centuries of Work and Wages: The History of English Labour*, p.320.

第四章　工资劳动者的收入与饮食消费

　　罗杰斯将工资劳动者饮食消费的改善视为一个自从中世纪中期有连续的工资和物价记载以来持续的改善过程，而20世纪以来不少学者认为13世纪晚期和14世纪早期农业雇工和建筑工人的名义工资的增长速度落后于物价，导致实际工资下降，工资劳动者购买"消费品购物篮"（shopping basket of consumables）的能力处于低谷。例如法默将一个四五口之家每年最低的生活消费品假定为4夸特大麦（用于面包和麦酒）、2夸特豌豆、0.1头牛、0.5只羊、0.5头猪、0.25韦（wey，依具体物品而定，奶酪为224磅）奶酪、0.1夸特的盐、1斯通（stone，14磅）羊毛。为购买上述家庭生活消费品，温切斯特主教地产的农业雇工在13世纪早中期需要工作24—26个单位，建筑工人需要27—29个单位。1270—1330年农业工人则需要花费27—36个单位，直到黑死病前20年才减少到22—23个单位；而建筑工人需要花30—40个单位，直到黑死病前后仍未恢复到13世纪中期的水平。[①] 与中世纪中期不同的是，在名义工资上升的同时，中世纪晚期尤其是15世纪农业雇工和建筑工人的实际工资也在增长。14世纪70年代以来，农业雇工和建筑工人的工资购买力迅速改善。为了购买同样的消费品购物篮，农业雇工在14世纪70年代需要花费19个单位，15世纪10年代为16个单位，15世纪40年代为12个单位。建筑工人在14世纪70年代需要工作27个单位，15世纪10、40和70年代则分别为21、14和13个单位。[②]

　　中世纪晚期欧洲其他国家雇工饮食消费也得到改善。艾贝尔综合前人的研究成果绘制了1351—1525年英国、法国、美因河畔的法兰克福和波兰克拉科夫（Cracow）的价格和工资变化的图表，显示雇工工资始终明显高于谷物的价格，表明工业雇工实际工资的上升。在"工匠的黄金时代"（the golden age of the craftsmen）的小标题

[①] David L. Farmer, "Prices and Wages, 1200-1350", pp.775-778. 关于1个农业工作单位和1个建筑工作单位的界定，参见本卷书第40页注②。

[②] David L. Farmer, "Prices and Wages, 1350-1500", p.493.

下，他通过许多个案印证了实际工资上涨的一般趋势。例如在法国的圣丹尼（Saint-Denis），1320—1336年和1467—1474年期间的谷物价格下降了约24%，而该时期鲁昂的石匠和雇工的名义工资增加了2.5倍，所以在此一百多年中，他们的工资的谷物购买力增加了3倍。在德国桑坦（Xanten），1340—1450年一个石匠师傅的日工资可以购买30公斤黑麦，一个石匠帮工则可以购买28公斤。实际上，他们每人每天仅需要购买2或3公斤面包，剩余的工资则用来购买其他物品，或者积攒起来用于多不胜数的宗教节日的消费。有鉴于此，对工匠来说，中世纪晚期不仅是他们的伟大时代，也是他们的黄金时代。[①]

综上所述，中世纪工资劳动者的饮食消费经历了中世纪中期的下降和中世纪晚期的上升，其中黑死病前几十年实际工资已经出现上升，而黑死病后几十年延缓了这一进程，直到14世纪晚期工资快于物价增长，并持续到15世纪和16世纪第一个25年。应该说，罗杰斯开创的工资劳动者工资购买力的研究被后世学者批判地继承下来，对此戴尔评论道："尽管我们不同意罗杰斯对整个中世纪工资劳动者的乐观主义观点，但他将15世纪视为英国雇工的'黄金时代'是一个重要思想，我们对这个时期的解释仍坚持这一点。"[②] 在近年发表的"'黄金时代'的再发现：15世纪雇工的工资"一文中，戴尔仍坚持15世纪和16世纪第一个25年为英国雇工的黄金时代的思想。他认为，在中世纪晚期既定的工资和物价下，每年工作天数决定了工资劳动者的年收入和消费水平。在工资劳动者中，木匠、石匠等技术工人每年受雇天数较长，而农业工人、妇女、儿童和建筑工人中的非熟练雇工等相对较短，因而两者的年收入和消费水平存在明显差异。他通过考察中世纪晚期后者的工资标准和年收入后总结道，"尽管'黄金时代'是一个夸大之词和容易使人在陈词滥调中思考，

---

① Wilhelm Abel, *Agricultural Fluctuations in Europe, From the Thirteenth to the Twentieth Centuries*, p.59.

② C. Dyer, *Making a Living in the Middle Ages: The People of Britain 850-1520*, p.2.

但工资劳动者中这几个较低阶层的生活状况的改善仍是中世纪晚期经济的显著特征"。①应当说，黄金时代的概念不仅反映了中世纪晚期欧洲工资劳动者收入和消费水平的大幅度提高，而且成为了未来几个世纪激励后人争取理想生活的奋斗目标！

---

① Christophy Dyer, "A Golden Age Rediscovered: Labourer's Wages in the Fifteenth Century", pp.194–195.

第五章　老年群体与养老模式

中世纪欧洲老年人日益成为重要的社会群体。毫无疑问，家庭养老是他们主要的养老方法。对于老年人如何养老，《圣经》侧重于要求孩子孝敬父母（honouring parents，而 honouring 的主要含义是尊敬），[1]而中世纪欧洲则更加强调老年人应该保护自己的财产权或家长权，利用它们与赡养人建立不同模式的互利互惠的赡养关系。尽管社会史和经济社会史在研究其他问题时偶尔涉及老年人的生活保障，但长期以来中世纪欧洲养老问题却缺乏专门研究。养老属于老年史（old age history）的研究领域，涉及许多专业性较强的问题，需要借鉴人口史、家庭史和经济社会史等学科的成果。20世纪晚期，老年史在上述学科基础上获得蓬勃发展，产生了一大批引人瞩目的重要成果，澄清和丰富了有关中世纪欧洲养老问题的认识。目前，我国正在进入老龄化社会，养老成为日益严峻的挑战，而了解和借鉴发达国家的历史经验教训对我们成功应对这种挑战将不无裨益。有鉴于此，以下拟结合20世纪中晚期以来人口史、家庭史、经济社会史和老年史的研究成果，谈谈中世纪欧洲是否存在一个数量不断上升的老年群体，以及家庭结构和继承制度如何制约养老策略，从而导致中世纪欧洲养老模式存在地区差异等问题。

---

[1]《圣经》在多处地方告诫子女务必孝敬父母。例如，"当孝敬父母，使你的日子在耶和华你神所赐你的地上得以长久"（《旧约·出埃及记》20：12）；"当照耶和华你神所吩咐的孝敬父母，使你得福"（《旧约·申命记》5：16）；"你们做儿女的，要在主里听从父母，这是理所当然的。要孝敬父母，使你得福，在世长寿。这是第一条带应许的诫命"（《新约·以弗所书》6：1—3）。

一、老年群体的发现

中世纪欧洲老年群体是客观存在的，但长期以来却未能引起史学家的关注。在英语世界，较早的老年史论文是1934年科夫曼发表的"从贺拉斯到乔叟时代的老年"，梳理了古代和中世纪作家作品中老年人的形象。[①]直至20世纪30年代结束时，历史学家对中世纪欧洲老年群体还缺乏基本了解。马克·布洛赫在其扛鼎之作《封建社会》（法文版出版于1939—1940年）中主张，直到中世纪中期，"老年期似乎开始得很早，早至我们的壮年期。我们将看到，这个自认为暮气沉沉的世界实际上是由青年人统治着"。[②]尽管以上表述只是布洛赫的个人观点，但在很大程度上仍可视为该时期包括年鉴学派在内的绝大多数历史学家对中世纪欧洲人口寿命与年龄结构的群体印象，即中世纪欧洲人口寿命普遍较短，老年人的数量凤毛麟角，不足以构成一个重要的社会群体。

导致以上误解的原因在于，以往人们简单使用平均预期寿命（mean expectation of life）来衡量中世纪欧洲的人口寿命，[③]据此，中世纪欧洲人口平均预期寿命只有二三十岁，与现代（布洛赫生前）超过60岁相比相去甚远。[④]然而，以平均预期寿命来衡量中世纪人

---

① G. R. Coffman, "Ole Age from Horace to Chaucer", *Speculum*, IX (1934), pp.247-277.
② 〔法〕马克·布洛赫：《封建社会》上卷，张绪山译，郭守田、徐家玲校，第141页。
③ 平均预期寿命也称平均寿命，是指0岁年龄组人口的平均生存年限，通常指某个特定时期人们出生时平均可以存活的年限。
④ 中世纪中晚期，正常时期英国贵族男子出生时（0岁，下同）的平均预期寿命只有二三十岁，而在1349—1375年，由于黑死病和时疫造成死亡率急速攀升，预期寿命降至17.3岁。J. C. 拉塞尔："500—1500年的欧洲人口"，见〔意〕卡洛·M. 奇波拉主编：《欧洲经济史》第一卷：中世纪时期，徐璇译，吴良健校，第36页，表3。19世纪欧洲人口平均预期寿命比中世纪略有上升，但仍未达到40岁。见〔奥〕迈克尔·米特罗尔、雷因哈德·西德尔：《欧洲家庭史——中世纪至今的父权制到伙伴关系》，赵世玲、赵世瑜、周尚意译，华夏出版社1987年版，第128页。20世纪早期西方平均预期寿命迅速上升。1929—1931年，美国白人男性出生时平均预期寿命已超过60岁。L.I. Dublin and A. J. Lotka, *Length of Life：A Study of the Life Table*, New York: The Ronald Press Company, 1936, p.24.

口寿命并不合适。原因在于，一是中世纪欧洲婴儿和年轻人死亡率较高，"婴儿和年轻人的大量死亡极大地降低了人们的平均寿命"[①]；二是中世纪欧洲各阶层婴儿死亡率缺少记载，没有直接统计数据可供参考。[②] 有鉴于此，平均预期寿命不宜作为衡量中世纪欧洲人口寿命的标准。与平均预期寿命相比，寿命（life of span）指人类生命的最大长度，即所谓的"天年"，更能体现中世纪人口存活的真实长度。实际上，中世纪欧洲至少部分人的寿命比平均预期寿命长得多，他们不仅活到老年，甚至还享有高寿。正如拉塞尔指出的那样，鉴于现在医学的进步，我们应该预料到中世纪的平均寿命，即出生在某个既定阶段的所有人或他们中具有足够代表性的人群所存活的年限会比现在短得多。而寿命问题，即人们在寿终正寝前可以存活的时间长度却是不同的事情。实际上，中世纪欧洲不乏长寿之人，中世纪晚期英国存在许多高寿者，至少有两位百岁老人。法国阿奎丹的埃莉诺（Eleanor of Aquitaine）80岁前一直是精力充沛的政治强人，主教罗伯特·格罗斯泰斯（Robert Grosseteste）也接近这个年龄。[③] 由此可见，尽管中世纪欧洲人口平均预期寿命比现代低得多，但自然寿命的差距却相对较小，这又往往被包括布洛赫在内的中世纪史学家所忽视。

对寿命的研究始于20世纪30年代，其推动力缘自人寿保险业对长寿（longevity）现象的关注。1936年，供职于美国大都会人寿保险公司的统计员都柏林和助理统计员洛特卡合作出版《寿命——

---

① 〔意〕卡洛·M.奇波拉：《世界人口经济史》，黄朝华译、周秀鸾校，商务印书馆1993年版，第65页。

② 中世纪欧洲婴幼儿和儿童的出生和死亡缺少史料记载，甚至贵族也是如此。在此情况下，拉萨尔对前述中世纪英国贵族10岁以内死亡率的估计借用了印度农村的相关资料，因而这一数据仅能供参考而已。当然，人口史学家这样做也并非毫无根据，他们通常相信，中世纪欧洲人口平均预期寿命在很大程度上类似于20世纪六七十年代的发展中国家。

③ J. C. Russell, "Medieval Population", *Social Forces*, Vol. 15, No.4 (May, 1937), p.508.

生命表研究》一书,[1]指出自然寿命（natural span of life）和平均预期寿命是两个不同概念,后者忽视了诗人、音乐家、数学家等许多名人长寿的事实,美国总统也不乏高寿者。诚然,寿命受制于某些非个人因素,很少人超过百岁。有鉴于此,生命表（life table）提供了特定时期某个年龄段人群的死亡率数据。[2]该方法可以展示任意数量的人群（1 000人或10 000人）从出生到死亡每个年龄段的存活人数。据此,他们将1929—1931年美国的人口普查数据制成生命表,并援引人口史学家有关古代至19世纪的相关数据进行比较。[3]不过,由于当时还没有中世纪寿命问题的研究成果问世,因而该比较只涉及了古代和近现代。

　　拉塞尔较早使用生命表方法对中世纪人口自然寿命进行了专门研究。他认为,在中世纪人口史领域,最薄弱环节之一是缺少对寿命问题的研究,主要原因在于中世纪史学家缺少兴趣和史料匮乏与分散等。所幸的是,中世纪中晚期英国的"死后调查"（inquisition post mortem）档案记载了新去世的直属封臣继承人的年龄,当时这样做的目的在于确定国王对未成年继承人的地产复归和婚姻监护等项权利,而人口史学家据此可以计算出1250年之后英国贵族的寿命。他根据1250—1348年的死后调查档案,梳理出了581位国王直属封臣的男性成年继承人（21岁以上）的生命表,从中可以计算出他们的寿命和年龄分布。据该表数据:在581人中,291人（50%）的寿命超过50岁,139人（23.9%）超过60岁,46人（7.9%）超过70岁,8人（1.38%）超过80岁,1人活到100岁（0.17%）。此外,拉塞尔还根据死亡率,计算出了他们成年后各年龄段的预期寿命（expectation of life,也称平均余命）。例如21岁时的预期寿命还有29.3岁,40岁时为17岁,50岁时为12.1岁,60岁时为9.1岁,70岁

---

[1] L. I. Dublin and A. J. Lotka, *Length of Life: A Study of the Life Table*, New York: Ronald Press, 1936.

[2] 在人口学中生命表又称死亡率表（mortality table）和寿命表,是对相当数量的人口从出生或一定年龄开始,直至这些人全部去世为止的各年龄段生存与死亡的记录。

[3] 参见 L. I. Dublin and A. J. Lotka, *Length of Life: A Study of the Life Table*, Chapters 1, 2。

时为6.5岁，80岁时为5.6岁等等。①

由此可见，中世纪欧洲各年龄段的预期寿命与现代相差不大。与中世纪一样，百岁老人在现代仍然凤毛麟角。中世纪人不存在早衰现象，尽管50岁以上的男人有时被归入老年人（senex）之列，但50岁以下仍被视为广义上的青年（iuvenis，狭义上指21岁或28岁以下），12—28岁属于少年（adolescens），12岁以下统称为孩子（puer）。按照这种划分，青年阶段包含了中年，中世纪人与现在相比更加晚熟。此外，如果不计入30岁以下人口，中世纪欧洲人口各年龄段的预期寿命并不算低。1276年英国男性贵族的生命表显示了0—99岁的预期寿命，其中30—34岁人的预期寿命为22.78年，35—39岁为19.78年，40—44岁为17.81年，45—49岁为15.48年，50—54岁为12.71年，55—59岁为10.85年，60—64岁为9.42年，65—69岁为7.93年，70—74岁为6.73年，75—79岁为6.35年，80—84岁为5.18年，85—89岁为5年，90—94为5年，95—99岁为2.5年。1200—1450年出生的人的预期寿命与此基本相同，但30岁以下的预期寿命差别较大。这种预期寿命类型与罗马帝国的部分地区和早期现代的印度大致相同，这是在细菌学发展前人类文明所能达到的最高预期寿命，中世纪欧洲大部分地区已经做到。②

此外，拉塞尔还发现，在1348年黑死病后至15世纪末，老年人的预期寿命显著上升。他们的样本包括3 070名大土地持有者，研究表明男性出生时的平均预期寿命和老年人预期寿命呈现相反结果。1200—1275年出生的男性平均预期寿命为35.3岁，1326—1348年出生的降至27.2岁，1348—1375年出生的进一步下降到17.3岁，1425—1450年出生的逐渐回升到32.8岁，但仍未达到13世纪的水平。相反，老年男性的预期寿命在大多数时期持续上升。1200—

---

① J. C. Russell, "Late Mediaeval Population Patterns", *Speculum*, Vol. 20, No. 2 (Apr., 1945), p.159. 预期寿命是从出生到死亡期间各年龄段人口的生命寿命，类似于自然寿命，不同于只关注出生时人口余命的平均预期寿命。

② J. C. Russell, "Late Mediaeval Population Patterns", p.160.

1275年出生的60岁男性的预期寿命为9.4岁，1326—1348年出生的上升到10.8岁，1348—1375年出生的达到10.9岁，1425—1450年出生的攀升到13.7岁。80岁男性的预期寿命在1200—1275年为5.2岁，1326—1348年、1348—1375年、1425—1450年分别为6岁、4.7岁、7.9岁，除黑死病期间外其他时期都是上升的。[①]

对中世纪晚期英国所有世俗贵族寿命的研究也证明了上述趋势。罗森塔尔认为，14世纪期间，50岁贵族的死亡率快速上升，但其后出现下降。在1325年前，18%的贵族的寿命不足50岁，1350—1370年该比例增加到66%，15世纪上半叶由于战争原因则下降到34%，而超过50岁的贵族的寿命比以往活得更长。[②]

既然中世纪欧洲人口成年后的预期寿命并不算低，那么当时的人们如何界定老年阶段或老年人？换言之，老年阶段和老年人从多大年龄开始？是像布洛赫所说的老年阶段开始较早，还是大体上与今天相同？对此，老年史学家在时人作品和法律中发现了不同回答。苏拉密斯·萨哈通过梳理中世纪欧洲的科学、医学、道德说教、布道、文学和艺术作品中有关生命周期的各种划分方法，归纳出老年阶段的开始年龄多达七种意见：分别为35、40、45、50、58、60、72岁。[③]中世纪欧洲作品对老年阶段的开始时间分歧很大，至少可以说明当时的人们并不普遍认为老年阶段开始较早。

与此不同，中世纪欧洲的法律对老年人最低年龄的界定则较为集中。在中世纪欧洲法律文本中，不再担任公职或有资格豁免各种义务的男性一般为60岁或60岁以上，个别甚至可以延长至70岁。在免除军役方面，1285年，英王爱德华一世颁布《温切斯特诏令》，规定所有15—60岁男性的财产需要评估，他们有义务依据其土地和

---

① J. C. 拉塞尔："500—1500年的欧洲人口"，见〔意〕卡洛·M. 奇波拉主编：《欧洲经济史》第一卷：中世纪时期，徐璇译、吴良健校，第36页，表3。

② J. J. Rosenthal, "Medieval Longevity: The Secular Peerage, 1350-1500", *Population Studies*, Vol.27, No.2 (July, 1973) pp.287-293.

③ Shulamith Shahar, *Growing Old in The Middle Ages: "Winter Clothes us in Shadow and Pain"*, Translated from the Hebrew by Yael Lotan, London and New York: Routledge, 1997, p.17.

欧洲文明进程·生活水平 卷

动产的价值自备武器，但60岁以上的男性予以免除。13世纪西班牙的卡斯提尔和莱昂的阿方索十世的法律，将免除执勤和作战义务男性的最低年龄设置为70岁。在免除决斗裁判方面，根据苏格兰、霍亨斯陶芬时期的西西里、法国南部和北部、西班牙北部等地的所有法律，60岁及以上男子免除参加决斗裁判的义务，可以派一名代理人代替其决斗，后者一般为职业骑士。免除承担公共和行政管理义务或强制退休的最低年龄通常为70岁。1285年英王爱德华一世颁布《第二次威斯特敏斯特诏令》，规定超过70岁的男性不能被强迫在小陪审团中担任陪审员。在意大利的佛罗伦萨、威尼斯、比萨等城市，70岁以上的公民可以免除担任商人六人委员会等职务的义务。1349年英国通过《雇工法令》，强迫所有60岁以下、身体健康的男性和女性雇工，在雇主需要时必须接受雇佣，否则将被判入狱。[①]换言之，无论男女，60岁以上的雇工可以拒绝受雇于人。有鉴于此，萨哈认为，在各种法律文本中将60岁作为老年标志的做法普遍存在。[②]

如果以60岁作为中世纪欧洲老年人的开始年龄，那么我们可以据此估计中世纪各个时期老年人占20岁以上人口的比例数据。[③]考古学家和人类学家研究了中世纪欧洲500处墓地中的30 000副骨骼的年龄，显示在非黑死病期间的公元1—542年男性和女性老年人在成年人口中的比例分别占4.6%和6.2%，750—1000年男女老年人分别占5.1%和5.2%；而在黑死病期间的520—750年（指中世纪早期

---

① Shulamith Shahar, *Growing Old in The Middle Ages: "Winter Clothes us in Shadow and Pain"*, pp.25, 26.

② Shulamith Shahar, "Who were Old in the Middle Ages?", *Social History of Medicine*, Vols.6 (1993), No.3, p.340.

③ 老年人占20岁以上成年人口比例是常见的估计中世纪老年人占人口比例的方法。如拉塞尔在"有多少人口是老年人"一文中主张，由于中世纪婴幼儿、少年和女孩子的数量难以确定，所以最好使用老年人占成年人口比例的方法估计老年人占人口的比例。由于成年人口一般大约占总人口的1/2，所以这一数据易于获得。J. C. Russell, "How Many of the Population were Aged?", in Michael M. Sseehan, ed., *Aging and the Aged in Medieval Europe*, Toronto: Pontifical Institute of Mediaeval Studies, 1990, p.120.

124

欧洲爆发的鼠疫），男女老年人分别占1.8%和2.2%，1348—1500年男女老年人分别占3.3%和3.2%。不过，以上骨骼数据主要来自相对落后的北欧和东欧地区的墓葬，而比较先进的西欧和南欧墓葬数量较少，因而拉低了中世纪欧洲老年人在成年人口中的比例。[①]

中世纪西欧各地的文献史料表明，老年人口比例明显高于骨骼数据。中世纪早期有关老年人口比例的文献史料可谓凤毛麟角，根据乔治·米诺瓦的研究，在法国马赛的圣维克多修道院（Abbey of St-Victo）的财产清册中，记载了9世纪该修道院领地20岁以上的成年农奴的信息，表明即使在这类贫困农民当中，超过11%的成年人的年龄在60岁以上。不过，笔者根据他所提供的数据计算该数据似乎有误。据笔者计算，在总共308名成年农奴中，17个农奴年龄为60—69岁，6个为70—79岁，4个为80—99岁。换言之，27个农奴的年龄在60岁以上，占成年农奴总数（308人）的8.8%。[②]

中世纪中晚期老年人口比例并非持续和平衡改善，但总的说有所增加。英国《死后调查》，以及法国和意大利城市人口调查表（census-list）含有中世纪中晚期老年人占成年人口比例的统计数据。根据《死后调查》，1276年前出生的男性老年人占8.42%，1276—1300年出生的占7.3%，1301—1325年出生的占6.9%，1326—1348年6月出生的占8.9%，1348年7月—1375年出生的占10.3%，1376—1400年出生的占9.0%，1401—1425年出生的占10.6%，1426—1450年出生的占12.4%。其中黑死病期间老年人比例上升主要是由于年轻人的死亡率高于老年人。另外，法国和意大利城市人口调查表显示，1422年法国兰斯（Reims）的男性老年人占6.3%，女性占5.2%，平均为5.8%，仅有中世纪平均值的一半。1489年意大利的波佐利（Pozzuoli）男性老年人占8.5%，女性占12.1%。平均为10.3%。1427年托斯卡纳（Tuscany）地区老年人口占有更高比

[①] J. C. Russell, "How Many of the Population were Aged?", pp.122-123.

[②] Georges Minois, *History of Old Age: From Antiquity to the Renaissance*, Translated by Sarah Hanbury Tenison, Cambridge: Polity Press, 1989, pp.148-149.

例。佛罗伦萨城市中男性老年人占18.9%，女性占23.9%。在托斯卡纳地区的农村，男性老年人占23.2%，女性占26%。皮斯托亚的男性老年人占25.1%，女性占23.9%。如果将托斯卡纳以上数据平均计算，老年人口占24.7%。①

综上所述，中世纪早中期老年人在成年人口中通常占10%以下，中世纪晚期部分城市已上升到10%以上，有些意大利地区甚至超过20%。中世纪中晚期老年人群体的变化还可以从眼镜消费的对比中找到证据。眼镜是13世纪发明的，直到15世纪才迅速普及，应当说15世纪老年人口群体的大量增加及其阅读需要是眼镜普及的主要原因。②

中世纪中晚期老年人比例的增加必然引起养老问题。如上所述，家庭养老是中世纪欧洲养老的主要方法，因而家庭结构在很大程度上决定了养老模式。前工业社会盛行家户制（family household），"家"（family）指有血缘和婚姻关系的亲属，"户"（household）则指在一个屋顶下共同生活的人，其中包括亲属和非亲属（如仆人、房客等），拉斯勒特将其称为"共同居住的生活单位"（coresident domestic group），大致可分为以下六种类型。详见表5-1。

表5-1 户的结构——类型和种类

户的类型	合住者种类
1 独居者（solitaries）	（a）丧偶者 （b）独身或婚姻状况不详者
2 非婚姻家庭（no family）	（a）合住的兄弟姐妹 （b）合住的其他亲属 （c）没有亲属关系者
3 简单家庭户 （simple family household）	（a）无孩子的已婚夫妇 （b）有孩子的已婚夫妇 （c）有孩子的鳏夫 （d）有孩子的寡妇

① J. C. Russell, "How Many of the Population were Aged?", p.123.
② Ibid., p.126.

续表

户的类型	合住者种类
4 扩大家庭户 （extended family household）	（a）向上扩大 （b）向下扩大 （c）向同代扩大 （d）4a-4c结合
5 多对夫妻家庭户 （multiple family household）	（a）附属家庭为长辈 （b）附属家庭为晚辈 （c）附属家庭为同辈 （d）兄弟共栖 （e）其他多对夫妻家庭
6 不确定户（indeterminate） （1）主干家庭 　　（stem families）	5b 5b+5a 5b+5a+4a
（2）兄弟共栖家庭（frereche）	5d 5d+5c 5d+5c+4c 5d+5c+4c+2a

资料来源：Peter Laslett and Richard Wall, eds., *Household and Family in Past Time*, Cambridge: Cambridge University Press, 1972, p.31, Table1.1。

简单家庭户也称核心家庭（nuclear family）、基本家庭（elementary family）和直系血亲家庭（biological family），由一对夫妇或一对夫妇与未婚子女再或者丧偶者与未婚子女组成。父母是简单家庭不可或缺的因素，在一起生活者至少包括夫妇或丧偶者与一个未婚子女，独居者不能算作简单家庭，有鉴于此其确切称谓应为婚姻家庭单位（conjugal family unit，简称CFU）。扩大家庭（extended family）的准确含义是扩大的婚姻家庭，指一个核心家庭再加上一名及以上的血亲或姻亲的亲属，其中向上扩大指合住亲属包括核心家庭中丈夫的父亲，或妻子的母亲，或核心家庭中鳏夫的姑姑等，上一代和下一代都可以担任户主；向下扩大指核心家庭住有失去父母的孙子（女）、侄子和外甥等；向同代扩大指共同生活的有户主或配偶的兄弟姐妹或表兄弟姐妹等；或者不同代人和同代人的同时扩大（包括失去双亲的侄女，或没有兄弟姐妹的叔叔等）。多对夫妻家庭户（multiple family household）指包括了两个或以上的婚姻家庭，它们的组成可以是简单的或扩大的，不同代的或同代的，但其中的次要单位（secondary unit）的成员通常不是整个家庭户的户主。如合住者可以是户主的上一代（其父亲和母亲）和户主未婚的兄弟姐妹；也可以是下一代（户主的已婚儿子的家庭，或者还有其兄弟姐妹和寡妇），或者是与户主同代的已婚兄弟和（或）姐妹，此为社会人类学家所说的联合家庭（joint family）。同代人的多对夫妇家庭又分为包括丧偶父母和不包括的，后者又被称为兄弟共栖式家庭（frereche）。[①] 在上述六种共同居住的生活单位中，最常见的有核心家庭、扩大家庭和多对夫妻家庭，中世纪似乎也不例外。不过，由于中世纪欧洲不同地区存在不同的家庭结构，因而老年人的养老模式也呈现出明显的区域化特征。

二、核心家庭与独立养老模式

独立养老模式指的是老年人在晚年与配偶居住或独居，不与已婚儿子生活在一起。这种模式主要出现在流行核心家庭同时也是封建制度较为发达的西欧、北欧、中欧和南欧少数地区（以下简称西欧），面临退休的老年人一般会仿照封建保有地的做法有条件地向赡养人转移财产，通过达成互利互惠的赡养协议的方式实现老有所养。

既然老年人独立养老主要流行于西欧地区，那么中世纪西欧是否存在核心家庭？对此学者们的认识经历了长期过程。早期的社会学家曾主张前工业社会的欧洲盛行扩大家庭，核心家庭则是工业革命的结果。法国社会学家弗雷德里克·勒普莱（Frederic Le Play，1806—1882年）在1855年出版的《关于欧洲的劳动者》一

[①] Peter Laslett and Richard Wall, *Household and Family in Past Time*, pp.28-30.

书中首次提出三种家庭结构的主张。第一种是传统的父权制家庭（patriarchal family），所有儿子都在父母家里结婚。第二种是改进型的主干家庭（stem family，该词由勒普莱发明），父母只允许一个儿子在家里结婚并作为继承人，其他人在继承财产后可以到外面结婚建立家庭，否则只能独身在家里做佣人。第三种是新式的"不稳定"家庭（unstable family，即核心家庭），它随着新人结婚而建立，孩子们出生后逐渐扩大，孩子因外出谋生或结婚离家后日益变小，由于父母离世和财产分割最终消失。在西方工业社会，核心家庭在工人阶级中占有优势，这同时也导致了他们的贫困化。他主张最好的家庭形式是主干家庭，它们在几个世纪甚至上千年间流行于许多地区，法国南部便是其中之一。①作为社会改革家，勒普莱反对工业社会的不稳定家庭，期待主干家庭的复活。②

　　社会史学家霍曼斯认为勒普莱的观点适用于中世纪英国，他主张13世纪英国的敞田区（champion country）和非敞田区（woodland）分别实行不可分割继承和可分割继承制度。前者选择主干家庭，但户主经常在晚年退休，将土地交给继承人经营，并与其签署赡养协议以获得生活保障。后者采用联合家庭，土地在所有儿子中平均分配，但经常共同持有，因而中世纪并不存在核心家庭。霍曼斯考察的主要是敞田制地区的主干家庭。他认为，13世纪英国敞田区家与户相结合。后者一般居住着四种人，分别是持有者的直系亲属，如他本人、妻子和孩子；其他亲属，如持有者的母亲和父亲，以及未婚的兄弟姐妹；居住在该住宅中的男仆人和女仆人；最后还有房客（undersettles），如二佃户和共同继承人。几乎所有的户都不止包括上述一两种人，户的规模与持有地面积成正比，码地（yardland，中世纪英国份地单位的名称，相当于维尔格特面积）上

---

① Peter Laslett and Richard Wall, *Household and Family in Past Time*, pp.16-17.
② 〔奥〕迈克尔·米特罗尔、雷因哈德·西德尔：《欧洲家庭史——中世纪至今的父权制到伙伴关系》，赵世玲、赵世瑜、周尚意译，第24页。

的户通常都很大。①不过，霍曼斯所说的户主退休的主干家庭与勒普莱的定义并不完全一样。

20世纪下半叶以来，工业革命前西欧盛行较大的家庭结构的观点被斥为"前工业化时期大家庭的神话"。②家庭史学家发现，核心家庭已是早期现代时期（16—19世纪）欧洲家庭的主要形式，《欧洲家庭史》的作者指出："就目前的研究所允许我们比较欧洲家庭的内容而言，可以说多代同堂之家及其他具有共住关系的人在前工业化时期西欧和中欧的大片地区都相当少。当这些地区的资料与南欧和东欧的资料对比时，这一点极为显著。"③不仅早期现代，核心家庭甚至可以上溯到古代和中世纪的大部分时期。1986年出版的法文版《家庭史》的作者认为，古希腊时期的主要家庭结构是核心家庭。古罗马和中世纪早期前半段的欧洲则盛行扩大家庭，而在法兰克王国扩大家庭向核心家庭的过渡发生在墨洛温王朝和加洛林王朝之间。换言之，从8—9世纪即法兰克王国封建化以来，夫妻家庭便是唯一的基本结构。④家庭结构的核心化在9世纪法国修道院的地产调查中留下足迹。在819年巴黎圣日尔曼-德-普雷修道院长伊尔米农的登记簿里将人口按户或家来分，而以大约每3.6口人为一单位。⑤家庭结构的转变不仅出现于法兰克王国，"这种夫妻关系占主导地位的情形，显然在由此向北远得多的地方，如英国，也存在"⑥。

---

① G. C. Homans, *English Villagers of The Thirteenth Century*, Cambridge, Massachusetts: Harvard University Press, 1941, pp.212, 213-214.
② 参见〔奥〕迈克尔·米特罗尔、雷因哈德·西德尔：《欧洲家庭史——中世纪至今的父权制到伙伴关系》，赵世玲、赵世瑜、周尚意译，第2章"前工业化时期大家庭的神话"。
③ 同上书，第29页。
④ 〔法〕安德烈·比尔基埃等主编：《家庭史》第1卷下册：遥远的世界、古老的世界，袁树仁、姚静、萧桂译，生活·读书·新知三联书店1998年版，第489页。
⑤ J. C. 拉塞尔："500—1500年的欧洲人口"，见〔意〕卡洛·M.奇波拉主编：《欧洲经济史》第一卷：中世纪时期，徐璇译、吴良健校，第17页。
⑥ 〔法〕安德烈·比尔基埃等主编：《家庭史》第1卷下册：遥远的世界、古老的世界，袁树仁、姚静、萧桂译，第493页。

英国家庭结构向核心化的转变出现在封建化确立后的中世纪中晚期。11—12世纪英国各地仍盛行扩大家庭，13世纪起农民家庭的核心化始于东盎格利亚以及东南部和西南部，14世纪晚期和15世纪上半叶其余低地地区也完成了家庭结构的核心化。黑死病前后，尽管人口和经济形势截然不同，但英国家庭始终朝着核心化发展。[①]中世纪早期后半期以来欧洲家庭结构核心化的原因是多方面的，人口增长和中世纪早中期的农业革命导致传统份地的不断分割及其对家庭劳动力需求的减少，庄园和国家的征税单位从家庭转变为土地和个人，以及儿子结婚后不与父母生活在一起等。

哈纳沃特也否认中世纪中晚期英国的农民"户"中存在三代户或主干家庭的传统观点。她指出，《末日审判书》和14世纪晚期的《人头税报告》列举了"户"里的居住者，表明简单家庭是普遍原则。各种庄园档案被用来重构为数众多的村庄，研究表明"户"中的亲属只包括夫妻和未婚子女等直系亲属。尽管所有这些档案在提供精确数据上存在瑕疵，但它们都表明，主干家庭即使存在过，也是少量和短暂的。有鉴于此，她的结论是：中世纪家庭大部分是简单的婚姻家庭。即使可分割继承制地区也不必建立联合户（joint household）。一旦孩子成年，父母和孩子都喜欢分开居住，父亲在生前就力争让儿子和女儿安家立业。富裕农民肯定在完成这种愿望上更加成功。主干家庭并不常见，父母拥有较多资源签订退休协议，而非依赖于儿子的孝心。大多数人都结婚成家，因而"户"通常不包括大量未婚的兄弟姐妹。[②]由此，家庭史学家不仅证实中世纪英国农户实行户主退休习俗，而且发现在不可分割和可分割继承制度地区新人结婚后不与公婆一起生活，而是建立新的家庭。换言之，勒普莱所谓"不稳定的"并导致贫困化的核心家庭在英国工业革命前

---

① Z. Razi, "The Myth of the Immutable English Family", Past & Present, No.140 (Aug., 1993), p.42.

② Barbara A. Hanawalt, *The Ties That Bound: Peasant Families in Medieval England*, pp.92, 103.

几个世纪已经十分流行。

除英国外,"退休权利的习俗可回溯到中世纪的中欧和西欧"。具体说,"规定退休权利的安排遍及从爱尔兰到苏台德、从挪威到阿尔卑斯的整个中欧和西欧。在年迈的农夫或其妻子已处于退休状态的地方,家庭权威则属于中间那代人。因而这种家庭架构与最初的主干家庭迥异,这一点在关于大家庭历史形式的讨论中经常被忽视"。① 那么,西欧等地核心家庭的老年人为何需要在有生之年退休、向继承人转移财产并与之签署退休或赡养协议(retirement or maintenance agreement)来养老呢?应该说,其中原因是多方面的。伊莱恩·克拉克认为,签署赡养协议的老年人通常出于以下三种情形:一是领主为无法正常进行生产劳动和履行劳役的老年佃户(多为寡妇)指定继承人,以维护双方利益;二是佃户临终前与继承人签订赡养协议,以便其遗孀将来生活得到保障;三是老年佃户在晚年自愿与继承人签订赡养协议。三者之中,大多数赡养协议是农民自愿签署的。②

老年农民自愿与继承人签署赡养协议的目的主要是在退休(即转移财产)后获得养老保障。麦克法兰认为,与西欧其他国家的农民社会不同,早在13世纪,英国农民土地产权便已私有化,土地被视为

---

① 〔奥〕迈克尔·米特罗尔、雷因哈德·西德尔:《欧洲家庭史——中世纪至今的父权制到伙伴关系》,赵世玲、赵世瑜、周尚意译,第30、31页。除西欧外,南欧少数地方也存在核心家庭和退休习惯,例如位于法国南部的比利牛斯山地区的农民实行两种退休办法。贝亚恩(Bearn)地区的农民实行长子继承制,父亲退休时与继承财产的儿子或女儿分享财产控制权,形成所谓的贝亚恩式的主干家庭。而在上普罗旺斯地区(Haute Provence),父亲选择一个儿子作为继承人,当父亲退休时,这个儿子便成为户主和农场管理人(Shulamith Shahar, *Growing Old in the Middle Ages: "Winter Clothes us in Shadow and Pain"*, pp.150-152)。有关法国南部农村的核心家庭和退休习俗,还可参见〔法〕埃马纽埃尔·勒华拉杜里:《蒙塔尤——1294—1324年奥克西坦尼的一个山村》,许明龙、马胜利译,商务印书馆1997年版,第322—323页。

② Elaine Clark, "Some Aspects of Social Security in Medieval England", *Journal of Family History*, Vol.4, No.7 (Win., 1982), pp.310-311. 老年农民退休的原因之一是无法胜任繁重的自营地劳役。根据庄园习惯法,作为土地持有者的老年人(包括寡妇)不能免除劳役,唯有病人可以请假,但不得超过一个月。见 Shulamith Shahar, *Growing Old in the Middle Agess: "Winter Clothes us in Shadow and Pain"*, p.213, note 29。

属于夫妇个人而非家庭。有鉴于此，土地一旦转让给儿子，他便脱离了家庭和共同体的束缚，父亲无法再要求从该土地上获得收入，儿子没有义务赡养其年老的父母。因此，在生前将财产转让给儿子的父母小心翼翼地签署法律合同，它逐条规定了儿子对父亲的赡养义务，包括定期提供的金钱、食物、衣服、燃料等的数量。如果没有这样的法律保证，父亲不能指望财产转让后儿子会赡养他们。[①]

那么，老年农民与赡养人签署赡养协议有何法律依据，又如何履行协议？应该说，西欧的封建保有地制度和村社自治传统为实行退休养老制度提供了极为有利的制度条件。实际上，中世纪中晚期通常由农奴持有的习惯保有地（customary tenure）拥有多种权利。瑞夫蒂斯认为，与寡妇产、继承权和买卖权等一样，赡养权（maintenance right）也属于习惯保有地的一种权利，新持有人无论是否是亲属都要履行该义务。年老体弱无法劳动的习惯佃农可以将土地交给某些年富力强的家庭成员，或者是一个没有亲属关系的乡亲。签署赡养协议是老年父母的普遍养老办法，由庄园法庭监督执行。[②]当然，庄园法庭的运作离不开村庄里中上层农民的合作，它建立在村庄自治的基础上。[③]从这个意义上说，中世纪西欧农民独立养老绝非偶然，封建保有地、庄园法庭和村社自治等为个人养老提供了强有力的制度保障。

农奴退休时土地转让的方法不尽相同。根据土地供需状况，中世纪西欧退休和赡养协议包括两种转让方法，一是签署赡养协议后持有地立即转让给儿子或女儿和其丈夫；二是"延迟转移"（delayed devolution），签署赡养协议时承诺未来将土地作为遗产给予该继承人。赡养承诺在庄园法庭公开进行，未来的继承人向庄园

---

① 参见〔英〕艾伦·麦克法兰：《英国个人主义的起源：家庭、财产权和社会转型》，管可秾译，商务印书馆2008年版，第6章。

② J. Ambrose Raftis, *Tenure and Mobility: Studies in the Social History of the Medieval English Village*, Toronto: Pontifical Institute of Medieval Studies, 1964, pp.42-43.

③ 关于中世纪英国庄园法庭和村社自治，参见徐浩："中世纪英国农村的行政、司法及教区体制与农民的关系"，《历史研究》1986年第1期。

领主支付土地进入税。延迟转移在人口压力较大的13世纪较为普遍，老年人比在前一种方法中获得更多权利。黑死病以后，地多人少，立即转让土地的赡养协议则更加普遍。两种协议都向退休农民支付实物或退休金（pension），而黑死病后支付退休金的协议迅速增加。[①]退休制度在客观上成为农民独立养老的一种有效制度。有学者认为，赡养协议相当于赡养者为被赡养者提供了退休金，后者成为退休金领取者（pensioner），老年人通过这种方式获得了经济保障（economic security），实际上这成为社会保障的起源。[②]

赡养协议通常规定赡养人必须向被赡养人提供如下几类生活用品：第一是食物和饮料，有时还具体规定了他们每年所提供的谷物数量。有时没有再婚的老年人还可以继续拥有部分生产资料，例如几英亩土地，或者饲养一头母牛、一头猪或几只羊。第二是服装。赡养协议中经常规定为老年人提供各种衣物（garment）。第三是规定了老年人应当拥有的独立小屋（cottage，类似于正房以外的厢房），或者至少是正房中的一间，可以度过余生。[③]退休者的具体待遇则以赡养协议为准，标准高低与人口学因素有关，但主要取决于退休者转移财产的多寡。应该说，赡养人提供的赡养条件与被赡养人转移给他的财产成正比，也就是说，退休者转移的持有地越大，其议价能力越强，获得的待遇相应越好。在吃穿用等待遇方面，老年农民可以收到谷物（小麦、大麦和燕麦）、豌豆、麦酒、煤或柴火、特定的服装（每年或每两年提供），有时还有床上用品和定期支付的一笔现金。最富裕的退休农民可以定期获得奶制品、肉类、鸡蛋和蜂蜜，他们出于消费目的还在持有地上自费饲养家畜。赡养协议提供的谷物数量一般多于一个农民或一对夫妇的口粮需要，剩余

---

① Shulamith Shahar, *Growing Old in the Middle Agess: "Winter Clothes us in Shadow and Pain"*, pp.154-155.
② Elaine Clark, "Some Aspects of Social Security in Medieval England", pp.308, 309.
③ G. C. Homans, *English Villagers of the Thirteenth Century*, p.148.

部分可以拿到市场出售换取现金。①

应该说，退休者获得的衣食用等赡养条件可以达到相同等级未退休农民的生活水平。1294年，贝德福德郡的伊莱亚斯·德·布莱坦顿（Elyas de Bretendon）在庄园法庭转移给其子约翰一处住宅（messuage），位于克兰菲尔德（Cranfield）的缴纳货币地租的半维尔格特土地，及其附近的森林、附属设施和3英亩的沿海土地等，约翰则需要为此向领主提供劳役。伊莱亚斯要耕种该土地，自费播种，直到转年的圣米歇尔节（feast of St. Michael，9月29日）为止，约翰则在秋后向伊莱亚斯夫妇提供一半的收成。此外，伊莱亚斯夫妇在世并与约翰一起住在主宅（capital messuage）时，约翰要为他们提供合适的食物和饮料。如果双方因争吵无法住在一起时，约翰要为伊莱亚斯夫妇或其中一个在世者在适当的地方提供一所住房和庭园。他要在每年的米迦勒节时为他们或其中一位在世者提供6夸特（约为2 196—2 700斤。如果伊莱亚斯夫妇两人消费，每月人均口粮为91.5—112.5斤；如果其中一位在世者消费，每月口粮为183—225斤）谷物，包括3夸特小麦、1.5夸特大麦、1.5夸特豌豆和豆类，1夸特燕麦。此外，根据该协议，伊莱亚斯夫妇拥有签约时他们的住房中所有的动产和不动产。②处于社会底层的工资劳动者退休后的饮食水平也没有下降，伍斯特郡黑尔斯（Hales）庄园一个曾担任过仆人的小持有者将自己的土地交给修道院庄园的领主，作为交换条件可以获得以下实物退休金：每天的主食为2条面包（1条上好小麦面包，1条黑面包。中世纪修道院1条面包的重量通常为1公斤），每周的饮料为3加仑（1加仑约为4.5升）的混合麦酒，每年收到5先令（1先令等于12便士，0.25便士可购买1条面包）现金，每

---

① Shulamith Shahar, *Growing Old in the Middle Agess: "Winter Clothes us in Shadow and Pain"*, pp.154-155.

② J. Ambrose Raftis, *Tenure and Mobility: Studies in the Social History of the Medieval English Village*, pp.43-44. 中世纪时的1夸特等于400—500常衡磅，1常衡磅等于16盎司，1盎司为28.35克，据此1夸特等于366—450斤。R. D. Connor, *The Weights and Measures of England*, London: HMSO, 1987, p.127, pp.149-150.

天与修道院仆人一起用餐。①

退休农民的住宿条件则通常低于退休前水平。退休农民一般与继承人住在老房子里，而非另建一座房子。②退休者转让的老房子决定了其向赡养人要求住房的质量和数量。转让小房子的退休者只能要求在房子的角落放一张床；转让几间正房的农民可以要求拥有自己的一个房间，有时还可以使用厨房、餐厅、谷仓和厕所等；某些拥有正房和厢房的人（大多数是夫妇）可以得到独立的房子（一般为厢房），正房则由收到持有地的儿子或女儿（或非亲属）居住。③1320年，在埃塞克斯郡，邓莫（Dunmow）庄园法庭案卷记载了一份赡养协议，提亚的寡妇佩德罗尼拉（Petronilla）将半码维兰持有地交给儿子约翰，上一次法庭开庭时判决该土地由于私自转让而被领主收回。在转让双方履行合法手续后，法庭再次开庭，责成约翰在佩德罗尼拉有生之年为其提供合理的食物和饮料。此外，佩德罗尼拉将在老住宅的东头拥有一个带有衣柜的房间，并可以在其有生之年居住在那里。她在有生之年还可以拥有一头母牛、四只羊和一头猪，让它们在冬天和夏天进入该持有地吃草，以便她可以出售其产品后购买衣服和鞋子。④

赡养人必须遵守赡养协议，否则会受到庄园法庭的处罚。1334年，在亨廷顿郡的沃博伊斯（Warboys）庄园，由于没有按照协议赡养母亲，铁匠斯蒂芬（Stephen）被罚款6便士。后来陪审团下令，史密斯母亲收回土地，并在余生持有它们。在母亲在世时，斯蒂芬不可以享有那块土地上的任何收获。⑤中世纪晚期地广人稀，退

---

① J. A. Amphlett, ed., *The Rolls of the Manor of Hales 1272-1307*, Oxford: Worcester Historical Society, 1910, p.336.

② J. Ambrose Raftis, *Tenure and Mobility: Studies in the Social History of the Medieval English Village*, p.43.

③ Shulamith Shahar, *Growing Old in the Middle Agess: "Winter Clothes us in Shadow and Pain"*, p.156.

④ G. C. Homans, *English Villagers of the Thirteenth Century*, p.145.

⑤ J. Ambrose Raftis, *Tenure and Mobility: Studies in the Social History of the Medieval English Village*, p.44.

休者签订赡养协议后向继承人立即转让土地，但也规定，如遇赡养人拖欠支付养老金，原协议即自动宣告无效。在1386年，诺福克郡的巴肯纳姆（Buckenham）庄园的雷纳夫·金（Ranulf King）及其妻子，在庄园法庭将一处住宅和1.5英亩土地等转让给约翰·赫林（John Herring）及其妻子和约翰的继承人使用，但前提是约翰在下一个复活节和米迦勒节准时向雷纳夫或其律师支付20先令，该转让将继续有效。如果约翰拖欠支付任何款项，雷纳夫将收回该土地。[①]

在庄园制度不发达的北欧地区，地方政府和国家承担起保护老年人的责任。据13世纪早期丹麦编纂的《斯堪尼亚法》（Scania Law），如果老年人未能就转让的财产与后代或某些其他亲属达成赡养协议，那么他有权与一个陌生人签约。如果该陌生人没有履行该协议，那么老年人可以到地方法庭诉讼，后者任命一个由"谨慎之人"组成的委员会进行调查。后来随着王权的增长，王室官员可以干涉地方法庭的司法工作，规定冒犯老年人无异于冒犯王室官员，因为国王是无权无势的人的保护者。如果诉讼属实，原告可以拿走陌生人的全部财产。如果诉讼不属实，原告空手离开。类似的习惯法也存在于其他斯堪的纳维亚国家。[②]

城市的核心家庭也存在退休后独立养老习俗。据《商人泰勒备忘录》（Merchant Tailors' Minutes）所载，1467年泰勒与其父母签署赡养协议，接手价值220英镑的生意，从收益中每年为父母提供10英镑的食物、饮料和服装。他还为父母保留了以租赁方式持有的老房子的两间卧室。他答应在父母外出时，自费为他们每人雇一位仆人服侍，以与他们的生活方式相匹配。[③]除了向亲属和陌生人转移财产以便签署赡养协议外，普通市民还可以购买商业化的社会养老

[①] Richard. M. Smith, "The Manorial Court and the Elderly Tenant in Late Medieval England", in Margaret Pelling and Richard M. Smith, *Life, Death, and the Elderly, Historical Perspectives*, London and New York: Routledge, 1991, p.55.

[②] Shulamith Shahar, *Growing Old in the Middle Agess: "Winter Clothes us in Shadow and Pain"*, p.213, note 31.

[③] Sylvia L. Thrupp, *The Merchant Class of Medieval London*, p.151, note 150.

服务。14世纪晚期，英国大多数购买本笃会修道院的退休金者是工匠和生意人等中等市民，他们曾经与这些修道院有生意来往或受其雇佣。修道院或其他机构的养老标准取决于退休者的身份，即支付或承诺未来捐赠遗产的数量。在12、13世纪，大多数领取养老金者居住在修道院或其附近，在修道院用餐，或者收到修道院制作的方便食品，以及服装或燃料等其他物品。之后，更多的领取养老金者仍然留在自己家生活，定期收到未加工食物作为口粮。14世纪晚期起，养老金通常发放货币，领养老金者居家养老。在奥地利各城市，退休者购买养老金后也不再居住在修道院，而是每年从修道院收到一笔养老金（annuity），继续住在自己家里。某些人为自己购买这种养老金，另一些人则为妻子购买，以便其老有所养。①

三、扩大家庭或多对夫妻家庭的亲属养老模式

所谓亲属养老模式，指的是老年父母作为户主与一个及以上的已婚儿子等亲属共同生活在一起，依附于户主的子女无条件地承担起对户主的养老义务。亲属养老的基础是扩大家庭或多对夫妻家庭，这意味着，尽管前工业时期的大家庭神话对西欧等地来说是需要否定的，但在东欧和东南欧地区（以下简称南欧）却是普遍存在的。

20世纪下半期以来，学者们不再将家庭结构视为线性进化的链条，而是更加关注欧洲不同地区婚姻类型、家庭形成制度以及家庭结构的差异。英国数学家和统计学家约翰·哈伊纳尔发现早期现代西欧与南欧的婚姻类型明显不同。他指出，至少在1940年前两个世纪，欧洲大部分地区存在的婚姻类型在世界上是或几乎是独一无二的，这种欧洲婚姻类型的显著标志为晚婚和较大比例的人终身不婚。欧洲婚姻类型盛行于除了东欧和东南欧以外的欧洲其他地区，包括苏联的列宁格勒（圣彼得堡）至意大利的里雅斯特（Trieste）这条

---

① Shulamith Shahar, *Growing Old in the Middle Agess: "Winter Clothes us in Shadow and Pain"*, p.143.

线（后来被称为"哈伊纳尔线"，Hajnal Line）以西的欧洲地区。[1]

在此基础上，哈伊纳尔又提出了早期现代欧洲存在两种不同类型的家庭形成制度（household formation system）。具体说，17世纪以来斯堪的纳维亚各国（包括冰岛，但不含芬兰）、不列颠岛、低地国家、德语区和法国北部等西北欧国家实行简单家庭户（simple family household），其构成原则有：1.男女两性都实行晚婚（男性初婚年龄超过26岁，女性初婚年龄约23岁以上）；2.结婚之后，年轻夫妇负责管理自己的家庭（丈夫是户主）；3.婚前年轻人经常在其他家庭充当生命周期仆人。与此同时，法国南部、意大利、芬兰和波罗的海国家的婚姻和家庭构成的类型则属于所谓的联合家庭制度（joint-household system），其形成原则有：1.男女两性早婚（男性初婚约在26岁以下，女性在21岁以下）；2.年轻的已婚夫妇经常在年长夫妇管理的家庭（年轻丈夫通常是家庭成员）共同生活；3.拥有几对夫妇的家庭分解后可以形成两个或更多的家庭，每个包括一对或更多的夫妇。[2]

哈伊纳尔所揭示的早期现代欧洲的家庭形成制度乃至家庭结构存在地区差异的观点得到家庭史学家的证实。《欧洲家庭史》的作者指出，早期现代时期，俄国，东欧的波罗的海地区、巴尔干地区和匈牙利，以及意大利的托斯卡纳、法国南部和中部等地，三四代人同堂家庭或联合家庭等占有较高比例，"这些数字表明了以西欧和中欧国家为一方，以东欧和东南欧为另一方，直到近代二者之间婚姻状况存在根本的区别。西欧和中欧婚姻类型简称为欧洲婚姻型，是独特的；另一方面，东欧和东南欧类型更多的与欧洲之外的情况相一致。两代之家流行于那些遵循欧洲婚姻型的国家，而趋于包括一对以上婚侣的大家庭单位则存在于东欧和东

---

[1] J. Hajnal, "European Marriage Patterns in Perspective", p.101.

[2] J. Hajnal, "Two Kinds of Pre-industrial Household Formation System", in Richard Wall, Jean Robin and Peter Laslett, eds., *Family Forms in Historic Europe*, Cambridge: Cambridge University Press, 1983, pp.66, 69.该文最早发表在《人口与发展研究》(*Population and Development Review*, Vol.8 (1982), pp.449–494）。

南欧"①。

上述学者所揭示的早期现代东欧和东南欧各种形式的大家庭可以上溯到中世纪。早在一个多世纪前，勒普莱提出主干家庭和家长制家庭至少已经存在了几百年甚至上千年，这已为后来的区域史研究所证明。1966年，拉杜里的《朗格多克的农民》一书依据14世纪以来的地籍册（cadastres）所记录的信息发现，中世纪晚期人口减少，许多家庭消失，迁入的人口不足以弥补人口损失，幸存的具有亲属关系的核心家庭重组为更大的家庭，耕地和草地等所有土地被重新组合在一起。由此，15世纪法国朗格多克地区经历了扩大的父权制家庭取代核心家庭，重构古代乡村社会大家庭的过程，拉杜里将其称之为"家系归并"（reconstitution of lineages）。尤其明显的是，1350—1480年的经济困难时期，塞文山脉（the Cevennes）出现了从核心家庭向大家庭的转变。实际上，12和13世纪，该地区已经存在扩大家庭或兄弟共栖式家庭，14世纪下半叶开始上述家庭结构快速扩展。②

类似的过程也出现在蒙彼利埃（Montpellier）农村。该地的公证人登记册可以上溯到13世纪末。大约1350年开始，这些公证人登记册中突然出现了以前几代人闻所未闻的扩大家庭或兄弟共栖式的家庭，并在此后不断地普及和发展。在有关土地转移的公证书中可以见到，家庭中的1/3、1/2或全部土地在父亲在世时虚拟转让（fictitious transfer）到孩子名下，但户主保留所有土地用益权，直到去世前一直行使对包括已婚儿子及其家庭在内的家长权。史料曾记载了三对夫妇组成的家庭共同体紧密结合在一起，1452年，一位父亲将其两个女儿嫁给来自山区的身体健康但身无分文的两个兄弟，条件是这两对年轻夫妇答应与其生活在一起，完全服从户主的指令。

---

① 〔奥〕迈克尔·米特罗尔、雷因哈德·西德尔：《欧洲家庭史——中世纪至今的父权制到伙伴关系》，赵世玲、赵世瑜、周尚意译，第34页。

② Emmanuel Le Roy Ladurie, *The Peasants of Languedoc*, Translated with an Introduction by John Day, Urbana, Chicago and London: University of Illinois Press, 1976, pp.31-36.

除了从属于户主外，老年夫妇和年轻夫妇还要生活在同一屋顶下，吃一样的面包，喝一样的葡萄酒，钱放在同一个钱柜中，父亲掌管钥匙。未经父母允许，已婚孩子无权擅自动用5个苏（sous，中世纪法国货币，类似于英国的先令）以上的现金。诚然，老年人的家长权也会遭到年轻人的反抗。为了防范养老风险，有些涉及土地转让的公证书中还加入了特别条款。例如祖父的床铺是神圣的，如同他的口粮一样。那些擅自卖掉祖父的床铺或减少其口粮的年轻夫妇必遭诅咒，私自出售祖母的床架和床单的孙子将受报应。[1]

与法国南部一样，中世纪晚期意大利也存在较高比例的扩大家庭和多对夫妻家庭。在1978年出版的法语版的《托斯卡纳人及其家庭：1427年佛罗伦萨大调查研究》中[2]，赫利希和克里斯蒂亚娜·克拉比什-朱贝尔发现，这一时期人口减少，超过二代人的家庭在总数中占较高比例。这些多于两代人的家庭在佛罗伦萨占11.3%，在6个二级城镇中占13%—21%，在农村占20.2%。在更小的共同体中该比例还会增长：在阿雷佐郊区的村庄占21.2%，在比萨的农村（contado）占24.7%等，在佛罗伦萨农村占26.3%。与佛罗伦萨相比，整个托斯卡纳超过二代人家庭的平均数据还要高。1427年托斯卡纳地区大调查的统计对象涵盖将近6万户，26万人，家庭构成十分多样化。从统计数据看，除了部分独居户外，15世纪早期托斯卡纳地区的老年人主要生活在多代人的扩大家庭和多对夫妻家庭中。其中向上和向下的多代人的扩大家庭占家庭总

---

[1] Emmanuel Le Roy Ladurie, *The Peasants of Languedoc*, pp.31–33.

[2] David Herlihy and Christiane Klapisch-Zuber, *Les Toscans et leurs Familles: Une etude du Catasto Florentin de 1427*, Paris: Presse de la Fondation Nationale des Sciences Politiques, 1978. 该书在20世纪80年代在压缩一半的篇幅后被译成英语（David Herlihy and Christiane Klapisch-Zuber, *Tuscans and Their Families: A Study of the Florentine Catasto of 1427*, New Haven and London: Yale University Press, 1985），本书使用的是该英译本。1427年托斯卡纳大调查（catasto）是西欧较早的地方性人口普查记录。调查在托斯卡纳地区各城市进行，涵盖周围农村，包括了较为详细的人口统计、经济活动和财产占有的信息。现在存世的大调查数量巨大，将近360卷（包），目前存放于佛罗伦萨和比萨档案馆。见Christian Klapisch, "Household and Family in Tuscany in 1427", in Peter Laslett and Richard Wall, eds., *Household and Family in Past Time*, p.267。

数的9.44%，向上或向下的多代人的多对夫妻家庭在家庭总数中占13.39%，上述两种多代人的家庭结构占家庭总数的22.83%。详见表5-2。

表5-2　1427年托斯卡纳地区的家庭构成

家庭类型	家户数量（个）	占全部家庭的比例（%）
1 独居者	8 135	13.61
a.鳏夫	60	0.10
寡妇	3 980	6.66
b.未婚者	500	0.84
婚姻状况不详者	3 595	6.01
2 非婚姻家庭	1 371	2.29
a.单身兄弟	959	1.60
b.c.没有或不清楚亲属关系者	412	0.69
3 简单婚姻家庭	32 751	54.80
a.无孩子夫妇	6 130	10.26
b.有孩子夫妇	21 726	36.35
c.有孩子的鳏夫	1 091	1.83
d.有孩子的寡妇	3 804	6.36
4 扩大婚姻家庭		
a.向上（父母、祖父母、叔、姑）	6 362	10.64
b.向下（孙子女、侄子、外甥）	5 640	9.44
c.d.同代（兄弟、姐妹、堂兄弟）或前三种混合	722	1.20
5 多对夫妇户	11 151	18.66
a.b.多代人向上或向下		
包括2个核心家庭	6 740	11.28
包括3个核心家庭	1 264	2.11
c.d.同代人（兄弟共栖）		
包括2个核心家庭	2 130	3.55
包括3个核心家庭	1 017	1.69
总计	59 770	100.00

资料来源：David Herlihy and Christiane Klapisch-Zuber, *Tuscans and Their Families: A Study of the Florentine Catasto of 1427*, p.292, Table 10.1. 该表略有删节。

他们还注意到，15世纪早期托斯卡纳的年轻户主极为少见，仅有7.9%的城市家庭和6.3%的城市家庭的户主在18—27岁。年轻女性户主的比例更少，她们很少成为户主，除非在成为寡妇之后。总的说，至少一半的户主的年龄达到或超过50岁。50岁以下户主仅占一半，特别是18—27岁的户主不足10%表明，年轻男性结婚后并不能自动取得户主地位。25岁时50%以上的农民和35%的市民已经结婚，但只有17%—18%的人当上户主。换言之，即使已经娶妻生子，将近2/3的农村年轻已婚男性和1/2的城市年轻已婚男性仍隶属于户主。年轻已婚男性对户主的依附地位的变化非常缓慢，在40岁时，男性结婚率和丧偶率都达到前所未有的水平，但取得独立户主地位的比例仍很低，大约20%的农村已婚男性仍隶属于户主。总的来说，这些较晚获得独立户主地位的已婚男性在城市占1/6，农村占1/4。以上表明，15世纪早期，托斯卡纳地区的婚姻和家庭形成制度与西欧存在明显差异，即结婚并不意味着与父母分开生活并成为户主，因而家庭生活单位没有减小到由夫妇和未婚子女组成的核心家庭。①

不过，也有学者认为，15世纪托斯卡纳地区老年父亲的经济地位在农村和城市存在显著不同。在农村地区，除了特殊情况外，家庭持有地通常是不分割的，父亲在去世前一直是其管理者。如果儿子结婚，在附近组建了自己的家庭和户，他和他的财产仍由父亲掌管。离开家庭地产的儿子或出嫁的女儿收到一笔现金、家具和家庭用具，户主不会出售部分土地资助离家的儿子或作为出嫁女儿的嫁妆。与城市的大商人在50岁财产减少不同，男性农民的年龄越大，财产越多，至少不会减少。②

赫利希研究过中世纪晚期城市老年人的贫困问题。他发现，根据1429—1435年的征税记录，在构成佛罗伦萨商业贵族的6 029名市民中，1 088人（占18%）没有缴纳应交税款，从而失去参选城市

---

① David Herlihy and Christiane Klapisch-Zuber, *Tuscans and Their Families: A Study of the Florentine Catasto of 1427*, pp.299, 301-302.

② Shulamith Shahar, *Growing Old in the Middle Ages: "Winter Clothes us in Shadow and Pain"*, pp.143-145, 147.

和行会官员的资格。这意味着，如果他们没有破产，至少曾遭受过财政困境。检查发现，这些商人通常在50岁以后经济实力下降，而授予儿子自由及大量财产是主要原因之一（另一个重要原因是为出嫁女儿置办价值不菲的嫁妆）。根据佛罗伦萨人必须遵守的罗马法，父亲对孩子拥有控制权，这种家父权（patria potestas）在他在世时始终存在。甚至当身体发育成熟后，未获得自由的儿子和女儿未经父亲同意无权签署法律协议，以及获得和处置财产，未获得自由的儿子尤其不能作为独立的商人从事经营活动。为了使儿子获得经商资格，佛罗伦萨城市的父亲通常须要授予年少的儿子自由和财产。例如1382年，马泰奥·西尼（Matteo Corsini）在授予16岁的长子皮耶罗（Piero）自由时，给予其两个农场，后来皮耶罗将这两个农场以1 600金佛罗林（gold fiorins）的高价出售。1468年，当焦万诺佐·皮蒂（Giovannozzo Pitti）授予自己的两个儿子自由时，不仅给予他们土地，还分别给了他们1 200和1 300金佛罗林。实际上，授予儿子自由的不仅是大商人，还包括所有主要行会的成员，例如零售商、染工、香料商、皮革商、丝绸商人、公证人和面包师傅等。[①]可见，授予儿子自由和财产是出于城市工商业经营的需要，但这并未从整体上改变家族企业中家长制管理的性质。

　　既然1427年托斯卡纳的家庭结构广泛存在于城乡各地，那么它是否适用于整个中世纪晚期呢？ 1371年该地区城市普拉托（Prato）的地籍册，以及1458年、1469—1470年和1480年佛罗伦萨的人口普查册提供了较为肯定的答案。1400年，多代户家庭获得更大优势。普拉托的两代和三代户翻了一番，甚至在普拉托市，1371年两代及以上家庭占总数的8.7%，1427年占15.8%，1470年占14%。而在该市周围的农村则上升更多，上述三个时间两代及以上户分别占15.1%、31.4%和32.6%。与此同时，家庭的领导权转移到老年人手里。1371年23—42岁的户主占普拉托农村户主的52.3%，1427

---

① David Herlihy, "Age, Property, and Career in Medieval Society", in Michael M. Sheehan, ed., *Aging and the Aged in Medieval Europe*, Toronto: 1990, pp.149, 156.

年降至25.7%。相反，62岁以上的户主比例增加。1371年他们在户主总数中只占9.3%，1427年上升到27.9%。此外，多对夫妻家庭的比例也在增加。1371年，14.3%的普拉托附近农村家庭中几个核心家庭生活在同一屋顶下，1427年该比例接近28%，1470年又上升至35.8%，由此老年农民拥有了更多机会在妻子、孩子以及其他亲属的陪伴下度过一生或至少更长的时间。佛罗伦萨也是如此，该城市多对夫妇家庭从1427年的7.8%分别增加到1458年的12.5%和1480年的14.7%，而在其农村该比例1427年为22.8%，1470年为24.4%。[1]

因而，可以肯定的是，中世纪南欧存在着不同于西欧等地的家庭结构和养老模式。苏拉密斯·萨哈在"中世纪中晚期的老年：幻想、期待和地位"一文中指出，在南欧，扩大家庭占主导地位，老年农民没有退休制度，始终保持作为户主的地位。根据地方的习惯传统或人口状况，他们与一个已婚儿子或几个已婚儿子、女儿和女婿一起耕种土地。所有留在家庭农场的儿子或女儿都处于年长的户主的权威之下。在朗格多克地区，甚至父亲的去世也不总是使年轻一代从老一代的控制下解放出来。守寡的母亲取代父亲作为一户之主，继续对已婚的儿子和女婿行使权力。而流行核心家庭的西欧和中欧的传统习惯则完全不同。在人生的一定阶段，农民在签署协议（不必是书面协议）后将他的农场交给一个儿子，据此后者保证赡养和照顾他，直到去世为止。如果由于子女死亡和迁徙，他在村庄中没有后代（1348年黑死病后极为普遍），那么，他可以与亲属或非亲属签署赡养协议。[2]

如何解释中世纪欧洲不同地区家庭结构和养老模式的差异呢？应该说，中世纪欧洲文明总的来说具有共同性。如前所述，《圣经》将

---

[1] David Herlihy and Christiane Klapisch-Zuber, *Tuscans and Their Families: A Study of the Florentine Catasto of 1427*, pp.326–327, 331, 334, Table 10.7.

[2] Shulamith Shahar, "Old Age in the High and Late Middle Ages: Image, Expectation and Status", in Paul Johnson and Pat Thane, eds., *Old Age from Antiquity to Post-Modernity*, London: Routledge, 1998, pp.57–58.

孝敬父母作为子女的应尽义务，这适用于欧洲所有信仰基督教的国家和地区。此外，中世纪大多数欧洲国家的法律都规定，子女有义务赡养年老和贫困的父母。1601年英国的《济贫法》规定，后代对父母有赡养义务，没有后代或后代因贫困无力赡养父母的老年人方可要求教区的救助。有些意大利城市将不赡养老年父母作为应受制裁的违法行为。[1]另一方面，中世纪欧洲文明在历史传统和发展过程上也存在些许差异。从历史传统上说，南欧地区属于罗马帝国的核心区，《罗马法》赋予老年男性对一起生活的所有子女的"家长权"，其中规定："在我们合法婚姻关系中出生的子女，都处于我们的权力之下。""因此，你和你妻子所生的子女是处于你权力下的；同样，你的儿子和他的妻子所生的子女，即你的孙儿女，也处于你的权力下；你的曾孙以及你的其他卑亲属亦同。但是你女儿所生的子女，不在你的权力下，而在他们自己父亲的权力下。"[2]相反，日耳曼老年人却很少拥有类似罗马法那样至高无上的家长权。塔西陀提到在不打仗时，最勇敢善战的日耳曼武士也无所事事，"把一切生计家务都委给家中的妇女和老幼掌管"。[3]由于家长权传统根深蒂固，加之12世纪受到罗马法复兴的影响，因而南欧地区建立核心家庭和户主退休便存在历史障碍。

诚然，传统并非一成不变，但中世纪的南欧并未像西北欧那样传统的家庭结构彻底解体。从12世纪起，西欧的核心家庭日益占据优势地位。这一进程反映了安全感的提升，经济的变迁，例如土地市场的扩大削弱了土地和家庭之间的纽带。相反，随封建化兴起的南欧核心家庭却在中世纪中期伴随封建制度式微而衰落，而人口下降和根深蒂固的家长制文化传统导致传统家庭形式死灰复燃。[4]中

---

[1] Shulamith Shahar, *Growing Old in the Middle Ages: "Winter Clothes us in Shadow and Pain"*, p.90.

[2] 〔古罗马〕查士丁尼：《法学总论——法学阶梯》，张企泰译，商务印书馆1995年版，第19页。

[3] 〔古罗马〕塔西佗：《日耳曼尼亚志》，马雍、傅正元译，商务印书馆1985年版，第63页。

[4] Shulamith Shahar, *Growing Old in the Middle Ages: "Winter Clothes us in Shadow and Pain"*, pp.88–89.

世纪晚期，南欧家庭结构和家长权有增无已。在1427年托斯卡纳地区的人口普查册中，拥有财产的父母附属在共同居住的儿子名下的例子十分罕见，也很少在家庭户中发现退休者。在比萨农村，3 900户中仅有66户（占1.7%）中存在退休者，家庭财产由已婚儿子持有，而阿雷佐的1 200户中只有9户（占0.8%）。[1]由此可见，此类家庭户中家长权力特别显著，与中世纪西欧的户主退休和财产转移给赡养人持有大相径庭。那么，与西欧生前主动让渡财产相比，南欧等地的户主为何钟情于终身制呢？简单说就是老年人对转移财产和寄人篱下缺乏安全感，15世纪早期意大利商人保罗·德·切塔尔多（Paolo de Certaldo）便持有类似观点："只要父亲是一家之长，住宅和土地的主人，儿子就会服从父亲。一旦儿子掌握了财产和户主权力，他便会厌恶父亲，恐吓他，盼着他早死。相信儿子的父亲将他从朋友变成了敌人。"[2]尽管类似的警告也充斥于欧洲各地，但西欧和南欧接纳与抗拒转移财产的截然不同的做法表明，前者在封建保有地的赡养权中已经获得安全感，而后者尚未发现比古老的家长权更加有效地防范养老风险的办法。由此，虽然表面上看都是依靠财产而非圣经所说的子女孝心养老，但两者的差别还是显而易见的：西欧老年人已经普遍转变为靠权利（例如保有地的赡养权）独立养老，而南欧还停留在依赖权力（家长权）的亲属养老阶段。无疑，前者比后者更具现代性。

综上所述，中世纪欧洲老年人和老年阶段的开始时间通常为60岁，老年人在成年人口中的比例呈上升趋势，毫无疑问构成重要的社会群体。中世纪欧洲养老主要采取家庭形式，家庭结构和继承制度在很大程度上制约着养老模式。欧洲文明从整体而言具有共同性，

---

[1] R. M. Smith, "The People of Tuscany and Their Families in the Fifteenth Century: Medieval or Mediterranean?", *Journal of Family History*, Vol.6 (1981), p.120; D. Herlihy and C.Klapisch-Zuber, *Tuscans and Their Families: A Study of the Florentine Catasto of 1427*, pp.302, 312.

[2] Shulamith Shahar, *Growing Old in the Middle Ages: "Winter Clothes us in Shadow and Pain"*, pp.93-94.

例如《圣经》强调子女有义务孝敬父母，中世纪法律将赡养父母作为子女的应尽义务。然而，由于历史传统和发展过程不尽相同，西欧和南欧在家庭结构、继承制度和养老模式上也存在明显的地区差异。中世纪中期以来，伴随西欧老年人退休和新人婚后独立生活的普遍化，核心家庭占据主导地位，加之封建保有地中赡养权和庄园法庭监督赡养权的实施等所提供的制度保障，建立在权利基础上的独立养老成为西欧养老的主要模式。与此同时，由于罗马法中家长权传统根深蒂固，特别是受到12世纪罗马法复兴，以及14、15世纪人口下降等因素的影响，南欧核心家庭的转变过程步履维艰，甚至在中世纪晚期传统大家庭和家长权死灰复燃。在大家庭中，老年人终生担任户主，已婚子女与父母生活在一个屋檐下，致使这种以家长权为纽带的亲属养老在中世纪南欧地区被保留下来，还延续到早期现代。

第二编 转型时期
（16—18世纪）

第六章 步入温饱经济

近代是欧洲经济社会快速发展的一个时期，农业和工业生产率均有大幅提升，社会总供给的规模大大增加，欧洲人告别了中世纪时代的糊口经济，开始步入温饱经济。本章将从生产的增长、人口规模的变化以及物价水平三个方面来分析近代欧洲经济发展的总体水平与供求关系。

一、近代欧洲生产的增长

近代欧洲生产的增长主要表现在农业、畜牧业和工业三个方面。

近代欧洲农业的发展

近代的欧洲，各地从事农业的劳动人口仍然占总人口的半数以上，农业依然是国民经济的基础，即使发展起来的工业也多是对农产品的加工。城市中富裕的中产阶级也对农业十分感兴趣，因为他们财产中的相当一部分是由土地和农场构成。投资土地依然是人们赚取资金的重要途径之一。因此，在前工业社会中几乎所有的部门都与农业活动有关，农业仍然保持着其在整个经济结构中的支配地位。

农业生产的发展体现在多个方面，而谷物收益率的变化是最重要的指标。衡量谷物生产的办法有很多，最理想的办法是以英亩、公顷等为单位，对同等面积的土地进行对比，但是由于资料的缺乏，很难确定耕地的精确面积和准确的了解各地使用的度量衡。因此，确定农业生产率差别的最实际的一种办法就是比较谷物的播种量和收获量，也称谷物的收益率。假如产出量是种子的4倍，收获量中的25%便要预留出来作为来年的种子，但当谷物的产出率为6倍时，意味着预留出来年的种子后有更多的谷物可用于消费或是出售。阿尔多·德马达莱娜在"1500—1750年的欧洲乡村"一文中把欧洲分为北欧、东欧、大西洋欧洲和地中海沿岸四个区域对1500—1750年欧洲的谷物收益率进行了研究。[1]另有学者也是在对整个欧洲进行分区的基础上通过考察小麦、裸麦和大麦三种主要农作物的产量，进而分析了1500—1820年以上三种谷物的收益率。[2]

表6-1　小麦、裸麦和大麦的平均收益率（1500—1820年）

年份	区域I 收益率	区域II 收益率	区域III 收益率	区域IV 收益率
1500—1549	7.4	6.7	4.0	3.9
1550—1599	7.3	—	4.4	4.3
1600—1649	6.7	—	4.5	4.0
1650—1699	9.3	6.2	4.1	3.8
1700—1749	—	6.3	4.1	3.5
1750—1799	10.1	7.0	5.1	4.7
1800—1820	11.1	6.2	5.4	—

区域I：英格兰、低地国家；区域II：法国、西班牙、意大利；区域III：德国、瑞士、斯堪的纳维亚；区域IV：俄罗斯、波兰、捷克斯洛伐利亚、匈牙利。

资料来源：〔英〕E. E.里奇、C. H.威尔逊主编：《剑桥欧洲经济史》（第五卷），高德步等译、高德步校订，经济科学出版社2002年版，第77页。

表6-1反映的是从西到东的欧洲四个区域的谷物收益率，以每五十年为一个时间间隔内的三种谷物（小麦、裸麦和大麦）总的平

---

[1] 〔意〕卡洛·M.奇波拉主编：《欧洲经济史》第二卷：十六和十七世纪，贝昱、张菁译，商务印书馆1988年版，第291—304页。
[2] 〔英〕E. E.里奇、C. H.威尔逊主编：《剑桥欧洲经济史》（第五卷）：近代早期的欧洲经济组织，高德步等译、高德步校订，第75—79页。

均收益率。这些数据表明从区域I至区域IV的谷物收益率呈现递减趋势，也就说西欧的收益率要比中欧和东欧高一些。在1600—1749年间的收益率总体是下降的，但是这种下降在西欧和中欧并不明显（大致在8%—9%之间），而在东欧下降的幅度则较大（19%）。对于当时谷物收益率下降的现象有多种解释，如在这一时期气候变得寒冷，不利于农作物生产；耕作方式出现了变化，如经济效益更高的饲料作物可能导致用来种植谷物的土地失去了所需的人力资本、各项投资与各种肥料；在人口高度稠密的地区劣等土地也被用来种植粮食，从而降低了平均收获率，等等。[①] 同时，在1750年之后各地的谷物收益率均出现了上涨，增长的幅度从西欧的10%到东欧的25%—30%不等。在整个考察阶段内，第二区域内的谷物收益率变化不大，这主要是由于法国在1500—1800年生产水平几乎没有变化所导致。

表6-2　1200—1820年欧洲部分地区小麦、裸麦、大麦和燕麦等谷物的平均收益率

年份	收益率			
	英国	法国	德国	东欧
1200—1249	3.7			
1250—1499	4.7	4.3		
1500—1699	7.0	6.3	4.2	4.1
1700—1820	10.6	6.3	6.4	

英国谷物收益率达到10.6的时间是在1750—1820年。

资料来源：B. H. Schlicher van Bath, "Yield Ratios 810-1820", *Afdeling Agrarische Geschiedenis Bijdragen*, Vol.10, 1963, p.16.

B. H. 斯里彻·范·巴斯在其所著"810—1820年的收益率"一文中对欧洲谷物的收益率进行了更为详尽的分析。通过表6-2可以发现，英国在近代的谷物收益率增长是最快的，从中世纪末至19世纪初

---

① 〔意〕卡洛·M. 奇波拉主编：《欧洲经济史》第二卷：十六和十七世纪，贝昱、张菁译，第299页。

上涨了2倍以上,甚至1750—1820年谷物的收益率达到了10.6。高的谷物收益率还出现在荷兰、比利时等低地国家,这与当地较高的经济发展水平和较高的人口密度都有着密切联系。德国和法国的谷物收益率也在增长,但相对英格兰则较为缓慢。东欧谷物收益率的增长是最为缓慢的,到了1500—1820年才达到了4.1。这在客观上也反映出从西欧到中欧,再到东欧之间的谷物收益率是呈递减趋势的。

事实上,在近代西欧的大部分地区谷物收益率是上涨的,其中最明显的地区是英格兰和低地国家。在佛兰德尔、布拉班特、荷兰和弗里斯兰等地出现高生产率并不难理解,因为自中世纪以来它们一直保持着改进农业生产水平的传统。英格兰之所以能出现较高的农业生产率与"农业革命"密不可分。英格兰从低地国家引进新的农作物和先进的农业生产技术与经验,并在此基础上建立起自己的农业生产体系。英格兰的农业生产水平基本是欧洲最高的,有学者以亩产作为考核标准对近代英国的农业劳动生产率进行考察。从表6-3可知,1550—1800年赫特福德郡每英亩小麦的产量从1550年的9蒲式耳上涨至1800年的24蒲式耳,其增长超过了2.5倍,而其他几个郡的小麦亩产增幅也接近1倍。这说明近代英格兰的粮食产量有了大幅的提高。

表6-3　1300—1860年英格兰五郡小麦年均产量(蒲式耳/英亩)

年份	林肯郡	诺福克郡和萨福克郡	赫特福德郡	汉普郡
1300	—	14.9	—	10.8
1550	9.5	—	9.0	—
1600	11.7	12.0	12.2	11.0
1650	15.8	14.5	16.0	12.9
1700	15.6	16.0	17.0	—
1750	20.0	20.0	—	—
1800	21.0	22.4	24.0	21.0
1830	22.9	23.3	21.6	21.6
1860	31.0	31.1	28.0	27.0

资料来源:Mark Overton, *Agricultural Revolution in England: The Transformation of the Agrarian Economy, 1500-1850*, Cambridge: Cambridge University Press, 1996, p.77。

从表6-3有关小麦亩产增长的情况可以发现，在18世纪和19世纪上半期增长幅度较快。当时其他谷物也出现了类似的增长。如每英亩燕麦的产量从18世纪20年代的25蒲式耳上涨至19世纪70年代的46蒲式耳。[1]同时，谷物单位亩产的大幅增加也出现在欧洲的其他国家和地区。如爱尔兰和法国的东北部地区，其中爱尔兰在18世纪末小麦的产量为21蒲式耳，到了19世纪中期达到了24蒲式耳；比利时和荷兰的谷物产量也与英格兰十分接近，甚至比利时的单位面积内的谷物产量还超过了英格兰。[2]

粮食产量的提高有两种办法，第一种是扩大耕地面积，第二种是改良农业技术。除了个体农民参与垦荒外，地主和修道院也积极参与垦荒之中，这使得大量新的耕地被开垦出来。当时的垦荒运动还扩展到了俄罗斯的东部和南部。除了恢复被废弃的土地之外，当时的垦荒运动主要集中在荒地和沼泽地带，从沼泽地排水及填海造地是在资本家和技术专家的联合支持下进行的。以尼德兰的垦荒为例。在1540—1664年年均垦荒数量超过了1 000公顷，其中1615—1639年为1 783公顷，但是在1665—1839年年均垦荒的数量在500公顷左右。[3]英格兰和威尔士在农业革命期间的耕地也出现了大幅增加，如在1695年耕地面积为500多万英亩，到了1750年增加至950万英亩，到了1815年达到了1 200万英亩。[4]

耕地面积的扩大对粮食产量增加起到至关重要的作用，但是技术革新对粮食生产的影响更为重要。农业生产技术的革新促进了近代欧洲农业生产的发展。首先，农作物轮作制度有了进一步发展。较能体现近代欧洲农业轮作制度提高的是诺福克四轮耕作制度，该耕作制度大约出现在1650年，是以安特卫普与根特之间的农业耕地

---

[1] Roderick Floud, Gresham College, and Paul Johnson, *The Cambridge Economic History of Modern Britain*, Vol.I, 1700-1870, Cambridge: Cambridge University Press, 2014, p.102.

[2] Ibid., pp.102-103.

[3] 〔英〕E. E. 里奇、C. H. 威尔逊主编：《剑桥欧洲经济史》（第五卷）：近代早期的欧洲经济组织，高德步等译、高德步校订，第66—67页。

[4] 杨杰：《从下往上看：英国农业革命》，中国社会科学出版社2009年版，第158页。

上的耕作方法为基础发展而来。①诺福克四轮耕作制度的推行利用了"不同作物对土壤中养分的需要不同"的原则，既有利于作物的生长，也有利于土地肥力的保持。除了诺福克四轮耕作制度外，在德国北部和丹麦还出现了"可转换的牧业"制度。即在2年谷物种植后休耕1年，以及3—6年的放牧。后来演变为5年种植谷物、5年放牧和1年休耕的轮作制度。②

其次，化肥的利用。施肥是提高土壤肥力的最好办法，如在沙土地施用泥灰以增加土壤的团粒结构，在黏土地上施用石灰和白垩以增加土壤的渗透性，石灰还能够降低土壤的酸度，提高温度，加快细菌繁殖，促进有机氮转化为矿物氮肥。③人们还使用粪肥。如萨福克郡的农场主从伦敦拉回人粪，而肯特郡的农场主也经常用船把农产品运到伦敦，再把那里的粪肥拉回来，甚至有些农场主还从秘鲁进口鸟粪，从智利进口硝酸化肥，从其他地方进口磷酸钙。④有效的施肥提高了谷物的产量。

最后，排水和灌溉技术的发展以及新的农具的使用，也有利于农业的发展。荷兰人在沼泽排水和疏通河道等方面积累大量的经验，之后这些经验传入欧洲其他地方，当时的人们开掘渠道，疏浚河流，修筑堤坝、桥梁和道路，排干沼泽积水。⑤同时，农具又有了较大改进。铁犁取代木犁，有利于深耕。⑥收割工具也有一定的变化，大镰刀代替了小镰刀。⑦

---

① 〔英〕E.E.里奇、C.H.威尔逊主编：《剑桥欧洲经济史》（第五卷）：近代早期的欧洲经济组织，高德步等译、高德步校订，第69页。
② 同上书，第70页。
③ 王章辉：《英国经济史》，中国社会科学出版社2013年版，第92页。
④ 杨杰：《从下往上看：英国农业革命》，第148页。
⑤ 王章辉：《英国经济史》，第92页。
⑥ 同上。
⑦ 〔英〕E.E.里奇、C.H.威尔逊主编：《剑桥欧洲经济史》（第五卷）：近代早期的欧洲经济组织，高德步等译、高德步校订，第93—94页。

第六章　步入温饱经济

近代欧洲畜牧业的发展

畜牧业生产力的提高既可以表现为牲畜饲养规模的增加，也可以表现为牲畜质量的提高，如更加健康的生长、宰杀时更大的重量、更优品种的奶类、更重的羊皮和更高质量的羊毛等。

近代欧洲的牲畜饲养出现较大的进步。首先，种植饲料作物，增加牲畜的饲料供给。低地国家较早种植的饲料作物是芜菁与三叶草，尤其是佛兰德尔地区，种植饲料作物为当地畜牧业经济的健康发展提供了基础。英格兰借鉴了低地国家的经验，较早地种植了这些饲料作物。如在1565年诺里奇附近的村庄就开始种植芜菁。[1]到了17、18世纪时，英格兰已经大量种植三叶草、芜菁、胡萝卜、苜蓿和土豆等高质量的饲料作物。[2]这些作物的种植增加了饲料的供给，进而有利于饲养规模的增加。其次，牲畜的育种。英国的罗伯特·贝克威尔采用纯种选育和两种杂交的办法，培育出了"新莱斯特"良种绵羊，这种绵羊有生长快、产肉多的优点，深受牧场主们的欢迎。罗伯特·贝克威尔还培育出了名叫"新长角"的奶牛，这种奶牛肉多，但产奶少，大约在1780年古林兄弟又培育出了"短角"良种牛，解决了产奶少的问题。罗伯特·贝克威尔还在培育挽马方面取得成功，他用米兰战马与大陆母马杂交，培育出大种挽马。[3]再次，在牧场上修建了灌溉渠，建立起具备灌溉系统的牧场，并对牧草施肥，提高牧草的质量和产量。如在1870年的白金汉郡北部的富尔纳地产上，农场主对草地施肥，包括厩肥、城镇的人粪、河泥灰、石灰和钾碱等。[4]同时，修建了马厩、牛栏和羊圈等饲养设施。注重冬季饲料的存储、牲畜饲养中的卫生等。

---

[1] 〔意〕卡洛·M.奇波拉主编：《欧洲经济史》第二卷：十六和十七世纪，贝昱、张菁译，第274—278页。
[2] 王章辉：《英国经济史》，第92页。
[3] 杨杰：《从下往上看：英国农业革命》，第151—152页；王章辉：《英国经济史》，第94—95页。
[4] 杨杰：《从下往上看：英国农业革命》，第148页。

饲料和育种的改良促进了近代欧洲牲畜的饲养，牲畜的饲养周期缩短，在平均重量、产奶量等方面均出现了较大改善。绵羊的肥育时间从4年缩短为2年；1710—1795年史密斯菲尔德牲畜市场上出售的牲畜平均重量均有大幅提高，如羊的重量从28磅增加至80磅，菜牛从370磅增加至800磅。①奶牛的产奶量因地区的不同而有较大差异，但是在近代也有了大幅提高。以英格兰为例，1300—1349年母牛平均每年的产奶量为100加仑，母绵羊每年平均产奶量为8.5加仑，到了1850年母牛的产奶量上涨至450加仑；同样，绵羊的产毛量1300—1349年的1.5磅增加到了1850年的4.1磅。②牲畜所产奶的质量也有了很大的改善，如在中世纪时期奶牛所产牛奶不仅少，而且其中所含的乳脂较低，到了近代随着饲料的改善和品种的改良则有了较大提高。③同时，牲畜的产肉率和产毛率都在增加，这使得畜牧业产品的产量提高。

与中世纪时期的畜牧业的低水平相比较而言，近代欧洲的畜牧业发展状况有了大幅改善。畜牧业的发展成为近代欧洲生产率水平提高的重要表现，当然畜牧业的发展也深深影响着人们的生活。以畜牧业的发展与人们对肉的消费二者的关系来分析：对于一般家庭而言，肉食的消费主要取决于从家庭预算中扣除面包和谷物之后的剩余，这也就是说相对肉食的消费，对于面包和谷物的消费更为稳定。随着畜牧业的发展，欧洲人对于肉食消费的种类发生了一定变化。15、16世纪时期，欧洲人比较偏爱牛肉，到了18、19世纪时，猪肉变得日益普遍。发生这种变化的主要原因是马铃薯被用来喂猪，猪肉变得较为廉价。同时，在18世纪的英格兰，羊肉成为国民普遍食用的食品，这是集中生产羊肉的结果。当然，这只是英格兰所特

---

① 王章辉：《英国经济史》，第95页。

② Gregory Clark, "Labour Productivity in English Agriculture, 1300-1860", in Bruce M.S. Campbell and Mark Overton, ed., *Land, Labour and Livestock: Historical Studies in European Agricultural Productivity*, Manchester; New York: Manchester University Press, 1991, p.216.

③ Carlo M. Cipolla, *Before the Industrial Revolution: European Society and Economy, 1000-1700*, London; New York: Routledge, 1993, pp.102-103.

有的现象。①

近代欧洲工业生产的发展

1500年以后的欧洲经济形势最大的特征之一，就是工业生产的增长速度比以往任何时候都快。人口的增加和向欧洲以外地区的拓展，创造了广阔的市场和新的初级原料来源。具体可从以下几个方面来考察近代欧洲工业生产的发展状况。

1. 纺织业

近代欧洲纺织业的发展主要体现在毛纺织业和棉纺织业、丝绸和麻纺织业等方面。传统的毛纺织业所生产的产品较为粗糙，大约从16世纪下半叶逐渐被低地国家兴起的"新呢绒"所代替；同时，毛纺织业向乡村转移。在英格兰的北部、东部和西南部还形成了三大毛纺织区域。毛纺织业以分散的手工工场的生产形式为主，但从17世纪初开始向集中的手工工场的生产形式转变。在生产中开始使用半机械化的机器，如脚蹬式纺车、起毛机和针织机等。生产规模较大，且有着严格的分工，如在温比康的毛纺织厂拥有1 000余名手工工人，其中包括梳毛工、清洗工、起绒工、修剪工、染色工、漂洗工等等。②在17世纪末的英国，毛纺织业占工业的比重为30%，到了18世纪中期达到了50%，其产值也从700万英镑上升至1 300万英镑。③

棉布、亚麻布和丝绸的生产也出现了增加。棉布起源于亚洲，后传入欧洲。在17世纪初棉纺织业出现在兰开夏，并在该世纪的30年代在曼彻斯特建立起来。棉纺织业的发展离不开纺织技术的革新。1733年凯伊发明了飞梭，用一只手拉动连杆来弹动梭子，这样就把织工的一只手解放出来，减轻了织工的劳动。1770年哈格里夫斯发

---

① 〔英〕E. E. 里奇、C. H. 威尔逊主编：《剑桥欧洲经济史》（第五卷）：近代早期的欧洲经济组织，高德步等译，高德步校订，第88页。
② 杨杰：《从下往上看：英国农业革命》，第108页。
③ 同上书，第108页。

明了能纺8根纱的"珍妮纺纱机",后进一步改良使其能纺16—18根纱,到1784年能纺82根纱,到该世纪末能纺100—120根纱。[①] "珍妮纺纱机"极大地提高了纺纱的效率,节省了劳动力。到了18世纪的最后25年棉纺织业进一步发展,其在产值产量和就业人数方面开始超过毛纺织业,一跃而成为举足轻重的生产部门。除了棉布的生产外,亚麻布、丝绸以及制帽、刺绣等纺织行业也在近代欧洲部分国家和地区发展起来。

2. 食品行业

食品行业基本保持着传统的组织形式。城市里的面包师和屠夫均有自己的行业组织,而居住在乡村中的人通常自己烤制面包,吃自家种植的谷物和蔬菜。真正大规模的食品生产是从供给军队需要开始的,如在里斯本建立起了大型的烤炉,专门为远洋航行生产饼干。[②] 荷兰的捕鱼业比较发达,它首先建立了有关鲱鱼和鲸鱼的生产公司,大规模生产鲱鱼和提炼鲸脂。盐是生活中的重要物品,它不仅是一种调味品,也能保证肉类和鱼在冬天得以源源不断的供给。因此,盐出现了大规模的生产,如在16世纪德国最大的盐矿产量最高峰每年为3万吨。[③] 中世纪晚期欧洲糖的生产中心在地中海沿岸地区,到了16世纪美洲的粗糖大量输入欧洲,促进了各地精糖业的发展。威尼斯、荷兰、英国、德国等地的制糖厂大量建立起来,到了1730年欧洲糖的总消费量达到了150万英担,到了1756年上升至250万英担。[④]

16世纪以来,随着人口增加和生活水平的提高,欧洲人对酒类的需求也在增加。其中,啤酒厂几乎成为各个制造业部门中唯一需要大量固定资本投入的部门。在德国北部和尼德兰拥有众多的啤酒

---

① 王章辉:《英国经济史》,第133页。
② 〔英〕E.E.里奇、C.H.威尔逊主编:《剑桥欧洲经济史》(第五卷):近代早期的欧洲经济组织,高德步等译、高德步校订,第492页。
③ 同上书,第494页。
④ 同上书,第495—497页。

厂，它们生产的经过防腐处理的啤酒可以储存、装桶和运输，进而销往欧洲各地。在英格兰，伦敦成为了最大的啤酒生产中心，1700年时伦敦当地有174家"普通啤酒厂"，它们所销售的对象是私人消费者和公共部门。与此同时，还存在着39 000家"自酿啤酒厂"，即店主所酿造的啤酒仅在自家店内销售。到了18世纪，随着人口的增长、外海贸易的扩张以及技术的革新，啤酒酿造业得到极大的发展。到1750年时，啤酒厂为996家，而自酿啤酒厂达到了48 421家。[①]除了啤酒之外，以白兰地和杜松子酒为代表的烈性酒以及蒸馏酒也在欧洲得到快速发展。

3. 造船业

为了发展远洋贸易和对外殖民掠夺，造船业在近代欧洲发展起来。就造船技术而言，直到17世纪末荷兰人是优于英国人的。荷兰的造船厂有着较好的组织，合理分配人员，在生产中采用了可替换的零件，即备件的制度，造船厂还拥有风动锯木厂和巨型起重机。[②]1500—1700年，荷兰船舶的吨位增加了10倍，这足以证明当时造船工业的规模与发展。到1700年时，荷兰的商船队已经超过了50万吨，其吨位相当于竞争对手英国商船队的3倍。荷兰的造船工业满足了世界上最大的商船队不断增长的需求，西班牙、法国、英国和意大利都要购买荷兰所制造的船只。[③]同时，荷兰还制造了一种经济合算的平底船，这种船只有一层甲板和一个装货的舱，带有轻便简单的绳索设备，未安装大炮或是后甲板室，其吨位在200吨至500吨，需要很少的水手就能行驶。这种轻便的船只便于短距离的运输。[④]

---

① 〔英〕E.E.里奇、C.H.威尔逊主编：《剑桥欧洲经济史》（第五卷）：近代早期的欧洲经济组织，高德步等译、高德步校订，第493页。
② 〔英〕约翰·克拉潘：《简明不列颠经济史：从最早时期到1750年》，范定九、王祖廉译，上海译文出版社1980年版，第325页。
③ 〔意〕卡洛·M.奇波拉主编：《欧洲经济史》第二卷：十六和十七世纪，贝昱、张菁译，第358页。
④ 〔英〕约翰·克拉潘：《简明不列颠经济史：从最早时期到1750年》，范定九、王祖廉译，第326页。

英格兰大型船只的制造主要集中在伦敦及其周围的沿海港口，自1550年后海外扩张促进了英格兰造船业的发展。到1630年，英格兰商船的吨位数已经从5万吨增长到11.5万吨，并且拥有300—400艘运煤船，其中超过200吨的船舶达145艘。到了17世纪80年代，英格兰商船的总吨位达到了34万吨，到了1751年进一步增加至42.1万吨。实际上，英格兰本国造船业是在借鉴荷兰造船经验的基础上发展起来的，即使到了1680年前后，英格兰大约有1/4的商船也是从荷兰购买的。①从17世纪开始，荷兰在造船业中的领先地位逐渐被欧洲的其他国家和地区所超过，也就是说在近代欧洲造船业得到了普遍的发展。如在18世纪，在远洋贸易不断扩大的刺激下，法国的造船业已经赶上了荷兰的水平。

4.采矿与冶金

在采矿和矿石的运输过程中，机械的引进具有重要的意义。起重机和升降机被用来提升矿石和水，人们开始使用水作为动力来推动抽水机。矿井排水是一个严肃的技术问题，在15、16世纪时从竖井中向外排水的动力来自畜力和人力，这样的成本太高，这促使人们寻找更为廉价的排水方式，并最终在蒸汽动力上找到了解决办法。16世纪末和17世纪初的德文郡的萨夫利和纽卡门发明了蒸汽抽水机，很快在英格兰、爱尔兰和欧洲大陆传播开来。②同时，对采矿竖井、起重机和通风设备及其他水力装置的需求加快了矿山的机械化进程，也明显提高了矿山的产量。技术的进步促进了近代欧洲诸国对铁、铜、铅、金、银、锌、锡等矿藏的开采。以瑞典为例，到17世纪中叶时当地铁和铜的年产量分别达到了33 000吨和3 000吨。③明矾是印染业的基本原材料，在16世纪中期以前，教

---

① 〔英〕E. E. 里奇、C. H. 威尔逊主编：《剑桥欧洲经济史》(第五卷)：近代早期的欧洲经济组织，高德步等译、高德步校订，第485—486页。
② 〔英〕约翰·克拉潘：《简明不列颠经济史：从最早时期到1750年》，范定九、王祖廉译，第318页。
③ 〔意〕卡洛·M. 奇波拉主编：《欧洲经济史》第二卷：十六和十七世纪，贝昱、张菁译，第338页；〔英〕E. E. 里奇、C. H. 威尔逊主编：《剑桥欧洲经济史》(第五卷)：近代早期的欧洲经济组织，高德步等译、高德步校订，第449页。

皇国的托尔法一直是欧洲主要的明矾供应地,之后低地国家和英格兰开始开采本地的明矾石。到了17世纪中叶,约克郡和达勒姆年均生产1 000吨明矾。[①]煤炭对于近代欧洲人而言并不陌生,大概到英王伊丽莎白一世时期,英格兰就成为欧洲第一产煤大国,16世纪中叶煤的产量为20万吨,到了17世纪中叶达到了300万吨,煤炭在工业领域得到了广泛应用。[②]

同时,随着木制风箱、水轮机以及木炭和煤炭的使用,冶金效率有了极大的提高。17世纪初,欧洲人设计了以煤炭为燃料的熔炉,还发明了从煤炭中制取焦炭的办法。大约从17世纪初焦炭开始被用于冶铁,到该世纪末已经用于冶炼铅矿石、锡矿石和铜矿石。[③]焦炭没有木炭容易燃烧,为使焦炭充分燃烧,提高炉温,就需要采用功效更高的鼓风设备。[④]随着技术的革新,欧洲的铁的产量大增。以英国为例,到1788年铁的产量为6.13万吨,到1806年达到了25.82万吨。[⑤]煤炭在生产中的广泛应用以及焦炭技术的发明使得生铁成本在下降,价格也随之降低,铸铁也逐渐取代木材、铜和铅等材料,被大量用于制造机器、金属工具、武器、铁轨、船舶等,还在建筑中广泛应用。

除了以上四个方面外,近代欧洲工业的发展还表现在玻璃制造、化学工业、印刷与造纸以及奢侈品的生产等诸多方面。近代欧洲工业的发展是多种因素促使的结果,地域上的优势、劳动力的组织、技术进步、投资政策、政府的支持、企业家的进取心、工人的技术水平、市场的可获得性和规模、人口的迁徙,等等。

---

① 〔意〕卡洛·M.奇波拉主编:《欧洲经济史》第二卷:十六和十七世纪,贝昱、张菁译,第338—339页。
② 同上书,第341页。
③ 〔英〕E. E.里奇、C. H.威尔逊主编:《剑桥欧洲经济史》(第五卷):近代早期的欧洲经济组织,高德步等译、高德步校订,第427—428页。
④ 同上书,第459页。
⑤ 王章辉:《英国经济史》,第143页。

二、近代欧洲的人口规模及变化原因

欧洲人口在14世纪初达到8 000万，但是1347—1353年爆发的黑死病导致其大幅下降了1/4至1/3，之后直到15世纪欧洲人口一直处于这一水平，到了16世纪初才得以恢复。在16世纪的一百年间，欧洲人口从8 000万上升到了10 000万，1700年达到了12 000万，1750年为14 000万，1845年为25 000万。[①]尽管欧洲近代的人口有了大幅度的增加，但根据对人口平均密度的考察可以发现近代早期与中世纪时期的人口格局的变化并不大。人口的平均密度从1300年的每平方公里20人增加到1750年的每平方公里30人，人口分布几乎是一样的。其中，荷兰、爱尔兰和苏格兰的人口密度的增加，使得中世纪已经形成的意大利-比利时轴线向北转移。欧洲人口的持续增长使得东部的增长在1625年赶上了地中海地区；同时，沙俄帝国正稳步把法兰西王国从作为欧洲人口最多的国家的传统位置上挤下去。[②]

16世纪欧洲人口的增长

1500年之后，欧洲所有国家人口的持续增长都呈现出明显态势。无论是对人口的统计数据，还是对家庭统计数据，均显示了人口的高增长率。如在德国西部的奥斯纳吕贝克公国1500—1604年人口增长了84%；瑞士1450年的人口为60—65万人，到1600年时达到了近百万人；西班牙的阿拉贡1495年家庭数为50 391个，到了1603年增加到70 984个；意大利也出现了类似的人口增长状况，如在那不勒斯王国（不包括那不勒斯市）1487年的收税

[①] 〔英〕科林·麦克伊韦迪、理查德·琼斯：《世界人口历史图集》，陈海红、刘文涛译，第12—19页。

[②] 同上书，第17—18页。

第六章　步入温饱经济

户数为215 127户，到了1595年增加到540 090户。^①法国在百年战争结束后就进入了人口的恢复期，直到16世纪中期法国人口才恢复至14世纪初的水平，其中1420—1560年，法国人口增长了2倍。^②同样，英国的人口也出现了大幅度的增长。如英格兰的人口从1500年的220万上涨至1600年的375万，上涨幅度为70%。^③

15世纪中叶之后和16世纪人口恢复增长的原因在一定程度上可以归结为战争和流行疾病的减少。1453年英法百年战争结束，之后双方得到一定程度的休养生息，德国西南部的冲突也有了结果，胡斯信徒与天主教徒之间的矛盾也得以解决。这使得15世纪末和16世纪初欧洲大多国家和地区处于相对的和平时期。^④同时，瘟疫的破坏性也在减弱。瘟疫发作总的来说比之前更加温和、短暂或是次数更少。以前人们认为的能迅速蔓延整个国家疆域的瘟疫，现在也完全成为了地方性的疾病，发作时也仅限于某一个区域。以英国为例，当时的一个观察家认为，"英国每年几乎很少有瘟疫爆发"^⑤。16世纪以后，英国各地农村逐渐摆脱了瘟疫这个幽灵，生活在城市中的人们虽然深受瘟疫之苦，但城市人口只占总人口的10%左右，对总人口影响并不大。^⑥可见，尽管瘟疫没有消失，依然存在，但是其破坏性却大大降低。

人们在免受饥饿方面有所改善。16世纪各个城市普遍地实施了储藏粮食政策，而之前只有富裕和更有远见的市政府才这样做，一

---

①〔英〕E. E. 里奇、C. H. 威尔逊主编：《剑桥欧洲经济史》(第四卷)：16世纪、17世纪不断扩张的欧洲经济，张锦冬等译、徐强校订，经济科学出版社2003年版，第18—36页。

② François Crouzet, *A History of the European Economy, 1000-2000*, Charlottesville: University Press of Virginia, 2001, p.90.

③ Harry A. Miskimin, *The Economy of Later Renaissance Europe, 1460-1600*, Cambridge: Cambridge University Press, 1977, p.24.

④〔英〕E. E. 里奇、C. H. 威尔逊主编：《剑桥欧洲经济史》(第四卷)：16世纪、17世纪不断扩张的欧洲经济，张锦冬等译、徐强校订，第63—64页。

⑤ 同上书，第66页。

⑥ 陈曦文、王乃耀：《英国社会转型时期经济发展研究（16世纪至18世纪中叶）》，首都师范大学出版社2002年版，第237页。

些地方的君主开始尝试紧急粮食储备。在年景不景气的时期，这些粮食可以作为物质上坚强的后盾。同时，不同国家和地区之间粮食的流通也可以减轻生存危机。到16世纪欧洲各地区间粮食方面的海运贸易已经有了相当的发展。低地国家进口来自南波罗的海的粮食，而英国和西班牙在紧急时也依靠这种渠道。由于东爱尔比亚、波兰和爱沙尼亚可以自由支配过剩产品的大幅度增加，使得谷物短缺地区能够从国外得到充足的供应。如在1527年英国爆发的严重饥荒，斯提尔亚德的商人从但泽运来储存的小麦和黑麦，这使得伦敦的小麦和黑麦的价格要比其他地方便宜得多。①此外，为提高亩产而取得的农业生产的进步、开垦和排水工程的实施也在一定程度上减弱了16世纪的生存危机。除了粮食供给增加外，肉类食物的供给也出现了新渠道。如从科得角到拉布拉多丰富的鱼类资源不断增加蛋白质的供应，而匈牙利和瓦拉几亚平原及丹麦低地成为大量出口到奥地利、德国和荷兰的牛的出产地。②

生育率的上升也是重要原因。新教国家取消教区僧侣的独身生活、解散修道院的政策提高了16世纪总的生育率。同时，教区牧师家庭的子女们出生在比较富有和开明的家庭中，他们比一般家庭的孩子有更多的几率渡过他们的幼年时期。同时，随着行会体系的逐渐衰落和产业组织的兴起，它可以极大地利用半熟练工人，让这样的工人在安排他们私人生活方面享有相当大的自由，这必然提高已婚者的比例。尽管收入微薄，工作也不是很稳定，但年轻人还是要决意建立一个家庭。③此外，16世纪产生了大批工资劳动者，他们婚姻的基础不再是土地，也就是说人口的增长摆脱了对土地的依赖，人口增长的动力主要来自外部市场。尽管在工资劳动者占总人口的比重并不高，但对人口增长产生了积极影响。1571—1611年

---

① 〔英〕E. E. 里奇、C. H. 威尔逊主编：《剑桥欧洲经济史》(第四卷)：16世纪、17世纪不断扩张的欧洲经济，张锦冬等译、徐强校订，第69页。
② 同上。
③ 同上书，第70—71页。

英国的生育率和死亡率是稳定的，共同作用产生了0.85%的自然增长率。[1]

总之，16世纪社会生活的相对稳定和人们生活水平的提高，有助于人口总量的增长。虽然在这一时期发生了宗教改革以及英国与西班牙之间争夺海上霸权的战争等政治和军事事件，经济上出现了"价格革命"和严重的失业，但总体来说社会是稳定的，经济社会的发展基本上吸纳了增长的人口。同时，各国政府也采取积极措施促进人口增加。如英国在住房建设、水的供应和公共卫生条件，以及个人卫生、穿着和医疗条件等方面都得到了改善，这对寿命的延长产生了积极影响。15世纪英国人口的平均寿命为28岁，到了16世纪已增加到36岁。[2]

17世纪欧洲人口增长放缓

人口总数的持续增长是16世纪欧洲人口史的特点，而17世纪众多地区则出现了更为复杂的情况。17世纪是一个战争、饥荒和瘟疫充斥的时代，每一种灾变都造成了伤亡。有人认为17世纪是一个"暴力和动乱的时代"。有些国家在灾变面前毫无抵抗力，而有些国家则采取了具有一定成效的举措。

1.德国、西班牙和葡萄牙等国人口出现下降

三十年战争和瘟疫导致德国人口的大幅下降。1618—1648年的三十年战争给德国许多地区和波希米亚中部地区的人口带来了灾难性的后果，部分地区人口损失超过了战前的50%。[3]事实上，战争伤亡人数和野蛮军队残害的市民只占死亡人数的一小部分，导致士兵和非战斗人员死亡的最有力的杀手是饥饿与疾病。在军事医院、军

---

[1] 陈曦文、王乃耀：《英国社会转型时期经济发展研究（16世纪至18世纪中叶）》，第237页。

[2] 同上。

[3] 〔英〕E. E. 里奇、C. H. 威尔逊主编：《剑桥欧洲经济史》（第四卷）：16世纪、17世纪不断扩张的欧洲经济，张锦冬等译、徐强校订，第39页。

营、挤满逃离兵荒马乱的农村百姓的城镇等地方，由于人员过于密集、环境肮脏、营养不良，从而滋生了流行病，之后疾病随着前进的部队而传播，这些传染病有痢疾、斑疹伤寒、天花等。因此，随着主战场在德国版图内的来回转移，疾病、劫掠和瘟疫也随之而来。战争中大量的人口逃入森林和城市，战后则主要逃往人口稀少的地区。这些国内移民为战后德国人口的自然增长创造了有利的条件，也是战后德国的人口出生率比较高的原因。

战争、瘟疫与饥荒导致西班牙、西班牙属地尼德兰和葡萄牙人口的下降。西班牙1600—1700年人口下降了1/4，它的敌人极其兴奋地注意到了这一点，而其国民则为国家人口的稀少而担心和抱怨。例如，1594—1694年瓦拉多利德、托莱多、塞戈维亚等城市的人口下降了一半多；同样，在17世纪前半叶阿拉贡、叶卡斯蒂利亚和巴伦西亚王国的人口急剧下降。①仅有个别地区的人口基本维持了稳定。瘟疫和战争是导致17世纪西班牙人口下降的主要原因。17世纪初爆发的瘟疫对人口造成了灾难性的后果，这可以通过当时货币工资和实际工资大幅上涨得到验证。同样，1640—1668年西班牙与葡萄牙之间爆发的长期冲突是导致西班牙劳动力损失的最主要原因。也有人认为17世纪经济衰退是引起人口下降的重要原因之一。受战争的影响，西班牙属地尼德兰的27个教区的人口1557年为4 372户，到了1600年为2 520户，到1698年才达到了16世纪中期的水平（4 385户）。②当时人口的减少主要出现在农村和小城镇，而大城市拥有较好的防御和供给，大城市的人口损失并不大。如根特、烈日以及安特卫普等城市的人口与16世纪七八十年代相比，反而出现了稳定的增长。③同西班牙一样，葡萄牙的人口在16世纪末就停止了

---

① 〔英〕E. E. 里奇、C. H. 威尔逊主编：《剑桥欧洲经济史》（第四卷）：16世纪、17世纪不断扩张的欧洲经济，张锦冬等译、徐强校订，第43页。
② 同上书，第41页。
③ 〔美〕道格拉斯·诺思、罗伯斯·托马斯：《西方世界的兴起》，厉以平、蔡磊译，华夏出版社1999年版，第132—133页。

上涨，而随着16世纪末爆发的战争以及随之而来的瘟疫与饥荒导致人口大减。如在1636年上报的适合入伍年龄的人数仅比1580年的同类数字稍高一些。①

2.法国和意大利的人口数量基本得以维持

意大利人口的下降从16世纪末和17世纪最初几年就可见端倪。当时意大利各地的人口增长已经放缓，如西西里、佛罗伦萨和帕维亚市，甚至一些地方出现了负增长，如威尼斯、波伦亚、费拉拉和锡耶纳，其中威尼斯的居民在1586年为14.9万人，到了1624年为14.2万人。②这与当时遍地饥荒是有密切关系的。在1590—1591年和1607—1608年的西西里爆发饥荒，之后波及意大利全境。但从长期发展趋势来看，意大利17世纪人口的变化深受当时两次大规模的瘟疫的影响。发生在1630—1631年的第一次瘟疫，夺去了超过三分之一的城市人口，而皮埃蒙特、伦巴第、威尼西亚和艾米利亚等地的农村和小城镇的居民的死亡人数也超过了三分之一。1656—1657年爆发的第二次瘟疫对城市人口产生的冲击更大。如在那不勒斯、贝内文托、萨勒诺以及热那亚等城市的人口损失了一半，罗马城实施了严格的检疫制度，降低了瘟疫对人口的破坏力，仅损失其人口的10%，意大利中部的辖地死亡总人数可能不到瘟疫前人口的10%，那不勒斯王国各地损失人口的12.5%。③受瘟疫的影响，到1700年时意大利大多数城市与地区都赶不上或远低于一百年前的人口水平，但是不能否认的是有一部分地区未受到或是较少受到瘟疫的影响，如西西里，几次主要的瘟疫都没有波及该地，当地的人口还出现了小幅的增长，如在1607年为110万，到1713年增加到112.1万。④事实上，17世纪的绝大多数年份是没有瘟疫和饥荒的，意大利的人口

---

① 〔英〕E.E.里奇、C.H.威尔逊主编：《剑桥欧洲经济史》（第四卷）：16世纪、17世纪不断扩张的欧洲经济，张锦冬等译、徐强校订，第45页。
② 同上书，第45—46页。
③ 同上书，第46页。
④ 同上书，第47页。

也出现了一定的恢复。最终到了1700年时，意大利的人口总数与1600年基本持平。①

　　同样，17世纪的法国饱受饥荒和瘟疫之苦。1628—1638年、1648—1655年、1674—1675年、1679年饥荒和瘟疫并发，而1693—1694年发生了被称作大饥荒的严重灾情。饥荒和瘟疫之后往往紧跟人们的动乱，如在17世纪中叶法国爆发"投石党运动"期间，1648—1655年的瘟疫连同1646—1652年的粮食歉收导致的饥荒一并出现在了法国，这对法国人口的发展造成了重大影响。如在博韦西斯的一个村庄居民死亡超过了原来人口的三分之一。②17世纪法国人口史上最为惨重的一幕出现在1693—1694年的大饥荒期间。这次饥荒经常被人提及，尤其是在乡村穷人之间所产生的恐慌和人口的死亡。如根据1694年1月份的一份资料记录可知，兰斯市的总人口为2.5万—2.6万人，在过去的半年里失去了其中的4 000人。在南方的阿马尼亚克的情景更为触目惊心，在1694年奥什主教区的人口仅为三年前的四分之一。③同时，法国还失去了17.5万个因宗教原因而逃亡的新教徒。④除了这些人口减少或下降的现象外，在17世纪最初的25年，因为没有出现严重的瘟疫和饥荒，法国的人口出现了一定的增长；同时，威斯特伐利亚协约、比利牛斯协约、亚琛协约以及内伊梅根协约使得法国所占领土大增，这在客观上增加了法国人口总数，使其在17世纪末达到了1 900万。⑤尽管如此，到了17世纪末叶法国的人口总数还是没有超过该世纪前25年的水平。

---

①〔美〕道格拉斯·诺思、罗伯斯·托马斯：《西方世界的兴起》，厉以平、蔡磊译，第133页。

②〔英〕E. E. 里奇、C. H. 威尔逊主编：《剑桥欧洲经济史》（第四卷）：16世纪、17世纪不断扩张的欧洲经济，张锦冬等译、徐强校订，第50页。

③同上书，第50—51页。

④〔美〕道格拉斯·诺思、罗伯斯·托马斯：《西方世界的兴起》，厉以平、蔡磊译，第133页。

⑤〔英〕E. E. 里奇、C. H. 威尔逊主编：《剑桥欧洲经济史》（第四卷）：16世纪、17世纪不断扩张的欧洲经济，张锦冬等译、徐强校订，第51页。

3. 荷兰、英格兰和威尔士的人口继续增长

较高的自然增长率和自由移民政策促进了荷兰人口的增长。17世纪中期荷兰暴发了几次瘟疫，如在1623—1625年、1635—1637年、1654—1655年以及1663—1664年，这些瘟疫导致荷兰人口出现暂时下降。同时，在抵抗法国的战争中也对一些地区造成了破坏，不过很快就得以恢复。总体而言，荷兰的人口在17世纪有了大幅的增长。在最发达的七个省中，早在17世纪初就已经有了较大发展。到1622年市民至少占总人口的60%，其中，阿姆斯特的人口为10.5万，到了1700年时增加至20万。①一方面，较高的自然增长率促进了荷兰人口的增加。相对欧洲的其他地区而言，17世纪荷兰的社会环境较为安定，较少受到战争和饥荒以及瘟疫的扰乱；另一方面，自由移民政策有益于人口的增加。荷兰为外国人敞开了大门，不仅对有同样信仰的新教徒，而且对伊利里亚的犹太人都奉行同样的欢迎政策。友好的外来移民政策，为荷兰吸引到了大量的外来移民，进而促进了17世纪荷兰人口的增加。②

同样，英格兰和威尔士人口也出现增加。17世纪时期，英格兰和威尔士也遭到了多次瘟疫的袭击，如在1603年、1625年、1636—1637年、1665年。但是这些瘟疫没有意大利那两次严重，对人口伤亡的冲击并没有那么大。同时，在17世纪最后的30年瘟疫从英国消失。加之17世纪经济的恢复和发展，有利于英国人口的增加。在该世纪的最后30年，英国的年均人口增长率在0.5%，这与18世纪前50年的水平相当。③有学者认为，17世纪英国人口增长了25%。1600年英格兰和威尔士的人口为480万，到了1630年为560万，到1670年为580万，到1700年为610万。④

---

① 〔英〕E. E. 里奇、C. H. 威尔逊主编：《剑桥欧洲经济史》（第四卷）：16世纪、17世纪不断扩张的欧洲经济，张锦冬等译、徐强校订，第42页。
② 同上。
③ 同上书，第48—49页。
④ 〔美〕道格拉斯·诺思、罗伯斯·托马斯：《西方世界的兴起》，厉以平、蔡磊译，第134页。

总之，相对于16世纪人口的增长而言，17世纪欧洲的人口变化要复杂得多。除了荷兰、英格兰和威尔士的人口在持续增长外，意大利和法国的人口处于停滞状态，而西属尼德兰、德国、西班牙和葡萄牙等国的人口实际上出现了小幅下降。在1600年欧洲的居民人数大约在1亿至1.1亿之间，到了1700年时欧洲的居民人数在1.1亿至1.2亿。[①]可见，从长期趋势来看，17世纪欧洲的人口依然呈现缓慢增长的趋势。

18世纪欧洲人口的继续上涨

18世纪前20年的饥荒、瘟疫和战争导致欧洲人口的下降。17世纪90年代出现歉收和灾荒，导致严重的生存危机。当饥饿从卡斯蒂利亚蔓延到芬兰，从苏格兰蔓延到奥地利时，所到之处人口数量都出现了下降。如芬兰的塔瓦斯特兰在1696—1697年的灾荒中有1/3的居民死亡；1698年瑞典部分地区的人口死亡率达到16%，1709年布拉班特公国的人口比1693年还少，而米兰的人口1688—1710年则从12.5万人降至10万人。[②]欧洲其他地区的人口也都出现了不同程度的下降和波动。西班牙王位继承战争（1701—1714年）和欧洲东北部爆发的北部战争（1699—1721年）的伤亡导致了当地人口的下降。同时，伴随着战争出现的瘟疫也对人口造成了冲击。如在但泽市及其郊区因为1709年的瘟疫而死亡3.26万人，这占其人口总数的1/3甚至一半；1710—1711年的哥本哈根的人口损失了2.1万人，约为其人口总数的1/3；其他东北欧的城市也遭受严重打击，如哥尼斯堡、里加、斯德哥尔摩、乌普萨拉、赫尔辛基等地。除了大城市外，一些小城镇和农村也出现了人口的大幅下降。如在1709—1710年的波罗的海沿岸，东普鲁士在瘟疫退却后有近11 000家农场空无

[①] 〔意〕卡洛·M.奇波拉主编：《欧洲经济史》第二卷：十六和十七世纪，贝昱、张菁译，第29—30页。

[②] 〔英〕E.E.里奇、C.H.威尔逊主编：《剑桥欧洲经济史》（第四卷）：16世纪、17世纪不断扩张的欧洲经济，张锦冬等译，徐强校订，第53页。

一人。①瘟疫带来的危害引起教皇和一些国家的警惕，各地政府马上实施了隔离并采取了一些预防举措。如教皇下令堵塞了罗马城16扇城门中的6个，以便加强对过往商旅的检查，到了1721年时瘟疫已基本消失。②

1721年之后瘟疫的消失和战争的停止，使欧洲的人口进入了一个恢复和增长的阶段。西班牙王位继承战争于1714年达成和解，奥地利与土耳其的战争在1718年结束，北部战争也于1721年结束；同时，瘟疫基本在欧洲消失。这些均为人口的增长提供了和平稳定的社会环境。欧洲各国和各地区的人口均出现增长。如瑞典的人口从1721年146.2万上升到1750年的178.1万，到了1800年为234.7万；芬兰的人口从1721年的28.9万上升至1750年的42.2万，到了1800达到了83.3万；丹麦的人口从1735年的77.7万上升至1750年的80.6万，到了1800年为92.6万；教皇国的人口从1701年的196.9万上升至1782年的240万；西西里的人口从1713年的114.3万上升至1798年的166万；西班牙的人口从1723年的610万上升至1756年的800万，到了1787年为1041万；葡萄牙的人口从1732年的174.3万上升至1801年的293.2万；布拉班特公国的人口从1709年的37.3万上升至1784年的61.8万；瑞士的人口从1700年的120万上升至1789年的170万；德国的人口从1740年的225.7万上升至1752年的249.7万，到了1790年为391.1万；法国的人口从1700年的2 100万上升至1770年的2 400万，到了1789年为2 600万；英格兰和威尔士的人口从1700年的520万上升至1750年的650万，到了1800年为960万。③有学者对各国人口在18世纪的增长率进行了估算，英格兰和威尔士的年均增长率为45%，意大利的年均增长率为45%，波美拉尼亚的年均增长率为80%，东普鲁士的年均增长率为84%；同

---

① 〔英〕E. E. 里奇、C. H. 威尔逊主编：《剑桥欧洲经济史》（第四卷）：16世纪、17世纪不断扩张的欧洲经济，张锦冬等译、徐强校订，第53—54页。

② 同上书，第55页。

③ 同上书，第57—60页。

时对其他地区在18世纪中后期的年均增长率进行了估算，如法国在1740—1789年的年均增长率为45%，瑞典在1749—1800年的年均增长率为59%，奥地利在1754—1789年的年均增长率为94%，波希米亚在1754—1789年的年均增长率为118%，匈牙利在1754—1789年的年均增长率为301%。①

18世纪40年代之后增长速度进一步加快。这是多种原因造成的，不仅仅与瘟疫的消失和战争的停止有关，还有其他因素。比如出生率的上升。以英国为例，在18世纪初妇女的结婚年龄为27岁，到了1800年时一般地区的结婚年龄为24—25岁，而在纺织工业区和矿区的结婚年龄降为20岁。②妇女结婚年龄的下降意味着她们生育期的提前和延长以及每对夫妻所生孩子数量的增加，进而导致出生率上涨。同时，结婚率也在提高。随着农业社会向工业社会的转型，社会流动性在增加，进而打破了不同地区间人口性别不平衡的局面，人们的社会接触面在扩大，而未婚女性的选择面也在扩大。例如在诺丁汉的九个教区中，1670—1700年只有10.8%的婚姻是跨教区的，但1770—1800年则上升到了26%。同时，工业区的结婚率要高于农村。如在1800年的兰开夏郡的17—30岁的年龄段中，农村地区的结婚率为19%，而工业区的结婚率为40%。③结婚率的提高和结婚年龄的提前都有利于提高出生率。如在18世纪的诺丁汉，1700年的出生率为35.55‰，到了1740年上升至38.25‰，1801年为41.07‰。

居民营养状况的改善、医疗和卫生事业的进步也有利于改善人的生活，提高人的寿命。如土豆的种植在减少饥荒引起的营养不良方面起了重要作用。近代西欧各国普遍出现的农业革命提高了农业生产率，农产品大大增加，极大地满足了人们的物质需求，继而改

---

① J. D. Chambers, *Population, Economy, and Society in Pre-Industrial England*, London; New York: Oxford University Press, 1972, p.10.
② 王章辉：《英国经济史》，第215页。
③ 同上书，第215—216页。

善了人们的营养状况,提高了身体的免疫力,增强了身体的抵抗力。同时,医疗和卫生事业的发展也有利于提高人口总数。大量医院的设立、医学教育的发展以及城市的卫生环境条件的改善有利于人们降低疾病带来的危害。如医学的进步降低了婴幼儿的死亡率,18世纪初婴儿的死亡率较高,尤其是11岁以下儿童占死亡率的一半。从18世纪下半叶起婴幼儿的死亡率开始下降,到了1750年婴儿的死亡率为187‰,1740—1790年降为161‰,1780—1820年进一步降为122‰。①

总之,18世纪欧洲人口的增长是普遍的现象。从1500年的8 000万,到1600年的10 000万,再到1700年的11 000万,到1800年的19 000万。②16世纪和18世纪增长较快,17世纪相对较慢。当时人口的增加是由多种因素促使的,不仅有瘟疫和战争破坏力的降低,也有结婚率和出生率的提高,当然也离不开医疗卫生事业的发展。同时,近代欧洲人口的增长,要比中世纪时期有着更为坚实的基础。随着科技的进步,通往美洲和亚洲的新航路的发现大大增加了活动范围,也使得欧洲的经济发展变得更为强大、多产和富有弹性。在超过乡村需求量的人口中,至少有一部分人在迅速发展的城镇中找到了适合的工作。

三、近代欧洲的物价与供求关系

从长时段的角度来考察中世纪晚期至近代欧洲物价的变化趋势可知,物价的长期趋势呈现上升、下降和停滞等三种形态,但也应注意到短时段内的物价波动。一般认为有四个阶段,即15世纪价格的停滞;16世纪至17世纪初的价格节节攀升,之后是逐渐回落,直

---

① 王章辉:《英国经济史》,第218—220页。
② 〔意〕卡洛·M.奇波拉主编:《欧洲经济史》第二卷:十六和十七世纪,贝昱、张菁译,第29—30页。

到1720—1750年为止；最后是1750年后的再次上升。[①] 以下将结合学界观点，对近代欧洲物价的变化做初步探讨。

1500—1640年物价的大幅上涨

16世纪至17世纪中期，欧洲人口急剧增加，加之新大陆贵金属的大量流入，共同导致了欧洲物价水平的飙升，价格上涨席卷了整个欧洲，物价的总体水平在1600年时要比1500年时高出2—3倍。例如西班牙，16世纪末的价格水平要比该世纪初高3.4倍，法国高2.2倍，荷兰的纺织城市莱顿高3倍，而阿尔萨斯、意大利和瑞典的价格也高出了1倍。[②]

接下来将以英国为例来分析当时物价变化的具体情况。从16世纪至17世纪上半叶的一个半世纪里，英国的物价大幅增长，其中农产品价格的涨幅远高于其他产品。如果以1450—1499年的价格指数为基数100，到1640—1649年时农产品的平均价格指数为644，木材的价格指数为524，工业品的价值指数为306。[③] 也就是说在一个半世纪里，农产品、木材和工业品分别上涨了6倍、5倍和6倍以上。从表6-4可以发现在15世纪中期到17世纪中期约两个世纪内英国不同市场之间小麦价格的上涨情况，由于受本地农业生产结构和供求关系的影响，不同地区的小麦价格及其涨幅有着一定差异。以伦敦为例，由于需求量较大，导致当地小麦的价格较高。

---

① 〔英〕E. E. 里奇、C. H. 威尔逊主编：《剑桥欧洲经济史》（第四卷），"16世纪、17世纪不断扩张的欧洲经济"，张锦冬等译、徐强校订，第360页。

② 〔美〕道格拉斯·诺思、罗伯斯·托马斯：《西方世界的兴起》，厉以平、蔡磊译，第134—135页。

③ Peter J. Bowden, "Agricultural Prices, Farm Profit, and Rents", in Joan Thirsk, ed., *The Agrarian History of England and Wales*, IV, 1500-1640, Cambridge: Cambridge University Press, 1967, pp.594-595.

表6-4 1450—1649年英国小麦的平均价格（先令/夸脱）

市场	1450—1459	1640—1649	价格上涨幅度（%）
伦敦	6.88	49.91	725
埃克塞特	6.44	44.95	698
温切斯特	5.24	38.75	740
剑桥	4.70	36.76	783
牛津	4.63	42.53	919
坎特伯雷	6.79	—	—
达勒姆	5.85	—	—
温莎	—	47.04	—
诺丁汉	—	46.59	—
什鲁斯伯里	—	43.84	—

资料来源：Peter Bowden, "Agricultural Prices, Wages, Farm Profit, and Rents", p.614。

小麦价格的涨幅低于其他谷物的上涨幅度。这主要是由于实际工资的下降和失业率的上升，大部分工资劳动者压缩食品开支，他们更希望购买便宜的食品，如购买含有较少小麦的面包、黑麦面包或是大麦面包。这在一定程度上影响了谷物价格的变化。有学者认为在15世纪中期至17世纪中期的两百年间，小麦价格大概上涨了7倍，而其他谷物的价格则上涨了8倍。① 表6-5中各种谷物的涨幅的相关数据也可以印证以上观点，在两个世纪里小麦价格的涨幅不仅低于大麦、燕麦和黑麦，而且也低于各种谷物涨幅的平均值。

表6-5 1450—1649年英国谷物价格指数
（1450—1499年价格指数为100）

年份	小麦	大麦	燕麦	黑麦	各种谷物的平均值
1450—1459	98	100	97	96	98
1460—1469	99	99	100	98	99
1470—1479	100	88	96	89	93

① Peter J. Bowden, "Agricultural Prices, Farm Profit, and Rents", p.602.

续表

年份	小麦	大麦	燕麦	黑麦	各种谷物的平均值
1480—1489	112	118	105	118	114
1490—1499	91	95	104	99	97
1500—1509	109	108	107	123	112
1510—1519	114	112	119	112	115
1520—1529	144	136	148	195	154
1530—1539	140	158	155	190	161
1540—1549	171	197	191	—	187
1550—1559	285	450	356	—	348
1560—1569	293	338	622	338	316
1570—1579	336	360	643	459	370
1580—1589	385	482	457	523	454
1590—1599	499	600	638	651	590
1600—1609	479	583	599	600	560
1610—1619	560	665	723	703	655
1620—1629	564	648	630	770	642
1630—1639	667	876	792	852	790
1640—1649	717	796	843	—	786

资料来源：C. G. A. Clay, *Economic Expansion and Social Change: England 1500-1700*, Vol.I, Cambridge: Cambridge University Press, 1984, p.51。

除了谷物价格上涨外，畜牧产品价格也出现了上涨。如在15世纪中期至17世纪中期，英国的畜牧产品上涨了近5倍，羊毛价格上涨了近4倍，其价格上涨超过了纺织品价格的涨幅，而这主要是因为羊毛是纺织品的主要原料，对于普通人而言衣服没有食品重要。当时兽皮的价格也上涨了5倍多，这主要是因为兽皮可以制作成上好的衣服，出售给中产阶级和贵族。同时，奶牛和小母牛的价格上涨了8倍多，绵羊上涨了近7倍，家禽的价格上涨了近7倍，鸡蛋的价格上涨了5倍，乳制品的价格上涨了4倍多。[1]此处所分析的畜牧产品的价格并没有包括其所产的肉产品，因为牲畜的肉产品价格上涨幅度不大。如当时的羊肉和牛肉的价格仅上涨了2倍多一点。在剑桥，1550—1559年平均每英石（stone）[2]牛肉的价格为1先令5.25便士，到了1640—1649年其价格上涨至3先令3.5便士。[3]牲畜产品的价格与肉的价格涨幅有较大差异的原因在于近代牲畜饲养水平的提高，使得肉、羊毛和其他产品的产量出现了大幅增加。

从以上分析可以发现，在15世纪中期至17世纪初英国的农产品价格是处在不断上升中的。表6-6也表明了类似的变化趋势。其中，16世纪最后50年是农产品上涨的主要阶段，这与当时人口需求的增加和货币贬值均有内在联系。从17世纪开始增长放缓，这与1620年之后人口增长缓慢以及实际工资上涨有关。在17世纪上半叶，农产品价格上涨了43%，而其中谷物价格上涨了33%。[4]

表6-6　1450—1649年英国物价波动的相对变化（%）

年份	农产品	木材	工业产品
1450/1459—1490/1499	+3	-14	—
1490/1499—1540/1549	+71	+26	+31
1540/1449—1590/1599	+167	+151	+87
1590/1599—1640/1649	+43	+81	+29

资料来源：Peter J. Bowden, "Agricultural Prices, Farm Profit, and Rents", p.605。

同时期欧洲大陆的农产品价格也出现了上升。如在法国的巴黎、法尔比等城市谷物价格出现了类似的涨幅，以小麦价格为例，法国也是在16世纪末出现了大幅上涨。[5]在佛兰德尔，平均每十年的物价也出现了涨幅，以1500—1510年为考察的起点，到1590—1600

---

[1] Peter J. Bowden, "Agricultural Prices, Farm Profit, and Rents", pp.602-603.
[2] 1英担约重120磅。
[3] Peter J. Bowden, "Agricultural Prices, Farm Profit, and Rents", p. 603.
[4] Ibid., pp.605-606.
[5] A. P. Usher, "The General Course of Wheat Prices in France, 1350-1788", pp.161-162.

年小麦的价格上涨了近6倍，燕麦上涨了5倍多，黄油上涨了7倍，奶酪上涨了4倍多；同样，在比利时的埃诺1567—1577年的物价与1517—1527年相比也出现了上涨，小麦上涨了2.5倍，黄油上涨了近3倍，鸡蛋上涨了2.7倍，腌制的鲱鱼上涨了1.4倍，盐上涨了3.4倍，橄榄油上涨了2.1倍。[①]在法国的斯特拉斯堡，17世纪牛肉的价格比15世纪上涨了2.5倍。[②]这与英国牛肉上涨幅度相似。

从表6-6可知，除了农产品价格出现了涨幅之外，其他产品的价格也出现了上涨。随着15世纪后半叶经济活动的复苏，农产品价格出现上涨，但是木材的价格却出现了下降。木材除了做燃料外，还是建造房屋和船舶等的主要原材料。进入16世纪，随着林地被开垦成耕地，木材的产量出现一定下降，这直接导致其价格出现上涨，到了17世纪初木材的价格上涨幅度超过了农产品价格的上涨幅度。[③]之后，二者的价格变化趋于一致。同时，相对于农产品而言，工业品的价格较低，直到17世纪中期才赶上来。这与人们较低的经济收入、乡绅与约曼们积累财富以及工业技术革新有关。[④]

人口持续增加造成的社会总需求超过总供给的矛盾是导致16世纪至17世纪中期一个半世纪里价格飙升的根本原因，当然这也与政府推行的货币贬值政策以及美洲金银的大量流入密切相关。

1640—1750年物价的停滞

受人口总量涨幅的下降、生产技术的进步以及货币因素的影响，进入到1640—1750年欧洲价格不再像上一阶段一样出现大幅上升，而是呈现出有升又有降的特点，变得更为复杂，但总体价格

---

① C. Verlinden, J. Craeybeckx and E. Scholliers, "Price and Wage Movements in Belgium in the Sixteenth Century", in Peter Burke, ed., *Economy and Society in Early Modern Europe: Essays from Annales*, London: Routledge, 2006, pp.60-61.

② 〔英〕E. E. 里奇、C. H. 威尔逊主编：《剑桥欧洲经济史》（第四卷）：16世纪、17世纪不断扩张的欧洲经济，张锦冬等译、徐强校订，第374页。

③ Peter J. Bowden, "Agricultural Prices, Farm Profit, and Rents", p. 607.

④ Ibid., pp.607-609.

趋于平稳。

在17世纪中期至18世纪中期的一个世纪里，谷物价格出现了不同程度的下降。与1640—1679年的谷物价格相比较，1710—1749年的谷物价格出现了小幅下降。其中，小麦的价格下降了17.3%，黑麦下降了24.3%，豆类下降了19.8%，燕麦下降了6.7%，而大麦出现了上涨，涨幅为1%。在谷物出现普遍下降的同时，啤酒花上涨了31.4%，干草上涨了24.4%，秸秆上涨了29.9%。价格的波动情况参见表6-7。当时谷物价格下降的主要原因是供给的增加和需求的减少。1640—1750年，英国的人口上涨放缓，甚至在某些年份由于爆发瘟疫还出现了下降；同时，生产技术的革新也促进了粮食产量的增加，如在1732—1750年，小麦、大麦和燕麦等谷物平均每英亩产量大幅上升，分别为23.8蒲式耳、32.5蒲式耳和29.3蒲式耳。[①] 也就是说当时的谷物供给超过了需求，进而导致了其价格的下降。同时，1640—1749年干草和秸秆等饲料作物价格的上涨与牲畜饲养水平的提高有关。在这一时期，谷物价格下降了12.1%，而除谷物之外的其他作物的价格则上涨了8%。

表6-7 1640—1749年英国农作物的价格指数

年份	小麦	大麦	燕麦	黑麦	豆类	啤酒花	干草	秸秆
1640—1679	110	101	105	115	111	86	86	87
1680—1709	99	97	97	98	100	101	108	100
1710—1749	91	102	98	87	89	113	107	113
价格涨跌幅度（%）	-17.3	1.0	-6.7	-24.3	-19.8	31.4	24.4	29.9

资料来源：Peter J. Bowden, "Agricultural Prices, Wages, Farm Profits, and Rents", in Joan Thirsk,ed., *The Agrarian History of England and Wales*, Vol.V, 1640-1750, Part II, Cambridge: Cambridge University Press, 2011, p.6。

大麦和燕麦的价格在18世纪初并未下降。大麦作为主要的麦芽谷物，随着啤酒花价格的上涨也出现了小幅的上升。在当时麦

[①] Peter J. Bowden, "Agricultural Prices, Wages, Farm Profits, and Rents", pp.2-10.

芽酒和啤酒成为了饮食的重要组成部分，而作为麦芽酒主要原料的大麦的价格随之出现了一定的上涨。同时，燕麦的上涨是相对于主要的面包谷物而言的，其上涨主要是由于牲畜饲养的需要，在18世纪初牲畜的饲养数量大增，如马的饲养总量已经超过了人口的总量，这就需要更多的饲料，尽管当时已经开始种植了新的饲料作物（三叶草），但是干草、秸秆以及燕麦等传统饲料作物需求量仍然很大。[1]

与农作物的价格变化相比，牲畜及畜牧产品的价格也出现了一定波动。首先，牲畜的价格出现了上升。在1640—1679年至1710—1749年，绵羊的价格上涨了4%，奶牛的价格上涨了9.4%，猪的价格上涨了71.4%，马的价格上涨了11.1%，家禽的价格上涨了25%。同时，部分畜牧产品出现了下降，羊毛的价格下降了33%，羊肉下降了112.3%，牛奶下降了10.6%，奶酪下降了22.6%；而鸡蛋、猪肉和牛肉的价格则出现了上涨，它们分别上涨了27.4%、4.1%、2%。[2]牲畜价格的上涨与其得到良好的饲养有着密切的关系，在这一时期，牛、绵羊、猪等牲畜的体重大大提高。另外，羊毛自中世纪以来一直是英国重要的出口商品，但是到了18世纪初严禁出口，同时还从西班牙和爱尔兰进口羊毛，加之西南部毛纺织业的衰落，这就导致羊毛的价格出现了不断的下降。

从总体上来看，如果以1640—1749年农产品的价格指数为100，尽管谷物价格和畜牧产品的价格出现了下降，但是牲畜的价格和除谷物外的其他农作物的价格出现了上涨，综合考虑这些因素可以发现，在1640—1679年农产品的价格指数为99，1680—1709年为101，1710—1749年为101，其上涨幅度为2%。[3]也就是说，在一个半世纪里，尽管英国的农产品价格出现了2%的上涨，但是总体较为稳定。

---

[1] Peter J. Bowden, "Agricultural Prices, Wages, Farm Profits, and Rents", pp.6-7.
[2] Ibid., p.12.
[3] Ibid., p.1.

同时，工业品的价格出现了一定的下降，如英国1710—1749年比在1640—1649年的价格下降了11.4%。①1660年之后，工业生产得到更大的发展。如衣服制造、袜子的生产、皮革制品以及钉子的制造等，尤其是五金制品的生产大幅增加。1660—1700年呢绒的出口增长了3倍。实际上，在17世纪的下半叶工业品的价格下降幅度较小，直到18世纪上半叶波动幅度基本维持在小范围内。如以1680—1689年的工业品价格指数为100，那么1650—1719年以每十年为一个时间间隔来看工业品（克尔赛呢绒、皮革、铅、铜、砖块）的平均价格，1650—1719年基本维持在100—109之间，仅在1660—1669达到了120。②

对同一时期工业产品价格和农产品价格的波动进行对比（以1450—1499年的价格指数为100），也可以发现价格变化的一些趋势。1640—1680年，工业产品价格与农产品价格之间的比率一直处于下降的趋势中，但是从1680年开始则出现了上涨。以宽幅呢绒的价格与小麦的价格比率为例，1650—1749年，二者的比率从1660—1669年的78，上升到1700—1719年的80，1720—1729年的88，1730—1739年的105。③在这一时期，人们的实际收入是在不断增加的，此时人们更希望把钱花在工业品上而不是基本的生活消费上。这导致了工业品价格相对农产品价格的上升。同时，农业领域的革新促进了农业劳动生产率的提高，而工业领域的革新相对较为缓慢，这就使农产品的价格相对于工业品的价格而言较为便宜。④

总之，1640—1750年，欧洲的物价不再像16世纪那样出现巨大的波动，而是相对稳定。16世纪的高物价到17世纪已经成为正常的物价，之后再也没有出现较大波动。如英国在17世纪末和18世纪初的农业丰

---

① Peter J. Bowden, "Agricultural Prices, Wages, Farm Profits, and Rents", p.16.
② D. C. Coleman, *The Economy of England, 1450-1750*, London; New York: Oxford University Press, 1977, p.102.
③ Ibid., p.102.
④ Peter J. Bowden, "Agricultural Prices, Wages, Farm Profits, and Rents", pp.15-16.

收时期，小麦的平均价格与16世纪末农业歉收时的价格差不多。①

1750—1850年物价的上涨

大约自1750年之后欧洲的物价再次出现大幅上涨，这与人口的增加和谷物等产品的出口有着密切联系。以英格兰和威尔士为例，在1751年人口为620万，1771年为697万，1791年为820万，1801年为920万，1811年为1 020万，1831年为1 390万，1851年为1 790万。②可见，在18世纪的后50年，英格兰和威尔士的人口上涨了近1倍，而到了19世纪中期则上涨了近3倍。同时，谷物的出口也在一定的程度上刺激了国内谷物价格的上涨。政府鼓励谷物出口，加之出口也能给农场主和地主以及中间商带来不菲的收入。③此外，自然灾害（如歉收）、战争以及有关战争的谣言、经济封锁等都有可能在短时间内引起价格的波动。④

谷物价格的上涨。其中，小麦的上涨幅度最大。小麦主要用于制造面包等食物，其价格对市场供求有着较为灵敏的反应。以1700—1701年的价格指数为100，对1700—1805年英国小麦价格的涨幅进行考察可以发现，1700—1710年小麦的价格指数为105，1750—1760年为101，1765—1775年为141，1785—1795年为148，1790—1800年为196，1795—1805年为250。⑤可见，在1750—1805年小麦价格的上涨幅度约为2.5倍。如果以伦敦平均每5年为一个时间间隔对当地的小麦价格进行考察可以发现，1745—

---

① 〔英〕约翰·克拉潘：《简明不列颠经济史：从最早时期到1750年》，范定九、王祖廉译，第261页。

② B. A. Holderness, "Prices, Productivity, and Output", in Joan Thirsk, ed., *The Agrarian History of England and Wales*, VI, 1750–1850, Part I, Cambridge: Cambridge University Press, 2011, p.91.

③ Phyllis Deane and W. A. Cole, *British Economic Growth, 1688–1959: Trends and Structure*, Cambridge: Cambridge University Press, 1962, p.92.

④ B. A. Holderness, "Prices, Productivity, and Output", pp.94–95.

⑤ Phyllis Deane and W. A. Cole, *British Economic Growth, 1688–1959: Trends and Structure*, p.91.

1754年至1785—1794年小麦的价格上涨了46%，而1785—1794年至1800—1814年上涨了92%。①大麦和燕麦的价格也出现了上涨，但是它们的价值只是小麦的一部分。18世纪以来，大麦作为食物原材料的作用在降低，而主要用来酿酒或是作为家禽、猪和牛等牲畜的饲料，其种植面积还一度有所扩大。大麦的价格通常为小麦的55%，而在1795—1814年小麦的价格出现大幅上涨时，大麦的价格低于小麦价格的50%。②燕麦的价格与大麦类似，在1795年之前燕麦的价格仅为小麦价格的33%—38%，在1795年之后上升到了45%—50%，但是1840年之后再次降为33%—38%。③

畜牧产品的价格也出现了上涨。1750—1754年至1840—1844年间，肉的价格上涨了76%。④同时，根据格林威治医院和海军粮食储备处的记录，1750—1754年至1785—1789年格林威治医院记录的每英担奶酪的价格维持在1.56—1.98英镑，但是从1790—1794年上升到了2.43英镑，之后1800—1804年上升到了3.65英镑，到1815—1819年均在3.65英镑以上，而且1810—1814年达到了4.26英镑。海军粮食储备处记录的奶酪价格要低于格林威治医院所记录的奶酪价格，但上涨的趋势是相同的，如1760—1764年至1780—1784年奶酪的价格维持在1.46—1.74英镑，1785—1789年上升到了2.10英镑，到1800—1804年进一步上升到了3.28英镑，之后直到1815—1819年间维持在3.33—3.88英镑之间。⑤黄油的价格变化与奶酪类似，也是在18世纪末至19世纪初出现了大幅的上涨。乳制品的价格变化趋势与农产品基本类似，从1780年至18世纪90年代中期出现了缓慢的上涨，但是之后直到1814年出现大幅增长，1815年之后开始下降，从19世纪20年代末至1850年基本保持稳定。总体上来看，1780—1784年至1810—1814年，乳制品的价格上涨了

---

① B. A. Holderness, "Prices, Productivity, and Output", p.104.
② Ibid., pp.106–107.
③ Ibid., p.108.
④ Ibid., p.111.
⑤ Ibid., p.114.

120%，之后直到1845—1849年下降了36%—40%。①

工业品的价格也出现了类似农产品价格的波动变化。此处考察的工业品主要包括砖、煤、铜、铅、皮革制品、石灰、鲸油、牛脂、波形瓦、无棱瓦等。以1700—1701年的价格指数为100，对1700—1805年英国工业品价格的涨幅进行考察可以发现，1750—1751年工业品的价格指数为85，1757—1758年为101，1780—1781年为110，1790—1791年为107，1792—1793年为124，1795—1796年为138，1799—1800年为144，1800—1801年为162。由此可以发现，1750—1791年工业品的价格指数维持在81—107之间，之后出现上涨，尤其是从1795年开始才出现相对较高的涨幅，如在1795—1801年维持在128—162之间。②

通过对1750—1850年物价的考察可以发现，在该时期的前半段物价一直处于上升的趋势，尤其是到了18世纪90年代中期价格出现了较大的涨幅，一直延续到了19世纪20年代中期，之后出现一定幅度的下降。

综上所述，与中世纪时代相比，近代欧洲在农业、畜牧业和工业等各个生产领域取得了飞跃性发展，为欧洲人步入温饱经济奠定了坚实的物质基础。农业和畜牧业的发展为人们提供了更多的谷物和畜牧产品，而毛纺织业的发展改变了人们的穿着，食品行业的发展为改善了人们的饮食结构，而发达的造船业为商品在欧洲范围内的大规模运输和快速流通提供了可能，这些使得人们的生活所需有了更多可供选择的余地。同时，人口规模也在不断增加。当时的物价水平的变化基本体现了社会总供给和总需求之间的关系，但是短期内物价的波动也受货币贬值、自然灾害、战争等因素的影响。总之，社会经济的发展为近代欧洲人的消费与生活水平的改善提供了物质保障。

---

① B. A. Holderness, "Prices, Productivity, and Output", p.115.
② Elizabeth Boody Schumpeter, "English Prices and Public Finance, 1660-1822", *The Review of Economics and Statistics*, Vol. 20, No. 1 (Feb., 1938), pp. 32-35.

第七章 收入分配

收入的多少代表了经济的发展水平。近代欧洲各阶层的收入均有一定的增加，其中中间阶层收入增长较快，且中间阶层收入所占总收入的比重也是最高的。济贫则体现了政府主导下的财富分配，而收入较低的底层民众将从中获益。本章拟从各阶层的收入、地租赋税的变化以及济贫法等三个方面对近代欧洲的收入分配问题进行探讨。

一、近代欧洲各阶层的收入状况

近代欧洲有关各阶层收入水平记录的文献较少，尤其是1688年之前的更少，所以鲜有学者对该问题进行探讨。有人根据英格兰1522—1525年的世俗补助金的记录推测16世纪20年代的人均收入不少于30先令。也有学者对1688年英格兰和威尔士的人均收入进行了估算，认为当时人均年收入为8—9英镑，到了1760年为12—13英镑。在前工业化时期，英格兰收入的增长速度不仅超过了通货膨胀率，也超过了人口的增速。[①]有足够的证据证明在近代英格兰的收入增长与欧洲其他国家和地区的收入增长基本一致。本部分将从下层民众、中间阶层以及贵族阶层三个群体论述近代欧洲的收入状况。

---

① B. A. Holderness, *Pre-industrial England: Economy and Society, 1500-1750*, London: Dent, 1976, pp.197-198.

下层民众的收入

下层民众（lower orders）的突出特点是占总人口的比重较大，但收入水平较低。格雷戈里·金认为1688年下层民众的家庭数量占总家庭数量的67.1%，而收入占当时国民收入（the national income）的26.9%，到了1803年时家庭数量从1688年的919 000个增加到1 346 479个，占当时总家庭数量的67%，而收入占当时国民收入的24.9%。（详见图表7-1）也就是说，虽然下层民众家庭数量占总家庭数量的比重并未有大的变化，但是下层民众的绝对人数还是出现了上涨；同时，下层民众的收入占国民收入的比重却出现了下降。

表7-1　1688年和1803年英国社会各阶层收入分布状况

	1688年				1803年			
	家庭数量	占总家庭数量之比	收入（千英镑）	占总收入之比	家庭数量	占总家庭数量之比	收入（千英镑）	占总收入之比
下层民众	919 000	67.1	12 010	26.9	1 346 479	67.0	52 096	24.9
中间阶层	435 000	31.7	26 340	59.0	634 640	31.6	124 633	59.4
贵族阶层	16 586	1.2	6 285.8	14.1	27 204	1.4	32 801	15.7
总和	1 370 586	100.0	44 635.8	100.0	2 008 323	100.0	209 530	100.0

此表的家庭数量包括了仆人组建的家庭。贵族阶层主要包括：贵族、主教、男爵、骑士、绅士等。中间群体包括有关农业家庭、工业和商业家庭以及专业人员家庭三个部分：世袭土地持有者、农场主；商人、制造商、仓库管理人、造船专家、船舶所有人、勘测师、工程师、裁缝、店主、旅馆主人、职员等；文职官员、律师、神职人员、艺术家、教师、海军官员、空军官员。下层民众包括：工匠、叫卖的小贩、矿工、水手、士兵、贫民、茅舍农、流浪者等。

资料来源：B. A. Holderness, *Pre-industrial England: Economy and Society, 1500-1750*, p.199。

下层民众中绝大部分是由劳动者、茅舍农、水手、士兵、乞丐和流民等人群构成。他们没有财产或是没有特殊技能，经常为生计而奔波，他们也被称为"贫穷的劳动者"（labouring poor）。在1688年时，"贫穷的劳动者"占当时总人口的一半以上，到了1803年时仍然超过总人口的1/3，而在1688年和1803年这一群体的收入占国民收入的比重分别为20.7%和16.5%。[1]17世纪末，"贫穷的劳动者"的人均年收入为3英镑3先令，而他们的开支则达到了3英镑7先令6便士，甚至有学者认为这些人降低了国家财富。[2]战争和饥荒期间，上涨的物价经常超过下层民众所能承受的购买能力，这往往导致部分劳动者成为了流民或乞丐。事实上，贫民救济事业的发展使得上述问题在一定程度上得到了解决。到1803年时，约有1/9的人得到了救济。[3]

工资劳动者中绝大部分人属于下层民众。[4]工资劳动者主要指丧失土地而依靠出卖自己劳动为生的人。在前工业化时期，工资劳动者对国民收入的贡献是比较大的。1527年英国税收中有7%是由工资劳动者所交纳，当时大约有1/4—1/3的人口被划分为工资劳动者。到了16世纪时期，英国一半的雇佣人口依靠工资过活，在接下来的一个世纪里工资劳动者的人数和占总人口的比重均在上升，到1750年时工资劳动者成为城市和乡村经济发展中的重要因素，到1760年工资劳动者的家庭数量占全国总家庭数量的44%。[5]

下层民众家庭的年收入通常在40英镑以下。如女仆和马童每年的收入在4—8英镑，但是他们平时住在主人家里，饮食由所服务的家庭负责。[6]同样，手工业者的收入也较低，尤其是那些没有掌握生产技术的非熟练工人（帮工和学徒）。熟练的工人或者经常被雇佣的

---

[1] Harold Perkin, *Origins of Modern English Society*, London: Ark Paperbacks, 1969, pp.19-22.

[2] Harold Perkin, *Origins of Modern English Society*, p.22.

[3] Ibid.

[4] 依据身份和财富的标准来划分社会群体，工资劳动者中的部分人群属于中产阶层。

[5] B. A. Holderness, *Pre-industrial England: Economy and Society, 1500-1750*, p.203.

[6] Harold Perkin, *Origins of Modern English Society*, p.23.

工人一年中大概有150—200天工作，而那些没有经验的非熟练工人受雇佣的时间较短（临时），并且时间也不集中。[1] 以陶瓷制造业为例，掌握陶瓷生产技术的熟练工人每周的工资为10先令，且能在一年中大多数时间里参与生产，而那些没有掌握陶瓷生产技术的非熟练工人的工资每周为6先令，且工作时间没有保障。陶瓷生产中的熟练工人一年的工资为20英镑，但非熟练工人的工资要远远低于20英镑。[2] 同时，季节差异也往往导致工资的差异。人们的工作多是在白天进行，这样白天时间的长短就与工资收入密切相关，这就是为什么冬天工资低而夏天工资高的原因。同时，相当一部分的工资劳动者的工资收入是低于其基本生活需要的，因为工资收入是不稳定的，而且工资反映的是地方的劳动供给的情况，并不能反映食物和衣服的普遍价格。工资劳动者有时候能得到雇主提供的食物或是其他补贴，尽管这些并不能体现在固定的工资里，但却在客观上增加了收入。

劳动者的工资收入受到经济发展状况的影响。经济发展的周期性繁荣与萧条直接影响工资收入，如发生在17世纪20年代的经济危机直接导致批发商解雇了学徒工。1500—1520年至1590—1630年英国的实际工资下降了50%—60%，这主要是因为价格的上涨超过了所有商品上涨的平均水平。但是，到了1660—1760年实际工资出现了上涨，进而促使国内消费市场的活跃，这主要是因为当时人口上涨的幅度放缓、较低的价格通胀率、农业生产出现大量剩余及经济活动的复苏（尤其是劳动密集型贸易的发展）。[3] 实际工资的提高，有利于下层民众生活水平的改善。同时，在经济发展较好的城市里实际工资相对较高，如当时伦敦的实际工资是最高的，而经济发展是从18世纪初就开始了，直到1750年兰开夏郡、约克郡、斯塔福

---

[1] B. A. Holderness, *Pre-industrial England: Economy and Society, 1500–1750*, p.204.

[2] L. Weatherill, *Consumer Behaviour and Material Culture in Britain 1660–1760*, London: Routledge, 1988, p.100.

[3] B. A. Holderness, *Pre-industrial England: Economy and Society, 1500–1750*, p.204.

德郡以及达勒姆郡内的城市的实际工资才赶上了南部以伦敦为中心形成的"大都市区"的实际工资。①1750年后，英国的实际工资出现了下降，这与工业革命的发展有着一定的内在关系。有学者指出，1730—1789年英国的经济景观是黯淡无光的，工资的购买力出现了普遍下降，在半个多世纪里实际工资平均每年下降1%。②但是，放在长时段内进行考察可以发现，1730—1789年实际工资下降的幅度并不大。

工资劳动者往往把部分工资储存起来。我们能经常发现一些工资劳动者家庭的日常花费入不敷出。实际上，当家庭收入一旦出现剩余，他们就储存起来。如有学者对18世纪法国的工资劳动者进行了研究后发现，一位年龄在25岁刚刚出徒的熟练工人一年中工作285天，共收入356里弗，除去食物、房租和衣服等的花费外，每年他还能积累110里弗。③其他收入较高的工资劳动者，可能每年储存下来的收入会更多。为了增加家庭收入和改善家庭生活，上了年纪的父亲可能去寻找一些临时工作，而母亲则去纺织袜子、制作花边等针线活，饲养一些家禽或是耕作一小块土地，以满足家庭的日常花销。④

欧洲其他国家和地区与英国工资的变化并不完全一致，但总体而言基本处于上升的趋势。低地国家的实际工资的变化与英国基本相同，在西欧历史上荷兰和英国的经济发展使得人口增长后的人均收入初次提高。显然，当时生产率在某些部门或是全部部门都比人口增长得快。⑤低地国家1500—1520年的价格和工资的关系一直很协调，但在之后的三十五年中二者之间的变动不相一致，到了16世

---

① B. A. Holderness, *Pre-industrial England: Economy and Society, 1500-1750*, p.204.

② Jan De Vries, *The Industrious Revolution: Consumer Behavior and the Household Economy, 1650 to the Present*, Cambridge: Cambridge University Press, 2008, p.85.

③ Daniel Roche, *A History of Everyday Things: The Birth of Consumption in France, 1600-1800*, Cambridge: Cambridge University Press, 2000, pp.66-67.

④ Ibid., p.59.

⑤ 〔美〕道格拉斯·诺思、罗伯斯·托马斯：《西方世界的兴起》，厉以平、蔡磊译，第144—147页。

纪的最后40年间，雇工工资重新开始上升。[1]在17世纪的前25年里，低地国家的实际工资出现了惊人的上涨。[2]之后基本处于上升的趋势之中。西班牙和法国的情况与英国和低地国家有所不同，这两个国家的实际工资虽有一定波动，但从长时段来看两国的实际工资总体处于小幅下降的趋势之中，可能西班牙实际工资下降的幅度更小。[3]1575—1577年与1630—1631年威尼斯两次爆发大规模的瘟疫，即使是这样，威尼斯也没有出现永无休止的惨淡景象，其经济很快得到恢复，工资劳动者家庭受此影响则较小。[4]

中间阶层的收入

中产阶层（middle ranks）是仅次于贵族阶层的一个群体，其收入占国民收入的比重并不低。此处采用格雷戈里·金对中产阶层的定义（表7-1注文里对中产阶层的概念进行了解释），包括了农业家庭成员和工商业家庭成员以及专业人员，相比今天的中产阶级概念更为宽泛。从图表7-1可知，中产阶层的家庭数量从1688年的435 000个上升到了1803年的634 640，家庭收入也从1688年的2 634万英镑上涨到12 463.3万英镑，虽然中产阶层家庭的收入占当年国民收入的比重基本没有变化，在两个年份分别为59%和59.4%，但是实际收入变化还是比较大的，1803年比1688年上涨了近五倍。

中产阶级家庭的年收入通常为40—200英镑。格雷戈里·金在其对1688年英国收入情况的研究中认为38英镑是中产家庭的年均最低收入，而另外一些学者经过进一步的研究把最低标准提高到40英镑，认为40英镑是维持中产家庭一年生活的最低消费标准。[5]1648

---

[1]〔意〕卡洛·M.奇波拉主编：《欧洲经济史》第二卷：十六和十七世纪，贝昱、张菁译，第80页。

[2]〔美〕道格拉斯·诺思、罗伯斯·托马斯：《西方世界的兴起》，厉以平、蔡磊译，第145—146页。

[3] 同上书，第147—149页。

[4]〔意〕卡洛·M.奇波拉主编：《欧洲经济史》第二卷：十六和十七世纪，贝昱、张菁译，第81页。

[5] L. Weatherill, *Consumer Behaviour and Material Culture in Britain 1660-1760*, p.98.

年，牧师拉尔夫·乔赛林的教会俸禄为50英镑，这对于维持他和他的妻子以及三个孩子的日常生活并不充足，他们也只能雇佣一个修养不高的女仆。[1] 如果想住更好的房子，加上日常开销，大概需要60英镑。但是在17世纪中期50英镑也足够一个牧师家庭的消费了。出身约曼家庭的威廉·斯托特是一个经过辛勤努力而增加收入的典型例子，他认为在17世纪末要维持其家庭生活每年至少需要40—50英镑，而为了改善家庭生活状况，他开始从事贸易，并最终成为一个零售商。[2] 同时，富裕的商人、约曼、商店店主和制造商的年收入较高，而且他们的日常消费水平也较高，他们的年收入能够达到或是超过200英镑。其中，大部分约曼的年收入达到了150英镑。[3]

专业人员的年收入相对要高一些，基本上在100英镑以上。1688年之前专业人员的重要性还没有表现出现来，其收入水平也不高。但是从17世纪末开始，随着经济社会的发展，职业人员的重要性凸显，其收入也出现了一定的增加。对于医生和律师而言，他们的工作较为专业。到了18世纪时，律师起草一份协议、证明一个遗嘱、准备一次诉讼等变得经常起来，而医生看一次病收取的费用为2英镑。[4] 牧师拉尔夫·乔赛林年均收入从1648年的50英镑上升到1660年后的150—160英镑。詹姆斯·扬是一位成功的医生，自17世纪60年代开始他收入中的很大部分来自他的出诊酬金和其他方面。他曾记录在普利茅斯的码头上给一个病人做外科手术，这个手术使其得到60—70英镑，而在另一年的出诊记录中记载他曾一次性从一个家庭得到80英镑的酬金。[5] 由此推断，詹姆斯·扬在当时一年的收入应该为几百英镑。教师被认为是一种低收入的职业，从事该职业的人经常还做着别的工作。但实际上，教师在当时的收入并不低，如马丁代尔在一个绅士家庭中做家庭教师，每周的报酬为15

---

[1] L. Weatherill, *Consumer Behaviour and Material Culture in Britain 1660–1760*, p.98.
[2] Ibid., p.99.
[3] Ibid., pp.98–101.
[4] B. A. Holderness, *Pre-industrial England: Economy and Society, 1500–1750*, p.202.
[5] L. Weatherill, *Consumer Behaviour and Material Culture in Britain 1660–1760*, p.102.

先令。到了18世纪末，伦敦的专业人员的年均收入在50—300英镑之间。① 此外，作为专业人员重要组成部分的地产管理人的收入可能更高。德文郡公爵地产的管理人一年的收入为1 000英镑，而詹姆斯·韦林作为德比郡伯爵的地产管理人每年的收入也有300英镑。②

实际上，很多专业人员的收入并未全部记录在案，这导致他们的实际收入要远远超过所记载的收入。③ 相比较其他群体，专业人员在收入方面有着绝对的优势，因为他们的收入不仅仅来自工资，还有酬金或是其他收入来源。如埃塞克斯的牧师拉尔夫·乔赛林在1650年以前的收入为150英镑，在之后的十年里年收入为200英镑，当时他的收入主要来自三个方面，其中作为当地的牧师每年有60英镑的收入，1659年之后上涨至80英镑；同时，作为厄尔斯·科恩地方学校的校长获得65英镑；此外，他还从土地所产出的农产品和土地出租以及作为教师的薪酬中获得收入，其中仅在1683年就获得80英镑。④

商店店主的收入也是比较高的。在1639年，一个酒馆日销售212夸脱葡萄酒，每夸脱的平均利润为3.5便士，那么酒馆的经营者将成为小商人阶层中最为富有者。⑤ 同样，17世纪末的商店店主彭杰利每年的家庭收入至少为200英镑，可能其实际收入还要超过这一数字，因为当年该家庭的支出较高。当时商店店主的家庭支出也能在一定程度上反映出他们的家庭年度收入较高。如威廉·斯托特的家庭消费从1690—1715年的100—150英镑上涨到了18世纪20年代初的200多英镑，另外一个名叫金的商店店主的家庭一年的花费

---

① Christopher Chalklin, *The Rise of the English Town, 1650–1850*, Cambridge: Cambridge University Press, 2001, p.21.
② L. Weatherill, *Consumer Behaviour and Material Culture in Britain 1660-1760*, pp.101-102.
③ Harold Perkin, *Origins of Modern English Society*, p.23.
④ L. Weatherill, *Consumer Behaviour and Material Culture in Britain 1660-1760*, pp.103-104.
⑤ B. A. Holderness, *Pre-industrial England: Economy and Society, 1500-1750*, p.201.

为152英镑,这还不包括租金和其他各类金融教育的支出。①

商人的年均收入也是中产阶层收入的重要表现。对于一般城市的商人而言,根据他们的经营规模和商业类型可以将他们的年均收入分为三类。第一类是大商人,其年均收入为400英镑;第二类为中等商人,其年均收入为200英镑;第三类为包括商店店主在内的小商人,他们的年均收入较低,仅为45英镑。②但是,对于伦敦这样的大城市而言,不同类型商人的收入通常要高于以上三种商人的年均收入。由上一段的分析可知,像商店店主这样的小商人的年均收入有时候是比较高的。当然,并不是所有的商人都能盈利。以伦敦为例,1614年时如果一个小商店的日营业额为5先令,它还能维持正常营业,一旦日营业额下降到2先令6便士时,商店店主便无法偿付商店的租金,商店就得关闭。③商人利润的来源是多途径的,除了有效的经营本领域的商品外,大商人还向其他商业领域投资。有学者对当时投资的总收益进行了分析,认为最高可达25%—35%,中等的收益率为10%,而最低也有3%—6%。这对于那些手握资本且对市场行情反应灵敏的大商人而言,可谓是攫取利润的大好时机。④

贵族阶层的收入

1688年和1803年贵族家庭占所有家庭的比例分别为1.2%和1.4%,但是贵族阶层的收入占国民收入的比重却高达14.1%和15.7%(见表7-1)。实际上,贵族阶层中的极少数大贵族的收入远超当时的平均比率。

近代英国贵族家庭的收入主要表现在以下几个方面。首先是租金收入。1696年,诺丁汉伯爵获得租金8 400英镑,1732年的贝德

---

① B. A. Holderness, *Pre-industrial England: Economy and Society, 1500–1750*, p.202.
② Peter Earle, *The Making of the English Middle Class: Business, Society and Family Life in London, 1660–1730*, Berkeley:University of California Press, 1989, p.269.
③ B. A. Holderness, *Pre-industrial England: Economy and Society, 1500–1750*, p.201.
④ Ibid.

福德公爵的地产毛租金为3.1万英镑，1764年德文郡公爵的地产毛租金为3.5万英镑，1797年德比郡伯爵的三分之二地产的租金就达到了4.7万英镑，伯爵塞夫顿1797年的租金收入为1.1124万英镑。[①] 其次是行政职位带来的收入。1640年之前，多数法律和行政职位是有利可图的，行政职位使一些贵族和绅士获得了大量收入。在法国还出现了买卖行政职位的现象。[②] 对于那些能够带来较多收入的重要职位，如军需官、国务大臣，贵族往往为争取这些职位进行激烈竞争。如纽卡斯尔的公爵在18世纪的40、50年代担任了国务大臣，其每年可以从该职位中获得5780英镑的收入。[③] 再次是投资、信贷等带来的收入。到了17世纪中后期和18世纪时，贵族阶层的收入逐渐多元化。除了投资土地外，他们还从事抵押贷款、购买债券等。[④]

17世纪末贵族阶层的单个家庭收入出现一定的上涨。如1688年，160个世俗领主家庭平均每家年收入为2800英镑，26个教会领主家庭平均每家年收入为1300英镑，800个男爵家庭平均每家年收入为880英镑，600个骑士家庭平均每家年收入为650英镑，3000个绅士家庭平均每家年收入为280英镑。[⑤]

综上所述，尽管近代欧洲各国不同社会阶层的收入有着较大区别，但是随着经济的发展，大多数群体的经济收入处在不断增加之中。到17世纪中期时在欧洲持续一个半世纪之久的通货膨胀告一段落，随后的一个多世纪是物价稳定的时期。同时，由于人口增长放缓，且在一些国家出现了农业革命，食品价格开始出现下降，而工资率却能保持不变。通过考察一个劳动者的工资购买力可以说明近代欧洲收入增加的情况。如在17世纪的最后40年和18世纪的最初20年期间，"一个劳动者用一天的工资可以购买三分之二配克的麦

---

① Harold Perkin, *Origins of Modern English Society*, p.19.
② B. A. Holderness, *Pre-industrial England: Economy and Society, 1500–1750*, pp.202.
③ Harold Perkin, *Origins of Modern English Society*, p.19.
④ B. A. Holderness, *Pre-industrial England: Economy and Society, 1500–1750*, pp.203.
⑤ Joan Thirsk and J. P. Cooper, *Seventeenth-Century Economic Documents*, Oxford: Clarendon Press, 1972, p.780.

子",到了1720—1750年,随着工资的上升,麦子的价格却出现了大幅下降,"一个劳动者用一天的劳动报酬就可以购买整整一配克麦子"。[①]

二、地租赋税的变化

作为使用土地代价的地租,自然是租地人按照土地实际情况所支付的最高价格。在决定租约条件时,地主都设法使租地人所得的土地生产物份额,仅足补偿他用以提供种子、支付工资、购置和维持耕畜与其他农具的农业资本,并提供当地农业资本的普遍利润。[②]实际上,受各种因素的影响,近代欧洲各国的租税处在不断变化之中。

1500—1640年租税的普遍上涨

考察16世纪和17世纪上半期租税的变化,必须与物价的飞涨和租地农场的发展结合起来。物价与租税相互影响,而土地经营方式的发展也直接影响租税征收的方式和数额。

新承租土地的租金(也叫更新租契时的特别租费)和土地转手时的进入税(又称"过户费")的上涨是租金变化的重要表现。在很多地产上,新承租土地的租金和进入税是不固定的,这为地主对农民进行盘剥提供了机会。进入税是新佃户所付出的代价。除了那些享有固定过户费的少数幸运者之外,过户费是地主对佃农实行暴敛的一种剥削手段,无论是取得佃册地还是重换租契,都要缴纳进入税。增加进入税可能是地主驱逐佃农的最好办法,其目的是把土地收回,扩大地主的保有地,或者把土地圈起来,或是租给其他能缴纳更多地租的新佃户。另外,随着物价的上涨,地主的生活费用也

---

① 〔意〕卡洛·M.奇波拉主编:《欧洲经济史》第二卷:十六和十七世纪,贝昱、张菁译,第81页。

② 〔英〕亚当·斯密:《国民财富的性质和原因的研究》上卷,郭大力、王亚南译,商务印书馆2016年版,第137页。

在增加，他们希望获得更多的进入税或是租金来满足自己的消费需要。①进入税并不是一种固定的税费，而是存在较大的随意性。地主和佃农之间可以讨价还价，在此过程中地主往往要价过高，而佃农给出的较低，最终要采取双方都能接受的折中的价码。对土地需求的增加以及农业资本家为了获利而提高地租的做法导致土地进入税过高。当时有佃农抱怨说，进入税已经超过了土地本身的价值，但绝大部分情况下进入税的多少还是双方商讨的结果。如一位佃农想以6英镑13先令4便士的进入税租种一块土地，领主考虑到不断提高的土地价值最后把进入税提高到了8英镑；同样，为了租种一块租约长达99年的土地，威廉·波顿愿意交出300英镑的进入税，土地的主人约翰·希恩要求交450英镑，之后双方分别给出了360英镑和400英镑，经过商讨，最终以370英镑成交。②对于一般佃农而言，进入税是比较高的，但地主允许分期付款，这在一定程度上解决了该问题。一般在土地租佃开始后的一至两年内，进入税可以分为两次、三次或是四次进行交付，而有些进入税分期支付的时间跨度可能更长。如200英镑的进入税允许在10年内分期支付。③多数情况下，对于进入税分期支付的具体时间并没有明确规定。

16世纪以来，地主向佃户征收越来越高的新承租土地的租金。如1530—1531年，珀西家族要求其地产上习惯佃户缴纳相当于一年或一年半地租的新承租土地的租金，这要比15世纪末的标准明显要高。到了伊丽莎白一世统治末期，在威斯特摩兰的克罗斯比加勒特地主与佃户之间经过讨价还价之后把缴纳新承租土地的租金额定为9年的地租之和。④一个佃户在1537年缴纳进入税为6先令8便士，1563年缴纳的新承租土地的租金为5英镑，另一个佃户在1529年缴

---

① 〔英〕约翰·克拉潘：《简明不列颠经济史：从最早时期到1750年》，范定九、王祖廉译，第285页。
② Eric Kerridge, "The Movement of Rent, 1540-1640", *The Economic History Review*, New Series, Vol. 6, No. 1 (1953), p.19.
③ Eric Kerridge, "The Movement of Rent, 1540-1640", p.20.
④ 沈汉：《英国土地制度史》，学林出版社2005年版，第105—106页。

纳进入税20先令，1563年缴纳的新承租土地的租金为40英镑。[1]有学者对新承租土地的租金上涨幅度进行了研究，以1510—1519年的新承租土地的租金指数为100，到了1600—1609年上涨至672，到了1650—1659年上涨为845，而在同样的时间段内，谷物小麦和大麦的价值指数分别上涨至573、452。[2]实际上，新承租土地的租金是16世纪兴起的一种商业性地租，与之前固定的地租有所不同，也可以理解成地主为保护自身利益而进行的一种调整。总之，新承租土地的租金和高额的进入税可以看作是地主固定租金的一种补偿。

随着土地价值的上涨，地租上涨成为一个普遍现象，大概是从16世纪的70、80年代开始，地主才大幅度调整土地的租税。地租的上涨可以直观地体现在以下两个方面。首先，租金上涨的幅度大。在埃塞克斯郡一些地方，1566—1651年租金上涨了4倍多。在沃里克郡，1556—1613年地租上涨了3倍，1613—1648年再次上涨3倍。在诺丁汉郡的一些地区，16世纪上涨了6倍，同一时期林肯郡的地租上涨了2倍。在胡顿·帕格内尔，1584—1621年地租上涨了3倍。[3]在威尔特郡，1510年至1630—1650年的地租上涨幅度达到了8—10倍。[4]同样，短期来看，租金的涨幅也不小。在1619—1651年的32年里，约克郡萨维尔的12个庄园上的地租上涨了400%。同样，在英国内战爆发前的半个世纪里，约克郡、诺丁汉郡、东盎格利亚等地拥有土地家族的地产上的地租至少上涨了2—3倍。[5]在南密德兰地区，每英亩圈占的牧场租金从1500—1524年的1.05先令上涨至1625—1649年的15.24先令，上涨幅度近15倍，同一时间内未圈占的牧场的租金从0.37先令上涨至6.71先令；未圈占的轻质土壤耕作区每英亩土地的租金从1500—1524年的0.42先令上涨至1625—1649年的5.29先令。参见表7-2。

---

[1] 沈汉：《英国土地制度史》，第105—106页。
[2] Eric Kerridge, "The Movement of Rent, 1540–1640", p.28.
[3] Ibid., p.17.
[4] B. A. Holderness, *Pre-industrial England: Economy and Society, 1500–1750*, p.79.
[5] Peter Bowden, "Agricultural Prices, Farm Profit, and Rents", pp.690–691.

表7-2 1500—1849英国南密德兰地区的地租（先令/英亩）

年份	牧场 敞田	牧场 圈地	轻质土壤耕作区 敞田	轻质土壤耕作区 圈地	重质土壤耕作区 敞田	重质土壤耕作区 圈地
1500—1524	0.37	1.05	0.42	—	0.74	—
1525—1549	0.45	1.70	0.65	—	0.61	—
1550—1574	0.60	3.58	0.49	—	0.43	—
1575—1599	3.38	7.11	2.93	—	4.62	—
1600—1624	5.53	13.60	6.53	—	5.85	—
1625—1649	6.71	15.24	5.29	—	—	—
1650—1674	6.02	17.57	6.18	6.50	5.78	—
1675—1699	—	17.60	6.25	—	5.83	—
1700—1724	9.61	16.00	—	—	—	—
1725—1749	9.29	13.89	10.52	11.98	6.91	—
1750—1774	8.69	15.70	11.13	14.38	8.09	10.32
1775—1799	9.33	19.80	11.77	16.71	7.61	14.84
1800—1824	15.18	29.73	19.33	25.82	9.70	21.16
1825—1849	—	33.28	29.98	29.32	—	—

资料来源：Robert C. Allen, *Enclosure and the Yeoman*, Oxford: Clarendon Press, 1992, p.172。

其次，征收地租总额的上涨。如在威尔特郡的西摩尔地产庄园上，1575—1576年收取租金的总额为475英镑12先令5.5便士，到了1639—1640年增长至1 429英镑11先令，到1649—1650年进一步增长至3 203英镑19先令4便士。在埃塞克斯郡属于彼得的地产上，1572年收取租金1 400英镑，1595年的租金为2 450英镑，1640年租金达到了4 200英镑。[①]1472—1640年，大地产上的绝大多数的租地农场的地租上涨了5—10倍。

王室地产和教会地产上的租税涨幅较小，导致这一现象的原因较为复杂。根据1608年的调查可知，在萨默赛特郡、德文郡、多塞特郡和威尔特郡的王室庄园上的地租应为7 500英镑，实际收缴506

---

① Peter Bowden, "Agricultural Prices, Farm Profit, and Rents", p.690.

英镑；同年，在坎伯兰、威斯特摩兰和西来丁地区王室土地上的地租应为9 297英镑，而实际收缴2 206英镑。①导致王室土地上地租收缴较低的原因主要有以下两方面。一方面，受政治的不稳定和通货膨胀压力的影响，王室土地上的投资较少且管理松散，而且没有采取新的生产和管理方式，最主要的表现就是全国地租在大幅上升的同时，王室土地上的地租征收标准还是固定的，直到内战结束后才有所改变。②另一方面，地产管理者中饱私囊。王室庄园上的管理者经常把收缴的租税私自侵吞，一些管理者侵吞的租税是上交国王的6倍，甚至还有一些管理者根本不向国王上交收到的租税。③王室为了提高租税，曾派专人对其地产状况进行调查，但调查并未完成。同样，教会地产的管理也有自己的特点，如为了安全稳定，教会喜欢把地产长期出租出去。④同时，教会通常把整个庄园连同庄园上的一些权利一起出租出去。承租教会地产的人往往再向外转租，并将收取高额地租中的一少部分转交给教会。如1633年彭布罗克的伯爵向索尔兹伯里的主教缴纳118英镑的租金，而他把租种教会的庄园转租之后可以获得近206英镑的租金。1616年在马斯克的蒂莫西·赫尔顿的1 449英镑的地产收入中有573英镑来自租种教堂的土地。⑤

如果把16世纪和17世纪前40年作为一个整体来考察租税的变化，将会发现一个重要的特征，即肥沃的土地和贫瘠的土地的地租率是有一定差别的，这也可以推断出耕地的地租上涨幅度超过了草地或牧场的上涨幅度。例如，在诺福克和萨福克两个郡，1590—1600年至1640—1650年耕地租金上涨了6倍，而牧场和草地租金则上涨了2—3倍。⑥同样，在德比郡的一个地产上，1543—1584年草地的租金上涨超过了4倍，而耕地的地租上涨幅度则更大。在诺福

---

① Peter Bowden, "Agricultural Prices, Farm Profit, and Rents", p.691.
② Ibid.
③ Eric Kerridge, "The Movement of Rent, 1540–1640", p.32.
④ B. A. Holderness, *Pre-industrial England: Economy and Society, 1500–1750*, p.78.
⑤ Peter Bowden, "Agricultural Prices, Farm Profit, and Rents", pp.691–692.
⑥ Eric Kerridge, "The Movement of Rent, 1540–1640", p.17.

克郡的部分地区和萨福克郡，可耕地的租金从17世纪最初10年的每英亩4先令上涨至1640—1650年的10先令，而草地则从1600—1610年的10先令上涨至1630—1640年的11先令8便士。[①]较高的耕地租金的上涨幅度与谷物价格的长期上涨幅度超过其他农产品价格的情况是相符的，当然与其他农产品的生产相比，谷物生产的投资也是比较高的。

1640—1750年租税的缓慢上涨

尽管1640—1750年农产品的价格水平低于上一个时期，但是由于农业生产技术的提高、新的农作物的种植以及投资的增加等因素促使农业生产有了较高的发展，因此1640—1750年地租水平较之上一个时期还在缓慢上涨。[②]以南密德兰地区地租变化为例，每英亩未圈占的牧场的租金从1650—1674年的6.02先令上涨至1725—1749年的9.29先令，未圈占的重质土壤耕作区的租金从1650—1674年的5.78先令上涨至1725—1749年的6.91先令。[③]

如果仅考察这一时期的地租发展，不同时间段内又有一定的波动。以下将划分几个时间段，分别介绍地租变化的状况。

1640—1663年，租金的小幅上涨。1640—1663年，英国农业出现歉收，加之战争的爆发，使得这一时期农产品的价格较高，尤其是谷物价格。但是有资料显示，这一时期的佃农和他们的地主是较为富有的。佃农和地主之间就提高租金进行谈判，而且当时也较少出现佃农拖欠地租的现象。在南密德兰的轻质土壤耕作区，每英亩土地的地租从1625—1649年的5.29先令上涨至1650—1674年的6.18先令。[④]

1664—1691年，租金出现下降。1665年伦敦爆发的大瘟疫导致

[①] Peter Bowden, "Agricultural Prices, Farm Profit, and Rents", p.693.
[②] Peter J. Bowden, "Agricultural Prices, Wages, Farm Profits, and Rents", pp.63-73.
[③] Robert C. Allen, *Enclosure and the Yeoman*, p.172.
[④] Ibid.

第七章 收入分配

当地人口大幅下降，下降的人数约为全国城市总人口的1/12，这使得对农产品的需求减少；同时，农业生产水平有所提升，谷物产量进一步提高，而此时国外谷物的进口进一步增加了粮食的供给。① 以上因素导致农产品价格的下跌。同时，牲畜以及畜牧产品的价格也出现了下降。爱尔兰和苏格兰牛的进口以及西班牙羊毛的进口导致英格兰牲畜产品价格下降。② 农业和畜牧业产品价格的下跌导致租金的下降。因为价格下降，当时有相当一部分的佃农破产了。可见，农业和畜牧业发展的情况不可能允许地主去提高地租，地主和佃农谈判的结果是降低地租。大概在17世纪的70、80年代，一些地产的地租下降了20%。③ 在肯特原野（Kentish Weald），17世纪60年代每英亩草地的租金下降了5—6先令。同样，在盖亨特的东布拉德纳姆地产上，1674年草地和牧场的租金比之前的十五到二十年下降了10%—20%。④ 当时一些地产上的房子破旧不堪，周围的栅栏和水渠年久失修。在地主和佃农协商地租时，佃农居于强势的地位，不仅要求降低货币地租，而且要求地主加大投资和修缮租地上的房屋和设施。

1692—1703年，租金上涨。谷物价格和牲畜价格开始出现上涨，地主很快意识到了价格上涨所带来的收益，并要求佃农多缴纳地租。一位名叫丹比的爵士在1693年5月给他在约克郡的地产管理人的一封信中提到，对于地产上佃农拖欠地租的现象他十分不满，要求地产管理人改善这一现状。第二年，丹比还派遣菲茨·威廉去同他的地产管理人一同负责提高地租事宜。同时，一些佃农要求以现有的固定租税标准更新租期，无需协商。1700年，农产品的价格出现了进一步的上涨，之后租金上涨了30%，即从11先令上涨至14先令。⑤ 随着谷物价格和牲畜价格的上升，地租也出现了上涨，所以

① Peter J. Bowden, "Agricultural Prices, Wages, Farm Profits, and Rents", pp.76–78.
② Ibid., pp.76–77.
③ C. G. A. Clay, *Economic Expansion and Social Change: England 1500–1700*, Vol.I, p.91.
④ Peter J. Bowden, "Agricultural Prices, Wages, Farm Profits, and Rents", p.77.
⑤ Ibid., pp.78–79.

在17世纪末和18世纪初佃农需要付出更高的租金。①

1704—1713年，租金下降。在18世纪的最初10年，受通货紧缩的影响，农产品价格上涨幅度不大。1704年诺福克郡的土地所有者告诉他的地产管理人不要提高地租，因为"谷物和牛的价格是非常低的"。约翰·英吉尔比爵士接收到的信息是在其约克郡的地产上的佃农缴纳的租金在减少。1709年，诺丁汉伯爵在埃塞克斯的地产代理人允许佃农拖欠租金。②

1714—1750年，农产品价格总体出现轻微下降，但是租金则出现了适度上涨。当时的经济发展是不平衡和不规则的，依据新的材料和研究对价格的变化进行调整。如1725—1729年小麦的平均价格比1692—1713年上涨了3%，其他大部分农产品价格也出现了上涨。如果以1714—1749年作为一个整体来考察的话，相对于畜牧产品的价格而言农产品的价格出现了下降。如小麦和黑麦的平均价格下降了20%。③其他谷物的价格并未出现像小麦和黑麦价格下降的幅度，并在18世纪20年代出现了上涨，之后又开始下降。因此，一些地产上的耕地租金才出现了一定的上涨。如1723—1727年在属于理查德·韦恩的林肯郡的耕地上地租上涨了15%。在1731年之前，金斯顿的公爵的土地上地租出现了上涨的现象，在亨特福德郡的希治对地租的估价也出现了上涨。④

18世纪30、40年代的地租略有下降。如金斯顿地产上的租金支付形式多种多样，而且租金拖欠现象严重，尤其是在1732—1733年和1739—1740年。为了吸引佃农，金斯顿的公爵主动降低租金，并维修地产上的农业设施，还替佃农支付一些额外的税赋，甚至为佃农提供种子和牲畜等。⑤在林肯郡的蒙森勋爵的地产上，地租拖欠现

---

① C. G. A. Clay, *Economic Expansion and Social Change: England 1500-1700*, Vol.I, p.91.
② Peter J. Bowden, "Agricultural Prices, Wages, Farm Profits, and Rents", p.79.
③ Ibid., pp.79-80.
④ Ibid., pp.80-81.
⑤ Ibid., p.79.

象非常严重,1741年地租累计拖欠总额达到了7 548英镑,接近平均每年租税额(4 127英镑)的2倍。①

1750—1850年租税的继续上涨

1750—1850年地租一直处于上升当中,仅在拿破仑战争之后的20年内有所下降。具体而言,在18世纪的后50年内地租是稳步上涨的,18世纪末英国与法国之间战争的爆发促使租金大幅度上升,直到战争行将结束时的18世纪30年代的困难时期才下降,之后直到19世纪的最后25年一直处于上升的趋势中。

1750—1790年地租的上涨是普遍的,但是受圈地的影响也出现了一些变化。在那些未进行圈地的地方,租金的上涨幅度较小。金斯顿的公爵在诺丁汉郡的佃农的租金上涨了48%,蒙森勋爵的地产上佃农的租金上涨了44.5%,1760—1793年盖伊医院(Guy's Hospital)地产上的租金上涨了28%。②圈占之后的土地能为地主带来更多的收入,因此租金也较高。一般情况下,被圈占后的土地的租金上涨幅度为2—3倍,例如在林肯郡和威尔特郡圈占后的土地的租金就上涨了3倍。③

1790—1815年租金大幅上涨。18世纪末与19世纪初英法之间的战争导致粮食需求大增,而粮食进口的中断和歉收进一步加剧了粮食危机,这些原因导致农产品价格的飞涨,进而导致租金的攀升。由农业委员会的调查可知,英国全国84%的地区的租金在1790—1813年均出现了上涨,普遍上涨幅度为90%—100%。④1750—1780年至1780—1820年,柴郡的地租上涨超过了2倍,在北安普敦和亨廷顿两个郡的米尔顿的地产上1792—1815年地租上涨了

---

① Peter J. Bowden, "Agricultural Prices, Wages, Farm Profits, and Rents", p.82.
② J. V. Beckett, "Landownership and Estate Management", in Joan Thirsk, ed., *The Agrarian History of England and Wales*, VI, 1750–1850, Part I, Cambridge:Cambridge University Press, 2011, p.620.
③ J. V. Beckett, "Landownership and Estate Management", p.621.
④ Ibid.

175%，在林肯郡的斯卡伯勒伯爵的地产上1792—1814年的地租上涨超过了3倍，在格林威治医院的诺森伯兰郡的地产上的地租收入从1775年的885英镑增加至1815年的3 838英镑。[1]在其他一些地区，地租上涨幅度并没有如此之大。如在埃塞克斯郡，1791—1815年的地租比1751—1790年的地租上涨了52%，在诺森伯兰的阿尼克地产上的地租在1790—1820年上涨了64%，同一时期林肯郡盖伊医院地产上的地租上涨了74%。依据农业委员会的调查报告可知，在战争爆发期间租金上涨的幅度更大，如在1796—1804年的斯塔福德郡平均每英亩的年租金从20先令上涨至25先令，而1794—1813年的沃里克郡平均每英亩的年租金从18先令上涨至29先令。[2]

1815—1850年地租继续上涨，仅在1821—1822年出现危机时地租出现下降和拖欠的现象。在1821—1822年，地租出现了一定幅度的下降，地主在与佃农协商租金时主动减免10%—20%。同时，在一些地产上也出现了拖欠地租的现象。除了在1821—1822年短暂的波动外，地租还是处于缓慢上涨的趋势之中。如在埃塞克斯郡的1816—1835年的地租比1791—1815年的地租水平上涨了28%，而在诺丁汉郡1830年的平均地租水平比1750年至少上涨了2倍。[3]

总体而言，由于经济的不断发展，近代欧洲的租金是不断上涨的，但是战争的爆发、物价的波动以及自然灾害等因素将在短期内导致租金出现下降。同时，由于区域的差异、土壤类型的不同、投入资金的多少以及农业生产率的高低等因素也能影响租金的水平。实际上，除了地租外，人头税、利润税、关税、消费税等也是国家收入的主要来源。[4]

---

[1] J. V. Beckett, "Landownership and Estate Management", p.622.
[2] Ibid.
[3] Ibid., pp.622-623.
[4] 〔英〕亚当·斯密：《国民财富的性质和原因的研究》下卷，郭大力、王亚南译，商务印书馆2016年版，第416—479页。

三、济贫法

济贫问题是国家治理当中的一个社会问题,而济贫政策也是典型的社会政策。贫困现象是自中世纪以来就存在的社会现象,到了近代以来,随着人口的增加和货币的通胀,使得贫困成为了欧洲所有国家要面对的一个普遍现象,这迫使它们不得不采取一系列的举措对其进行治理。

1688年之前,几乎欧洲所有的政府都声称国王和人民之间处于一种相互依赖的和谐关系之中。事实上,当时的社会状况并非如此。在16世纪有很多欧洲国家,无论是天主教的还是新教的,无论是独裁的还是封建的,都颁布一系列法令来解决本国的贫困问题,因为当时的贫困是普遍存在的。以英格兰为例,在1520年之后,国家面对的当务之急是贫困问题,不仅仅基于国家的社会责任,而且也是当时混乱、失业和饥饿的问题不容忽视。为了解决失业和饥饿问题,除了正常的救济之外,都铎王朝及其继任者给予更多关注。[1]

相关立法与对流浪汉和失业者的治理

中世纪时期并没有济贫法,当时的贫困问题主要由教会和修道院以及城市里的行会来处理,当时的私人济贫发展还不是十分完善。黑死病之后,政府颁布法令对失业者和流浪者进行治理,1501年重申了这些法令,并对身强力壮的乞丐进行惩罚。1530年之后的济贫法令的内容是之前相关法令的重申。[2]

16世纪出现了人数众多的流浪者。圈地运动是导致流民出现的一个重要原因,当时一些村庄被全部圈围起来,房屋被推倒,村民

---

[1] B. A. Holderness, *Pre-industrial England: Economy and Society, 1500–1750*, pp.188-189.
[2] Ibid., p.189.

被迫离开。[1]当时的流浪者主要包括：不属于任何庄园主的人、歹徒、无田地耕作的人、森林落草的人、流浪的乞丐、进行欺诈的人、由于残疾不能劳动的人以及"拒绝进救济院的人"——漂泊的娼妓、窃贼、"吉卜赛人"、真正的城市无产者等。[2]都铎时代的印刷品中涉及了大量流浪者的形象，这也说明当时的流浪者人数众多，而且已经成为了严重的社会问题。根据1500年之前流传下来的一项法律可知，所有行为不检的游民一律作为罪犯看待，甚至在中世纪的德国皇室有一种"打猎"权，即猎取"无法无天"的人充当奴隶，或者至少充当农奴。[3]

1531的济贫法令区分了有工作能力的乞丐和无工作能力的乞丐，委托法官不仅要鞭笞流浪者，还要颁执照给无工作能力的人以便他们行乞。但是，这些规定很难执行，于是在1536年进行了较大的修改，首次承认"社会上的失败者和受害者"是国家的责任。1536年的法令也包含了新的规则，即教区对济贫是有责任的，比如适当的雇佣可能缓解贫困，惩罚条款保留下来且使用更为频繁，而一直到1865年法令中强调的教区筹资在济贫法中占据核心的地位。1547年议会通过了一项《野蛮行为法令》，因为在16世纪40年代末流浪者成为了社会最大的困扰。在1563年、1572年、1576年的伊丽莎白一世颁布的法令中恢复了旧的原则，并且就济贫的捐赠问题增加了强制原则。[4]

为了避免施舍导致好逸恶劳的风气，相关法令禁止随意施舍。当时的法令规定，健康的人一旦被发现行乞，要被带到附近的市镇，脱光衣服，绑在车后，游街示众，同时鞭打至流血为止，然后遣返

---

[1] John Broad, "The Parish and the Poor in England, 1600-1850", in John Broad and Anton Schuurman,ed., *Wealth and Poverty in European Rural Societies from the Sixteenth to Nineteenth Century*, Turnhout, Belgium: Brepols, 2014, p.210.

[2] 〔英〕约翰·克拉潘：《简明不列颠经济史：从最早时期到1750年》，范定九、王祖廉译，第409页。

[3] 同上书，第409—410页。

[4] B. A. Holderness, *Pre-industrial England: Economy and Society, 1500-1750*, pp.188-190.

原籍或是曾居住过三年以上的地方。不仅是健康的乞丐要受罚，而且那些给他们施舍的人也要受罚。如对收留健康乞丐、施舍钱物或是留宿者，要受到法官的惩罚。任何妨碍执法者，罚款100先令。[1]

1572年的法令再次强调了教区筹资的重要原则，1576年引入了济贫院的概念，并且在济贫院不用工作，但是在劳动济贫所必须工作。1597—1601年对济贫法有了两次较大的调整，即对所有早期法律中使用的概念进行汇编，并试图在国家层面之上进行系统的管理。1601年之后主要的发展是1662年颁布的《居住法令》，该法令阐明了乞丐劳动者的法律地位，1697年的法令规定了持有证明的劳动者可以自由流动，1723年的法令鼓励建立小的济贫院和劳动济贫所。1662年的法令赋予教区的职员去驱使流浪人员的流动，为的是征税。1697年的法令规定一些人可以被合法的流动，1723年法令对建立用于生产的公共的房屋的好处进行了讨论，结果并没有得到特别的鼓励，后来在1756年的萨福克郡多数百户区建立了联合济贫院，这也为1834年的济贫改革提供了经验。[2]

济贫税的征收与管理

中世纪英格兰有大量的遗嘱把自己的财产捐赠给教会或是其他团体，这样的习惯一直延续到了17世纪初甚至更晚的时候。[3]有学者对英格兰的10个郡和伦敦的捐赠进行了考察，在16世纪前50年平均每十年的社会捐赠为50 862英镑，到了17世纪前10年社会捐赠大幅上涨至382 397英镑。如1567—1634年的埃克塞特，依靠捐赠就建造了三处济贫院。[4]事实上，社会捐赠并不能满足济贫的需要，救济金一直是困扰政府的难题。

英格兰在伊丽莎白一世统治时期制定了征收济贫税（poor

---

[1] 尹虹：《十六、十七世纪前期英国流民问题研究》，中国社会科学出版社2003年版，第145—146页。
[2] B. A. Holderness, *Pre-industrial England: Economy and Society, 1500–1750*, pp.190-192.
[3] Ibid., p.188.
[4] C. G. A. Clay, *Economic Expansion and Social Change: England 1500–1700*, Vol.I, p.227.

rates）的法令。1562年及其之前的法令规定自愿缴纳济贫税，但是成效并不好，1572年重新颁布法令，即在对个人财产进行评估的基础上，以确定每个人缴纳的金额，也就是说开始强制征收济贫税。这一制度由原来自愿的慈善行为改为按财产比例缴纳，缴纳济贫税成为人们必须履行的义务，用法律代替劝说，用强制代替自愿，用征税代替募集，这样也使得英国形成了初步的济贫税制度。1593年，英格兰再次颁布法律，废除了对流浪者施以监禁、死刑和烙耳等血腥条款，但并未取消体罚，而是继续保持了鞭笞的刑罚。从此，英格兰走上了以救济为主、惩罚为辅的政府管理的济贫道路。[1]治安法官是济贫法令的具体实施者，他们将贫民登记造册，任命、监督和指导济贫税征税员，批准应缴纳的济贫税额度，将拒绝缴纳济贫税款者送进监狱。具体而言，在治安法官批准的情况下，教区委员会或济贫监督官、市长、市镇领导或地方团体各自在他们教区内缴税，逃税者由治安法官送进监狱，不能保释，直到缴清罚款。[2]其中，最基层的济贫官员是济贫官，他们必须了解自己教区内的所有穷人以确定济贫税的数量，然后按比例征收，为没有劳动能力的穷人提供救济金和住所，为学徒找师傅，为失业者找工作。[3]

17世纪时期，英格兰的济贫税征收规模不断增加。在该世纪前期，济贫税尚不足以满足所有的济贫资金需求，私人捐助依然占据着重要地位。之后，济贫税的征收规模不断扩大。从17世纪的第三个25年开始，英格兰的济贫税征收日益规范，而且税额也在不断增加。如在17世纪中期，平均每年的济贫税为25万英镑，到了该世纪末为70万英镑，上涨幅度接近3倍。[4]同时，济贫税税率也在上升。如西伯里教区在1668年及此前数十年的济贫税税率为每英镑2便士，到了1671年增加至每英镑3.5便士，此后没有低于3便士，到

---

[1] 尹虹：《十六、十七世纪前期英国流民问题研究》，第153—154页。
[2] 丁建定：《英国济贫法制度史》，人民出版社2014年版，第60页。
[3] 李新宽：《国家与市场——英国重商主义时代的历史解读》，中央编译出版社2013年版，第88页。
[4] C. G. A. Clay, *Economic Expansion and Social Change: England 1500–1700*, Vol.I, p.230.

了1681年猛涨至9便士。①其他地方也多出现类似的情况。

18世纪时期,济贫的成本在不断增加,济贫税也出现了上涨。17世纪的济贫问题依然严峻,但很难估算17世纪济贫事业的花费,直到18世纪才出现准确的记录。当时的济贫花费并未受到价格下跌和人口增长的影响。18世纪的史料显示在宗教改革之后济贫税出现了大幅上升。有学者对17世纪末的济贫支出进行了估算,如在1690年为63.2万英镑。根据1776年议会的调查可知,当年济贫支出为170万英镑。这些数据可能并不可靠,还需要其他资料的佐证。1600—1776年,英格兰的济贫支出不断上涨,到18世纪时济贫状况更为困难,但是在1780年之前济贫院里的食物、衣服、医疗条件以及类似的需要要比人们预想的要好。当时出现了大批的流民,扰乱了教区或是村庄的原有生产和生活秩序,进而严重影响了济贫税的征收。为了增加收入,征收济贫税的范围在不断扩大。如乡村中的佃农也需要缴纳济贫税来支助失业的劳动者。②同时,济贫税的提高使情况更糟,1750—1775年的济贫水平仅相当于伊丽莎白一世时期。③1750年之后乡村地区的穷困状况进一步恶化,工资上涨幅度低于价格的上涨。④事实上,政治家、经济学家和其他有产者并不支持这样一个体制,因为济贫税带来了沉重负担,进而导致了1834年的济贫改革,这次改革明确反对身强体壮的穷人接受济贫的做法。⑤

济贫税的征收、使用和管理逐渐完善。随着济贫制度的发展,教区委员会的委员权力日益增强,他们不但可以解决教区内部和教区之间有关济贫税的纠纷,也可以从事济贫税税率的制定、批准济贫救济申请等事务。同时,教区委员会的成员还成立处理济贫事务的核心委员会,使得教区委员会在济贫事务中的作用不断加强。此

---

① 丁建定:《英国济贫法制度史》,第79页。
② John Broad, "The Parish and the Poor in England, 1600–1850", p.210.
③ B. A. Holderness, *Pre-industrial England: Economy and Society, 1500–1750*, p.191.
④ Ibid.
⑤ Rosalind Mitchison, "The Making of the Old Scottish Poor Law", *Past & Present*, No.63 (May, 1974), pp.61–62.

外，为了防止济贫资金被滥用，济贫法规定：每一个教区必须保留一个登记簿，簿中记录所有接受救济的人员名字，何时接受第一次救济，等等。为了防止济贫官员滥用职权，一些地方开始出现带薪济贫监督官。[①]

地方教区和城市参与济贫

济贫是以政府为主导的，但是地方城市和教区却起着重要作用。1520年之后，大多数欧洲的城市都在试图解决乞讨和流浪等社会问题，并且采取不同的举措来帮助那些愿意工作的贫民。在法国、意大利和西班牙的城市都建立了济贫机构，为流浪者和乞丐提供生活必需品，并集中建立"公共医院"（public hospital）等设施。[②]

英国的自治城市参与到政府主导的济贫事业当中。伦敦、诺里奇、约克和考文垂等城市发展起自己的济贫制度以便补充或是代替私人的、教会的和行会的救济。其中，伦敦和诺里奇分别在1547年和1549年颁布了本城市对不同的贫困群体的解决办法，且在1563年后大城市在济贫问题上的立法条款更为详细。[③]

一些城市为老人建立收容所，为年轻人建立训练所，募集济贫资金，管理所有不能自食其力的人。如圣托马斯慈善收容所能够救助260个"老年的和有病的人"，还能为其他500个居住在自己家里的穷人提供膳食。[④]在一些城市中存在规模较大的慈善基金，如在沃里克和圣奥尔本斯就存在着大量的慈善团体，它们每周都要向穷人提供面包，城市中一半的家庭接受了它们的救助。[⑤]在佛罗伦萨也存在着救助穷人的机构，一些资料记载了文艺复兴时期的济贫机构，

---

① 丁建定：《英国济贫法制度史》，第82页。
② Mark R. Cohen, "Introduction: Poverty and Charity in Past Times", *The Journal of Interdisciplinary History*, Vol. 35, No. 3 (Winter, 2005), p.355.
③ B. A. Holderness, *Pre-industrial England: Economy and Society, 1500-1750*, p.190.
④ 李新宽：《国家与市场——英国重商主义时代的历史解读》，第86—87页。
⑤ John Broad, "The Parish and the Poor in England, 1600-1850", pp.203-204.

其中有专门为寡妇建立的济贫院,其主要费用来自捐助。[1]城市的济贫实践为国家创设统一的济贫体系提供了借鉴。修缮、重建、扩建和新建的慈善收容所、劳动济贫所和感化院或教养所,救助能力大为提高。这样就发展出一个新的济贫体系,这些收容所不再是单独的机构,而是成为城市整体管理的一部分,实行公共管理。

同样,教区在济贫法的执行和实施中发挥着举足轻重的作用。每一个教区要负责本地的济贫事务,如房屋的建造、济贫税的征收、生活必需品的提供等,但是必须在郡法官的监督下进行的。根据1597年和1601年的尝试可知:教区对无助的、上了年纪的和生病的人应负有责任,且教区的财务由选举出的人强制管理,同时,失业的人被提供一些纺织原材料进行适当的生产,年轻的乞丐、孤儿和私生子成为学徒,对积习难改的盗贼进行司法审判,以便阻止他们成为无用的流浪汉。[2]事实上,乡村中很少设有正规的贫民救济院。但是,乡村中或许将几个茅舍分配给那些为生活而挣扎的贫民居住,或准许他们在荒地上搭建自用的简陋茅舍。只要他们有房屋遮盖,那么,再供给他们饮食或小宗生活津贴就极其简单了。[3]此外,教区还要监督本地区穷人的流动。邻近教区之间的劳动者为了寻找工作必然出现流动,地方政府通过协议限制了教区之间劳动者的流动。1662年的居住法令规定当劳动者成为穷人的时候,原来的教区应把其带回来。该法令还规定了教区的居民应为本地出生,而外来人要想获得居住权必须在当地停留40天。实际上,这种政策的推行较为困难,因为有相当一部分人没有居住地。到了18世纪的时候,居民的居住结构才变得清晰起来。[4]

---

[1] Richard C.Trexler, "A Widows' Asylum of the Renaissance: the Orbatello of Florence", in Peter N. Stearns, ed., *Old Age in Pre-industrial Society*, New York:Holmes & Meier, 1982, pp.119-143.

[2] B. A. Holderness, *Pre-industrial England: Economy and Society, 1500–1750*, p.190.

[3] 〔英〕约翰·克拉潘:《简明不列颠经济史:从最早时期到1750年》,范定九、王祖廉译,第414—415页。

[4] Rosalind Mitchison, "The Making of the Old Scottish Poor Law", pp.61-62.

教区被视为英国福利制度实施的核心。在中世纪时期，济贫是由教会组织的，而邻里之间的帮助和领主的支持起着辅助的作用。但是，从1530年之后，国王重新组织了地方的管理，地方政府和乡绅开始发挥更重要的作用。其中，政府允许教区扩大他们的权力，尤其是允许提高济贫税来救助穷人。1598年和1601年的济贫法令规定，每一个教区有责任去救助穷人，并为他们提供住处。[①]实际上，教区能够决定如何救助穷人，向救助的穷人支付多少救助金，等等。这些事务实际上是由教区的济贫官员具体负责。

教区规定接受本教区救济的贫民要在衣服上佩戴标志。这样做，一方面是为了加强教区对接受救济的穷人的管理，另一方面也表明济贫官员对他们社会地位的尊重。[②]一些穷人为了多获得救济，往往跑到邻近的教区再次领取救济金。教区严厉打击这种行为，而接受救济的贫民佩戴一定标志就可以辨认出来，否则将取消对他们的救助。据1696年布莱顿教区济贫监督官的记录可知，寡妇苏珊因拒绝佩戴济贫标志而被取消每周的救济金。[③]每一个教区的济贫标志并不一样，这样也是为了更好地辨识，没有佩戴标志的穷人不能领取当地教区的救济金和其他救助，教区的济贫标志被视为国家福利制度发展进程中的一个重要方面。

习艺所的设立和就业机会的提供

在解决济贫问题的过程中，立法者开始认识到了以现金救济贫民可能存在一些问题，他们希望寻找到一种降低济贫费用且可持续发展的方法。为流浪者和乞丐中身体健壮者提供工作或是先让他们习得一技之长的做法被采用。习艺所的设立体现了上述愿望，通常

---

① John Broad, "The Parish and the Poor in England, 1600–1850", p.200.
② Steve Hindle, "Civility, Honesty and the Identification of the Deserving Poor in Seventeenth-century England", in Henry French and Jonathan Barry, eds., *Identity and Agency in England, 1500–1800*, Basingstoke, Hampshire; New York: Palgrave Macmillan, 2004, p.50.
③ 丁建定：《英国济贫法制度史》，第82页。

的做法是请求议会通过特别法令,准许在某一个城市设立习艺所。17世纪末有多个习艺所先后在伦敦、赫尔、布里斯托尔和利物浦等城市设立。在安娜女王统治时期,曾在诺里奇设立了一个能容纳1 000多人的大规模的习艺所。同时,在一些较大的教区也设立了习艺所,如伯蒙齐的圣玛利教堂和德特福的圣保罗教堂。1722年颁布法令授权教区或教区团体设立类似的习艺所,并规定:凡拒绝进入习艺所的人将得不到公共救助。[①]

同时,为身强体壮的乞丐和流浪者提供工作机会。立法者逐渐认识到,游民和乞丐的存在不全是由于他们的懒惰和邪恶,部分是由于缺少工作机会。济贫官为"设法养活自己的所有人(不管是已婚还是未婚)"安置工作,如果他们拒绝指定的工作,就把他们送到教养所。[②]同时,还为身强体壮的乞丐购买加工的原材料使其参与生产。到了17世纪初,英国的济贫法在大多数教区得到有效执行。济贫的重点是为身强体壮的穷人提供食宿,并监督他们工作。到17世纪中期,这样的一个体制瓦解,因为这一时期政治的混乱和相关事务的重新组织。当时的经济大气候使得教区组织的劳动者对于生产而言供大于求,而济贫税作为失业者收入的一种补充,越来越多地成为了济贫的重要组成部分。失业者是救济的重要对象,但这也增加了济贫的难度。[③]

此外,让年轻的贫民成为学徒。教区通常愿意付出少数费用将一个男孩或女孩送出去。一般的做法是将他们送去从事一些卑贱的工作,如果是女孩,则常被送去做"家务工作",送到一个绝对可以控制她的主妇家中充当家庭贱役,男孩则可能被送去做马房里的助手、做侍者或者去扫烟囱,即使他的主人有一种值得学习的手艺,

---

① 〔英〕约翰·克拉潘:《简明不列颠经济史:从最早时期到1750年》,范定九,王祖廉译,第418页。
② 李新宽:《国家与市场——英国重商主义时代的历史解读》,第88页。
③ Rosalind Mitchison, "The Making of the Old Scottish Poor Law", pp.61-62.

他也不一定有学习的机会，或者被主人转租给别人使用。①

贫民习艺所中的学习带有一定的强制性。教区支持贫民家庭的子女外出学习技艺，但是并不是所有家庭都支持这样的事情，一些人不希望自己的子女离开家庭。正常情况下，教区委员会的委员将对上述家庭进行引导，告知他们子女外出做学徒的重要性。如果孩子到了一定的年龄仍然不外出学艺的话，教区将采取一定的惩罚措施。这样的事情在17世纪中后期就已经存在。如1688年，博尔顿的弗朗西斯·夏普领取的救济金减半，原因是他拒绝让10岁的儿子外出做学徒。②类似的制裁措施延续到了18世纪。如在1703年的白金汉郡的比尔，如果适龄的儿童不外出做学徒，他们的父母就不能领取救济金和捐赠物品。在1747年的科里顿，当寡妇汉娜·皮茨菲尔德拒绝让她的子女外出做学徒后，她的救济金下降到了原来水平的三分之一。1754年，威廉·波茨拒绝其儿子去做学徒，当地的教会不再发放救济金，直到两个月之后他同意儿子做学徒。③

实际上，国家对贫民习艺所寄予厚望，希望这一机构可以为有劳动能力的人提供一技之长，为增加生产提供有效的办法，进而减轻国家的济贫负担。④

总之，济贫是一个非常复杂的问题，但是基本的体制还是保存了几个世纪之久。就英格兰而言，在都铎王朝时期居民的定居是暗含在教区体系之中的，但在1660年之前一些地方已经开始在济贫中区分本地人口和外来乞丐。持有证明文件的劳动者可以自由流动的现象在1697年之前已经非常普遍了。同时，尽管济贫院也存在一些问题，但是1723年济贫院的修建还是较为普遍的，而且在修建的过程中个人和地方政府发挥着重要作用，尤其是自治城市。如17世纪

---

① 〔英〕约翰·克拉潘：《简明不列颠经济史：从最早时期到1750年》，范定九、王祖廉译，第21页。
② Steve Hindle, "Civility, Honesty and the Identification of the Deserving Poor in Seventeenth-century England", p.46.
③ Ibid., p.47.
④ 丁建定：《英格兰社会保障制度史》，人民出版社2015年版，第114—115页。

末布里斯托尔的济贫院,就是当时精细工作和福利项目有机结合的典范。这也使得一些人认为,在济贫问题的解决中个人和地方政府都在其中起着重要的作用,这也被视为公共职责在贫民救济中发挥了重要影响。[1]

济贫改善了穷人的生活。首先,穷人的居住条件有了明显改善,17世纪开始教区就为穷人建造房屋,房屋可能是单一的结构,其结构框架是木头的,而顶部有茅草覆盖,内有壁炉和烟囱,有可封闭的门窗,但没有窗玻璃。同时,乡村中的精英也参与到了为穷人建造房屋的事业中。到了18世纪,穷人的居住条件有了进一步的改善。房子的结构有了一定的变化,房间不再是一间,多数为两间或两间以上,房屋也多由砖石垒建,屋顶开始由茅草变为瓦石。[2]其次,穷人也拥有一定的动产。有学者通过对财产清册的研究发现,1770年之后95%的穷人家庭拥有椅子,38%的穷人家庭拥有橱柜,43%的穷人家庭拥有镜子,38%的穷人家庭拥有钟表或是手表,19%的穷人家庭拥有绘画制品。[3]穷人家庭居住条件的改善和拥有的物质条件说明他们生活水平的提高。

综上所述,相比中世纪时代而言,近代欧洲国家的赋税收入规模不断扩大,国家可支配的财富远远大于之前的任何时代,这为收入的再分配奠定了基础;同时,绝大多数家庭的收入是在不断增加的,他们的生活也因此得到改善,而对于部分低收入的家庭而言,济贫事业的发展对他们生活的改善起到极大的帮扶作用,济贫也被视为通过济贫税的征收来实现的收入的二次分配。

---

[1] B. A. Holderness, *Pre-industrial England: Economy and Society, 1500–1750*, p.192.
[2] John Broad, "The Parish and the Poor in England, 1600–1850", pp.215–216.
[3] Ibid., pp.216–217.

第八章 中产阶级生活水平

中产阶级是近代欧洲社会演进中形成的一个重要社会群体,其地位居于贵族和下层劳动人民中间,一方面他们要通过积极主动的学习和模仿来接近或进入上层社会,另一方面他们还要努力撇清与下层劳动人民的关系。中产阶级的生活与消费很好地体现了以上两个特点。本章将在解读近代欧洲中产阶级的概念和对其占总人口的比重进行估算的基础上,从基本生活消费和改善型消费两个方面对其生活水平进行考察。

一、中产阶级的概念和人口数量占比

从多个角度对中产阶级概念进行分析

在西方学者的研究中,有关近代欧洲的中产阶级概念有着不同的理解。仅从中产阶级对应的外文词汇就可见一斑。middling sort, middling classes, trading classes, commercial classes, middling people, burghers class, middle station 等多个词汇被用于描绘近代欧洲的中产阶级。这说明学者们对中产阶级的概念并未有统一的定论。单纯从字面上理解中产阶级的概念并不困难,它主要指在社会资源的占有上居于社会结构中间的阶级。[①]

[①] 周晓虹、王浩斌、陆远、张旭凡:《西方中产阶级:理论与实践》,中国人民大学出版社2016年版,第5页。

第八章 中产阶级生活水平

阶级的划分涉及社会学的分层理论。依据有关近代阶级的传统划分方法，一般把社会人群划分为两部分，即绅士和非绅士、精英和民众、富人和穷人、贵族和平民等。[1]但是这种社会群体的两分法过于简单，并不能反映出近代以来经济社会的发展变化对社会群体产生的影响。一些学者对社会人群采取了三分法，即上层为贵族和乡绅，下层为工人阶级，中间为商人和资本家组成的中产阶级。这种三分法有助于对社会群体的分析，但也存在一些问题，如上层阶级被认为是"居住在地产上，不参与雇佣"的社会群体，这样的定义过于宽泛。[2]因此，不同的学者进一步提出了划分方法。其中，马克斯·韦伯则认为，社会分层的标准应该是多元的，至少包括三个方面：首先，从经济的角度进行界定，阶级应为具有同样经济地位的人组成的一些集团，或者说具有同样的生活机遇；其次，从社会的角度来界定，具体的生活方式体现了不同群体的身份和地位，如社会威望的高低；再次，从政治的角度来界定，"权力"（power）是在社会生活中贯彻一个人或一个集团的意志的机会。其他社会学家认为，社会分层的依据应包括更多的方面，如职业、收入、财产、个人声望、交往、社会化、权力、阶级意识和流动等多个内容。[3]结合以上学者的观点，下面将从自我认同、财富积累和政治诉求以及社会构成等几个方面对近代欧洲的中产阶级的概念进行界定。

1. 自我认同

作为共同经历的结果，当一些人感到并明确表示彼此之间具有与他人不同的共同利益时，阶级就产生了。[4]当中产阶级通过共同的经历意识到自身与贵族、乡绅组成的上层阶级以及工人阶级有着本

---

[1] Jonathan Barry and Christopher Brooks, *The Middling Sort of People: Culture, Society, and Politics in England, 1550-1800*, New York: St. Martin's Press, 1994, p.1.

[2] Peter Earle, *The Making of the English Middle Class: Business, Society and Family Life in London, 1660-1730*, pp.3, 327.

[3] 周晓虹、王浩斌、陆远、张旭凡：《西方中产阶级：理论与实践》，第5—6页。

[4] 〔英〕E. P.汤普森：《英国工人阶级的形成》上，钱乘旦等译，译林出版社2013年版，第1—2页。

质的不同时，中产阶级的自我阶级认同也就产生了。中产阶级的自我认同是中产阶级形成的重要标志之一。

阶级经历与阶级认同二者不能等同，但阶级经历是阶级认同形成的必要条件。首先，中产阶级自我意识的形成离不开近代经济社会的发展。自中世纪晚期就开始的城市化和工业化进程促进了经济社会的发展，而中产阶级的自我意识也是在此过程中形成的。以毛纺织业生产为例，其生产结构从家内制向工场制造业转变，这一过程缔造了富裕的工场主和商人组成的集团。这些商人和工场主认为，工商活动是一种投资，而投资就应当产生利润。他们越来越多地采用精确的簿记方法来了解货币运转状况。与经济变迁相适应的是企业家观念和新的社会关系的出现。[1]可见，经济发展产生的财富和观念变革，造就了一个具有自我认同的中产阶级。

其次，中产阶级的自我意识是在他们对贵族和绅士的模仿中形成的。地方城市的中产阶级对伦敦城的中产阶级的文雅生活方式进行模仿，同时乡村中的中产阶级模仿周边城市中的中产阶级的生活方式。这表明，在中产阶级形成过程中大城市对中小城市和乡村有着巨大的影响。[2]当中产阶级积累一定的财富后，对其自身的行为方式开始有所约束；同时，他们也希望通过模仿贵族和绅士的行为方式来提高自己的文雅程度，以区别于那些社会底层的穷人。文雅是由一系列美德构成，这些美德包括节俭、勤奋、节欲、善良和审慎。这主要是通过模仿实现的，而"模仿"也被认为是中产阶级文化的本质。地方中产阶级通过对居住在城市里的贵族和乡绅生活方式的模仿，使其逐渐成为地方文化时尚的领导者，尤其是中产阶级的上层还接受了城市的生活方式。[3]

总之，在前资本主义社会中每个群体并非完全统一，也就是说

---

[1] 〔美〕约翰·斯梅尔：《中产阶级文化的起源》，陈勇译，第57—91页。

[2] Peter Earle, *The Making of the English Middle Class: Business, Society and Family Life in London, 1660-1730*, pp.335-336.

[3] Jonathan Barry and Christopher Brooks, *The Middling Sort of People: Culture, Society, and Politics in England, 1550-1800*, pp.8-9, 18.

第八章　中产阶级生活水平

中产阶级的身份也许不同，但是他们有着共同的经历和关注的内容。①中产阶级在努力赚钱的同时，通过模仿形成了节俭、勤奋、自律、诚信的集团。这些美德是中产阶级自我意识形成的重要标志。

中产阶级自我认同主要体现在公共领域和私人领域两个方面。首先，中产阶级通过公共领域构建阶级认同。公共领域里的政治话语与中产阶级所处的地位产生共鸣，对于具有一定规模财富的中产阶级而言，只有团结起来才能表达他们的政治诉求，而社团以及社团内部的不断争论有利于形成中产阶级的公共领域的话语权，进而区分其与工人阶级和贵族等上层阶级。②俱乐部、咖啡馆、小酒馆和沙龙等为正在形成中的中产阶级提供了公共领域的活动场所。中产阶级人士可以经常在咖啡馆聊天和交流，其讨论不受任何限制。进出沙龙的通常是中产阶级中的知识阶层，而进出小酒馆的主要是工匠和小商人。③文化水平、闲暇时间、会员费的制约等造成了他们与普通工人的隔离。④中产阶级参与公共领域的各种活动，使得他们自觉意识到了自己在社会等级中所处的地位，进而拥有一种共同的政治话语。

其次，以共同的价值观和新式的社交方式来定义的私人领域的出现，是中产阶级认同感形成的重要体现。在公共领域里的组织以商业和行政为中心，完全由男性参加，而私人领域的活动则同时对男性和女性开放。私人领域围绕着住所、家庭和家庭美德的培育构建起来。其中，家庭住房建筑的变化为私人领域的存在创造了物质条件。住宅的面积大幅增加，而且其内部的布局更为精细，装修也更为精美和奢华。商人和工场主之间的互访是私人领域的重要活动，而令人尊敬和信赖的良好家庭形象是重要的身份象征。当男孩子们通过学习成为商人和工场主时，女孩子们也接受了高雅的社交礼仪

---

① Margaret R. Hunt, *The Middling Sort: Commerce, Gender, and the Family in England, 1680–1780*, Berkeley: University of California Press, 1996, p.14.
② 〔美〕约翰·斯梅尔：《中产阶级文化的起源》，陈勇译，第142页。
③ 周晓虹、王浩斌、陆远、张旭凡：《西方中产阶级：理论与实践》，第40—41页。
④ 〔美〕约翰·斯梅尔：《中产阶级文化的起源》，陈勇译，第168页。

教育。[①]这为其参与社交活动提供了基础。

2. 经济地位

近代欧洲的中产阶级首先要赚钱养家糊口，其次要进行财富积累，并在此基础上进行多方面的改善。因此，"追求利润，拥有一定的资本，积累和改善"等成为了中产阶级的本质特征。[②]这恰好反映了中产阶级与经济发展之间的密切联系。

在近代欧洲，贸易增加了国家的财政收入，为国家带来了繁荣。贸易成为受人尊敬的行业，各种赚钱的工作几乎都与贸易产生联系。近代英国的中产阶级有大小不等的商业和工业资本家构成，他们对财富孜孜以求，借以实现社会地位的提升。[③]有学者认为，中产阶级主要由"独立的商业家庭"（independent trading households）组成，"独立的商业家庭"的形成和发展需要经商技能和长期从事商业活动的经验，其中财富的积累尤为重要。[④]

投资与创业是中产阶级积累财富的重要手段。17世纪50年代早期，约翰·利斯特是一位主要从事小规模贸易的呢绒商人，他从呢绒工匠手中购买毛呢，将它们砑光后运到买主那里；同时，他还是一位商业代理人。到了1658年，他已经成为一位初具规模的工场主，购进大批毛呢进行后期加工，再运至伦敦出售。1662年约翰·利斯特去世后，他的儿子继承了家业，呢绒手工工场进一步发展，其加工的呢绒在伦敦的呢绒大厅销售。[⑤]同时，约翰·利斯特家族也积累起了一定的资本，这使得他们在筹集必要的资本时，似乎并不需要倾注全部财力。来自萨福克郡的罗伯特·卡勒姆的富裕程度介于自耕农和绅士阶层之间，1607年他开始给伦敦的一名呢绒商

---

① 〔美〕约翰·斯梅尔：《中产阶级文化的起源》，陈勇译，第209—211页。
② Peter Earle, *The Making of the English Middle Class: Business, Society and Family Life in London, 1660-1730*, pp.4-5, 334.
③ 周晓虹、王浩斌、陆远、张旭凡：《西方中产阶级：理论与实践》，第6页。
④ Jonathan Barry and Christopher Brooks, *The Middling Sort of People: Culture, Society, and Politics in England, 1550-1800*, pp.24-26.
⑤ 〔美〕约翰·斯梅尔：《中产阶级文化的起源》，陈勇译，第61—62页。

做学徒，之后的八年时间里，他把自己所得的每一分钱都拿去投资，截止到1615年他积累了92英镑。在接下来的几年里，他积累下了更多的创业资本，主要来自于工资收入和父亲的遗产分配。他开始做呢绒生意，节俭的生活和出众的账目运算能力使其很快就拥有了年均1 000英镑的利润。①"资本能够高效致富"，这几乎是近代欧洲所有中产阶级人士达成的共识。因此，有学者认为，中产阶级的所有成员都是资本家，并不是因为他们有过剩的资金用于投资，而是因为他们参与了财富的生产。②

财富是衡量中产阶级的重要标准之一。有学者通过对近代伦敦城的中产阶级研究后发现，"中产阶级的个人收入或财富决定了其在伦敦城中的具体地位"③。据此，这位学者依据收入的多寡把伦敦城的中产阶级分为三部分。首先是年收入在40英镑至几百英镑的中产阶级下层，其年收入是普通劳动者的3—5倍，这使得整个家庭能过上相对舒适的生活，并在生活中雇佣仆人；其次是一些财富积累达到1 000—2 000英镑的中产阶级的中间阶层，他们的财富超过了几乎所有地方城市市民的财富，他们代表了当时伦敦城中大多数中产阶级，他们的家庭能过上非常富裕的生活，生活方式基本与最富裕的农场主相同；最后是一部分人的财富达到或是超过了10 000英镑的中产阶级上层，他们是极其富有的少数人，拥有的财富能购买任何物品，这使得他们的生活比大多数乡绅要好。这些极其富有的人被称为"大富豪"。④但这只是少数人，大多数中产阶级的财富维持在500—5 000英镑，足以使他们过上极其舒适的生活。除了城市的商人阶层出现财富积累外，工场主、煤矿主、制盐商和玻璃制造商等其他领域的中产阶级也积累起大量财富。

---

① 〔英〕劳伦斯·詹姆斯：《中产阶级史》，李春玲、杨典译，李春玲校，第78页。
② 同上书，第78，145页。
③ Peter Earle, *The Making of the English Middle Class: Business, Society and Family Life in London, 1660–1730*, pp.13-14.
④ Ibid., pp.14-15.

3. 政治地位

16—18世纪，中产阶级积极参与城市和乡村中的政治管理，并与贵族统治阶级达成政治妥协。较高的经济地位提升了中产阶级的政治地位，使他们有资格与贵族合作。自亨利七世以来，英国的贵族不但不反对工业生产的发展，反而力图间接地从中获利。因此，部分贵族愿意与拥有一定资本的中产阶级合作。[①]

尽管拥有权力是贵族和绅士的标志，但占据城市人口一定比重的中产阶级作为城市财富的创造者，同样具有较高的政治地位。商业精英和职业人士作为文职人员或司法和管理机构的成员而享有较高的地位，他们的政治地位可与绅士相提并论，甚至高于那些拥有地产的绅士。与贵族寡头政治相反，在众多大城市市民的支持下开始出现选举政治，这为中产阶级参与城市管理提供了契机。因此，在近代欧洲的政府管理中，中产阶级通过选举或是党派斗争开始参与其中。中产阶级积极参与市政管理的政治意图除了获得政治权利外，还能帮助他们赚取更多的利润，这也促使他们内部的团结。同时，中产阶级主要通过城市协会来加强他们内部之间的联系。在面对复杂的城市社会政治环境，尤其是在面对在其之上和在其之下的社会阶级的时候，中产阶级内部的团结和联系不断加强，并日益形成了共同的政治意识。[②]

中产阶级积极参与地方政府的管理，扩大其政治影响。在约克郡的哈利法克斯地区，商人、工场主和专业人士为了公开表达他们对地方政治权力的诉求，将自己与其他社会阶层区分开来，并通过这一做法篡夺了地方乡绅过去靠权利享有的声望；而且他们界定政治领导者的方式为地方政治权力造就了另一种基础。1764年，哈利法克斯的商人、工场主和专业人士改善当地教堂状况时，通过否认地方乡绅以往所享有的社会地位，进而确立与乡绅权力相对立的自

[①] 周晓虹、王浩斌、陆远、张旭凡：《西方中产阶级：理论与实践》，第43—44页。

[②] Jonathan Barry and Christopher Brooks, *The Middling Sort of People: Culture, Society, and Politics in England, 1550–1800*, pp.19–25.

身权力。在对当地修建考尔德河的记录卷档中，36名委员会成员中仅有3人来自外地，其余都是当地的商人、工场主和专业人士，而没有出现当地乡绅的名字。同样，在当地小教堂的修建中，捐赠者绝大多数为当地的商人和工场主。① 此外，在乡村中中产阶级也积极参与到地方的管理之中。随着农业技术的推广和乡村工业的发展，富裕农民和持有土地的中间阶层逐渐演变为中产阶级的一部分。在多数情况下，他们与小乡绅共同参与地方事务的管理，尤其是当绅士和中央政府威胁到他们的利益时，他们能做出强烈的反抗。②

国家政治起源于地方管理，但是也来自于国家机构之间宽泛的联系，如议会与中产阶级的利益之间的关系。来自地方的公共组织或是私人协会对于中产阶级非常重要，尤其是法律对他们权力的保护。他们积极承担具有一定责任的职务，而地方政府的发展为此提供了保证。在此过程中，中产阶级也积极保护他们的家庭和提高自身的政治地位。有学者认为，拥有土地或者掌控国家经济贸易生活的人才是真正值得信赖之人，因为他们在这个国家所取得的地位使其有能力真正站在所有国民利益的角度来思考问题和做出判断。③

4. 职业人员

随着近代工商业的发展以及城市化的推进，政府机构越来越庞大，各种商业组织的规模也不断扩大，这就需要雇佣大量的管理服务人员和专业技术人员，如律师、医生、工程师、艺术家、股票地产经纪人等专业人士，这也导致中产阶级的中下层不断发展壮大。④

商业纠纷的解决、财产的保护、失败婚姻关系的解除、财产继承的裁决以及监护权和债务等问题的解决，均需要专业的法律人

---

① 〔美〕约翰·斯梅尔：《中产阶级文化的起源》，陈勇译，第140—161页。
② Jonathan Barry and Christopher Brooks, *The Middling Sort of People: Culture, Society, and Politics in England, 1550–1800*, pp.20–24.
③ 〔英〕劳伦斯·詹姆斯：《中产阶级史》，李春玲、杨典译，李春玲，第38页。
④ 周晓虹、王浩斌、陆远、张旭凡：《西方中产阶级：理论与实践》，第39页。

士——律师的出现。所有拥有地产且从事商业贸易的人，都需要征询法律以及制定完善的合同、契约、债券、医嘱和婚姻条款。倘若上述条款出现纰漏，律师们就得负责追讨欠款，强制执行合同约定，并确保对侵权行为的补偿。在15世纪40年代，英国每年约发生3 000例案件，律师的数量也随之大幅增加。[1]在1485—1640年，英国律师的人数增长了10倍，17世纪中期律师人数占总人口的比重与20世纪早期相同。[2]当时还出现了律师家族，比如诺福克郡的耶尔弗顿家族。

相比今天，近代欧洲医疗条件较为有限，生病、遭遇意外事故以及生育都有可能危害到生命健康。当时的医生主要分为内科和外科，还出现了专门的药剂师以及其他相关的医疗人员。像其他职业一样，医生受城市专门行会的控制，他们要在大学经过严格的职业训练。如在都铎和斯图亚特王朝时期的伦敦，内科医生都是"皇家内科学院"的会员。[3]

除律师和医生之外，职业人员还包括牧师、教师、建筑师、艺术家和新闻记者等。基于贸易发展的大背景，在当时城市工商业文化中出现了专门服务于商业交换的牧师群体。这些牧师在贸易集会中进行布道，在为商人出谋划策的同时，也对道德的相关问题进行了阐述。各类学校均需要教师，这也是妇女可从事的职业。年龄大的妇女可以教授阅读和写作，而未婚或寡妇可以照顾女孩的食宿，会计人员讲授如何记账，并参与学校管理的组织。建筑师本质上是学过制图技术、知道如何计算原材料和劳动力成本的工匠。他们通过印制的样板书籍等二手资料和欧洲大陆建筑流行趋势保持同步，而这些书籍介绍了各种建筑模型。原创能力和能够对当时流行的风格做出正确回应是一个建筑师获得声誉和财富的基础。此外，艺术

---

[1] 〔英〕劳伦斯·詹姆斯：《中产阶级史》，李春玲、杨典译，李春玲校，第56—59页。
[2] Jonathan Barry and Christopher Brooks, *The Middling Sort of People: Culture, Society, and Politics in England, 1550-1800*, p.113.
[3] Ibid., pp.113-114.

家和新闻记者等也是职业人员的组成部分。[1]

相比其他中产阶级而言,职业人员接受了良好的教育,他们主要依靠知识获得收入。职业人员构成了中产阶级中的知识群体,他们被认为处于商人文化和绅士文化的中间位置。职业人员作为专业知识的提供者,他们在形成的商业世界中有着较高的权威。[2]职业人员的社会地位较高,尤其是在大城市中,律师和医生一般情况下拥有较多的财富,即使在地方他们也被视为精英阶层。[3]

总之,通过对近代欧洲中产阶级多角度的分析可以发现,中产阶级是一个正在形成和发展中的阶级,这也是导致众多学者无法对其概念给出明确解释的根本原因,但是这并不影响我们从长时段对近代欧洲中产阶级的消费行为进行考察。综合多位学者的研究,可以把近代欧洲的中产阶级分为上中下三个阶层,即上层:大商人,银行家;中间阶层:各种职业人员,批发商,约曼,富裕的工匠;下层:商店店主,杂货商,小工匠。

中产阶级占比的初步估算

由于16—18世纪欧洲的中产阶级处在不断发展壮大之中,再加之多数学者在对其研究时把重点放在了中产阶级自身及其所带来的多方面的质的变化上,较少有人注意到他们数量的变化,所以对近代欧洲中产阶级占总人口的比重的考察则较为困难。笔者根据相关研究对该问题进行简单分析。

随着经济发展和社会生活的转变,构成中产阶级成员的收入、职业和群体性质均发生了重大变化。时序上的变化与地区差异基本

---

[1] Margaret R.Hunt, *The Middling Sort: Commerce, Gender, and the Family in England, 1680–1780*, pp.19-20;〔英〕劳伦斯·詹姆斯:《中产阶级史》,李春玲、杨典译,李春玲校,第62—65页。

[2] Margaret R.Hunt, *The Middling Sort: Commerce, Gender, and the Family in England, 1680–1780*, p.20.

[3] Jonathan Barry and Christopher Brooks, *The Middling Sort of People: Culture, Society, and Politics in England, 1550–1800*, p.114.

保持一致，但城市和农业区之间存在较大差异。因此，不同学者对近代欧洲中产阶级占比的估算有所不同。彼得·厄尔认为，1700年城市中产阶级至少占英国总人口的5%，如果把乡村中拥有相似生活方式和社会态度的群体（富裕农民、从事内陆贸易的商人、食品加工商——磨坊主和麦酒制造商、呢绒和铁器制造商等）也纳入到中产阶级中，那么当时中产阶级人口占全国总人口的比重至少超过10%。①这一估算有些保守，因而有学者提出了较为大胆的估算，认为有30%—40%至近50%的家庭均属于中产阶级。②

在伦敦城，中产阶级人口占城市总人口的25%，这与其他城市的情况相似。③1660—1730年，中产阶级占伦敦总人口的20%—25%。伦敦并不能代表所有的城市，因为城市的规模与影响以及与周边乡村之间的关系并不完全一致，这些城市的中产阶级占当地城市人口的比重相对低一些，约为20%。④到了1798年，伦敦城的中产阶级占当地人口总数的20%—30%，上等阶级约为3%—5%，其他为工资劳动者和个体工匠。实际上，在1600—1750年超过5 000人的城市的人口占全国总人口的比重从8.25%上升至21%，而且在这一时期的后半段，由于制造业、内陆贸易和专业服务的发展，城市中的中产阶级出现了快速增加。⑤同时，城市人口从1700年的85万上涨至1801年的238万，其所占全国人口的比例从17%上升至27.5%。在18世纪大幅增加的城市人口中，约有2/3的增长发生在伦敦之外的其他城市。基于以上分析可知，在1700年英国的中产阶级

---

① Peter Earle, *The Making of the English Middle Class: Business, Society and Family Life in London, 1660–1730*, p.335.

② Jonathan Barry and Christopher Brooks, *The Middling Sort of People: Culture, Society, and Politics in England, 1550–1800*, p.3.

③ Peter Earle, *The Making of the English Middle Class: Business, Society and Family Life in London, 1660–1730*, p.335.

④ Margaret R.Hunt, *The Middling Sort: Commerce, Gender, and the Family in England, 1680–1780*, pp.16–17.

⑤ Peter Earle, *The Making of the English Middle Class: Business, Society and Family Life in London, 1660–1730*, p.335.

总数约为17万，到了1801年约为47.5万，这些数据并未包括乡村中和小规模城市中的中产阶级。[1]

同样，在近代法国中产阶级的人口数量的增长出现了类似的情况。18世纪法国的中产阶级占全国总人口的比例约为10%—15%，包括小农场主、小企业主、小店主，以及为数不多的作家、医生、学者等自由职业者和公务人员。[2]但是，在城市里中产阶级占人口的比重要远远高于全国的水平。以1749年的法国巴黎为例，中产阶级占整个城市人口的30%，特权等级占3%—4%，而其他2/3属于底层人民。[3]

总之，近代欧洲的中产阶级人口占比并没有处于绝对优势，但是相对于占人口比例较小的贵族和乡绅而言却已经是庞大的群体了。更重要的是，随着18世纪商业的繁荣、生活水平的提高、政府官僚体系的膨胀，中产阶级群体得到了快速成长。

二、基本生活消费

在近代的欧洲，赚钱和财富积累是中产阶级给人留下的主要印象，而他们的消费行为也是其重要特征，这些行为构成有效需求的组成部分，并促进了经济社会的发展。同时，随着近代中产阶级的发展和壮大，他们认为社会地位是由其消费状况决定的，因此他们在赚钱和花钱方面花费了同样的时间、精力和聪明才智。大量金钱花在购买能够带来个人愉悦的兴奋和刺激上，人们对自身成就感的满足成为了一种生活哲学。中产阶级的消费首先体现在衣、食、住、行、医等基本生活消费的改善上。

---

[1] Margaret R.Hunt, *The Middling Sort: Commerce, Gender, and the Family in England, 1680–1780*, p.17.
[2] 周晓虹、王浩斌、陆远、张旭凡：《西方中产阶级：理论与实践》，第14页。
[3] Peter Earle, *The Making of the English Middle Class: Business, Society and Family Life in London, 1660–1730*, p.80.

食

近代欧洲人的主食是面包，同时搭配肉类、蛋、鱼以及蔬菜。如巴黎市民平均每天吃掉500克面包。① 面包的原材料出现了较大变化，从含有较少谷物的粗面包向精致的小麦面包过渡。有学者估算，在1688年的英国小麦仅占面包消费的20%，但是到了1800年小麦占谷物消费的66%。面包的食用在法国和荷兰经历了同样的发展，到了18世纪精致的小麦面包几乎普及。② 甚至在当时能够吃到新鲜的刚刚烤出来的小麦面包，这主要依靠职业的面包师和发达的零售网的形成，小麦面包也发展成为"便利食品"（convenience food）。

肉和鸡蛋的食用。首先，吃肉被认为是中产阶级身份的象征。对于中产阶级而言，大概每周有4—5天都在吃肉。有学者对中产阶级吃肉的状况进行了描写："他们大口嚼着肉……在他们面前的餐桌上排放着10—12种肉（包括烤牛肉），他们用两个餐盘不断地夹取……"③ 威廉·伯德在日记中记录了1718年的饮食情况，在一年中的绝大多数午餐时间里的他都吃肉，其中有54天吃的是鸡、鸽子、火鸡、鹅、鸭子等家禽的肉，而有182天吃的是牛、羊、猪、兔子、鹿等动物的肉。其次，鱼成为中产阶级饮食的重要组成部分。在一年当中，威廉·伯德有44天吃鱼，如鲑鱼、鲱鱼、马鲛鱼等。再次，当他们不吃肉的时候，大多时间吃的是鸡蛋。鸡蛋营养价值较高，而且吃饭时也能节省一些时间。威廉·伯德就曾在1718年一年中的82天吃鸡蛋。④

在食用肉类食物的同时，蔬菜和水果的食用也在不断增加。根

---

① Dominique Margairaz, "City and Country: Home, Possessions, and Diet, Western Europe 1600-1800", in Frank Trentmann, ed., *The Oxford Handbook of the History of Consumption*, Oxford; New York: Oxford University Press, 2012, p.207.

② Jan De Vries, *The Industrious Revolution: Consumer Behavior and the Household Economy, 1650 to the Present*, pp.167-169.

③ L. Weatherill, *Consumer Behaviour and Material Culture in Britain 1660-1760*, p.147.

④ Peter Earle, *The Making of the English Middle Class: Business, Society and Family Life in London, 1660-1730*, pp.276-279.

第八章　中产阶级生活水平

据当时烹饪书籍记载可知，随着餐盘的分区设计，越来越多的蔬菜和水果成为了中产阶级的食物。同时，一些国家还开始进口一些水果。如西梅、无花果、葡萄干和红醋栗等。其中，桔子和柠檬被视为昂贵的奢侈品，主要被中产阶级和上等阶级食用。当时一个中产阶级家庭至少允许女主人每周花费2先令去购买水果。[①]

黄油在近代欧洲人的饮食中被大量食用，甚至有人认为当时是"黄油食用的黄金时期"，因为各种蔬菜和各种肉类的食用几乎都要拌着黄油。当然，也有一部人食用奶酪或是奶油。此外，布丁也是当时饮食的核心组成部分，布丁主要用肉、蔬菜和各种干果等食材制作而成。[②]

除了以上食物外，中产阶级的饮食还应包括"饮"的部分，即酒、茶、咖啡和糖等。啤酒和葡萄酒是近代欧洲主要的饮酒，到了17世纪末和18世纪其饮用量开始下降，而白酒、咖啡和茶的饮用在增加。啤酒和葡萄酒饮用下降的原因有两个，一是茶和咖啡饮用的兴起，二是蒸馏酒——白酒饮用的增加。茶和咖啡均是进口商品，二者均有提神的功能，欧洲人对它们的了解和饮用是从17世纪开始的。到了17世纪末，饮茶对于大多数中产阶级而言已经较为熟悉。从18世纪初开始，茶和咖啡已经大规模进口，到了18世纪中期，饮茶和喝咖啡已经成为了中产阶级饮食的重要组成部分。[③]同时，酒的制作方法从传统的葡萄酒蒸馏向白酒蒸馏转变。在17世纪中期以前，法国所产的白兰地供给荷兰和波罗的海市场，到了17世纪末，荷兰的谷物蒸馏酒发展起来。1684—1686年至1743—1746年，英国的白兰地进口增加了14倍。[④]除了白兰地之外，当时的白酒还包括杜松子酒、朗姆酒和威士忌等。

---

　　① Peter Earle, *The Making of the English Middle Class: Business, Society and Family Life in London, 1660–1730*, pp.274–275.
　　② Ibid., p.275.
　　③ L. Weatherill, *Consumer Behaviour and Material Culture in Britain 1660–1760*, p.158.
　　④ Jan De Vries, *The Industrious Revolution: Consumer Behavior and the Household Economy, 1650 to the Present*, pp.165–166.

糖的食用也在大幅增加。对于欧洲人而言，糖并不是陌生的商品，自15世纪开始糖就在地中海世界生产，同时蜂蜜作为糖的替代品被欧洲人更广泛食用。但是在近代以来欧洲人对糖的需求出现增加，而且从1650年开始糖成为了生活必需品，到了1770年欧洲人消费2 000万公斤糖，是之前年均消费量的10倍。[①]

中产阶级的早餐主要由啤酒、煮沸的牛奶、面包、麦片粥等组成，但从17世纪开始随着热饮的引入，早餐的组成有了一定的变化。其中，巧克力热饮是较早受到欢迎的饮品之一。到了18世纪60年代，中产阶级家庭的早餐中经常能见到烤面包和面包卷以及茶水。晚餐主要吃少量的肉和大量的面包、奶酪、蛋糕、苹果派或果冻。同时，中产阶级的进餐时间开始发生变化。以午餐为例，中产阶级家庭的午餐时间要比正常的午餐时间晚一个小时，之后甚至晚三四个小时，而且饮食习惯也开始发生变化，晚餐吃少量的食物，早餐吃得越来越多。[②]

中产阶级家庭每年在饮食方面的花费约占总开支的三分之一。有学者对中产阶级的年均饮食花费进行了估算，认为每年人均花费大约在5—20英镑。[③]近代伦敦城的中产阶级约有2万—2.5万个家庭，按照每个家庭7—8人估算，每人年均饮食消费为10英镑，那么一年伦敦城的中产阶级家庭的饮食总花费就达到了1.25万—200万英镑。这在客观上促进了伦敦周围农业生产的专业化水平的提高。对于大城市的中产阶级而言，要想吃得较好，需每周人均消费为4—6先令。[④]

衣

在生活必需品里，衣服的地位仅次于饮食。从帽子到鞋子的全

[①] Jan De Vries, *The Industrious Revolution:Consumer Behavior and the Household Economy, 1650 to the Present*, pp.155-156.

[②] Peter Earle, *The Making of the English Middle Class: Business, Society and Family Life in London, 1660-1730*, pp.272-273.

[③] Ibid., p.272.

[④] Ibid., pp.272-283.

身上下所需要的各种衣物是人们生存必需的,因此近代衣着的变化亦能折射出中产阶级基本生活消费的改善。

近代欧洲人衣服的质地和样式发生了较大改变。在17世纪中期之前,欧洲人的衣服以黑色、褐色、深绿色和蓝色为主,主要由厚重的羊毛和皮革制成,质地较硬且耐穿,甚至能够传给下一代人穿。之后,亚麻布和棉布开始作为衣服的原材料,更多的色彩和发光的饰品用于衣服的制作。首先,亚麻布受到中产阶级家庭的欢迎。白色的亚麻布也被认为是财富和身份的象征。[1]由白色亚麻布制成的衬衫、帽子、头巾和围巾成为受人尊敬的象征,中产阶级女主人多是这种打扮,甚至在一些较为富裕的家庭中,橱柜上都用白色的亚麻布覆盖。[2]其次,印花的棉布开始用于服装制造。对于17世纪的欧洲人而言棉布并不是一个完全陌生的商品,当时主要由欧洲的贸易公司从印度进口而来。同时,为了满足国内和欧洲市场的需求,英国和法国政府以及荷兰东印度公司开始进口原棉来生产棉布。18世纪初规模不大,但是到了该世纪末规模已经大幅增加。[3]事实上,正是对亚麻布和棉布的需求刺激了近代欧洲这两种产品的大规模生产,而这两种衣服原材料的生产大大改变了中产阶级家庭成员的衣服穿着。

近代欧洲中产阶级的衣服穿着发生了较大变化。就男士的服装而言,主要包括外套、马甲和长到膝盖的短裤组成的三件套,还有衬衫、衬裤、到膝盖的长袜、靴子以及带纽扣的鞋等。外套和马甲通常较长,足以遮盖住短裤,在这两种衣服的右侧从上至下且有间隔地分布着一排纽扣。此外,在衣服上出现了刺绣和花边等修饰的部分,如在衣服的手腕处出现了蕾丝荷叶边,在脖子处出现了围巾或领结,头上带有假发,在假发之上带有獭皮帽或是礼帽。以18世

---

[1] Dominique Margairaz, "City and Country: Home, Possessions, and Diet, Western Europe 1600–1800", p.203.

[2] Jan De Vries, *The Industrious Revolution: Consumer Behavior and the Household Economy, 1650 to the Present*, pp.135.

[3] Ibid., pp.136–138.

纪初伦敦的中产阶级为例，男性的衣柜里至少有三套服装以及其相配的服饰。1711年商人威廉·科斯特曼去世时拥有17件衬衫、19件领带以及5套完整的服装。[1]这一时期中产阶级中男士的外套通常为呢绒质地，而衬衫、衬裤多为亚麻质地，有时马甲也是亚麻质地，而且绝大部分男士衣柜里出现了丝绸质地的服装，如长袜、头巾以及睡衣，绝大多数人在晚上休息时穿上睡衣，并在剃光的头上裹有头巾，颇具东方情调。

在男性穿着发生变化的同时，中产阶级女性的穿着也出现了较大改善。在17世纪60、70年代之前，中产阶级妇女的衣服较为紧身，主要为长衫和衬裤，其形状以每个人的体型不同而有所变化。这些衣服从腋下直到腰部是紧身的，因此较容易磨损。此后，中产阶级女士的衣服变得较为宽松，尤其是外套和长袍。一般而言，女士的衣服为两件套，即里面为一件腰部由饰带或腰带固定、背后为直接到底部的拖尾、腰以下为开放的衬裙；另外一件为长袖马甲，前面扣住以便保暖。女性全套的服装还包括鞋、袜子、手套、头巾、帽子等，有时她们也用围裙以保护其衣服。此外，这一时期的女性还使用大量的装饰品，如缎带、发辫以及各种蕾丝，使得她们的衣服变得明亮起来。[2]事实上，与男士的服装相比，当时中产阶级女性的服装在三套以上，而且这些衣服的质地多为丝绸、亚麻或棉布。

妇女在"时尚经济"（the economy of fashion）的发展中起着决定性作用。对巴黎服装的模仿促进了近代伦敦中产阶级家庭中妇女穿着的改变。巴黎新样式的服装一出现很快就被伦敦的中产阶级所接受，在安妮女王统治时期中产阶级不顾后果地模仿受到了外界的批评。[3]中产阶级女士购买服装的花费远远超过中产阶级男士。在17世纪末和18世纪法国的中产阶级家庭中，女士衣柜里的衣服的

---

[1] Peter Earle, *The Making of the English Middle Class: Business, Society and Family Life in London, 1660–1730*, pp.182–284.

[2] Ibid., p.282.

[3] Ibid., p.283.

价值是男士的两倍,到了18世纪末已经远远超过了两倍,因为即使是在雇佣劳动者家庭,女士衣柜里服装的价值也是男士服装价值的2.56倍。①因为女士的服装要使用更多的丝绸、花边以及在制作长袍和裙子时需要更多的原材料。

有学者对18世纪伦敦的中产阶级家庭的服装消费进行了估算,如1734年一个中产阶级之家一年服装总消费额为60英镑,约占当年家庭支出的26%,而在之前的1679—1680年,律师威廉·摩西在服装消费方面花费60英镑。年轻的戈林小姐1697—1698年的服装花费为31英镑,而到了1703—1704年其服装花费增加到了52英镑。②

在近代欧洲,中产阶级穿着的改善不仅表现在衣服质地的变化,即从以呢绒为主转向以丝绸和棉布为主,而且服装的样式也在不断更新。尽管个别中产阶级的服装消费可能超过了其财力支撑,甚至借助信贷的手段来进行消费,但是绝大部分中产阶级的消费较为适度。事实上,不容忽视的一个事实是,在中产阶级年度消费支出中服装的购置被视为仅次于饮食消费的第二大必需品的消费,至少占据了中产阶级家庭年度消费支出的25%以上。③这也在客观上促进了服装制造和销售行业的兴起与发展。

住

中世纪时期西欧的房子以木质和石质为主,但到了近代尤其是17世纪以来,欧洲的房子的原材料开始以砖为主。当时的建筑材料——砖被视为身份地位和社会财富的象征。当然房子的建造还需

---

① Jan De Vries, *The Industrious Revolution:Consumer Behavior and the Household Economy, 1650 to the Present*, p.142.
② Peter Earle, *The Making of the English Middle Class: Business, Society and Family Life in London, 1660-1730*, pp.271-290.
③ C. Nora Dack, "Urbanization and the Middling Sorts in Derbyshire Market Towns: Ashbourne and Wirksworth 1660-1830", Unpublished Ph.D Thesis of University of Leicester, 2010, p.97.

要其他的材料，但是主要材料的变化使得近代欧洲的房子更为美观，甚至有学者认为当时的房子开始由实用向美观转变，当然这离不开房子建造好的精美装修；同时，房子更为宽敞，而且房间布局更为合理，所以居住在里面更为舒服和便利。如房间数量的增加、屋内设施的改善、永久性楼梯和直立烟囱的建造以及窗帘和窗玻璃的使用使得人们的居住舒服度和私密性大大提高。① 以上特征在中产阶级家庭的住房中得到了很好体现。

中产阶级家庭的房子结构与布局。一般而言，中产阶级家庭的房子有7—8个房间，其中4—5个房间为卧室，1—2个房间为餐厅和客厅，还有1个房间为厨房。② 当时不同楼层的房子布局如下，一楼为商店或是生产的作坊，二楼为厨房和客厅，三楼为两个卧室，其中包括一个装修和布置最好的卧室，四楼也是卧室，顶楼为仆人的卧室。由此可以看出，商店或是生产的作坊与中产阶级的居所是在一座房子里。如格拉斯哥的男性服装经销商詹姆斯·富尔顿的商店就在一楼，该商店有四个窗户和两个门，二楼有一个厨房和一个客厅以及两个卧室。③ 就房间的数量而言，拥有不同财富的中产阶级的住房的平均房间数量变化不大，但比较富有的家庭的房子空间可能更大。④

在材质和规模上有了较大改变的同时，近代欧洲中产阶级家庭住房内部的家具和装修也出现了变化。首先一个特征是对光线的强调。这得益于可见度的增强和一些装饰品的使用，如门帘和窗帘以及其他室内装饰品的使用。上下可拉动的窗户代替了固定的格子窗户，大量的壁灯、直立的蜡烛台上的蜡烛以及镜子的使用驱散了屋

---

① Peter Borsay, *The English Urban Renaissance: Culture and Society in the Provincial Town, 1660–1770*, Oxford: Clarendon Press, 2002, pp.47–55.

② Peter Earle, *The Making of the English Middle Class: Business, Society and Family Life in London, 1660–1730*, pp.212, 291.

③ Maxine Berg, *Luxury and Pleasure in Eighteenth-Century Britain*, Oxford: Oxford University Press, 2005, p.225.

④ Peter Earle, *The Making of the English Middle Class: Business, Society and Family Life in London, 1660–1730*, pp.211–212.

第八章 中产阶级生活水平

内的阴暗。其次，家具也变得更为舒适。以更适合人体体型的弯曲的家具代替了原来直立笨拙的家具，而且一些装有羽绒或是羽毛的垫子被广泛运用。如睡椅、沙发和长靠椅、扶手椅以及藤椅的出现，标志着舒适程度的大幅提高。再次，瓷器的大量出现。这一时期瓷器的出现主要有两个原因，其一是欧洲人对瓷器的喜爱和收藏。其二，随着饮茶和喝咖啡风气的盛行，瓷器成为了饮茶和喝咖啡的工具。复次，绘画和装饰品的增加。绘画有从东方输入的，也有本土绘制的。绘画代替了之前的壁毯和墙帷，绘画的内容多为山水景色，有时也包括国王和王后的肖像。甚至一些中产阶级家庭把家庭成员的肖像和全家福挂在屋内的墙壁上。最后，时钟、小键琴等装饰品出现。时钟悬挂在房间的墙上或是在楼梯的上方，在一部分中产阶级的家庭还出现了小键琴，这与他们的娱乐和即兴音乐表演有着一定的关系。另外，一些小摆设、书籍以及很多的装饰品也出现在了中产阶级的房子里。[①]

　　近代欧洲中产阶级的住房变化体现出舒适的特征。卧室是人们休息的最好场所，卧室内部的家具和床上用品都是为更好的休息服务的，一般而言这些物品较为贵重和精致。由丝绸和棉花制成的轻质纺织品代替了重呢绒制作的宽幅绒面呢和哔叽呢。其中，大码的帷幔保证了温暖，羽毛褥垫使人感到更加舒服。同时，厨房的布局和结构也体现了中产阶级家庭舒适的特征。在17世纪中期以前，厨房并没有完全从房子的其他部分分离，之后才独立出来。[②]厨房不仅仅是准备食材、烹煮食物的地方，也是制作、修补衣服和洗衣服、熨衣服的地方。随着时间的推移，厨房里的陈设发生了较大变化，如出现了高质量的椅子和窗帘、养有金丝雀或是鹦鹉的鸟笼、时钟、几幅山水画等。此外，厨房里还有水槽，便于厨房的清洁和碗筷清

[①] Peter Earle, *The Making of the English Middle Class: Business, Society and Family Life in London, 1660–1730*, pp.292–296.
[②] L. Weatherill, *Consumer Behaviour and Material Culture in Britain 1660–1760*, pp.150–160.

洗以及衣服的洗涤。①

房子的造价也是中产阶级家庭住房消费的重要体现。有学者对近代英国中产阶级家庭房子的价值进行了估算，其中通过对318份财产清册的调查得知，最好的卧室的平均价值在23.3英镑，第二个卧室的价值在10.6英镑，而第三个卧室的价值在6.9英镑，餐厅的价值为12.2英镑，厨房的价值为13.1英镑。②也就是说当时中产阶级一所房子的平均价值超过了66英镑。房子是中产阶级家庭中的大项开支，只有较为富裕的中产阶级家庭才能买得起自家的房子。对于那些收入较低的中产阶级家庭而言，他们多是租赁别人家的房子。一般而言，中产阶级家庭租赁房子的年租金约为20—30英镑。③

近代欧洲中产阶级住房的建筑材料和结构布局发生了较大变化，这些变化体现出中产阶级对住房的更高要求，尤其是室内的装饰和日常家用品的质地以及家具的发展满足了中产阶级家庭对舒适的生活品质的较高要求。中产阶级拥有"典雅大气、舒适安逸的房子"④。

行

近代欧洲各国政府重视道路和桥梁的修建和维护。因此，较之中世纪时代的交通体系而言有了很大改善。对于中产阶级家庭而言，有相当一部分拥有自己的交通工具，其中四轮大马车被认为是身份地位的重要象征。佩皮斯为了提高自己的社会地位，他特别希望购买一辆四轮马车，1668年11月其购买的马和马车被送到，他曾在日记中写道："马车可以极大地提高我的社会地位，我是极其渴望坐进

---

① Peter Earle, *The Making of the English Middle Class: Business, Society and Family Life in London, 1660-1730*, pp.297-298.

② Ibid., pp.291-292.

③ Peter Earle, *The Making of the English Middle Class: Business, Society and Family Life in London, 1660-1730*, pp.208-209; Maxine Berg, *Luxury and Pleasure in Eighteenth-Century Britain*, p.224.

④ 〔英〕劳伦斯·詹姆斯：《中产阶级史》，李春玲、杨典译，李春玲校，第152页。

去的。"①

马车的价值及其维护和马的饲养成本较高。在当时，一辆马车的价格在50—100英镑之间，甚至有时候还要高于这一价格。马车的维护需要较高的成本，首先要建造一个马车房或是租赁一个马车房，马车夫需要支付工资，饲料的购买也需要一定的成本，如每周马饲料的成本在5先令。如果一个中产阶级家庭的其他成员也需要马车，也就是说一个家庭有可能拥有两辆或是两辆以上的马车，那么成本是相当高的。为了降低花费，多个中产阶级家庭共同购买一辆马车。如平均拥有财富在1 500英镑的16位商人共同拥有一辆马车。②在1727—1728年的英国，对于财富较少的一般中产阶级家庭而言，每42户家庭拥有一辆马车；对于那些极为富有的中产阶级家庭而言，大概每4.3户家庭拥有一辆马车。③

事实上，骑马或是步行是近代欧洲中产阶级家庭最主要的交通方式。大约有五分之一的中产阶级拥有自己的马匹，这实际上与他们的职业有着密切关系，如医生需要争取时间为其病人看病。相比花费金钱去购买马车而言，更多的中产阶级喜欢租用马车或是马匹。蕾切尔为了去伦敦看望朋友而租用了一辆马车，她花费了3先令6便士。她还经常用同样的出行方式去探望亲戚、参加聚会以及购物。④由于城市里相对拥挤，加之马的饲养成本较高（一匹马一年的饲养成本高于其自身的价格），所以绝大多数中产阶级出行的方式是步行。流传下来的日记资料也证明了近代欧洲的中产阶级比今天的人们更喜欢步行，他们徒步行走可能是为了呼吸新鲜的空气，也可能为了锻炼身体。

但是，到了18世纪末，随着财富积累的增加，马车和马匹在中

---

① Peter Earle, *The Making of the English Middle Class: Business, Society and Family Life in London, 1660–1730*, p.301.

② Ibid.

③ Ibid., p.388.

④ L. Weatherill, *Consumer Behaviour and Material Culture in Britain 1660–1760*, p.127.

产阶级家庭中变得较为普遍，他们购买了马车和多匹马。这也导致拥有多少量马车成为衡量城市或是村镇繁荣程度的标准之一。如在爱丁堡，马车的数量达到了近1 900辆，比之前翻了一番。这些新车的主人多是商人、内外科医生、大学教授等中产阶级。①

医

近代欧洲的"医疗市场"（medical marketplace）鱼龙混杂，包括了各种医生群体：内科医生、外科医生和药剂师，但这在当时仅是医生群体的一小部分。流动的医生、麻醉师、巫师、牧师、部分乡绅以及自我治疗师等都是当时医生群体的重要组成部分，这些人在疾病的治疗当中经常使用占星术、体液论以及巫术等方法和理论。②这是当时整体的医疗状况，对于收入较低的工资劳动者而言，他们只能采取低成本的治疗方法。但是，对于收入相对较高的中产阶级而言，他们生病后要向职业的医生咨询和接受治疗。

内科医生、外科医生和药剂师等职业医生经过了严格的训练。内科医生不仅精通拉丁语和希腊语，而且还系统学习了古典、中世纪和近代的医学知识。经过系统学习的外科医生看不起那些根本不了解眼睛结构就敢声称做眼部手术的文盲医生。实际上，优秀的医生不仅需要经过系统的医疗学习，还需要多次实践才能真正提高自身的医疗水平。③同时，医院以及出售各种药品的商店有利于改善医疗条件。医院在中世纪时期已经出现，到了近代随着经济的发展以及政府和富人的捐赠医院得到进一步的发展。当时的医疗水平有了较大提高，如出现了妇科、产科等更为专业的治疗。④同时，在大城市还出现了专门出售各种药品的商店。有学者对16世纪末至17世纪

---

① 〔英〕劳伦斯·詹姆斯:《中产阶级史》，李春玲、杨典译，李春玲校，第137页。

② Barry Reay, *Popular Cultures in England, 1550-1750*, London; New York: Longman, 1998, p.215.

③ Ibid., pp.215-216.

④ Paul Langford, *A Polite and Commercial People: England, 1727-1783*, Oxford: Clarendon Press, 1998, pp.134-141.

末伦敦的药品零售业进行考察后认为，近代伦敦药品零售业的形成和发展不仅是商业行为，也是消费行为，为人们提供了更为便利的医疗服务。①

尽管中产阶级住着舒适的房子，吃着高质量的食物，但是中产阶级家庭成员难免身患疾病，甚至是一些极为严重的疾病。"自我治疗"是一种重要的医疗方法，这就需要丰富的医疗知识。1673年约翰·阿切尔出版了《每一个人都是他自己的医生》，在该书中探讨了各种可能的治疗方法，其中涉及古代的各种药草和补品的相关知识；同时，绝大部分类似的书籍里强调了"生活的稳定和规律"，"睡眠和肉、酒等各种饮食不能太多也不能太少"。这些知识成为了母亲向女儿传授的"灵丹妙药"，甚至被邻居、医生、药剂师以及专利药品的供应商所熟知。约翰·阿切尔认为烟草的枝条有提神和提高记忆以及治疗各种疼痛和水肿的功效，而达德利·赖德则认为，冷水浴能够强健体魄、预防痉挛和痛风、治疗风湿痛等功效。②

酒精和鸦片被认为是制药的重要原材料。由白兰地、桔子、柠檬、大黄和一定的硼砂制成的一种药酒被认为是一种药品。同时，进口大量的麻醉剂，尤其是由鸦片制成的麻醉剂被认为是一种能够缓解疼痛的最好的药品，被广泛使用。在《伦敦药典》(London Pharmacopoeia)中记载了1 190种制作药品的原材料，而且它们的疗效被"内科医生学院"(the College of Physician)所证实。③

除了自我治疗之外，中产阶级生病后主要依靠专业的医生治疗。内科医生、外科医生和药剂师是当时三大主要的职业医生。其中，内科医生负责诊断和开处方，外科医生负责必要的手术工作，药剂

---

① Patrick Wallis, "Consumption, Retailing and Medicine in Early Modern London", *The Economic History Review*, New Series, Vol.61, No.1 (Feb., 2008), pp.26-53.

② Peter Earle, *The Making of the English Middle Class: Business, Society and Family Life in London, 1660-1730*, pp.303-304.

③ Ibid., p.305.

师负责根据内科医生的处方制造药品。从1518年开始，伦敦的内科医生被"内科医生学院"组织起来，他们要在七年的学习生涯中阅读大量医学书籍，学习解剖，这也使得他们在疾病的诊断中非常自信，甚至在病人不在场的情况下就能开出处方。①当时规定，除了经过考核之后的"内科医生学院"会员或是持有该学院所颁发的执照的人才能在伦敦城周边7英里范围内行医。17世纪20年代伦敦有40位内科医生，17世纪末增加到136位，在最好的状况下1位内科医生服务4 000人，而最坏的情况下则服务10 000人。内科医生看病收取的费用是固定的，一般为0.5基尼（guinea）或是1基尼，外加一杯便宜的咖啡。伦敦的病人基本可以随时得到医生的治疗。②当内科医生开出处方后，药品由药剂师负责提供。

17世纪的外科医疗的知识和技术有了极大的改善，外科医生可以从他们对病人的观察和在医院里的工作学习得到更多的经验。到了18世纪中期，外科医生因其高超的医术而得到人们的尊敬。同时，在八年的学徒学习期间，药剂师不仅要向其师傅学习大量的医学知识，而且还需要积累丰富的治疗病人的实际经验。③因此，药剂师学成后不仅掌握了准备和制作药物的能力，而且还能给病人看病，甚至可能比内科医生看得还要好。这样一来，药剂师与内科医生形成了竞争，二者之间产生了一定的矛盾。

医药费是家庭支出中重要的一项。如1693—1714年，格里赛勒·柏丽全家年均医药花费占全年支出的3%，即18.9英镑。④当然这仅是一个普通家庭的年均医疗花费，如果是中产阶级家庭的医疗花费远远超过这一数据。这也说明中产阶级家庭对健康的重视。同时，1675—1804年，伦敦中产阶级的死亡率一直处于下降的趋势之

---

① Peter Earle, *The Making of the English Middle Class: Business, Society and Family Life in London, 1660-1730*, pp.69-70.
② Ibid., pp.70, 356.
③ Ibid., pp.71-72.
④ L. Weatherill, *Consumer Behaviour and Material Culture in Britain 1660-1760*, p.133.

中。如在市政厅教区中产阶级的死亡率从36%下降到了15%。[①]这也间接说明医疗条件的改善有助于延长人们的寿命，进而也证明了中产阶级家庭生活水平的改善。

三、改善型消费

近代欧洲中产阶级生活水平的改善不仅仅体现在衣食住行等基本的消费方面，而且更多地体现在教育、文化和休闲娱乐等改善型消费方面。

教育

近代教育的大发展以及希望自己的子女在成年后能有一份受人尊敬的工作成为中产阶级家庭重视教育的原因。与饮食、服装和住房一样，近代欧洲的教育也出现了大幅的发展，尤其是在宗教改革后涌现出众多的教育机构，如1500—1620年英国就新建了300余所学校。[②]其中，既有传授古典教育的文法学校，也有符合现实需要的各种职业学校。教育对于中产阶级家庭而言，一方面能提高他们自身的文化修养，另一方面希望子女寻找到一份收入高和受人尊敬的工作，甚至希望接受良好教育的子女能够提高自己的身份地位。[③]因此，对子女的教育与子女的未来的重视是近代中产阶级家庭的重要特征之一。此外，"只有拥有大量受过教育的男性和女性，才能带动国家经济的增长和多样化的实现"[④]。

接受初等和中等教育的情况。孩子一般是在六七岁时开始接受

---

① Peter Earle, *The Making of the English Middle Class: Business, Society and Family Life in London, 1660–1730*, p.308.
② 〔英〕阿萨·布里格斯：《英国社会史》，陈叔平、陈小惠、刘幼勤、周俊文译，陈叔平、陈小惠校，商务印书馆2015年版，第141页。
③ Jonathan Barry and Christopher Brooks, *The Middling Sort of People: Culture, Society, and Politics in England, 1550–1800*, p.118.
④ 〔英〕劳伦斯·詹姆斯：《中产阶级史》，李春玲、杨典译，李春玲校，第85页。

初等教育。当时中产阶级家庭捐助建立了大量的小学，尤其是英国在1699年发起了"慈善学校运动"，基本上能满足所有适龄儿童的学习，到1729年伦敦的小学生超过了5 000人，每人每年的花费是3英镑。① 初等教育并不意味着教育的结束，而且还有更长阶段的中等教育，所有中产阶级家庭的孩子都可以接受中等教育。中等教育的主要形式是文法学校，主要向学生教授拉丁语和希腊语的文法，为他们进入大学学习做准备，但对于相当一部分学生而言中等教育结束后其教育经历将结束。同时，对于年轻人为教会、国家和他的家庭服务而言，古典教育被认为是最好的准备。学生要在文法学校待到14—16岁，直到他们去做学徒、神职人员或是进入大学进一步深造。②

随着17世纪"写作学校"（writing school）和数学学校的出现，初中等教育所讲授内容也发生了变化。越来越多的中产阶级对古典教育的价值失去了信心，因为他们认为文法学校讲授的内容是强加于人的，而且也是无用的，尤其是对普通的贸易而言用处较小，他们认为孩子应该把时间花费在学习有用的知识上，比如学习算数。一些学校意识到了这些要求并对课程进行了调整，开始在教学中把写作、算术和记账等内容的讲授放在同拉丁语的学习同样重要的地位。半个世纪之后，伦敦最大的教育机构（在校生近1 000人）在其写作学校中增加了相似的教学内容，这给在该校任教的学者提供了指导学生学习写作和算术的机会，而且这也使学生拥有了进一步晋升或寻找到一份好工作的能力。同样，在皇家数学学校的40位学者为学生们讲授数学和航海知识，毕业的学生可能去皇家海军和商行做学徒。③ 在写作学校不断发展的同时，数学学校得到较大发展。一般而言，男孩子要在十几岁时被送往数学学校学习一

---

① Peter Earle, *The Making of the English Middle Class: Business, Society and Family Life in London, 1660-1730*, p.65.
② Ibid., p.66.
③ Ibid., pp.66-67.

至两年。

随着写作和数学等专门学校的出现,学生学习的内容也出现了变化,除了要学习意大利语、法语、舞蹈、歌唱和剑术之外,还要学习算术、记账和数学等内容。[1]专业科目的增加适应了中产阶级家庭的需求,在近代欧洲的教育中出现了更加职业的内容。这些变化与商业、贸易、航海、法律等内容有关。当时出现了为中产阶级家庭的子女服务的寄宿学校,这类学校除了讲授部分的文法课程外,主要讲授的是能满足他们实际需要的更多的课程内容。[2]实际上,多数情况下文法教育与能满足实际需要的职业教育是结合在一起的。约翰·弗雷特韦尔是木材商的儿子,他在唐卡斯特文法学校用了五六年的时间阅读了大量的古典文献作品,当他14岁时(1713年)被他的父亲送去一家商行学习数学。在他父亲看来,阅读、写作以及基本的运算能力是约翰·弗雷特韦尔应该掌握的,甚至可能成为他未来的专业方向之一。[3]

一般而言,中产阶级家庭的孩子要在学校学习8—10年,一般是从6岁开始到15岁左右结束。教师和女主人在孩子的成长中起着同样重要的作用,甚至有学者认为他们塑造了中产阶级年轻的一代。他们强调宗教、勤奋、关注、服从和职责。[4]从17世纪开始,中产阶级家庭女孩的教育有了较大改善,她们基本都能掌握读写能力。同时,她们还接受了社交礼仪、家务技能的教育。但是,中产阶级家庭的女孩结婚后可能居住在家里,缺乏独立工作的经验,即使掌握的一些商业知识也多由她们的父母所指导。[5]

在初中等教育的内容发生根本变革的同时,大学教育所讲授的

---

[1] Peter Earle, *The Making of the English Middle Class: Business, Society and Family Life in London, 1660-1730*, p.67.

[2] Ibid., p.68.

[3] 〔英〕劳伦斯·詹姆斯:《中产阶级史》,李春玲、杨典译,李春玲校,第87页。

[4] Peter Earle, *The Making of the English Middle Class: Business, Society and Family Life in London, 1660-1730*, p.238.

[5] Ibid., p.162.

内容也应时代要求进行了调整，主要表现为增加了职业教育的内容，目的是培养商业和职业人员。如律师、医生、教师等职业的教育。其中医学教育较受重视，学医的学生在苏格兰和欧洲大陆诸国大学中大幅增加，而且医学专业的学生要经过医院的严格训练和实习。[1]

总之，教育同婚姻、资本的提供被认为是中产阶级家庭子女能够向社会上层流动的重要动力。[2]对于中产阶级家庭而言，教育既有装饰性质，也有实用价值。中产阶级认为教育是一项能让其子女飞黄腾达的投资，甚至希望提升家族在社会上的地位。1523年，约克郡的一位名叫马默杜克·康斯特布尔的律师，嘱咐他的妻子要让他们的大儿子詹姆斯先完成中学学业，然后送他到律师学校学习法律，并由他的伯父监督学习。同时，他还为自己的小儿子准备了100英镑作为其成长基金，其中就包括用于教育方面的费用。[3]

文化

随着经济的繁荣和教育的发展，中产阶级家庭收入在不断增加，而他们的阅读能力也得到了大幅提升，这就使得中产阶级十分注重文化消费。

书籍和印刷品市场的发展为中产阶级阅读提供了前提。随着16世纪60、70年代具备阅读能力的人数的增多，书籍市场得到发展。仅在1600年一年里英国就出版了259部书。[4]到了光荣革命后，英国获得了出版自由。书记、小册子、布道书、杂志和报纸出现了爆炸性增长。1660—1688年每年出版书籍1 100种，1689—1727年每年大约有2 000种，到了1728—1760年每年大约有2 300种。如在

---

[1] Paul Langford, *A Polite and Commercial People:England, 1727-1783*, pp.84-90.

[2] Jonathan Barry and Christopher Brooks, *The Middling Sort of People: Culture, Society, and Politics in England, 1550-1800*, p.14.

[3] 〔英〕劳伦斯·詹姆斯：《中产阶级史》，李春玲、杨典译，李春玲校，第88页。

[4] 〔英〕阿萨·布里格斯：《英国社会史》，陈叔平、陈小惠、刘幼勤、周俊文译，陈叔平、陈小惠校，第141页。

什鲁斯伯里学院的图书馆里1634年仅有藏书704册,到了1767年就增加到了5 000册左右。①这些书籍包括神学、历史、法律、医学、诗歌、数学等。商业出版兴盛了起来,到18世纪末英国有近1 000名书商遍布300个城市和乡镇,其中伦敦最为密集。②

历史学、文学、考古学等方面的书籍是中产阶级家庭阅读的重点。尽管当时出版的小册子、布道书、戏剧剧本和小本诗集的出售价格为6便士或是1先令,但其他书籍的价格依然昂贵,甚至超出了部分中产阶级的家庭预算。如在1767年,一部有关世界历史的图书(16卷)的售价为2基尼,一本意大利情歌集售价为0.5基尼,一本建筑设计集锦售价12先令。③对于一些因昂贵而买不起的书籍,中产阶级可以去当地较大的图书馆借阅。布里斯托某个图书馆的流通部1773—1784年的借书数据显示出中产阶级对历史知识的渴望。历史性图书的借阅数为6 000册,纯文学的则为3 000册,而哲学、自然史、神学、法律、数学和医学类书籍的借阅量合计只有几百册。④人们对历史知识的专注,部分出于好奇,部分出于爱国主义,还有就是人们相信过去伟大人物所行之事能够给今人以启示。同时,纯文学的书籍在布里斯托的资产阶级中非常受欢迎,当时主要以散文和诗歌选集的形式为主,出版社还向读者们保证选集里的作品都是由非常具有鉴赏力的编辑选出的,以保证选编出来的文字片段是因其典雅的文风和较强的道德提升力才得以入选的,绝对没有任何有损鉴赏力的粗俗成分。医生托马斯·鲍德勒(1754—1825年)经常回忆起其父亲在冬夜给全家人朗读莎士比亚作品时的情景,而托马斯·鲍德勒被人们所熟知主要缘于他出版的长达十卷的莎士比亚戏剧的删改版,他删去了所有不适宜一位绅士当着众女士之面朗读的段落,以及所有会使端庄之人脸红的或让读者尴尬到站立不稳的词

---

① 李新宽:《国家与市场——英国重商主义时代的历史解读》,第112页。
② 〔英〕劳伦斯·詹姆斯:《中产阶级史》,李春玲、杨典译,李春玲校,第165页。
③ 同上。
④ 同上书,第166页。

和短语。同时，在托马斯·鲍德勒去世之前他还对吉本的《罗马帝国衰亡史》进行了同样的删减，对该书语言上的失当和原则上的错误进行了审查。①

报纸和杂志的兴起为中产阶级的阅读提供了新的领域。人们不断增强的读写能力以及对可靠而频繁的商业信息的需求是杂志和报纸得以发展的关键因素。为了满足中产阶级阅读的需求，出版商还把出版的重心向杂志和报纸等大众新闻上转移。17世纪的最后20年是报纸和杂志发展的关键时期。②《雅典墨丘利》《观众》《艺术家》《绅士杂志》《女士杂志》《邮递天使》等杂志相继出现。③这些杂志所刊文章涉及各种各样的内容，如音乐、烹饪、园艺等。出版商约翰·邓顿在17世纪末组织出版了杂志《雅典信使》，该杂志的主要特色是由那些头脑聪明的男女提出一些有水准且令人好奇的问题，而约翰·邓顿和他的工作人员负责结合各种常识和宗教教条来回答，其中也涉及一些哲学和科学问题。另一本杂志《邮递天使》在1701年出版，其内容涉及新闻、讣告、异教徒如何产生以及两性关系等问题。这两本杂志的读者多为中产阶级的男性和女性。同时，另外一份杂志《绅士》在1694年1月和2月选择性地发表了一组关于时事、历史、哲学、科学、数学和诗歌的文章。④通过这些期刊，住在偏远地区或是乡村中的中产阶级可以了解大都会沙龙中讨论的问题，甚至他们还演唱杂志上刊登的伦敦时下风靡的最新歌曲，以便给朋友留下深刻的印象。

到了18世纪，杂志在中产阶级中的影响进一步加强。这与中产阶级对时尚与品位的追求密切相连。1773年，全国的中产阶级男女都曾受邀订阅新版的《威斯敏斯特杂志》(又称为《品位神殿》)，

---

① 〔英〕劳伦斯·詹姆斯：《中产阶级史》，李春玲、杨典译，李春玲校，第167页。
② Margaret R. Hunt, *The Middling Sort: Commerce, Gender, and the Family in England, 1680-1780*, p.180.
③ 李新宽：《国家与市场——英国重商主义时代的历史解读》，第112—113页；〔英〕劳伦斯·詹姆斯：《中产阶级史》，李春玲、杨典译，李春玲校，第93，163页。
④ 〔英〕劳伦斯·詹姆斯：《中产阶级史》，李春玲、杨典译，李春玲校，第93—94页。

该出版商承诺杂志"非常得体",所刊文章中有诗文集、"纯文学"以及对那个时代整体风貌"最写实"的记录。对于任何一个想要同潮流并进、对所处时代更为了解的人来说,该杂志是一份诱人的菜单。类似的期刊迅速增多,其中多刊登有关哲学、政治、文学、艺术、宗教、地理和科学新发现以及时尚新风潮的文章。新的小说以连载的方式刊登。1777年的《女性杂志》按月连载了卢梭的《爱弥儿》,该杂志同时还跟踪了乔治三世的军队在北美的动向。月刊《绅士杂志》创办于1731年,在之后的10年间就达到了1.5万的单次印刷。[1]

中产阶级是狂热的报纸阅读者。他们渴望对国内事务、政治、商业情报、外交、战事等有很好的了解。同时,报纸是最好的商业市场,大量的商业和服务广告刊登其中。报纸会定期向海外贸易商提供发生在欧洲大陆的外交和军事事件等有价值的报道,同时更多的是发布一些商业信息,如当前的股票形式和商业价格、商船进出港信息以及货物销售的广告。17世纪晚期和18世纪报纸的数量急剧增长。在1696年以前,英国只有一家政府报纸《伦敦公报》,在1696年伦敦当地出现了三份非官方报纸《邮递男孩》《邮递员》《飞邮》,并很快发展成全国性的报纸。在1696年伦敦之外的地方没有报纸,1700—1727年地方至少出现了51份报纸;同时,1702年英国出现了第一份日报——《日报》。[2] 尽管很多报纸是在伦敦印制发行,但由于新的邮政服务的开通,全国各地都会拥有读者。当时报纸的发行量急剧增长,截止到1714年,英国每年销售报纸250万份,到了1776年发行量达到了1 200万份。[3] 报社的经营者极其迎合中产阶级的喜好,带有商业性的有用的数据(比如弗吉尼亚烟叶的价格以及破产公司的名单)可能也需要润色一些;同时,编辑们总是挑选那些符合读者口味的稿件,如拿那些谋杀案件、涉及婚外

---

[1] 〔英〕劳伦斯·詹姆斯:《中产阶级史》,李春玲、杨典译,李春玲校,第164页。
[2] 李新宽:《国家与市场——英国重商主义时代的历史解读》,第112页。
[3] 〔英〕劳伦斯·詹姆斯:《中产阶级史》,李春玲、杨典译,李春玲校,第95、163页。

情的离婚诉讼、决斗事件以及社会名流丑闻的报道来满足读者的色欲以及道德义愤的表现欲。当部分中产阶级报纸读者可能在读到某人身负罪恶而最终得到彻底惩罚的故事时，将会暗自长舒一口气。可见，对于中产阶级而言，阅读报纸是以获取信息和愉悦身心为目的的。

广泛的爱好也能体现出近代欧洲中产阶级文化消费的提升。中产阶级认为每一个人都有权力去追求自己的爱好，尤其是关注哲学、古物学和科学。他们认为对个人爱好的坚持和所付出的心血是由自身的经济条件和热爱程度来决定的，而他们的爱好也能为知识的增长以及随之而来的世界的更加美好做出贡献。一位名叫克莱顿·莫当特·柯拉彻罗的牧师是一位有着出色判断力和卓越鉴赏力的专家。其收入的很大一部分都用在了现代绘画、雕塑、古钱币、徽章以及书籍上。他平时就在行家圈里游走，他还有一种公众责任感，承担着大英博物馆的管理工作并把自己的古籍和绘画藏品捐赠于此。[1]

业余考古和科研同样吸引着神职人员、律师和医生等中产阶级。托马斯·费希尔是一位书商的儿子，他做了近50年的文职工作，但他爱好收集古董，同时，还有着绘画方面的天赋，他曾花大量的时间周游全国，寻访教堂，并做笔记和绘制草图。从18岁开始他就向学术刊物投稿，后来还发表了一篇有关贝德福德教堂古迹的调查报告，报告中的说明图都是他自己绘制的。[2]简单来说，费希尔是一位安静且有教养的中产阶级人士，也足够幸运到能够悠闲地享受着个人的爱好。

总之，近代欧洲中产阶级对书籍、报纸、杂志的阅读，不仅是一种文化消费行为，而且也与他们的身份地位的塑造以及与自己本身所关注的事物密切相关，如时尚的穿着、经商的知识、国内外的局势、自身的爱好等。实际上，有关阅读的文化行为的出现，也能

---

[1] 〔英〕劳伦斯·詹姆斯：《中产阶级史》，李春玲、杨典译，李春玲校，第162页。
[2] 同上书，第163页。

第八章　中产阶级生活水平

反映出中产阶级所处的时代日渐复杂，他们要不断提高自身的精神和物质的世界来适应自身不断变化的身份。[①]

休闲

中产阶级有三个主要的追求，即"婚姻、健康和休闲"。[②]其中，休闲不仅与中产阶级家庭的物质文化条件有关，而且也与他们的家庭构成、职业、受教育水平、所交往的朋友类型以及自身的兴趣等密切相连。简单而言，休闲对于中产阶级而言就是在非工作时间互相拜访，并在一起聊天、吃饭和饮酒等。如在1714年10月的前10天，约曼马钱特（Marchant）拜访别人和被别人拜访共计8次，他和他的朋友一起吃饭、喝酒，甚至是无节制地饮食。[③]

喝茶和咖啡是近代欧洲中产阶级休闲的表现之一。茶和咖啡被认为是中产阶级的两种兴奋剂。1650年英国第一家咖啡馆在牛津开业，两年后伦敦出现第一家咖啡馆，之后的近十年喝咖啡在英国流行起来，全国出现了几百家咖啡馆，甚至有人认为到了18世纪时英国的咖啡馆达到了几千家。[④]咖啡馆不仅仅提供咖啡，它们还提供巧克力和其他热饮，另外还提供杂志和报纸，这就使得喝咖啡成为中产阶级会见朋友、洽谈生意、阅读每天报纸时的经常消费。茶和咖啡的消费情况还可以通过中产阶级的遗产清单反映出来。如约克郡的律师乔治·梅森的遗产清单中就包括一张茶几和一个价值12英镑2先令的银质茶壶，而纳撒尼尔·查德威克的遗产清单中也包括了一张茶桌及配套的茶杯和器皿。同时，遗产中的个人饮茶和喝咖啡的器皿通常留给女性，如安·史密斯在留给女儿的遗产中就包括了一个银质的咖啡壶和支架，纳撒尼

[①] Margaret R. Hunt, *The Middling Sort: Commerce, Gender, and the Family in England, 1680–1780*, pp.182.
[②] Paul Langford, *A Polite and Commercial People: England, 1727–1783*, p.102.
[③] L. Weatherill, *Consumer Behaviour and Material Culture in Britain 1660–1760*, p.164.
[④] 李新宽：《国家与市场——英国重商主义时代的历史解读》，第111页。

尔·普特斯特利也把一个银质咖啡壶留给了自己的女儿。[1]到了1800年，英国中产阶级人均消费茶叶2英镑，而咖啡的人均消费仅为茶叶的一半。[2]

集会、舞会、交际晚宴和晚餐派对等正式社交场合，为中产阶级出身的参与者提供了交谈的机会。从那些以此为主题的文字中我们可以看出，完美的交谈需要说话者拥有令人愉悦的敏锐智慧、知晓很多有趣的逸事、了解时下最新的信息以及会使用优雅的措辞。《女士杂志》在1798年的3月刊探讨了读者们关心的话题，警告他们要远离"虚荣、虚伪和轻浮"，提醒他们交谈显示了他们的聪慧程度。[3]为了使自己的语言多少带点分量，女士们应该淡定地把自己的话说完，但切记说得太多。实际上，几乎每一个较大的城市都有用以举办会议、音乐会、棋牌游戏和舞会的集会场所。在这些集会场所没有演员、赛马以及其他能够吸引参与者注意力的更多事物，这样大家就互相聊天甚至是调情。参加各种集会是休闲的体现，参观集会场所同样也被认为是高雅的消遣。当参观者进入到集会场所时，往往被时尚的建筑和家具所包围。如在什鲁斯伯里的一家舞厅中，高高的拱窗用上好的木质边框装饰，两个装饰性的壁炉和椭圆形的镜子，天花板的中央是一个拱形屋顶，墙壁和天花板均用精美的灰墁粉刷，描绘舞者的令人愉悦的画作就张贴在大门入口处，舞厅内还有游吟诗人的画廊。[4]

对戏剧和音乐的欣赏。戏剧和音乐会受到近代欧洲中产阶级的青睐，其中戏剧在延续中世纪时代风格的同时，也开始出现新的发展。原有的剧院得以修缮的同时，建立了许多新的剧院。大概是从17世纪中后期开始，剧院的数量大幅增加。不仅仅是伦敦这样的大

---

[1] 〔美〕约翰·斯梅尔：《中产阶级文化的起源》，陈勇译，第113—114页。
[2] 〔英〕劳伦斯·詹姆斯：《中产阶级史》，李春玲、杨典译，李春玲校，第48页。
[3] 同上书，第138页。
[4] Peter Borsay, *The English Urban Renaissance: Culture and Society in the Provincial Town, 1660-1770*, p.150.

城市如此，而且在地方的各主要城市中均兴建了剧院等娱乐场所。[①]以伦敦为例，在1689年之前较少出现新剧院，之后在建新建剧院的同时，老剧院也在不断修缮。随着观众席的不断扩建，到18世纪末伦敦的大剧院已经能容纳2 000多名观众。[②]到剧院观看戏剧被认为是一种身份的象征，中产阶级是剧院的常客。因此，戏剧内容反映了中产阶级的喜好。1789年的第一个星期，在布里斯托尔皇家剧院就相继上演了《亨利四世》、一部由舞蹈大师米切尔小姐主演的《意大利花瓶》的歌舞剧，以及由一个被称作"奇幻现象"的四岁小男孩带来的"优雅的钢琴独奏曲"。在享受了卓越的表演者带来的阳春白雪后，布里斯托尔人还观看了通俗的戏剧，如《考文垂的偷窥青年》《德文郡公爵夫人的小步舞曲》以及因圣诞节而应景上演的哑剧《鲁宾逊漂流记》。中产阶级的戏剧口味基本一致。如在1817年阿伯丁皇家剧院一天的节目上映情况是：《麦克白》、闹剧《恋人们的争吵》以及几首歌曲；次日晚上的节目是一部喜剧《蜜月》、一部新闹剧《雨夜十点之后》、歌剧《森林弃婴》等。这些剧目都有着类似的感伤、诙谐或者与家庭生活相关，而这些要素正是观众掏腰包来剧院的主要目的。[③]

旅游和度假。为了度过炎热的夏天或是躲过伦敦等大城市弥漫在空气中的尘土，城市的中产阶级开始来到海滨度假或是旅游。正是在这个时候，英国兴起了海滨浴场或是沿海城市的旅游。在17世纪时度假或旅游绝对是新兴的事物，但是到了18世纪中期已经变得较为普遍。同时，在沿海城市建立起来众多的海滨度假胜地。以巴斯为例，1700年该城的人口不到3 000人，到了18世纪末其人口增加到了35 000人，而1750年中一个季度来当地旅游的人达到了

[①] Peter Borsay, *The English Urban Renaissance: Culture and Society in the Provincial Town, 1660-1770*, pp.117-127.

[②] 李新宽：《国家与市场——英国重商主义时代的历史解读》，第111页；〔英〕劳伦斯·詹姆斯：《中产阶级史》，李春玲、杨典译，李春玲校，第149页。

[③] 〔英〕劳伦斯·詹姆斯：《中产阶级史》，李春玲、杨典译，李春玲校，第149—150页。

12 000人，这主要是靠当地的旅游业吸引到的人口。更重要的是旅游也给当地带来了财富，1765—1766年巴斯一周的财政收入超过了10 000英镑。来到这里消费的多是中产阶级。①

赛马和斗鸡是中产阶级较为喜欢的两种动物运动。其中，赛马被中产阶级视为一种高雅运动。赛马也是中产阶级炫耀财富和树立威信的场合，深受中产阶级的喜爱。1500—1770年，英国建立了大量的赛马场，其中70%建立在市场型城市中；同时，跑马场的设施进一步完善，跑马场的表演项目的水平也在不断提高。赛马逐渐发展成为了全国性的商业娱乐活动。②在赛马的过程中，参与者被提供食物和酒水等饮料，甚至还提供丰盛的宴席。在约克郡的哈利法克斯，当地的赛马在18世纪30年代达到高峰，后来由于立法限制了赛马的次数，其活动有所下降。但赛马在哈利法克斯仍然作为一种高雅的娱乐活动保留了下来。如在1759年9月25日，当地的中产阶级认为有必要在《哈利法克斯联合日报》上宣布，凡参加或组织奖金低于50英镑的参与者，均应受到起诉并处以200英镑的罚金。尽管另一地克斯科特的赛马比赛不大可能提供像约克市那样的座位设施，后者看台一个座位的票价达1基尼，但是哈利法克斯的赛马比赛已经变成了一项更具排他性的社交活动。③

综上所述，随着近代欧洲经济社会的变革，中产阶级成为社会群体中的重要组成部分。中产阶级较高的收入是其积极参与各种社会活动的根本前提，为了和底层的民众有所区分，他们积极模仿上层社会的各种行为，包括衣食住行以及教育和文化娱乐等各种消费行为。无论是基本的生活消费，还是改善型的消费，都表明了近代欧洲中产阶级的生活水平的大幅提升。

---

① Paul Langford, *A Polite and Commercial People: England, 1727–1783*, pp.102–108.
② Peter Borsay, *The English Urban Renaissance: Culture and Society in the Provincial Town, 1660–1770*, pp.180–196.
③ 〔美〕约翰·斯梅尔：《中产阶级文化的起源》，陈勇译，第217—218页。

第九章 工人阶级生活水平

在前工业时期的欧洲，农业经济在整个社会经济发展中占据主导地位，但是这一时期欧洲的经济从封建主义向资本主义转变，其中最重要的表现就是资本主义经济的发展和壮大。同时，经济社会的发展也使得劳动者的收入和生活水平、身份和社会地位均发生着重大转变。本章将从工人阶级的形成与发展、工人阶级生活水平的讨论以及工人阶级的消费和生活等三个方面进行论述。

一、从工资劳动者到工人阶级

在中世纪中晚期欧洲经济发展中一直存在着工资劳动者群体，到了近代，随着资本主义经济的发展，工资劳动者的群体不断壮大。以下将从工资劳动者的来源和壮大的原因、农业和工业生产中的工资劳动者以及工资劳动者向工人阶级的转变等几个方面对近代欧洲的工资劳动者进行全面的考察。

工资劳动者的来源和壮大的原因

工资劳动者为主要依靠出卖自身的劳动力获得收入的劳动者群体。在从中世纪封建时代的糊口经济向近代资本主义经济的转变中，原本主要依靠农业生产为生的劳动者逐渐发展成主要依靠出卖劳动力为生，这与农业生产领域发生的变革与土地继承制度的影响有着密切关系。

近代英国农业生产领域中出现的圈地运动在客观上促使大量的劳动力成为工资劳动者。圈地运动之初，可耕地被迫改为牧场，甚至导致某些地方的整个村庄村民失去赖以生存的土地。这就迫使村民到别处寻找被雇佣的机会或是去参军，甚至在一些地方形成一定规模的流民（vagrant）。[1]1750年之后，随着议会圈地的推进，越来越多的耕地、公地以及荒地被圈占。这也迫使更多的农民失去土地，进而成为工资劳动者。[2]大量失去土地的农民成了无土地的阶层（landless class），这些丧失土地的人口一部分继续为农业生产服务，成了为大土地所有者服务的农业雇工，而其中的绝大部分开始为纺织业以及新兴工业（new industries，如采矿和冶金）等行业服务。[3]

份地的继承制度也在客观上促进了无地农民的出现。占有份地的农民家庭因土地在子女之间的分割而使得所持有的土地面积越来越小，分割继承后的土地使得农民家庭的生活难以为继；同时，在那些推行长子继承制的地方，份地由长子继承，而其他未继承土地的年轻的子女被迫去其他地方谋生。[4]

大量无地的人口为近代工业的发展，尤其是工业革命的爆发和向纵深发展提供了廉价劳动力。丧失土地的劳动者被迫到大规模的农场或是城市寻找被雇佣的机会，他们主要依靠工资收入来生活。在近代欧洲，工资劳动者数量在不断增加。在英国进行议会圈地之前，一些地方的土地拥有者的人数已经大大下降，如在莱斯特郡的村庄威格斯顿麦格纳，1766年2/3的村民没有土地，拥有土地的农

---

[1] Alan Everitt, "Farm Labourers", in Joan Thirsk, ed., *The Agrarian History of England and Wales*, IV, 1500-1640, p.406.

[2] W. A. Armstrong, "Labour I: Rural Population Growth, Systems of Employment, and Incomes", in G. E. Mingay, ed., *The Agrarian History of England and Wales*, VI, 1750-1850, Part II, Cambridge: Cambridge University Press, 2011, pp.649-650.

[3] Alan Everitt, "Farm Labourers", p.409.

[4] Ibid., p.399.

民为99人，到了1851年拥有土地的人数降为27人。①除了英国之外，欧洲的其他地方也出现了类似的现象。如在普鲁士就出现了大量工资劳动者，在1849年之前其总人数近200万；在萨克森地区，与1550年相比较，1750年时当地居民中为大农场服务的日工资劳动者占到了85%；在荷兰的上艾瑟尔省，1602—1795年的农业雇工和日工资劳动者增长了124%；在1700—1830年的瑞典，失去土地为当地农场服务的劳动者人数也出现了大幅增加。②

乡村中失去土地的农民成为工资劳动者群体的主要来源，他们也在经济社会的发展中发挥着重要作用。近代的工资劳动者主要为大农场和乡村工业、采矿和冶金等新兴工业生产服务。

农业和工业生产中的工资劳动者

1. 农业生产中的工资劳动者

近代欧洲农业的商业化和专业化发展为那些失去土地的农民提供了就业机会。有学者对近代欧洲农业生产领域里的独立生产者和工资劳动者进行了区分，前者主要由约曼和小土地所有者组成，后者主要由羊倌、大地产上的雇工以及被约曼和乡绅等雇佣的其他各种雇工组成。③也有学者对当时农业生产中的工资劳动者进行了进一步的区分，如农业仆从（farmer servant）、户外劳动者（outdoor labourer）和临时劳动者（从外迁移而来的劳动者）。④其中，农业仆从是一个宽泛的概念，主要在雇主的家庭内劳动；室外劳动者通常有一座带菜园的茅草屋，且在所居住的教区内被雇佣；临时劳动者往往因为农业生产中的特殊需要而被雇佣，如收割干草或

---

① W. A. Armstrong, "Labour I: Rural Population Growth, Systems of Employment, and Incomes", pp.668-669.
② Ibid., pp.667-668.
③ A. J. Tawney and R. H. Tawney, "An Occupational Census of the Seventeenth Century", The Economic History Review, Vol. 5, No. 1 (Oct., 1934), p.49.
④ W. A. Armstrong, "Labour I: Rural Population Growth, Systems of Employment, and Incomes", p.671.

是收获谷物。

由于相关数据的缺乏，较难对18世纪以前欧洲国家的农业生产中工资劳动者的比例进行准确估算。但是，亦有学者对上述问题进行初步探讨，认为在1700年之前整个欧洲的工资劳动者占所有劳动者的比重在65%—90%之间，但在那些农业生产力水平较低的地方，工资劳动者的占比仅为55%—65%。①到了18世纪中期，有学者对英国、法国、瑞典和威尼斯共和国等地农业生产中工资劳动者所占总劳动人口的比重进行了进一步的合理估算，这四个国家和地区的比重维持在65%—75%。具体见表9-1。从国外进口谷物在客观上影响农业生产中工资劳动者的规模和比重。由于1400—1700年海上运输得到了较大发展，这使得那些地理位置优越的国家可以通过海上运输进口或者出口大量的谷物。以17世纪的荷兰为例，其可以通过波罗的海－松德－北海（the Balic-Sund-North Sea）从东欧进口大量的谷物，这些谷物除了本国消费一部分之外，其余被再次出口。这也使得当时的荷兰农业生产中工资劳动者占劳动人口的比重不到50%，要比其他国家都低。②由于农业生产存在季节性，仅从工资劳动者占比来考察农业生产中的劳动投入并不客观，工资劳动者可能在非农忙季节赋闲在家或是从事其他雇工劳动。

表9-1　1750年欧洲农业生产中工资劳动者人数占总劳动人口的比重（%）

国家	比重
英国	65
法国	76
瑞典	75
威尼斯共和国	75

资料来源：Carlo M. Cipolla, *Before the Industrial Revolution: European Society and Economy, 1000-1700*, London; New York: Routledge, 1993, p.62.

---

① Carlo M. Cipolla, *Before the Industrial Revolution: European Society and Economy, 1000-1700*, London, New York: Routledge, 1993, p.62.

② Ibid., pp.62-63.

在近代欧洲的乡村中，除了在农业生产中被雇佣的工资劳动者之外，还有裁缝、木匠、铁匠、制鞋匠、教师等工资劳动者。如在16世纪中期的什罗普郡的一个纯农业教区共有350人，其中大约有11%是由木匠、裁缝、制鞋匠、制桶匠等构成。①

2. 工业生产中的工资劳动者

工业生产的发展为农村中失去土地的劳动力提供了出路。当然，工业生产包括多个领域。直到18世纪初，呢绒纺织物在进出口中仍然占据着重要地位。实际上，在1500年之后的两个世纪里，基本的工业结构开始建立起来。以英国为例，在16、17世纪里，呢绒毛纺织业在工业生产中占据主导地位，而且也是出口的主要商品，生产规模较大。同时，冶铁、锡和铅的开采、亚麻纺织、皮革制造以及建筑业等原有的行业得到继续发展。随着技术革新，酿酒、造船、制砖等行业的生产得到重新组织，同时，"技术移民"（skilled immigrant）的到来也使得造纸、制皂、玻璃、明矾、铜、金、银、白糖提纯、制烟等"新"行业（"new" trades）得以兴起。②

16—17世纪欧洲工业发展的水平并不高，其中纺织业规模较大。皮革业、服装制造、木工业、建筑业、金属加工、食品制作、零售业等七个行业是除了毛纺织业之外最主要的工业生产。在这七个行业中，皮革业、金属加工和零售业是雇工劳动者最多的。如作为纺织业之外最大工业家的绸缎商人雇佣较多的劳动者，而在木工业和建筑业中雇佣的劳动者要相对较少。③以皮革业为例，皮革制品需求量较大，如马鞍、存储桶、鞋子、手套以及风箱等。在英王亨利八世时期，皮革业是城市里最大的雇佣劳动者的行业之一，甚至在1600年之前是约克和北安普顿最大的工业。同时，皮革业也是重要的乡村工业之一，制革匠或是制革商人也是地方最富有的人。在

---

① Carlo M. Cipolla, *Before the Industrial Revolution: European Society and Economy, 1000-1700*, London, New York: Routledge, 1993, p.63.

② B. A. Holderness, *Pre-industrial England: Economy and Society, 1500-1750*, pp.86-92.

③ A. J. Tawney and R. H. Tawney, "An Occupational Census of the Seventeenth Century", p.55.

当时的伦敦，皮革业比纺织业还重要，尤其是高质量的皮革商品。①此外，皮革业的生产也出现了一定的专业化，如存在重皮革制品和轻皮革制品之区分。实际上，在这两个世纪里，各种矿藏的开采、造船业的发展，也需要大量的雇工。

毛纺织业是16—17世纪里最大的制造行业，其雇佣的工人规模也是最大的。在欧洲国际市场上，荷兰、意大利和英国之间的毛纺织业存在着竞争。在17世纪末之前，英国的毛纺织品满足了欧洲人对不同质量商品的需求。②因此，英国毛纺织业得到快速发展，且形成了三大毛纺织业中心。毛纺织业生产规模的扩大和分工的细化，使得生产中需要更多的劳动力。③如在1608年格洛斯特郡的纺织业受雇佣的2 545人中，有漂洗工98人、染色工47人、呢绒织工1 786人、修剪工10人。④之后，毛纺织品遭到了"印花棉布"、亚麻布和丝织品的冲击，在1750年后影响进一步扩大。⑤

乡村毛纺织业能够得以发展的一个重要原因就是廉价的劳动力，也就是说以毛纺织业为主的乡村工业的发展为农村劳动力提供了大量就业机会；同时，一些城市毛纺织业继续发展，也吸引了城市周边乡村中的劳动力。如在17世纪初的伍斯特、什鲁斯伯里、诺里奇和科尔切斯特等地的城市，呢绒纺织业得到了繁荣发展，吸引了大量周边乡村中的劳动者的到来。⑥从事纺织（textiles）及制衣业（clothing）的人数占城市人口的比重是最大的。如在1552年的佛罗伦萨，从事纺织及制衣业的人数达到了总人数的41%，而在1660年

---

① B. A. Holderness, *Pre-industrial England: Economy and Society, 1500–1750*, p.92.
② Ibid., pp.91–92.
③ Ibid., pp.86–87.
④ A. J. Tawney and R. H. Tawney, "An Occupational Census of the Seventeenth Century", p.55.
⑤ B. A. Holderness, *Pre-industrial England: Economy and Society, 1500–1750*, pp.91–92.
⑥ C. G. A. Clay, *Economic Expansion and Social Change: England 1500–1700*, Vol.II, Cambridge: Cambridge University Press, 1984, p.90.

的威尼斯这一数据则为43%。①

工资劳动者的工作主要集中在饮食、服装和住房三个大领域。需求结构决定了生产结构,饮食、服装和住房也是需求主要集中的领域。在城市之中,服务于以上三个领域的工资劳动者占城市人口的60%—65%,例如在1541年的蒙扎(Monza)、1552年的佛罗伦萨、1660年的威尼斯服务于食品、纺织与制衣、建筑三个行业的雇工所占整个城市人口的比重分别为65%、60%和64%。②同样,在1608年格洛斯特郡的人口调查中,对格洛斯特、图克斯伯里(Tewkesbury)以及赛伦塞斯特(Cirencester)三个主要城市及其周边农村不同行业的人口进行了估算,考察的人群主要是20—60岁的成年男性。食品、纺织及制衣、建筑三个行业的雇工占当地总人口的73%。③

除了农业和工业生产中的工资劳动者之外,仆从也是工资劳动者的重要组成部分,并且在城市人口中还占据着一定的比重。如在1551年的佛罗伦萨约有近一半的家庭雇佣仆从。④一般情况下,仆从往往与家庭成员混合在一起,但是在一些城市中仆从被单独记录下来。据此,一些学者进行研究后发现,在15—17世纪欧洲城市中仆从占总人口的比例为10%,而在15—65岁的人口中仆从的比例上升至17%。⑤

到了18世纪,煤炭的大规模开采,不仅需要大量的工人,而且也为其他工业领域的发展提供了燃料和动力。在1750年之前,煤炭的开采与毛纺织业的发展同样重要。煤炭的大规模开采使得煤炭代

---

① Carlo M. Cipolla, *Before the Industrial Revolution: European Society and Economy, 1000-1700*, London, New York: Routledge, 1993, p.64.

② Ibid., p.65.

③ A. J. Tawney and R. H. Tawney, "An Occupational Census of the Seventeenth Century", pp.36-37.

④ Carlo M. Cipolla, *Before the Industrial Revolution: European Society and Economy, 1000-1700*, London, New York: Routledge, 1993, p.66.

⑤ Ibid., pp.65-66.

替了木柴，进而促进了冶金业的发展；同时，技术的发明和新的管理制度的出现，在客观上促进了造船、造纸、玻璃制造等行业的发展。①在工业革命出现之前，欧洲的一些地方已经发展成为生产规模较大的制造业中心。在1700—1775年，众多的制造业中心得到快速发展。如诺丁汉、埃克塞特、考文垂、莱斯特以及科尔切斯特等。在1775年时英格兰形成了十大制造业中心，其人口规模也较大。如伯明翰有4万人，诺里奇有3.85万，曼彻斯特有3万人，设菲尔德有2.7万人，利兹有2.4万人，这五座城市中仅有诺里奇在1700年人口超过了1万，其余四座城市均不到万人。十大制造业中心中的其余5个城市为巴斯、利物浦、布里斯托尔、纽卡斯尔以及普利茅斯。②但总体而言，在18世纪里发展速度最快的还是伯明翰和曼彻斯特。据记载，1741年的伯明翰"居住着大批居民，而且他们完全受雇于当地的工业"，人口在之后出现了惊人的增长，到了1801年为7.3万，是1700年的9倍。③

实际上，伦敦是18世纪英国最大的经济中心和制造业中心。当时伦敦的人口出现了大幅增加。如从1700年的57万人增加到1750年的67.5万人，约等于全国人口的11%，加之人口的流动，当时伦敦成年人口占全国总人口之比达到了1/6。到了1800年，伦敦人口达到了90万。④作为制造业中心，从业人数也是惊人的。如裁缝和鞋匠的人数就达到了几千人之多，在18世纪末，钟表匠的人数约为8 000人，而制帽工匠、印刷工、家具工、车轮制造工等群体的规模也较大，而建筑的发展也需要雇佣大量的砖匠、泥瓦匠、木匠、水管工、粉刷工以及铺瓦工，同时这些工种还有自己的帮工。⑤其中，由于报纸和书籍的印刷，到18世纪末伦敦的印刷工人就达到了

---

① B. A. Holderness, *Pre-industrial England: Economy and Society, 1500-1750*, pp.94-114.
② John Rule, *The Experience of Labour in Eighteenth-Century Industry*, London: Croom Helm, 1981, p.19.
③ Ibid., pp.19-20.
④ Ibid., pp.20-21.
⑤ Ibid., p.21.

3 000人。就单一行业的雇佣规模来看,织工的规模是最大的,在1759年伦敦有1.4万个家庭从事纺织业。沿着泰晤士河有依靠出卖劳动力为生的搬运工、驳船船工、运煤工人、造船工以及为修补和建造工地的绳索工和捻缝工,当时的伦敦至少有两万个家庭的成员依靠从事无技术含量的"普通"劳动的行业为生。[①]

从工资劳动者向工人阶级的转变

近代欧洲的工资劳动者是在农业和工业发展的基础上完成向工人阶级转变的。一方面,农业的商业化和专业化形成了农业生产中的工资劳动者,这里离不开人口大规模增加后对粮食需求增加的刺激、农业生产率的提高等因素;另一方面,工业生产技术的进步和生产规模的扩大,使得工业生产中形成了大量的工资劳动者。近代欧洲经济发展中形成的工资劳动者规模较大,与中产阶级相比,他们的收入较少、社会地位低下,居住和生活的水平也较低。学者们把大规模的工资劳动者开始称为工人阶级。其中,有学者把工人阶级分为工人阶级A(working class A)和工人阶级B(working class B),前者为工业生产领域存在的工资劳动者,后者为农业生产中存在的工资劳动者以及一些并不在工厂工作的城市中的低收入劳动者、仆从和城市贫民,也包括来自于工人阶级家庭的大多数工薪阶层的妇女。[②] 也有学者认为,工人阶级的形成是一个缓慢的过程,大概是从16世纪就开始了,在这一过程中伴随着经济和社会组织的转变以及工业增长的繁荣和衰落。[③] 这恰好说明,工人阶级的形成是与经济社会的发展密不可分的。

当然,学者们对近代欧洲工人阶级概念的理解并不完全相同。一种观点认为,工人阶级是被资本家剥削的,他们往往团结起来共

[①] John Rule, *The Experience of Labour in Eighteenth-Century Industry*, p.21.
[②] R. S. Neale, *Class in English History, 1680–1850*, Oxford: Basil Blackwell, 1981, p.133.
[③] R. J. Moms, *Class and Class Consciousness in the Indurtrial Revolution, 1780–1850*, London: Macmillan, 1979, p.20.

同反抗资本家的压榨，进而争取更多的权益。因此，工人阶级内部是团结的，他们有着共同的阶级意识和阶级利益。[①]实际上，另外一种观点认为，工人阶级概念中更多地体现了"生产性"和"有用性"。18世纪90年代至19世纪30年代，"阶级"（class）一词被放在"生产的或是有用的阶级"的特征里来进行讨论，之后工人阶级逐渐接受了用"有用的阶级"或"生产阶级"的词汇来描述他们，而工人阶级这一词汇也得以问世。[②]之后，哈罗德·珀金对近代欧洲工人阶级在生产中发挥的作用及其生产性特征进行了分析。[③]1813年欧文第一次使用了"贫穷与工人阶级"，且在1818年出版的《代表劳工阶级的两份请愿书》中在讨论工人与雇主的特殊关系时再次使用了工人阶级一词，之后这种用法很快被接受，到了19世纪40年代，工人阶级成为普遍通用的词汇。[④]

事实上，工人阶级的概念存在一定的模糊性和松散性。不同的学者对社会阶层的划分以及阶级一词的理解并不完全相同，加之近代欧洲的工人阶级处在一个不断形成和壮大的过程中，所以工人阶级的概念存在一定的模糊性。[⑤]E. P. 汤普森在研究工人阶级时强调要使用复数working classes，他指出，"单数和复数自然不同，复数可以进行描述，其含义既清楚又不清楚，它把一些不连续的现象松散地联系在一起：这里是裁缝，那里是织工，堆积在一起而形成工人阶级的复数"[⑥]。事实上，近代欧洲的工人阶级与现代意义上的工人阶级并不完全一致。以英国为例，"大约1760年后，工资劳动者才在人数上和团结力量上壮大到够得上称为现代意义的工人阶

---

① Harold Perkin, *Origins of Modern English Society*, pp.231-237.
② 〔英〕雷蒙·威廉斯：《关键词：文化与社会的词汇》，刘建基译，生活·读书·新知三联书店2016年版，第102—103页。
③ Harold Perkin, *Origins of Modern English Society*, p.234.
④ 〔英〕雷蒙·威廉斯：《关键词：文化与社会的词汇》，刘建基译，第103—104页。
⑤ William M. Reddy, "The Concept of Class", in M. L. Bush, ed., *Social Orders and Social Classes in Europe since 1500: Studies in Social Stratification*, London and New York: Longman, 1992, pp.13-25.
⑥ 〔英〕E. P. 汤普森：《英国工人阶级的形成》（上），钱乘旦等译，第1页。

级"①。因此，近代欧洲的工人阶级可以理解为一个松散的群体，不仅包括农业和工业生产中的工人，也应该包括依靠出卖自身劳动力为生的仆从。

随着经济的发展，工人阶级的规模在不断壮大。以英国为例，在都铎王朝和斯图亚特王朝初期，依据现代的标准工人阶级的人数相对较少。②当时的英国社会经济发展的本质还是以农业经济为主体，尽管农奴制度已经消亡和资本主义性质的农场得到一定的发展。到17世纪末时，越来越多的人成为终身依靠出卖自身劳动为生的人，这些人开始占到总人口的大多数。③甚至有学者认为，在17世纪时英国城市和乡村中有2/3的人是依靠工资为生的。当然，这样的估算存在着较大的水分，直到1800年时英国工人阶级的人数才占据到了总人口的2/3。实际上，在工业革命之前英格兰的工资劳动者是普遍存在的。④

二、工人阶级生活水平的争论

生活水平（standard of living）一词是从19世纪中期的standard of life演变而来，当时这一词汇意指"收入、生活状况达到必要的标准以维持满意的生活"，之后转向现在的一般意涵：指的是我们实际拥有的收入与生活状况。⑤不同历史时期的生活水平有着较大差异，生活水平的总体发展趋势是不断提高的。

工人阶级的生活水平受到多种因素的影响，如收入、工作时间、工作环境、物质条件、社会公平等多个方面。因此，不同时期的学

---

① 〔英〕莫尔顿、台德：《英国工人运动史（1770—1920）》，叶周等译，生活·读书·新知三联书店1962年版，第1页。
② Alan Everitt, "Farm Labourers", p.400.
③ Peter H. Lindert, "English Occupations, 1670-1811", *The Journal of Economic History*, Vol. 40, No. 4 (Dec., 1980), p.686.
④ John Rule, *The Labouring Classes in Early Industrial England, 1750-1850*, London; New York: Longman, 1986, pp.18-19.
⑤ 〔英〕雷蒙·威廉斯：《关键词：文化与社会的词汇》，刘建基译，第504—505页。

者们对近代欧洲工人阶级生活水平的理解存在一定的争论。这主要是他们考察工人阶级生活水平时的角度不同以及在分析该问题时采取的方法、运用的资料不一所致。

19世纪20、30年代对近代欧洲工人阶级生活水平的最初争论

最早的文献是麦考莱勋爵所编撰的《批判历史文集》第二卷的"索西对话录"（Southey's colloquies）。"索西对话录"探讨了罗伯特·索西（Robert Southey）对制造业（the manufacturing system）的批评以及麦考莱勋爵对其言论的评价。[①]罗伯特·索西认为，近代的制造业是比封建时代的制造业更为残暴和专横的制度，它摧毁了人的身体和意志，使人处于一种被奴役和痛苦的境遇之中。尽管罗伯特·索西并未对其观点进行多方面的论证，但是当时的一些事实使我们能够得出不同的结论。基于当时健康、长寿以及普遍的物质改善的实际情况，麦考莱勋爵提出了相反的观点。他认为，从统计学上来说人们的寿命越来越长，这主要是由于人们吃得越来越好，生病时也能得到较好照顾，而这归功于制造业带来的国家财富的增加。他还通过分析制造业较为发达地区的较低贫民救济税和较低死亡率来考察制造业的发展所带来的积极意义，进而批驳罗伯特·索西的观点。

通过简单考察可以发现罗伯特·索西和麦考莱勋爵两个人对近代欧洲制造业带来的影响的分析完全不同，他们的观点都被后来的学者们所继承。也就是说在分析工业革命对工人阶级的生活水平产生影响时有"乐观"和"悲观"两种观点，并且二者之间也在不断辩驳。乐观的观点认为，工业革命带来了生产的极大发展，为社会需求提供了更多的产品。生产的发展为社会各个领域的改善提供了物质基础，进而改善了工人阶级的生活。悲观的观点则认为，工业革命也带来了失业和社会的混乱，尤其是导致了贫困的蔓延或是贫

[①] T. B. Macaulay, *Critical and Historical Essays*, London: J.M. Dent and Sons, Ltd., 1907, pp.197-217.

困化。[1]从19世纪初的讨论开始直到20世纪初，两种有关近代欧洲工人阶级生活水平的观点都不乏支持者和反对者。接下来就对其在近一百余年的时间里的讨论情况做一考察。

20世纪30年代有关生活水平的现代意义上的讨论

20世纪30年代的讨论是从1926年约翰·克拉潘爵士（Sir John Clapham）反驳阿诺德·汤因比（Arnold Toynbee）、韦伯夫妇（Webbs）以及哈蒙德夫妇（Hammonds）等人对工业化的批判的"悲观"观点开始的，后三者认为工业革命降低了工人阶级的生活水平。[2]约翰·克拉潘是一位反布尔什维克者，他被认为是保守价值观和自由市场理论的坚定支持者。他认为应该为工业革命辩护，工人阶级生活水平的恶化仅出现在《人民宪章》(The People's Charter)的起草和世界博览会（the Great Exhibition）召开期间。约翰·克拉潘对于生活水平大讨论的参与，仍然被后来学者认为是"乐观"和"悲观"两种观点争论的继续。早期的悲观主义者认为，市场经济和资本主义的生产方式给工人阶级的生活带来的负面影响是不言而喻的。阿诺德·汤因比曾认为工业革命使得整个国家就像经历着灾难一样，他认为自由竞争带来了物质生产和财富的极大丰富，但也带来了贫困、阶级分化以及生产者地位的下降。韦伯夫妇也认为在1837年之前的五十多年里，工人阶级的生活水平肯定出现了下降。1911—1919年芭芭拉·哈蒙德（Barbara Hammond）等人出版了他们撰写的有关工人阶级生活水平的著作，他们利用同时代的资料来批判个人主义的工业社会。他们的最终结论是，工业革命带来了物质的极大膨胀，但最终的结果却是悲惨的。[3]持有乐观主义观点的学者认为，悲观主义者的观点有着较强的思想动机，不符合历史

---

[1] E. J. Hobsbawm, *Labouring Men: Studies in the History of Labour*, London: Weidenfeld and Nicolson, 1964, pp.120–124.

[2] John Rule, *The Labouring Classes in Early Industrial England, 1750–1850*, p.28.

[3] Ibid., p.29.

事实。他们认为，在1830年之前经济发展的速度远超人口的增长，工人阶级的生活水平有着明显的改善。①

克拉潘等人在分析工人阶级生活水平时较少使用统计学的资料，这也是他们的观点遭到质疑的一个重要原因。后来的一些学者根据搜集的当时有关工资和价格的数据分析工人阶级生活水平的变化后得出了不同的结论。如学者N. J. 赛柏林（N. J. Silberling）对1779—1850年的价格和工资数据研究后认为，1795—1824年英国劳动者的平均总收入增长了15%—20%。②但是，哈蒙德认为工人阶级生活水平不仅体现在收入的改善，而且还体现在其他很多方面，也就是说生活水平的衡量标准是多个方面的。尽管悲观主义者的观点存在问题，但也有较大的市场。甚至到了20世纪50、60年代依然有学者坚持约翰·克拉潘和哈蒙德等人的观点。

20世纪50、60年代的争论

"二战"后有关工人阶级生活水平的讨论是从T. S. 阿什顿（T. S. Ashton）对《1790—1830年英格兰工人的生活水平》的研究开始的。③他认为，区分战争（拿破仑战争）时期的通货紧缩和调整与战争结束后的经济发展尤为重要。……同时，在研究工人阶级生活水平时不应仅仅依据单一数据，而是应该利用多种数据进行综合分析。④这也是对N. J. 赛柏林和伊丽莎白·W. 吉尔伯伊（Elizabeth W. Gilboy）的反驳。⑤前者主要依据工资数据进行研究，后者主要依据工资和价格的数据进行分析，但却忽略了区域饮食的差异，甚至导致其所引资料自相矛盾。阿什顿通过研究认为，不能简单地依

---

① John Rule, *The Labouring Classes in Early Industrial England, 1750-1850*, p.29.

② Norman J. Silbering, "British Prices and Business Cycles, 1779 to 1850", *The Review of Economics and Statistics*, Vol. 5, Supplement 2 (Oct., 1923), pp. 223-247.

③ T. S. Ashton, "The Standard of Life of the Workers in England, 1790-1830", *The Journal of Economic History*, Vol. 9, Supplement: The Tasks of EconomicHistory (1949), pp. 19-38.

④ Ibid., pp. 22, 33.

⑤ Elizabeth W. Gilboy, "The Cost of Living and Real Wages in Eighteenth Century England", *The Review of Economics and Statistics*, Vol. 18, No. 3 (Aug., 1936), pp. 134-143.

据零售价格数据来推断生活水平的高低,而更应该依据切实可行的方法和材料来进行分析,"我们应该限制我们的野心"。[1]阿什顿坚持认为,相对于工业革命带来的危害而言,在1830年之前工业革命使得绝大多数人获益。因此,可以肯定地认为阿什顿对工业革命能够促进工人阶级生活水平的改善是持"乐观"态度的。"二战"之后,以阿什顿为首,通过对以往学者观点和研究方法等方面的矫正,也逐渐形成了新的正统观点。但这不代表悲观主义者的观点没有发展。"二战"后两种观点还在不断论争,但是二者之间的矛盾开始变小,甚至有趋于一致的倾向。

当时,对于阿什顿持有的乐观主义态度,E.J.霍布斯邦(E.J. Hobsbawm)等人持有不同意见。[2]霍布斯邦认为,正是由于缺少对工业革命的历史思考,导致在20世纪50年代中期工业革命改善了人民生活水平的观点成为正统观点。[3]即使在工业革命初期工人的实际工资出现一定幅度的上涨,但是在18世纪90年代初至19世纪40年代初,工人阶级的生活水平不可能出现较大的改善。[4]"假设和事实应相符合,否则假设不成立。"[5]霍布斯邦指出,乐观主义者在研究中通常假设工业革命期间工人阶级的生活水平有着较大的改善,但是在论证的过程中往往采用某一个地方或某一个时间段内的数据来分析全局,如仅采取伦敦一地的食肉的消费指数来探讨整个英国工人阶级的食肉水平,也就是说在研究工人阶级的生活水平变化时无法准确构建出整个英国工人阶级的社会和收入结构,也就不能在此基础上进行全国性的一般意义上的考察。因此,应该消除平均实际工

---

[1] T. S. Ashton, "The Standard of Life of the Workers in England, 1790-1830", p. 33.

[2] E. J. Hobsbawm, "The British Standard of Living 1790-1850", *The Economic History Review*, New Series, Vol. 10, No. 1 (1957), pp. 46-68; 参见 E. J. Hobsbawm, *Labouring Men: Studies in the History of Labour*, London: Weidenfeld and Nicolson, 1964。

[3] E. J. Hobsbawm, *Labouring Men: Studies in the History of Labour*, p.120.

[4] E. J. Hobsbawm, "The Standard of Living during the Industrial Revolution: A Discussion", *The Economic History Review*, New Series, Vol. 16, No. 1 (1963), pp.120-123.

[5] E. J. Hobsbawm, *Labouring Men: Studies in the History of Labour*, p.121.

资出现大幅上涨的假设。[1]如果做到这一点，乐观主义者对工人阶级生活水平的描述就将变得暗淡无光。

实际上，工业革命给工人阶级带来了经济和社会两个方面的影响，而且这两个方面不是孤立的，而是相互依赖和影响的。悲观主义者认为，持乐观主义态度的学者们忽视了工业革命给工人阶级带来的失业、贫困和社会地位低下等方面的影响。1844年恩格斯的拓荒之作《英国工人阶级状况》最早关注到了工业革命带来的社会影响，给予比实际工资的波动更多的解释。[2]悲观主义者的代表性人物哈蒙德也强调了工业革命所带来的极大社会影响。[3]事实上，工业革命带来了失业和社会混乱。工业革命带来的新经济模式的第一个影响就是打破了原有的社会关系，但是却没有立即确立起新的安全保障制度；同时，工业革命却给普通民众的生活带来了极大的混乱。[4]霍布斯邦指出，乐观主义者的倾向不仅扩大了穷人的物质所得，而且还缩小了工业革命的社会影响，如克拉潘和阿什顿均强调经济的逐渐的、持续的发展。[5]幸运的是，对工业革命的历史和经济影响讨论的同时，学者们开始关注工业化所带来的社会方面的影响。[6]也就是说，仅仅基于实际工资的变化来讨论工业革命所带来的社会和经济影响可能过于简单了。

尽管乐观主义者继续反驳着"工业革命导致工人阶级生活水平出现绝对的、普遍的下降"的观点，但是现代意义上的悲观主义者开始发生一定的转变，即他们不再强调物质生产水平的绝对下降，

---

[1] E. J. Hobsbawm, *Labouring Men: Studies in the History of Labour*, pp.121-122.

[2] Ibid., pp.122-123.

[3] J. L. Hammond and Barbara Hammond, *The Bleak Age*, Middlesex; New York: Penguin Books, 1947, p.15.

[4] Wilbert E. Moore, *Industrialization and Labor:Social Aspects of Economic Development*, Ithaca: Cornell University Press, 1951, p.21; Karl Polanyi, *Origins of Our Times: The Great Transformation*, London: Gollancz, 1945, p.41.

[5] E. J. Hobsbawm, *Labouring Men: Studies in the History of Labour*, p.123.

[6] 参见Neil J. Smelser, *Social Change in the Industrial Revolution:An Application of Theory to the British Cotton Industry*, Chicago: University of Chicage Press, 1959。

"当在某一个时期内人均国民收入出现了大幅上涨时,工人阶级的生活水平也将出现相对的改善",但是,他们强调在物质生产出现较大发展之后的很长一段时间内绝大部分人的生活水平才出现改善,因为社会混乱的成本和环境恶化对身体造成的伤害降低了物质生活水平改善带来的积极影响。[1] 可见,悲观主义者并不否定物质生产的发展。工人的平均工资肯定高于"最低"工资,如果一个家庭有较多的工资劳动者,该家庭的收入就较多,生活水平可能相对较好,否则生活水平较低。[2] 当国家财富不断增加时,普通工人基本能维持其应有的物质水平。[3]

由以上"二战"后至60年代有关工人阶级生活水平的讨论可知,"乐观"和"悲观"两种观点日渐趋于一致,即工业革命期间由于物质生产的发展,工人阶级的生活水平总体还是改善的。马赛厄斯(Mathias)认为,尽管两种观点的争论还在继续,但是二者都认为1795—1815年(尤其是在战争期间出现了短缺和通货紧缩)工人阶级的生活水平未出现普遍的恶化。[4] 迪恩(Deane)认为,1780—1820年工人阶级收入总体改善的证据并不是十分充足,可能有升也有降,但是1820—1840年有较为充足的证据证明工人阶级的收入出现增长,生活水平也有了较大改善。[5] 亨特(Hunt)认为,尽管两种观点有冲突,但是基于某些资料的分析的两种观点都有合理之处,因此他认为综合两种看似矛盾的观点可能更符合实际情况并能被不同学者所接受。[6]

---

[1] John Rule, *The Labouring Classes in Early Industrial England, 1750–1850*, p.31.
[2] E. J. Hobsbawm, *Labouring Men: Studies in the History of Labour*, p.125.
[3] E. P. Thompson, *The Making of the English Working Class*, London: V. Gollancz, 1963, p.318.
[4] Peter Mathias, *The First Industrial Nation: An Economic History of Britain, 1700–1914*, New York: Scribner, 1969, p.222.
[5] Phyllis Deane, *The First Industrial Revolution*, Cambridge: Cambridge University Press, 1965, pp.268–269.
[6] E. H. Hunt, *British Labour History, 1815–1914*, London: Weidenfeld and Nicolson, 1981, pp.58–63.

20世纪70年代以来的争论

虽然经过20世纪50、60年代学者们对工人阶级生活水平的讨论后，"乐观"和"悲观"两种观点日渐趋于一致，但并不是说二者不再存在分歧。因此，20世纪70年代以来，两种观点还在继续争论，但是"乐观"的观点似乎占据着主导地位。

"悲观"的观点继续被马尔萨斯主义者所坚持。基于对20世纪30年代国际科学委员会对价格史的调查资料分析，这些学者认为从长时段来看，在16—18世纪期间，实际工资是下降的。这主要是因为人口的增加导致对农业耕地的需求过大所致，农业劳动生产率出现下降，而生活水平也随之出现恶化。[1]学者布朗和霍普金斯以及索德伯格等人也认为，在15世纪的"手工业者的黄金时期"（the golden age of the craftman）和18世纪末的"民众财产危机"（the crisis of mass property）期间，工人的实际收入是下降的。[2]以上分析是基于20世纪60、70年代形成的一种认识，即："现代早期的经济状况不可能带来经济的增长。"[3]

乐观主义者依然坚持认为，近代欧洲经济出现了持续的增长，而工人阶级的生活水平也因此出现了改善。对于悲观主义者认为的近代欧洲在工业革命之前经济发展缓慢的解释，乐观主义者给以反驳。斯努克斯认为，1086—1800年，英国的人均GDP是持续增长的。[4]霍夫曼通过对1450—1800年法国租金的变化研究后认为，法国的传统农业能够持续促进生产力的发展，生产力的总体水平也

---

[1] J. L.Van Zanden, "Wages and the Standard of Living in Europe, 1500-1800", *European Review of Economic History*, Vol. 3, No. 2 (AUGUST 1999), p.176.

[2] Henry Phelps Brown and Sheila V. Hopkins, *A Perspective of Wages and Prices*, London:New York: Methuen, 1981; Johan Söderberg, "Real Wage Trends in Urban Europe, 1730-1850: Stockholm in a Comparative Perspective", *Social History*, Vol. 12, No. 2 (May, 1987), pp. 155-176.

[3] J. L. Van Zanden, "Wages and the Standard of Living in Europe, 1500-1800", p.176.

[4] 参见 G. D. Snooks, *Economics without Time: A Science Blind to the Forces of Historical Change*, Ann Arbor: University of Michigan Press, 1993。

在不断提高。[①]德·弗里斯和范德伍兹通过对荷兰经济的研究指出，1580—1670年的荷兰经历了一个"现代的经济增长"过程。[②]以上研究近代欧洲经济发展的学者们均在强调近代欧洲经济的发展是极具动力和弹性的。如原工业化的兴起，农业生产中专业化和劳动强度的加大，妇女和儿童参与生产的增加，等等，这些内容也都是"勤勉革命"（Industrious Revolution）的应有之义。[③]

毫无疑问，近代欧洲经济的发展为工人阶级生活水平的提高奠定了坚实的基础。但是，我们应该客观地看待工人阶级生活水平提高的问题，一方面要看到并不是所有人都从工业革命和经济进步中获利，另一方面更应该看到工人阶级的总体生活水平是改善的。[④]

总之，近代欧洲工人阶级生活水平的讨论是一个综合而又复杂的问题。实际工资的变化被作为分析工人阶级生活水平的最主要的考察对象，但生活水平涉及多个方面，如身体的健康状况、工作时间的长短、工作环境的好坏、失业、社会地位的高低、价格的波动、财富的积累与投资等。工人阶级内部又有着不同的群体划分，如熟练技术工人和非熟练技术工人，或成年男性工人与妇女、童工等，甚至有学者通过探讨不同地区工人的身高来分析他们的生活水平。[⑤]

---

① 参见 Philip T. Hoffman, *Growth in a Traditional Society: The French Countryside, 1450-1815*, Princeton, N.J.: Princeton University Press, 1996。

② 参见 Jan De Vries and Ad van der Woude, *The First Modern Economy: Success, Failure, and Perseverance of the Dutch Economy, 1500-1815*, Cambridge: Cambridge University Press, 1997。

③ Jan De Vries, "The Industrial Revolution and the Industrious Revolution", *The Journal of Economic History*, Vol. 54, No.2 (Jun., 1994), pp.249-270.

④ J. L. Van Zanden, "Wages and the Standard of Living in Europe, 1500-1800", p.193.

⑤ John Rule, *The Labouring Classes in Early Industrial England, 1750-1850*, pp.31-43; Stephen Nicholas and Richard H. Steckel, "Heights and Living Standards of English Workers During the Early Years of Industrialization, 1770-1815", *The Journal of Economic History*, Vol. 51, No. 4 (Dec., 1991), pp. 937-957; S. Horrell and J. Humphries, "The Exploitation of Little Children: Child Labor and the Family Economy in the Industrial Revolution", *Explorations in Economic History*, Vol. 32, Issue 4 (Oct., 1995), pp.485-516; Douglas A. Galbi, "Child Labor and the Division of Labor in the Early English Cotton Mills", *Journal of Population Economics*, Vol. 10, No. 4 (Oct., 1997), pp. 357-375; Jane Humphries, *Childhood and Child Labour in the British*（接下页）

20世纪70年代以来在考察近代欧洲工人阶级生活水平的著述中，学者们越来越多地注意综合"乐观"和"悲观"两种观点进行整体分析，同时也在不断采用新的资料和研究方法客观地审视工人阶级的生活水平问题。

三、工人阶级的消费与生活水平

饮食

近代欧洲工人阶级的主食通常为各种谷物的混合体，以小麦面包为主的情况较少。在16世纪至17世纪上半期，对于那些非熟练技术工人而言，他们所吃的面包主要是大麦粉做成，有时也包括一些燕麦粉、黑麦粉和小麦粉，当谷物紧缺时，他们所吃的谷物还包括各种豆类。[1] 而对于那些有着一定技术的工人而言，他们的面包制作的原材料要相对好一些。之后，工人所吃的面包的原材料有一定的改善，小麦面包也有一定的增加。到了18世纪中叶，英格兰的北部和南部工人所吃面包的原材料形成了较大差异。在北部，黑麦、小麦和大麦是三种主要的面包谷物，前两者分别占到1/4，相反，在南方的多个郡，小麦构成了面包谷物的2/3，甚至在东南部的某些地区达到了90%，到了18世纪的最后几十年，南北方饮食的差别还在拉大。[2] 到了18世纪末，在纽卡斯尔和莫珀斯，黑麦是主要的面包谷物，在诺森伯兰和西北部的一些郡，大麦和黑麦以及各种豆类的混合物成为主要的面包谷物；在南方，小麦面包的比重在增加，也就

（接上页）*Industrial Revolution*, Cambridge: Cambridge University Press, 2010; Sidney Pollard, "Investment, Consumption and the Industrial Revolution", *The Economic History Review*, Vol.II, No.2 (Dec., 1958), pp.215-226; François Crouzet, *Capital Formation in the Industrial Revolution*, London: Methuen and Co. Ltd., 1972.

[1] Alan Everitt, "Farm Labourers", p.450.

[2] W. A. Armstrong and J. P. Huzel, "Labour II: Food, Shelter and Self-Help, the Poor Law and the Position of the Labourer in Rural Society", in G. E. Mingay, ed., *The Agrarian History of England and Wales*, VI, 1750-1850, Part II, pp.730-731.

是说越来越多的工人吃上了小麦面包。有学者对1801年东部和南部的小麦面包的比重进行了估算，约占90%—97%。[1]当然，这一估算有可能过于乐观，但即使当时的小麦面包没有占到这样的比重，工人的饮食也出现了较大改善。一些雇主为了与其他雇主竞争，主动改善了工人的伙食，除了有白面包之外，还有黄油、奶酪、腌肉等可口的食物。[2]不同国家和地区的制作面包的原材料有很大的不同，如在威尔士，大麦和燕麦一直是主要的面包谷物。[3]在近代的荷兰，制作面包的原材料主要来自于黑麦和小麦，其中工人主要吃的是黑麦面包。[4]

谷物的食用不仅有地区的差异，而且还有城乡的不同。一般而言，小麦面包主要在城市中食用，而其他谷物的面包主要出现在乡村。如到1800年英格兰和威尔士总人口中超过70%能吃上小麦面包，而当城市放弃大麦面包时其依然在乡村中占据着主导地位。[5]当然，这些情况也不是绝对的。除小麦之外的其他谷物依然在一些地区被食用，如黑麦主要在约克郡和东北地区食用，燕麦主要在从利物浦至法利湾（Filey Bay）一线以北的地区和威尔士高地（upland Wales）食用，豆类主要在边界地区食用，大麦主要在威尔士、密德兰的部分地区以及西南部等地食用，密德兰的大部分地区主要食用燕麦面包和大麦面包。[6]

近代欧洲工人阶级的主食是由各种谷物单独或是混合在一起制作的面包，尽管食用面包的原材料有一定的差异，但是随着经济的发展和时间的推移，面包的原材料逐渐以小麦为主，这也说明他们生活水平的提高。"1790年时，英国的绝大多数人，甚至包括北方，

---

[1] W. A. Armstrong and J. P. Huzel, "Labour II: Food, Shelter and Self-Help, the Poor Law and the Position of the Labourer in Rural Society", p.731.

[2] Ibid., p.732.

[3] Ibid., p.731.

[4] Jan De Vries and Ad van der Woude, *The First Modern Economy: Success, Failure, and Perseverance of the Dutch Economy, 1500–1815*, pp.621–622.

[5] John Rule, *The Labouring Classes in Early Industrial England, 1750–1850*, p.52.

[6] Ibid.

已从食用粗粮转变为食用小麦，他们自豪地以能吃上白面包当作自己社会地位提高的象征。"①

马铃薯是面包的重要补充，也日渐成为工人饮食的重要构成。在17世纪和18世纪的大部分时间里，马铃薯作为一种奢侈品，仅在伦敦和其他大城市的周边小规模地种植。到了18世纪中期，马铃薯在英格兰北部得到一定规模的种植，但仍然不能对饮食造成太大影响。到了18世纪末，农业生产中的谷物歉收为马铃薯进入饮食领域提供了很好的契机。②马铃薯的食用在一定程度上缓解了粮食的短缺。因此，马铃薯的种植和食用均出现了大幅增加。如在兰开夏郡和康沃尔，由于气候温和使得马铃薯一年两熟。③随着马铃薯种植规模的增加，马铃薯的人均消费也出现了增加。以英格兰和威尔士为例，马铃薯的人均日消费量从18世纪70年代的0.25磅上升至19世纪40、50年代的0.85磅，与此同时，人均消费的小麦数量出现一定幅度的下降。④客观而言，马铃薯食用的增加成为工人阶级饮食的重要补充。18世纪末，马铃薯的一种重要食用方法就是与腌制的沙丁鱼配在一起吃，这也成为了康沃尔地区的工人饮食结构中的常见搭配。⑤当到了19世纪中期时，面包和马铃薯成为了工人阶级饮食中最为普通的食物。

像小麦面包一样，肉被认为是近代欧洲工人阶级饮食中最具有代表性的食物。城市和乡村中的工人吃肉的情况并不完全一样，如在城市中由于工人的工资较高，他们可能吃到相对较多的肉，而在乡村中工人工资较低，但由于他们自己可能饲养牲畜和家禽，也能吃上肉。⑥在乡村中的工人家庭，可能饲养猪、羊、鸡和鸭等家禽，

---

① 〔英〕E.P.汤普森：《英国工人阶级的形成》（上），钱乘旦等译，第362页。
② W. A. Armstrong and J. P. Huzel, "Labour II: Food, Shelter and Self-Help, the Poor Law and the Position of the Labourer in Rural Society", pp.732-733.
③ John Rule, *The Labouring Classes in Early Industrial England, 1750-1850*, p.53.
④ W. A. Armstrong and J. P. Huzel, "Labour II: Food, Shelter and Self-Help, the Poor Law and the Position of the Labourer in Rural Society", p.733.
⑤ John Rule, *The Labouring Classes in Early Industrial England, 1750-1850*, p.53.
⑥ Ibid., pp.54-58.

他们通过宰杀自家饲养的牲畜或是从邻居家以购买的方式来获得一定的肉制品。有些家庭宰杀牲畜后把肉腌制或是熏制起来以便保存，这样就可以在较长的时间内吃到肉。[1]尽管城市中工人人均消费肉的数量要高于农村中的工人，但是当失业或是实际工资下降时，他们的家庭可能减少对肉的消费。[2]鱼的食用也是工人阶级饮食的一部分。当工人无法得到足够多的肉制品时，他们可能转向吃鱼。[3]总体而言，近代欧洲的工人对各种肉的食用量并不高，直到19世纪上半叶，工人们的人均食肉量才出现大幅增加。但是，由于地理位置的不同，对于那些畜牧业发达、沿海大城市或是海岸线较长的国家的工人而言，他们食用肉和鱼的比重较高。如在荷兰人的饮食中，肉和鱼的比重要远远高于面包的比重。[4]

黄油、猪油、牛奶以及奶酪等也是近代欧洲工人阶级饮食结构中的重要组成部分。奶酪是能经常在工人的遗嘱清单中出现的，实际上奶酪也是工人能够经常吃到的。如在德文郡，最穷的锡矿工人也能吃到猪油奶酪。食用黄油和猪油可能是乡村中比较穷的工人摄取蛋白质的主要来源。[5]由于面包是工人阶级饮食结构中的主食，而黄油和牛奶或奶酪与其相配就成为了当时饮食的显著特征。其中，英格兰北部工人的饮食结构是以牛奶和各种谷物面包相结合，而南部则以干面包和奶酪相结合。[6]如在18世纪末的坎伯兰郡的韦瑟罗尔（Wetherall），一个工人家庭每年消费1 040夸脱牛奶（每夸脱0.5便士），该家庭的年收入为21英镑5先令，其中要拿出2英镑13先令4便士用来购买牛奶，每年消费的牛奶总量是南方工人家庭的

---

[1] Alan Everitt, "Farm Labourers", pp.451-452.
[2] John Rule, *The Labouring Classes in Early Industrial England, 1750-1850*, pp.56-57.
[3] E. J. Hobsbawm, *Labouring Men: Studies in the History of Labour*, p.87.
[4] Jan De Vries and Ad van der Woude, *The First Modern Economy: Success, Failure, and Perseverance of the Dutch Economy, 1500-1815*, p.622.
[5] Alan Everitt, "Farm Labourers", p.451.
[6] W. A. Armstrong and J. P. Huzel, "Labour II: Food, Shelter and Self-Help, the Poor Law and the Position of the Labourer in Rural Society", p.735.

8—10倍。[1]在近代的荷兰，黄油、奶酪、脱脂乳和鲜牛奶等乳制品的消费量也是比较大的，当然这与当地发达的畜牧业密切相关。[2]

啤酒是工人阶级家庭饮食的重要组成部分，而茶和糖也偶尔出现在他们的饮食中。在近代欧洲，啤酒是任何重体力劳动不可或缺的"饮料"，如农业工人、矿工和搬运工等，他们往往在一天的劳动之后饮用一定量的啤酒。[3]茶和糖被工人阶级视为奢侈品，它们的饮用量并不大。[4]以安特卫普为例，到了1730年时有58%的贫穷家庭的家里存放有茶和茶具。[5]

穿着

西方学者对近代欧洲工人阶级的穿着似乎有着普遍一致的观点，即工人阶级和中产阶级的穿着区别不大。以英格兰为例，社会中的低等阶级的穿着与高等阶级并没有多大区别，仆人往往模仿他的主人的穿着，这也表明当时社会上的模仿为工业革命创造了大量的需求。1704年，当迪福（Defoe）游览到英格兰时发现女佣和女主人的穿着几乎没有区别。[6]同时，珀金教授也认为，为了努力跻身社会的上层阶级，低阶层的人往往通过模仿达到这一目的，如工人在工作尤其是在休闲时主动模仿中产阶级的穿着和行为。[7]这些有能力模仿上一个阶层的工人群体，应该是工人阶级中技术工人或是工资收入较高的那一部分，对于工人阶级中最底层的群体而言，他们还没有经济实力做到这一点。

---

[1] W. A. Armstrong and J. P. Huzel, "Labour II: Food, Shelter and Self-Help, the Poor Law and the Position of the Labourer in Rural Society", p.735.

[2] Jan De Vries and Ad van der Woude, *The First Modern Economy: Success, Failure, and Perseverance of the Dutch Economy, 1500–1815*, p.622.

[3] 〔英〕E. P. 汤普森：《英国工人阶级的形成》（上），钱乘旦等译，第364页。

[4] John Rule, *The Labouring Classes in Early Industrial England, 1750–1850*, p.60.

[5] Jan De Vries, *The Industrious Revolution: Consumer Behavior and the Household Economy, 1650 to the Present*, p.152.

[6] John Rule, *The Labouring Classes in Early Industrial England, 1750–1850*, p.66.

[7] Harold Perkin, *Origins of Modern English Society*, pp.90–97.

第九章　工人阶级生活水平

　　18世纪工业生产技术水平的提高使得当时出现了大量便宜的商品，如棉布。这也使得工人有能力买到他们喜欢的衣服。[1]当时人们的一般穿着变化并不是很大，如男士穿衬衫、马裤、马甲和外套，而女士主要穿衬裙、长袍和围裙，当然男女都要穿长袜、鞋子、帽子以及围巾。当时的衣服的材质发生了变化，从羊毛逐渐转向轻亚麻和棉布，但是，外套依然由羊毛制造。同时，衣服逐渐增加了一些配饰。[2]此外，伦敦的工人在与雇主签订雇佣合同时把穿雇主丢弃的衣服作为条款写进去，即通过契约的方式把穿雇主的旧衣服作为一项特权。[3]也就是说，社会中工人阶级的衣服并非都是来自零售贸易。

　　由于受收入所限，工人阶级较少购买奢侈的服装，但是他们可以使用质量相对之前较好的衣服或是其他日用品，如家用亚麻布、枕垫、羽毛铺盖等。尽管工人阶级较少拥有一些奢侈品，但他们的家庭也往往购买一些样式老的，甚至是二手的物品，这些物品与高价值商品有着共同的实用价值，且在客观上提高了工人阶级的生活舒适程度。[4]

　　像饮食一样，工人阶级内部不同阶层的着装标准有着一定差异。那些处于工人阶级底层的农业工人能够负担得起自己的服装，但是总体区别不大。那些能够得到全职工作的地位较高的工人，如棉纺织业小镇上的纺纱工就可以穿上舒适而又受人尊敬的马甲和黑色的棉麻粗布（fustian）做成的裤子以及平绒外套。这样的装扮给人以朴素且舒适的感觉。当时的棉麻粗布被认为是工人阶级服装的标准布料；另外帽子也被认为是工人阶级着装的标准搭配之一。[5]对于部

---

[1]　John Rule, *The Labouring Classes in Early Industrial England, 1750–1850*, p.67.
[2]　Roderick Floud, Gresham College and Paul Johnson, *The Cambrige Economic History of Modern Britain*, Volume I, 1700–1870, pp.241–242.
[3]　John Rule, *The Labouring Classes in Early Industrial England, 1750–1850*, p.67.
[4]　Roderick Floud, Gresham College and Paul Johnson, *The Cambrige Economic History of Modern Britain*, Volume I, 1700–1870, p.242.
[5]　John Rule, *The Labouring Classes in Early Industrial England, 1750–1850*, pp.68–69.

分底层的工人而言,他们一般不去买新衣服,因为价格高而又容易在工作中磨损,如一件新的外套可能在两周内就被磨破。这些工人一般就去购买便宜的或是二手的外套。当然,工人们通常有一件好的羊毛外套用于星期天休闲时穿。①

购买衣服的支出占全年支出中的比例较低。如在1787—1796年英格兰的农业工人年均购买衣服的支出仅占全年支出的8%。②当然,城市里的工人或是收入高的工人家庭购买衣服支出的比重要高一些。

住房

与吃穿一样,近代欧洲工人阶级的住房在城乡之间以及高收入和低收入者之间有着较大的差异;同时,近代欧洲人口的大幅增加导致住房的紧张,这是考察当时工人阶级住房无法忽视的大背景。

人口增加导致城乡的拥挤,进而导致住房的紧张。首先,乡村中工人的住房。18世纪乡村中的住房与之前的变化并不大,但是由于乡村中人口的增加和家庭规模的扩大,使得家庭住房相较之前有些拥挤。当时典型或标准的农业工人居住的房子是砖结构或是砖木结构,装有玻璃窗户,在一些地方屋顶上覆盖有藤本植物。③也有学者认为,当时农业工人居住的房子主要是由石头建造的。④当时的村舍如果仅有一个卧室,那么这个卧室平均居住4个人,如果有两个卧室,那么每一个卧室平均居住2.5个人。按照当时的法律规定,"每座房子作为卧室的空间不能超过五分之三",具体的规定为:10平方

---

① John Rule, *The Labouring Classes in Early Industrial England, 1750–1850*, p.69.
② Gregory Clark, "Farm Wages and Living Standards in the Industrial Revolution: England, 1670–1869", *The Economic History Review*, Vol. 54, No. 3 (Aug., 2001), p. 493.
③ W. A. Armstrong and J. P. Huzel, "Labour II: Food, Shelter and Self-Help, the Poor Law and the Position of the Labourer in Rural Society", p.744.
④ John Rule, *The Labouring Classes in Early Industrial England, 1750–1850*, p.77.

英尺的房子、7平方英尺的屋顶,可以居住4.5个人。①也存在更为恶劣的情况,如在多塞特郡的一个拥有两间房子的家庭,11个人挤在一个放有3张床的卧室里:4个十几岁的儿子睡一张床,3个女儿睡另外1张床,丈夫和妻子以及两个最小的孩子睡第3张床。这个房间里并没有窗帘,仅有一个15平方英寸的窗户。②这个例子充分说明当时拥挤的居住状况。

乡村中矿工的居住条件要好些。一些地区的矿工还与农业生产有一定的联系。如在奔宁山脉北部的铅矿工人居住的条件比其他行业的工人要好。这是因为他们除了挖矿,还参与农业生产,租种当地地主的土地以及养牛、收割干草等。这些矿工利用当地的石头建造房屋,房屋的结构布局反映了矿工还从事农业生产的事实。多间房屋一般为两层,第一层的一端为客厅,另一端为牛棚,第二层对应客厅的部分为1—2个卧室,对应牛棚的部分为储藏饲料的干草棚。此处的矿工一年中工作的时间为半年,另外半年主要种地,如果生活处于困难时他们还可以抵押自己的土地。③同样,康沃尔的矿工规模较大,部分矿工居住的条件较差,但是绝大部分矿工居住的房子有两个房间,由于比较狭小而在18世纪末被称为"小棚屋"(little huts)。这些外观看起来非常漂亮的房子拥挤着排列,房子的墙壁很厚,屋顶由茅草和泥土的混合物覆盖,多数时候屋顶覆盖的是石灰混合物,窗户较小。④这些地方矿工的房子建造在地主出租的土地上,大多数情况下矿工在与雇主签订劳工协议时就商定了由雇主提供住处的条款。

其次,城市中工人和制造业工人的住房。城市人口大幅增加,在1750年英国有1/5的人口居住在人口规模超过5 000人的城市,到了1850年时达到了3/5的比重;同时,工业的发展促进了新工业城

---

① John Rule, *The Labouring Classes in Early Industrial England, 1750-1850*, p.78.
② Ibid.
③ Ibid., p.82.
④ Ibid., p.83.

市的兴起和海港城市的发展。①以新兴工业城市为例,为了解决大量工人的住房问题,这些城市建造起高密度的房子。大量贫穷的工人阶级的居住区与工业生产区并没有分开,环境较为恶劣。当时的一些资本家或是建筑商为了获利开始建造一些高密度和低质量的房子,以便出租给那些收入较低的工人。1773—1774年,利物浦的一位名叫卡斯伯特·贝斯布朗（Cuthbert Bisbrown）的企业家租赁土地用来建造一座新城,他的目的是为工人阶级建造高密度的廉价房,转租给他人或是直接租给工人以收取租金。②这些投资房屋的行为在一些核心型城市得到加强,如在利兹和诺丁汉。总体而言,当时的房屋没有改变拥挤的状况,但是建造房屋的材料有了一定的改善,主要为砖木结构。

最后,城乡中技术工人的居住条件相对较好。乡村中的制造业工人的居住条件与其他农业工人的居住条件区别并不是很大,但是所居住房间的空间相对较大、光线较强。城市中的技术工人的居住条件要好些,如织工和编织工可以居住在有庭院的房子里,而最穷的工人也能住在有一个房间的房子里,可能还带有一个阁楼,居住环境较为舒服,大部分人居住在有两个房间的屋子里。以伦敦的工匠为例,他们往往租居在一个较大的房子里,有一个房间放置家具,另外的空间分为工作间和居住的空间,也就是说有可能租三个房间。即使年轻的工匠也可能租两间房子,目的是为了区分工作的空间和生活的空间。③可见,尽管18世纪的住房条件整体较低,但是工匠的居住条件较好,甚至拥有自己的住房。最有代表性的是织工和钟表匠居住的三层楼,顶楼通常作为工作间,因为那里光线好且有通风的窗户。事实上,工匠能够获得稳定且较高的工资,这使得他们中的一部分人能够拥有自己的房子。如在18世纪的诺丁汉,当地的工匠在郊区有着自己的大房子。这些房子有洗碗槽、食品储藏室,

---

① John Rule, *The Labouring Classes in Early Industrial England, 1750-1850*, pp.87-90.
② Ibid., p.91.
③ Ibid., pp.93-94.

楼上有两个卧室,还有一个450平方英尺的庭院,这与那些仅能住在一个房间的房子里的较为贫穷的工人形成鲜明对照。[1]收入较高的工匠居住条件要比绝大多数工人居住条件好,这种情况一直延续到了19世纪,如在伯明翰和设菲尔德就是这样。

城市中工人多数是租住别人的房子,这就需要支付租金。一般而言,人口4—5人的工人阶级家庭需要租两个房间,一个客厅,一个卧室,这样的房子面积在14平方英尺,每周的租金为6便士,而收入高一些的工匠可能租住20平方英尺的房子,每周租金为9便士。也有学者认为,18世纪城市里的纺织工人可能租住一两个房间,有时是一个楼房的单层,其价值在10—20英镑之间。[2]

休闲

休闲与金钱和时间有着密切联系,正如一些学者认为的那样,近代欧洲工人阶级的休闲有两大特征,即高工资带来的"赋闲无事"和"额外消费",这也被认为是当时生活水平提高的表现。[3]休闲在中世纪时代业已存在,近代欧洲工人阶级的休闲是在其基础上的进一步发展。

近代欧洲的劳动关系发生着转变,在制造业和农业生产中以雇佣关系为基础的工资体系里,劳动者的工作时间完全受雇主的控制,他们的生活也受此影响;同时,社会控制在减弱,如教会通过地方教士允许当地的人们大力发展自己的文化。乡村中传统的娱乐休闲项目被保留了下来,如摔跤、足球、投掷铁圈、逗熊、耍獾以及斗鸡等,这些活动与农业节目、周市场、雇佣市场以及制造业工人的"圣星期一"(St Monday)相联系。[4]乡村中的娱乐形式往往与他

---

[1] John Rule, *The Labouring Classes in Early Industrial England, 1750–1850*, p.94.

[2] Ibid., p.93.

[3] Peter Mathias, *The Transformation of England: Essays in the Economic and Social History of England in the Eighteenth Century*, London: Methuen, 1979, pp.155–156.

[4] E. P. Thompson, "Patrician Society, Plebeian Culture", *Journal of Social History*, Vol. 7, No. 4 (Summer, 1974), pp. 382–405.

们的职业有着密切联系，当然也与他们在乡村中的所见所闻相关。[①]乡绅资助普通民众的休闲活动是近代欧洲乡村中工人阶级休闲娱乐活动的重要特征。乡绅控制着物质缺乏时的赈济物品（doles），设置各种运动的奖项，在节假日里提供啤酒，并精心和有意识地提供"社会戏剧"（social theatre），这些戏剧拥有普通民众自己的风格。当然，乡绅有着自己的目的，如通过鼓励和资助休闲活动来加强他们对乡村社会的控制，其中出售啤酒被认为是娱乐休闲活动的附属物，但也能赚取一定的利润。对于乡村中的年轻人而言，参与娱乐活动能为他们在同龄人中树立威信或是提高自己的社会地位。[②]

城市中工人阶级的休闲消费是在模仿中产阶级娱乐活动中发展起来的。近代欧洲城市中的休闲文化或是休闲活动出现较大发展，如日报和期刊的出版、温泉小镇的快速发展、草地保龄球和赛马大会等。这些中产阶级参与的休闲活动在慢慢向工人阶级群体中蔓延，如工人经常参与城市中的赛马大会。[③]在18世纪80年代，弗朗西斯·普雷斯（Francis Place）在伦敦做学徒，他和他的伙伴们对商业休闲活动有着狂热的追求。在当时的伦敦存在着被称为"娱乐花园"（pleasure garden）的休闲场所，如沃克斯豪尔（Vauxhall），这些地方"上从优雅的格拉夫顿公爵（the Grace the Duke of Grafton）下到育婴堂的孩子中的每一个人"均可以进入，入场费为人均2先令6便士。[④]事实上，工人阶级的消费与市场经济是和谐统一的。工人所挣工资在满足家庭的基本需要之外的剩余部分，往往被他们用于参加庆祝活动或是购买部分奢侈品。其中，饮酒被认为是当时城市工人阶级休闲的一个重要形式，杜松子酒（gin）是消费量最大的一种酒，1700—1743年其生产和消费增加了六倍。通常情况下，工人在工作一天之后的晚上饮用一定量的酒。

---

① Alan Everitt, "Farm Labourers", pp.457-458.
② John Rule, *The Labouring Classes in Early Industrial England, 1750-1850*, p.210.
③ Ibid., p.211.
④ Ibid., p.212.

第九章　工人阶级生活水平

在工人与雇主签订劳动协议时，往往增加了有关工人们休闲娱乐的条款内容。①城市中商业性质的休闲是工人阶级为了调整工作节奏和满足精神需求的重要表现。

近代欧洲工人阶级的休闲活动是多种多样的，不仅包括各种休闲运动、去剧院看戏剧，也包括走亲访友以及到酒馆饮酒等。有学者认为，大约有7%—10%的工人在日常生活中参与了休闲活动，但实际上远远超过了这一比重。②有学者以1760年、1800年和1830年三个时间点作为考察对象，对伦敦一周中的休闲活动进行研究后发现，在1760年周一是休闲最为活跃的一天，一般情况下这一天工人停止工作，并参加到很多室外的休闲活动之中，其次是在星期天也有一定的休闲活动；到了1800年有了一定的变化，星期天的休闲活跃程度超过了周一，之后星期天逐渐成为一周中休闲活动最多的一天。英格兰的北部有一定的不同，如在18世纪50、60年代时，星期六是一周中最受工人欢迎的一天，他们在这一天饮酒、聊天，到了1800年及其以后每周工作和休闲的模式与伦敦基本上一样，星期天逐渐成为一周中休息或是休闲最为活跃的一天。③

综上所述，近代欧洲农业和工业领域的变革促进了工资劳动者的发展和壮大，也促进了他们向工人阶级的转变。工人阶级的生活和消费水平受多方面影响，这也是导致学者们对此问题有着不同看法的重要原因。实际上，近代欧洲经济的发展为工人阶级的消费提供了坚实的物质基础，只要收入允许他们就能积极参与到市场消费行为之中，他们的生活也出现了一定的改善；同时，我们还要看到那些收入低的工人阶级家庭，他们生活水平低下的现实，甚至有可能随着工业革命的深化，出现进一步恶化的现象。总体而言，近代欧洲的工人阶级的生活水平是在改善的，尤其是与中世纪晚期的工资劳动者相比。

---

① John Rule, *The Labouring Classes in Early Industrial England, 1750-1850*, p.213.
② Hans-Joachim Voth, *Time and Work in England, 1750-1830*, Oxford: Oxford University Press, 2001, p.89.
③ Ibid., pp.89-93.

第十章　老年人的生活水平

老年人是社会的重要组成部分，也被视为社会秩序的象征。与中年人相比，处于人生中最后一个阶段的老年人在家庭关系、社会地位与身体状况等方面均有较大变化。法律反映了人们对老年人的社会想象以及特殊的规定，医学文献和宗教文学里描绘了老年人的身体和精神状况。这些资料为我们理解近代欧洲的老年人提供了文本。在近代欧洲，老年人养老主要存在家庭养老、社区养老和机构养老三种类型。家庭养老是以子女、兄弟姐妹以及其他亲属的家庭为基础对老年人进行的养老；社区养老是在济贫法的指导下，以教区为基本的行政单位对老年人实施衣食住行等各种救济的养老；机构养老是以济贫院为依托为老年人们提供生活所需的一种强制性的政府养老。其中，机构养老代表了国家福利制度发展的方向。事实上，近代欧洲的老年人养老问题是在以上三种养老类型相互结合的基础上得以解决的。

一、老年人的概念与规模

多数学者是依据年龄的标准来定义"老年人"，[①]事实上老年人是一个复杂的概念，涉及医学、文化和社会学等多个领域的知识。因此，以下试从功能性变化、文化和年龄等三个方面对近代欧洲

---

① 俞金尧：《西欧婚姻、家庭与人口史研究》，现代出版社2014年版，第415—422页。

老年人的概念进行解读,并在此基础上对老年人的规模进行初步估算。

老年人的概念

1. 老年人的功能性定义

一个人在其生命中的某一个时刻,他(她)可能感受到走路不稳或是眼睛看不清楚等身体虚弱的状况,这使得他们无法谋生或是维持一个家庭的生计。不同个体的身体状况有所不同。如在18世纪的英国,一些人在50多岁时就感到了"年老体弱"(old and infirm),而部分人到了80岁时依然感到精神饱满。因此,老年人的功能性定义的本质是灵活的,其核心是对老年人衰老过程的理解。[1]

年龄越大越容易生病。年龄改变了身体的机能,据此有学者把人的一生分为几个阶段,婴儿期是热而潮湿的,青少年时期是温和的,成年的男性和女性是热而干燥的,而老年人的心率在降低,因为正常的营养已经无法满足他们身体的需要。[2]当人一旦进入老年阶段就被视为是进入了"疾病时间"(sick time),身体机能的下降导致老年人极容易生病,甚至有学者认为疾病是老年人的一个重要特征。当然,老年人也分为两大群体,一类为在进入60岁之前就容易生病的,另一类为身体保持着健康,即使到了70岁身体状况依然良好。[3]因此,老年人衰老的过程不仅与寿命的长短有关,而且更与疾病、虚弱相联系。[4]同时,老年人的日常花费(生活成本)明显要比之前有所降低,身体也极容易患上感冒、伤风、疝气等疾病,

---

[1] Susannah R. Ottaway, *The Decline of Life: Old Age in Eighteenth-Century England*, Cambridge: Cambridge University Press, 2004, p.26.

[2] John Crawford, *Cursus Medicinae or a Complete Theory of Physic*, London: W. Taylor and J. Osborn, 1724, p.11.

[3] Susannah R. Ottaway, *The Decline of Life: Old Age in Eighteenth-Century England*, pp.26-27.

[4] Steven R. Smith, "Growing Old in an Age of Transition", in Peter N. Stearns, ed., *Old Age in Preindustrial Society*, p.197.

记忆力和意识出现衰退,经常周身疼痛。老年人的生活和形象往往被打上凄凉和悲惨的烙印。约克的一位名叫亚瑟·杰索普(Arthur Jessop)的人曾在其日记中评论道:"大多数老年人在患感冒时往往出现呼吸短促和肺部有堵塞,而且这种现象非常普遍。"① 很明显,老年阶段是一个与疾病和虚弱相伴随的时期,当然人们也尽可能地避免这些问题。身体健康状况的下降往往被视为影响人的寿命长短的重要因素,所以近代欧洲的医生和作家在描述老年人形象时往往强调他们身体与生理上衰退的各种表现。②

人体衰老的过程与多种因素相关,如药物、饮食以及对老年人的护理等。以饮食为例,特定的饮食有利于延长生命。有学者认为,随着人们进入老年阶段,他们的饮食应该像儿童饮食那样得到精心的搭配,如把牛奶、面包以及其他食物进行严格的分级食用。③ 也有学者认为,40岁的人每天应该饮用两杯葡萄酒,50岁的人每天饮用四杯葡萄酒,60岁的人每天饮用六杯葡萄酒。英格兰济贫院(workhouse)的菜单规定,"姜不但便宜,而且老年人食用后能为其带来温暖"。1775年出版的《绅士杂志》的文章也在讨论老年人具体的饮食问题,如一位老绅士在抱怨因牙齿松动而不能吃肉的事情,其他读者纷纷为其提出一些饮食建议。④

总之,老年人与身体的衰弱之间的关系是非常清楚且普遍存在的,老年与虚弱是一对关系密切的词汇。老年人的功能性定义牵涉到人们生命的最后阶段。但是,老年人的身体并非都是虚弱的,有部分老年人的身体较为健康。老年人是何时进入到老年的阶段的?老年人是否还有其他特征?因此,要想更好地理解老年人的定义,我们还需要从文化和实际年龄(chronological age)等方面进行理解。

---

① C. E. Whiting, *Two Yorkshire Diaries: The Diary of Arthur Jessop and Ralph Ward's Journal*, Gateshead on Tyne: Northumberland Press Ltd., 1952, p.20.
② Susannah R. Ottaway, *The Decline of Life: Old Age in Eighteenth-Century England*, p.28.
③ John Crawford, *Cursus Medicinae or a Complete Theory of Physic*, pp.337-338.
④ Susannah R. Ottaway, *The Decline of Life: Old Age in Eighteenth-Century England*, pp.28-29.

2.老年人的文化定义

行为和容貌被认为是老年人最重要的文化特征。事实上，中年人和老年人在日常行为和容貌方面存在较大差异。个体在衰老的过程中不可避免地感受到了年轻人和老年人之间在行为方式方面的不同，这表现在思想、行为、观点和性情等方面。[1]

不同的年龄阶段有着不同的行为方式。在上流社会中，年轻的女性喜欢跳舞，但是老年人中的女性不仅不喜欢跳舞，而且尽量避免穿着年轻样式的衣服。尽管这些社会规范多在上层社会中受到重视，但是也将影响到整个社会中的老年人。同时，好色的老年人将成为笑柄，且受到社会的批判。在近代欧洲，人们普遍认为老年人应该是少色情的。当时的一些著作中描述了老年人去找妓女的情节，人们认为这样的老年人是可耻的和不道德的，如一些人的日记中也提到经常找妓女的人是声名狼藉的。实际上，这可能是当时老年人的性需求不被重视所导致的。[2]

事实上，衰老的过程通常表现为身体机能的下降，但是这并不意味着老年人所处的阶段是一个被普遍谴责的阶段。在对老年人的不同形式的描述中也是相互矛盾的。基思·托马斯（Keith Thomas）认为，随着17—18世纪文化的急剧变化，老年人成为人们嘲笑的对象。[3]理查德·斯蒂尔认为，在17世纪末的时候老年人普遍被人看不起，尤其是在他们没有一定地产支持的时候。[4]到了18世纪末，老年人常与失去快乐、脾气暴躁和丧失信心等词汇联系在一起。同时，也有大量的文献是从积极的方面来描述老年人的。亚历山大·蒲柏（Alexander Pope）认为，人的一生中的每一个阶段都充满着希望，大卫·休谟认为，尽管在不同的人生阶段存在着情绪和喜好的变化，但是根本的性格并未发生变化，而人生阅历反而使老

---

[1] Susannah R. Ottaway, *The Decline of Life: Old Age in Eighteenth-century England*, pp.30-31.
[2] Ibid., p.32.
[3] Ibid., p.32.
[4] Pat Thane, *Old Age in English History: Past Experiences, Present Issues*, Oxford: Oxford University Press, 2000, p.55.

年人拥有更娴熟的技能和丰富的知识。①可见，近代欧洲社会对老年人的态度和表述并不一致。

老年男性在文学和艺术领域里的形象为身体状况下降，而且爱发牢骚，也就是说不仅失去了中年男性最吸引人的特征，而且还出现了身体机能的下降。妇女在跨过婚姻的门槛后有着较大的变化，而其衰老的过程是从生完孩子开始的，尤其是进入到更年期后。相比老年男性的形象，近代欧洲老年妇女的形象更为消极，她们在衰老的过程中感到了恐惧和自我厌恶，但是基本的文化特征还是一样的，如头发变得灰白，脸上出现皱纹，牙齿脱落，驼背，穿着暗淡忧郁，等等。②

3.老年人的实际年龄

约翰·史密斯（John Smith）在1752年出版的小册子《老年人的肖像》一书中记录了许多老年人的特征，但是他并未给出人们进入老年阶段的具体时间，他认为每一个人的身体状况都不一样，而且不同时期和不同地方的人的寿命也不一样。他认识到了把老年人纳入到实际年龄的范畴进行考察的困难。③到底多少岁才算是进入到了老年阶段，这是很多学者一直在考虑的一个问题，他们也给出了各种各样的答案。这些学者也逐渐认识到了人的生理属性和实际年龄的重要性。社会学家认为，以实际年龄作为老年阶段开始的标志是现代工业社会发展的结果，实际上很多学者注意到了实际年龄及其在不同的生命阶段里发挥的作用。当时的日记、教区记录以及国家行政管理的档案，均为研究老年人的实际年龄提供了帮助。④

六七十岁的年龄在中世纪欧洲就开始作为人们进入到老年阶段的标志时间，法律规定60岁的老年人可以豁免一些公共义务或免于参加公共活动。在古希腊，60岁是免除军事义务的年龄限制，而古

---

① Pat Thane, *Old Age in English History: Past Experiences, Present Issues*, pp.66-67.
② Susannah R. Ottaway, *The Decline of Life: Old Age in Eighteenth-Century England*, pp.33-44.
③ Ibid., p.44.
④ Ibid., pp.45-53.

罗马的作家认为40—70岁均被称为老年人,尽管60岁之后可能更为准确。在中世纪英格兰,从13世纪开始70岁是履行陪审团服务的年龄上限,而在1349年颁布的劳工法令规定,60岁及之后就可以豁免一系列的强制义务,如检举流浪汉、参加法院民事法庭、军事义务等。① 为了提高人口中履行义务的比重,或是缴纳赋税代替服役,或是为了降低退休后支付养老金的人数,当时的王国政府和官员故意提高老年人履行义务的年龄。法律按照不同的年龄段规定了他们应该履行的义务,但是较少规定相应的权利,当时的年龄规定可能超越了那个时代的实际年龄。

实际上,进入老年阶段的年龄并不固定。市议员是城市社区的重要管理者,他们通常因为自己的聪明才智和丰富的阅历当选。在15世纪的约克,当地的议员当选时一般在50多岁,可以工作至去世,其中有一半的议员年龄超过了60岁。一些人选择退休,理由是年龄过大和身体健康问题,但是他们的同僚中大多数人并不情愿选择退休。在15世纪的考文垂,60岁被认为是衰老的标志,但是这些老年人也被认为是值得信赖的智慧之人。②

60岁作为人们进入老年阶段的官方说法较少被证实。可以这样认为,在人们进入60岁时,他们还有能力去工作或是履行他们的职责。甚至一些人的身体较早地进入到衰退的阶段,但是他们被选择或是有能力去工作到晚年。如17世纪有9位坎特伯雷大主教的平均寿命为73岁,当时他们被任命为大主教的平均年龄为60岁。③ 这也表明至少在17世纪的精英阶层,人们并不是必然关注年龄问题。

但是,对于大多数男性体力劳动者而言,年龄大小对他们的工作影响还是很大的。当他们的年龄进入到50岁时,工作能力可能出现一定的衰退,因为他们主要靠身体素质来支撑自己的工作。在16世纪初的考文垂,从事固定工作的普通劳动者一般工作至45—50

---

① Pat Thane, *Old Age in English History: Past Experiences, Present Issues*, p.24.
② Ibid., p.25.
③ Ibid.

岁，这样的状况也适用于中世纪晚期和近代欧洲的其他地区。但是，这些体力劳动者并没有放弃劳动，因为家庭生计迫使他们继续工作，可能所做工作的强度要比之前低很多，其中从事低技能工作的劳动者可能工作的时间更长。在诺里奇1570年进行的人口调查中，把那些家庭成员中有一位50岁及其以上的家庭定为老年人家庭（elderly household），当时的调查中还记录了年龄分别在74岁、79岁和82岁的三位寡妇。①

也有学者认为，50岁可以作为人们进入到老年阶段的里程碑式的标志。把50岁作为一个成年人成熟期的结束和老年阶段开启的年龄，并不意味着人们到了50岁就一定衰老或是不再有工作能力。对贫民而言，可见的身体变化与更年期的到来密切相关，使得近代英国的妇女进入到老年阶段的起始年龄为50岁。②但是，这并不意味着与同龄的男性或是较为年轻的妇女相比，那些进入到老龄阶段的贫穷的妇女可以被忽略或是被边缘化。事实证明，她们并非完全失业，她们在社区的发展方面有着积极的影响，如她们能够熟练照顾当地的病人或穷人，这些工作可能有一定的报酬，也有可能是无偿的。

50岁也被近代学者认为是发放养老金的年龄。一般认为，年龄在50岁及其以上的人是无法依靠工作来养活自己的，17世纪末的笛福和杜德斯维尔（Dowdeswell）都支持这样的观点。托马斯·潘恩（Thomas Paine）在其1791—1792年出版的《人权论》（*Rights of Man*）中认为，按照年龄老年人应该分为两部分：

第一部分年龄从50岁开始，第二部分年龄从60岁开始。在50岁的时候，人们的智力较高，判断力也好于以前，但是体力在下降，不可能继续参与之前同样强度的体力劳动，而且人们开始慢慢不再能抵御恶劣气候的变化，一些地方要求他们退休，他们就像老马一样身体出现了一定的衰竭，甚至到处漂泊；到了60岁时，人们一般

---

① Pat Thane, *Old Age in English History: Past Experiences, Present Issues*, pp.25-26.
② Ibid., p.26.

不再工作，但是在一些国家为了生计他们还要工作到老死。①

1832年英国皇家委员会颁布的济贫法规定，50岁的男性劳动者为老年人。②在近代欧洲，贫穷的男性和女性进入老年阶段的年龄为50岁，而那些生活境遇较好的人进入老年阶段的年龄在60岁甚至60多岁。无论是官方的还是非官方的对老年人的定义中，何时进入老年阶段存在着较大的主观性，而且也在不断发生着变化。

老年人在何时进入到老年阶段？老年人定义的核心思想是什么？这些问题不仅困扰着近代欧洲的学者，而且也被现代学者所关注。他们从不同角度对近代欧洲的老年人进行了定义。如依据出生后的实际年龄进行定义，或通过身体的健康程度和其他身体特征对老年人进行生理和功能性的定义，或通过对日常行为和容貌的变化对老年人进行文化上的定义。③

总之，老年人的定义是一个吸引人的且永无止境的课题，我们可以通过大量的有关年龄的数据连同老年人的具体特性一起分析，且对老年男性和女性的具体行为进行考察，进而理解一个人进入老年阶段的细微特征。事实上，我们不可能确切或是清晰地定义人们进入老年阶段的界限。即使以60岁作为人们进入老年阶段的起始年龄，但这些老年人的身体可能是非常健康的。因此，近代欧洲的老年人是一个灵活的、不固定的概念，这不仅仅是由于社会阶层和性别存在差异，而且每个个体所经历的身体衰老的过程也不尽相同。

老年人的规模

由于移民、饥荒、疾病和出生率的变化，不同时期和不同地方的年龄结构存在较大差异。如果死亡率不变，老年人所占总人口的比重将随着出生率的升降而出现相应的变化。实际上，中世纪晚期和近代欧洲分散的证据表明，在当时的社会发展水平之下，除了部

---

① Pat Thane, *Old Age in English History: Past Experiences, Present Issues*, p.26.
② Ibid., p.27.
③ Susannah R. Ottaway, *The Decline of Life: Old Age in Eighteenth-Century England*, pp.16–64.

分最为贫穷的人之外，其余能在幼儿时期存活下来的人几乎都能生活至四五十岁或是更长久。[1]

近代西欧各国中仅有英格兰自16世纪就存在了可靠的人口估算的文献。在1581年时，英格兰总人口中大概有7%的人的年龄超过了60岁，到了1671年时上升至9%，到18世纪最初的10年里老年人的比重达到了10%。[2]不同地区也有一定的变化，如在1684年的奇尔弗斯克顿，60岁及60多岁的人占当地人口总数的6.7%，而在1695年的利奇菲尔德60岁及其以上老年人的比重为8.1%。[3]实际上，近代欧洲的生活环境并不像一些学者描绘的那样贫穷和肮脏，在绝大多数的村庄和社区里能够看到大量的老年人。如在英格兰的萨福克郡北部的克拉托菲尔德的居民中超过50岁的人口占整个村庄总人口的14%。[4]

总之，老年是人生命中的一个重要阶段，在这个阶段里他们的身心、社会地位、生存的环境等方面都发生着重要的变化。老年人作为一个社会群体，家庭、社区和国家如何对待他们将成为社会发展进步的重要表现。接下来，将从家庭、国家和教区等多个方面考察近代欧洲国家的养老问题。

二、老年人的生活与养老

家庭养老

在对近代欧洲老年人养老问题的研究中，多数学者强调了国家推行的济贫法所发挥的作用，而低估了家庭在近代欧洲老年人养老

---

[1] Christopher Dyer, *Standards of Living in the Later Middle Ages: Social Change in England c. 1200–1520*, p.182.

[2] Pat Thane, *Old Age in English History: Past Experiences, Present Issues*, p.20.

[3] Steven R. Smith, "Growing Old in an Age of Transition", p.194.

[4] L. A. Botelho, *Old Age and the English Poor Law, 1500–1700*, Rochester: Boydell Press, 2004, p.157.

中的影响，实际上近代的国家并不能完全解决大规模的老年人的养老问题。一些学者认为，来自家庭的支持客观上弥补了国家在养老问题上的不足。[1]老年人和他们的成年后的子女之间保持着非常密切的关系。其原因有三：首先，父母和子女之间有着深厚的情感依附关系；其次，进入老年阶段的父母希望与子女之间保持着亲密的关系，包括提供力所能及的体力劳动、一些生活必需品以及经济上的支持；最后，父母为成年后的子女提供财力上的支持，事实上父母的指导和支持子女是他们最重要的责任之一。[2]

进入老年阶段的父母和他们子女的关系较少被人们完全认识，只是一些日记和传记有所涉及。拉尔夫·乔赛林的日记记录了一种较为融洽的父母与子女的关系。他与自己离开家的子女之间保持着密切联系，他的日记规则地记录了子女们患病和其他信息，子女们也经常来探望他们的父母，甚至在圣诞节一起聚会。子女们非常关心乔赛林的身体健康，66岁的乔赛林得了严重的疾病，他的子女都非常着急，而且还在床前悉心照顾了他一个星期。乔赛林和他的妻子也经常到已经结过婚的孩子家中，并和他的孙子孙女们待在一起。[3]

近代欧洲的家庭养老主要体现在以下几个方面：

第一，成年子女通过各种方式来赡养父母。如成年后的子女居住在附近，便于照顾年迈的父母。在1500—1700年的英格兰的克拉托菲尔德村，大约有一半的成年子女继续居住在当地，而在同一时期的普斯灵福德教区，贫穷老年人的成年子女中有91%居住在当地教区。[4]同时，成年子女关心和帮助自己的父母。托马斯·斯密斯的日记经常提到他带着自己的女儿一起去探望居住在巴思生病的母亲，甚至在一天晚饭后他还派一名仆人特地去巴思询问他母亲的身体状

---

[1] L. A. Botelho, *Old Age and the English Poor Law, 1500-1700*, p.13.
[2] Susannah R. Ottaway, *The Decline of Life: Old Age in Eighteenth-Century England*, p.142.
[3] Steven R. Smith, "Growing Old in an Age of Transition", p.203.
[4] L. A. Botelho, *Old Age and the English Poor Law, 1500-1700*, pp.98-99.

况。1739年詹姆斯·弗雷特韦尔的父亲（65岁）重病，老人的所有子女均参与到了照顾之中：女儿带来了村庄中的一位智者来探望他，詹姆斯请了一位医生，詹姆斯的哥哥也询问了另外两位医生。[①]此外，成年子女经常帮助他们年老的父母处理一些生意或是参与财产的管理等事务，也可被视为家庭养老的表现。

第二，未婚子女对父母的赡养。近代欧洲的家庭环境是未结婚的子女与年迈的父母居住在一起，甚至有些人认为未婚的子女应该留在家中照顾父母。[②]这样，赡养父母的重担就落在了未婚的子女身上。在普斯灵福德教区的七位老年人与自己的成年子女居住在一起，其中有六位是与自己的女儿居住。[③]同时，未婚的子女在年迈的父母养老问题上起到了关键而有效的补充作用。在普斯灵福德教区，父母为了让子女长时间地照顾自己，他们采取了一种特殊的婚姻策略，即让自己的子女晚婚，当时男女第一次结婚的平均年龄一般在25岁左右，但是1559—1700年普斯灵福德教区男女结婚的平均年龄分别为30.7岁和27.8岁。[④]实际上，晚婚的做法使得妇女可能在40岁生完最后一个孩子，这样当她进入到老年阶段时，孩子仍然在家中与他们一起生活。[⑤]1695年，68岁的亨利·纽康姆在立遗嘱时，把他的大量财产留给了妻子和未婚的女儿罗斯，他在两个月后去世，而当他的妻子去世后，罗斯获得了他的全部遗产。[⑥]当年迈的父母与他们的未婚的子女居住在一起时，可以得到孩子们的陪伴，这样的话父母还能保持一家之主的家庭地位。实际上，年迈的父母尽可能地保持独立，除非身体虚弱无法生活才依靠自己的子女。

第三，鳏寡之人的家庭养老。首先，一些鳏夫通过再婚来养

[①] Susannah R. Ottaway, *The Decline of Life: Old Age in Eighteenth-Century England*, p.146.
[②] Steven R. Smith, "Growing Old in an Age of Transition", p.204.
[③] L. A. Botelho, *Old Age and the English Poor Law, 1500-1700*, pp.99-100.
[④] Ibid., p.100.
[⑤] Pat Thane, *Old Age in English History: Past Experiences, Present Issues*, p.122.
[⑥] Steven R. Smith, "Growing Old in an Age of Transition", p.204.

老。与寡妇相比，鳏夫再婚的比例要高很多。这样当他们进入到老年阶段时就可以得到年轻妻子或是孩子的照顾。萨缪尔·卡拉克（Samuel Clarke）描述了一位名叫萨缪尔·费尔克拉夫的清教徒牧师的生活，当费尔克拉夫70岁时迎娶了一位年轻的贵妇人，为的是得到她的照料。此前，他一直居住在他已婚女儿家拥挤的房子里。同样，一位名叫菲尼亚斯·佩特的造船工程师，在其68岁时结了第三次婚。①对于那些再婚的老年人而言，为的是有人陪伴和照顾，这对那些高龄老年人而言是非常重要的。如在诺里奇，一位老年人已经80岁了，他的有些跛脚的妻子年龄在40岁，他们的三个孩子从3个月至7岁年龄不等。②其次，寡妇与自己的已婚子女居住在一起。寡妇中的一些人因没有收入或是无人照顾而感到孤独，她们一般居住在养老机构或是独自居住，也有一部分是与自己的子女居住在一起。③

第四，良好的亲属关系有助于家庭养老。在近代欧洲婚姻并不是所有人都要经历的事情，还有一部分是一生未婚。如在18世纪的欧洲，大约有10%的成年人是未婚的。④当时未婚男女是一个重要的社会群体，当他们进入到老年阶段后主要靠扩大式的家庭（extended families）成员来养老。1756年拉尔夫·沃德得了重病，他的姐姐和外甥女一起照顾了他近一个月。詹姆斯·弗雷特韦尔一直与他的妹妹生活在一起，直到他的妹妹出嫁，之后他卖掉了自己的房子，后来他还和他的未婚的堂兄妹一起生活了一段时间。伊丽莎白·弗雷克与她的妹妹们保持着良好的关系，她们之间经常互相走动和救济彼此，尤其是在生病期间。⑤可见，兄弟姐妹之间是相互

---

① Steven R. Smith, "Growing Old in an Age of Transition", p.204.
② Pat Thane, *Old Age in English History: Past Experiences, Present Issues*, p.138.
③ Amy M.Froide, "Old Maids: The Lifecycle of Single Women in Early Modern England", in Lynn Botelho and Pat Thane, eds., *Women and Ageing in British Society Since 1500*, Harlow, Essex; New York: Pearson Education, 2001, pp.103-104.
④ Susannah R. Ottaway, *The Decline of Life: Old Age in Eighteenth-Century England*, p.165.
⑤ Ibid.

照顾的，尤其是那些有子女的兄妹往往去照顾那些无子女或是未婚的兄弟姐妹。

　　一些日记的记录内容为远亲之间亲密的关系提供了证据。远亲应该包括表兄妹及他们的孩子。托马斯·史密斯定期去探望他的表兄妹，如1721年5月他曾在一位表兄家吃饭，之后暂住在了另外一个表兄家，他还记录了一个表兄家的两个孩子与他的家庭一起居住了一段时间。萨缪尔·蒂顿和他的表妹及其孩子生活在一起，他认为自己有责任照顾他的表妹，在1791年时他和她的表妹都六十多岁了，当他的表妹生病时他整夜照看着她，在接下来的一周里他还担心着表妹的病情。[①]由这些日记记录的内容可知，在未婚家庭（non-conjugal family）中的成员进入老年阶段后，在其个人生活中与其他亲属相互之间提供的帮助和支持是非常重要的。事实上，当时的遗嘱进一步证明了上述情况存在的大前提。有学者对1700—1800年欧文顿、特林和帕德尔敦等三个教区未婚家庭的遗嘱情况进行分析后发现，未婚的男女除了把遗产留给了自己的兄妹外，还有相当的比例留给了他们的亲属，如外甥女、外甥，侄女、侄子以及表兄弟姐妹和堂兄弟姐妹。[②]以未婚女性为例，她们通常与自己的亲属保持着友好的关系，特别与她们的侄女和外甥女的关系要更好些。伊丽莎白·维斯拉德年老时有两件首饰，其中一件留给了她的外甥女玛丽·罗克利夫；1705年，玛丽·史密斯把她的多个钻石戒指留给了她的外甥女，而把她其余全部财产都留给了她的侄女伊丽莎白·史密斯。可见，未婚女性通常把她们的侄女或是外甥女作为财产的继承人，而继承人也因此得到她们一生积累的财产。[③]

　　第五，非亲属在老年人家庭养老中的作用。近代欧洲还有一部

[①] Susannah R. Ottaway, *The Decline of Life: Old Age in Eighteenth-Century England*, pp.166-167.

[②] Ibid., p.168.

[③] Amy M. Froide, "Old Maids: The Lifecycle of Single Women in Early Modern England", p.103.

分老年人与一些无亲戚关系的人居住在一起。在17—18世纪的城市和乡村中，超过60岁的老年人的家庭与仆人和租住者一起居住的比重达到了30%。①一些租住者可能是教区官员安排的，目的是赚取额外收入，或是他们本身就是鳏寡之人或是未结婚的人，出于社会和经济的原因被安排在了一起。同时，在一定比例的家庭中老人和仆人一起生活，这也说明老年人在其最后的岁月里能够保持独立，需要占有一定的财产。当一个家庭缺少成员时，老年人可以通过仆人来实现他们在传统家庭中的角色。当时的一些日记记录了一位老绅士离开了他在巴思的地产，去到他的管家那里娱乐，尽管两个人是不平等的，但是这恰好说明没有家庭成员之后的老年人需要有人陪伴。因仆人或是管家陪伴老年人度过晚年，老年人在立遗嘱时把自己的财产部分或是全部由仆人或是管家继承。如在欧文顿，一位老年人把自己的财产全部留给了自己的女管家，而另外一位老年人把自己的财产在外甥女和女管家之间进行了均分，而且他还在遗嘱中说明对待仆人应当像对待家人一样。②

总之，在近代欧洲老年人的养老中家庭发挥着重要作用。子女、兄弟姐妹以及远房亲戚都在老年人养老问题中扮演着重要角色，而对于那些独居的老年人而言，无亲属关系的仆人和管家也在陪伴和照顾着他们。事实上，老年人是非常独立的，除非到了身体虚弱或有经济需求时他们是不会寻求子女、亲属等人的赡养。家庭在养老中的作用不言而喻，甚至有学者认为："在前工业社会的英格兰仅有一小部分老年人完全依靠国家和慈善机构的救济。"③实际上，家庭在近代英格兰老年人养老中发挥着至关重要的作用，但不能过度夸大。近代英格兰的老年人养老问题是在家庭、社区和国家养老机构相互结合的基础上得以解决的。

---

① Susannah R. Ottaway, *The Decline of Life: Old Age in Eighteenth-Century England*, p.158.
② Ibid., pp.170−171.
③ Pat Thane, *Old Age in English History: Past Experiences, Present Issues*, p.124.

社区养老

相关的济贫法律中一般把穷人分为两种,即身体健康有工作能力的和身体虚弱无工作能力的。后者又包括老年人,无父无母的、跛脚的、眼盲的、生病的、疯子等。可见,老年人是被社会救助的重要对象之一,甚至有学者认为,在近代欧洲老年人是第三大接受救济的群体。[①]

老年人接受救济是有一定前提条件的,也就是说并不是所有的老年人均能得到救济,只有当他们不能工作、无依无靠时才能接受救济。对于那些符合被救济要求的老年人,教区成立专门的委员会(vestry)对他们进行详细审查,同时,老年人在接受养老金救济后也要受到一定的监督。1633年,沃里克郡的索尔福德的寡妇玛格丽特·道蒂因为自己的言行举止不当被当地官员停止发放养老金,直到她改正后为止,这是发生在她首次领取养老金第14年之后的事情。[②]养老金的监督者和教区委员会严格控制养老金的发放,目的是为了让人们知道没有人可以随便领取养老金,即使已经领取者也不是终生享有的。

近代欧洲的老年人养老多依赖国家强制下的"以社区为基础支撑的养老体制"(commuinity-based support system for the elderly)。[③]在这样的体制下,对老年人救济的举措也是多种多样的,其中,发放养老金是一种直接且灵活的救济方式。养老金发放的时间并不是一整年,而且发放的数额也不固定。1619年克拉托菲尔德的教会委员会根据寡妇奥利芙·伊德的需要准许其领取了18周的养老金,每周为8便士。同样,在普斯灵福德教区,监督者约翰·迪克斯为老年人托马斯·普卢姆发放了54周的养老金,发放标准有所不同,每周为6便士的共发放26周,每周为8便士的共发放28周;1677年,玛莎·巴斯

---

① Susannah R. Ottaway, *The Decline of Life: Old Age in Eighteenth-Century England*, p.173.
② L. A. Botelho, *Old Age and the English Poor Law, 1500–1700*, pp.105–106.
③ Susannah R. Ottaway, *The Decline of Life: Old Age in Eighteenth-Century England*, p.183.

塔德领取了49周的养老金,到了1686年他领取了50周零3天的养老金。[①]由此可见,教区委员会将根据每一个人的具体情况来制订不同的养老金发放的时间和金额,直到18世纪末养老金的发放才日益标准化。

养老金是逐渐上涨的。从16世纪70年代到18世纪,养老金大致处于上涨的趋势之中。在16世纪70年代至17世纪的克拉托菲尔德,老年人的养老金从每天的0.5便士上涨至2.4便士,而普斯灵福德教区的养老金也从17世纪60年代的0.6便士上涨至该世纪末的1.8便士。[②]进入18世纪,养老金继续上涨,如在17世纪末的英格兰平均每周的养老金大概在1先令或是稍稍高过1先令,到了18世纪20、30年代,平均每周的养老金上涨至1先令6便士。[③]在1770—1794年的特林教区,女性和男性每周的养老金分别为14.7便士和21.8便士,而在同一时期的帕德尔敦教区,女性和男性每周的养老金分别为18.7便士和30.3便士。[④]在个别地区,养老金上涨的幅度可能更大。养老金的变化受到多种因素的影响,如年龄、性别的差异、地区的不同、货币贬值、价格波动等。因此,考察养老金的发放问题的核心是分析养老金的实际价值。事实上,通货膨胀导致货币的购买力下降,但是不断上涨的养老金在客观上弥补了这一不足,只是到了18世纪最后10年养老金才出现了下降,这使得领取养老金的老年人的生活越来越不稳定。[⑤]

领取养老金的老年人规模也在扩大。由于资料的限制,较难对近代欧洲领取养老金的老年人规模进行分析,但一些学者根据部分地区或是某几个教区的济贫文献对当地老年人领取养老金的规模进

---

① L. A. Botelho, *Old Age and the English Poor Law, 1500–1700*, p.111.
② Ibid., p.144.
③ Richard M. Smith, "Ageing and Well-being in Early Modern England: Pension Trends and Gender Preferences under the English Poor Law, 1650–1800", Paul Johnson and Patricia Thane, eds., *Old Age from Antiquity to Post-Modernity*, p.79.
④ Susannah R. Ottaway, *The Decline of Life: Old Age in Eighteenth-Century England*, p.199.
⑤ Ibid., pp.227–232.

行了估算。如在表10-1中，61岁及以上的老年人领取养老金的人数占当地教区领取救济的总人数的比重是不断增加的，其从17世纪后半期的36.8%，到18世纪上半期的53.1%，再到18世纪后半期的50.7%。

表10-1　1663—1800年英国61岁及以上的老年人领取养老金的比重

教区	年份	61岁及其以上的老年人所占比重（%）
惠特柯克	1663—1687	31.7
洛斯托夫特	1670—1690	36.0
惠特彻奇	1672—1700	45.2
小计		36.8
惠特彻奇	1700—1730	49.1
沃尔福德	1722—1730	73.5
道利什	1727—1742	42.6
小计		53.1
特林	1745—1765	50.6
惠特彻奇	1750—1765	54.2
特林	1783—1800	46.8
小计		50.7

资料来源：Richard M. Smith, "Ageing and Well-being in Early Mordern England: Pension Trends and Gender Preferences under the English Poor Law, c.1650-1800", pp.75-85。

通过表10-1的分析可以发现，在一些教区中领取养老金的老年人总数占当地所有领取救济的总人数的比重是较高的。有学者通过对更多教区的济贫资料分析后发现，近代欧洲领取养老金的老年人所占比重并不到50%。如有学者对32个教区的养老文献进行了整理后发现，60岁及其以上的领取养老金的老年人占所有领取救济的总人数的34%。^①由此可知，当时领取养老金的老年人可能已经占到相当的比重。老年人依靠养老金生活是没有争议的，任何政治家和改革家都不敢倡导中断对老年人的救济，即使老年人失去了一切物质财富，他们仍然可以依靠救济来生活。^②

养老金之外的其他各种救济举措。对老年人而言，领取养老金是最重要的养老方式；同时，食物、燃料、医疗护理、衣服、住房等也是"一揽子救济计划"（the relief packages）的重要组成部分，这些也是由教区官员提供给贫困的老年人的。

首先，住房是由教区提供，或是由教区支付租金。据1792年帕德尔敦庄园的调查可知，教区的济贫监督者租住一座年久失修的可使用燃料的房子（包括一间砖房和三间由黏土和茅草建造的房间）一年要支付7英镑。^③大部分老年人要住在这样的房子里很多年，部分老年人住在自己的茅草屋里，或是与其他人合租，但租金由教会支付。在特林教区，几乎所有领取养老金者的住处由当地教区提供，这个教区有四个救济院（almshouses），平时就是由老年人居住的。同时，在当地的济贫院建好之前，教区的官员还为老年人租赁十座房子。^④由教会提供的住处是照顾老年人的重要场所，也是社区养老的重要环节。

其次，衣服多为捐赠而来。如在克拉托菲尔德，11位老年人收到了捐赠的衣服，这些衣服尽管老旧，但是较为完整。^⑤当然这些衣服的价值要比那些定做的新衣服差很多。有时，教区也可从当地的二手服装市场上购买一些衣服。

再次，日常饮食由领取养老金者自己解决，但是一些高营养的食物则仍由教区提供。16世纪时的麦酒和17世纪的啤酒由教会购买，当老年人生病的时候教会将购买一些动物的肉来补充营养。社会上

---

① Susannah R. Ottaway, *The Decline of Life: Old Age in Eighteenth-Century England*, p.184.
② Ibid., pp.185–186.
③ Ibid., p.233.
④ Ibid., p.233.
⑤ L. A. Botelho, *Old Age and the English Poor Law, 1500–1700*, p.121.

的一些人士也给教会的老年人提供一些食物,如在克拉托菲尔德,1632年寡妇布彻为当地的老年人捐赠了小牛的肋骨肉,1680年菲尼亚斯·史密斯捐赠了黄油。①这样的事情是当地的教区所希望看到的,尤其是在老年人患上急性疾病时。

最后,教区要向看护和照顾老年人的人支付一定的费用。洗衣服,照顾生病的老年人,陪伴即将过世的老年人,为埋葬去世的老年人做准备,这些工作通常由周边较为贫穷的妇女来完成。如果由老年人的亲戚照顾的话,济贫的监督者需要向其支付费用,有时照顾病人需要雇佣专业的护士人员,这就需要支付更多的费用。在克拉托菲尔德,1628年12月教会委员会向约翰·奥尔德斯的妻子支付14先令,因为她照顾了生病的伊德。②1798年,帕德尔敦的米利亚姆·卢卡斯因为为爱德华和伊丽莎白·拉塞尔进行了清洗、修补以及清洁害虫等工作而获得了3先令6便士。在接下来的十九年里,教会按月支付给照顾两位老年人的劳动者工资。③

更重要的是,教会还要为老年人治疗疾病。老年人较容易生病,教区为他们提供了医疗救助,这对老年人的生存至关重要。很多教区与当地的外科医生兼药剂师(surgeon-apothecary)签订救治患病的老年人的协议。特林教区现存最早的救治协议的签订日期为1744年9月24日。④在特林教区,就像在其他教区一样,教区委员会对救治生病和受伤的老年人负有重要责任,当时由于医生的疏忽而导致一位被救济的老年人去世。为了避免类似的情况再次发生,特林教区委员会在1796年4月18日召开了一次特别会议。⑤同样,帕德尔敦教区的医生基德尔记录下了他给当地老年人看病的详细清单。其中,基德尔1775—1776年记录下了给老人朱迪思·拜尔斯治疗疾病的详细情况,即何时、何种药、费用多少等。如1775年的11月10

---

① L. A. Botelho, *Old Age and the English Poor Law, 1500-1700*, pp.121-122.
② Ibid., p.121.
③ Susannah R. Ottaway, *The Decline of Life: Old Age in Eighteenth-Century England*, p.234.
④ Ibid.
⑤ Ibid.

日，因基德尔开了"滴剂"（the drops）药物，教区向其支付了8便士。[1]教区在医治老年人疾病方面是非常慷慨的，也体现了教会的人文主义关怀。

事实上，在近代欧洲老年人的养老问题上，教区发放养老金被视为最主要的或是第一层级的养老举措，而教会在衣、食、住、行等方面提供的各种灵活的救济手段被认为是第二层级的养老举措。[2]教会提供的各种救济使我们进一步认识到济贫法在养老中发挥着关键的作用。当然，这也离不开教会委员会和教区济贫监督者的高效工作，尤其是监督者在解决老年人所需要的各种物品和服务时的综合能力，基本上满足了老年人的所有要求。比如教区雇人照顾老年人和聘请医生为他们治疗疾病。

在近代欧洲的老年人养老问题上除了以上各种现金的、直接的救济方式之外，还存在着非现金的救助手段，比如通过雇佣那些还有劳动能力的老年人进行救助。实际上，教区发放养老金的养老方式并不否定老年人的劳动能力。只要身体允许，他们还是愿意去劳动的，有的老年人因为能够继续劳动而感到快乐。[3]英格兰的教区经常为能继续工作的老年人提供一些零活（small jobs），如照顾人或是当信使，1595年克拉托菲尔德的托马斯因为被雇佣而得到了当地教区委员会支付的4便士工资。托马斯虽然已进入老年阶段，但是他身体很健康，经常步行至10英里外的黑尔斯沃斯去通过自己的劳动赚取零花钱。[4]教会为身体强健的老年人安排部分工作，也可视为济贫的补充。当把工作提供给穷困的老年人时，他们希望通过自己的双手赚取部分收入。实际上，雇佣在老年人养老中所起的作用并不大，因为这样的雇佣并不能给他们带来大量的收入。同时，老年人领取养老金的时间越长，他们越不愿意再次参加工作来赚钱。正

---

[1] Susannah R. Ottaway, *The Decline of Life: Old Age in Eighteenth-Century England*, pp.234–235.
[2] L. A. Botelho, *Old Age and the English Poor Law, 1500–1700*, p.122.
[3] Ibid., p.128.
[4] Ibid.

如一位学者认为的那样，在养老问题中为老年人提供工作只是"穷人经济"（poor's economy）的权宜之计罢了。①

济贫院的设立与老年人养老

随着社会经济的发展和人口的日益增长，济贫的花费也在大幅增加，继而直接影响了老年人养老的问题；同时，国家福利制度也在不断发展和完善。在这样的大背景下，为了降低济贫的成本和进一步完善济贫制度，一些国家逐渐建立起济贫院制度。当时，英国政府和社会各阶层对济贫院寄予厚望，正如1732年《济贫院报告》中所指出的那样，济贫院可以解决贫民救济的所有不足，可以兼顾贫民的身体和精神，同时也能为增加生产提供有效的办法，也可减轻国家的济贫负担。②1660年至18世纪的前25年，英国的济贫院得到了快速发展，尤其是1723年的《济贫院检验法案》（The Workhouse Test Act）规定，教区可以驱逐那些领取救济后不愿意进入济贫院的贫民。这一规定促进了济贫院的快速发展，在1732年英国建立起容纳30 000人的600所济贫院，1776—1777年济贫院的数量增加至2 000所，到了1815年时达到了4 000所。③英国北部和西北部诸郡的济贫院主要建立在城市，乡村中济贫院的数量并不多，而南部和东南部诸郡的济贫院除了建立在城市外，乡村中也建立了大量济贫院。④

在济贫院里被收容的人群中老年人占据着较高的比重，如约克郡的蒂克希尔建立了一个规模较小的济贫院，居住着49位被救济的人，其中有26人为老年人。⑤同样，特林教区的第一个济

---

① L. A. Botelho, *Old Age and the English Poor Law, 1500-1700*, pp.131-132.
② 丁建定：《英国济贫法制度史》，第114页。
③ Lynn Botelho and Susannah R. Ottaway, *The History of Old Age in England, 1600-1800*, Volume 6, London: Pickering & Chatto, 2009, p.xiii.
④ Steven King, *Poverty and Welfare in England, 1700-1850*, Manchester; New York: Manchester University Press, 2000, p.205.
⑤ Pat Thane, *Old Age in English History: Past Experiences, Present Issues*, p.157.

贫院建立于1746年9月8日，当时特林教区济贫院的救济人员主要是青年人和中年人，之后老年人的比重开始有所增加，在1790年时60岁以上的老年人为25%，到1798年时达到了82%；到1795年前后整个教区超过1/3的老年人居住在济贫院，并接受救济。[1]

在济贫院里，老年女性负责室内的各种工作，而老年男性主要在室外工作，其中最主要的工作是修补或是清洁街道。这些参加劳动的老年人能够得到更多的食物，而其他无能力参加劳动的老年人也能得到较为充足的食物。[2]在济贫院内外，只要身体允许，老年人均需要参加劳动。如在规模较大的利物浦济贫院（容纳1 750位贫民），年龄在80岁以下的老年人要根据他们的能力和身体状况的不同适度参加劳动。[3]除了劳动外，大量的时间自由处理。有时，为了减少花费，济贫院有意识地避免那些有劳动能力的老年人进入济贫院。[4]

济贫院有着严格的管理。在达灵顿的济贫院，接受救济的贫民未经允许不能离开，但是年龄超过80岁且愿意自由行走的老年人除外。同时，一些济贫院对贫民进行分类救济。如在坎特伯雷，济贫院按照性别、年龄（老年人和儿童）进行分类居住和救济，"如允许老年人喝茶和抽烟，但是在饮食方面没有太大不同，同时所有劳动者均要努力工作"。甚至在一些济贫院，已婚的夫妇也是分开居住的，曼彻斯特的济贫院就是这样。[5]

济贫院为老年人提供较好的饮食、住宿和衣着等条件。济贫院在饮食方面给予老年人以特殊照顾。老年人可以有自己的嗜好，如在切斯特的济贫院，允许超过50岁的男性有抽烟的习惯（每人每

---

[1] Susannah R. Ottaway, *The Decline of Life: Old Age in Eighteenth-Century England*, pp.249-251.
[2] Pat Thane, *Old Age in English History: Past Experiences, Present Issues*, p.157.
[3] Ibid.
[4] Steven King, *Poverty and Welfare in England, 1700-1850*, p.205.
[5] Pat Thane, *Old Age in English History: Past Experiences, Present Issues*, p.158.

周的烟丝量为半盎司），同样女性可以有0.5盎司的茶和0.25磅重的糖。甚至一些老年人每天还可以饮用半品脱的麦酒（ale），有的还可以饮用杜松子酒。"每周的食物组成，麦片粥、面包、奶酪、土豆，偶尔也有肉，如果是患病的老年人除得到治疗外，还可以得到更好的饮食。"[1] 同样，在1799年凯特林教区的济贫院，教区委员会对济贫院的食物、衣服和住宿的标准有着严格的规定。1799年5月8日的记录记载了当时一周的伙食，一周中三天要有肉、三天要有布丁、另外一天要有炖汤。这些饮食已经超过了当时普通劳动者的平均伙食，以至于当时的人不太相信。[2] 卡瓦利济贫院为贫民提供了较好的饮食、穿着以及保暖设施。如1805—1809年教区委员会记录了当时的饮食状况，主要包括：啤酒、羊肉、动物杂碎、牛肉、腌肉、饼干、各种蔬菜以及制作面包的原材料。另外，着装标准也超过了绝大部分的普通人。济贫院为每一个接受救济的贫民的服装花费为50先令，每年的服装保养也需要花掉15先令。这在19世纪初甚至超过了一般呢绒商的衣着标准。[3] 由上可知，接受救济的老人的生活水平远远超过一般贫民的生活标准。此外，在特林教区的济贫院里，羽毛绒垫的床、窗帘、扶手椅以及食物柜等物品的出现，说明济贫院的居住条件并不是十分悲惨，教区继续给老年人提供衣服等生活必需品，有时他们也能吃到一些不错的食品。如1775—1780年，奶酪、面包、啤酒和肉的供给较为充足，同时济贫院还收到少量的牛奶、豌豆、烈酒、葡萄酒、洋葱、萝卜等捐赠的食物，而当有人生病时，他也可以吃到鸡肉和黄油等美味。[4]

可见，在济贫院里老年人得到了相对良好的照顾，如可以得到健康且卫生的食物，清洁和健康的住宿。但是，他们不能养成一些不良的消费习惯，因为这样将增加济贫院的花费。同时，为了降低

---

[1] Pat Thane, *Old Age in English History: Past Experiences, Present Issues*, p.158.
[2] Steven King, *Poverty and Welfare in England, 1700-1850*, p.162.
[3] Ibid., p.206.
[4] Susannah R. Ottaway, *The Decline of Life: Old Age in Eighteenth-Century England*, pp.256-257.

支出，济贫院尽量减少老年人拜访亲朋好友和接受拜访的机会。[1]对老年人的特殊照顾，可能造成其自身对救济依赖性的增强。

随着济贫院的大量设立和济贫事业的不断发展，老年人的养老问题也出现一定的变化。在18世纪初，老年人养老主要依靠社区救济（有时也依靠他们的家庭），教区委员会每周发放一次养老金。但是，到了18世纪末，老年人养老发生了较大变化，相当比重的穷困老年人已经住进了济贫院，也就是说原来的社区养老逐渐被济贫院的养老所代替。[2]同时，把老年人送进济贫院的政策是养老制度化的体现，但遭到了社会上的批评。因为济贫院把老年人从社区或家庭等自然场所（natural place）带到一个被强制生活的地方，一些老年人也不情愿去济贫院。因此，尽管济贫院的政策得到国家的倡导，但是仍然有人认为社区养老应该保留下来，这种争论一直延续到1834年新济贫法的颁布。[3]

三、老年人养老的模式及其转型

社区与家庭养老的有机结合

济贫法规定了地方社区和家庭在老年人养老中的责任。1601年英格兰颁布的《伊丽莎白济贫法》第43项条款明确规定教区应该对老年人进行救济。[4]国家希望通过任命地方救济中的教会委员会委员和监督者或是地方的治安法官来监督社区养老的过程，或是为那些切实需要和家庭成员无法赡养的老年人提供帮助。在这个过程中，地方的治安法官可以根据老年人的家庭情况来考察该家庭的子女是

---

[1] Pat Thane, *Old Age in English History: Past Experiences, Present Issues*, p.158.
[2] Susannah R. Ottaway, *The Decline of Life: Old Age in Eighteenth-Century England*, pp.274.
[3] Ibid., pp.275-276.
[4] Lynn Botelho and Susannah R. Ottaway, *The History of Old Age in England, 1600-1800*, Volume 5, London: Pickering and Chatto, 2009, pp.37-44.

否有能力赡养老年人。实际上，社区在老年人养老中发挥的作用远远超过了法律所规定的职责。同时，济贫法还规定，每一个家庭都应该支持和参与本家庭的老年人养老。家庭成员可以缴纳一定数额的税赋，但不应强迫他们去照顾家庭中的老年人。家庭的法律责任仅限于有血缘关系的亲属，而不包括姻亲关系的亲属，这种直系亲属关系不超越父子和祖孙的关系。①

社区和家庭之间共同协商有关老年人养老的问题。教区委员会的济贫记录中很少涉及子女协助教会去赡养自家的老年人，但是经常出现一些有关子女与教会之间的协议。如1714年，在埃塞克斯郡的格瑞特利的教区委员会与威廉·巴斯协商其父亲的养老问题，前提是在威廉·巴斯的母亲去世后屋里的物品归他所有，他应该负担他父亲养老的部分费用，并无需教会的帮助而把他母亲埋葬。1789年，特林的教区委员会强调，约翰·斯塔莫尔斯应该为他的母亲支付租金，因为他继承了其财产。1794年，多塞特郡的伯顿布拉德斯托克的教区委员会记录了如下内容：监督者去和主教威廉协商有关他的儿子们如何为其养老的问题，如果他的儿子们拒绝为其养老，他将由教会赡养。②以上几个例子表明，赡养年迈的父母是教区和其子女共同的责任。社区和家庭之间共同协商有关老年人养老的问题，教区作为贫穷老年人的安全照顾的提供者在其中居于主导地位。

在济贫法的指导之下，社区为无依无靠的老年人提供养老金以及其他各种各样的救济。事实上，一旦社区决定去赡养一位老年人，也就意味着一份长期的承诺。随着老年人需求的变化，教区要不断改变他们的救济手段。教区对老年人进行救助的原因可能有两个，一是救济老年人是基于济贫法的法律框架，二是社区有责任对老弱病残和无依无靠者提供经济援助。这样，老年人的经济援助不仅来

---

① Susannah R. Ottaway, *The Decline of Life: Old Age in Eighteenth-Century England*, pp.174-175.

② Ibid., p.175.

自家庭，而且更多的时候来自当地的教区。家庭养老和老年人自我救助发挥着重要的作用，但是教区内大多数老年人的养老问题主要是依靠教区救助解决。①

在部分地区，家庭救助的重要性超过了社区的救济。如在英格兰北部的某些地区，家庭规模较小，老年人一般居住在自己的家里，他们主要靠自己的家庭来养老，这样的话当地教区发放的养老金总额较低。如在北部的欧文顿就是这样的情况。②在该地，亲属支助网络比较发达，那些失去家庭的老年人多通过合住的方式由其亲属来养老。事实上，如果在较好的物质条件和强烈的感情因素支撑下，一些家庭愿意赡养亲戚家的老年人。在家庭养老中存在一个先后的顺序，如已经结婚的子女首先要对他们（她们）的配偶负责，其次在条件允许的前提下才能赡养自己的父母，之后才是其他亲属家的老年人。③

近代欧洲的老年人在条件允许的前提下通常选择家庭养老的方式，但这并不能否定济贫法规定框架下的社区养老的重要性。或者也可以这样说，尽管家庭养老和社区养老同时存在，但以教区支配的社区养老更占主导地位。正如一些学者认为的那样，近代英国"老年人的赡养由家庭和社区共同完成"④。对于近代英国的老年人而言，家庭养老和社区养老发挥着重要作用，但是这两种养老模式均不能被视为综合的"福利国家"养老模式的缩影。⑤

社区养老的延续和转变

在18世纪的欧洲，社区养老依然是主要的养老方式。但是，在新的社会经济背景下，社区养老在延续的同时还出现了一些转变。有学者认为，18世纪随着福利国家制度的发展，济贫法加强了对

---

① Susannah R. Ottaway, *The Decline of Life: Old Age in Eighteenth-Century England*, p.219.
② Ibid., pp.209-211.
③ Pat Thane, *Old Age in English History: Past Experiences, Present Issues*, pp.145-146.
④ Ibid.
⑤ Susannah R. Ottaway, *The Decline of Life: Old Age in Eighteenth-Century England*, p.220.

"劳动者家庭"（laborer's family）成员的援助。但是，这样就忽视了济贫在其他方面的转变。在这个过程中，教区为老年人提供经济援助开始从支助相对小范围内的十分安全的网络到一个广泛支助的脆弱的不安全的网络，甚至到了安全性崩溃的边缘。在当时济贫法保护下社区养老出现了两大变化：一是养老范围在扩大，越来越多的老年人依靠社区养老；二是养老的质量在下降，因为养老金不可能与通货膨胀保持一致，这样就使得越来越多的老年人依靠制度养老而不再依靠社区的直接救济。[1]

教区养老规模的增加，进一步导致花费的上涨。1650—1750年，尤其是1751—1800年，领取养老金的人数不断上升，这可能是整个人口规模扩大和贫困人口增加等多种原因导致。[2]在18世纪的帕德尔敦教区越来越多的老年人寻求社区救助，在18世纪最初20年里接受救济的老年人数量增长了2倍，到了该世纪的60年代再次增长了2倍。[3]这些资料说明，在18世纪时老年人养老的总体规模不断增加。这进一步导致养老费用的大幅上涨，尤其是在18世纪60年代末之后。在特林教区，平均每人每年的养老费用上涨了3倍。1700—1705年为4先令，1770—1774年为8先令，到了18世纪最后5年则上涨至12先令。同样，帕德尔敦教区的人均养老金也出现了上涨，1720—1724年为2先令8便士，1770—1774年为7先令，1795—1799年为8先令8便士。[4]在18世纪中期的英国，大概有2/3的养老费用直接发放救济金了。伦敦的圣马丁教区每年的济贫花费从200英镑上涨至4 000英镑。[5]养老费用的增加，加重了教区居民的负担，如在1801年的特林教区，居民每年人均要缴纳1.5英镑济贫税支持当地

---

[1] Susannah R. Ottaway, *The Decline of Life: Old Age in Eighteenth-Century England*, pp.221-222.
[2] Richard M. Smith, "Ageing and Well-being in Early Mordern England: Pension Trends and Gender Preferences under the English Poor Law, 1650-1800", pp.83-84.
[3] Susannah R. Ottaway, *The Decline of Life: Old Age in Eighteenth-Century England*, p.224.
[4] Ibid., p.222.
[5] Richard M. Smith, "Ageing and Well-being in Early Mordern England: Pension Trends and Gender Preferences under the English Poor Law, 1650-1800", pp.73-74.

的济贫工作。①

除了贫困人口增加外，经济收入的下降也是导致当时养老人数增加的直接原因。随着生活成本增加和乡村中失业率的上升，年轻的劳动者家庭遭到了经济变化的冲击，为了减轻子女的负担和过上相对稳定的生活，越来越多的低阶层家庭中的老年人不希望在家中养老，而是愿意接受社区的救济。同时，在这种经济状况下，贫穷的劳动者的子女不愿意为其父母养老，而是希望他们依靠教区的救济。②

18世纪社区养老继续发挥着重要的作用。一些学者看到了当时严峻的养老形势，如养老规模的扩大和养老金购买力的下降，认为社区养老仅是济贫法的救济框架下遗留下来的残余（residual）。实际上，我们应该客观地看待18世纪新济贫形式下的社区养老问题。当时养老规模的扩大就是社区养老发展的最大体现，而这也是通过征收济贫税等方式支撑起来的。③

济贫院与老年人养老的制度化

济贫院在近代养老事业中的作用以及在国家福利制度发展中的地位主要体现在以下三个方面。

首先，济贫院的老年人养老体现了临终关怀。济贫改革者认为，济贫院能为老年人提供养老所需，而且年事已高的老年人也希望得到济贫院的赡养。④据18世纪末凯特林教区的济贫院记载，当时有四位老年人去世，他们的年龄分别为78岁、73岁、71岁和66岁。⑤这也可能说明，当地的老年人因为疾病、无自理能力或是行将死亡才被强制带到济贫院的。同样，在欧文顿教区的老年人也是在高龄后进入济贫院的，其中女性的平均年龄为72.3岁，男性的平均年龄

---

① Susannah R. Ottaway, *The Decline of Life: Old Age in Eighteenth-Century England*, p.222.
② Ibid., p.245.
③ Ibid., p.246.
④ Ibid., pp.261-268.
⑤ Steven King, *Poverty and Welfare in England, 1700-1850*, p.163.

为69.8岁，在接受救济的91位老年人中有47位（约为52%）是在当地的济贫院去世。①在特林教区的济贫院也出现过类似的情况，居住的老年人中有超过50%的人是在当地的济贫院去世的。②由上可知，进入济贫院的老年人多数居住到了去世，济贫院也日益发展成为重要的养老和济贫机构。

其次，严格的规章制度加强了济贫院的地位。济贫院有着严格的管理制度，并对"不端行为"（misbehaved）进行严惩。济贫院有着严格的作息时间规定，如在每年的4月至9月，起床时间为早晨6点，休息时间为晚上9点；从11月至第二年的2月，起床时间为早晨8点，休息时间为晚上的8点；其余月份的起床时间为早晨的7点，休息时间为晚上的8点；同时，所有人要保持济贫院内的卫生。③此外，济贫院对"闲逛"或"逃跑"等"不端行为"进行严惩。未经允许，接受救济的老年人不能在济贫院内闲逛或是聚集在一起闲聊，否则将被批评并改正自己的行为；未经允许，接受救济的老年人不能离开济贫院，否则将被抓回并关进"感化院"（the House of Correction）。④济贫院的规章制度体现了一定的强制性，也正是严格的管理才使得济贫院的养老功能日渐强化。

再次，济贫院促进了老年人养老的制度化。济贫院保证了老年人集中居住能够得到更好的照顾。济贫院设立之初的目的是为老年人提供住处，并通过人性化的办法为老年人的生活提供各种所需，使之能够得到较好的赡养。到了18世纪，越来越多的老年人进入济贫院，如在伯克郡、埃塞克斯郡和牛津郡等地的济贫院里居住着越来越多的老年人。⑤甚至一些学者认为，英国的济贫院实际上是"老年人救济院"（old-age asylum）。⑥一个教区是否建立济贫院，对该

---

① Susannah R. Ottaway, *The Decline of Life: Old Age in Eighteenth-Century England*, p.261.
② Ibid., p.253.
③ Ibid., p.264.
④ Ibid., pp.272-273.
⑤ Ibid., p.266.
⑥ Ibid., pp.266-270.

教区的老年养老而言至关重要。①尽管18世纪济贫院里的老年人仅占英国老年人总人口的一部分,但是利用济贫院作为解决老年人贫困和养老的思想已经在全国展开激烈讨论。可见,人们日益认识到济贫院作为机构养老的作用,越来越多的老年人来到济贫院,也就是说通过济贫院的设立和发展,老年人养老开始出现制度化的趋势;同时,济贫院的发展也被视为公共福利制度的重要组成部分。②

综上所述,近代欧洲的老年人养老存在家庭养老、社区养老和济贫院养老等多种形式,这也恰好说明在老年人养老中是多种模式结合在一起的。当时的老年人除了自己独居之外,他们的养老是与其家庭和社区密切联系在一起的。老年人依靠自己的劳动生活,但是当他们丧失劳动能力之后就希望获得救济。③实际上,近代老年人养老是家庭、社区和机构以及老年人自己共同努力的结果。④同时,济贫院制度引领了近代老年人养老福利制度发展的方向。设立济贫院的一个重要目的是解决老年人群体的养老问题,这在18世纪末看起来还是一种预想,但是到了19世纪利用济贫院来养老已经成了所有社会政策的标志性举措。⑤这主要是通过1834年新济贫法的颁布实现的,新济贫法的核心问题之一就是"建立济贫院及其管理制度"⑥,解决济贫院发展中存在的问题,完善济贫院的养老机制。

---

① Lynn Botelho and Susannah R. Ottaway, *The History of Old Age in England, 1600-1800*, Volume 6, p.xvi.

② Richard M. Smith, *Ageing and Well-being in Early Mordern England: Pension Trends and Gender Preferences under the English Poor Law, 1650-1800*, p.91.

③ Pat Thane, *Old Age in English History: Past Experiences, Present Issues*, p.159.

④ L. A. Botelho, *Old Age and the English Poor Law, 1500-1700*, p.152.

⑤ Susannah R. Ottaway, *The Decline of Life: Old Age in Eighteenth-Century England*, pp.275-276.

⑥ 丁建定:《英国社会保障制度史》,人民出版社2015年版,第154—157页。

第三编 现当代
（19—20世纪）

第十一章　走向富裕社会

　　1800年以来的欧洲经济发展，已经众所熟知。两次工业革命的完成，让欧洲成为世界上经济最发达的地区。"一战"前夕，欧洲的GDP（国内生产总值）占全世界的近一半，人均GDP则是世界人均GDP的1.5倍以上。[①]战争没有让它停止前进的脚步。两次世界大战之后，欧洲经济虽然也时常伴随危机，但发展仍然是主旋律。而且，经过经济结构调整后的欧洲还经历了一个发展的"黄金时代"。今天，"富裕社会"已经成为现代化欧洲的代名词。在两个世纪的时间里，欧洲是如何实现这一点的，值得我们思考。本章将从制度保障、市场的发展、劳动生产率等方面对欧洲经济增长模式及其原因进行讨论。对于生活水平而言，生产力的提高和经济的发展增加了消费品供给的数量、质量和多样性。制度完善保障了人们可以享受到更多的消费权利，市场开放程度的增加使商品以更低的价格进入千家万户，经济高速增长促进了消费品的生产，造就了欧洲人物质和文化生活的极大丰富。在这种条件下，欧洲的消费型社会得到不断发展。

一、制度保障

　　经济增长取决于相关制度的保证。在经济学家眼中，"制度"指的是在谋求财富或本人效益最大化中，约束个人行为而制定的一系

[①]〔英〕斯蒂芬·布劳德伯利、凯文·H.奥罗克编著：《剑桥现代欧洲经济史：1870年至今》，张敏、孔尚会译，中国人民大学出版社2015年版，第25页。

列的规章、程序和伦理道德行为准则。①他们指出，英国之所以能够确立早期经济霸权，就是因为"光荣革命"时期确立的制度。实际上，所有制度都是次优的，而且只有适时做出调整才能促进经济的持续发展。欧洲曾盛行多样化的政治经济制度，它们提供的证据足以证实基于英国的情况而得出的结论。②同样，制度对人们的消费和生活也有影响。它包括两个方面的含义：在积极方面，所有制形式可以为消费提供合法性，人们可以进入更多的消费领域；从消极方面来讲，消费权益在受到侵害时可以得到有效的维护。

私有产权与经济发展

近代以来，工业革命的发生和经济的腾飞是欧洲历史上最引人注目的事件。"西方缘何兴起"是学界不停追问的话题。新制度经济学一再强调，有效的组织是经济增长和西方兴起的关键原因所在。它的运作方式为，首先在制度上做出有效安排，并确立所有权，以便造成一种刺激，将个人的经济努力变成"私人收益率"接近"社会收益率"的活动。到18世纪末期，"私人收益率"已经相当接近"社会收益率"，生产率的提高使荷兰和英国的制度得以建立。随后，在上述两个地区发生了一场技术革命，并在19世纪逐渐蔓延到欧洲其他许多地区。在导致这场革命的诸要素中，私有产权的确立至关重要。③这个主张得到学界的广泛响应，有学者认为，承认私有财产的不可侵犯性，并以法律形式来保护私有财产，这是西欧国家在突破传统生产方式和确立资本主义制度之后所采取的最重要的措施。④

---

① 〔美〕道格拉斯·C.诺思：《经济史上的结构和变迁》，厉以平译，商务印书馆1992年版，第195—196页。
② 〔英〕斯蒂芬·布劳德伯利、凯文·H.奥罗克编著：《剑桥现代欧洲经济史：1700—1870》，何富彩、钟红英译，中国人民大学出版社2015年版，第58页。
③ 〔美〕道格拉斯·诺思、罗伯特·托马斯：《西方世界的兴起》，厉以平、蔡磊译，第1—20页。私人产权指的是，将某种资源的使用权分配给特定的人，个人对这种资源具有"排他性"的使用权和收益权。这种制度上的设置可以有效地降低有关资源使用产生的谈判费用，降低交易成本。
④ 厉以宁：《工业化和制度调整》，商务印书馆2015年版，第413页。

对于欧洲而言，保护私有产权的制度调动了人们投资和经营的积极性，也调动了人们钻研技术、发明创造和积累财富的积极性。其中表现最为明显的当属西方专利制度的发展。众所周知，影响现代经济增长的重要因素是科技进步，它因技术上的发明得以促进。专利将产权和技术变革结合起来，使人们既要考虑对经济增长的影响，又要考虑将来发展的可持续性。欧洲国家对知识产权的保护政策为发明者提供了动力。英国的专利制度建立于1624年，但从18世纪60年代开始，英国的专利注册数量才真正取得突破。据统计，18世纪70年代，英国注册的专利数量近300项，19世纪10年代达到910多项，在19世纪30年代达到2 453项。尽管不能单纯用之来衡量技术革新的速度，但却显示出英国经济变革的特点和发明的重要性。①专利制度的意义在于，发明者思考创造发明的方式直接促进了技术进步。如果发明者不能在一定时间内（如十四年）享有对专利的垄断利益，发明性的活动将大大减少。如果专利制度更为开放，更多的专利被实施，在一个高速发展的工业中，对专利和产权的保护将大大提升发展速度。正因如此，英国才能在进入19世纪之前一直是"世界工厂"。②与英国一样，其他欧洲国家也在努力明确专利权。从19世纪中期开始，许多国家的科技进步都被申请成为专利。到1913年，比利时和瑞士的专利拥有量（以每百万人计）在欧洲处以领先地位（1 455项和1 458项），丹麦（528项）紧随其后，它们是英国（364项）之后经济最为成功的国家。德国的情况比较特殊，它的人均专利拥有量在主要欧洲国家中排名靠后。不过，这并不能反映德国的经济发展水平，因为该国的专利制度非常苛刻，人均授予的专利数量较少。在专利政策促进经济发展方面，荷兰提供了一个反面的例子。从

---

① 〔意〕卡洛·M.奇波拉主编：《欧洲经济史》第四卷上册：工业社会的兴起，王铁生、袁广伟译，商务印书馆1989年版，第143页。

② Joel Mokyr, "Intellectual Property Rights, the Industrial Revolution, and the Beginnings of Modern Economic Growth", *The American Economic Review*, Vol. 99, No. 2 (May, 2009), pp.352, 354.

1869年，荷兰废除了对专利的保护，导致国民经济表现不佳。到1912年，荷兰恢复专利制度。但为时已晚，曾经的优势已经不复存在。[1]

实际上，近代以来的欧洲一直在进行着制度调整的工作，其目标是为经济发展提供产权方面的保障。整体来看，调整的主要方向可以归结为两个方面："宪政化"和"民主化"。第一，从19世纪初开始，整个欧洲开始进行这样一种改革，即由君主颁布宪法，确立其神圣不可侵犯的地位，这被有些学者称为欧洲的"宪制化"。这种改革的领路人是1809年的瑞典。拿破仑倒台之后，法国和荷兰也先后颁布了具有约束力的新宪法。挪威和少数德意志邦分别于1814—1819年和1830—1834年实施了类似改革。1848年革命之后，更多国家颁布了自由宪法。到1870年，除了奥斯曼土耳其帝国之外，欧洲基本废除了奴隶制和农奴制，甚至废除或严格限制了政治特权。[2] 因此，"宪制化"改革保障了人的权利，实际上也实现了经济上的自由。第二，在"宪制化"的基础上，各国的民主化程度不断加深。这既是政治权利的重新分配，其实也是经济权利的重新分配。英国先是在1832年，随后是在1867年和1884年进一步普及公民权。到1928年，所有的女性都获得了选举的权利。政治改革之后是激进的社会改革，税收增加，教育普及程度扩展。法国1830年革命之后，由于财产的限制，仅有占总人口0.75%的人有选举权。1848年革命之后，民主化进程加快，"男性普选制度"得以推广。德国的民主化

---

[1] 〔英〕斯蒂芬·布劳德伯利、凯文·H.奥罗克编著：《剑桥现代欧洲经济史：1870年至今》，张敏、孔尚会译，第42—44页。
[2] 在解放农奴方面，德国提供了较好的例证。1807—1808年，各邦政府颁布了数个解放农民的法令（emancipation edicts）。尤其是普鲁士王国颁布了《十月敕令》使整个王国内的所有农民变成了自由人。普通农民可以接受和出售财产。此后的1811年、1816年和1821年，一系列关于农民的法令、规则和法律颁布。从国家的视角来看，解放农民是开始于18世纪末农业改革的一部分。农业改革实际上是对所有权和公共权利的改变，农民以交出"赎金"和一部分土地的代价获取自己的土地，农民之间的人身依附关系变成了契约型的债务关系。J. H. Clapham, *The Economic Development of France and Germany, 1815-1914*, Cambridge: Cambridge University Press, 1963, pp.43-52.

进程也开始于1848年革命之后，几乎所有的州都开始增加政府的普遍参与权。到1870年之后，25岁以上的男性均有选举权，但乡村地区的选举还是为地主所控制。到1919年，德国的民主制度已经建立起来。瑞典的民主开始于1866年，两院制议会建立。1909年，所有男性都获得了选举权，但直到1918年才出现议会制政府。民主化的进程伴随着收入差距的缩小。在英国，收入不平等在19世纪的上半叶加剧，但从下半叶开始缓解，转折点大概出现在1870年左右。代表收入不平等性的基尼系数从1823年的0.4升高到1871年的0.627，1881年下降到0.55，到1901年继续下降到0.443。下降开始的时期，正是政治改革时期。在德国，社会的不平等程度在19世纪不断上升，到1900年到达顶点。1873—1880年，收入最高的5%的人的所占社会财富份额是28%，这个比例在1891—1900年上升到32%，在20世纪最初10年里一直保持了这个水平，随后开始下降。在魏玛共和国时期，不平等程度下降很快。到1926年，收入最高的5%的人的收入份额下降了6.2%。在法国，收入不平等的上升持续到1870年左右，那时最高收入的10%的人的收入份额大约是50%。此后，不平等程度开始下降，到1890年已经下降到45%，此后进一步下降，到1929年已经下降到36%。在瑞典，不平等在"一战"前达到顶峰，在20世纪20年代下降，此后迅速下降。上述几个国家的案例都证明，收入平等与民主化改革、公民权的扩大有着紧密的联系。[①]

政治制度改革是经济发展的要求，反过来也会促进经济的发展。制度的完善也包括分配政策的调整。19世纪见证了欧洲的政治改革和收入的重新分配。对私人财产权的保护是增加收入和保障生活水平提高的基本前提。它调动了社会群体参与经济活动的积极性，从而参与分配过程。在这个过程中，可供消费品的范围有多大，如何

---

① Daron Acemoglu and James A. Robinson, "Why Did the West Extend the Franchise? Democracy, Inequality, and Growth in Historical Perspective", *The Quarterly Journal of Economics*, Vol. 115, No. 4 (Nov., 2000), pp. 1167, 1184−1186, 1191−1193.

消费这些产品，无不与人们享有的基本权利息息相关。

股份制的贡献

股份制是商品经济发展到一定阶段的产物，其源头可以追溯到中世纪晚期。在14、15世纪地中海沿岸，一些城市中已经开始出现集资入股、代理制、协作制等合作或合股方式组成的"企业"。股份一般不得转让，但可以退股，这被视为股份制的前身。"地理大发现"彻底改变了公司的面貌，股份制获得初步发展。在很大程度上，欧洲人依赖"公司"来追逐帝国梦想和财富。比如，在伊丽莎白时期（1559—1603年）的英国，一些股份公司（莫斯科公司、东印度公司等）纷纷成立，它们持有国王的特许状，享有对海外贸易的独占权。荷兰、法国和葡萄牙也纷纷成立这样的公司。在此后的很长一段时间里，公司都是由君主或立法机构的特许才成立的。公司的功能包括地方性的管理或提供公共服务，也包括征收皇家税收。[1]进入18世纪，这种靠统治者特许的做法明显成为公司发展的障碍之一。此时，公司发展面临的瓶颈还在于自身的不成熟，即在1719—1721年阿姆斯特丹、伦敦以及巴黎的泡沫危机之后，股权索赔出现问题，造成公司的负面效应（如1720年的"南海泡沫事件"）。不过，危机是短暂的。随着工业革命的酝酿，现代股份公司首先在以保险业、银行业为代表的金融，以水路和公路运输为代表的交通，以矿山开采为代表的能源等部门中发展起来，这些部门为工业革命提供了保障和支撑。

近代以来，在造船和采矿业中已经出现了股份制公司，股东开始承担有限责任，股权也可以交易，政府甚至制定了各种法律来对股份制经济进行管理。但股份制的大发展出现在19世纪上半叶的交通运输领域中，尤其是在铁路建设领域大显身手。1825年，英国建成第一条铁路。1840年，英国的铁路营运里程为1 350公里，1870

---

[1] 〔英〕斯蒂芬·布劳德伯利、凯文·H. 奥罗克编著：《剑桥现代欧洲经济史：1700—1870》，何富彩、钟红英译，第71页。

年增长到24 500公里。19世纪70年代，英国全国的铁路网已经形成。到1912年，英国铁路资本高达十余亿英镑。股份公司在这个过程中发挥了重要作用，因为英国铁路建设的主力是私人资本，它们正是通过公司进行"融资"来完成的。正如马克思所评价的那样："假如必须等待积累去使某些单个资本增长到能够修建铁路的程度，那末恐怕直到今天世界上还没有铁路。但是，集中通过股份公司转瞬之间就把这事完成了。"[①] 除了交通运输部门之外，股份公司在矿山、公用事业等部门中也得到了迅速发展。此时，国家颁布的统一的法律规则对股份制的发展起了重要作用。例如，1856年和1867年，英国和法国相继颁布《公司法》，1867年，德国颁布《旧商法》。随着法律的实施，股份制经济告别"特许时代"，其设立和活动的依据变成法律规定。

到19世纪70年代，公司随着公用事业（河流和道路运输设施）和金融企业的发展而发展。公司可以分散风险，按照资本数额分配利润，而且在出资人死亡的情况下可以避免公司解散。至于有限责任的发展，它经历了一个过程，最初在各个国家的表现也不尽相同。为了满足对成立股份制企业的需求，法国的法律允许自由成立股份有限合伙制。隐名合伙人具有有限责任并且可以交易所拥有的股权，但是执行合伙人却具有无限责任。股东大会尽管可以行使相当大的权力，但在股东会议间隔期间，由一般合伙人来掌管企业的运营。这一形式在荷兰和德国也较为盛行。1800—1850年，欧洲所有国家都在成立公司，但数量并不大。在19世纪40、50年代的英国，由于普通法不允许存在隐名合伙人，英国涌现出了对成立新形式的股份制企业更大的需求。1825年，英国规定公司具有完全责任，到了1844年，公司则具有双重责任，在1855年则享有了免责待遇。[②]

19世纪中期之后，随着生产和资本的集中，股份制开始确立，并

[①]《马克思恩格斯全集》（第23卷），人民出版社1972年版，第688页。
[②]〔英〕斯蒂芬·布劳德伯利、凯文·H.奥罗克编著：《剑桥现代欧洲经济史：1700—1870》，何富彩、钟红译，第72页。

迎来发展高潮。这表现在，股份公司的数量急剧增加，并在国民经济中占据举足轻重的地位。1844—1855年，英国注册的公司有4 500家，平均每年330多家。1857年，注册公司348家。1862—1886年，注的公司25 000家，平均每年1 041家（1881—1883年，平均每年注册达1 600多家）。1897年这一阶段英国注册公司最多的第一年，高达4 975家，1900年注册的公司仍高达4 966家，其中制造业占36.4%，商业占11.2%，铁路、银行、保险、矿山、外贸等行业的公司也得到了进一步发展。在其他国家，情况大致也是如此。据统计，20世纪初，西方国家国民财富的1/4—1/3被股份公司所控制。[1]1905年，英国最大的50家公司拥有超过2亿英镑的资本，它们既有钢铁、煤炭等能源领域的巨头，也有不少的主业掌控占据酿酒、食品等关乎日常生活的轻工业领域。[2]在德国，每年成立公司的数量不断增加。1886—1887年，新成立公司为2 100家（总资本为2.44亿英镑，平均每家公司资本为10万英镑），1896年是3 700家，1906年是5 100家，1912年是5 400家（8.57亿英镑，平均每家公司资本为16万英镑）。在商业领域也成立了许多公司，1893年新成立公司200家，到1907年为9 000家，1909年为16 500家，平均资本为11 000英镑左右。[3]随着股份制的发展，相关国家对法律再次进行调整，如德国多次修订《旧商法》，并于1897年通过《新商法》。在此前的1892年，德国已经通过了世界上第一部《有限责任公司法》。1908年，英国通过了《统一公司条例》。1925年，法国通过了单行的《有限公司法》。[4]

正是在这个时期，规模巨大的垄断公司的出现开始在行业内部占据统治地位，而且有支配整个国民经济之势。在19世纪末和20世纪初，德国几乎所有行业中都产生了"卡特尔"，总量达到数百个。

---

[1] 李达昌、陈为汉、王小琪编：《战后西方国家股份制的新变化》，商务印书馆2000年版，第18页。

[2] P. L. Payne, "The Emergence of the Large-scale Company in Great Britain, 1870–1914", *The Economic History Review*, Vol.20, No.3 (Dec., 1967), p.540.

[3] J. H. Clapham, *Economic Development of France and Germany, 1815–1914*, p.399.

[4] 李达昌、陈为汉、王小琪编：《战后西方国家股份制的新变化》，第22页。

调查显示，1905年，德国采矿企业中有卡特尔17个，金属行业中有73个，化学行业中有46个。在对资源的占有和使用方面，到1907年，占企业总数不足1%的大企业占用了3/4以上的蒸汽动力和电力，其中586个最大的企业所占份额几乎达到1/3。[①]在英国，单个公司和行业联盟在制造业中形成了垄断性或半垄断性的地位。1935年，一半以上的劳动力在雇佣500名以上工人的公司中工作。国家在若干领域，如钢铁、造船和农业，提供垄断性的框架，帮助这些领域进行"卡特尔化"（cartellization）。结果可想而知。截止到1937年，"自由竞争在英国几乎消失了"[②]。这些垄断组织使企业的规模扩大，技术发明和改进的过程社会化程度提高，有利于劳动生产率的进一步提高。资金雄厚的垄断组织能够提供条件，使科学技术研究能够更大规模和更有组织有计划地进行，科技研究取得的新成果，也能够较快地运用于生产。垄断组织的出现，更有利于改善企业经营管理，降低生产成本，提高劳动生产率。

随着规模巨大的股份公司的发展，所有权和经营权分离得更加明确。到20世纪中后期，欧洲在产权制度上最明显的变革是公共所有权领域的扩大和公司股份的"民主化"。股份越来越为广大民众所持有，单个股东持有的股份越来越微不足道，股东的数量日益增加到数千，甚至数万人。公司的管理权落入"董事会"的手中，这种管理模式意味着"股东管理"，职业经理人成为公司运营的直接负责人。据统计，在1963年的英国，壳牌、考陶兹（Courtaulds）等大公司的资本为超过27.5万的股东所持有，股份的平均价值是885英镑，92%的股东持有额在1 000股以下。其余的股份不是为个人持有，而是保险公司、各类基金、信托和贸易联盟所持有。此类股份持有状况在欧洲的大公司也十分普遍，如飞利浦灯具（Philips

---

① 〔美〕托马斯·麦克劳：《现代资本主义——二次工业革命中的成功者》，赵文书、肖锁章译，江苏人民出版社2006年版，第161页；吴友法、黄正柏：《德国资本主义发展史》，武汉大学出版社2000年版，第152—153页。

② Sidney Pollard, *The Development of the British Economy, 1914-1980*, Baltimore: Edward Arnold, 1983, pp.102-104.

Lamps)、荷兰皇家壳牌(Royal Dutch)、联合利华(Unilever N.V)等公司。[①]在现代公司制度中，员工持有公司股份，为他们营造出一种"主人公"的身份，在年终可以获得因公司业绩提高而获得的红利，大大提高了员工的积极性。因此，这种"共享"已经成为现代股份制经济的一个重要特征。

工业革命使生产的社会化程度提高，从而对生产资料的社会化提出了更高的要求。股份制作为一种新的财产和劳动组织及管理的形式，得以迅速发展，并在经济社会中占据重要地位。股份制首先解决了集中资本的要求和资本属于不同所有者的状况之间的矛盾，使那些需要巨额资本的部门和企业得以建立，生产规模得以扩大。因此，在工业化早期，股份制公司是公共部门和私有部门之间进行制度化合作的象征。作为法人企业，股份公司一旦成立，就具有法律上的独立人格（它们能够在法庭提出诉讼并且被诉讼），以自己所拥有的财产享有权利，并承担义务。所有者的死亡、患病、转移资本等变故，不会影响公司的寿命。由于公司的生命期独立于创始人以及委托管理制度，负责人仅负有限责任，这就保证了公司生产经营的稳定，也在一定程度上有利于整个社会经济的稳定。同时，股份制公司在集中资本方面有明显优势，可以提高竞争力，减少经营风险。其次，股份制为专业化协作提供了组织上的保证：为发展专业化筹集到必要的资本；在专业协作的基础上扩大生产，实现规模经济。最后，在股份制中，资本所有权与经营管理权在形式上的分离使管理工作专门化，提高了管理水平，对经济发展的作用也是不言而喻的。[②]

二、市场开放

市场开放是经济发展的重要条件。市场规模的扩大和贸易条件

[①] M. M. Postan, *An Economic History of Western Europe, 1945-1964*, London: Muthen Co. Ltd., 1967, p.215.

[②] 李达昌、陈为汉、王小琪编：《战后西方国家股份制的新变化》，第428—431页。

的改善，可以吸引更多的外国投资，从而促进经济的增长。19世纪以来，欧洲各国的国内市场发展很快，这首先归因于交通成本的降低和国家分裂的结束（德国和意大利）。与此同时，全球化程度日益加深，整个世界成为欧洲国家的原料来源地和商品销售市场。进入20世纪，两次世界大战让欧洲市场、全球化受到考验。战后，欧洲一体化进一步消除了国家之间的贸易壁垒，欧洲经济进入又一个高速发展时期，尽管此后遇到波折。

"道路革命"与国内市场

经济的发展需要统一的国内市场，而市场的统一有赖于交通运输领域的变革。从18世纪中后期，欧洲各国开始着手改善本国的交通设施，如增加公路里程、改善航道和新建铁路，这些措施使国内市场的交易成本大幅降低，促进了工业化的完成。

1. "运河热"。欧洲国家大多拥有优良的自然河流，在前工业时代，这些航道对商贸经济发展曾发挥了不可替代的作用。从18世纪开始，英国、荷兰等国家对这些河道进行拓宽，有力地促进了国内市场的发展。与此同时，各国还开通运河，尝试将自然河流联通起来。在这方面，成就最为突出的当属英国。英国大规模建设运河的做法开始于18世纪初，到该世纪末达到高峰（英国当时有内陆水路大概4 000余英里）。到了1830年，英国运河系统的初期工程大功告成。从兰开夏郡，到密德兰的工业中心，再到伦敦的泰晤士河，英格兰的运河系统已经可以把几大河流连接起来。同样，苏格兰和威尔士的若干运河也在此时发掘出来。运河的开通对于降低运煤成本的意义是巨大的。布里奇沃特公爵的运河让曼彻斯特的煤价降低了一半。在19世纪末，赫里福德－格洛斯特运河的开通，把雷德伯里的煤炭价格从24先令降低到13先令6便士。[①]修建运河的热情在法国和比利时等国同样很高。两国采取公共和私人共同参与的形式对

---

① 〔英〕克拉潘：《现代英国经济史》上卷，第一分册，姚曾廙译，商务印书馆2014年版，第108—111页。

航道进行投资，收效明显。例如，在经历1847年短暂停止之后，法国很快又恢复对内河运输系统的改善，一直持续到"一战"之前。从1886年到1913年，法国河运的吨位数翻了一番（从2 100万增加到4 200万），其中几乎3/4是煤和建筑材料。① 到19世纪中期，在人均航道里程方面，荷兰（530千公里）、英国（400公里）、比利时（360公里）和法国（230公里）排在了欧洲各国的前列。②

2. 公路政策。在19世纪，欧洲各国在修建和改善公路交通方面下了很大功夫。英国的公路政策一向是以地方为主，由议会进行监管。具体做法是地方性组织向议会请求"收费公路信托"，对过往车辆收取通行费，以改善主干道。到1840年，英国（英格兰和威尔士）的收费公路的里程超过了3万公里，人均收费公路里程达到1 980公里，人均地方公路里程更高（7 540千公里），而且其中大部分都得到了较好的维护。法国对国有公路的投资的增加开始于拿破仑战争之后，到1840年，主干公路的里程从2.57万公里增加到3.4万公里。1837—1850年，法国对地方公路的投资增加了将近50%。19世纪中叶，普鲁士的公路里程不超过1万公里。从1845年到1870年，普鲁士开始在建设国家公路上进行投资。统一之后，政策仍然在延续。到1895年，德国的公路里程已经达到8万余公里。公路交通网的完善成为德国迅速完成工业化的重要原因。③ 此后，欧洲国家在公路交通上的差距迅速缩小。不过，在汽车出现之前，公路运输需要解决的仍然是成本过高的问题。仅就马匹本身而言，一匹马每年的饲料（燕麦等）大约需要5英亩土地的出产，此外，还需要若干劳动力（如铁匠）来为马匹服务。相比较之下，公路运输的劣势尽显。运河运输的费用仅仅是公路运输费用的1/4，而铁路投入使用之后，运输成本更低。

---

① J. H. Clapham, *Economic Development of France and Germany, 1815-1914*, pp.351-352.
② 〔英〕斯蒂芬·布劳德伯利、凯文·H.奥罗克编著：《剑桥现代欧洲经济史：1700—1870》，何富彩、钟红英译，第75—76页。
③ 同上书，第73—74页。

3. "铁路时代"。公路和运河的修建尽管大大提高了运输效率，并降低了运输成本，但与铁路比起来，差距就太大了（在1910年，德国和法国的水陆运输能力分别只是铁路运输能力的15%和25%）。[1]在建设铁路方面，各国的政策不尽相同。英法等国鼓励私人建设，而德国和北欧国家则采取国有和私有混合的模式。不论具体措施如何，欧洲国家的铁路建设都取得了不小的成绩。从19世纪中期开始，英国铁路建设迎来高潮。1836—1837年，44个公司获得总计1 498英里铁路的修筑权。此后，专门从事铁路建设的公司增加。1843—1845年，有576家公司获得总长度为8 731英里的铁路修筑权。[2]1850年，英国铁路系统的主要干线基本形成，到1867年，英国已经有1.2万多条铁路在运营。英国的铁路建设也点燃了欧洲大陆国家建设铁路的热情。在19世纪40年代，英国人已经开始在法国和比利时建设铁路。在欧洲大陆，比利时引领了铁路建设潮流，它试图利用地理上的优势位置，打造欧洲的交通枢纽。1835年，从布鲁塞尔到梅赫伦的铁路投入使用，第一年就运送乘客超过50万，超过当年英国乘客运送总量。经过半个世纪的发展，比利时铁路里程已经超过5 000公里。轻轨是比利时铁路的另一特色。到1908年，比利时的新建轻型铁路已经达到3 200公里，满足了不断增长的人口的需求。[3]就整个欧洲而言，铁路在1845/1846—1873/1874年获得迅速扩张。1845年，欧洲拥有铁路9 200公里（全世界拥有2.05万公里）。1860年，欧洲铁路里程增加到5.19万公里（全世界拥有10.8万公里）。到1874年，欧洲铁路里程增加到13.6万公里（全世界拥有28.2万公里）。换言之，在此期间，欧洲的铁路里程每年增加6 700公里，年增长率为15.2%。此后，欧洲铁路建设仍在继续。到1890年，法国、德国、意大利、瑞士的铁路里程又翻了一番。同

---

[1] J. H. Clapham, *Economic Development of France and Germany, 1815-1914*, p.354.
[2] 〔英〕阿萨·布里格斯：《英国社会史》，陈叔平、陈小惠、刘幼勤、周俊文译，陈叔平、陈小惠校，第268页。
[3] J. H. Clapham, *Economic Development of France and Germany, 1815-1914*, p.345.

时，铁路的承运能力也在提升，成为货物运输的主力。到"一战"前夕，欧洲铁路里程发展速度降低，每年增加5 800公里，年增长率为2.5%。各国的具体铁路里程可参见表11-1：

表11-1 "一战"前夕欧洲主要国家的铁路里程（单位：公里）

年份	比利时	法国	德国	意大利	西班牙	荷兰	瑞士	英国
1850	900	3 000	6 000	400	28	176	25	10 500
1870	3 000	17 500	19 500	6 000	5 500	1 400	1 400	24 500
1890	5 000	36 500	43 000	13 000	10 000	2 500	3 000	33 000
1910	8 500	49 500	61 000	17 000	15 000	3 000	4 500	38 000

资料来源：J. H. Clapham, *Economic Development of France and Germany, 1815-1914*, p.339。

交通运输革命的意义是巨大的。阿萨·布里格斯说，如果没有交通系统的不断改进和发展的话，那么英国就不可能从一个农业和商业社会转变为一个工业社会。[1]交通产业的意义首先在于自身的发展对国民经济的贡献。铁路建设吸引了大量资本（铁路的建设和运营成本起初很高，在比利时为1.65万英镑/英里，在英国则达3万—4万英镑/英里），扩大了就业（1873年，英国有近27.5万铁路工人），对国民经济做出巨大贡献。现代股份制公司率先在交通领域中迅速发展，并大大提升了铁路建设的速度。在英国，19世纪交通产业（主要是铁路）在国民生产总值中的比例从17%增长到23%。到1913年，英国铁路资本已经高达13亿英镑。其次，交通产业对于市场发展有至关重要的作用，也是由于成本的降低。到1830年，英国陆路的运输成本已经降至1750年的1/3—1/5。铁路的出现更是大大降低了运输成本。据估计，从1840—1845年到1870—1875年，陆路（主要是铁路的贡献）运输成本下降了75%—85%，而速度提高了10倍。[2]铁路使用后不久，英国对外贸易迅速达到顶点，这种优

---

[1] 〔英〕阿萨·布里格斯：《英国社会史》，陈叔平、陈小惠、刘幼勤、周俊文译，陈叔平、陈小惠校，第262页。
[2] 〔英〕彼得·马赛厄斯、悉尼·波拉德主编：《剑桥欧洲经济史》（第八卷）：工业经济：经济政策和社会政策的发展，王宏伟、钟和等译、韩毅校订，经济科学出版社2004年版，第22页。

势一直持续到第一次世界大战爆发前夕。大量工业品的输出和原材料的输入，没有铁路网是不可能很快实现的。铁路的建设和运营扩大了对煤铁的需求，这又刺激了工业生产部门，鼓励了技术革新。

"铁路时代"的特征不仅在于建设，还在于交通领域的系统性改革。在19世纪中后期的德国，大规模建设铁路的同时，还发生了一场关于运费的改革。经济的发展要求统一和简化各种运费体系，最终实行根据速度、货物数量和车辆设备计算运费的收费制度。到1876年，德国铁路确立运费统一原则。对于不同经济部门、不同种类的货物以及不同地区实行各自的运费标准，国家补贴和照顾政策开始向特殊地区倾斜。在这种条件下，欧洲各国的国内市场的统一程度进一步提升。国家政策也取得了新的突破。在德国，1834年的关税同盟促进了国内贸易的一体化，城市和乡村之间最终在该世纪60年代形成统一的市场。对于德国来说，铁路的意义要比其他国家大得多。通过铁路网的铺设，德意志的各个邦国已经在经济上连接在一起。统一之后，国内市场的完善、交易成本的降低对德国能够在第二次工业革命中取得巨大成就有着直接影响。此时的瑞典也在国内实行自由贸易政策。[1]这些政策进一步提高了国内市场的开放程度。此外，除了吸引资本、扩大就业等好处，交通方面（主要是铁路）的建设使19世纪市场和经济出现与以前任何时代都不同的转型。曾有学者评价说，铁路降低了运输成本，打破或扩展了许多不完善或垄断性的市场，在生产和商业领域，开启了一个全新的、高竞争性的时代。"开放市场"的理论在19世纪中叶得到完全发展。通过一种"创造性的破坏"，蒸汽运输在工业和商业的成本上掀起了一场革命。[2]

---

[1] 〔英〕彼得·克拉克：《欧洲城镇史，400—2000年》，宋一然、郑昱、李陶、戴梦译，商务印书馆2015年版，第256页。

[2] W. H. B. Court, *A Concise Economic History of Britain, from 1750 to Recent Times*, Cambridge: Cambridge University Press, 1965, p.169.

交通运输的改善和国内市场的形成对人们的日常生活也产生了深刻影响。首先是出行方式的改变。步行或速度较慢的马车不再适宜旅行。通过火车、汽车等交通工具，人们可以更快更为便捷地达到想要去的地方，如休闲娱乐场所（博物馆、音乐厅、剧院）和度假胜地等。对于工作来讲，人们可以选择居住在离工作地点更远、租购价格更便宜或环境更适宜的地方。典型的例子是，中产阶级选择居住在空气更好的城郊。交通条件的改善还改变了人们的饮食结构。市区的居民每天都可以买到来自郊区的新鲜食物，公共交通设施也使他们选择离工作地点更远的地方居住。铁路网的功能还不仅如此，它以极低的成本和极快的速度将多种多样的食物运输至城市及各地的市场上，使整个社会的生活质量和消费结构大大改变了。[①]对于那些内陆城市的居民来讲，新鲜的海鱼不再是奢望。进入20世纪之后，交通运输领域的革命和国内市场资源的整合仍然在继续，欧洲人的消费习惯和生活水平也随之发生着新的变化。

全球化与欧洲一体化

从"地理大发现"时代开始，欧洲国家开始将触角伸向全世界。到19世纪，全球化逐步完成，而欧洲成为世界经济和政治的中心。两次世界大战让欧洲市场经济大受损伤，逐渐丧失世界中心地位，但战后一体化的市场使欧洲经济的重要性再次增长。因此，欧洲市场的变化可以分为两个阶段：在第一阶段，贸易自由与全球化为基本特征；在第二阶段，则是欧洲市场的一体化。

进入19世纪，重商主义走向终点。欧洲各国开始进行自由化改革，从此开始以欧洲为主导的全球化的进程。实际上，丹麦和荷兰等国家已经实现贸易自由化政策，如丹麦在1797年就取消了进口限制并且采用较低关税标准，荷兰在1819年也开始采取类似做法。欧洲其他一些国家（比利时、挪威等）在贸易自由化政策上与上述国

---

① 〔意〕卡洛·M.奇波拉主编：《欧洲经济史》第四卷上册：工业社会的兴起，王铁生、王禺、袁广伟、邵刚，第173—177页。

家几乎保持同步。①英国的自由化则进行得更为彻底。在19世纪20、30年代，英国开始了自由化改革。1846年，英国废除《谷物法》，标志着自由贸易时代的开始。而在此前，谷物进口的关税水平已经很低。英国取消了棉布和羊毛进口关税，热带食品、肉类和奶制品的进口关税也大幅度降低。这些做法让英国经济大获其利。此后，英国进一步削减关税。1852年，英国已经取消了对农业大宗产品、采掘工业和几乎所有制造品的有效保护。对于它所生产的商品（酒精除外）而言，一个完全开放的市场已经出现了。②这当然是因为，与邻国相比，英国作为第一个完成工业化的国家，在工业生产领域具有无可比拟的控制力。也正是在这个时期，英国工业对经济的贡献比农业高出60%。

19世纪60年代，欧洲开始了内部贸易自由化，标志为1860年英法贸易协定的签订，即《科布登－谢瓦里埃条约》（The Cobden-Chevalier Treaty）。该条约为期十年。在英国方面，完全取消工业品的剩余关税，酒类的关税也大幅度减少。而法国则取消了各项贸易禁令，为大规模减少关税铺平了道路。更为重要的是，它为所有的欧洲国家的商业政策和"最惠国待遇"条款提供了先例。因此，在整个60年代，法国先后与多国签订贸易条约，使欧洲大多数国家加入这个条约体系。③实际上，这得益于欧洲国家在当时大多都在改变贸易政策，降低进口关税水平。例如，法国在1866年对《航海法》进行了改革，取消了进口商品的"附加税"。德国和意大利在完成统一之后，也都成为自由贸易的国家。这样一来，欧洲就迎来了自由贸易时代，内部贸易量大幅度增长。不过，好景不长。在19世纪70年代末之后，除了英国仍然在坚持自由贸易政策之外，欧洲大陆的保护主义重新崛起。但贸易出口量和经济仍然保

---

① 〔英〕斯蒂芬·布劳德伯利、凯文·H.奥罗克编著：《剑桥现代欧洲经济史：1700—1870》，何富彩、钟红英译，第84页。

② 〔英〕克拉潘：《现代英国经济史》中卷，姚曾廙译，商务印书馆2014年版，第7—8页。

③ J. H. Clapham, *Economic Development of France and Germany, 1815-1914*, p.260.

持了较高的增长率。

　　海外扩张和全球化进程减轻了因内部政策分歧而带来的欧洲贸易下降的影响。在这个时期，实现全球化的技术条件慢慢成熟。由于蒸汽机的发明和使用，轮船发动机的效率不断提高。1869年苏伊士运河开通，大大缩短了英国伦敦到亚洲殖民地诸城市的距离。19世纪80年代，横跨大西洋的定期航班开通之后，从英国利物浦出发只需10天即可到达美国纽约。在通讯设施方面，1840年，英国创立了现代邮政服务，在全国执行统一收费标准，并利用铁路保证邮件投递速度。到19世纪50年代，电报的发明实现了市场间信息传递的同步，有利于国际金融市场的统一。到1913年，电话的发明和无线电通信技术的开发进一步增强了电报在通讯中的地位，这有力地促进了国际资本流动。另一方面，欧洲的殖民政策促成了全球化市场的形成。工业化的完成使欧洲对殖民地的策略发生了新的变化，那就是宗主国对殖民地进行垄断性贸易，向殖民地出口工业产品，然后从那里进口原材料。1750年，欧洲殖民地的人口只有2 200万，到了1826年迅速增加到2.1亿，1913年约为5.3亿。殖民地的重要性不断增加。1800—1860年，出口到殖民地的商品总值增加了10倍，此后到第一次世界大战爆发之前又增长了5倍，照此计算，在1810—1913年的百余年间，欧洲向殖民地的出口额增长了50倍以上。以英帝国为例。它的版图在19世纪进一步扩大，到1913年，帝国的总人口为4.12亿，是本土人口的10倍。这样，英国就在欧洲之外建立了一个极其庞大的市场。1839—1841年到1859—1861年，英国对欧洲的出口总值每年增长4.5%，对世界其他地区出口总值增长为5.1%。对亚洲的出口年增长率为6.1%，对大洋洲出口每年增长9.9%。[1]当时的英国之所以能撬动如此大的帝国，主要原因在于，其国内已经建立了完全的公共信用和货币体系、相当规模的资本和公债市场，而一个旨在稳定汇率的金本位制度在1821年就确立并保

---

[1] 〔英〕彼得·马赛厄斯、悉尼·波拉德主编：《剑桥欧洲经济史》（第八卷）：工业经济：经济政策和社会政策的发展，王宏伟、钟和等译，韩毅校订，第25—26、95页。

持下来。更为重要的是,大英帝国创建了一套产权制度,在其存在的范围内,它对产权的保护程度丝毫不亚于对英国本国证券投资的保护程度。①

1870—1914年代表了全球化的最高水平。通过对进出口贸易在GDP中所占比例(即市场开放程度),或移民人数在总人数所占比例,跨境物流成本或国际价格差等指标的考量,可以发现19世纪的国际市场的全球化程度不断加深。据统计,1815—1914年,欧洲的出口量增长了近40倍。②其中,在1820—1870年的50年间,欧洲贸易总量增加了近8倍(793%,其中比利时的增长率最高达到12倍多,率先完成工业化的英国的增长率也接近10倍)。进出口贸易在国内生产总值中的比重增长了1倍多。具体比例增长为:以贸易立国的荷兰是从33%增长到115.4%,增长了近3倍;英法两国的增长分别从21.4%和不足10%增长到43.6%和近25%,都是增长了一倍有余。到1913年,两国的对外贸易在GDP所占的比例已经分别达到51.2%和30.8%。对于结束分裂的德国,贸易对于GDP的贡献一直保持在1/3左右。就整个欧洲而言,对外贸易在GDP的比重也已经达到近1/3,而内部贸易的贡献仅为1/10。这个数字在"一战"之前,已经分别上升至36.9%和13.4%。)对于整个西欧的情况,1850年的市场开放程度是16.9%,1870年是27.6%,1913年是40.9%。③这显示出欧洲参与全球化的水平。19世纪全球化的成就令人瞩目,欧洲内部贸易的重要性也不可忽视。在英国,1914年之前,全国港口近一半的航运业务来自欧洲内部。第二档次的港口城市获得了巨大发展。瑞典的马尔默成为谷物出口中心,英国的阿伯丁、桑德兰

---

① 〔英〕麦迪逊:《世界经济千年史》,伍晓鹰等译,北京大学出版社2003年版,第90—92页。
② 〔英〕彼得·马赛厄斯、悉尼·波拉德主编:《剑桥欧洲经济史》(第八卷):工业经济:经济政策和社会政策的发展,王宏伟、钟和等译,韩毅校订,第7—13页。
③ 〔英〕斯蒂芬·布劳德伯利、凯文·H.奥罗克编著:《剑桥现代欧洲经济史:1700—1870》,何富彩、钟红英译,第85—89页;同作者:《剑桥现代欧洲经济史:1870年至今》,张敏、孔尚会译,第4—6、45页。

等也从活跃的沿海贸易中获利。法国的加莱在19世纪60年代主要进行跨海峡贸易。①

全球化在1929—1933年的全球经济危机、战争期间遭遇挑战，欧洲的贸易规模大大下降。不过，这一切很快得到改观。欧洲的对外贸易和内部贸易迅速恢复，并达到前所未有水平，如资本和劳动力实现自由流动、新的共同货币的确立等，上述成就的取得都是得益于西欧内部的整合和欧洲一体化市场的建立。从1957年《罗马条约》签订到2007年第二次东扩，欧洲一体化进程成果斐然，已经从最初的6个国家发展为27个国家，涵盖了5亿人口，在欧洲总GDP中的比例已经从原来的不足50%增长到95%上。从一开始，欧洲就开始建立共同市场，取消缔约国内部的关税壁垒。在这个过程中，欧洲内部贸易大规模地增加了。有人估计，1953—1973年的20年间，关税同盟使欧洲经济共同体的六国的贸易量每年递增3%，使经济增长每年提高0.33%，1969年对GDP的贡献为4%（也有人认为是3%—6%）。到20世纪70年代中期，共同市场的建立对六国的GDP进一步提高到5%。如果没有建立共同市场，产出水平将比现在低得多。同时，共同市场的建立进一步提高了人们的生活水平。②"二战"后，欧洲经济一体化促进了市场扩张和经济发展。1945—1975年，欧洲的经济以前所未有的速度快增长；在此期间平均增长速度超出1939年之前或者1973年之后的2倍以上，这一扩展为20世纪欧洲的发展奠定了基础。20世纪末西欧的繁荣和西欧模式，很大程度上应该归功于1975年之前数十年取得的经济成就。③

全球化和欧洲一体化对人们的生活至少有三个方面的影响。首

---

① 〔英〕彼得·克拉克:《欧洲城镇史，400—2000年》，宋一然、郑昱、李陶、戴梦译，第262页。
② 〔英〕斯蒂芬·布劳德伯利、凯文·H.奥罗克编著:《剑桥现代欧洲经济史：1870年至今》，张敏、孔尚会译，第230—231页。
③ 〔英〕理查德·韦南:《20世纪欧洲社会史》，张敏、冯韵文、臧韵清译，海南出版社2012年版，第47页。

先，全球化的直接影响是交易成本的降低，它使欧洲人可以消费全世界的产品，而且价格越来越低。在市场开放程度提高的时代，商品价格日益趋同。早在1840年左右，英美之间的小麦价格差距开始急剧缩小，两国之间开始大规模小麦贸易。很可能，"1835年前后真正出现了国际市场"。从1870年到1913年，得益于远洋交通技术的进步和长期的和平环境，交易成本降低，国际商品的价格更加趋同。[①]对于日常生活而言，人们能够以较低的价格购买本国不能生产的产品（如巴西的咖啡豆），影响着消费结构和生活习惯。其次，收入增加。在全球化时代，贸易对GDP的贡献越来越大。罗伯特·艾伦发现，从19世纪后期到20世纪初，贸易与欧洲经济增长之间存在显著的正相关关系，"跨洲贸易的繁荣是推动西北欧经济发展的一个关键因素"[②]。经济的发展必定带来人们收入的增加，消费能力的增强。最后，除了基本生活必需品之外，人们的消费还包括休闲、运动和对文化的享受。进入全球化时代之后，欧洲人的旅行目的地不再限于国内，整个世界提供了新的舞台，他们可以发现另样的景观，体验异国的风情。即使在国内，人们在日益增多的博物馆、艺术馆中也有可能做到这一点。此外，现代运动（足球、网球等）兴起，并在全球普及。观看比赛、参与运动成为流行的消费方式。

三、经济发展

在两个世纪的时间里，欧洲经济一直保持了较快的发展。它在世界上的地位大致以1914年为界分为两个阶段：在那一年，欧洲生产总值达到整个世界的一半左右，人口比重为1/4强（1800年，欧洲人口占世界人口的20%，从1913年到1985年，欧洲人口从3.41

---

① 〔英〕斯蒂芬·布劳德伯利、凯文·H.奥罗克编著：《剑桥现代欧洲经济史：1700—1870》，何富彩、钟红英译，第89—90页；同作者：《剑桥现代欧洲经济史：1870年至今》，张敏、孔尚会译，第5—6页。

② Robert C. Allen, "Progress and Poverty in Early Modern Europe", *The Economic History Review*, Vol. 56, No. 3 (Aug., 2003), pp.403–433.

亿增长到4.92亿，增长了44%，占全球人口的11%），进出口贸易的份额则占全世界的60%以上。[1] 此后，由于受到战争影响，再加上欧洲之外的美国、澳大利亚的崛起，以及20世纪中期之后其他国家的发展，欧洲逐渐丧失了统治地位。不过，欧洲一直保持着自己的发展节奏，创造着越来越大的国民财富的"蛋糕"。

对于近代以来的欧洲经济发展而言，技术进步和劳动生产率的提高是最直接的诱因。在技术方面，埃里克·琼斯指出，欧洲文明是一个在技术知识不间断的积累中突变的文明。欧洲存在一个"技术共同体"，诸国体系的文化联系和竞争性鼓励了持续的借用和"继发性传播"，这意味着，如果一个国家解决了某个问题，就会有另一个国家也解决它。然后，局部的变化传播或影响到其他部分。因此，欧洲是一个特有的、长期发展的"生态系统"。[2] 在劳动生产率方面，它指的是劳动力投入与产出之间的比率。各国劳动力投入的差异体现在参与生产的劳动力的数量和质量，以及他们的劳动时间。[3] 对于一个国家来说，劳动生产率可以用来衡量该国经济体制向国民提供商品和服务的潜力。考虑到可用资源的数量和质量，劳动生产率与劳动者的收入和消费水平紧密相关。[4]

我们以农业作为讨论的起点。欧洲农业生产力在工业革命之前就已经获得了长足进步。进入19世纪，农业的发展仍然较为可观。例如，英国农业生产的再次繁荣开始于19世纪30年代，一直持续到该世纪70年代。深耕、良好的排涝、化学肥料的使用、机械化等

---

[1] Gerold Ambrosius and William H.Hubbard, *A Social and Economic History of Twentieth-Century Europe*, Cambridge, Massachusetts, London: Harvard University Press, 1989, pp.5, 151.

[2] 〔英〕埃里克·琼斯：《欧洲奇迹：欧亚史中的环境、经济和地缘政治》，陈小白译，华夏出版社2015年版，第37页。

[3] 例如，1905年，巴黎、里尔、里昂、马赛和鲁昂的工人的劳动时间为每周60小时。在英国，1906年，英国工人的劳动时间为每周54小时。农业工人的劳动时间为每周60个小时。法国工人每天都要比英国工人多工作一小时，但他们的假期更长，每年为28天，英国为每年18天。Patrick O'Brien and Caglar Keyder, *Economic Growth in Britain and France, 1780–1914: Tow Paths to the Twentieth Century*, New York: Routlege, 2011, pp.85–86.

[4] Patrick O'Brien and Caglar Keyder, *Economic Growth in Britain and France, 1780–1914: Tow Paths to the Twentieth Century*, pp.83–84.

技术方面的变化、有选择的牲畜饲养、城市的反哺、政府对于农业排涝的贷款支持、更科学的农业生产等因素，造就了这种繁荣。[①]到1880年以后，英国的耕地面积变化不大，地租显示出单位价值的增加和土地生产率的提高。[②]到了20世纪30年代，受补贴政策保护和繁荣的国内市场的影响，英国农业产出呈现增长态势。这是通过劳动力投入减少、生产率提高达成的：整个英国农业的人均产出率，1921—1941年，增长了20%（每年增长1%）。这种提升也得益于机械化的实现，如联合收割机、挤奶机和拖拉机的使用。[③]再以法国为例。尽管与其他国家相比，法国农业发展相对落后，但在"一战"之前的发展还是相当可观。18世纪末，得益于政治革命、圈地系统和外来品种的进入，法国见证了一场"农业革命"的发生。进入第二帝国时期（1852—1870年），农业再次获得快速发展。随着化学肥料、收割机的引进，法国的农业在技术上出现突破，并在1840年到1870年保持了繁荣，小麦收获率1850—1880年增长50%。农民开始面向市场生产，并购买消费品。小麦和白面包取代燕麦，肉的消费也在增加。19世纪出现了一个食物消费上的革命。农业收入在这个时期增长迅速。应用经济学研究所（the Institute de Science Economique Appliquée）估计，1788—1850年的农业收入的年增长率为1%，1850—1880年的年增长率则为1.8%。如果以1914年的指数为100，那么19世纪40年代初为65，19世纪50年代初为70，19世纪70年代初为90。[④]不过，在农业生产领域，衡量生产率变化是个复杂的问题。在整个19世纪，欧洲的农业劳动生产率以每年1%左右的速度增长。虽然国家之间有差异，但从长期（七十年到一百

[①] Charles P. Kindleberger, *Economic Growth in France and Britain, 1851–1950*, Cambridge; Massachuettes: Harvard University Press, 1964, pp.240–247.

[②] Michael Turner, "Agriculture, 1860–1914", in Roderick Floud and Paul Johnson, eds., *The Cambridge Economic History of Modern Britain*, Vol.2, Economic Maturity, 1860–1939, Cambridge: Cambridge University Press, 2004, pp.149–151.

[③] Sidney Pollard, *The Development of the British Economy, 1914–1980*, p.81.

[④] Charles P. Kindleberger, *Economic Growth in France and Britain, 1851–1950*, pp.211–213.

年)来看,各国的农业增长率基本都在0.5%—2%之间。1890年,在农业生产领域,如果英国的劳动生产率指数为100,那么荷兰以82次之,德法两国的指数稍微高于50,丹麦、意大利、西班牙等国则是不足英国的一半。在机械化方面,到1871年,英国25%的小麦已经使用机械收割机来完成收获,而1882年的德法两国的机械使用率分别仅为3.6%和6.9%。[1]劳动生产率提高的直接结果就是农业产品供给的充裕。因此,自从19世纪以来,饥荒在西欧几乎"完全消失"了(在英国,饥荒只在1812年发生过一次)。[2]自20世纪中叶起,大部分国家的农业生产率的增长速度大大加快,并前所未有地超过工业生产率的平均增长速度。

农业劳动生产率提高的另一个表现是农业人口的转移。在19世纪中叶,欧洲的农业人口大约占总人口的1/2—3/4,但经过一个半世纪的增长,这个比例已经下降到不足15%,最发达的西欧地区的农业人口已经降到总人口的5%左右。[3]在英国,劳动力由农业向工业的转移开始于19世纪初,从事农业的劳动力在全国劳动力中所占的比例从当时的1/3以上,减少到20世纪中叶的5%左右。制造业领域的劳动力数量增加最大。在19世纪初,工人在全部劳动力的比例不足1/4,到1841年已经接近1/3。到20世纪中叶,这个比例已经上升到近40%。[4]在法国,从1850年开始,随着铁路时代的到来,农民开始大量离开乡村,涌入城市。有学者估计,在1862—1882年的农业人口调查中,有100万农业劳动者消失,其中75万人进入城市;此后十年,40万农业雇佣劳动力离开,其中25万人进入城市;

---

[1] 〔英〕斯蒂芬·布劳德伯利、凯文·H.奥罗克编著:《剑桥现代欧洲经济史:1700—1870》,何富彩、钟红英译,第125、129页。

[2] 〔意〕卡洛·M.奇波拉主编:《欧洲经济史》第三卷:工业革命,吴良健、刘漠云、壬林、何亦文译,商务印书馆1989年版,第365—366页。

[3] Pedro Lains and Vicente Pinilla, eds., *Agriculture and Economic Development in Europe Since 1870*, London and New York: Routledge, 2009, p.89.

[4] Phyllis Deane and W. A. Cole, *British Economic Growth, 1688-1959: Trends and Structure*, pp.141-144.

1906—1911年，同样有大量的劳动力离开农业领域。[1]在德国，随着农业的发展和工业化进程的加快，也有越来越多的劳动力从乡村转移到城市。1866—1914年，居住在5 000人以上的城市的人口比例由23.7%上升到48.8%，10万以上居民的城市的数量从8个增加到48个。居住在这些城市的人口从970万增加到3 170万。这种增长的一半是由乡村地区的移民造成的。到1907年，50%的人仍然居住在自己出生的地方，1/3的人在州或省的范围内更换了住处，15%的人迁移到其他的州。[2]

农业生产率的提高对工业生产是一种保障，而且农业劳动力的转移也使工业受益颇多。实际上，进入19世纪以来，在各生产部门中，工业的发展最快。以率先进行工业革命的英国为例。英国船舶的吨位从1850年的360万吨增加到1880年的660万吨，钢铁的产量在1850年到1875年增长了两倍。在1901年，从事制造业的人口比例要比此前或此后的任何年份都要高。维多利亚时代最大的繁荣直到1875年才告结束，而这种繁荣在持续期间如此惊人，以致保守党首相本杰明·迪斯累里把它形容为一种"翻天覆地的繁荣"。[3]如果仅从工业产量来看，增长更为惊人。1750—1900年，英国工业的增速极快，棉纺织业的生产增长超过了700倍，煤炭的产量增加了50倍，生铁产量增加了300多倍，蒸汽机的使用量扩大了接近2 000倍，所提供的动力从5 000马力增加到1 000万马力，汽船和铁路从空白迅速发展到数百万吨级排水量和数千公里里程。这是名副其实的"工业革命"的特征。[4]在英国，除了19世纪70年代后期稍显稳定之外，1869—1913年的工业的劳动生产率稳

---

[1] Charles P. Kindleberger, *Economic Growth in France and Britain, 1851-1950*, p.215.
[2] Larry Frohman, *Poor Relief and Welfare in Germany from the Reformation to World War I*, Cambridge: Cambridge University Press, 2008, 160.
[3] 〔英〕阿萨·布里格斯：《英国社会史》，陈叔平、陈小惠、刘幼勤、周俊文译，陈叔平、陈小惠校，第250—251页。
[4] 〔美〕杰克·戈德斯通：《为什么是欧洲？——世界史视角下的西方崛起，1500—1850》，关永强译，浙江大学出版社2010年版，第126—127页。

步增长，每年的增长幅度为1.3%左右。在"一战"期间，略微下降，1920年之后出现再次增长。在法国，工业生产率也很高，是农业生产率的2倍以上。到"一战"之前，法国工人的实际劳动生产率增加了14%。这个时期，法国工业发展保持着自己的节奏，在有些行业甚至不断赶超英国，工人的单位生产率几乎与英国持平了。① 从表11-2可以看出，从19世纪初到20世纪初，英法两国工业的劳动生产率的提升速度大致相仿。

表11-2　英法两国工业的劳动生产率指数（1815/1824—1905/1913年）

年份	英国	法国	年份	英国	法国
1815—1824	35	41	1865—1874	83	81
1825—1834	40	43	1875—1884	89	83
1835—1844	50	51	1885—1894	93	94
1845—1854	58	57	1895—1904	97	88
1855—1864	67	66	1905—1913	100	100

资料来源：Patrick O'Brien and Caglar Keyder, *Economic Growth in Britain and France, 1780-1914: Tow Paths to the Twentieth Century*, p.150.

再比较一下德国和英国的工业劳动生产率。进入19世纪70年代，德国在技术变革方面开始充当领跑者的角色。1871年，德国的劳动生产率是英国的60%，到"一战"之前，德国的几乎所有工业部门的劳动生产率都已经赶上英国，但总体劳动生产率最多也只是达到英国水平的75%。两次世界大战对德国经济造成严重影响，但德国在战后加快对英国的追赶，经过几十年的快速发展，德国经济已经超过英国，总体劳动生产率领先大约25个百分点。详见表11-3。②

---

① Patrick O'Brien and Caglar Keyder, *Economic Growth in Britain and France, 1780-1914: Tow Paths to the Twentieth Century*, pp.150-151.
② Pedro Lains and Vicente Pinilla, eds., *Agriculture and Economic Development in Europe Since 1870*, pp.77-78.

表11-3　德国ª对英国工业劳动生产率的比率ᵇ（1871—1990年）（%）

年份	工业	总体
1871	91.7	59.5
1891	99.3	60.5
1911	127.3	75.5
1925	92.3	69.0
1929	97.1	74.1
1935	99.1	75.7
1950	91.8	74.4
1973	121.1	114.0
1990	111.0	125.4

a.1950—1973年为前联邦德国。

b.表格显示，自统一之后，德国工业的劳动生产率已经基本追上英国的水平，到"一战"之前，已经超过英国20余个百分点。20世纪中后期，德国工业劳动生产率再次超过英国。在总体劳动生产率方面，1871年，德国基本可以达到英国水平的60%，1914年达到75%。第二次世界大战之后，德国重新追赶，到20世纪70年代，已经领先英国。

资料来源：Stephen Broadberry and Mary O' Mahony, "Britain's Twentieth-Century Productivity Performance in International Perspective", in Nicholas Crafts, Ian Gazeley and Andrew Newell, eds., *Work and Pay in Twentieth Century Britain*, Oxford: Oxford University Press, 2009, pp.304-305, 310-311.

对于整个欧洲而言，与"一战"前相比，两次世界大战期间的劳动生产率增长稍差。但在战后的大约1/4世纪的时间里，劳动生产率的增加几乎是之前八十年的3倍。[①] 在这个阶段，各经济部门联系更为密切，并出现了一些促进生产率的新策略，如批量生产、分销技术等。它们充分考虑了专业分工和规模经济的需求，与贸易自由化、全球化、欧洲市场一体化紧密结合。新生产线的出现，尤其是家电和汽车的制造，家电的普及逐渐取代了手工家务劳动，这使家庭决策发生变化，越来越多的女性进入劳动力市场；人力资本的积累拥有了更高的地位；与人们的穿戴、娱乐、健康相关的产品和服

---

① Gerold Ambrosius and William H.Hubbard, *A Social and Economic History of Twentieth-Century Europe*, p.152.

务在家庭消费中的比重提高,为工业和服务业提供了广阔的市场前景。劳动生产率的提高节约了相关要素,导致工业部门的成本普遍下降,进而也降低了产品的价格。详见表11-4。

表11-4 欧洲主要国家劳动生产率的增长(1960—2003年)(%)

	1960—1970年	1970—1990年	1990—2003年
英国	2.86	1.89	2.06
法国	4.93	2.48	0.98
德国	4.36(联邦德国)	1.88(联邦德国)	1.53
比利时	4.11	2.52	1.27
丹麦	3.53	1.08	1.86
荷兰	3.06	1.62	0.61
意大利	6.25	2.52	1.12
西班牙	6.56	3.04	0.63
葡萄牙	6.39	2.35	1.29
瑞士	3.17	0.64	0.45
希腊	8.34	1.80	2.21
奥地利	5.47	2.54	1.50
挪威	3.46	2.44	2.33
瑞典	3.93	1.30	2.33

表格显示,欧洲国家的经济发展在战后进入"黄金时代",各国的劳动生产率都很高,希腊、西班牙、意大利等国家能达到每年6%以上。但此后,几乎所有国家的劳动生产率增长都减慢。进入20世纪90年代之后,除了英国和斯堪的纳维亚半岛上的国家表现良好以外,其他国家的劳动生产率几乎都下降了。

资料来源:〔英〕斯蒂芬·布劳德伯利、凯文·H.奥罗克编著:《剑桥现代欧洲经济史:1700—1870》,何富彩、钟红英译,第247—248页。

当然,也有学者指出,劳动生产率有自身的弱点,比如它没有考虑资本存量和能源使用。我们可以采取另一个衡量经济发展效率的办法,即计算全要素生产率(Total Factor Productivity, TFP)。根据有关学者的估算,1873—1913年,TFP的增长为35.5%,每年

TFP的平均增长率为0.6%，它造就了这个时期英国经济制造业增长的30%。[1] 1924—1937年，TFP增速提高到0.7%，到了1951—1973年的"黄金时代"，增速达到2.3%。上述三个时期，也对应了英国现代经济史上发展较为迅速的三个阶段。[2] 实际上，按照这个评价标准得出的结论与按劳动生产率的评价结果差别不大。

随着工业革命、科学技术革命的深入，劳动生产率不断提高，欧洲由此也积累了空前的社会财富。这里我们仅采取衡量经济发展的两个传统指标——GNP（国民生产总值）和GDP（国内生产总值）及人均GDP——来进行简单说明。首先以英国为例。从1851年到1881年，该国GNP从5.31亿英镑（人均25英镑）上升到10.51英镑（人均75英镑）。[3] 出口额从1850—1859年的1亿英镑增长到下一个十年的1.6亿英镑，接着在1870—1879年增长到2.18亿英镑。从长时段来看，英国的GNP在大约两百年间增长了近900倍，由1801年的2.32亿英镑，增长到1981年的1 848.87亿英镑。结合物价指数变动来看，实际增长为37倍，人均GNP增长超过6倍。参见表11-5。

表11-5 英国GNP的增长，1801—1981年

年份	按当前价值（百万英镑）	实际指数（1801年为100）	人均数量（1801年为100）
1801	232	100	100
1851	523	226	116

---

① Gary B. Magee, "Manufacturing and Technological Change", in Roderick Floud and Paul Johnson, eds., *The Cambridge Economic History of Modern Britain*, Vol.2, 1860-1939, Economic Maturity, pp.84-85, 87-88.

② R. C. O. Matthews, C. H. Feinstein and J. C. Olding-smee, eds., *British Economic Growth, 1856-1973*, Oxford: Clarendon Press, 1982, p.532.

③ 到"一战"之前，GNP已经达到22亿英镑左右，年增长率为2.1%。由于在此期间，物价是下降的。因此，实际国民收入每年上涨2.5%（19世纪晚期上涨较快，约为3%，20世纪初约为1.3%）。Roderick Floud and Donald McCloskey, eds., *The Economic History of Britain since 1700*, Vol.2, 1860-1970s, Cambridge, London, New York, New Rochelle, Melbourne, Sydney: Cambridge University Press, 1981, pp. 122-123.

续表

年份	按当前价值 （百万英镑）	实际指数 （1801年为100）	人均数量 （1801年为100）
1901	1 643	849	245
1951	11 293	1 899	416
1981	184 887	3 797	741

资料来源：John Benson, *The Rise of Consumer Society in Britain, 1880-1980*, London and New York: Longman, 1994, p.36。

在工业化时期，法国的经济发展速度也很快。从1847年到1908—1910年，农业部门的总产值从6.1亿法郎增加到13.4亿法郎，翻了一番有余；工业生产总值增加了10亿法郎，增长率为256%。总体来看，从19世纪中叶到20世纪初，法国国民经济各部门的增长差不多，GNP已经是原来的近3倍。参见表11-6。

表11-6 1847—1910年法国GNP的增长（单位：10亿法郎）

年份	1847	1859	1872	1882	1892	1898	1908—1910
农业	6.1	8.7	9.5	10.9	9.8	11.2	13.4
工业	3.9	5.8	6.8	8.0	8.4	10.1	13.9
商业	1.0	1.4	1.6	1.9	1.8	2.1	2.7
自由职业	0.3	0.4	0.5	0.6	0.7	0.9	1.1
固定资产租金	0.7	0.9	1.1	1.3	2.0	2.3	2.7
国家					3.4	3.5	4.0
总计	13.6	19.4	22.2	26.4	26.1	30.1	37.8

资料来源：Charles P. Kindleberger, *Economic Growth in France and Britain, 1851-1950*, p.221。

第二次世界大战结束之后，GNP还见证了西欧经济发展的"黄金时代"。表11-7、11-8显示，在1950—1970年，联邦德国和意大利的GNP增长最快，翻了3番，年增长率分别达到6.31%和5.72%；法国和瑞典紧随其后，英国增速最慢。到1959年，西欧主要国家的产值水平已经大致相差不多。也就是说，从19世纪中后期开始，经过一个世纪左右的追赶，德国、法国等国家的经济体量终于赶超英国，整个西欧的经济发展水平开始处于均衡状态。

表11-7 西欧国家的GNP变化（1950—1970年，1950年=100）

年份	法国	联邦德国	意大利	瑞典	英国
1950	100	100	100	100	100
1955	124	156	134	118	114
1960	156	212	175	140	130
1965	207	271	227	180	154
1970	275	340	304	220	172
年平均增长率（%）	5.19	6.31	5.72	4.02	2.75

资料来源：〔意〕卡洛·M.奇波拉主编：《欧洲经济史》第五卷上册：二十世纪，胡企林、朱泱译，商务印书馆1988年版，第120页。

表11-8 部分西欧国家的产值水平（1871—1959年，英国=100）

	1871—1875年	1900—1904年	1909—1913年	1938年	1959年
英国	100	100	100	100	100
法国	—	—	91	82	95
荷兰	—	76	77	80	92
丹麦	66	71	85	93	100
挪威	66	52	58	87	99
瑞典	61	63	76	97	124
德国	61	68	73	82	96
意大利	54	38	42	48	55

资料来源：〔英〕H.J.哈巴库克、M.M.波斯坦主编：《剑桥欧洲经济史》（第六卷）：工业革命及其以后的经济发展：收入、人口及技术变迁，王春法、张伟、赵海波译，王春法校订，经济科学出版社2002年版，第26页。

人均GDP是衡量经济发展水平和人民富裕程度的另一个重要指标。随着国民核算体系的发展，这个指标越来越为经济史学界所重视。根据英国学者斯蒂芬·布劳德伯利领衔的研究团队的研究成果，我们发现，19、20世纪的欧洲GDP总量及人均GDP得到了惊人的增长（见表11-9、11-10、11-11、11-12）。

表11-9 西欧国家人均GDP水平及增长率（1820—2005年）（单位：国际元）

年份	人均GDP	年份	年增长率（%）
1820	1 205	1820—1870	0.98
1870	1 962	1870—1913	1.33
1913	3 461	1913—1950	0.78
1950	4 582	1950—1973	4.06
1973	11 431	1973—2005	1.86
2005	20 589		

表11-10 欧洲国家的人均GDP（1820—1913年，英国1820年=100）

	1820年	1870年	1913年
英国	100	187	288
荷兰	107	162	237
比利时	77	158	247
法国	72	110	205
意大利	65	88	150
西班牙	62	71	132
瑞典	70	97	181

表11-11 两次世界大战期间欧洲国家的人均GDP及增长率（单位：国际元）

	1922年	1929年	1938年	1922—1938年（%）
英国	4 637	5 689	6 266	35.1
瑞士	4 618	6 332	6 390	38.3
荷兰	4 599	5 689	5 250	14.1
比利时	4 413	5 054	4 832	9.5
丹麦	4 166	5 075	5 762	38.2
法国	3 610	4 710	4 466	23.7
德国	3 331	4 051	4 994	49.9
瑞典	2 906	3 869	4 725	62.6
奥地利	2 877	3 699	3 559	23.7
挪威	2 784	3 472	4 337	55.8

续表

	1922年	1929年	1938年	1922—1938年（%）
意大利	2 631	3 093	3 316	26.0
爱尔兰	2 589	2 824	3 052	17.9
西班牙	2 284	2 739	1 790	21.7
芬兰	2 058	2 717	3 589	74.4
希腊	1 963	2 342	2 677	36.4
葡萄牙	1 430	1 610	1 747	22.2

表11-12　西欧各国的人均GDP及年增长率（1950—2005年）

	1950年（1990年国际元）	1973年（1990年国际元）	1950—1973年（%）	2005年（1990年国际元）	1973—2005年（%）
瑞士	9 064	18 204	3.08	22 972	0.74
丹麦	6 943	13 945	3.08	24 116	1.73
英国	6 939	12 025	2.42	22 417	1.96
瑞典	6 739	12 494	3.06	22 912	1.68
荷兰	5 971	13 081	3.45	22 531	1.72
比利时	5 462	12 170	3.54	21 953	1.87
挪威	5 430	11 324	3.24	27 219	2.78
法国	5 271	13 114	4.04	22 240	1.67
联邦德国	4 281	13 153	5.02	20 576	1.41
芬兰	4 253	11 085	4.25	22 121	2.18
奥地利	3 706	11 235	4.94	22 036	2.13
意大利	3 502	10 634	4.95	19 252	1.88
爱尔兰	3 453	6 867	3.03	23 019	3.84
西班牙	2 198	7 661	5.60	18 166	2.74
葡萄牙	2 086	7 063	5.45	13 954	2.15
希腊	1 915	7 655	6.21	14 868	2.10

资料来源：〔英〕斯蒂芬·布劳德伯利、凯文·H.奥罗克编著：《剑桥现代欧洲经济史：1700—1870》，何富彩、钟红英译，第189页；同作者：《剑桥现代欧洲经济史：1870年至今》，张敏、孔尚会译，第155—156、241—242页。

以上四个表格显示，在近两个世纪的时间里，西欧国家的人均GDP增长了15倍左右，达到2万美元以上，英国、瑞士、丹麦、挪威、瑞典等国家则达到2.2万美元以上。从1820年开始，到第一次世界大战爆发前夕的近百年间，人均GDP增长最快的英国、荷兰、比利时等国，已经是最初的2.5倍左右，增长较慢的意大利、葡萄牙等国家也已经达到之前的1.5倍上下。其中，19世纪70年代之后，欧洲经济经历第一个高速发展期，人均GDP提高很快。在两次世界大战期间，西北欧国家的发展依然很快，北欧三国（瑞典、挪威、芬兰）遥遥领先。在第二次世界大战后，欧洲经济再次迎来一个发展速度更快的"黄金时代"，所有国家的人均GDP增长都在1倍以上（年增长率均保持在3%以上），西班牙、葡萄牙、希腊等国的增长速度更快（年增长率高达5%以上）。

四、消费品供给

工业革命为欧洲各国创造了巨大的物质财富，人们的生活水平随之显著提高。到19世纪后期，大众市场有了惊人的发展，消费品的种类增多，价格降低。在1851年的万国工业博览会上，一位来自法国的来访者怀着嫉妒的心情写道："非常奇怪的是，像英国这样一个贵族国家竟能成功地供养它的人民。"[①]事实确是如此。欧洲的工业化和现代化进程深深影响着人们的日常生活。为了满足消费者的需求，商业和工业不断做出调整。食品、服饰、住房、家居用品等生产领域发生转型，消费品生产的技术和组织方式发生了革命性变化，新的产品得到引进，新的工业开始建立。欧洲经历了工业化的另一个阶段，即消费品生产领域的"工业革命"。同时，建立了一个新的休闲行业，更多的人有时间和资金去阅读、度假、运动或享受音乐和电影。传统的休闲方式也进行着现代化的转型。此外，其他方

---

① 〔英〕阿萨·布里格斯：《英国社会史》，陈叔平、陈小惠、刘幼勤、周俊文译，陈叔平、陈小惠校，第239—240页。

面的变革也让欧洲的消费结构发生变化。交通运输上的革命使整个世界的商品来到欧洲，并更为廉价；基本消费资料，如煤、铁生产，煤气和电力的发明等大大提高了日常生活的舒适度。

基本消费品

生产力的提高为生活水平的改善提供了可能性。在过去的两百年间，欧洲消费者可以享受到的商品和服务的数量和质量以前所未有的幅度增加。在英国，19世纪的商品和服务的数量增长了至少8倍，进入20世纪，又增长了至少4.5倍（截止到80年代）。而在人均享受的消费品价值方面，19世纪的增长为2.5倍，20世纪则是3倍。[①]经济的腾飞、技术革新和相关机制的进步对生活领域产生极大影响：传统消费品，如食物和住房，供给增加，价格降低；新的产品不断出现，从汽车、电视到休闲假日等。在19世纪，消费品的生产速度与人口的发展速度基本持平，但进入20世纪，耐用消费品和服务（零售、旅行、运动和娱乐）的提供远远超过了人口的增长。

日常消费品主要包括饮食、穿衣和住房等内容（交通已经在上文提及）。其中，"吃"（主要是可以吃到什么）仍然是我们最关心的对象。随着"农业革命"的发生，小麦产量大幅度增加（整个18世纪，英国小麦产量从每年2 900万增加到5 000万蒲式耳，单位面积产量从20蒲式耳增加到22蒲式耳，种植面积增加了80万英亩），小麦面包成为家庭的正常食物。1766年，据查尔斯·史密斯（Charles Smith）估计，伦敦和英国东南部地区的居民90%以上吃小麦面包，而在西部地区，比例也可以达到70%以上。[②]这还只是量的积累。19世纪之后，英国农业的扩展主要体现在效率和专业化生产上，主要产品包括牛奶、鸡蛋、水果和蔬菜。食品生产日益机械化。进入20世纪，快餐、罐装食品等则被引进。食品加工和食品制造行业也

---

① John Benson, *The Rise of Consumer Society in Britain, 1880–1980*, p.35.
② Phyllis Deane and W. A. Cole, *British Economic Growth, 1688–1959: Trends and Structure*, 1962, pp.62–63.

在经历着一种重要形式的"革命",蔬菜、水果、鱼肉等均可以进行加工。这样,它使消费者能够以更低的价格享受更多种类和更高质量的食品。工业革命之后,欧洲各国(尤其是英国)成为全球性的贸易帝国,它们开始大规模从国外进口食品。来自北美的粮食、澳洲的肉类被进口到国内。得益于运输成本下降,这些食品价格低廉。在19世纪90年代的英国,一罐沙丁鱼的售价仅为2便士,几乎人人都吃得起。到"一战"前夕,"已经没有人认为英国的食物还可以实现自给自足"[1]。在新时代,罐装食物的供给增加最快。据估计,罐装蔬菜的消费1920—1922年为2.4吨,到1937—1938年已经增加到19.3万吨;在同一时期,国内生产的罐装水果从3万英担增加到18万担。国外进口的罐装食物比例也不小。[2]19世纪末到20世纪初,德国的饮食也发生了重大变化。浓缩牛奶、人造黄油、罐装蔬菜等被发明出来,大众饮食得到充足供应。虽然面包、豆类和土豆依然是基本食物,但肉的消费量有了明显增长。首先是豆类消费的下降,接着是土豆。糖不再是奢侈品。1870—1910年,糖的消费量增长了4倍。肉类消费从1850年的人均22千克,增加到1879年的27.6千克,再到1913年的44.9千克。[3]

在穿衣方面,19世纪后半叶见证了欧洲制衣行业的革命,尤其是成衣行业的发展。这得益于工业化带来的新技术和新机械的发明,如缝纫机。由于国内需求的增加,鞋、靴子和袜业的产出稳步增长。制鞋业、内衣业和袜业等,都经历了一个从家庭生产到工厂生产的转变过程。产量提高,样式增加,店铺遍地开花,人们的穿衣得到保证和改善。

---

[1] 据统计,英国人的食物的进口率为:蛋,35%;牛油,60%;酪干,80%;猪肉,44%;小麦和面粉,21%;大麦,58%;燕麦,79%;菜豆,72%;豌豆,56%;牛肉,61%;羊肉,54%,牛奶,95%。〔英〕克拉潘:《现代英国经济史》下卷,姚曾廙译,商务印书馆2014年版,第157—158页。

[2] Sidney Pollard, *The Development of the British Economy, 1914–1980*, pp.64-65.

[3] Martin Kitchen, *A History of Modern Germany, 1800–2000*, Oxford, Maldon and Carlton: Blackwell, 2006, pp.153-154.

表 11-13　1801—1969 年英国的食品和住房供给

年份	牛（百万头）	小麦（百万吨）	住房 总量（栋）	住房 每栋住房的人数
1801—1811		0.088	1.9	9.8
1850—1851	4.2		3.4	8.0
1884		3.6		
1900—1901	6.8			
1911			7.6	6.0
1939	8.2			
1950—1951		5.9	13.8	3.7
1969—1978	11.1	4.5	21.1	2.7

表格显示，在基本的"吃"（以牛为代表的肉食、以小麦为代表的面包）的方面，英国的市场供给持续增加。再从住房供给上看，英国人的居住条件的改善相当大，人均居住面积显著增加。

资料来源：John Benson, *The Rise of Consumer Society in Britain, 1880–1980*, p.37。

在住房的供应方面，建筑行业的从业人员不断增加（在英国，1881 年为 90 万人，1951 年为 140 万人，1973 年为 160 万），技术也在进步，这使每年都有大量新建房屋。19 世纪 80 年代每年新建房屋 8 万栋，20 世纪 50 年代每年新建 23 万栋，20 世纪 70 年代则为 26 万栋。这种数量的增加造成从 1801/1811—1969/1978 年，房屋数量增长了 11 倍，大大超过了人口增长，每栋房屋居住的人数从最初的 10 个人减少到不足 3 个人。[1]两次世界大战前后，英国的住房供给几乎翻了一番。1911 年到 1939 年，英国新建房屋 500 万栋，可以居住 350 万户家庭。"二战"后英国政府一方面新建大量房屋。1946 年，完成的永久性建筑为 5.5 万栋，一年后增加到 14 万栋，接下来的三年每年都超过 20 万栋。在 1951 年的普查中，住房总数为 1 330 万栋，比 1931 年多出 300 万栋。另一方面限制房租的上涨。政府试图将房租限制在 1939 年的水平上，通过"1946 年方案"将其适用于大约 100 万栋完全装修的房屋。"1949 年的房东和租户方案"，是为了给那些住房短缺的大

---

[1] John Benson, *The Rise of Consumer Society in Britain, 1880–1980*, p.38.

部分人口降低房租。①此后，类似的政策得到延续，人们的住房需求得到满足。

　　需要提及的是，市场的发展保证了居民的消费供给。在食品供应方面，大大小小的市场满足了需求。在法国巴黎，"食品集市"原是市民从农民手中直接购买农产品食物的地方。到19世纪中期，这种市场逐渐现代化，成为食品的批发中心。同时，巴黎还有许多地方性的零售中心。19世纪法国的弗雷地区大规模的地区贸易带动当地集市数量翻了1倍，市场数量增加了4倍。专业化的批发商在大城市中更加重要，他们建立了大量的代理和零售网络。19世纪30、40年代的巴黎建了很多批发仓库，大多位于火车站附近。其他城市也仿效巴黎，建立许多批发和零售中心。在德国，1871年以后，几乎每个城镇都有自己的食品市场，或其他市场，生产者和消费者可以在那里讨价还价。1910年，那些更小的城镇也实现了这一点。当时的一位德国经济学家说，在许多地区，出售大多是由生产者直接进行的。在英国城市的"交易大厅"中，批发和零售往往同时进行。②在19世纪到20世纪初，消费品的市场供给网相当庞大，零售商店的发展尤其显著。英国的商店在19世纪上半叶、维也纳和巴黎的商店在世纪之交，发展得都非常快。瑞典的乡村城镇零售点也翻了一番。同时，伦敦、巴黎、布鲁塞尔、米兰等城市都建立了店铺林立的商业街（区）。在此基础上，百货公司开始出现。巴黎和伦敦等城市的百货公司已经是雇员达千人以上的大型企业。德国的城市开始拥有百余家百货公司。它开创了现代零售模式的先河，前所未有的建筑、室内装饰、广告、海报、促销等，迎合了女性尤其是中产阶级女性的胃口。与此同时，连锁店开始兴起。英国的连锁店出现于19世纪中叶，到20世纪初已经达到百余家，百货商店、连锁店和商铺组成的零售体系一直延续到20世纪末，涵盖了中小城市及其郊区。多家

---

① Sidney Pollard, *The Development of the British Economy, 1914-1980*, pp.269-270.
② J. H. Clapham, *The Economic Development of France and Germany, 1815-1914*, pp.368-369.

连锁店于一体的购物中心将零售业的发展推向高潮。这种大型购物中心在20世纪90年代的大城市出现，促使零售业向乡村转移。①

多样化供给

从19世纪末开始，现代消费社会逐渐形成，其特征就是消费品生产上的"工业革命"的发生，催生了一批前所未有的只属于工业化时代的消费品。首先是，耐用消费品的供给。作为一项新兴产业，电力行业在20世纪获得飞速发展。它的普及为许多耐用消费品，如收音机、冰箱、洗衣机、吸尘器等，走进千家万户提供了可能。反过来，家电的增加又促进了人们对电力的消费。在英国，随着1919年和1926年《电力供应法》的颁布，以及中央电力委员会的成立，电力行业发展很快，新的电站建立、电网铺设，技术水平和效率大大提高，用电成本大大降低，成为一种新的大众消费品。在20世纪20、30年代，电力消费者的数量大幅度增加，在1920年为73万，1929年为284.4万，到20世纪30年代末，每年增加的数量为70万—80万，到1938年，已经增加到892万。②

耐用消费品的生产是"新工业"的中心。机械化生产的流行使这些产品种类不断增加：地毯、家具、钢琴、自行车、汽车；电器包括，吸尘器、冰箱、收音机、电视等。在19世纪下半叶和"二战"之后，地毯产业出现两次重大转型，产量急剧增加。在上述两个时期，英国地毯产量分别增长了2.5倍和4倍。在耐用消费品中，需要提及的是汽车市场的发展。汽车改变了人们的生活方式，如购物、旅行、度假等。汽车业影响着城市布局和其他行业的发展。在汽车行业，大公司的成立、技术的革新和大规模生产，使它逐渐成为20世纪制造业的标志。在英国，1896年汽车领域出现垄断组织辛迪加。1901—1905年，221家汽车公司成立，但大多寿命不长，

---

① 〔英〕彼得·克拉克：《欧洲城镇史，400—2000年》，宋一然、郑昱、李陶、戴梦译，第263—265页。

② Sidney Pollard, *The Development of the British Economy, 1914-1980*, pp.61-62.

到1914年仅存活22家。亨伯、阿吉尔、戴姆勒、路虎等公司每年生产数百辆甚至上千辆汽车。[①]1922年，奥斯汀公司已经开始生产"大众汽车"。到20世纪20年代末，所有汽车公司都采用了新的技术，为大众市场进行生产。1913年，英国生产的各类汽车有3.5万辆，1923年增加到9.5辆，到1937年达到顶峰51.1万辆。私人汽车的平均价格下降很快，1912年为308英镑，1924年为259英镑，到1935—1936年，只需130英镑便可以购买一辆汽车。[②]上述产业的发展，虽然有大量的出口，但主要是为了满足膨胀的国内市场。在不到半个世纪，英国汽车产量翻了近二十番，到1980年，更是近乎20世纪初的40倍。实际上，20世纪50年代，英国汽车产出的2/3是供出口的，而80年代，40%国内销售的汽车是进口的。不论如何，汽车的供应量是相当大的。参见表11-14。[③]

表11-14　1850—1980年英国耐用消费品（地毯和汽车）的供应

年份	地毯 全英供量（百万码）	地毯 人均（码）	汽车（英国生产，辆）
1850	11.9	3.5	
1912—1913	30.4	4.0	25 000
1929			182 000
1947			287 000
1950—1952	31.3	2.3	476 000
1969—1978	123.4	6.2	1 700 000
1980			924 000

地毯是家家户户都需要的耐用消费品，百余年间，其供应量翻了十多番。汽车本是奢侈品，但到了20世纪末，已经进入寻常百姓家。

资料来源：John Benson, *The Rise of Consumer Society in Britain, 1880-1980*, p.36。

再来看服务的供给。生活水平的提高与消费品和服务产业的发

[①] W. Hamish Fraser, *The Coming of the Mass Market, 1850-1914*, London: The Macmillan Press, 1981, p.221.

[②] Sidney Pollard, *The Development of the British Economy, 1914-1980*, pp.60-61.

[③] John Benson, *The Rise of Consumer Society in Britain, 1880-1980*, p.39.

第十一章 走向富裕社会

展是同步的。零售、市场、广告、旅游、休闲、运动等方面的消费供给，在19世纪中后期开始呈现出全新的局面，而且日益重要，这个重要性在20世纪得到保持和增长。以零售业为例，在19世纪下半叶，英国的服务业从业人员翻了一番，20世纪上半叶则又增加了40%。① 合作商店、百货商店和连锁商店的大量出现为消费者购买商品提供了便利，同时，这些商店也提供了更高质量的服务。在英国，截止到"二战"爆发，连锁品牌"玛莎百货""立顿""森兹伯里斯"和"沃尔沃斯"等已经在几乎每一个中等城市家喻户晓，它们出售的商品包括食品、服饰和家居用品，要比任何一家传统的街角商店或杂货铺更丰富。② 同时，购买方式的改变也使消费者享受到了更好的服务。较为富裕的劳动者可以使用分期付款（邮政订购和信用卡）来购买家具、电子商品、汽车和其他耐用消费品。在两次大战期间，英国的分期付款业务增长了2倍。许多消费者可以购买之前无力支付的商品。到1966年，信用消费占到消费者支出的10%左右。③

  英国旅游业的繁荣出现在维多利亚时代，大致具有三个特征：首先是19世纪滨海度假胜地的发展，之后是大战之间的"假日野营运动"，最后是一揽子旅游业出现。劳动时间的缩短和假日的增加为旅游提供了可能。例如，随着约翰·卢伯克爵士（Sir John Lubbock）主张的《1871年银行假日法案》（Bank Holiday' Act of 1871）的实施，数百万人乘坐各类交通工具来到度假胜地。在这个时期，一些城市开始成为出名的休闲胜地，如斯卡伯勒、布莱克浦、布莱顿等都是在这个时期发展起来的。这些城市开始投资建设码头和各种娱乐设施，为游人提供了更多的娱乐选择。"二战"之后，由于航空业的发展，旅游产品更加多样，英国的旅行社每年向世界各

---

  ① Phyllis Deane and W. A. Cole, *British Economic Growth, 1688-1959: Trends and Structure*, p.143.
  ② John Stevenson, *Bristish Society 1914-1945*, Middlesex: Penguin, 1984, p.113.
  ③ John Benson, *The Rise of Consumer Society in Britain, 1880-1980*, p.41.

地运送的旅行者有数百万人。①

消费品市场的发展理应包括文化方面。首先是传媒行业获得发展。报纸和杂志是消费者打发休闲时间的重要方式。1829年，英国《太阳报》每周的发行量已经达到11万份，此后报纸行业获得很大发展，到19世纪末，随着阿尔弗雷德·哈姆斯沃斯（Alfred Harmsworth，1905年受封为诺斯克里夫勋爵）进军报纸行业，经过几十年的发展，到20世纪初，已经掀起了一场传媒行业的革命，不仅是因为大众报业的创立，还在于独立的私人报社联合成大规模的报业联合。此后，传媒行业进一步繁荣。每周的杂志也很有市场，两次大战期间，获得迅速发展。这些杂志内容涉及厨艺、服饰、小说等内容，吸引了大量女性消费者。它们也通过自己的方式确立了自己的读者群体。其次，文化消费品的市场还包括音乐、戏剧、电影等。音乐厅、剧院、图书馆等公共设施的建设也是消费社会的重要内容，它们受到社会上层的欢迎，并逐渐扩展到整个社会。在英国，影院始建于1896年，到1914年，全国有超过1 000家影院，每周接待观众七八百万之多。更关键的是，当时电影的票价都很便宜，仅仅需要3便士就可以买到一张坐票。②

最后，各个领域的经营者都在增加供应，他们有针对性地向不同的消费者推销产品，降低成本，扩大消费品和服务的数量。此时的消费品还出现了一股商业化和专业化的趋势，比如体育运动。专业俱乐部、职业联赛的成立吸引了大量观看者，观看比赛成为新的消费方式。在英国最明显的是足球。英格兰的足球联赛建立于1888年，苏格兰的第一个足球联赛则建立于1891年，英国的足协杯决赛在1913年吸引了12万人到场观看。足球已经成为一门大生意。观看比赛已经成为欧洲人生活的重要内容。"二战"以后，随着电视的普及，在家中观看足球比赛也逐渐成为一种习惯。赛马运动，以及从

---

① John Benson, *The Rise of Consumer Society in Britain, 1880-1980*, pp.42-44.
② Edward Royle, *Modern Britain: A Social History, 1750-1985*, London, New York, Melborne, Aukland: Edward Arnold, 1987, pp.271-277.

其中衍生的博彩行业也是如此。[①]不过，上述产业的发展都是相互联系的，比如，体育运动的发展与传媒行业的发展是分不开的。

　　工业化给欧洲带来了巨大的社会财富。正如马克思指出的那样，"资产阶级争得自己的统治地位还不到一百年，它所创造的生产力比过去世世代代总共创造的生产力还要大、还要多。"[②]这是欧洲人生活水平提高的最根本保障。尽管消费和生活水平的高低涉及生产、供给、分配、市场等多个领域，但其首要条件是生产力水平和物质文化产品的供给能力。从上文的论述可以看出，近两个世纪以来，欧洲的消费品供给充裕且丰富。这既得益于私人产权的确立和制度的调整，也得益于技术进步和劳动生产率的提高。随着全球化和战后的一体化，欧洲市场上的大众消费品更加丰富，正是在这种背景下，欧洲人走进真正的富裕时代。

[①] Edward Royle, *Modern Britain: A Social History, 1750–1985*, pp.268–270.
[②] 《马克思恩格斯全集》（第4卷），人民出版社1972年版，第471页。

第十二章　收入分配

工业革命以后，欧洲国家创造了巨大的社会财富。同时，它们也对财富的分配机制进行改革。社会各个阶层，尤其是下层普通大众，开始分享工业革命带来的"红利"。而且，这种改变逐渐获得制度保障。从19世纪末开始，欧洲各国政府开始建立社会保障体系，以保证劳动者的基本生活。在收入增长和公共福利不断变多的情况下，大众生活水平持续提高，贫困人口的数量逐渐减少。

一、劳动者收入

工业革命期间，欧洲（尤其是英国）工人阶级的生活水平如何，曾引起西方学界的长期争论。在20世纪上半叶，研究者可以被分为"乐观派"和"悲观派"。前者主张工业革命中的生活水平总体趋势在改善，后者则对此表示反对，并认为工人阶级的生活在不断恶化。到了20世纪下半叶，争论仍在继续。对于上述争论的现状及线索，国内学界已经进行及时追踪和梳理。[①]在我们看来，工业革命带来的好处不容置疑，工人阶级对这种好处的分享有一定的过程；其次，对于不同职业劳动者的生活水平需要具体分析，不应一概而论。近年来，对于19世纪英国工人的工资水平，越来越多的学者持乐观态度。皮

---

① 参见徐滨："英国工业革命中劳工生活标准的争论与辩驳"，《历史教学》2004年第12期；赵虹："西方学者关于英国工业革命中工人的生活标准讨论"，《云南师范大学学报》2011年第6期。

特·林德特和杰弗里·威廉姆森搜集了1755—1851年英国18份职业中男性劳动者的年收入数据。随后，他们将数据分为六组，考察了名义工资的变化情况，并按照不同的价格指数，对他们的工资购买力进行了估计。结果显示，工业革命期间，英国所有劳动者的收入都在增加，那些专业人士的收入增长更快。详见表12-1（甲）、表12-1（乙）。

表12-1（甲） 19世纪上半叶成年男性的年收入估计：英格兰和威尔士（单位：英镑）

年份	1797	1805	1810	1815	1819	1827	1835	1851
农业工人	30.03	40.40	42.04	40.04	39.05	31.04	30.03	29.04
非农业普通雇工	25.09	36.87	43.94	43.94	41.74	43.65	39.29	44.83
快递员和搬运工	57.66	69.43	76.01	80.69	81.35	84.39	87.20	88.88
低级政府雇员	46.77	52.48	57.17	60.22	60.60	59.01	58.70	66.45
警察和护卫	47.04	51.26	67.89	69.34	69.18	62.95	63.33	53.62
煤矿工人	47.79	64.99	63.22	57.82	50.37	54.61	56.41	55.44
高级政府雇员	133.73	151.09	176.86	195.16	219.25	222.95	270.42	234.87
造船行业	51.71	51.32	55.25	59.20	57.23	62.22	62.74	64.12
工程行业	58.08	75.88	88.23	94.91	92.71	80.69	77.26	84.05
建筑行业	40.64	55.30	66.35	66.35	63.02	66.35	59.72	66.35
棉织工	47.90	65.18	78.21	67.60	67.60	58.50	64.56	58.64
印刷工	66.01	71.11	79.22	79.22	71.14	70.23	70.23	74.72
教士	238.50	266.42	283.89	272.53	266.55	254.60	258.76	267.09
律师	165.00	340.00	447.50	447.50	447.50	522.50	1 166.67	1 837.50
职员	135.26	150.44	178.11	200.79	229.64	254.60	258.76	267.09
医生	174.95	217.60	217.60	217.60	217.60	175.20	200.92	200.92
中小学校长	43.21	43.21	51.10	51.10	69.35	69.35	81.89	81.11
工程师和测量员	190.00	291.43	305.00	337.50	326.43	265.71	398.89	479.00

表12-1（乙） 六组全职工人的实际收入趋势估计，1755—1851年（%）

	农业工人	中间群体（建筑工人）	劳工贵族（工匠）	蓝领	白领	所有工人
最悲观	31.6	75.1	68	61.8	294.5	103.7
适中的估计	63.6	116.5	107	99.2	349.6	154.8
最乐观	107	175.3	164.2	154.4	520.3	220.3

工业革命开始以来（18世纪中叶），几乎所有行业的工资都在一个世纪的时间里快速增长。上层工人工资的增速更快、幅度更大，基本可以达到300%（最悲观的估计），尤其是律师的收入竟然可以达到原来的8倍之多。

资料来源：Peter H. Lindert and Jeffrey G. Williamson, "English Workers' Living Standards during the Industrial Revolution: A New Look", *The Economic History Review*, New Series, Vol. 36, No. 1 (Feb., 1983), pp.4, 7。

到了19世纪中后期，劳动者的实际工资水平，开始和国民收入同步增长（因而它在不断增长的国民收入中的比例得以保持不变。从19世纪中期到20世纪中期，工资在国民收入中的比例大约在40%左右[1]），大众生活水平提高，学界对此毫无争议。A. L. 鲍利提供

---

[1] 〔英〕彼得·马赛厄斯、M.M.波斯坦主编：《剑桥欧洲经济史》（第七卷）：工业经济：资本、劳动力和企业（上册）：英国、法国、德国和斯堪的纳维亚，徐强、李军、马宏生译，谭雅玲、徐强校订，经济社会科学出版社2003年版，第203—204页及第204页表36。

表36 英国1860—1968年间国民总收入与GNP的分配（%）

年份	国民收入分配			GNP分配			
	工资和薪金	租金	利润、利息和混合收入	工资	零工支付	雇主贡献	薪金
1860—1869	48.5	13.7	38.9	38.7	—	—	6.5
1870—1879	48.7	13.1	38.2	38.9	—	—	6.4
1880—1889	48.2	14.0	37.9	38.6	—	—	7.6
1890—1899	49.8	12.0	38.2	39.5	—	—	8.5
1900—1909	48.4	11.4	40.2	38	—	—	9.7
1910—1914	—	—	—	34.5	2.0	—	10.8
1920—1929	59.7	6.6	33.7	38.0	1.7a	2.0a	16.6a
1930—1939	62.0	8.7	29.2	37.4b	1.5b	2.5b	18.1b
1940—1949	68.8	4.9	26.3	39.3c	3.6c	3.3c	19.1c
1950—1959	72.4	4.9	22.7	39.3	2.1	4.2	20.6
1960—1968	74.1	4.9	20.5	37.8d	1.6d	4.9	23.1d

注：a.1921-1929; b.1930-1938; c.1946-1949; d.1960-1963。

了19世纪英国的工资数据。这份数据开始于1840年,来自1840—1891年11个年份的8个行业。[1]G. H. 伍德将研究时间确定为1790—1860年,其方法是按城市或地区来考察,而不是行业。[2]尽管二者采取的方法不同,但结论均认为,在18世纪末19世纪初,英国工人的货币工资上涨75%,随后略微下降,到19世纪中期之后持续上涨。[3]随后,伍德又对1850—1906年工资水平进行了研究,工资数据集中于14个行业。[4]按照他提供的数据,工人的实际工资水平在这个时期持续上涨,一直保持到"一战"爆发之前。[5]

针对整个19世纪英国工人的工资水平变动,查尔斯·范斯坦对之前学者的数据进行了修正。结果显示,19世纪英国工人工资的真正上涨是从1850年开始,到19世纪80年代,涨幅已经达到50%。[6]在欧洲其他国家,劳动者的收入大致也出现了类似的趋势。在德国,从19世纪70年代到"一战"前夕,尽管人口增加了12%,但德国经济的发展为工人提供了充足的就业机会。就业充足的同时,工资水平也在上涨。在19世纪末到20世纪初,实际工资的增长幅度为40%—64%。[7]在比利时,工资指数从1840年开始持续增长,到"一战"之前,已经翻了一番。到战争结束后,工资再次飞速增长,其

---

[1]　A. L. Bowley, "Comparison of the Changes in Wages in France, The United States, and the United Kingdom, From 1840 to 1891", *The Economic Journal*, Vol. 8, No. 32 (Dec., 1898), pp. 474-489.

[2]　G. H. Wood, "The Course of Average Wages Between 1790 and 1860", *The Economic Journal*, Vol. 9, No. 36 (Dec., 1899), pp. 588-592.

[3]　Phyllis Deane and W. A. Cole, *British Economic Growth, 1688-1959: Trends and Structure*, pp.23-25.

[4]　G. H. Wood, "Real Wages and the Standard of Comfort since 1850", *Journal of the Royal Statistical Society*, Vol. 72, No. 1 (Mar., 1909), pp. 91-103.

[5]　Phyllis Deane and W. A. Cole, *British Economic Growth, 1688-1959: Trends and Structure*, pp.25-26.

[6]　Charles Feinstein, "Changes in Nominal Wages, The Cost of Living and Real Wages in the United Kingdom over Two Centuries, 1780-1990", in P. Scholliers and V. Zamagni, eds., *Labour's Reward: Real Wages and Economic Change in 19th-and 20th-century Europe*, Aldershot and Brookfield: Edward Elgar, 1995, p.5.

[7]　Larry Frohman, *Poor Relief and Welfare in Germany from the Reformation to World War I*, p.160.

指数已经是一百年前的20倍以上。在实际工资方面，年增长率平均在1%左右，其指数增长为原来的2倍以上（除了"一战"时期的急剧下降之外）。[1]

从19世纪末开始，劳动力收入的上涨趋势再也没有被逆转过，即使在战争期间。进入20世纪，尤其是"一战"之后，劳动者的工资和收入得到大幅提高。在20世纪20年代中后期的英国，建筑、船坞、农业等领域的工人，连同铁路工人中的非熟练工人在1925—1929年所得到的工资，比1914年7月提高了80%—100%。如果以1909—1913年的平均工资率为基准的话，改善还会更大些。铁路工人的改善在150%以上。建筑工人、印刷工人、制靴工人等的工资，毛纺织工人的工资的改善也是如此。[2]菲尔普斯·布朗和谢拉·霍普金斯对英国南部建筑工人的研究中，认为从13世纪到20世纪的近七百年间，工资提高速度最快的时期出现在两次世界大战期间，年增长率达到4.24%。[3]

在第二次世界大战结束之后，情况更加乐观。各国的失业率都在降低（英国是1.8%），几乎达到了"完全就业"。[4]在工作稳定的同时，劳动者的收入也在增长。"二战"之后，从1951年到1983年，英国男性体力工人的平均实际周工资从60英镑增加到111英镑，几乎翻了一番。[5]此后，工资仍然继续增长。在人均收入方面，从19世纪初的每年20英镑增加到20世纪末的每年超过3 000英镑（翻了150番，按购买力估计，实际增长7倍）。1851—1901年，劳动者

---

[1] Peter Scholliers, "A Century of Real Industrial Wages in Belgium, 1840-1939", in P. Scholliers and V. Zamagni, eds., *Labour's Reward: Real Wages and Economic Change in 19th-and 20th-century Europe*, pp.106-137.

[2] 〔英〕克拉潘：《英国现代经济史》下卷，姚曾廙译，第725页。

[3] E. H. Phelps Brown and Sheila V. Hopkins, "Seven Centuries of Building Wages", *Economica*, New Series, Vol. 22, No. 87 (Aug., 1955), pp. 195-206.

[4] R. C. O. Matthews, "Why has Britain had Full Employment since the War?", *The Economic Journal*, Vol. 78, No. 311 (Sep., 1968), p. 555.

[5] John Burnett, *Plenty and Want: A Social History of Food in England from 1815 to the Present Day*, p.301.

收入的增长率为75%，1901年到1951年的增长率为500%，1951年到1981年达到惊人的1300%。拥有自住房的比例在19世纪上半叶是全部住房的5%，1914年为10%，1939年为20%，1951年为30%，到了20世纪80年代已经增长到60%。①越来越多的死者留下财产，1858年，当年死者中的15%留下财产，而1938—1939年这个比例上升到33%。每份财产的价值已经从2 331英镑增长到3 640英镑。②

两个世纪以来，劳动者的工资购买力有了大幅提高。格里高利·克拉克认为，从1800年到2004年，英国工人的实际工资水平增长了13倍，年增长率为1.3%。③范斯坦的研究也证实了这一点。他综合考察了1795年以来的名义收入、生活成本和实际收入指数。从他提供的数据可以看出，英国工人的工资收入增长了400倍以上，受价格因素影响，工资购买力也上涨了10倍以上。参见表12-2。

表12-2 英国的名义收入、生活成本和实际收入指数，
1790—1990年（1913年为100）

年份	名义收入	生活成本	实际收入	年份	名义收入	生活成本	实际收入
1795	34	94	36	1835	40	85	47
1800	39	132	29	1840	43	105	41
1805	44	123	36	1845	44	92	48
1810	49	135	36	1851	45	85	53
1816	47	121	39	1856	55	110	49
1820	43	109	40	1861	55	106	52
1824	42	101	42	1866	62	108	58
1830	40	98	40	1873	75	111	67

---

① John Benson, *The Rise of Consumer Society in Britain, 1880-1980*, pp.12-13.
② W. D. Rubinstein, *Men of Property: The very Wealthy in Britain since the Industrial Revolution*, London: Croom Helm, 1981, pp.28-30, 32.
③ Gregory Clark, "The Condition of the Working Class in England, 1209-2004", *Journal of Political Economy*, Vol.113, No.6 (Dec., 2005), pp.1307-1340.

续表

年份	名义收入	生活成本	实际收入	年份	名义收入	生活成本	实际收入
1876	74	105	71	1932	189	142	133
1881	71	98	73	1936	197	145	136
1886	71	90	79	1938	209	154	135
1891	78	90	86	1948	456	270	169
1896	79	85	93	1951	546	315	173
1901	87	91	96	1955	729	377	194
1906	90	92	98	1960	949	429	221
1913	100	100	100	1968	1 509	568	266
1918	211	202	104	1973	2 685	783	343
1920	278	245	114	1979	6 236	1 946	320
1924	198	172	115	1983	10 091	2 917	346
1929	197	162	122	1990	17 574	4 329	406

资料来源：Charles Feinstein, "Changes in Nominal wages, the Cost of Living and Real Wages in the United Kingdom over Two Centuries, 1780-1990", p.31.

工资差距是衡量收入水平的另一项重要指标。随着工资水平的普遍提高，欧洲低收入者的工资上涨往往更快，各阶层之间的工资差距逐渐缩小成为明显现象。在英国，19世纪60年代，一个技术工人每周可以得到的收入从25先令到35先令不等，到1914年，已经可以达到38—47先令。但非技术工人1867年每周的收入只有21—25先令，到1914年已经达到30—35先令，与前者的差距在缩小。19世纪60年代，技术工人工资是非技术工人平均工资的2倍左右，二十年后，这种差距已经缩小到50%。[①]1913—1978年，英国"蓝领"和"白领"工人之间的工资差距继续缩小。自进入20世纪以来，劳动者的周工资的购买力计算上涨了400%。1913/1914—1978年，半技术工人和非技术工人的收入比技术工人上涨更多，幅度多达33%。20世纪初，技术工人和工匠的工资要比非技术工人分别高

---

① W. Hamish Fraser, *The Coming of the Mass Market, 1850-1914*, p.18.

出68%和98%；50年代，这个数字下降到43%和80%，到70年代，技术工资的领先再次缩小，已经下降到28%和38%。尽管其他国家的数据并不充分，但不同劳动者的收入也呈现出日益平等的趋势。[①] 如果将劳动者分为"工资劳动者"（wage-earners，体力劳动者）和"薪资劳动者"（salary-earners，管理人员、技术人员和职员等专业人员，是现代中产阶级的核心组成部分），可以发现，从19世纪末到20世纪末，两类劳动者的工资都在增长，但很明显的是，前者的收入增长更快，与后者的收入差距在缩小，二者的收入比已经从1∶2.4下降到1∶1.4。参见表12-3。[②]

表12-3 英国"工资劳动者"（W）与"薪资劳动者"（S）的数量与收入（1911—1971年）

年份	人数（百万）		平均年收入（英镑）		W在总雇员中的比例（%）	S与W的比例
	W	S	W	S		
1911	15.42	1.98	52	126	88.6	2.4
1921	13.13	2.75	122	249	82.7	2.0
1931	13.43	3.13	115	237	81.1	2.0
1938	15.44	3.80	126	240	80.2	1.9
1951	16.84	4.95	322	523	77.3	1.6
1961	16.51	6.80	585	821	70.8	1.4
1971	14.23	8.16	1 193	1 650	63.6	1.4

资料来源：R. C. O. Matthews, C. H. Feinstein and J. C. Olding-smee, eds., *British Economic Growth, 1856–1973*, p.167。

性别方面的工资差距的变化也是如此，因为妇女的收入也在增加。进入工业化时代以来，妇女劳动者的数量不断增加。在英国，

[①] Ruy Routh, *Occupation and Pay in Great Britain, 1906–79*, Basingstoke: Palgrave Macmillan, 1980, pp.120–121.

[②] R. C. O. Matthews, C.H.Feinstein and J. C. Olding-smee, eds., *British Economic Growth, 1856–1973*, pp.166–167.

1851年有280万人，1901年有520万人，1951年有700万人，到了1981年有990万人。相应地，妇女在劳动力中的比例大致维持在35%—46%之间。①长期以来，妇女的工资一直是男性的一半左右。原因有很多，比如性别歧视、工作性质、劳动时间等。但到了20世纪70年代，这种现象有所改观。1970年英国的《同酬法案》和1975年的《反性别歧视法案》禁止工作中的性别歧视。到1975年，女性工资上涨到男性的57.5%，1978年则继续上涨到61%，此后一直保持在这个水平上。②到1975年，英国在缩小收入差距方面比任何国家都做得好。

欧洲其他国家的情况大致与英国相仿。在法国，随着劳动力的流动和工资水平的提升，地区间的收入差异在缩小。从19世纪中叶到两次世界大战期间，城市工资的区域差别从1.6下降到1.4。巴黎地区对其他地区的工资优势在缩小，其领先从100%降低到50%左右。③在德国，从20世纪30年代开始，于尔根·库茨欣斯基（Jürgen Kuczynski）在一系列论著中鼓吹"悲观论"，他认为在"长19世纪"（1800—1914年）里，德国工资水平的提升有限。但最近的研究表明，从工业起飞的1850年左右到"一战"之前，德国各工业部门之间的工资差异持续缩小，蓝领和白领之间、女性工人与男性工人之间的差别也呈现出大致相同的趋势。这种"平等化"的浪潮一直持续到20世纪中叶。这都是因为劳动者收入的普遍提高，高收入者经济优势在缩小，不同劳动者之间收入差距也在缩小。④不仅如此，19世纪中后期以来，德国成为英国最大的竞争对手。在国民生活水

---

① John Benson, *The Rise of Consumer Society in Britain, 1880-1980*, p.22.
② Sidney Pollard, *The Development of the British Economy, 1914-1980*, pp.321-322.
③ Pierre Sicsic, "Wage Dispersion in France, 1850-1930", in P. Scholliers and V.Zamagni, eds., *Labour's Reward: Real Wages and Economic Change in 19th-and 20th-century Europe*, pp.169-181.
④ Rüdiger Hohls, "The Sectoral Structure of Earnings in Germany, 1885-1985", in P. Scholliers and V.Zamagni, eds., *Labour's Reward: Real Wages and Economic Change in 19th-and 20th-century Europe*, pp.37-60.

平方面，它也在迅速追赶。就具体工资收入而言，1905年，行业委员会调查了德国的工资和生活成本，并对两个国家的工资水平进行了比较。从表12-4中可以看出，德国与英国的工资差距在非技术工人之间要比技术工人小得多，工程行业的小工工资，竟然是相同的。

表12-4 1905年德英两国几类工业工人的周工资

	德国（当时汇率）	英国	比率（英国为100）
建筑行业			
砖工	26s.11d-31s.3d*	37s.6d-40s.6d	75
泥瓦匠	26s.11d-31s.3d	37s.2d-39s.4d	75
木匠	26s.11d-31s.3d	36s.2d-39s.9d	77
水管工	24s.-28s.6d	35s.4d-39s.9d	70
油漆工	24s.-29s.8d	31s.6d-37s.6d	78
小工	19s.6d-24s	23s.6d-27s	86
工程行业			
安装工	26s.-32s	32s.-36s	85
车工	27s.-33s	32s.-36s	88
铁匠	28s.6d-33s	32s-36s	90
模具工	25s.6d-35s	34s.-38s	77
小工	18s.-22s	18s.-22s	100
印刷行业			
排字工	24s.9d-25s.11d	28s.-33s	83
所有行业（平均）			83

*表格中，s代表先令，d代表衷便士。

资料来源：Stephen Broadberry and Carsten Burhop, "Real Wages and Labor Productivity in Britain and Germany, 1871-1938: A Unified Approach to the International Comparison of Living Standards", *The Journal of Economic History*, Vol. 70, No. 2 (June, 2010), p.420。

二、最低工资制度和农业补贴政策

在分配制度中，国民"最低工资"标准和对农业的补贴政策是欧洲国家的创新和特色。最低工资制度保证了各行业工人的基本生活标准，而对农业的补贴政策则是工业化完成之后对农业的反哺。

最低工资制度

在欧洲，最低工资政策已经有上百年的历史，实现过程相当漫长。自中世纪以来，一直执行的是"最高工资"（maximum wages）原则。也就是说，由国家立法或授权地方官吏订立当地的最高工资，索取或支付高于法定标准工资的人都会受到处罚。这种做法开始于黑死病爆发之后。在英国，1351年法令成为此后制订工资标准的标杆。1389年法令正式授予治安法官根据本地物价水平和特殊情况制订工资标准的权力。[①]上述做法在1563年法令、1603年法令、1726年法令中仍然得到执行。工业化进程中，工资问题逐渐成为劳资冲突的根源。于是，政府开始以确立最低工资标准作为解决问题的方式。最低工资制度的目标并非维持劳动者的最低生活水平，而是各行业工资的下限，防止工人受到过度剥削，而又能保证经济的正常运转。百余年来，欧洲各国的最低工资政策的机制虽各不相同，但决定最低工资的途径主要可以分为两类：立法和集体协商。

立法确定最低工资的典型国家是英国。1795年，萨穆埃尔·维特布莱德（Samuel Whitbread）在下院提出一个建立最低工资的方案，但被时任首相小皮特（Pitt the Younger）否决，因为后者认为它没有考虑到不同家庭的需求，而且如果标准定得过高，会滋生懒惰；定得过低，救助效果又不足。[②]尽管如此，政府对低收入者的救助计划并没有被放弃。1909年，查尔斯·布斯（Charles Booth）等人在对制糖行业进行调查之后，英国议会通过《贸易委员会

[①] John Raithby, ed., *Statutes of the Realm*, London: Dawsons of Pall Mall, 1810, Reprinted 1963, Vol.1, pp.311-312; 1816, Reprinted 1963, Vol.2, pp.57, 338.

[②] A. B. Atkinson, *Poverty in Britain and the Reform of Social Security*, Cambridge: Cambridge University Press, 1970, pp.142-143.

法案》(The Trade Boards Act),建立工资委员会体系(Wages Councils System)来制订四类行业的最低工资,它们包括:成衣和批发定制裁缝行业、纸盒制造业、铁锁制造和机器链条制造业。成立委员会的最初目的是保护低收入者,使其免于血汗工厂的剥削。证据表明,委员会极大地提高了低工资者的工资。1913年,另外五种行业中也建立了委员会:甜品和食品储藏、衬衫制造、器皿制造、锡盒制造和亚麻与棉织业。1918年,贸易委员会法案授权劳工大臣在那些"尚无充分机制来有效调节工资"的行业中建立委员会,同时试图拓宽最低工资的适用范围。到1922年12月,44个贸易委员会建立,到1937年共有47个委员会在运转,涵盖了114万余人,其中73%是妇女。在农业领域,最低工资标准建立于1924年的《农业工资法》(The Agriculture Wages Regulation Act)。该法案试图确立一种"生存工资"标准。它并没有确立通行全国的标准,而是各地成立工资委员会,以保证每一个工人都能得到一份合理的工资,既能激发工人提高工作效率的积极性,也能保障工人及其家庭成员的基本生活。[①]

1953年,工资委员会涵盖了350万工人。到20世纪60年代末,工资委员会已经在近60个行业中建立,囊括了大约400万的劳动者(全部劳动者的1/6)。大多数行业中的最低周工资在9.5英镑到10.5英镑,因此可以说这里已经包含了一种国民最低工资的胚芽,尽管还在一个很低的水平上。随着最低工资水平的提高,更多的低收入者的生活得到保障。不过,还有许多低收入者并不处于任何行业中,提高最低工资水平和建立更多的委员会都不能解决问题。一个全国最低工资标准亟待建立,它可以帮助到那些不能享受到家庭补贴、收入又无法满足生活所需的家庭。同时,对于孩子较多的家庭也是非常有益的。20世纪六七十年代,已经有

[①] George R. Boyer, "Living Standards, 1860-1939", in Roderick Floud and Paul Johnson, eds., *The Cambridge Economic History of Modern Britain*, Vol.2, 1863-1939, Economic Maturity, p.311.

不少人提出建立全国最低工资标准的建议。皇家贸易联盟委员会（Royal Commission on Trade Union）和雇主协会（Employer's Association）也建议，应该寻找保护低收入者的途径，包括建立一种全国最低工资标准的可能性。结果，政府任命了一个"跨部门工作小组"（Inter-departmental Working Party）来调查引入最低工资制度的结果，并随后形成报告。①不过，全国最低工资制度迟迟未被建立起来。不仅如此，在20世纪后期，最低工资制度受到攻击，撒切尔和梅杰政府先后取消数类行业和人群的最低工资资格。真正的转机出现于1998年，英国议会终于通过《全国最低工资法》，第二年又制定了详细的《全国最低工资条例》。全国性的最低工资制度得以确立和扩展。按照这两项法律，受影响人群的最低工资得以提高30%。新成立的"低收入委员会"（The Low Pay Commission）负责对全国最低工资的制订提供咨询意见，每年的最低工资由国务大臣（Secretary of State）发布。

在英国之外，欧洲的主要国家并未出现行业性的工资委员会，它们最初是通过行业内的劳资间的集体协商来确定最低工资标准的。在法国，长期以来，各行业都是通过这种方式来确定最低工资。直到1950年，法国通过《最低工资法》确立全国性的最低工资标准（500法郎/月）。几经改革，到20世纪70年代，法国开始推行新的行业间最低工资制度，其确立的基本框架一直沿用到今天。②在德国，也不存在法定的全国最低工资制度。但政府让劳资双方在一定范围内就薪资水平和其他工作条件进行协商，协定工资额实际上就是该行业的最低工资标准。1918年，德国颁布《集体合同、劳工及使用人委员会和劳动争议仲裁法》，对集体协商和集体合同制度进行了比较详细的规定。此后的《魏玛宪法》明确承认了工人的结社和集体谈判的民主权利。1921年颁布的《集体

---

① A. B. Atkinson, *Poverty in Britain and the Reform of Social Security*, pp.144-145, 151.
② 贾东岚：《国外最低工资》，中国劳动社会保障出版社2014年版，第150—151页。

合同法》被纳入劳动法中。①尽管这项法律在纳粹统治期间有所破坏，1949年联邦德国再次引入《集体协商法》（The Collective Agreement Act），最低工资制度得以恢复。其他国家，如芬兰和瑞士等也于20世纪20年代相继颁布《集体合同法》。

尽管决定最低工资标准的方式不同，但欧洲各国基本上都在20世纪上半叶确立了一些原则。它们保障了低收入者的基本生活，防止了劳动者之间的收入差距过于悬殊，深刻地影响着国民收入的再分配和国民经济的发展模式。

农业补贴政策

欧洲的工业革命是以农业的发展为基础的。在工业化进程中，各国的农业政策不尽相同。法国一向重视农业，而英国自从成为工业国家以来，农业生产居于次要地位。不过，近代以来，英国对农业一直执行保护政策。1815年的《谷物法》规定了较高的粮价，这使地主大获其利，农业获得发展。1846年《谷物法》取消之后，英国的食物开始主要依赖进口。19世纪末，肉类几乎要从国外进口一半。英国的土地只能提供全国粮食需求的1/5，只能满足"周六下午到周一早上"的食物需求。农业产品，如谷物、畜肉，价格大幅下降。②不过，在战争期间，粮食进口受到限制。为了满足国内的食品供应，英国先后于1917年和1920年颁布《谷物生产法》（The Corn Production Act）给予农场主必要的价格保障。这保证了小麦和燕麦的最低价格和租户的土地租赁权。大量的补贴使农场主以较低的价格向消费者提供食物。1920年，小麦的售价平均为每夸脱86先令4便士，第二年已经下降到49先令，1922年进一步降低到40先令9便士。20世纪20年代，政府对农业零星进行了几次补贴。最著名的是政府对甜菜业的支持。1925年《英国糖补贴法》（The British Sugar Subsidy Act）通过，几乎给予十年补助（补助金额总计超过4 000

---

① 吴红列：《工资集体协商：理论、制度和实践》，浙江大学出版社2011年版，第19页。
② W. H. B. Court, *A Concise Economic History of Britain, from 1750 to Recent Times*, p.201.

万英镑），助其成长。结果，甜菜的种植面积从几乎为零增长到35万英亩以上。此外，类似的农业鼓励政策还包括1928年的《农业信用法》(The Agricultural Credit Act，苏格兰于1929年通过同样的法案）的通过、农业抵押公司（Agricultural Mortgage Corporation）的成立。等等。到20世纪30年代，世界农业出现萧条。1931年，英国放弃自由贸易政策。通过《小麦法》(The Wheat Act，1932年）、《进口税法》(The Import Duties Act，1932年）和《农业营销法》(The Agricultural Marketing Acts，1931年、1933年），英国农业成为一个高度受保护和被补助的经济部门。例如，《小麦法》提供最直接的补贴。价格保障标准是10先令/英担，相当于45先令/夸脱，如果价格低于上述标准，政府将补足差价，最高补贴量为2 700万英担。这个法案既鼓励了小麦种植，又使小麦种植面积不至于无限制扩张。1933年之后，由于小麦价格上涨，种植面积增加，补贴量的上限很快被突破，1937年法案将其提高到3 600万英担。在此期间，各类关于农产品的委员会纷纷成立，如土豆营销委员会（Potato Marketing Board, 1934年）、牛奶营销委员会（Milk Marketing Board, 1933年）、熏肉和猪营销委员会（Bacon and Pig Marketing Board, 1933年）等，一改之前的放任政策。每年的补贴金额在3 200万—4 100万英镑之间，如果算上本可以从国外便宜购买粮食的成本，总金额超过1亿英镑。[①]

第二次世界大战结束之后，欧洲各国进一步"反哺"农业，给予农业大力支持和资金投入。当前欧洲已形成了比较完善的农业支持体系，各国的农业补贴的实施也具有相当高的水平。1947年，英国通过了第一部《农业法》，被称为"农民的宪章"（the Farmer's Charter）。此后，英国政府又多次颁布农业法令。这些法令所规定的各项政策中，最重要的一条是实行农产品的保证价格制度，又称"差价补贴制度"（difficiency payment），是指当规定的农产品（大

[①] Sidney Pollard, *The Development of the British Economy, 1914-1980*, pp.82-83, 85-86.

麦、小麦、马铃薯、牛奶、鸡蛋等）的全年平均价格低于保证价格时，其差价由政府补贴。同时，农产品价格每年审定一次，农民可以提前一年知道下一年的价格。这个制度减少了农场主的后顾之忧。[1]政府宣布对农场主和农业经营者给予补贴。按照1957年农业法精神，凡经常耕种或连续耕种三年以上的草地，每英亩补助5英镑，翻耕荒废的草地，每英亩补贴12英镑；培育一头小公牛，补助9英镑15先令，一头小母牛的补助为7英镑10先令。在农场建设补贴方面，凡建设房屋、道路、堤坝、供电系统等，国家负担1/3的费用；农场建造晾晒和储存农产品的设备或建造存放机械设备的建筑物，可得到20%的补贴；修建煤气、水电设施或建筑公路和便道，可得25%的补贴；平整土地、建造工厂等，可得60%的补贴。地方政府应筹资兴建防洪、排水和防旱保水设施，国家根据各地财政状况给予8%—10%的补贴。英国还向农场主发放补助金和奖金。如对改良土壤、施肥和使用石灰石的长期投资给予补助，对改良牲畜品种、提高贫瘠土地的单位面积产量发放奖金。[2]1973年，英国通过"农场资本补贴计划"也提出了内容丰富的补贴标准。"二战"以后，英国对农业投入了大量资金。据统计，1950年，每年的农业补贴为3.82亿英镑。从20世纪60年代中期到70年代初，补贴总额在250亿—300亿英镑之间。1973年，英国加入欧洲共同体之后，农业投入加大，1975年的农业补贴金额达到最高的13.36亿英镑。[3]

  法国对农业更为重视。到1950年，全国仍然有1/4的劳动力在从事农业劳动，到1975年之后才降低到10%以下（而英国1950年的农业劳动人口比例为5%，到了2000年已经下降到1.5%）。"二战"之后，法国也对农业采取补贴政策。例如，按照1960年的《农业指导法》，采取对农产品实行"保护价"（指导价）政策，如果市

---

[1] V. Webber Johnson, "The English Agricultural Act, 1947", *Land Economics*, Vol.24, No.2 (1948), p.17.曾尊固："战后英国农业的发展和变化"，《南京大学学报》（哲学·人文科学）1986年第3期。

[2] 参见刘景竹："战后英国的农业发展战略"，《世界农业》1983年第3期。

[3] Sidney Pollard, *The Development of the British Economy, 1914–1980*, pp.277–278.

场价格低于保护价，政府将给予差价补贴或直接以保护价收购。很快，政府改变策略，将补贴方法变为根据农场面积和工人数量直接进行补贴，所有农场所享受的补贴几乎都达到数万法郎。当前，法国农民享受着法国政府与欧盟的双重补贴，补贴已经达到收入的1/4以上，生产和生活几无后顾之忧。欧洲经济共同体成立之后，六个成员国开始实施共同的农业政策。其目标是：稳定农产品市场，保障粮食和农业原材料的供给；控制农产品价格。六国通过共同的农业政策使各国农业在关税、价格和享受的补贴方面处于相同的水平。1986—1988年，农业补贴占整个欧盟农业产出的42%，到2000年左右下降到36%。1999年，法国、瑞典和荷兰政府对农业的转移支付进一步提高，分别达到欧盟补贴的31.8%、46.8%和77.6%。对农业的补贴有利于资本的积累和深化。随着农业劳动生产率的提高，大量的劳动力进一步得到释放。农业生产在GDP中的比重也不断下降，产业结构进一步变化。[①]

当前，欧洲国家对于农业的支持主要执行的是欧盟"共同农业政策"（Common Agriculture Policy, CAP）。主要措施包括：直接发放补贴保障农产品价格，优化农业结构、提高农业生产规模化水平和农业人员素质、保护农业环境等。欧盟各国的农业处于各种补贴和政策保护之下，且补贴金额逐年提高。以英国为例，农业补贴从80年代末的4.91亿英镑提高到1998年的26.73亿英镑。相当于每个农民从1998年农业补贴中获得4 242英镑（按照当时的汇率，约合5.8万元人民币）。这对农业发展和农民增收的影响显而易见。[②]农业补贴，既是对社会财富进行再分配的一种方式，也是保证保障农产品供给的手段。在这种机制下，农民收入和消费能力得到提升，整个社会对饮食的基本消费需求由此也得到保障。

---

① 〔英〕斯蒂芬·布劳德伯利、凯文·H.奥罗克编著：《剑桥现代欧洲经济史：1870年至今》，张敏、孔尚会译，第278—279页。

② 参见滕淑娜、顾銮斋："由课征至补贴：英国惠农政策的由来与现状"，《史学理论研究》2010年第2期。

三、所得税制度与社会福利政策

除了提高工资水平之外,劳动者的可支配收入的增加,还可以通过另两个途径来实现,即减少因税收和社会保险而被扣除的份额,以及通过享受社会福利而免除一些必要的开销。在这方面,欧洲国家的税收制度和福利政策发挥了重要作用。

所得税制度

在欧洲近代历史上,各国逐渐形成了各自的税收政策和税收结构。在诸多税种中,(个人)所得税(income tax)对劳动者收入有直接影响,它也是调节财富分配、实现社会公平的重要手段。尤其是累进税制,在调解个人收入差距方面有着十分明显的效果。近代以来,欧洲国家就是通过税收制度来使更多的人享受到工业革命和经济发展带来的红利。通过对所得税的不断调整,欧洲社会的收入差距在缩小,减免政策也使低收入者的基本生活得到了保障。

在欧洲,所得税有着悠久的历史。早在中世纪,英国已经开始对收入征税,如1334年对城市居民开征的十分之一税和对乡村居民征收的十五分之一税。到了1379年,英国在征收人头税的同时,也开始征收所得税。随后,意大利的佛罗伦萨也开始对城市居民征收所得税。不过,真正意义上的所得税是近代以来的产物,开始于18世纪末的英国。在1799年,英国首相兼首任财政大臣威廉·皮特(即小皮特)为了增加财政收入,应对拿破仑战争,决定开征所得税。这次税收的征收对象不仅包括居住在英国的所有人,还包括并不居住在英国的公民。起征标准为年收入60英镑,在此之上实行累进制(也叫分级制),5英镑为一个等级,年收入为60—65英镑的税率不超过收入的1/120,年收入在200英镑及以上的税率最高不超过总收入的10%。同时,此次税收也包含对儿童和基本生活保障的减免政策。例如,对于儿童,年收入在60—400英镑的家庭,针对每个孩子的减免为5%，年收入在 5 000英镑及以上的家庭，每个孩子的减免率为1%—2%。按照当年的计划，税收来自19个项目，被分为4个大项，最主要的是来自不动产的收入，包含了其中的14个项目。① 此后，英国又先后采用了阿丁顿（Addington, 1803年）的财产税和佩蒂勋爵（Lord Petty, 1806年）的"财产和收入税"（income and property tax）。在拿破仑战争结束之后的1815年，英国取消了所得税。不过，英国的所得税模式产生了示范效应。在这个时期，其他一些欧洲国家（或地区），如瑞典（1810年）、普鲁士（1808年）等，已经开始尝试开征所得税，税率一般较低，不超过总收入的10%，纳税人数也不多。直到1842年法案，英国的罗伯特·皮尔（Robert Peel）再次引入"财产和所得税"，税率在英格兰为每英镑3.5便士，在苏格兰为每英镑2.5便士。此后，所得税成为英国财政收入的重要来源。② 尽管在19世纪末和20世纪初，所得税仍然被抨击为"所有课税中最败坏道德的"（税种），但它并未停止征收。19世纪80年代，税率为每英镑6便士，在维多利亚女王在位的最后几年，税率在每英镑6—8便士之间。南非战争期间（1899—1902年），税率先后上涨到每英镑1先令、1先令2便士和1先令3便士。之后的1903年，税率仍然保持在每英镑11便士。在这个时期，所得税的起征额度已经提升至150英镑。之后，起征最低标准再次提高至160英镑。收入越高，税率就越高，减免额度越低。1905—1906年，纳税人按照每英镑1先令的标准完税。第二年，标准税率下降25%，大大减轻了中产阶级纳税人的负担。③ 到第一次世界大战爆发之前，所得税越来越成为一种固定的税收。因为正是此时，福利政策开始实施，而其来源主要是税收。为了应付20世纪关于福利的几个法案，英国所得税税率增加到每英镑1先令2便士。同时，对

---

① 〔美〕埃德温·罗伯特·安德森·塞利格曼：《所得税研究：历史，理论与实务》（英文版），经济科学出版社2014版，第59、70—71页。

② 夏琛舸：《所得税的历史分析和比较研究》，东北财经大学出版社2003年版，第51—52页。

③ 〔英〕克拉潘：《现代英国经济史》下卷，姚曾廙译，第536—539页。

第十二章　收入分配

于年收入在5 000英镑以上的家庭加征"超级税"（super-tax），当年该项税入竟达到230万英镑。从此，所得税不仅成为政府开支的重要来源，也成为社会政策的一种工具，对调节贫富之间的收入分配产生不小影响。第一次世界大战的爆发使所得税率再次提升，从1先令2便士猛然提高到6先令（1918—1919年，1919—1920年），而且在1915年，所得税的起征点从160英镑降低到130英镑。① 1920—1921年，所得税仍然按每英镑6先令征收，在两次世界大战期间，税率从未低于每英镑4先令。所得税为政府收入做出了巨大贡献。1913—1914年，所得税在收入中的比例尚不足1/4，十年之后，已经上升到接近40%，到第二次世界大战爆发前夕，这个比例也在35%左右。② 英国的所得税是累进税（progressive tax），按照20世纪20年代的法律，所得税来自于5个项目：土地或房产所有权；土地使用权；利息、年金和分红；职业、贸易和受雇；来自公职机构的报酬。其中，来自利息和分红的税率要比来自职业、贸易的税率更高。同时，所得税还考虑了抚养儿童、基本生活等减免。③

德国的现代所得税制度建立于19世纪末。中世纪的财产税（property tax）基本崩溃，当时德意志各邦的税收的来源包括土地、建筑、商业性收入等，也包括对其他收入的征税，如工资、利息等。比如在1820年，巴登州引进了一种"等级税"（class tax，从14岁开始缴纳，直到60岁），仅仅对来自工资、薪酬和年金的收入征税。当然，对个人收入进行直接征税的做法也得到引进。但这引起德国公众的广泛讨论。1848年的一项法令将所得税引入巴伐利亚。两年之后，单一的所得税通行，税率为2%，但运行不力，于1856年废除。不过，其名称仍然保留下来。黑森和普鲁士也曾进行此类征税。德国统一之后，关键性的措施确立于1873年，在当年征收的"等级

---

① Sidney Pollard, *The Development of the British Economy, 1914–1980*, pp.18–19, 30.
② Ibid., p.128.
③ Charles R. Metzger, "Brief History of Income Taxation", *American Bar Association Journal*, Vol. 13, No. 11 (Nov., 1927), p. 663.

税"的体系中，居民收入被分为40个等级，420马克为最低生存线，也是免税线。最高为78万马克，在此之上，每增加6万马克，税收增加1 800马克。收入较低的阶层可以享受减免。当年纳税的930万人中，有500万人按最低标准纳税。第二年，新法生效后，640万人免税。这已经可以看作事实上的所得税。不过，真正的所得税先后在1884年的巴登、1891年的普鲁士得到征收，随后在19世纪的最后10年向其他各州发展，成为通行全国的税收。到20世纪初，经过了两次修订，其中1909年的修订最终使所得税确立下来。[1]

欧洲其他国家的所得税大致也经历了类似的过程，到19世纪末20世纪初，欧洲的主要国家，如英国、法国、比利时、荷兰、丹麦、挪威、瑞典等，都已经确立所得税制度。[2]所得税作为调节收入分配的一种方式，针对的主要是中产阶级及以上阶层。对于收入较低、负担较重的纳税者，减免所得税是保证他们基本生活的重要途径。这种做法在当前欧洲甚为流行。所得税的减免种类繁多，包括个人减免、已婚夫妻减免、赡养老人免税、抚养孩子减免、高龄减免、残疾减免等等。这是欧洲所得税的重要特征。在德国，针对孩子的数量有专门的减税额和等级评定。1906年所得税修正案将减免的范围从3 000马克扩展到年收入为6 500马克的家庭，每一个孩子不仅可以减免50马克的税额，3个孩子的家庭的纳税等级可以降一级，5个孩子的家庭降两级。1909年的法律将减免的范围从之前的6 500马克扩大到年收入9 500马克的家庭，减免的幅度也在增加。对于那些年收入不超过6 500马克的家庭，有2个孩子，税收等级降一级；3—4个孩子，则降两级；5—6个孩子，降三个等级；如果有更多的孩子，则每增加2个孩子，税收等级降低一级。年收入在6 500—9 500马克之间的家庭，3个孩子则降一级，5—6个孩子降两级，此后每增加2个孩子，减少一级。对于年收入

---

[1] 〔美〕埃德温·罗伯特·安德森·塞利格曼：《所得税研究：历史，理论与实务》（英文版），第213—235页。
[2] Charles R. Metzger, "Brief History of Income Taxation", pp. 662-664.

第十二章 收入分配

在9 500—12 500马克之间的家庭，减免增加了一些影响纳税者能力的"特殊理由"。①

英国的税收减免政策也是如此。这里以20世纪中叶英国的三次所得税为例对此进行说明。当时的所得税减免体现在以下三个方面：超出起征点的一定数额的较低税率；一定比例的纳税减免；针对夫妻和儿童的减免。税收减免对不同的家庭的收入影响差异很大。在英国，1938年的工资普查显示，21岁及以上的工业工人的平均收入是每周69先令，这意味着每年的收入不可能超过175英镑。当时只有1/4的工资劳动者的收入超过每周80先令6便士，也就是每年200英镑。一名已婚人士不缴所得税，除非他的年收入超过225镑；如果他有一个孩子，并只有一个人取得收入，那么免税界限再提高75英镑（即300英镑）。典型的工人不缴纳所得税，他也就谈不上享受针对儿童的税收减免。1945年，工人阶级的收入增加很多，所得税制度也有变化。1945年7月的工资普查显示，成年男性的周工资已经达到121先令4便士，或者说是年收入300英镑。在那时，除非他有3个孩子需要养活，否则便需要交税，超出起征点的首个165英镑的税率为每英镑6先令6便士。如果一个人年收入300英镑，并有3个孩子，他缴纳的所得税要比那些有同等收入而没有孩子的已婚人士少42英镑。1945年，由于价格的原因，42英镑的购买力要比1949年强得多。1948年10月的工资普查显示，工人的平均周收入为137先令11便士，年收入超过350英镑。所得税进一步减少，工人家庭享受到更有效的幼儿补贴。1949年，年收入350英镑没有孩子的家庭要缴税22英镑10先令，如有3个孩子，无须交税。自1945年以来，每个孩子都会为这个家庭带来每周5先令的津贴。参见表12-5。②

---

① 〔美〕埃德温·罗伯特·安德森·塞利格曼：《所得税研究：历史，理论与实务》（英文版），第233—235页。

② H. S. Booker, "Income Tax and Family Allowances in Britain", pp. 243-244.

表12-5　针对儿童的所得税减免（收入全部来自父亲，单位：英镑）

年份	1938	1945	1949		1938	1945	1949
收入：300				收入：600			
第一个孩子	5	16	10.5	第一个孩子	16.5	25	26
第二个孩子	无	16	无	第二个孩子	16.5	25	18
第三个孩子	无	10	无	第三个孩子	14	25	18
第四个孩子	无	无	无	第四个孩子	5	25	18
收入：400				收入：1 000			
第一个孩子	6	25	18	第一个孩子	16.5	25	27
第二个孩子	5	17	13.5	第二个孩子	16.5	25	27
第三个孩子	2	16	3	第三个孩子	16.5	25	27
第四个孩子	无	16	无	第四个孩子	16.5	25	27
收入：500							
第一个孩子	16.5	25	18				
第二个孩子	10	25	18				
第三个孩子	5	24	16.5				
第四个孩子	3	16	6				

资料来源：H. S. Booker, "Income Tax and Family Allowances in Britain", p.244。

在工业化进程中，欧洲面临着财富增加和收入差距扩大等问题，并由此引起社会危机。各国曾实行多种政策进行应对，所得税便是其中之一。实际上，早在1795年的英国，有人已经提出了"负所得税"（negative income tax）的一些基本理念。不过，当时所得税都还未开征，因此，理念是领先于实践的。这种所得税的基本理念是，在当前的免税标准下，收入低于免税标准的人不仅不用纳税，还会按照收入低于免费标准的数额得到一定比例的补助。类似的方案直到20世纪中期之后以"社会红利"的名义重新得到探讨，甚至有人设计出实施方案（如"里斯计划"，D.S.

Lees Scheme）。但遗憾的是，直到现在，英国的负所得税制度也未能确立起来。[1]尽管如此，所得税已经是相当伟大的创造。目前，欧洲的所得税制度仍然处于不断调整之中，在进行财富再分配方面发挥着不容忽视的作用。

社会福利政策

除了在税收方面通过"累进"等机制来调节财富分配之外，向社会成员提供福利政策也是欧洲各国在分配制度上的一大创新，它使更多的人可以分享工业化造就的财富"蛋糕"。1995年，欧盟委员会根据社会保障制度的特点（覆盖范围、资金来源、保障水平等）将1990年之前的欧盟国家分为四组。第一组是斯堪的纳维亚国家，特征是社会保障体系全民覆盖，主要来源是国家税收，以雇员缴纳的社会保险费作为补充。第二组是英国和爱尔兰，特征是社会保障基本全民覆盖，但对享有福利的资格有严格限制。公共医疗保险资金全部来源于政府税收，但其他公共支出的大部分来自雇员和雇主缴纳的社会保险费用。第三组包括奥地利、比利时、荷兰、卢森堡、德国和法国，特征是"俾斯麦式"的社会保障体系，即以家庭状况和雇佣情况来衡量是否符合享有社会保障的资格。它强调人们收入的来源，并对不同的阶层采取不同的标准。资金来源以社会保险费用为主，国家税收为辅。第四组包括希腊、意大利、葡萄牙和西班牙，特征是"俾斯麦式"的收入维持计划和对没有社会保险的人进行独立社会援助的结合体。其覆盖率是欧盟国家中最低的。[2]可以看出，欧洲国家的社会保障体系各具特点，都与本国国情紧密联系，它们的形成也经历了上百年的时间。见表12-6。

---

[1] A.B.Atkinson, *Poverty in Britain and the Reform of Social Security*, pp.157-159.
[2] 〔英〕斯蒂芬·布劳德伯利、凯文·H.奥罗克编著：《剑桥现代欧洲经济史：1870年至今》，张敏、孔尚会译，第321页。

表12-6 一些欧洲国家关于社会保障的最早立法年份

	意外	疾病		养老		失业		家庭津贴
		自愿	强制	自愿	强制	自愿	强制	
北欧								
瑞典	1901	1891	1953		1913	1934		1947
丹麦	1898	1892	1933		1891	1907		1952
芬兰	1917		1963		1937	1917		1943
挪威	1894		1909		1936	1906	1938	1946
西欧								
德国	1884		1883		1889		1927	1954
英国	1897		1911		1908		1911	1945
法国	1898	1898	1930	1900	1910	1905	1967	1932
荷兰	1901		1913		1913	1916	1949	1939
比利时	1903	1894	1944	1900	1924	1920	1944	1930
奥地利	1887		1888		1927		1920	1948
瑞士	1911	1911			1946	1924	1976	1952
爱尔兰	1897		1911		1908		1911	1944
南欧								
意大利	1898	1886	1928	1898	1919		1919	1936
西班牙	1922	1929			1919	1931	1954	1938
葡萄牙	1913		1919		1919			1942
希腊	1914		1926		1922		1945	1958

这份表格包含了意外、疾病、养老、失业和家庭津贴等五项主要的社会保障内容。可以看出，西欧国家（德国、英国、法国）率先进行立法。20世纪上半叶，各国基本上完成建设福利国家的立法程序。

资料来源：Gerold Ambrosius and William H.Hubbard, *A Social and Economic History of Twentieth-Century Europe*, pp. 118-119。

社会福利政策的起源可以追溯到19世纪80年代德国的立法。1883—1889年，德国先后颁布针对疾病、意外、养老和残疾的法律，成为世界上首个建立社会保障制度的国家。1883年，德国颁布《疾病保险法》（The Health Insurance Bill），对劳动者实行强制疾病保险，劳资双方分别承担70%和30%的费用，国家给予补贴。患病期间，疾病保险基金可以提供相当于工资一半的费用作为津贴，领取时限最长为13周。这个保险需要劳资双方共同参与管理。到1911年新法令颁布之时（1914年1月1日生效），家内仆人、农业工人和散工也被纳入到这个保险之中。当年参与这个保险的人数达到1 360万人。[1]1884年，德国又颁布了《工伤事故保险法》(The Accident Insurance Bill)，费用全部由雇主承担，并由他们管理。因工伤丧失劳动能力的人可以领取相当于工资2/3的补贴，时限最长为14周。1889年的《养老和残疾保险法》(The Old Age and Disability Insurance Bill)规定，年满70周岁、工龄满24年者可以领取养老金，残疾人工作满4年也可以领取年老金。根据缴纳数量，每个人可以领取的养老金最低为不足2先令，最高为略高于4先令。费用由雇主和劳工各承担50%，劳工服兵役期间，则由国家支付全部。该保险由国家统一管理。支付方法是由雇主发放卡片，保险直接从工资扣除。这个养老金可以维持领取人的生存，而不能保证他的生活水平。[2]这些保险法是"俾斯麦计划"的基本内容，它们标志着欧洲的社会政策从简单救济到社会保障转变的开始。俾斯麦之后，德国福利制度继续得到改善，覆盖面也在不断扩大。到1913年，大约有2 400万人享受国家福利，这已经接近全国人口的36%。[3]

在德国之后，其他国家纷纷跟上。从19世纪后期开始，主要的欧洲国家开始向劳动者提供包括工伤、疾病、失业、养老保险在内的基本社会保障。例如，法国1898年颁布《工伤保险法》，费用由雇主承担。1910年的《养老保险法》则规定费用由国家、雇主和雇

---

[1] J. H. Clapham, *Economic Development of France and Germany, 1815-1914*, p.337.

[2] Gasten V. Rimlinger, *Welfare Policy and Industrialization in Europe, America and Russia*, New York: John Wiley and Sons, 1971, pp.131-130. Michael Stolleis, *Origins of the German Welfare State: Social Policy in Gemany to 1945*, Tanslated from the German by Thomas Dunlap, Springer-Verlag Berlin Heidelberg, 2013, p.74.

[3] Gerhard A. Ritter, *Social Welfare in Germany and Britain*, Translated from German by Kim Traynor, Leamington Spa and New York: Berg Publishes Ltd., 1986, p.85.

员共同承担。到第一次世界大战爆发之前，欧洲国家几乎都引入了类似的立法。1914年的一项调查表明，西欧14国中，有13个国家建立了工伤保险制度，12个国家建立疾病保险制度，8个国家建立起养老保险制度（或其他形式的救济）。[①]同时，立法涉及的问题也更加广泛，如关于女性和儿童的工厂法、关于义务教育的立法等也逐步实现。

1906—1914年，英国议会通过几项社会福利立法，它们被称为"自由福利改革"。英国先是在1908年通过《养老金法》(The Old Age Pension Act)，向70岁以上的老人提供养老金。接着，1911年，议会又通过了《国民保险法》(The National Insurance Act)，对居民提供健康和事业保险，对失业、疾病、伤残、妇女分娩者提供社会救助，基本上形成了一套由国家负责的社会保险制度。在《国民保险法》中，第一部分试图建立一个囊括所有体力劳动者在内的强制性的健康保险制度。在这个制度中，工人每周支付4便士，雇主3便士，国家补偿2便士。参保人在生病时每周可以得到10先令（女性7.5先令），从生病第4天开始支付，最长可达13周。同时，参保人可以从医生那里得到免费的医疗。该法案的第二部分试图在若干行业，如建筑、造船、机械工程、制铁等行业，建立失业保险制度。该制度涵盖了225万工人，约占男性工人的20%。工人和雇主每周分别向失业保险基金缴纳2.5便士，国家补贴12/3便士。失业工人可以领取每周7先令的失业救济金，在12个月的周期内，最长可以享受15周的失业救济。社会保障制度建立之后，英国的社会转移支出，包括福利、失业保险金、养老金、健康和房屋补贴，在财政收入中的比例从1880年的0.86%增长到1910年的1.39%和1930年的2.61%。在社会支出占财政收入的比例方面，1880年，英国排在挪威和丹麦之后，位列欧洲第三位，1910年上升到第二位，仅次于

---

① 丁建定：《从济贫到社会保险：英国现代社会保障制度的建立，1870—1914》，中国社会科学出版社2000年版，第278页。

丹麦。到1930年，尽管社会支出急剧增加，但排位已经下滑到第五位，位列德国、爱尔兰、丹麦和芬兰之后。[1]

在两次世界大战期间，欧洲仍然坚持在社会福利上做文章。在英国，1920年的《就业保险法》(The Employment Insurance Act)将强制失业险扩展到所有工人，除了那些小业主、农业工人和家内工人。1936年，农业领域的单独的失业险建立。在1931年，一个有妻子和两个孩子的失业工人每周可以领到30先令的失业金，最长可以享受26周。1934年的《失业险法案》建立了一个"失业救助委员会"(the Unemployment Assistance Board)来向那些未参加失业保险或超过领取失业金期限的人提供帮助。1925年的《寡妇、孤儿和老年捐助年金法案》(The Widows', Orphans' and Old Age Contributory Pensions Act)向65岁以上的参保人和他们的妻子提供每周10先令的养老金；该法案也为寡妇和14岁以下的孩子提供保险金。1919年、1923年和1924年的《住房法》(The Housing Act)向低成本房屋建设提供资助。从1919年到1939年，约400万新建房屋，其中39%得到了地方政府或国家的资助。[2]

第二次世界大战结束之后，政府向国民提供的公共福利在数量和质量方面有了巨大提升，完善的社会保障制度在欧洲建立。社会政策不再仅限于社会保险制度，不是仅仅提供一种"反应性"保护。社会保障体系逐渐涵盖所有经济部门和几乎全部的人口，其目标已经从最初单一的"消除大众贫困"扩展到社会生活的方方面面，如解决社会问题、应对失业、向低收入者或无收入者提供救济、提供养老金和免费医疗等。这种改变源于指导理念的变化，即国家对于市民福利的责任的重新定义："市民"的权利不仅包括参与政治决定，还涉及享有社会福利的权利。社会政策不再仅仅是一种立法方式，或保障工人基本生活的一种方式，它已经变成一种"扩展的社

---

[1] George R. Boyer, "Living Standards, 1860–1939", pp.310–311.
[2] Ibid., pp.310–312.

会福利概念",其目标是达成一种更广泛的社会平衡。

英国是第一个做出改变的国家。1942年12月,以威廉·贝弗里奇为主席的"社会保险和相关服务委员会"(又称"贝弗里奇委员会")提出了一份战后社会保障制度改革的计划,即著名的《社会保险与相关服务的报告》(又称《贝弗里奇报告》,Beveridge Report)。这个报告呼吁对现有关于健康、养老、贫困、意外和失业的保障体系的完全更改,并建议一种因孩子数量而异的新形式的家庭津贴。这个新的社会保障计划的目标是普遍参与、全面覆盖,以及贡献与收益的公平性。1946—1948年,工党政府将《贝弗里奇报告》付诸实施,议会通过一系列社会改革立法,建立一套涵盖了每个人"从摇篮到坟墓"的福利制度,将英国变成世界上第一个"福利国家"(welfare state)。北欧国家的做法与英国最为接近。在养老和残疾保险的基础上,北欧四国(瑞典、挪威、冰岛、芬兰)都建立了家庭津贴制度,进行有意识的收入重新分配。到20世纪70年代,"福利国家"在西欧获得极大发展。1950年,在丹麦、瑞典、英国、挪威四国,意外、养老、健康和失业等保险覆盖的人群在总人口中的比例超过70%。到1975年,只有希腊、葡萄牙和西班牙的保险覆盖人口比例还低于这个数字。截止到同一年,覆盖面最广的是养老保险(pension insurance),涵盖了89%—100%的劳动人口(希腊、葡萄牙和西班牙除外)。几乎同样比例的人口参与了健康保险。1978年,甚至意大利也建立了"国民健康体系"。此时,失业保险的覆盖面还较低,比如法国的比例为2/3左右,丹麦和瑞士的覆盖比例则低于40%。持续快速的经济发展支持了社会保障制度的扩展。比如养老金,许多国家使用"最低国家养老金"来补充最初的以收入为基础的养老金计划,法国和奥地利是在1956年,意大利是在1965年,西德是在1972年。相比之下,瑞典、丹麦、挪威和英国在20世纪60年代引入了基于收入的差别体系。对于家庭开支的补偿是增加家庭津贴和一些其他补贴,如孕期补贴、产期补贴、产假、单身母亲的儿童补贴、幼儿园补贴等等。许多国家对社会保障采取了直接管理的措施。1950年，西欧社会保险的财政负担的平均比例，个人、雇主和国家都是30%左右，雇主比例稍大。但不同国家，差别很大。1950年和1974年，法国和意大利的雇主承担的比例超过50%；1974年，挪威的雇主承担的比例上升到50%，这使参保人承担的比例由48%下降到31%。在荷兰，雇主和国家承担的比例分别从46%和34%下降到29%和10%，参保人的比例则从20%增长到51%。在其他国家，国家承担的比例在增加，比如丹麦1974年承担的比例达到超高的88%。[1]

国家开支的组成和国家功能的改变是密切相关的。在20世纪中期开始，德国、英国、斯堪的纳维亚诸国，随后是荷兰、比利时、意大利和法国等，开始走向现代福利国家之路。尽管各国的投入水平有所不同，但到20世纪80年代，在所有欧洲国家中，社会支出都变得更为重要。到1980年，社会福利支出在GDP中的比例已经从最初的7%—15%上升到20%—42%，其比例不小于总支出的50%。[2]在"黄金时代"的西欧各国，社会支出的弹性都大于1，即GDP每增加1%，社会支出的增加要大于1%。到20世纪末，各国的社会支出弹性基本上都维持在略大于1或约等于1的水平上。[3]

社会福利政策是社会财富再分配的一种方式。在这种分配制度下，欧洲的贫富差距在缩小，低收入者的生活有了基本保障。有研究指出，如果没有现行的社会保障制度，生活在贫困中的人口将比实际多出7倍。1982年，英国占20%的最贫困家庭收入只有国民总收入的0.6%，但是由于政府的收入再分配（社会福利措施），他们得到了11.3%的国民可支配收入。[4]与此同时，极富的那部分人

---

[1] Gerold Ambrosius and William H.Hubbard, *A Social and Economic History of Twentieth-Century Europe*, pp.127–130.

[2] Ibid., pp.250–251.

[3] 〔英〕斯蒂芬·布劳德伯利、凯文·H.奥罗克编著：《剑桥现代欧洲经济史：1870年至今》，张敏、孔尚会译，第321页。

[4] 〔英〕尼古拉斯·巴尔编：《福利经济学前沿问题》，贺晓波译，中国税务出版社2000年版，第76页。

所占财富的比例在缩小。1913年，英国和法国人口中1%的最富有的人在国民财富中所占比例分别为70%和50%；到20世纪70年代，已经下降到23%和15%。人民大众因社会福利政策而享受到养老金、健康保障，从而积累起财富。[①]据布里格斯的解释，西欧国家在20世纪后期所推行的福利国家模式，至少在三个方面起到了纠正市场机制的作用。第一，福利国家模式"保证个人和家庭的最低收入，不管他们的工作和财产的市场价值如何"；第二，福利国家模式"使个人和家庭能够应付某些导致个人和家庭危机的'社会突发事件'（如疾病、老龄和失业），缩小其不安全程度"；第三，福利国家模式"不歧视公民地位或等级，确保他们在人们认可的一定社会服务内获得可得的最好水平的服务"。其中，最后一个方面真正反映了福利国家的特征，因为"它带来的是'最优'而非'最低'思想"，它体现了"待遇平等和享有同等选举权的选民抱负"。[②]

四、大众生活水平整体评估

随着经济发展、社会财富的增加和国民收入的再分配，欧洲人的日常生活发生着深刻的变化。从19世纪后期开始，欧洲居民的生活水平开始提高，他们关心的不再是仅仅维持基本生计，收入的增加使他们可以购买更多更好的食物，购买更多样式的服饰、更复杂的家具，并进行更多的文化、休闲追求。在制度保证下，大多数人可以自由地选择如何以及在哪里花掉手中的钱，这在人类历史上尚属首次。

现有的研究都表明，在19世纪中后期到20世纪初，由于工资的普遍上涨，欧洲的劳动者比以前有了更多的可支配收入。在英国，

---

① Gerold Ambrosius and William H.Hubbard, *A Social and Economic History of Twentieth-Century Europe*, p.73.
② 厉以宁：《工业化和制度调整》，第597—598页。

1850—1910年，货币工资水平翻了一番，收入的增加伴随着物价下跌，城市工人的平均实际工资上涨60%以上，劳动者的生活水平得到很大改善。在基本食物方面，1860—1910年，谷物的人均占有量增加，但越来越多的面粉是用来做蛋糕和饼干，而不再作为主食。由于肉类消费增加，国内的牛肉产量已经无法满足需求。新的罐装技术让从澳大利亚、北美等地进口的肉类可以保持质量。火腿和熏肉的进口从人均4磅增加到18磅，成为普通家庭喜好的食物。随着铁路的建设，鱼类也成为内陆城市可以消费的食物，导致英国鱼类消费的增加。炸鱼和薯条商店的流行就是最好的证明。在饮料方面，糖、茶、啤酒的人均消费量大大增加（糖从35磅增加到85磅，茶从3磅增加到6磅，啤酒从1850年的人均20加仑，增加到1914年的26加仑，最高时曾达到34.4加仑）。[1]不仅如此，一些原来的"奢侈"食物变得相当常见，如水果。瓜类、柠檬、菠萝等原是富人的专享，但到了19世纪中叶之后，蒸汽机和快船给劳动者带来了马耳他和克里特岛的桔子，带来了西印度群岛的菠萝。20世纪初，英国对于香蕉的进口量每年为670万枝，1914年的香蕉消费量为1900年的6倍以上。[2]

表12-7　1870年欧洲主要国家的生活水平评估

	人均GDP（1990年美元）	实际工资指数	出生时的预期寿命	识字率（%）	人类发展指数（HDI）
英国	3 263	100	41.3	76	0.496
比利时	2 640	90	40.0	66	0.429
荷兰	2 640	85	38.9	78	0.450
丹麦	1 927	54	45.5	81	0.448

---

[1] Peter Mathias, *The First Industrial Nation: The Economic History of Britain, 1700-1914*, London and New York: Routledge, 1983, pp.345-348.

[2] W. Hamish Fraser, *The Coming of the Mass Market, 1850-1914*, pp.29-31.

续表

	人均GDP（1990年美元）	实际工资指数	出生时的预期寿命	识字率（%）	人类发展指数（HDI）
德国	1 913	87	36.2	80	0.397
法国	1 858	75	42.0	69	0.400
瑞典	1 664	42	45.8	75	0.412
意大利	1 467	39	28.0	32	0.187

1870年，率先完成工业化的英国处于领先地位。在预期寿命、识字率、人类发展指数（HDI）方面，除了意大利落后较多之外，其他国家的差别并不大。

资料来源：Roderick Floud and Donald McCloskey, eds., *The Economic History of Britain since 1700*, Vol.2, 1860-1970s, Cambridge: Cambridge University Press, 1994, p. 283.

进入20世纪，欧洲的生活水平仍然在提高。"二战"之前的经济持续发展带来大众消费的突破，尤其是在西北欧。普遍繁荣伴随着物质不平等的减少。例如，食物消费量在增加，而且更加丰富和多样化。英国消费的各种肉类在1920—1922年是平均每年4 860万英担，1937—1938年增加到5 830万英担，鸡蛋从39.15亿个增加到93.85亿个，牛奶从8.49亿加仑增加到10亿加仑，黄油从410万英担增加到1 000万英担。不仅如此，随着收入的增加，劳动者的支出结构也在变化。1914年，英国工人家庭收入的3/4要花在食物和住房上，在1938年，这个数字下降到1/2。剩余的钱转向小型"奢侈品"，如烟草，到1939年，英国人对它的消费增长了500%，达到2亿英镑。[①] 在"二战"之后的"黄金时代"，欧洲经济飞速发展，改变着普通人的日常生活。到20世纪末，欧洲人的物质生活水平很高，食物消费结构也在改变。1985年，英国普通家庭每周的平均支出达到161.87英镑（1975年是54.58英镑）。其中，食物支出仍然占最大比例，为20.2%；其次是住房（16.1%）、交通（15.2%）、穿衣（7.4%）、耐用消费品（7.2%）、燃料和照明（6.1%）、饮酒（4.9%）

---

① Sidney Pollard, *The Development of the British Economy, 1914-1980*, p.82.

和烟草（2.7%）。[①]同时，食物结构日趋营养。从下面的表12-8可以看出，在英国普通家庭的食物中，传统食物的消费量在减少，牛肉、羊肉、熏肉在减少，糖、土豆、黄油、鱼和蛋等也在减少，饮料方面，奶和茶叶是如此。减少最为明显的当属面包，它曾是能量和蛋白质的主要来源。但1950—1985年，白面包的消费量减少了60%。当然，也有许多食物的消费量在增加，如猪肉、鸡肉、奶酪、早餐谷物和冷冻食品等。这其中增加最多的也许就是"便捷食物"，包括各类熟食、罐装食物和冰冻食物，还有蛋糕、饼干、酸奶等。1974年，每人每周花在上述食物上的钱为3.2英镑，是全部食物支出的1/3。1980—1985年，平均家庭食物开支增加了27%，其中便捷食物的支出增加了48%。

表12-8　英国居民的平均食物消费与开支，1950—1985年

	消费（盎司/人·周）				开支（便士/人·周）
	1950年	1960年	1983年	1985年	1985年
液体牛奶（品脱）	4.78	4.84	4.00	3.82	82.98
其他牛奶和奶油	0.43	0.31	0.31	0.31	15.68
奶酪	2.54	3.04	4.01	3.91	31.32
黄油	4.56	5.68	3.27	2.83	15.03
人造黄油	3.94	3.66	4.08	3.76	11.11
猪油和烹饪用油	3.11	2.63	1.70	1.44	3.25
其他油	—	—	1.63	2.03	7.38
鸡蛋（个）	3.46	4.36	3.53	3.15	21.10
果汁、糖浆	6.30	3.21	2.05	1.87	5.73
糖	10.13	17.76	9.84	8.41	11.63
牛肉	8.06	8.74	6.57	6.51	65.26
羊肉	5.43	6.63	3.87	3.27	25.38
猪肉	0.30	2.02	3.53	3.45	25.77

① John Burnett, *Plenty and Want: A Social History of Food in England from 1815 to the Present Day*, p.302.

续表

	消费（盎司/人·周）				开支（便士/人·周）
	1950年	1960年	1983年	1985年	1985年
熏肉	4.52	5.32	4.02	3.69	29.80
鸡肉	0.35	1.68	6.69	6.57	33.16
香肠	4.01	3.52	13.47	13.29	94.14
其他肉制品	7.82	7.98			
肉类总计	30.49	35.89	38.13	36.77	273.51
鱼	6.18	4.69	1.82	1.78	16.30
鱼罐头	0.44	0.95	1.76	1.46	15.48
冷冻鱼和鱼产品	—	0.29	1.55	1.67	12.77
新鲜绿叶菜	13.81	15.34	10.78	9.78	14.46
其他鲜蔬菜	16.16	13.88	15.71	15.70	30.60
冻蔬菜	—	0.63	4.92	5.97	14.23
蔬菜产品	4.55	6.21	12.44	12.51	36.13
土豆	62.04	56.14	39.88	40.96	17.62
水果	14.41	18.16	19.64	18.52	38.82
水果制品	3.68	6.84	9.05	8.54	21.57
面粉	7.25	6.76	4.97	4.05	3.29
白面包	50.91	36.63	20.81	19.37	27.62
棕面包和全麦面包	2.55	3.35	5.89	7.33	13.63
其他面包	4.29	5.49	4.04	4.29	13.17
蛋糕、饼干	10.37	11.98	9.06	8.71	44.75
早餐谷物	1.40	1.80	3.83	4.04	17.14
茶	2.16	2.80	2.04	1.74	20.04
咖啡	0.21	0.39	0.69	0.68	12.59
汤	1.31	2.10	2.83	2.86	7.04

资料来源：John Burnett, *Plenty and Want: A Social History of Food in England from 1815 to the Present Day*, London: Routledge, 1966, pp.305-306.

在20世纪，普通人生活水平提高的另一个标志是对耐用消费品的购买。一个家庭的地位不再由是否雇有仆人（及其数量）来决定，而是由拥有家庭电器的种类来决定。这种"革命性"的变化在20世纪30年代开始加速。在那个时期，电灯和收音机逐渐成为家庭的标准配置，电话的普及率也在提高。在英国，电话在1912年的订购量为70万部。随着国有化的完成，1922年初的订购量已经达到100万部，1932年为200万部，到1939年已经达到325万部。不仅如此，邮局以优惠条件向乡村地区推广电话，加快了社会的沟通效率。①正是从这个时期开始，"消费社会"在西北欧发展，名牌商品、便宜零售店、广告、"消费信用"逐渐流行。②第二次世界大战之后，普通家庭购买和使用家用电器的潮流复苏。1900年，消费者家庭支出中仅有2.5%的支出在家具、电器和其他耐用消费品上，1938年这个数字是5.9%，1950年上升到7.5%，1980年达到9.7%。③汽车也是一类重要的耐用消费品。汽车拥有量的增长开始于两次世界大战期间，汽车于是不再被视为身份和财富的象征。在瑞典的斯德哥尔摩，1918—1930年私家车的数量翻了两番，在荷兰阿姆斯特丹1928—1939年私家车的数量翻了一番。在英国，1914年，获得许可的汽车的总数量为38.9万辆。到1939年，路上行驶的汽车已经超过300万辆，其中200万辆是私家车。汽车成为中产阶级的通常交通工具。到1938年，法国和英国，拥有汽车不再是富人的象征。在德国，能够拥有一辆"大众汽车"（people's car, Volkswagen）的人不在少数。汽车和它们的燃料成为征税的重要对象：1920年直接税入为150万英镑，1937年已经达到3 450万英镑，燃料税和进口税从500万英镑增加到4 650万英镑。每英里路程的汽车数量从1909年的0.8辆增加到1924年的7.5辆，到1937年为16.4辆。④"二战"之后，汽车的拥有量开始出现爆炸式增长。在德国汉堡，1938年拥有8万辆汽车，三十年后为43万辆。在

---

① Sidney Pollard, *The Development of the British Economy, 1914–1980*, p.96.
② Gerold Ambrosius and William H.Hubbard, *A Social and Economic History of Twentieth-Century Europe*, p.75.
③ Edward Royle, *Modern Britain: A Social History, 1750–1985*, p.280.
④ Sidney Pollard, *The Development of the British Economy, 1914–1980*, p.92.

荷兰的四大城市，私家车数量从1960年的每千人50辆增加到1980年的每千人300辆。欧洲汽车供应1975—1995年翻了一番。[①]总体看来，到20世纪80年代，欧洲人对耐用消费品的拥有率已经非常高。在1980年的联邦德国，每100户家庭中，98户拥有电冰箱，93户拥有电视机，86户拥有洗衣机，70户装有电话，62户拥有汽车。[②]在1986年，英国人对私人住宅和汽车的拥有率达到了62%。之前被视为奢侈品的家用电器也早就飞入寻常百姓家。1986年，90%的家庭拥有电视机和电冰箱，80%的家庭拥有洗衣机，70%的家庭有中央取暖系统，2/3的家庭有空调。最新的烹调技术，微波炉在1959年从美国引进，已经出现在26%的家庭之中。[③]

  欧洲人生活水平的整体改善，还有一个需要提及的指标，即劳动时间的缩短和假期变长。大约从1850年开始，工作时间开始缩短。19世纪70年代初，9小时工作制已经在某些行业出现。到90年代，8小时工作制成为工人阶级的新追求。经过近30年的争取，到"一战"结束时，这个目标已经实现。"二战"结束后，劳动时间进一步缩小，7小时和7个半小时也在某些行业中实现。[④]两个世纪以来，劳动者可以自由支配的时间在显著增加。1880—1980年，工人每周正常的劳动时间缩短了1/3：从近60个小时减少到40个小时。在整个20世纪，工人的劳动时间从每周54个小时减少到37个小时降幅约30%。同时，假期变得更长。在20世纪末，假期已经长达5周时间，而在四十年前，假期只有2周。[⑤]而且，有薪假期得到普及。在

---

 ① 〔英〕彼得·克拉克：《欧洲城镇史，400—2000年》，宋一然、郑昱、李陶、戴梦译，第270页。

 ② 〔德〕韦·阿贝尔斯豪泽：《德意志联邦共和国经济史，1945—1980》，张连根、吴衡康译，商务印书馆1988年版，第107—108页。

 ③ John Burnett, *Plenty and Want: A Social History of Food in England from 1815 to the Present Day*, p.301.

 ④ 〔英〕彼得·马赛厄斯、M.M.波斯坦主编：《剑桥欧洲经济史》(第七卷)：工业经济：资本、劳动力和企业(上册)：英国、法国、德国和斯堪的纳维亚，徐强、李军、马宏生译，谭维玲、徐强校订，第208—209页。

 ⑤ Nicholas Crafts, "Living Standard", in Nicholas Crafts, Ian Gazeley and Andrew Newell. eds., *Work and Pay in Twentieth-Century Britain*, Oxford: Oxford University Press, 2007, p.23.

第十二章 收入分配

20世纪30年代的英国，只有150万人享有带薪假期，到1937年，这个数字增加到300万。1938年，议会通过《带薪假期法案》（The Holidays with Pay Act），"带薪假"的权益扩展到1 400万人（这是1930年的9倍多）。到20世纪60年代，96%的工人享有两周的基本带薪假。15%的人按照劳动合同的期限可以得到更长的休假时间。[①]休息日的增加不仅是收入增加和生活水平改善的象征，也意味着消费时间和需求的增加。

此时，欧洲一个普通人的日常生活是可以想象的：他不会工作很长时间，他的妻子可能会找一个兼职工作，如办公室清洁。家里的洗衣机可以将原本需要几天的活减少到在几个小时之内完成，她可能会在周二或周五到附近的超市去买食物，然后将它们放在冰箱里。他们的孩子可能不会去电影院（17%的16—19岁的人会去），但可能会去跳舞（25%的年轻人会出去跳舞），几乎都可能会去酒馆喝酒（68%的16—19岁的年轻人喝酒）。小儿子可能刚刚离开校园，还在领取儿童补贴。父亲可能会外出观看足球赛，但也可能在家里观看一场重大赛事的直播。所有人将更多的时间花在家里：93%的16—19岁的年轻人每周都要听录音带，孩子们可能会在自己的卧室听音乐。由于现代电器的普及和劳动时间的缩短，全家会将更多的休闲时光花在家中，比如每周有超过30个小时的看电视时间。父亲和长子可能都会有一辆汽车。[②]

除了日常基本生活水平的提升，从19世纪中期开始，欧洲人的消费领域发生了大量其他变化。许多"奢侈品"开始成为普通人的必需品。大众娱乐也获得发展，比如职业足球运动、赛马、赛狗。所有这些都是工人阶级富裕的象征。社会上层的饮食、穿衣、娱乐和假期的习惯向下层扩展，这是西欧"社会民主"应有之义。[③]到

[①] John Benson, *The Rise of Consumer Society in Britain, 1880–1980*, p.14.
[②] Edward Royle, *Modern Britain: A Social History, 1750–1985*, p.282.
[③] Peter Mathias, *The First Industrial Nation: The Economic History of Britain, 1700–1914*, pp.345–348.

20世纪中后期，稳定就业和实际工资的增长极大地改善了大众的消费和生活水平。家庭基本支出的比例下降到一半，使普通家庭可以享受更多消费品、服务或储蓄。到1960年之后，生活水平与生活方式虽然仍受到工作和收入的影响，但这已经不像之前那样对消费行为产生直接影响了。从历史上看，物质上的不平等已经极大地减小。[1]不论是受到广告的诱惑，还是模仿他人，或是改善生活，消费都已经成为潮流。在社会阶层上，新兴的中产阶级站在消费的前沿，低收入者也可以满足基本的生活需求，并寻求改善。在年龄阶段上，主流之外的老年人能够老有所养，在不断改善的社会环境中安度晚年。

---

[1] Gerold Ambrosius and William H.Hubbard, *A Social and Economic History of Twentieth-Century Europe*, pp. 76, 78.

第十三章 中产阶级的收入与消费

工业革命改变了欧洲。这个过程伴随着新"中产阶级"的兴起。他们是社会变革的引擎和受益者,最终占据欧洲经济和社会权力的中心。不仅如此,中产阶级在消费领域的表现也令人注意。在过去的两个世纪里,欧洲(尤其是英国)发生了一场"消费革命",变成了一个"消费社会",并形成了自己独特的"消费文化"。这与"中产阶级"有着直接的关系,因为他们正是这场革命的引领者和主力军。

一、范围界定和数量

自中世纪以来,"中产阶级"都是西方社会的一个重要组成部分。工业化给中产阶级带来了全新的要素,那些从事资本主义制造业的雇主,还有一些新的专业人员,如银行经理人、经纪人、设计师、工程师等,开始出现。随着人口增加和城市化程度的加深,专业人员(白领)的数量越来越多。专业人员是中产阶级的中间层级,在他们之上是银行家、商人和工业家,下面则是一些店主、小商人、手工艺人等。上述群体构成了中产阶级的三个层级。

概念、范围与类型

中产阶级(the middle classes,或称"中间阶层"或"中等阶级")是一个庞大的、复杂的有机体。在传统欧洲社会中,长期存在三个社会阶层：教士、贵族和劳动者。但随着工业化和城市化的进程，经营者群体和专业人士出现。他们一般被列入"第三阶层"，但这个阶层的内涵过于模糊。

马克思、恩格斯在论述资本主义的社会结构时，多次提及"中产阶级"（或中间阶层）。在恩格斯看来，Mittelklasse（中等阶级）这个词经常用来表示英文中的middle-class（或通常所说的复数middle-classes），它同法文的bourgeoisie（资产阶级）一样，表示"有产阶级"，即区别于贵族的有产阶级。[①] 尽管恩格斯没有告诉我们这个阶级具体包括哪些人，但《共产党宣言》明确了中等阶级的下层，即小工业家、小商人和小食利者、手工业者和农民。[②] 不仅如此，马克思、恩格斯还指出，在资产阶级社会的发展进程中，"中等阶级"的人数正在增加，无产阶级（有工作的无产阶级）在总人口中占的比例将相对地越来越小（虽然它的人数还会绝对地增加）。[③] 很明显，马克思、恩格斯早就注意到"中产阶级"的存在，以及它发展壮大的趋势。他们提及的"旧中产阶级"，与工业革命中形成的各类专业人士主要有两点区别：第一，新中产阶级大多没有独立经营的财产，主要身份是雇员，在地位上与普通的劳动者一样；第二，新中产阶级大多受过不同程度的教育，不再从事体力劳动，而且相当多的人是在从事技术性工作。[④]

实际上，在不同学者的眼中，"中产阶级"一词的指向不同。有学者在对英国都铎王朝时期的"中产阶级"进行研究时指出，它指的是商人、金融家、工业家、城市富人、资产阶级。该学者还宣称，如果不这样界定，"中产阶级这个概念就会变得飘忽不定，难以捉摸"。桑巴特在其名著《论资产阶级》（*Der Bourgeois*）中从思想态度的角度界定了中产阶级，并认为它仿佛本质上是一种心理现

---

① 《马克思恩格斯全集》（第2卷），人民出版社1972年版，第280页。
② 《马克思恩格斯全集》（第4卷），第474、476页。
③ 《马克思恩格斯全集》（第26卷），人民出版社1972年版，第63页。
④ 〔美〕C.莱特·米尔斯：《白领：美国的资产阶级》，周晓红译，南京大学出版社2016年版，第4—5页。

象。他把18世纪的中产阶级视为"在数字思维能力以及理性计算的习惯，尤其是金钱上的计算方面特别卓越的一群人"，"他们相信目的与手段是相关的；他们视懒惰为罪过，并有计划地使用他们的时间，同样仔细地计划他们的开支；他们有节约意识；他们在商业事务中的信仰是可靠、诚实、履行合同；在个人生活中鼓吹'正确的'生活；节制是他们的主要美德。"[1] 在马克斯·韦伯看来，"阶级"指的是那些拥有相同阶级地位的任何人群。"中产阶级"指的是处于社会中间的阶级，"包括形形色色的拥有财产或受过教育而以此获得收益"的人。在他们当中，有些人可能是"职业阶级"（基本上是享有特权的企业家、受到特权损害的无产者）。"独立的农民和手工业者"也被包括在"中产阶级"之内。此外，这个阶级还包括官员（从事公共事务的官员和私人事务的官员），具有卓越才能和受过卓越教育的"自由职业者"（律师、医生、艺术家），掌握垄断性技能的劳动者（固有的，或来自于训练的，或得自于教育的技能）。[2]

不仅如此，在不同的时代、不同的话题体系中，"中产阶级"的概念也并不一致。例如，在英国的政治话语中，"中产阶级"的内涵随时间变化而变化。在18世纪90年代，它指的是那些"倾向于政治革新和煽动"的人。但在1803年之后，大众激进主义消退，这个阐述不再有效。从此时到1819年的"彼得卢惨案"（the Peterloo Massacre），中产阶级不再指代统治精英，而是更低的阶层，这是一个受制于社会和政治秩序的驯服过程。不过，在1830年之前，中产阶级仍然是一个"被想象出来的选民"，很难将其与"特定的兴趣"或"一个具体的社会政治规划"联系在一起。《1832年改革法案》使"中产阶级"这个分类在组织与理解社会和政治实践方面开始发

---

[1] 〔英〕E. E. 里奇、C. H. 威尔逊主编：《剑桥欧洲经济史》（第五卷）：近代早期的欧洲经济组织，高德步等译，高德步校订，经济科学出版社2002年版，第531—532页。
[2] 〔德〕马克斯·韦伯：《经济与社会》上卷，林荣远译，商务印书馆1997年版，第333、335—336页。

挥中心作用。①尼尔的政治经济学认识到了潜在的物质机构和过程，并提出了"成长中的中产阶级"的概念。在尼尔看来，阶级的中心是"在一个权威和从属性的关系中对于地位的意识，如在一个处于其中的社会的对于自然和权力分配的意识，伴随着处于同样地位的人的集体身份的意识"。这个定义方式产生了一个"五阶级模型"：贵族地主的上层阶级；大工业和商业有产者的"中产阶级"，高级军事和专业人士；小资产阶级，有理想的专业人士，其他有文化的人和手工艺人；两个劳动阶级，一个工业的，另一个是非工业的。但这种分法有诸多问题，尼尔也坚持认为，"每一个社会阶级都可以包含一个更多的阶层"②。

到目前看来，给中产阶级下个真正的定义仍然十分困难。中产阶级从来都没有形成一个协调统一的整体。它一直处在一种不停演化的状态中，而且，中产阶级内部因政治、文化、经济、宗教和代际等因素而存在种种分歧，因此，有人认为，"它根本不是个可定义的单一实体"。不过，彼得·盖伊认为，把他们视为"一个阶级"，仍然是说得通的。19世纪的英国人喜欢用复数称呼"布尔乔亚"——middling ranks（诸中间阶层）或 middle classes（诸中间阶级）——是有其道理的。③如果我们对学界关于中产阶级的定义方法进行梳理，可以发现，当前大致有四种主流取向。第一种由经济学家来主导，以收入指标来定义"中产阶级"，其规模的扩张和紧缩常常意味着收入不平等的下降或上升；第二种由社会学家所倡导，依据职业分类或以职业分类为基础的职业划分来定义，"中产阶级"就是所谓的"白领阶层"；第三种取向以侧重文化分析，并或多或少受到后现代主义理论影响的社会学家为主，以消费行为、

---

① Anne Borsay, "A Middle Class in the Making: The Negotiation of Power and Status at Bath's Early Georgian General Infirmary, c. 1739-65", *Social History*, Vol. 24, No. 3 (Oct., 1999), p.270.

② Ibid., pp.270-271.

③ 〔美〕彼得·盖伊：《施尼兹勒的世纪：中产阶级文化的形成（1815—1914）》，梁永安译，北京大学出版社1995年版，第14—15页。

生活方式、文化品位、休闲生活来分析中产阶级的特性；第四种取向以政治学家为主，他们主张中产阶级推动民主政治转型，关注点是新产生的中产阶级的社会政治价值观及其对社会变迁的影响。①

一般认为，今天我们所说的"中产阶级"，指的是工商业的经理阶层和行政管理人员，及以各类专业人士为代表的"新中产阶级"，它是工业革命造就的。在19世纪末到20世纪初，人口调查也认可这些专业人士。当时，各类专业组织已经建立，比如英国的建筑师协会（1834年，律师协会同年成立）、会计师协会（1885年）等。政府鼓励这些机构的成立，允许他们设置职业考试，并颁发资格证书的权利。上述现象具有以下两个方面的影响：第一，这代表着中产阶级的一种意识，它将自己与底层的工人阶级区别开，也将自己与社会上层区分；第二，这些专业人士逐渐成为一种稳定的团体，他们在劳资的斗争中总是处于中立的位置。②外科医生、作家、下层牧师、中小学校长、律师等人都是在19世纪逐渐通过正式的资格和职业组织而获得身份。他们与从事工业和商业的人群大不相同。他们的收入不是来自利润，而是来自收费和薪酬。③"中产阶级"不仅仅是收入方面的中等阶层，因为除了收入之外，受过一定程度的教育也是"中产阶级"的重要特征。在19世纪中叶，德国的中产阶级的代表往往受过大学教育，被称为"大学毕业生"（Akademiker）。他们是形成了一个"文化市民"（Bildungsbürger）群体，包括国家高级公务员、律师、医生、药师和教士等专业人士，自认为是德意志文化的标准体现者，他们看不起那些没有受过教育但有财产的"财产市民"（Besitzbürger）。但直到19世纪末，这部分人的数量仍然很少。1869年，全国人口4 500万，大学生数量仅为18 000人；到1914年，全国人口6 700万，大学生数量也只有79 000人。④

---

① 〔英〕劳伦斯·詹姆斯：《中产阶级史》，李春玲、杨典译，李春玲校，序言，第1—2页。
② Edward Royle, *Modern Britain: A Social History, 1750–1985*, p.105.
③ Ibid., pp.103–105.
④ Martin Kitchen, *A History of Modern Germany, 1800–2000*, pp.46, 152.

中产阶级内部也是分层的。到1850年，中产阶级已经发展成了三个各具特色的层级。下层中产阶级（the lower middle class）几乎与工人阶级无法区分，他们是小土地持有者、普通职员和小商店主，他们很少再从事体力劳动，受到的教育也不是很多。而上层则有可能是拥有巨大财富的商业和金融从业者。不论过去还是现在，中产阶级的核心成员都是脑力工作者，即那些新出现的专业人士，包括律师、医生、建筑师、企业家、教师和任何掌握金融奥义的人。[1]就收入而言，1910年一位学者在对英国社会结构分析时指出，上层中产阶级的年收入介于600—2000英镑之间，毕业于公立学校和大学，有些大工厂主和大商人几乎和绅士一样富有；中层中产阶级的年收入是300—600英镑，主要是曾经就读于文法学校，对公共事务消息灵通同时有兴趣的商人和专业人士；下层则是只受过小学教育的店主、职员等，他们每周的收入仅有三五英镑。[2]下层中产阶级往往与服务行业的发展有关系。一方面，资本的集中降低了传统的"小资产阶级"（如小雇主和小商人）的重要性；另一方面，这个时期出现了一个独立的小白领群体，他们的身份包括文秘职员、低级管理人员、技术人员等。19世纪70年代，他们的收入从150英镑（相当于许多技术工匠）到300英镑（相当于上层职员）不等。[3]1879—1880年，英国缴纳所得税的最低标准为150英镑，也就是说纳税人事实上指的是中产阶级及以上收入人群。[4]19世纪上半叶，如果一个家庭的最低收入为150英镑，户主就可以被称为"绅士"，家里可以有一个偶尔打杂的、年工资3英镑的仆人；如果有200英镑收入，家里可以有一个年工资9英镑的常住仆人；收入超过250镑，他的妻子就可

---

[1] 〔英〕劳伦斯·詹姆斯：《中产阶级史》，李春玲、杨典译，李春玲校，第2页。

[2] 同上书，第355页。

[3] Roderick Floud and Donald McCloskey, eds., *The Economic History of Britain since 1700*, Vol.2, 1860–1970s, Cambridge, London, New York, New Rochelle, Melbourne, Sydney: Cambridge University Press, 1981, pp.224–225.

[4] W. D. Rubinstein, "Wealth, Elites and the Class Structure of Modern Britain", *Past & Present*, No. 76 (Aug., 1977), p.109.

以被称为"夫人"了。①直到1938年，有一个人在回忆自己在父母的肉铺工作时记录到，他总要称主顾为"夫人"，并记录下她的需求。②

进入20世纪之后，下层中产阶级与工人阶级的界限越来越模糊。不过，他们的婚姻模式、居住出行、穿着打扮、受教育和参与团体的类型都表明，他们是一个有着自身特点的群体。他们的工作稳定，生活压力相对较小，只是他们可以购买的房屋不大，使用少量仆人，甚至没有，而且工作时间难以掌控。技术工人的收入虽然与下层中产阶级差不多，但他们拥有技术，可以自由掌握工作时间。二者的差别还在于，白领的工作相对体面，而且他们不愿意向工人那样组织工会。随着工人力量的增强和工人运动的活跃，政府在教育、住房和其他福利政策上的开支增加，这一切是以税收为基础的，工人从中受益最多，而底层中产阶级损失相对较大。③

数量及其人口比重

19世纪中期之后，随着经济的腾飞和人口的增加，中产阶级的专业人士数量猛增。更多的人口就需要更多的医生，铁路、建筑等行业的发展造就了更多的建筑师和工程师，也需要更多的律师。从19世纪末开始，德国每万人中的医生数量从3.2人增加到1909年的4.8人。在英国，1911年的每万人拥有医生数量为7.1人，四十年前则是6.5人。全球性贸易国家的形成需要更多的金融财政专家。据当时的一位统计学家估计，1851—1881年，与"交易"相关的从业人员的总人数从54.7万增加到92.4万。银行业人士、会计师和金融顾问的人数从4.4万增至22.5万，建筑行业的管理人员也从1.52万增至5.55万。到1911年，中产阶级人数占到工作人口的11%，是

---

① John Burnett, *A Social History of Housing 1815-1970*, Newton Abbot: David and Chales, 1978, pp.94-95.
② John Benson, *The Rise of Consumer Society in Britain, 1880-1980*, p.206.
③ Roderick Floud and Donald McCloskey, eds., *The Economic History of Britain since 1700*, Vol.2, 1860-1970s, pp.225-226.

六十年前的两倍还多。①此外，由于政府对教育的投入不断增加，学校、大学、科研机构等不断成立，数量激增，该行业内的专业人士也在增加。银行和金融业务的发展也进一步促进了专业人士群体的膨胀。②中产阶级数量的增加还可以由女性职员的数量变动得到证明。19世纪70年代末，英国商界还很少有女职员，到1881年，已经有约7 000人，十年之后增加到2.2万人。到1911年，商业女职员的人数已经增加到14.6万人。其他女职员还有1.1万人。③工业的发展也促进了零售业的发展。据统计，1895—1907年，德国的商店数量增加了42%。④更多的商店意味着有更多的店主。1801年，英国的南安普顿有3 000人，其中零售商、服装商和女帽制造商有300余人。三十年后，拥有2.6万人的约克郡，散布着274家裁缝店和制裤店，96家杂货店，以及54家药品、化妆品店。从19世纪60年代开始，百货商店逐渐兴起，这对小型商店是一种威胁，但它造就了另一种下层中产阶级，即百货商店中的获取高工资的销售人员。⑤

无论如何，中产阶级正在兴起。以英国为例，据马斯格罗夫（Musgrove）估计，1881年中产阶级家庭有169.9万户，1911年增长到286.9万户。里德（W.J.Reader）指出，在19世纪末到20世纪初，总人口增长了39%，中产阶级的数量增长了50%。一些专业人士的数量正在激增。据统计，在1891—1911年的英格兰和威尔士，演员的数量增长了1.5倍，而作家、编辑和记者的数量也增长了135%。⑥

欧洲其他国家的情况与英国类似。在19世纪末到20世纪初的

---

① 〔英〕劳伦斯·詹姆斯：《中产阶级史》，李春玲、杨典译，李春玲校，第226—227页。
② 〔英〕彼得·克拉克：《欧洲城镇史，400—2000年》，宋一然、郑昱、李陶、戴梦译，第271—272页。
③ 〔英〕克拉潘：《现代英国经济史》下卷，姚曾廙译，第631页。
④ D. Blackbourn, "The Mittelstand in German Society and Politics, 1871-1914", *Social History*, Vol.2, No.4 (Jan., 1977), p. 421.
⑤ 〔英〕劳伦斯·詹姆斯：《中产阶级史》，李春玲、杨典译，李春玲校，第151页。
⑥ 引自John Lowerson, *Sport and the English Middle Classes, 1870-1914*, Manchester and New York: Manchester University Press, 1993, pp.6-7。

第十三章　中产阶级的收入与消费

德国，随着新工业部门、新生产方法的出现和公共服务部门的增加，白领的数量增加很快。1897年，他们已经被称为新兴起的中产阶级的核心。在1907年的职业调查中，农业、工业、贸易和交通领域的白领从1882年的30.7万人，增加到1907年的129.1万人，增长了3倍有余。实际上，当时的店员被列入工人之中，按照现代标准，这些人也应该属于白领，他们的数量从1882年的16.6万增加到40.6万。另外，还有29.7万的白领被列在公务人员和自由职业者的名目之下。①再以医生为例，1889年到1898年，医生的数量增长了56.2%。1885年到1913年每10万人中医生的数量从35人增加到53人。其中，牙医从548人增长到11 213人，翻了20番。②

得益于全国性的人口普查提供的大数据，学界可以开始对19世纪中期英国的中产阶级数量进行估算。但不同的研究者得出的结论不尽相同。据约翰·伯内特估计，在1851年，英国专业人员的数量大概有15万人，加上教育从业者大概10万人，中央和地方政府雇员7.5万人；那些经商、开店、从事金融行业的人员大概有13万；职员和商业旅行者（commercial travellers）大概有6万；工厂主和经营阶层大概有8.6万人。在1841年的人口普查中，还有11.9万自食其力的人和14.1万雇佣工人的土地所有者。如果将这些人也加进来，那么，可以被称为"中产阶级"的人大概有60万—70万，再加上他们的家庭成员，总数大概在300万左右，当时的总人口有1 800万，这样一来，中产阶级及其家庭在总人口所占比例大约为1/6。③到了1867年，伯内特认为，英国中产阶级人口达到550万，在总人口中的比例已经上升到近1/4。④

相比之下，其他学者的估计就没有那么乐观了。例如，斯塔姆普（J.C.Stamp）估计了1860年的所得税缴纳人数，即年收入在160

---

① Gerhard A. Ritter, *Social Welfare in Germany and Britain*, pp.91-92.
② Ibid., pp.112-113.
③ John Burnett, *A Social History of Housing 1815-1970*, p.95.
④ John Burnett, *Plenty and Want: A Social History of Food in England from 1815 to the Present Day*, p.66.

英镑以上之人，是28万，二十年后达到62万，到1913年，数量为119万。①也就是说，即使到了"一战"之前，英国中产阶级总人口可能只有600万左右，按照当时总人口3 300万人计算，比例不到20%。霍布斯鲍姆则认为，到20世纪初，英国可能有175万人属于年收入超过700英镑的那些殷实小康之家，有375万人属于年收入在160—700英镑之间的那些尚可维持的家庭，总数也就550万人左右。②这与斯塔姆普的估计相去不远。

不论是乐观估计，还是相对保守的估计，在19世纪，英国中产阶级在总人口所占比例可能不会超过25%。在欧洲其他国家，中产阶级群体的比重可能更小。于尔根·科卡估计，在德国，这个比例大约只有5%。③对于法国的中产阶级数量，我们没有具体的数字，但当时有人认为，按照"中产阶级"群体的发展，还不能认为19世纪是"资产阶级的世纪"。至少，在大革命前后的法国，资产阶级中只有少数人是实业家和商人，大部分还是地主。④

进入20世纪之后，欧洲中产阶级有了进一步的发展。在1911年到1921年，英国专业人员的数量从79.6万增加到87.5万。1931年的人口普查数据显示，英国有450万白领，代表了23.5%的受雇人口，其中，有96.8万专业人员、140万雇主、77万管理人员和146.5万职员。这比1921年的数据增加了50余万。阿戈萨·查普曼（Agatha Chapman）的研究也证实了这一点，他发现，制造工业、专门行业、汽电、娱乐、运动等行业中的白领在1924年到1938年大大增加了。⑤第二次世界大战结束后，中产阶级的数量及其在总人

---

① 引自 W. Hamish Fraser, *The Coming of the Mass Market, 1850–1914*, pp.23–24。
② 〔英〕埃里克·霍布斯鲍姆：《工业与帝国：英国的现代化历程》，梅俊杰译，中央编译出版社2016年版，第163页。
③ Jürgen Kocka, "The Middle Classes in Europe", *The Journal of Modern History*, Vol. 67, No. 4 (Dec., 1995), p.784.
④ Pamela M. Pilbeam, *The Middle Classes in Europe, 1789–1914: France, Germany, Italy, and Russia*, London: Macmillan, 1990, p.10.
⑤ 引自 Alan A. Jackson, *The Middle Classes, 1900–1950*, Melksham: Redwood Press, 1991, p.15。

口中所占比例以极快的速度继续增加。1931—1939年，专业领域和商业领域的就业者以及中央和地方政府的雇员数量所占比例从7%上升到11%。1948年，工业中的管理性的职员和技术性的雇员从1935年的13.5%增长到18.6%，1951年，中产阶级的数量达到1 040万，在总人口的比例为20%，其中业主和管理人员是430万。[1]中产阶级平安度过了20世纪70年代的经济波动，保持着一定的增幅。1978年的劳动力总数为2 200万，超过600万的劳动力就业于商业服务业（360万），以及社会服务业，涉及医疗（100万）、教育（100万）、保险、银行和企业服务（100万）和公务员（48.2万）等领域。增长最为惊人的是法律、金融、医学、教育等专业和科学服务行业，这几个行业增加了近100万个工作岗位。越来越多的人坐在办公桌和电脑前工作。金融行业的增长、精密科技的延伸、科学研究的需求，以及国家层面和地方性的科层行政体系的扩张导致了就业类型的上述变化，中产阶级是这个过程中的受益者。[2]

总体来看，中产阶级数量的增长是惊人的。在英国，1880—1980年，中产阶级的数量增加了7倍多。从1801年到1851年，中产阶级人数从130万增加到260万，在全国人口中所占比例保持在12.5%左右。进入20世纪，1901年，中产阶级人数已经达到930万人，其比例已经上升到25%；半个世纪之后，中产阶级人数继续增加到1 220万人，在总人口中的比例已经超过30%。到1981年，中产阶级的人数达到2 260万人，在总人口中的比例上升到40%。[3]

二、收入与支出结构

中产阶级在不断壮大的同时，也积累起更多的财富。这可以从死者财产统计的证据中得到证明。1858年，英国拥有价值1 000—

---

[1] Sidney Pollard, *The Development of the British Economy, 1914–1980*, pp.264-265.
[2] 〔英〕劳伦斯·詹姆斯：《中产阶级史》，李春玲、杨典译，李春玲校，第388页。
[3] John Benson, *The Rise of Consumer Society in Britain, 1880–1980*, p.24.

10 000英镑财富的人刚刚超过6 000人（占死亡人数的21%），在19、20世纪之交，这个人群的数量已经达到1.6万人（占死亡人数的24%），到1938—1939年超过4.6万人（占死亡人数的30%）。这些财富是很大的数额：20世纪30年代末，如果拥有1 200英镑，即使在伦敦也可以买到一个占地半英亩的独栋别墅。1923—1976年，中产阶级中最富有的20%的人的财富价值增加了一半，从总财富的33%上涨到52%。[①]中产阶级中工薪阶层的收入也在增加，在19世纪中期，他们的收入在国民收入中的比例不足7%，到1913年几乎是13%，1951年是20%，1973年超过26%。当然，专业人士的收入增长更快。比如，1913/1914年，全科医生（general practioner）的收入每年不到400英镑，在1935/1937年可能收入1 000英镑，在1960年超过2 500英镑。按实际购买力来讲，半个世纪时间里，中产阶级的收入增长超过50%。1911—1913年，一名男性银行职员的平均年收入为142英镑，1935年增长到368英镑，到1960年增加到1 040英镑，实际增长了75%。另外，1913—1914年至1978年，男性普通职员的薪水比那些更高级的专业人士，如医生、律师、建筑师、会计师等人的收入增长速度高60%，女性职工的收入比低级专业人员，如教师、图书馆员和社会工作者的收入增长速度高70%。[②]收入的增加保证了中产阶级引领着时代消费的潮流。参见表13-1。

表13-1　1900—1950年英国中产阶级的收入（单位：英镑）

	1900—1915年	1924—1929年	1930—1940年
银行家	8 000（1906年）	10 000—20 000	10 000—25 000或更多
高等法庭法官	5 000	5 000	5 000
公务部门助理秘书	1 150	1 000—1 200	1 094（平均）
公务部门负责人	855	700—900	800—1 100
执业医生	395	756	1094（平均）

① John Benson, *The Rise of Consumer Society in Britain, 1880–1980*, p. 25.
② Ibid., pp.25–26.

续表

	1900—1915年	1924—1929年	1930—1940年
牙医	368	601（平均）	676（平均）
议员	400	400	600（从1937年开始）
医药师	314	556	512（平均）
男教师	154	353（平均）	348（平均）
公务官员	195	100—400（平均250）	150—525（平均337.5）
铁路职员	30—120（平均75）	45—360（平均202.5）	224（平均）
公务部门职员	70—250（平均162.5）	182（平均）	85—350（平均217.5）
商业职员	99	60—250（平均155）	192（平均）

注：1900—1915年，成年男性工人的收入平均为75英镑/年，非技术工人为56—66英镑/年，伦敦的店员和邮递员每年的收入分别是80英镑和88英镑；1924—1929年，非技术工人的年收入为130—145英镑；1930—1940年，非技术工人每年的收入为135英镑。

资料来源：Alan A. Jackson, *The Middle Classes, 1900-1950*, pp.335-337。

收入增加的同时，中产阶级的消费结构也在发生变化。在范斯坦的研究中，体力劳动者的消费品包括面包、面粉、牛肉、羊肉、猪肉、奶、黄油、奶酪、土豆、糖、茶、煤、蜡烛、衣服和房租。在中产阶级的消费品篮子中，又增加了白胡椒、燕麦（养马）和仆人的工资。很难确定不同消费品在篮子中所占比例，但毫无疑问，食物开支的比例不断减少。中产阶级家庭因收入数量被分为两种类型：250英镑组（年收入150—500英镑）和750英镑组（年收入500英镑以上），每家两个成人三个孩子，还有一到三个仆人。我们手中有19世纪20年代伦敦的24组家庭开支表，年收入从55英镑到5 000英镑不等。参见表13-2。

表13-2 中产阶级的家庭预算（伦敦，1823—1824年）

	伦德尔		洛威
	250英镑组	750英镑组	750英镑组
面包和面粉	6.2	3.12	3.3
土豆、其他蔬菜	3.1	2.34	
肉类	14.6a	10.92	4
黄油、奶酪和牛奶	6.5	4.94	9.3a
糖、茶	5.7	3.12	4.7
杂货	3.1	2.34	
饮料	7.3	6.07	5.2
取暖	3.9	2.6	4
照明	1.2	1.15	1.1
清理	2.0	1.62	2.9
娱乐和休假	3.0b	3.44b	12
衣物	14.4	12.8	11.5
家具			9.7b
教育	4.2	3	5.3
房租	10	10	12
税			5.3
仆人	6.4	10.83	2.9
零星支出（邮费、捐献等）		3	6.7
储蓄	8.1	8.33	
马匹		8.78	
马车		1.6	
	100	100	100

资料来源：H. M. Boot, "Real Incomes of the British Middle Class, 1760-1850: The Experience of Clerks at the East India Company", *The Economic History Review*, New Series, Vol. 52, No. 4 (Nov., 1999), p.651。

伦德尔夫人（Mrs. Rundell）在《新家政经济制度》（*New System of Domestic Economy*）中，对中产阶级的家庭支出给予了估计。在250英镑年收入人群的样本中，肉的消费量很大，每天每名成员半磅肉（肉类在全年食物支出的比例约为20%—25%），还有相当量的鱼，然后是每周2品脱（价值3便士）的啤酒。茶和糖的消费量也非常惊人。19世纪中叶，消费品价格有所下降，奢侈品尤其如此，这对于中上层阶级生活水平的提高贡献很大。伦德尔夫人还给出了一个年收入1 000英镑的家庭在1824年的预算。这个中产阶级夫妇有三个孩子，雇佣了三个女仆、一个车夫和一名脚夫，家里有一辆马车（一辆四轮马车和两匹马）。这家人每周消耗52.5磅肉，每人每天0.75磅，此外还有鱼和鸡肉，每人每周0.75磅的黄油，每周1基尼（guinea，价值为21先令）的啤酒和其他饮料。最小的开支依然是蔬菜和水果（每周9便士），鸡蛋和牛奶（每周4.5便士）。车夫每年24英镑，脚夫22英镑，厨子16英镑，另外两个女仆分别为14英镑14先令和10.5英镑。两匹马每年的开支为每年65英镑17先令。[①]

那个时期，进入中产阶级的一个标志是雇佣至少一名仆人的能力，因此，对仆人的开支被视为19世纪英国南部中产阶级家庭的必要开支之一。在19世纪初的德意志，人口中仆人的比例很大。据估计，19世纪20年代，维也纳竟有45%的市民是仆人，其中大部分是学习中产阶级生活方式的女孩。[②]而且由于仆人的数量、经验和特殊职位的要求，仆人的工资支出增加很快，超出了收入增加的速度。

表13-3 不同阶级的支出（%）

项目	劳动阶级	中产阶级	
		250英镑	750英镑
食物	62	39.2%（98英镑）	27%（202英镑）
房租	14	12	12
燃料	4	3.9	2.6

---

① John Burnett, *Plenty and Want: A Social History of Food in England from 1815 to the Present Day*, pp.75-79.

② Martin Kitchen, *A History of Modern Germany, 1800-2000*, p.35.

续表

项目	劳动阶级	中产阶级	
照明	1	1.2	1.2
饮料	12	7.3	6.1
衣物	7	14.4	12.8
仆人		6.4	10
马匹、饲料			3.1
总计	100	100	100
食物			
面包	33	7.96	5.8
面粉，燕麦食物	22	7.96	5.8
土豆和其他蔬菜、水果	13	7.95	8.7
牛肉	5	14.26	15.6
羊肉	4	14.26	15.6
猪肉和熏肉	3	8.56	9.3
黄油	4	9.27	9.8
牛奶	6	3.97	4.9
奶酪	1	3.3	3.9
糖	6	7.95	6.4
茶	3	6.62	5.1
杂货		7.95	8.7
总计	100	100	100

资料来源：H. M. Boot, "Real Incomes of the British Middle Class, 1760-1850: The Experience of Clerks at the East India Company", p.653。

表13-3中未能列入的项目包括家具、娱乐、休假、医疗支出、教育支出和零星支出（邮费、文具、捐献和赔钱的支出）、税和存款。这些支出的数量在250英镑组家庭支出中的比例为17.6%，在750英镑组家庭支出中的比例为22.8%。总体来看，250英镑组需要支出收入中的82.5%，而750英镑组需要支出收入中的74.8%。其余的支出因个人的消费习惯而不同可能更加偶然。在劳动阶级的支出

中，食物支出占62%，其中55%是用在了面包和面粉上。在下层中产阶级（250英镑组）那里，食物支出的比例为39%，其中16%是用在了面包和面粉上。750英镑组中的比例为分别23%和14%。[①] 沃尔什（J.H.Walsh）估计，年收入250英镑的人花在饮食上的支出为116英镑（肉30英镑、饮料18英镑），占收入的46.4%；年收入500英镑的人需要148英镑（肉40英镑，酒、啤酒、烈酒等为27英镑），比例为29.6%；年收入1 000英镑的人需要272英镑（肉75英镑、饮料70英镑），比例仅为27.2%。也就是说，随着收入的增加，饮食上的开销成本增加，但在收入中的比例却在变小。[②]

近半个世纪以后，中产阶级家庭的支出结构又发生了新的变化。表13-4显示，"一战"爆发之前，英国普通中产阶级在食物上的支出比例仅略高于20%，如果加上房租和交通的费用，可能在50%左右，而其他支出和储蓄水平则很高。收入越高，情况也更乐观。不过，在战争之后，情况有所恶化。食物、穿衣、交通等方面的支出比例增加很多，再加上购买房屋的支出，储蓄率因此大大下降。

表13-4　1913年和1928年英国普通中产阶级的家庭开支

	300英镑（2个孩子）		500英镑（2个孩子）	
	1913年	1928年	1913年	1928年
所得税	—	—	—	—
房屋贷款、修理和火险	—	70英镑[(1)]	—	70英镑
租金	30英镑	—[(2)]	30英镑	—
资费	10英镑	20英镑	10英镑	20英镑
煤	5.4英镑	9英镑[(3)]	6英镑	10英镑
煤气	5.25英镑	10.5英镑	6英镑	12英镑

---

① H. M. Boot, "Real Incomes of the British Middle Class, 1760-1850: The Experience of Clerks at the East India Company", pp.652-654.

② 引自John Burnett, *Plenty and Want: A Social History of Food in England from 1815 to the Present Day*, pp.205-206。

续表

	300英镑（2个孩子）		500英镑（2个孩子）	
	1913年	1928年	1913年	1928年
食物和清理材料	62英镑1先令6便士	123英镑18先令8便士	106英镑14先令2便士	208英镑
铁路季票	8英镑6先令8便士	12.5英镑	8英镑6先令8便士	12.5英镑
保险	7英镑	7英镑(4)	14英镑	14英镑
房屋保险	15先令	15先令	10先令	1英镑
穿衣	22英镑	40英镑(5)	33英镑	60英镑
看病与休假	3.5英镑	6英镑6先令4便士	28.4英镑	56.6英镑
城市午饭	—	—	13英镑	26英镑
结余	145英镑13先令10便士		234英镑3先令2便士	

注：（1）房屋价值800英镑，其中200英镑抵押，月付5.5英镑，十五年还清，4英镑用于修房和火险。1928年，同样房屋的租金至少每年100英镑。（2）用煤4吨。（3）孩子的教育费用，十五年累计为130英镑。（4）每人10英镑。（5）1914年之前，这些费用用于更多的食物、更好的衣物和学费和雇佣仆人。最后，所得税由雇主承担。

资料来源：Alan A. Jackson, *The Middle Classes, 1900-1950*, pp.338-339。

1938—1939年，英国对年收入在250英镑以上的家庭的收支情况进行了一次调查。在被调查的19万家庭中，实际收回有效调查问卷6 000余份，其中1 360个家庭（年收入范围是250—800英镑，主要涉及公务员、地方官员和教师三个群体）一个月连续四周的开支状况可以得到完整的信息。从这次调查中，我们大致可以了解对"二战"爆发之前中产阶级家庭的收支结构。在住房方面，租房家庭的房租支出平均为每周21先令5.25便士（从18先令10.25便士到41先令5便士），买房家庭在分期贷款上的支出平均为每周21先令左右（从19先令1.5便士到30先令不等）。住房的平均房间数量为5.5个（从5.1个到7.6个）。总体来看，住房支出是每周21先令

1.5便士。在食物开支上，平均每周末41.5英镑（从35先令6.75便士到64先令6.75便士，其中奶制品和肉鱼上的开支在55%左右）。在穿衣方面，每周平均开支是22先令10便士（从18先令10.5便士到33先令8.75便士）。同期进行的穿衣调查结果为每周15先令6.5便士（从12先令5便士到26先令7.5便士），它同时显示，全年穿衣平均开支在40英镑以上（32英镑到69英镑），其中，男人、女人和孩子的支出比例分别为27%、41%和13%，其余19%分别是鞋子（17%）和衣服护理（2%）。在燃料和照明方面，每周平均开支为10先令1便士（从8先令5.5便士到16先令2便士）。其他方面的支出，包括保险、旅行、教育、娱乐、医疗等费用，平均每周为83先令7便士（从60先令6.5便士到179先令6.25便士）。上述支出在总支出中的比例分别为：住房，平均12.3%（14%—10.8%）；食物，平均24.3%（26.2%—20.1%）；穿衣，平均9%（8.3%—9.1%）；燃料和照明，平均5.9%（6.2%—5%）；其他开支，平均48.5%（44.5%—55.8%）。[①]在衣食住行等基本开支方面，两次世界大战前夕的状况差不多。不过，20世纪30年代末，中产阶级将大量收入投入"其他方面"的消费，生活也显得丰富多彩。

"二战"结束之后，中产阶级的收入和支出结构发生了更为显著的变化。随着国民产值和工资水平的提高，在人们的消费对象中，基本消费品，如食物、衣服等的比例迅速下降，而服务和耐用消费品的比例大幅增加。在20世纪的20、30年代，吃、喝、烟草在私人消费中的比例超过50%；在斯堪的纳维亚国家和荷兰，这个比例低于40%。到1980年，基本生活必需品的比例在几乎所有国家都降到了25%左右。生活必需品成本的下降有利于食品消费多样性和质量的增加，即面包、谷物、牛奶和奶制品的减少，肉、蔬菜和水果比例的增加。20世纪50年代到80年代，吃、喝、烟草等在私人消费中的比例下降了1/3。同时，人们将更多的钱花在其他方面。例如，

---

① Philip Massey, "The Expenditure of 1,360 British Middle-Class Households in 1938–39", *Journal of the Royal Statistical Society*, Vol. 105, No. 3 (1942), pp. 159–196.

人们在房租上的开支从20世纪50年代的10%增长到1980年的15%，有些国家甚至是30%。这个时期，房屋的质量得到极大改善。在20世纪50年代，带有全天热水供应、独立的卫生间、电和中央取暖的公寓还不多，从1960年开始，上述设施已经成为标准配置，房屋所有者的数量也在增加，1963年，42%的人拥有自己的房屋，到1980年这个比例增加到54%。现代消费社会的最明显的标志还在于耐用消费品的增加，如收音机、电视机、洗衣机、冰箱，当然还有汽车。购买和使用新的交通和通信设施的成本是相对较新的开支，1950—1980年，比例从5%增长到15%。①

实际上，从19世纪中叶开始，中产阶级的生活模式发生了一些革命性的变化。他们享受到高标准的食物，奢侈的娱乐活动更加时尚，下午茶和晚宴成为标准。为了满足公开场合的表现，就需要付出一定牺牲。实际上，只有少数人真正的很享受这种生活。英国学者皮特·拉斯勒特曾指出，中产阶级的生活方式很大程度上是"渴望、模仿和势利"，当时"1/3的人想要过只有17%的人口能够过的生活"。因此，为了维持体面，大多数时间则需要节俭。进入20世纪，中产阶级获得了更多的私人时间，可以享受多样的休闲方式，他们增加的收入也使这成为可能。20世纪70年代，中产阶级的收入增长幅度超过了通货膨胀。男性白领工人的每周平均收入从1970年的25英镑上升到1976年的62英镑，同期女性白领工人的相应收入从13英镑增长到38英镑。中产阶级也享受了极大的就业保障。银行、金融、保险行业的失业人数从1971年的14.8万下降到1979年的14.5万，而同期总失业人数则从62万上升到120万。②中产阶级的预算中用于休闲的部分不断增长，1925—1949年，休闲支出所占比例接近1/10，之后的50年里上升到1/4。高收入者的这个比例更高，1985年，每年收入超过300英镑的人，花在休闲上的比例达到

---

① Gerold Ambrosius and William H.Hubbard, *A Social and Economic History of Twentieth-Century Europe*, pp.246-248.
② 〔英〕劳伦斯·詹姆斯：《中产阶级史》，李春玲、杨典译，李春玲校，第387页。

惊人的58%。据1993年的调查，看电视是消磨时光的流行方式，其次是听收音机和音乐，比例大概为80%；相同比例的人喜欢读书，这也将他们与其他阶级区分开来。①

三、生活标准与改善型消费

上一个千年的最后两个世纪见证了新中产阶级的兴起，及其带动的"消费革命"的发生。到19世纪末20世纪初，中产阶级的最低收入标准已经达到每年160英镑。有了收入的保证，中产阶级不仅可以在衣食住行等基本消费领域投入更多，而且可以在休闲、运动、孩子教育等方面进行更多的投资。因此，欧洲中产阶级的消费已经走进"改善型"阶段。

直到20世纪初，食品仍然是中产阶级的家庭预算中最大的一笔开支。不过，他们的饮食习惯和标准有了进一步的改变。随着自由贸易时代的到来，食物的成本降低，中产阶级更可能接近更多的奢侈的食材。因此，他们花更多的钱来提高生活标准，比如消费更多的酒和茶。1901年，英国一项对比性分析研究记录显示：有这么一位年薪180英镑、雇有两名仆人的已婚公务员，其家庭一年的食物开销为160英镑，另外还有20英镑用在了买酒上，包括54瓶威士忌（8英镑2先令）和108瓶葡萄酒（6英镑15先令）；另一位在伦敦律师事务所做出纳员的下层中产阶级人士，其家庭包括妻子和两个孩子，年收入160英镑，他家的食物开销每年为47英镑9先令，约为收入的30%。出纳员和技术工人不怎么喝酒，要是喝酒的话，肯定很快会背上债务。不过，他们还算幸运。因为他们的妻子持家有方，很会搜寻特价品和便宜货。这样，他们一家的生活还算不错。而当时中产阶级的下层家庭，年收入除去必要开销，只能保证6英镑的剩余来应对紧急情况（工人阶级家庭可能只有3英镑剩余）。这

---

① Ray Hudson and Alan M. Williams, *Divided Britain*, London: Belhaven Press, 1995, pp.122-123.

些家庭离青黄不接只有一线之隔，生活成本稍有波动也可能意味着灾难。①

在维多利亚时代，午餐可能开始成为英国人的第三顿饭。但是由于中产阶级的住所远在郊区，因此，他的中午饭可能就在自己的俱乐部或小饭馆解决，他的妻子在家中往往将前一天晚上的剩饭和着做好的肉或鱼吃完，孩子们可能与自己的母亲一起吃午饭。19世纪40年代，下午茶在中上层社会中传播，中产阶级妇女偶尔也会去参加幼儿园的茶会（nursery tea），即孩子们的最后一餐。中产阶级的晚饭往往在6点开始，比上层阶级要早。②19世纪80年代，一个居住在威尔士边界的退休公务员，年收入800英镑，有5个孩子、3个女仆和1个园丁。3个上幼儿园的孩子吃得很普通：早饭是粥（porridge）、面包和牛奶、煎面包，有时还有果酱；午饭他们与大人一起吃热或冷的肉、蔬菜和布丁，在周日总是烤牛肉、布丁、烤土豆、蔬菜，夏天是苹果蛋塔，冬天是李子布丁。③下层中产阶级还是要为买什么吃而发愁。主妇们总是让丈夫从便宜的中心商店购买食物。男人们的早饭可能是熏肉和煎蛋，但妻子未必有。传统的英式早餐形成于19世纪60年代，这是由于进口熏肉价格的下降。丈夫很可能在城里的小餐馆解决午饭。晚饭可能是茶、面包、果酱、蛋糕、通心粉、奶酪等。但这个家里的任何人都不会感到撑得慌。④

对于19世纪英国中产阶级的饮食状况，出现了许多畅销书，其中有些值得参考。首先是阿莱克西斯·索亚（Alexis Soyer）的《现代主妇》（*Modern Housewife* 或 *Ménagère*）。书中记录了一个被称为B夫人（Mrs. B）的人追溯了丈夫从一名小店主到富裕商人的过程，及其家庭支出。在他们刚结婚、生意刚刚开始的时候，食物的内容比较简单，但每天都有肉（牛肉、羊肉、猪肉）或鱼。到了两

---

① 〔英〕劳伦斯·詹姆斯：《中产阶级史》，李春玲、杨典译，李春玲校，第232—233页。
② John Burnett, *Plenty and Want: A Social History of Food in England from 1815 to the Present Day*, pp.68-69.
③ Ibid., p.210.
④ W. Hamish Fraser, *The Coming of the Mass Market, 1850-1914*, p.39.

年之后，丈夫的生意不错，生活改善，每日的饮食内容已经相当丰富，每日已经有两种不同的肉类，肉的质量也在改善。此后，每日菜单的内容更为丰富。不仅如此，她还会组织法式风格的晚宴，提供的食物也相当考究。① 当时比较被认可的烹饪书伊莱扎·阿克顿（Eliza Acton）的《现代厨艺》（*Modern Cookery*）写道：中产阶级的食物应该是精心制作的，尤其是对有些人来说更是如此，如果他们的工作、思想和智慧对我们的科学、艺术和文明发展有利。专业人士从办公室回到家之后的食物：三或四克牛肉、一份汤或鱼、一大块猪肉、蔬菜和布丁。具体而言，周三的晚饭内容是：煎鱼、煮牛肉、胡萝卜、牛脂面条和柠檬布丁。此外，玛丽·胡珀（Mary Hooper）的《简餐：优雅而实惠地让家人吃好》（*Little Dinner: How to Serve them with Elegance and Economy*）、潘顿夫人（Mrs. J.E.Panton）的《从厨房到阁楼》（*From Kitchen to Garret*）等也都是关于中产阶级饮食的书，其中，后者提出每周2—2.5英镑就可以满足一家三个成人的基本饮食。此后还有不少人对不同收入的中产阶级在饮食上的开支进行了估计。② 这些畅销书都证实了中产阶级饮食质量的提高。

在19、20世纪之交郎特里对约克贫困现象的调查中，中产阶级被称为"C阶级-有仆人的阶级"（Class C-Servant-keeping Class），他们生活舒服（有1—4名仆人）但生活简单，只有1/6的家庭吃晚饭，家里的男主人是专业人士，或做生意。他们是买卖人或经理、金融人员和主管，是中产阶级的核心，居住在乡间的别墅，每年到海边度假，孩子们在当地的文法学校或私立学校受教育。在郎特里的调查中，5个成人和3个孩子的大家庭每周需要消耗2英镑10先令6便士的食物（1901年5月23日之前那一周的食物列在表13-5

---

① 《现代主妇》出版于1849年，两周之内已经出了第二版。两年之后，该书已经累计售出2.1万册。该书为中产阶级主妇提供了数百份食谱和菜单。John Burnett, *Plenty and Want: A Social History of Food in England from 1815 to the Present Day*, pp.77-79.

② John Burnett, *Plenty and Want: A Social History of Food in England from 1815 to the Present Day*, pp.206-210.

中)。总体来看,这份食谱缺乏新鲜蔬菜,但营养还算充足:每人每天可以摄取超过4 000卡路里,超过一般水平的3 500卡路里。食物中包含了一些最新引进的食物,如棕色面包和弗雷姆食品(Frame food);其他C阶级的人吃本格尔加工食品(Benger's Food)、虾、菠萝、沙丁鱼、香蕉、西梅等。对于下层中产阶级来说,19世纪末,食物价格的低廉给餐桌带来了不同的口味。便宜的肉类使中产阶级开始继续享受大块肉的乐趣,技术进步带来了鱼和水果罐头,听装食物使其不受季节影响,烘焙粉也使无需鸡蛋的牛奶蛋羹和牛奶冻有了更多的口味(到1870年已经可以达到14种)。此时,仆人成本的上升使下层中产阶级不得不自己动手,但技术的进步使主妇准备食物的工作轻松了。①

表13-5　八口之家每周饮食表(5个成人和3个孩子,
每周2英镑10先令6便士,1901年)

时间	早饭	午饭	下午茶	晚饭
周一	粥、煎培根和面包、烤面包、黄油、果酱、糖蜜、茶、咖啡、牛奶、奶油	煮羊肉、胡萝卜、萝卜、随子酱、卷布丁、土豆、布丁、大米布丁、桔子、茶	面包、黄油、茶-蛋糕、蛋糕、牛奶、茶	鱼、面包、黄油、饼干、蛋糕、桔子、可可粉
周二	粥、煎培根肉、鸡蛋、面包、黄油、烤面包、果酱、咖啡、茶、牛奶、奶油	羊肉、胡萝卜、紫甘蓝、随子酱、土豆、布丁、柠檬汁、木薯粉布丁、茶	面包、黄油、果酱、牛奶、奶油和茶	炸肉片、炖李子、面包、饼干、芝士、可可粉
周三	煎蛋、培根和面包、烤面包、白面包和棕面包、黄油、果酱、咖啡、茶、牛奶、奶油	炸鱼饼、水煮土豆、鸡蛋、面包布丁、黄油、茶	面包、黄油、茶-蛋糕、牛奶、茶	烤鳕鱼、炖李子、饼干、热牛奶

---

① John Burnett, *Plenty and Want: A Social History of Food in England from 1815 to the Present Day*, pp.211-214.

续表

时间	早饭	午饭	下午茶	晚饭
周四	培根、鸡蛋、烤面包、白和棕面包、黄油、果酱、茶、咖啡、牛奶、奶油	烤羊肉、绿叶菜、土豆、巧克力、大黄和桔子馅饼、香蕉、咖啡、奶油	面包、黄油、茶点、种子饼、果酱、牛奶、茶	鱼蛋糕、炖大黄、饼干、面包、黄油、热牛奶
周五	粥、煎培根、煎蛋、烤面包、白面包、棕面包、黄油、果酱、茶、咖啡、牛奶、奶油	蔬菜炖羊肉、胡萝卜、土豆、木薯粉布丁	棕面包、白面包、黄油、蛋糕、茶、牛奶	煮鸡肉、白酱、培根、土豆条、炖大黄、面包、黄油、可可粉
周六	粥、煎培根、煎蛋、烤面包、白面包、棕面包、黄油、果酱、茶、咖啡、牛奶、奶油	蔬菜炖羊肉、冷鸡肉、烤火腿、煮米饭、炖大黄	面包、黄油、茶点、蛋糕、茶、牛奶、奶油	鸡肉、芝士、土豆、面包、黄油、牛奶
周日	粥、鸡蛋、面包、黄油、牛奶、咖啡、茶、奶油	羊肉、西兰花、面包酱、土豆、大黄、牛奶蛋羹、牛奶冻、桔子、饼干、茶	肉罐头、三明治、面包、黄油、蛋糕、果酱、茶、牛奶	肉罐头、面包、黄油、蛋糕、大黄、玉米淀粉糕、牛奶蛋羹、芝士、热牛奶

资料来源：John Burnett, *Plenty and Want: A Social History of Food in England from 1815 to the Present Day*, pp.212-213; B.S.Rowntree, *Poverty: A Study of Town Life*, London: Mcmillan and Co., 1908, pp.251-252。

在这个时期，中产阶级比社会下层在食物的数量和质量上投入更多的金钱。不仅如此，他们的饮食上开始体现医生的建议：不同的人应吃不同的食物。年轻的女孩和已婚妇女的饮食应不同，而不同的饮食又会影响人的体质和性格。1900年，英国医生爱德华·福特（Edward Foote）建议，男人、女人、儿童、老人应根据自己的体形和消化能力来进食。[①]因此，中产阶级及其家庭成员也更为强壮

[①] Richel Rich, *Bourgeois Consumption: Food, Space and Identity in London and Paris, 1850-1914*, Manchester and New York: Manchester University Press, 2011, p.39.

和健康。在预期寿命上更长,死亡率也较低。19世纪80年代中期,中产阶级寿命超过60岁的比例为15.8%,工人阶级仅为6.3%。专业人士的死亡率为22‰,工人的死亡率则是71‰。婴儿的死亡率更能显示生活水平之间的差异。在中产阶级家庭中,儿童在5岁之前的死亡率为5.9%,工人阶级家庭相应的数字为11%。①

更为重要的是,中产阶级试图形成一种带有群体特征的饮食习惯。例如,作为一种休闲,在饭店吃饭第一次成为公共场景。饭店首先出现在巴黎,随后在欧洲各地如春笋般出现,它对欧洲人的饮食习惯引起了更大的改变。这样的场合不需要家庭成员的出现,唯一的要求就是能付得起钱。价格和地点使饭店与社会等级是相符的。②在德国,在一些奢侈旅店和上好饭店中,提供的饭菜多达12道。到19世纪末,类似的菜品已经在大多数饭店中得到提供,其名字显示它们都是法国菜。如果吃不起这样的菜品,也可以选择去普通的饭馆吃一些家常的中产阶级食物。③在英国,牛肉、羊肉、三文鱼等大受欢迎。由于交通速度的加快,更多的食物得以保鲜。工业革命给英国带来了财富,这吸引了更多的厨师来到英国,当时甚至有人说,"英国的厨艺比世界上的任何国家都要好"。在1850年左右,住房、穿衣或行为方式可能都会误导人,但餐桌往往可以反映一个人的胃口和生活水平。布里亚·萨瓦兰(Brillat-Savarin)说:"告诉我你吃什么,我就能说出你是什么人。"④"二战"以后,中产阶级仍然引领了吃喝的潮流。以饮酒为例,20世纪50年代以后,葡萄酒的消费量增加,进口量从1964年的279加仑,增加到1977年的664加仑、2001年的953.4加仑。中产阶级是葡萄酒市场的老主顾。

---

① 〔英〕劳伦斯·詹姆斯:《中产阶级史》,李春玲、杨典译,李春玲校,第230—231页。
② Richel Rich, *Bourgeois Consumption: Food, Space and Identity in London and Paris, 1850-1914*, p.209.
③ Martin Kitchen, *A History of Modern Germany, 1800-2000*, p. 154.
④ John Burnett, *Plenty and Want: A Social History of Food in England from 1815 to the Present Day*, pp.81-83.

第十三章　中产阶级的收入与消费

向到访的客人展示自己的选酒品味也是在显示自己的身份。①"生活方式"或"格调"越来越成为一种中性的词汇。20世纪60年代，中上层中产阶级的晚宴形式越来越被想提升身份的人所模仿。而中产阶级从未像现在这样痴迷食品，以前的餐馆和烹饪书也从未像现在这样提供这么多种类的菜肴。一度被不屑一顾的外国菜成为时尚。在各种各样的餐馆的入口处都有鲜明的标志，标明可以刷信用卡。在此时的中产阶级眼中，透支消费成为一种新的生活哲学。其他形式的借贷也很容易获得。政府向中产阶级提供贷款偿付、养老金和人寿保险的免税优待，这进一步膨胀了私人资产的总量。②同时，健康一直是中产阶级在消费中非常注意的问题。他们的信念是：个人负责自身的健康幸福。1984年的一项调查表明，中产阶级希望通过戒烟、锻炼、高质量的食物、节食和少饮酒来获得健康。布鲁塞尔的立法者坚持要求每一种包装食品必须附带一个说明，让购买者了解他们所要吃的食物的化学成分。③

在穿衣方面，中产阶级的服饰总是随潮流而动。城市里的职员必须花一大笔钱在自己的服装上。一套时尚的套装和上好的皮鞋是必需的，如果他想保住自己的工作的话。他可能有2—3双靴子，在1901年的预算中，一个职员花在靴子上的钱达到收入的4%。1850—1914年之间，他可能继续穿着礼服大衣去工作，里面是硬领的白衬衣。19世纪60年代之后，他应该会头戴圆顶礼帽。在19世纪末，他可能会有一件适合普通场合的西装。妻子可能就是丈夫和孩子的裁缝。一个男孩的西装在家里做需要花掉10先令，如果找裁缝，价格会翻倍。中产阶级的妇女使用缝纫机（首次出现在1851年万国工业博览会上），照着当时各类妇女杂志上提供的样式，甚至一名下层中产阶级的家庭妇女都可以抓住一些时尚的对象。皮尔女士估计，年收入300英镑的家庭，服装上的开支每年为45英镑。如

---

① 〔英〕劳伦斯·詹姆斯：《中产阶级史》，李春玲、杨典译，李春玲校，第487—488页。
② 同上书，第385—387页。
③ 同上书，第489—490页。

果年收入为700—800英镑的话,她认为80英镑是典型的服装支出。但在下层中产阶级家庭中,有足够的衣物维持体面就成大问题了。[①] 不过,随着服装成本的降低,新材料、新样式和市场就成为主流。中产阶级家庭服装的选择余地变得越来越大。

在中产阶级的家庭开支中,住房的开支可能是最重要的。食物价格的下降,这方面节省下来的钱大多都被房租吸收了。在19世纪上半叶,租房可以说是中产阶级的主要居住方式,这是因为,城市的住房市场以出租为主,而且中产阶级在地理上和社会上都有很强的流动性。拥有房屋在乡村地区很普遍,但在伦敦及其他大城市,中产阶级往往都是按照一年、半年或季度来租房的。当时一本叫《实用家庭经济新系统》(*A New System of Practical Domestic Economy*)的书建议租房(包括税)方面的支出应为收入的1/10。出版于1857年的沃尔什(J. H. Walsh)的《家政手册》(*Manual of Domestic Economy*)和出版于1861年的毕顿夫人(Mrs. Beeton)的《持家经》(*Book of Household Management*)认为,租房,包括税和修理费用,不应超支出的1/8。1857年,一名伦敦的职员年收入为300英镑,租房支出为25英镑,这个位于郊区的房子包括一个客厅、一个厨房、一个餐厅、三个卧室和一个仆人房。1834年,一名叫卡莱尔的人带着一家居住在伦敦切尔西地区的一幢安妮时代的八个卧室的房子里,他的收入为300英镑,租房花掉35英镑,水源为地下抽水,照明是蜡烛或油灯,直到1852年才开了两个煤气灯,仆人使用明火(open fire)做饭。[②]维多利亚时代的中产阶级需要负担比平均面积更大的房子。因为他们有更多的孩子,需要照顾到亲属、住客、来访者和仆人的居住的舒适度。如果年收入超过200英镑,家里就会有一个年轻的女仆,而收入超过1 000英镑,这个家里除了夫妻和3个孩子之外,还会有3个女仆、1个车夫和1个脚夫,这样一般情况下,房子里就会住下10个人。此时,他租的房子里可

---

① W. Hamish Fraser, *The Coming of the Mass Market, 1850-1914*, pp.61-62.
② John Burnett, *A Social History of Housing 1815-1970*, pp.95-96.

能已经有了洗澡间。或许，每周都会有一次晚餐聚会，夏季的三周或一月时间，他们会在海边的一座房子里度假。①

在中产阶级的生活中，家庭是中心。在城市，中产阶级购买房产的需求也很大。在英国，18世纪最后10年，全国新建房屋18.8万所，1821—1830年为48万所，1831—1840年为58.6万所。②一百年后，1919—1935年，大约有250万栋的新建住房，业主主要是中产阶级，他们通过抵押贷款来支付房款，未支付房屋贷款的总数从1924年的8400万英镑，增加到1931年的3.6亿英镑。③这种建筑高潮主要是为了满足中产阶级的需求。在购买房屋的选择上，中产阶级选择在郊区的地方追求生活的私密。对于选择房子的位置，维多利亚时代的中产阶级也有许多考虑的要素，如远离交通的喧闹、工业的污染，下层人会有危及他人生命财产的行为（如抢劫）等等。因此，越来越多的富人选择离开城市中心，到城市郊区居住，寻找更为适宜的环境和独特的社会价值，尽可能远离贫穷人口居住的地区。从19世纪中期开始，拥有车辆（马车）的中产阶级更倾向于在城市的郊区购买房屋。随着交通设施的改善，尤其是汽车开始流行之后，这种趋势更加明显。在英国的伦敦、曼彻斯特，许多人已经可以每天从在乡村的住处到城里上班。城市交通系统的建设主要也是为了满足商人、职员等人的需求。中产阶级在城市郊区的居住模式成为今后住房发展的模型。④林荫小道和大面积的花园提供了充裕的活动空间。区域和周围环境需要保证生活的私密性。不过，随着轻轨和郊区铁路在许多大城市的普及，越来越多的下层中产阶级和工人开始模仿中产阶级的居住习惯，选择远离市政新工作地点的地方居住。对于那些想要保持独特的生活环境的人来讲，这是一种威胁，造成了紧张局面。他们试图进行抵抗，如果失败了，他们选择

---

① John Burnett, *A Social History of Housing 1815-1970*, pp.100-101.
② 〔英〕劳伦斯·詹姆斯：《中产阶级史》，李春玲、杨典译，李春玲校，第152页。
③ 同上书，第458页。
④ Geoffrey Crossick, ed., *The Lower Middle Class in Britain, 1870-1914*, London: Croom Helm, 1977, pp. 159-160.

到更远的郊区居住。①

在建筑和装饰风格上，更多的个性得到表达，而外来的建筑方式，如哥特式、意大利式、希腊式等风格，建筑方式的变化在这个时期比任何时期都要快。位置、大小和租金当然是中产阶级选择住房的重要因素，但它们实际上体现出中产阶级对身份的认知。他们的居住条件都是为了与他们的家人、朋友和其他社会关系的交流。因此，住房是确认和显示中产阶级身份的符号。在大的房子里，空间被分成女性和男性的区域，前者是女性画画、弹奏音乐、缝纫的地方，后者则是男性的书房、图书馆或台球室。②家具装饰是显示主人的品位、想象力、收入和身份的场所，也是商业广告持续开发出来的结果。"都铎时代"、摄政风格、简约式等名词吸引着英国中产阶级的注意力，不过这完全有赖于收入和个人品位。在19世纪20年代，英国南部的较富裕的农民对城市中产阶级的习惯和品位开始跟风。他们的农舍多出了一个"客厅"，里面摆满了"椅子和沙发""镶在框中的画作"以及一些摆满了小说和小册子的书架。英国维多利亚风格的家具包括红木桌椅和橱柜，装饰复杂的长椅和沙发。地毯开始流行，价格下降。明暗多样的地毯和窗帘可以改变室内的光线。住房上的革命性变化是在照明方面。复式煤油灯已经可以产生超过50支蜡烛的亮度，而灯的种类也很多。煤气的使用让照明技术更进一步，并使价格有所下降。电被发明出现，虽然使用价格还很高，但吸引力十足。③通过这种建筑与装饰，中产阶级在家内生活中也试图保持着一定的隐私，房屋的居室较多，功能多样。卧室、客厅、厨房、书房、咖啡厅等分别是不同的空间，具备不同的功能。而且，他们也在室内装饰上下功夫。1839年格拉斯哥的作家和银行家詹姆士·肖破产时提供了财产目录，其中包含了家具物品列表，

---

① Roderick Floud and Donald McCloskey, eds., *The Economic History of Britain since 1700, Vol.2: 1860-1970s*, p.200.
② John Burnett, *A Social History of Housing 1815-1970*, pp.102-103, 106-107.
③ W. Hamish Fraser, *The Coming of the Mass Market, 1850-1914*, pp.54-57.

内容相当丰富。①这只是其中的一个缩影。在家庭生活中，中产阶级对隐私的要求越来越高。在英国，他们的别墅自带花园，集中于城市中时尚的区域，远离污染和贫穷，逐步形成具有社会隔离色彩的郊区社区。在欧洲大陆，中产阶级习惯住在重建的城市中心或城市的边缘地带的公寓。受"花园城市"（Garden City）运动的影响，别墅设计时尚美观。家里布满了精美的家具、装饰画、花草、钢琴、天鹅绒窗帘和其他装饰物，集中展示了舒适性、地位和名望。这样的住宅为家庭型的宴会提供了场所。晚宴、派对和音乐晚会等以女性为主角的社交活动在私人生活中占据了重要地位。②对中产阶级的妻子和女儿来说，这是展示漂亮的服饰和新学的技艺的机会。而在以前，社交活动是单性别的：男士们在咖啡屋里谈论生意，女士们在公共场合很少露面。

  雇佣仆人曾是中产阶级家庭的标志之一。19世纪30年代的一本家庭预算指南显示，有3个孩子，年收入为250英镑的家庭能够雇得起1个女佣，其年薪为16英镑，其他固定的开支还包括，用于购买食物、燃料和清洁用品的134英镑，用于购买衣物的36英镑，用于支付房子、利息和课税的25英镑，以及缴纳孩子学费的10英镑10先令。中产阶级中最上层的年收入为1 000英镑的家庭则能负担得起1辆马车、2匹马、1个马夫，1个男仆、1个厨师、1个保姆兼女佣。他们的年薪一共是220英镑，其中工资最低的那个保姆每年得到10英镑10先令。③在1851年的人口普查中，家内仆人的数量高达103.9万人，是全国从业人员第二多的职业。到1911年，仆人的数量已经增加到150万人。④在19世纪末，那些年收入在七八百英镑的家庭，

---

  ① Stana Nenadic, "Middle-Rank Consumers and Domestic Culture in Edinburgh and Glasgow, 1720—1840", *Past & Present*, No.145 (1994), p.156.
  ② 〔英〕彼得·克拉克：《欧洲城镇史，400—2000年》，宋一然、郑昱、李陶、戴梦译，第285—286页。
  ③ 〔英〕劳伦斯·詹姆斯：《中产阶级史》，李春玲、杨典译，李春玲校，第186页。
  ④ John Burnett, *Plenty and Want: A Social History of Food in England from 1815 to the Present Day*, p.75.

雇佣若干仆人。但是这也为主妇提出了新的问题，即如何管理仆人，让他们更好服务，比如，需要防止厨师在购买食物的过程中谎报价格和造成浪费。此时，仆人的问题也逐步得到解决。一些可以节省劳动的电器出现了。比如，1905年之后，来自美国的便携式吸尘器开始出现在欧洲市场，在英国的售价在12—15英镑之间，当时还需要两个人操作。但一年之后，一人操作的吸尘器就出现了，价格为35英镑。当然了，这些仍然还是奢侈品，还没有得到普及。

在出行方面，工业时代带来了全新的变化。在19世纪70年代，自行车成为中产阶级的新时尚，当时一辆售价为12英镑10先令，是非常理想的地位象征。此后，自行车价格日益低廉，普及整个社会。到20世纪初，中产阶级爱上了汽车。汽车制造商将汽车定位为奢侈品，"适合绅士使用"。中产阶级的上层人士难以抵御这样的诱惑，医生、牧师、银行家等开始纷纷购买。两次世界大战期间，汽车大众化成为现实，新中产阶级汽车拥有者涌入乡村。1950年在路上行驶的私人轿车有250万辆，到1970年，这个数字翻了四倍多。绝大多数汽车都比较便宜。20世纪30年代，一辆两座奥斯汀8，价值125英镑，相当于三十年后的400英镑。二手车价格折半。[①]

中产阶级的娱乐活动非常多样，从野外郊游、海滩日光浴，到登山、攀岩、滑翔等运动。这些休闲与地位身份密不可分。许多休闲活动需要装备，需要资金维持。从工具包到望远镜，再到服装，每一项都花费不菲。各种各样的爱好者经常也会通过各种方式进行交往，用外行听不懂的行话相互交流经验。社交也就成为休闲活动的核心。[②]运动在塑造中产阶级身份上具有类似作用。有评论员早就指出，在19世纪末期，英国中产阶级大力发展竞技运动是为了支持他们在区分自己与贵族和绅士身份方面的种种努力。而且，也是为了区分与工人阶级的身份。在现代英国，运动继续扮演着这样的

---

① 〔英〕劳伦斯·詹姆斯：《中产阶级史》，李春玲、杨典译，李春玲校，第210—211、420页。

② 同上书，第486页。

第十三章　中产阶级的收入与消费

角色。热衷运动的中产阶级开始将休闲时间花在运动上，如板球和保龄球。19世纪70年代发明的现代网球，其俱乐部已经可以赋予职员或店主的儿子以中产阶级的教养。① 这些以及此后流行的自行车运动，都逐渐在工人阶级中形成。但中产阶级仍然保持着他们的身份，如成立自己的俱乐部，领导自己的球队，专注于击球而非投球，在观看专业比赛的时候有自己专门的区域。更多的人转向了橄榄球、网球和高尔夫这些昂贵和耗时的运动。从某种程度上来讲，正是运动及与其相联系的消费，鼓舞了许多消费者确定自己中产阶级的身份。② 在20世纪的英国，尽管越来越多的人能够进入电影院，但分级的座位和不同的价格仍然使中产阶级与工人阶级区分开来，中产阶级甚至建议电影院，让观众按照不同的票价分开排队入场。而且，中产阶级精心挑选符合自己口味的电影。这与音乐厅、剧院的休闲模式是一致的。③

旅游同样也可以显示阶级身份。中产阶级的旅游者明白，他们的假日（邮寄地址、照片和日晒造成的黝黑的肤色）可以显示他们的富裕、自信和口味。中产阶级认真地规划着自己的假日，旅行也是有区别的：是自己旅行还是集体出游，是飞向目的地还是乘坐大巴，是住在酒店还是寄宿别处，是游览意大利的湖泊还是留在西班牙的科斯塔布拉瓦（Costa Brava）。④ 旅游需要三个因素：交通、时间和钱。中产阶级无疑已经同时具备这三样东西：他们有足够的财富积累，充裕的时间，也能支付不断提高的交通设施费，因此，他们成为旅游的主力军。在维多利亚时代，英国的海边城市，如布莱顿、伯恩茅斯、斯卡伯勒等成为中产阶级的最爱。在法国，冬天度假胜地尼斯城在19世纪晚期开始修建歌厅、赌场等娱乐场所，开启

---

① W. Hamish Fraser, *The Coming of the Mass Market, 1850-1914*, p.81.
② John Benson, *The Rise of Consumer Society in Britain, 1880-1980*, pp.129-132, 209-210.
③ Brad Beaven, "Going to the Cinema: Mass Commercial Leisure and Working Class Cultures in 1930s Britain", in Brett Bebber, ed., *Leisure and Cultural Conflict in Twentieth-century Britain*, Manchester and New York: Manchester University Press, 2012, pp.71-72.
④ John Benson, *The Rise of Consumer Society in Britain, 1880-1980*, pp.207-208.

了一个不再是阳光加空气的旅游时代。法国大概130处的温泉浴场成为中产阶级日常生活的一部分。而咖啡店和餐馆成为新的社交场所。仅巴黎就有咖啡馆27 000余处，再加上酒馆和餐馆，使巴黎成为比当时世界上任何城市都"能喝"的城市。[①]但随着工人阶级的涌入，中产阶级开始向本国之外发展，英国中产阶级大量涌入欧洲的沿海城市，试图将它们打造成本国的布莱顿和伊斯特本。家庭度假是维多利亚时期中产阶级的发明，远离城市的海边、风景优美的山区是他们的所爱。去海滨度假更受欢迎，随着铁路建设的开展，中产阶级喜欢坐着火车到滨海城市与家人度过愉快的休闲时光。许多滨海城市开始大量修建休闲设施，迎接游客的到来。有些上层人士甚至建造海滨别墅，以供周末和夏季消遣之用。在国际旅行方面，早在1860年，英国的托马斯·库克（Thomas Cook）旅游公司开通去往新大陆、美国和圣地的线路，受到中产阶级的欢迎。[②]随着工人阶级越来越多到国内外胜地休假，中产阶级试图与他们区分开来。"一战"以后，豪华游轮游览非常流行，比较便宜的是一周或四晚、阿尔卑斯山和意大利旅游套餐。到"二战"之后，由于机票价格降低，中产阶级再次涌向国外探险。在度假胜地周围地区，他们购置房产，享受国外的环境。中产阶级想要的是领先于大众的排他性消费。他们执迷于度假中的教育、娱乐作用。有许多度假广告主打邀请旅游者在宜人的环境中学习，听音乐会、学习艺术、参观博物馆等，这样游客获得了精神和身体的充分放松。中产阶级的旅行追求的是在家的感觉，他们选择风景如画的乡村、与世隔绝的山区。[③]法国的中产阶级对于乡村生活的兴趣不大，因为那里仍然是贵族的最爱。但在巴黎，咖啡音乐会与音乐厅获得了极大发展，从1893年到1913年，这方面的总收入翻了一番，而巴黎的人口仅增长

---

① Charles Rearick, *Pleasure of the Belle Epoque: Entertainment and Festivity in Turn of the Century France*, New Haven and London: Yale University Press, 1985, pp.28-29.

② Peter Bailey, *Leisure and Class in Victorian England: Rational Recreation and the Contest for Control, 1830-1885*, London and New York: Muthen, 1987, p.72.

③〔英〕劳伦斯·詹姆斯：《中产阶级史》，李春玲、杨典译，李春玲校，第490—493页。

了18%。①

中产阶级的消费层次还体现在文化消费上。在他们的家庭开支中，有一部分是为了节日和休闲所支出。从19世纪开始，音乐厅、剧院、博物馆、美术馆和图书馆等的大量出现是以中产阶级为对象的。音乐节和音乐会风靡欧洲城市，中产阶级蜂拥而至，来欣赏盛大的演出。各种各样的俱乐部和社团也为中产阶级发展教育和知识方面的兴趣而出现。②对艺术的投入也是中产阶级消费的重要内容。"二战"之后，各类公立和私立机构对艺术的赞助额不断增加，而中产阶级是这些机构的主导力量。私人艺术市场也发展起来。据说，大约有超过800万的消费人群，全是中产阶级，主要是专业人士和受过"高等教育"的男女。他们愿意对艺术投资，愿意为之花数十甚至数百英镑。因为在他们眼中，艺术能提升社会的文明程度。③与此同时，中产阶级对子女的教育投资也不少。19世纪中期，德法大学生大部分来自中产阶级家庭，尤其是法律专业，其学生几乎均来自律师家庭。学费当然也相当高昂。在法国，巴黎地区一年的学费为1 500法郎，在各省则是每年1 000法郎。④1912年，英国布里斯托大学工程学专业的学费为每年26英镑5先令，对于父母收入不足350英镑的学生可以减免至15基尼（15英镑15先令）。在校生活费也增加了家庭支出。在圣安德鲁斯大学，住校生每年的住宿费为45—75英镑，每年学费12英镑。除去每人每年30英镑的助学津贴，供养一名攻读四年制学位的子女，一对夫妇支付的费用总计不少于250英镑（相当于一辆轿车的价格）。在"二战"之后，私立教育成本上涨。1947年，学校的寄宿费是120—174英镑（如哈罗公学），

---

① Charles Rearick, *Pleasure of the Belle Epoque: Entertainment and Festivity in Turn of the Century France*, p.29.
② 〔英〕彼得·克拉克：《欧洲城镇史，400—2000年》，宋一然、郑昱、李陶、戴梦译，第306—313页。
③ 〔英〕劳伦斯·詹姆斯：《中产阶级史》，李春玲、杨典译，李春玲校，第494—495页。
④ Pamela M. Pilbeam, *The Middle Classes in Europe, 1789-1914: France, Germany, Italy, and Russia*, pp.79-81.

日制学校的费用只是其1/5或1/2。20世纪50年代，学费平均约为400英镑（相当于一辆家庭轿车的价格），随后的二十年间，学费翻了一倍。再之后的十年，学费又翻了一倍。到1990年，寄宿学校一年收费在1 700—3 500英镑，日制学校收费在700—2 500英镑。到2004年，上述两类学校的收费分别达到20 000英镑和8 000英镑。中产阶级对此也是感觉压力很大。父母们可以选择购买保险来支付学费，即孩子出生之后十二年内，每年缴纳34英镑，保险公司可以每年支付私立学校学费100英镑，为期五年。1981年，政府恢复资助寄宿学校和日制学校，到1996年，耗资1.15亿英镑，其中2/3的受益者是中产阶级。①

　　总而言之，中产阶级在消费上花了不少时间、精力和聪明才智。中产阶级最看重自己的消费特征，购买带来的成就感成为他们的生活哲学。他们认为，自己所居住的房屋、拥有的商铺、购买的商位、享受的假期和参与的体育运动都发出了强烈的讯号，不仅是他们的品位，而且是他们财富、地位、收入和阶级身份。他们对那些出售多种商品的店铺和连锁商店视而不见，甚至连锁店试图提供合适标准的服务也无法取得他们的青睐。中产阶级成员更喜欢去专卖店。这些商店老式，而且昂贵，但每天的开业时间更长，可以免费送货上门，有较好的信用设施，还可以提供专业和贴心的服务。1948年，波普（W. MacQueen Pope）回忆过去的日子说，商人们知道自己的定位，他们不知疲倦地取悦顾客：一个出售商品的店员需要与其他人竞争……如果有中产阶级的人士到来，他们都站到门口，乞求光顾……礼貌是规矩。如果有一个人粗鲁，那么一个顾客就永远失去了。②制造商们总是在品牌和便利商品上下功夫，自己操持家事的中产阶级的家庭妇女受到广告的狂轰滥炸，这些广告关乎设计饮料、开胃小吃、快餐和早餐谷物等食品，也涉及各种家庭消费品，还有美容、时尚、医药等商品。不仅如此，中产阶级的消费习惯也带动

---

① 〔英〕劳伦斯·詹姆斯：《中产阶级史》，李春玲、杨典译，李春玲校，第360、450页。
② John Benson, *The Rise of Consumer Society in Britain, 1880–1980*, p.206.

第十三章　中产阶级的收入与消费

了其他阶层的消费。模仿中产阶级消费曾是工人阶级上层的流行习惯。19世纪末，随着收入的增加和节假日的变长，工人阶级也能够享受更多的休闲。在饮食、度假、娱乐等领域逐渐向中产阶级看齐。不仅如此，在19世纪中叶，中产阶级甚至还提倡"理性娱乐"（rational recreation），试图改变工人阶级的"不良"的休闲习惯。[1] 不过，到了第二次世界大战以后，中产阶级与工人阶级的消费界限变得更加模糊，作为身份象征的消费习惯正在失去原来的地位。在20世纪50年代的消费热潮中，新汽车、贷款购房和国外度假成为互补性消费和信贷革命的组成部分。1950年，英国有226万辆汽车奔驰在路上，从1970年起数量上升到1 150万辆；到1989年，85%的家庭拥有洗衣机，70%的家庭拥有彩色电视机；1971年，61万家庭拥有彩色电视机，1995年这个数字达到2 000万。因此，以前象征中产阶级身份的物品几乎一夜之间失去了效力。[2]

---

[1] Peter Bailey, *Leisure and Class in Victorian England: Rational Recreation and the Contest for Control, 1830-1885*, pp.101-111, 176-188.
[2]〔英〕劳伦斯·詹姆斯：《中产阶级史》，李春玲、杨典译，李春玲校，第384—385页。

第十四章　低收入者的生活水平

尽管评判标准不同，但不同时代的低收入者主要指的是那些收入不足以满足生活需求或刚刚满足基本生活需求的人。他们经常处于贫困之中。造成这种状况的原因虽然随时代不同而变化，但主要有以下几种：工作不稳定、收入较低、家庭成员数量太多、疾病、年老等。随着经济发展和时代进步，欧洲低收入者的数量呈现不断减少的趋势。由于低收入者处于社会底层，考察他们的消费状况，对于评价整个欧洲社会的生活水平有一定的指示意义。

一、来源和规模

低收入者主要包括社会中的那些贫困人口。"贫困"是一个技术性词汇，指的是家庭收入在支付了房租、食物等费用之后，无法满足全部家庭成员的其他基本需求。1995年，联合国将"绝对贫困"定义为这样一种状态，即"严重缺乏基本人类需求，包括食物、安全饮用水、健康、卫生设备、住房、教育和信息"。这个定义主要是"生理上的"，看起来"无可争论"。[1]但在现代欧洲，"贫困"是个相对概念。根据欧洲经济共同体对贫穷的定义，贫困即收入低于该国平均收入的一半。1975年，穷人的比例为12.6%，到1993年增加到14.7%。不过，西欧国家中的"贫困家庭"可能一点也不穷：它们

---

[1]　G. D. Smith, D. Dorling and M. Shaw, *Poverty, Inequality and Health in Britain: 1800–2000: A Reader*, Bristol: The Policy Press, 2001, p.XXV.

的衣食住行等基本生活物质消费，甚至要好于发展中国家一般家庭，其贫穷只是因为收入低于本国的平均水平或中等收入水平。[①]当然，被认定的那些"穷人"仍然是社会中的低收入者。

　　从历史上来看，维持基本生活需求的收入标准是随着时代变化的，低收入者的数量及其在人口中所占比例也处于不断变化之中。对此，我们可以参考英国的B. S. 郎特里对于19世纪末到20世纪中叶"贫困"问题的研究。1901年，他根据1899年对约克城的调查，出版了《贫困：城市生活研究》一书。他的方法是，如果一个家庭的总收入不足以购买满足维持身体所需的"最低必需品"，那么这个家庭就处于"贫困"之中。这些人也就是我们所指的"低收入者"的主体。这个"最少的必需品"的计算方式是，首先估计这个家庭所有成员的基本营养所需，然后将这些需求转化为不同食物的数量，最终变换成货币。最后，再加上房租、必需的衣物、燃料等需求。这个方法被郎特里先后运用到他在1899年、1936年和1950年对英国约克城"贫困"问题的调查之中。随着时代的变化，每一次调查对"贫困"的衡量标准都不一样，这个最低必需品的名单变得越来越长。[②]在1899年，郎特里将21先令8便士作为一个包含一对夫妻和三个16岁以下孩子的基本生活保障线，收入低于这个标准即为"一等贫困"（primary poverty）。他发现，当时约克有9.91%的人处于"一等贫困"之中，其主要原因是收入过低，其中还有1/4的家庭是孩子太多。在"一等贫困"之上，还有"二等贫困"（secondary poverty）人群，指的是那些收入勉强可以维持家庭基本生活的人或家庭。其原因除了收入不稳定之外，还包括饮酒、赌博、持家不善、开销无计划等。[③]1936年，郎特里对约克进行了第二次调查（调查结果于1941年出版）。据他的调查，在城市地区，一个五口之家的贫困

---

　　① 〔英〕斯蒂芬·布劳德伯利、凯文·H.奥罗克编著：《剑桥现代欧洲经济史：1870年至今》，张敏、孔尚会译，第322页。
　　② A.B.Atkinson, *Poverty in Britain and the Reform of Social Security*, p.15.
　　③ B.S.Rowntree, *Poverty: A Study of Town Life*, pp.105, 120, 128-133.

线提高为每周43先令6便士，其中包括了一些"非必要支出"，如收音机、报纸、饮酒和抽烟等（它们被称为"个人杂项"[personal sundries]），它们的额度为每周9先令。郎特里认为，如果按照1899年的标准，"一等贫困"率下降到3.9%，但如果按照当前的标准，将有17.8%的人口仍然生活在贫困线以下。但他同时也承认，明显的物资短缺和生活悲惨自那时（1899年）以来已经大大改变了。可能有7%—10%的工人，相当于约克城市人口的4%—6%，生活在"二等贫困"之中。① 到了1951年，郎特里和拉沃斯（G. R. Lavers）再次对约克进行调查时，按照新的标准，该城的贫困人口已经下降到不足2%，其主要原因是由于年老。很明显，福利国家的建设对贫困的减少有着非常重要的作用。因此，"贫困"已经是一个"相对"概念。不同的时代，界定标准不同，包括的人群也不一样。

"二战"以后，由于完全就业政策和福利国家的建立，收入差距大大缩小，大众生活水平普遍改善，低收入者的生活提高尤其迅速。如果按照19世纪末20世纪初对于"贫困"的定义，英国的贫困现象已经消除。但在20世纪50、60年代，英国开始对该词进行了重新界定。在一个更加富裕的社会中，"生存"的概念失去意义。人们的需求更多，低收入者也希望能拥有家用电器。而有些社会功能，比如给予孩子礼物的能力，也被视为必需。"相对贫困"的概念取代了"绝对贫困"，贫困现象也就重新变得严重起来。1963年，如果按照1953—1954年"国家救济范围"的标准，英国有贫困人口80万；如果按照1971年"补贴福利范围"的标准，贫困人口将增加到500万人（即使到1973年，仍然有130万人）。这是因为国家补贴的额度大大提高了。②

低收入者首先包括城市中收入不高的产业工人。例如，19世纪

---

① B. S. Rowntree, *Poverty and Progress: A Second Social Survey of York*, London: Longmans, Green, 1941, pp.420-421, 426.

② G. C. Peden, *British Economic and Social Policy: Lloyd George to Margaret Thatcher*, New York, London, Toronto, Sydney, Tokyo and Singapore: Philip Allan, 1991, pp.188-190.

第十四章 低收入者的生活水平

中后期，在英国东伦敦的成衣制造、制鞋等血汗行业中，工人的工资低，和劳动条件恶劣。[1] 19世纪80年代，两万犹太移民涌入伦敦，加剧了低收入者的生活恶化。有的人每天工作超过10小时，获取每周3先令的收入。不少行业的平均工资仅为8—11先令。收入较低的工人大多是没有技术的妇女。[2] 除了这些城市中生活困苦的人群之外，在20世纪中叶之前，低收入者还应该包括农业工人。由于受行业性质的影响，农业工人的工资不仅很低，而且还要遭受季节性失业的威胁。19世纪初，农业工人工资上涨明显落后于物价。虽然，与城市不同，物价上升意味着农业的繁荣和就业机会的增加。不过，那时农业工人的整体生活水平恶化了。在好的年月，也许尚能维持最低的生活水平，但在困难时期，坏天气或高物价让他们叫苦不迭。19世纪40年代，40%的男性工人的雇佣时间不足一年，而一代人之前只有不到10%。[3] 农业工人接受救济的比例和额度也很低。1833年，法国对于大城市低收入者提供的救济是乡村和小城市贫困人口的9.5倍。1860—1870年，瑞典城市人均济贫额度是乡村地区的2—3倍。比利时、德意志诸邦国情况大致也是如此。[4] 因此，在农闲季节，许多人常常到城市中找出路。到20世纪初，许多城市仍然有这么一群流动人口。1912年，英国伍斯特有一些人"根据季节，他们有时捡豆，有时采草莓，有时要采麻絮，有时靠跳舞为生，有时扒窃"。在20世纪初英国的格拉斯哥，有许多站街卖东西的人，有些人一周可以得到30先令或更多的收入，也有些依靠卖花或火柴来维持生计。有些人在早上将毯子典当，用得来的钱购买一篮子鱼或水果，然后将出售后的钱购买一天的食物，在晚上10点之前，带上剩下的钱到当铺将毯子赎回。[5] 19世纪的德国，乡村的大部分人口是贫困的农

---

[1] W. Hamish Fraser, *The Coming of the Mass Market, 1850–1914*, p.20.
[2] Ibid., p.20.
[3] Edward Royle, *Modern Britain: A Social History, 1750–1985*, pp.157–159.
[4] Peter H. Lindert, *Growing Public: Social Spending and Economic Growth since the Eighteenth Century*, Vol.1, Story, Cambridge: Cambridge University Press, pp.57–58.
[5] W. Hamish Fraser, *The Coming of the Mass Market, 1850–1914*, pp.19–20.

业工人，他们拥有一丁点土地，或完全是无地的日工。这群人数量疯狂增加，造成他们的收入更低。受圈地影响，他们不得不冒着被惩罚的危险非法狩猎，或者搜集柴火。大多数人仅以土豆为食，没有盐、面包、汤和牛奶。[1]随着工业化与城市化进程的加快，工业工人的工资和生活水平提高很快，但农业工人的收入上涨较慢，生活长期得不到改善。例如，在19世纪末20世纪初的法国，尽管农业和工业劳工的工资都有持续增长，但二者的差距在增大。见表14-1。

表14-1 法国农业和工业工人的工资（法郎/天）

年份	农业（1）	工业（2）	百分比（1）/（2）
1852	1.5	1.90	79
1862	2.05	2.65（1868年）	75
1882	2.45	3.25	75
1892	2.30	3.80	60
1910	2.95	4.85	61

资料来源：Charles P. Kindleberger, *Economic Growth in France and Britain, 1851-1950*, p.223。

进入20世纪，与其他工人相比，农业工人的工资仍然相对不高。1924年，英国工党政府引入《农业工资法》，提高农业工人工资，但在绝对数额上，与工人工资仍然有很大差别：1924年，农业工人每周平均可以得到28先令，建筑工人是55先令6便士，其中砖工是73先令5便士。到1936年，工资方面的差距仍然是32先令4便士，52先令2便士和69先令4便士。除了工资较低之外，农业工人的难处还在于劳动时间很长和不确定的劳动时间，晋升机会较少，居住条件差，教育条件差，便利设施极少。1939年的调查表明，36.6万个农业家庭中，只有2.5万—3万个家庭通上了电，至少5 196个教区还没有污水处理系统。[2]

---

[1] Martin Kitchen, *A History of Modern Germany, 1800-2000*, p.38.
[2] Sidney Pollard, *The Development of the British Economy, 1914-1980*, p.87.

低收入者的数量有多少，并没有确切的统计。但由于对贫困问题的关注，贫困人口及其比例有不少统计和研究。对于19世纪早期的情况，贫困人口的比例不可能很低。查尔斯·布斯（Charles Booth）相信，到19世纪80年代，贫困人数已经减少。1803年一份议会调查发现，英格兰和威尔士固定接受济贫院外救济的人数为336 199人，接受救济的劳工则为83 468人，还有305 889个乞丐偶尔接受救济。当时的劳工为390万人，这意味着固定接受救济的人数占当时人口的1/10。[①]济贫记录可能是关于低收入者数量变化最好的证据。很可能，到1870年，领取救济的人数的比例仍然没有改变。不过，从那时开始到"一战"爆发之前，靠救济生活的人的比例下降了一半。[②]

　　从19世纪末开始，社会调查家进行的针对"贫困"现象的调查也是估计低收入人口及其比例的重要证据。它们表明，在19世纪上半叶，工人阶级中约40%的人生活在当时所谓"贫困"甚至更糟的状态之中，其中最悲惨的2/3会在生命中某个时候（一般在老年）沦为十足的穷人。[③]1889年，查尔斯·布斯对伦敦的调查显示，1/3的人在他的"贫困线"（poverty line）以下，即不能满足基本的生活所需。其中，8.5%的伦敦人处于"一等贫困"中，他们的工作不稳定，收入不足以满足基本生活需求。另外，还有22%的人处于"二等贫困"之中，他们的收入可以满足基本生活需求，但无法应付年老、疾病和失业等更高层次的需要。1899年，郎特里对约克城进行了第一次调查。他发现，27.84%（15.46%的工人阶级）的人处于贫困线以下，他总结道：我们可能要面对这样的事实，全国25%—

[①] Phyllis Deane and W. A. Cole, *British Economic Growth, 1688-1959: Trends and Structure*, p.150.

[②] Roderick Floud and Donald McCloskey, eds., *The Economic History of Britain since 1700*, Vol.2, 1860-1970s, pp. 297-298.

[③] 当然，性别也是造成贫困的原因。低收入者中，妇女的比例向来很高。在瑞典，1810—1870年接受救济的人中，妇女的比例为68%；1870—1880年，苏格兰接受救济人中妇女的比例为71%—74%。Peter H. Lindert, *Growing Public: Social Spending and Economic Growth since the Eighteenth Century*, Vol.1, Story, p.56.

30%的城市人口生活在贫困之中。①郎特里的调查、研究以及贫困概念的提出为此后的研究提供了指导。20世纪初英国其他人的调查大多借鉴了他的概念，并证实了他的结论。1906年，杰布（Jebb）在对剑桥郡的研究中指出，该城应该"有许多人有时被称为'二等贫困'"。费边社会调查家戴维斯在对威尔特郡考斯利（Corsley）教区的研究中指出，"二等贫困"（16.82%）相对于"一等贫困"（12.73%）还要更多。曼恩（Mann）对英国核心农业区调查后指出，那里有7.9%的家庭处于"二等贫困"中，"一等贫困"家庭的数量则有31.5%。②1912—1913年，鲍利和伯内特-赫斯特对北安普敦、沃灵顿、斯坦利和雷丁四个城市进行了调查。按照一个家庭（一对夫妻和三个子女）每周需要24先令（考虑到疾病、失业等因素）的标准，如果家中只有一个成年男性工作的话，按照当时的工资标准，不足以维持基本需求的家庭在当地人口中的比例，除了在斯坦利不超过10%之外，北安普敦和沃灵顿分别为27%和32%，雷丁的贫困人口比例高达50%以上。而在北安普敦和雷丁，每周收入低于20先令的人群的比例也分别高达13%和15%。③平均来看，上述城市可能有不少于30%的人处于贫困之中。由此看来，这个时期的调查结果大体上还是比较一致的。也就是说，在"一战"之前的英国，可能有不少于200万个家庭，即不少于800万的人挣扎在贫困线的边缘。

在19世纪末的德国，贫困问题也出现在人们的视野之中。据统

---

① Peter Mathias, *The First Industrial Nation: The Economic History of Britain, 1700-1914*, pp.344-345.

② 引自 Mark Freeman, "Seebohm Rowntree and Secondary Poverty, 1899-1954", *The Economic History Review*, Vol. 64, No. 4 (Nov., 2011), pp. 1183-1184。

③ A. L. Bowley and A. R. Burnett-Hurst, *Livelihood and Poverty: A Study in the Economic Conditions of Working Class Households in Northampton, Warrington, Stanlet and Reading*, London: G. Bell and Sons, 1915, pp.33-35, 38-39. 不过，调查者认为，家庭中妇女或未成年子女也可能会工作，增加家庭收入，按照新的计算标准，上述四个城市的贫困工人家庭和人口的比例分别为8.4%—6.2%、12.2%—11.5%、12%和20.6%—15.3%。也就是说，贫困家庭比例从最低1/12到1/7不等。

计，19世纪70年代，仅路边的流民就有40万人，占全国人口的1%。对于当时的救济官员来说，他们的主要任务是帮助那些愿意工作的人找到活儿干，保护那些失去劳动能力的穷人，规范那些专业的乞讨者和罪犯。[①]不过，1918年之前，德国仅有一次国家官方对济贫统计数据的调查，即1885年，分别由帝国统计局（The Imperial Statistical Office）和维克多·博梅尔特（Viktor Bëhmert）所领导为帝国济贫和慈善协会进行的调查。根据这次调查，在采取居住救济制度的地区中，分别由5.3%的城市人口（79.3万）和2.1%的乡村人口（41.2万）接受公共救济。可见，城市的救济率更高，那里资源反而要比乡村地区更多。在接受救济的人员中，两份调查数据都显示，疾病是造成贫困或收入较低的主要原因。身体残疾、年老、失业等也是导致人们接受救济的重要因素。[②]直到"一战"之前，德国的情况大致都是如此。虽然有社会保险制度的支持，但领取救济金的贫困人口还是要占2%—4%。在济贫方面的开支并未减少。[③]

到了20世纪20、30年代，"贫困"人口的比例明显下降了。1929年，鲍利的调查显示，伦敦仍有30%的人处于"二等贫困"（生活缺乏舒适感）之中，"一等贫困"人群降低到10%以下。1936年，在约克，31.1%的工人阶级家庭（17.7%的总人口）在贫困线以下；1937年，在布里斯托，10.7%的工人处于贫困状态。在其他地区，贫困标准不同，数字也不同。1928年，伦敦有9.8%的工人生活在贫困之中。在同样的标准下，默西塞德地区1929年是17.3%，利物浦在1929年是16.1%（按照郎特里的标准，应为30%，另有14%的人稍高于贫困线），南安普顿1931年时为20%。1936年，约翰·博伊德·奥尔（John Boyd Orr）做出的调查显示，几乎有一半的人口

---

① Larry Frohman, *Poor Relief and Welfare in Germany from the Reformation to World War I*, p.162.
② Ibid., pp.105-107.
③ Gerhard A. Ritter, *Social Welfare in Germany and Britain*, pp.121-122.

饮食上有欠缺，即使是在20世纪30年代最好的时间里，低收入者的食物消费需要增加12%—25%才能保持完善的健康。①

"二战"之后，贫困现象有了根本的改观。这首先得益于就业政策的影响。在英国，由于"完全就业政策"的实施和建设福利国家，低收入者的比例大大减少，"一等贫困"消失。1950年，郎特里到约克进行第三次社会调查。他发现，工人阶级中的贫困人口已经下降到2.8%，处于贫困线以下的人群之中，已经没有失业者，68%的人是因为年老致贫。对于大多数人口来说，战后最重要的发展就是"福利国家"的建立。②高和斯塔克（Gough and Stark）则估计，在20世纪中叶的英国，领取国家补助的人大概有500万，即大约全国10%的人处于贫困线以下。不过，根据家庭支出调查，更多的学者主张，全国的贫困人口可能只有200万左右，其比例也就是4%左右。③

大卫·皮亚肖德认为，1899—1953年，随着居民收入的普遍增加，贫困人数大大减少，造成贫困的原因从收入过低转变为年老。④1953—1973年，英国收入最低的5%—10%的人群的收入增加了75%。1971年，4.9%的人和7.1%的家庭的纯收入被认为处于救济标准以下。其中最需要救济的是老人和退休人员，占据贫困人口的一半；其次是单身父母家庭，户主失业家庭，以及那些孩子超过四个的家庭和独身妇女。⑤如果按照1971年的标准，1973年的贫困人口只有2.5%，而1953—1954年则超过20%；如果按照1953—1954年的标准，当年的贫困人口占总人口的5%，而到了二十年后，贫困人口的比例下降到0.2%。毫无疑问，在这段时间

---

① 引自 Sidney Pollard, *The Development of the British Economy, 1914-1980*, pp.190-191。
② B. S. Rowntree and G. R. Lavers, *Poverty and the Welfare State*, London: Longmans, 1951, pp.30-35。
③ A. B. Atkinson, *Poverty in Britain and the Reform of Social Security*, p.33。
④ David Piachaud, "Poverty in Britain, 1899-1983", *Journal of Social Policy*, Vol.17, No.3, (July, 1988), pp.335-349。
⑤ Edward Royle, *Modern Britain: A Social History, 1750-1985*, p.170。

内，所谓"贫困"人口的比例大大下降了。[①]到了该世纪末，那些收入在全国收入排位60%以下的家庭都被列为贫困人口，他们在总人口的比例超过20%（超过1 000万以上），而且1979—1999年，竟然还有上升趋势。看来，在西方社会，这个贫困群体永远都不会消失。政府确定它只是为了明确社会公共福利资源的关注点，更好地缩小收入差距。

二、救济与补贴

低收入者的工作和收入不稳定，稍有不利的社会因素，便会落入贫困线以下。无疑，他们是潜在的社会不稳定因素。面对这个问题，欧洲各国政府通过提供各种救济和补贴政策保障了低收入者的基本生活。到20世纪中期之后，这些措施进一步增加，效果愈加明显，低收入者的生活也已经远远高于基本生存线。

在19世纪中后期，随着工业革命的进行和完成，越来越多的人可以找到工作，失业和收入过低现象逐步减少。但贫困问题却没有消失，反而相当严重。当时社会学家对于贫困现象的调查使社会精英受到极大震动。对于一个富裕、文明的社会而言，贫困、犯罪仍然没有被克服，这令他们不安。各国政府试图通过各种各样的救济和补贴政策来解决这些问题。

欧洲对低收入者或穷人的救助政策大致可以分为两个阶段，即19世纪主要是实施济贫法，动员各种力量对低收入者进行救济，进入20世纪之后，将对低收入者的救助纳入国民保险体系，将对穷人的倾斜政策变为全民享受的权利。在欧洲，济贫有着数百年的历史，其根源甚至可以从中世纪去寻找，那时的教会和无数有钱的个

[①] G. C. Fiegehen, P. S. Lansley, P. S. Lansley and A. D. Smith, *Poverty and Progress in Britain, 1953–1973, A Statistical Study of Low Income Households: Their Numbers, Types and Expenditure Patterns*, Cambridge, London, New York and Melbourne: Cambridge Universty Press, 1977, pp.27–31.

人提供了无数的救济机会。到了近代早期，政府开始担负起救济穷困的责任。例如，在英国，1601年颁布的《济贫法》对这种责任进行了明确。在此之后，政府对于低收入者的救济投入了更多的精力。1795年，"斯品汉姆兰制度"将救济的对象扩大到低收入者的家庭，实行济贫院外救济。工业革命完成之后，这种救济方式随后受到经济学家和社会学家的批评。于是，《1834年济贫法》的颁布确立了新的济贫制度。其主要内容是：建立济贫院，身体健康的贫困者必须进入济贫院，年老或病患造成的贫困者可以享受院外救济。但是，接受院内救济的代价是丧失选举权，其目的是让所有人都要依靠自身努力来脱贫，因为当时贫困被视为个人的事情。不过，济贫院中恶劣的卫生条件、交叉的食品质量饱受诟病。这种情况很快得到改观，不少低收入者开始可以在院外接受救济（如自己家中，定期领取救济金）。在社会保险体系建立之前，院内救济与院外救济相结合的做法就确立了近一个世纪英国贫困救济的基本原则。[1]在其他国家，济贫制度的实施大概也在同一时期。19世纪中期之后，西北欧诸国也开始颁布济贫法，瑞典（1847年、1871年）、挪威（1845年、1863年）、芬兰（1852年、1897年）、荷兰（1854年）等。另外，法国、德国等国家也开始在贫困问题的救济上进行一系列的尝试，只是并未进行相应的立法工作。[2]院外救济制度受到更广泛的欢迎。虽然英国的政策时常摇摆，但到1880年，院外接受救济的比例依然达到78%。在提供的救济品方面，各国的做法并不一致。荷兰的做法是提供实物，如食品、燃料、衣物、住处等。1860年，法国的做法则是实物与现金的混合，各种救济品的比例分别为：现金，21%；

---

[1] 丁建定：《从济贫到社会保险：英国现代社会保障制度的建立，1870—1914》，第145—146页。

[2] 丁建定、杨凤娟：《英国社会保障制度的发展》，中国劳动社会保障出版社2004年版，第124—130页。

食品，55%；衣物，6%；燃料，5%；医疗和药物，6%；其他，7%。[1] 不过，在19世纪上半叶，当时济贫法涉及的人口比例还是很低，欧洲大多数国家在济贫方面的投入仍然不多，其在国民收入总值中的比例大多略高于1%，最高的英国也不超过3%。[2]

对贫困和低收入者的救济政策很快走向终结，因为随着欧洲主要国家工业革命的完成，正式的社会保险制度开始建立起来。这对解决低收入者的贫困、失业等问题有很大的帮助。在现实情况中，贫困、失业、低工资和老年等问题往往交叉在一起。为了应对贫困，除了济贫之外，还包括帮助儿童、保证最低工资、建立养老金等对策。例如，失业是造成低收入者群体庞大的原因之一。在1914年之前，欧洲的失业问题并不乐观。在英国，工作不固定和失业则更为严重。据行业委员会的统计，1879年的失业率为10.7%，1886年为9.6%，1908—1909年则为8.7%。这比同期的德国要高得多。而且这其中还有一些低估。1905年，英国颁布《失业工人法》这是英国应对失业问题的第一次尝试，它给予地方政府权力来建立职业介绍所和失业收容所，为失业者寻找就业机会。之后，在学习德国模式的基础上，英国于1909年颁布了《劳动力交换法》。1911年的《国民保险法》则进一步扩大了失业救济的覆盖范围。[3] 这些都是试图消除布斯和郎特里确定的造成贫困的原因：年老、疾病、家庭劳动力死亡、低工资和失业。虽然这与之前的做法并没有完全决裂，但累积性的结果是新的救济方法的开始。同时，对于低收入者的补贴和救济还包括对儿童的帮助。1906年，英国地方政府开始提供免费校园餐，1907年，英国引入了对低收入家庭儿童的校园医疗服务与强制医疗检查。而此前1902年的《助产士法》（Midwives Act）旨在培养助产士来提高

---

[1] Peter H. Lindert, *Growing Public: Social Spending and Economic Growth since the Eighteenth Century*, Vol.1, Story, pp.54-55.

[2] Ibid., pp.8, 48.

[3] Gerhard A. Ritter, *Social Welfare in Germany and Britain*, pp.156-162.

护理水平，以降低婴儿死亡率。1908年的《养老金法》、1909年的《行业委员会法》，直至1911年的《国民保险法》，将解决低收入群体的收入和生活水平问题，变为全民的福利。其中，《国民保险法》向那些会遭遇短期失业的劳工，如建筑、机械和造船行业的225万工人提供保险。但济贫法依然在生效，用来应对过于贫困或没资格享受福利立法的人群。①在德国，帝国政府分别于1893年、1894年、1908年不断修正《住宅救济法》，以适应新时代的变化，保障低收入者的住房需求。1870年规定，在24岁以后，被救济人可以在救济住宅里住上两年。后来的修正案将被救济者的年龄从24岁降低到18岁，然后又降低至16岁。1908年又将接受住宅救济的年限从两年缩短为一年。这些法律还将住宅救济制度转向"既有住宅制度"，将居住时间由6周延长至13周，再由13周延长至26周。当地救济机构必须承担疾病工人的生活成本，直到他们开始从个人住宅救济中得到报销。②除此之外，义务教育的成功实施对于提高文盲低收入者的收入和生活很有效果。1891年，伦敦25—55岁接受过适当教育的人仅有23%，到了1911年，这个比例已经上升到78%。③教育使低收入者找到工作的机会增加，使他们获得了尊重和自信。

在建设福利国家的过程中，除了救济政策之外，对于低收入者，欧洲各国还推行了各种各样的补贴政策，如住房补贴、医疗补贴、失业补贴等，这些多样化和多层次的补贴政策与社会福利制度一道为低收入者的基本生活水平提供了积极的保障。例如，欧洲国家普遍对那些孩子多的低收入者家庭提供较高的补贴，即家庭补贴或儿童补贴。这种做法普遍开始于第一次世界大战结束之前后。法

---

① Edward Royle, *Modern Britain: A Social History, 1750–1985*, pp.200–202.
② Larry Frohman, *Poor Relief and Welfare in Germany from the Reformation to World War I*, pp.109–110.
③ E. H. Phelps Brown, *The Growth of British Industrial Relations: A Study from the Standpoint of 1906–1914*, London: Mcmillan, 1959, p.45.

国延续了"一战"之前的做法,由雇主向企业中的低收入工人家庭提供补贴。到1930年,能从中受益的工人数量超过200万。1946年,法国的家庭补贴法律规定:生病的在职人员、残疾人、失业者和生育两个孩子的妇女均可享受由雇主提供的家庭补贴。这样,家庭补贴制度的覆盖范围就扩大到全部人口。20世纪80年代,法国对家庭补贴制度进行了多次改革。如1985年,法国家庭补贴制度向有三个孩子以上的家庭提供补贴,并向因第三个孩子出生而失去部分或全部工资收入的父母提供补贴。1935年,德国尝试从第五个孩子开始提供补贴,到1954年改为从第三个孩子开始,补贴来源于雇主缴费。1961年,联邦德国政府开始从第二个孩子开始提供补贴,而且联邦政府也开始承担补贴的支出。瑞典的做法是建立儿童福利委员会来实施补贴政策。在社会福利制度下,16岁以下的儿童均享有统一标准的补贴,其额度在1964年为每人700克郎,两年后提高到900克郎。[①] 英国也在"一战"之后开始进行补贴制度的实践。但直到"二战"结束,家庭补贴制度才随着福利国家的建立而得到全面实施。1945年,英国颁布家庭补贴法,规定从第二个孩子开始,向每个孩子提供平均每周5先令的家庭补贴,该法令1946年8月生效。到1949年,有297万个家庭获得此类补贴。[②] 1952年,新家庭补贴法将标准提高到每周8先令。1956年,家庭补贴的范围扩大到包括第一个孩子在内,并提高了标准,第一个孩子每周补贴8先令,其他孩子每周补贴10先令。不过,1959年,第一个孩子的补助被取消,第二个孩子的补贴标准降低为8先令,第三个及之后的孩子每周10先令。同年,新的国民救济制度规定:每对夫妇每周正常救济标准为85先令,特殊情况下为每周107先令;单亲家庭每周标准50先令,特殊时是72先令6便士;其

---

① 参见丁建定、李薇:"西方国家家庭补贴制度的发展与改革",《苏州大学学报》2013年第1期。

② Harod E. Raynes, *Social Security in Britain: A History*, London: Sir Isaac Pitman and Sons Ltd., 1960, p.220.

他21岁以上的家庭成员每周正常标准为46先令，特殊时为72先令6便士。到70年代，议会批准了对儿童的补贴法，向家庭中包括第一个孩子在内的所有孩子提供补贴。① 在住房方面，自从20世纪80年代住房私有化以来，英国政府要求开发商兴建保障性住房，房价约为市场价格的70%—85%，同时向低收入者提供较低的贷款购房利率，甚至代付贷款利息。同时，延续自"一战"以来的住房补贴政策，向低收入家庭提供补贴，基本保障了社会底层的住房需求。这些补贴政策使低收入者受益匪浅。

在现代欧洲，得益于完善的保险体系、补贴政策，低收入阶层也能实现相对不错的生活水平，与社会中上层财富和消费标准的差距不至于过于悬殊。长期来看，原本针对低收入者的那些福利，最终都成为惠及全民的一项权利，成为调整收入分配的重要手段。

三、基本消费与生活水平

对于低收入者来说，家庭中的大部分支出要用来满足基本需求，食物、穿衣、住宿和取暖，能用来休闲或储蓄的收入非常少。他们收入不足、营养不良、住得很差、穿着也不好，还要时常受到疾病的困扰。他们生活的不稳定性还在于，一次事故、一个意外到来的孩子、行业波动、失业、生病等都会使生活捉襟见肘。不难理解的是，随着生产力的提高和分配制度向惠及大众方向的调整，社会低收入者的收入和生活水平得到大大改善。

所有阶层的消费支出首先是要满足家庭成员对食物的需求。只是收入越低的人，在食物上的开销比例就越大。19世纪，劳工家庭在食物上的支出在家庭总支出中的比例达到一半，甚至三分之二。参见表14-2。1853年，德国人恩斯特·恩格尔对比利时的153个工

---

① 丁建定、杨凤娟：《英国社会保障制度的发展》，第229—232页。

人家庭状况进行了调查，他将调查对象分为三组：靠救济为生；自给组；宽裕组。其中前两组家庭的食物支出在家庭总支出中的比例分别为70.9%、67.4%；[1]

表14-2　英德法不同收入家庭的食物支出占家庭收入的比例（1905年，%）

周收入（先令）	英国	德国	法国
<20	—	68.7	62.7
20—25	67.3	64.5	60.8
25—30	66.2	62.3	58.6
30—35	65.0	59.2	57.9
35—40	61.0	57.7	56.1
>40	55.9	56.3	52.8

资料来源：〔意〕卡洛·M.奇波拉主编：《欧洲经济史》第三卷：工业革命，吴良健、刘漠云、壬林、何亦文译，第95页。

英国的情况很好地证明了这一点。1889年，英国行业委员会的调查表明，年收入28—40英镑的低收入者花在维持生活的基本用品上的开支为收入的87.42%。[2]这个比例可能比较特殊。1898—1901年，郎特里调查中的第一个阶层（家庭周收入低于26先令）在食物上的开销达到家庭收入的51%。在大多数情况下，在非技术工人家庭中，花在购买食物上的费用比例从未低于总收入的55%—65%。不过，不同的家庭的消费标准不同。直到1934年，苏格兰邓迪的织

---

[1] 〔意〕卡洛·M.奇波拉主编：《欧洲经济史》第三卷，吴良健、刘漠云、壬林、何亦文译，第95页。
[2] W. Hamish Fraser, *The Coming of the Mass Market, 1850–1914*, pp.32–33.

工家庭还要把80%的收入用在购买食物上。①

在低收入者的家庭中，饮食在家庭开支中的比例总是很高，吃得却未必很好。在19世纪60年代，爱德华·史密斯对低收入者家庭在食物的消费上做出了估计。他选取的样本是509个农业工人和125个工资较低的工人，如纺纱工、制针工、手套工、制鞋工和制袜工。他发现，在这些家庭中，面包构成了食物的主要部分。每个成人平均每周9.5磅。同时，每个家庭每周消费土豆10.5磅，平均每个成人每周2磅。面包的配食往往是黄油，平均每周是4.5盎司。伦敦的工人每周可以吃到肉，但在其他城市有1/6—1/4的家庭根本吃不上肉。熏肉是较贫困家庭的最爱，不仅是因为它便于保存，可以被携带至很远的地方，也因为其剩余可以为第二天的面包和土豆增添一些味道。可以说，老少皆宜。这些家庭可能也能吃到羊头肉和鱼。在饮料方面，这些家庭每周平均可以喝到4.5品脱的牛奶，半数家庭可以买少量的奶酪和鸡蛋。他们普遍喝茶，每个成人每周0.45盎司，大多数家庭喝酒，每周多达5品脱。对于织工来讲，食物的总成本是10先令2.5便士或2先令2.5便士，人均数额因地方而不同。但消费水平无疑不高。史密斯认为，平均的食物供给无法满足健康和力量的需求。②低收入者的难处还在于烹调方法的限制。很少的家庭厨房有烤箱，大部分食物的制作都是用锅来完成的，做法不多，由此可以吃到食物种类较少。那些现成的食物受到普遍欢迎。炸鱼薯条的流行与此不无关系，而罐装食物虽然相对昂贵，但仍然吸引了不少注意。中产阶级的观察者经常感叹于，贫穷的妇女总是购买"罐装的鱼和肉，各式各样的腌制食物，而不是费点功夫做一些新鲜的饭"。③

---

① James H. Treble, *Urban Poverty in Britain 1830-1914*, London: Batsford Academic, 1979, p.149. 在英国，1899年要维持一对夫妻加三个孩子的家庭的生活，每星期的最低生活成本为21先令8便士。到了20世纪初，每周1英镑（20先令）的工资收入大致还可以满足一个人或一对夫妻的基本生活需求，但对于有几个孩子的家庭来讲，这个收入就远远不够了。

② W. Hamish Fraser, *The Coming of the Mass Market, 1850-1914*, pp.32-33.

③ Ibid., pp.37-39.

第十四章 低收入者的生活水平

就整个19世纪而言，欧洲低收入者的生活水平不高，直到20世纪初还是如此。①在英国约克城，14周收入在26先令以下的工人家庭的饮食都存在不足情况。在有据可查的这段时期，做车夫的D先生（周收入20先令，有两个孩子）和做抛光工的B先生（周收入25先令，有三个孩子）的收入都存在"赤字"。郎特里认为，低收入者家庭的收支总是不平衡，丈夫有失业期，妻子的收入也会减少，这样造成收入难以满足支出，差额甚至达到收入的20%，于是，家庭出现债务。②

在郎特里的调查中，约克的车夫D先生的收入着实不高（周工资为20先令），在1901年2—3月，全家收入共8英镑14先令6便士，而支出为8英镑14先令9便士，负债3便士。其中60%的收入要支出在基本的食物和住房上。D先生是调查样本中收入最低人群的代表，在他的食物表中，早饭和下午茶几乎千篇一律，晚饭甚至不吃，只有午饭才有改善的可能。面包、土豆和黄油是全家基本的食物，熏肉经常在主食中出现，但新鲜的肉和鱼类几乎很少见到。收入不多让他很难做出更多的选择。见表14-3。③

---

① 在英国，关于低收入者生活水平的文献资料相对丰富许多。从19世纪末到20世纪中叶，出现了一批关于各地生活水平的调查。1892年，查尔斯·布斯出版了他的团队对伦敦的调查结果《伦敦的劳动与生活》。随后，郎特里在1901年出版了他于1899年关于约克城的贫困问题的调查结果。随后在1907年，霍沃思（Mr. Howarth）和威尔逊（Miss Wilson）出版了关于西汉姆贫困问题的调查报告。同时，苏格兰邓迪社会联盟（Dundee Social Union）也对当地进行了类似的调查。在1904年和1905年，马尔（T.R.Marr）分别对索福德和曼彻斯特的住房问题进行了调查。到了1915年，先后于1912年和1913年进行的关于雷丁与北安普敦、沃灵顿、斯坦利等地的调查报告陆续得到出版。不仅如此，1928年，在伦敦政治经济学院的资助下，新的团队对伦敦的劳动和生活进行了新的调查，并出版了9卷本的调查报告。此外，郎特里于1936年和1951年先后再次对约克居民的生活状况进行了调查，并将成果出版。上述实地调查提供了工人阶层和其他社会下层的生活状况，成为我们研究英国低收入者消费和生活水平的第一手材料。

② B. S. Rowntree, *Poverty: A Study of the Town Life*, p.246.

③ Ibid., p.232.

表14-3 约克车夫D先生一家的饮食（1901年2月16—22日）

	早饭	午饭	下午茶	晚饭
周一	面包、熏肉、黄油、茶	猪肉、土豆、布丁、茶	面包、黄油、茶	一杯茶
周二	面包、熏肉、黄油、咖啡	猪肉、面包、茶	面包、黄油、煮鸡蛋、茶	面包、熏肉、黄油、茶
周三	面包、熏肉、黄油、茶	熏肉和鸡蛋、土豆、面包、茶	面包、黄油、茶	
周四	面包、黄油、咖啡	面包、熏肉、茶	面包、黄油、茶	
周五	面包、黄油、茶	面包、黄油、烤面包、茶	面包、黄油、茶	
周六	面包、熏肉、咖啡	熏肉、土豆、布丁、茶	面包、黄油、小蛋糕、茶	茶、面包、腌鱼
周日	面包、黄油、小蛋糕、咖啡	猪肉、洋葱、土豆、布丁	面包、黄油、小蛋糕、茶	面包和肉

资料来源：B. S. Rowntree, *Poverty: A Study of Town Life*, p.232。

抛光工B先生同样收入不高，在被调查的三周内，赤字竟然达到近2先令。当然，他的家庭人口更多，每周在食物和住房上的支出达到近80%。[①]但B先生一家的饮食标准稍高、食物种类也更为丰富，每周的食物多了三种，即果酱、牛肉（三天的午餐）和馅饼（当然，食物在总支出的比例也更高，接近60%）。不过，总体来看，这两类低收入家庭获取的能量都不够。这些家庭的饮食提供的能量从2 523到3 598卡路里不等，平均2 901卡路里，这比标准需求低了17%（从事正常劳动所需能量为3 500卡路里）。蛋白质上的缺乏更为严重，每个人摄入的蛋白质从65克到115克不等，平均89克，低于标准需求29%。这是因为肉蛋奶类富含蛋白质的食物价格较高，在这些家庭食物中的比例相对较低。这无疑造成营养不良，降低了

---

① B. S. Rowntree, *Poverty: A Study of the Town Life*, p.233.

他们抵抗疾病的能力。①这种情况到了一战之前仍然如此。1912年，在伦敦，一对夫妻和六个孩子的家庭，每周靠24先令生活，花在食物上的钱只有8先令7便士。有些家庭每天的食物开支少于3便士，尽管每天6便士是最低的可以保证营养的食物标准。②一个伦敦车夫，每周收入为19先令到23先令6便士（当时大多数劳动者的收入在20—34先令之间），他的菜单见表14-4：

表14-4　一个伦敦车夫的菜单（1912年）

	早餐	正餐	茶
周一	1条面包，1盎司黄油，0.5盎司茶，价值0.25便士的奶，价值0.5便士的糖。男人吃鱼干	牛肉，腌菜	1条面包，果酱，茶、男人2个鸡蛋
周二	同上，外加男人需要的价值2便士的可可粉，腌鲱鱼	面包、烤油、奶酪和西红柿	同上，男人吃鱼和煎土豆
周三	同上，外加腌牛肉	煮熏肉、青豆和土豆	与早餐同，外加凉熏肉
周四	1条面包、果酱和茶	羊排、绿叶菜、土豆	1条面包、1盎司黄油、茶
周五	同上	烤肠和土豆	1条面包、果酱和茶
周六	1条面包、1盎司黄油、可可粉	布丁、绿叶菜、土豆	1条面包、黄油、茶
周日	同周一	碎牛肉、布丁、绿叶菜、土豆	同早餐，男人有虾

资料来源：W. Hamish Fraser, *The Coming of the Mass Market, 1850-1914*, p.37。

不过，即使是收入颇低的家庭，饮酒仍然是必要开支项目。它一度被视为是造成贫困的重要原因。郎特里的父亲约瑟夫·郎特里

---

① B. S. Rowntree, *Poverty: A Study of the Town Life*, pp.231-237.
② W. Hamish Fraser, *The Coming of the Mass Market, 1850-1914*, pp.36-37.

（Joseph Rowntree）曾估计，工人阶级每周花在饮酒上的钱平均为6先令。1904年，纽卡斯尔和利兹两座工业都市中2/3的贫困人口都是"二等贫困"，原因主要是饮酒。到了1936年的调查中，郎特里指出，一个工人阶级家庭平均每周花费在饮酒和赌博上的钱为10先令，还不算抽烟的开支。伦敦的调查者也认为家庭开支中15%用来喝酒是一个正常的数字。①在欧洲其他国家，情况大致也是如此。

对于劳工阶层来说，他们在住房上的支出并不固定。19世纪末的几次调查显示，英国工人的房租在收入中的比例从9%到14.9%不等。这种比例要比他们欧洲大陆的邻居，德国、法国、比利时等国的工人阶层在房租上的支出都要高（房租约占消费开支的8%—10%）。郎特里调查中的劳工家庭，每周收入为18先令，食物上的开支为10先令6便士，房租上的支出为3先令3便士，煤和照明上的支出为1先令8便士。一名画匠每周收入1英镑，食物支出是10先令9便士，房租支出为5先令3便士，燃料和照明上的支出是1先令11便士。但在不少城市，劳工家庭花在房租上的钱占总收入的25%左右。收入越低的家庭，房租支出越高（他们的收入低于每周18先令）。在约克，工人家庭平均要有14.88%的收入花在房租上，但实际上，房租在穷人的收入中比例更高。周收入不足18先令的人，29%的收入要支付房租；如果收入在18—20先令之间，房租在收入中比例也达到18%。②如果接受24先令为低收入线，那么收入在这个线以下的家庭的房租占收入的20%左右。那些收入最低的人群，房租在收入中的比例很高，在雷丁和斯坦利，房租在最低收入者的收入中的占比竟然高达50%以上。不过，对周收入在20—25先令之间的人而言，房租在收入中所占比例在20%左右。③低收入者租住的往往不是整个房子，而是若干房间。卧

---

① Mark Freeman, "Seebohm Rowntree and Secondary Poverty, 1899-1954", pp. 1179-1180, 1186.

② B. S. Rowntree, *Poverty: A Study of the Town Life*, p.164.

③ A.L.Bowley and A.R.Burnett-Hurst, *Livelihood and Poverty: A Study in the Economic Conditions of Working Class Households in Northampton, Warrington, Stanlet and Reading*, pp.22-25.

室数量少往往是低收入者的标志之一。以仅有一个卧室的住房为例,1891年,约克不到2%的住房只有一个卧室,英国的其他城市大致也是如此(除了伦敦,这个比例不低于18%)。不过与同时期的欧洲其他城市比起来,这个比例仍然不高。因为在奥斯陆、柏林和斯德哥尔摩,只有一间卧室的房子的比例分别是37.1%、44%和49.5%。[1]一个房间的租金大约为1先令7便士,两个房间2先令6便士,三个房间3先令6便士。[2]在那些下层工人阶级中,他们居住的房子一般只有2—3个卧室,相当拥挤(每间卧室居住2—3人,甚至更多)。20世纪初,英国对于拥挤的定义是每个房间有2个及以上的人居住,[3]当时在北安普敦、沃灵顿、雷丁和斯坦利,这样的家庭在工人阶级中的比例分别为8.7%、19.7%、13.5%和50%。整体上来看,"一战"前夕,30%的人口的居住条件是:两个卧室,超过3个人;十年后,14%的人口居住在每间卧室超过2个人的房子里。住房上的拥挤只是其中一个指数,另一个是缺乏足够的家庭用具。低收入者的住房条件不仅拥挤,房子状况也不乐观。住房外面的墙面昏暗,内部居住条件则脏乱不堪,而且潮湿,房子的地板不平整,常常有裂缝。墙上有洞,屋顶甚至还会漏雨。这样的房间面积小,而且不利于身体健康,因为这些房子几乎没有通风。房子的供水也不充足,可能需多个家庭共用一个水龙头。厨房和厕所可能只有一墙之隔。垃圾桶往往也是几家共用,位于通风不畅的地方。[4]

对于此时的低收入者来说,住房问题一直比较尖锐。安特卫普有超过一半的贫困家庭人均住房面积不到6平方米,超过2/3的贫民窟房屋狭小而低矮,并且容纳不了一个家庭。在许多城市,工人们的住宿条件相当拥挤。许多人共用公用厕所。许多穷人家庭没有取

---

[1] B. S. Rowntree, *Poverty: A Study of the Town Life*, p.161.
[2] John Burnett, *A Social History of Housing 1815–1970*, pp.145–147.
[3] B. S. Rowntree, *Poverty: A Study of the Town Life*, pp.169–170.
[4] Ibid., pp.152–157.

暖或烹饪设施。在19世纪初，列日的贫困人口几乎占总人口的1/3，而在该世纪中叶之前，根特和科隆的穷人比例同样很高。大批失业者和贫困之人露宿于街道和公园。英国政府曾试图颁布法规保证市民的最低居住水平，但进展相当缓慢，从1890年到1914年，英国只有5%的新工人阶级的住房是由地方当局提供的。住房上的恶劣状况持续了很长时间。1939年，仍然有400万人居住在"工人阶级"的房子中，这些房子建于维多利亚中期或更早的时期。[①]20世纪60年代，对英国诺丁汉圣安妮地区关于贫困人口的居住条件的调查显示，91%的家庭只有一个室外厕所，85%的家庭没有洗澡间，54.5%没有热水系统。许多住房多年失修，413户中有156户判定为"贫困"。1/10的人口居住条件相当拥挤，每个房间超过1.5人。[②]

总之，很长的时间里，低收入者的生活状况总是难以令人满意。在郎特里眼中，它（贫困）意味着一个家庭完全不可能花钱乘车，不能订购报纸，不能听音乐会，不能对教堂给予任何捐助，不能有任何储蓄，不能给孩子买玩具，等等。能够购买的一定是最便宜的。家里的劳动力一天也不能没有工作，否则只能通过限制食物支出来解决问题。[③]再以交通为例。19世纪的低收入者的选择不多。1865年，伦敦的一个工人放弃乘坐火车上下班，而改为步行去工厂，据说是他的叔叔们曾经这样做过。但几英里的路程实在太长，火车和其他公共交通方式对于他来说又确实太昂贵，而公共交通的时刻表也让他捉摸不透。[④]不仅如此，低收入者的生活非常不稳定。许多工厂工人不仅要工作很长时间，还会遭受季节性的失业。例如，法国的制鞋工人从10月到第二年2月每周工作超过60个小时，加班加点制造夏季鞋子，但从7月中旬到9月，只有部分人可以受雇制造冬季

[①] Roderick Floud and Donald McCloskey, eds., *The Economic History of Britain since 1700*, Vol.2, 1860–1970s, p. 364.

[②] Edward Royle, *Modern Britain: A Social History, 1750–1985*, pp.171–172.

[③] B. S. Rowntree, *Poverty: A Study of the Town Life*, pp.132–134.

[④] H. J. Dyos and Michael Wolf, eds., *Victorian City: Images and Realities*, Vol.1, London: Routledge & Kegan Paul, 1973, p.368.

鞋子。其余时间则完全失业。①

不过，我们已经看到，从19世纪晚期开始，欧洲工人阶级的生活得到改善，低收入者的消费水平也水涨船高。最底层工资人群不仅仅取得了劳动收入的极大增长，而且从失业保险、最低工资、救济金的发放中获益最多。处于社会最底层或比最底层略高一等的人们享受着一种真正的改善。大多数人得到了令人满意的工资上升，在年老和遭受意外时也有稳定救济金可拿，被查尔斯·布斯在1892年列为"贫民"和"赤贫"的那些社会最低阶层的处境已经有了很大的改变。"贫困线"以下的生活中"最令人望而生畏的面貌"，"已经大部分消除了"，而在1930年，再也没有必要认为"贫民"和"赤贫"仍然"悬系于匮乏深渊的边涯"。②

从那时开始，物价下降，英国迎来了一个廉价进口商品的全新世界，进口肉类的比例扩大了3倍。1870年后，工人阶级的工资可以消费果酱，后来吃进口香蕉，这是城市穷人消费的唯一鲜果。19世纪70年代开始，穷人的整个消费品市场开始发生变化，出现了面向工人群体生产的特定商店和定向工厂。食物、衣服鞋类等商店快速扩展。相对廉价的耐用消费品，如缝纫机和自行车等进入大众视野。③在住房方面，随着大规模福利住房的增加和工人住宅区的建立，低收入者的住房条件逐渐得到改善。城市的供水、电力和交通系统逐渐使社会下层获益。车票的低廉使低收入者可以居住在离工作地点距离较远的地方。到"二战"之后，尤其是20世纪70年代之后，工人阶级的生活有了质的改变。他们与中产阶级购买同样的消费品，更多的家庭购买了汽车，到更远的地方休假。他们住得更远，享受

---

① Charles Rearick, *Pleasure of the Belle Epoque: Entertainment and Festivity in Turn of the Century France*, pp.160-161.
② 〔英〕克拉潘：《英国现代经济史》下卷，姚曾廙译，第726—727页。
③ 〔英〕埃里克·霍布斯鲍姆：《工业与帝国：英国的现代化历程》，梅俊杰译，第157—160页。

更好的居住环境。①

实际上，进入20世纪以后，低收入者的劳动时间和劳动收入都在发生变化。据估计，在英国，从1898年到1928年，非技术工人的劳动时间减少了17%，这意味着他们享受休闲的时间增加。1929—1930年伦敦住房样本调查显示，工人阶级的周收入超过满足基本需求的31先令，2/3的人收入超过所谓"贫困线"的19先令以上，而查尔斯·布斯时代，1/3的人还处于贫困线以下。收入增加保证了人们享受休闲的空间和方式都大大改变了。低收入者自然也不例外。②随着工资和收入的提高，工人阶级的生活得到极大改善，大众娱乐也开始发生转型。低收入者也转向了新的娱乐活动，如足球运动，还有音乐厅、跳舞、工人协会以及偶尔的一日游活动等。在英国，随着电影院的普及，更多的人走进电影院，当然也包括低收入者。1914年，英国有4 000万人，但当年的观影人数为3.5亿人。到20世纪30年代中期，每年电影院的门票收入达到9.63亿英镑，票房收入则能达到4 100万英镑。这其中当然有低收入者的贡献。当时的电影票价很低，半数的票价不超过6便士。许多工作不稳定的人也有能力去买一张电影票。卡内基基金会在对失业问题的研究中发现，80%的失业者至少每周去看一场电影，25%的失业者看电影的次数则更多。③不论如何，在现代欧洲，大众生活已经今非昔比。在就业和福利政策的保障下，低收入者的收入和生活水平也大大提高。

---

① 〔英〕彼得·克拉克：《欧洲城镇史，400—2000年》，宋一然、郑昱、李陶、戴梦译，第288—293页。

② H. Llewellyn Smith, ed., *New Survey of London Life and Labor: Life and Leisure*, Vol. IX, London: P.S.King and Sons Ltd., 1935, pp.3-40.

③ Brad Beaven, "Going to the Cinema: Mass Commercial Leisure and Working Class Cultures in 1930s Britain", p.69.

第十五章　老年人的消费与生活

在现代化进程中，欧洲最早进入老龄化社会，也最早建立退休和养老金制度。当前欧洲的养老模式即有其历史根源，又是工业化和社会转型的产物。考察老年人的生活与消费水平，可以管窥欧洲文明的演进及其特点。

一、年老与退休

何为"老年"？从现代意义上而言，它至少有两个层面的含义：首先，生理上变老意味着生命失去活力，出现健康问题，身体机能退化；第二是社会意义上的变老，即社会工作的丧失。它是指从有报酬的工作中退出，"老人"能做的事情只剩下一些家内劳动。[1]上述两个特征实际上概括了老年人活动的时间和空间。至于"退休"，进入现代社会之后，该词有了新的含义：首先，它成为每个工作的人都要经历的一种"仪式"；其次，它将发生在一定年龄，不再是因为身体的衰弱或智力的丧失；最后，与之前相比，现代退休的生活条件大大改善。历史地看，退休的年龄是在变化的。19世纪，在公共部门、铁路、银行等行业内，强制在固定年龄退休的做法已经存在，但这仍然不是普遍现象。进入20世纪之后，疾病和劳动能力

---

[1] Joos Droogleever Fortuijn, "Daily Life of Elderly Women in a Rural Area in The Netherlands", *GeoJournal*, Vol. 48, No. 3 (1999), p. 187.

的丧失依然造成了提前退休的发生，但随着医学的发展、营养水平的提高、劳动条件的改善、假期的增加，老年人群比之前更加健康，期望生存年限更长，老人们不用再像19世纪那样继续参与劳动，只需享受生命最后的时光。

老龄化

两个世纪以来，欧洲的老年人的数量及其在人口中所占比例都在增加。法国的老龄化开始很早。据估计，19世纪初，60岁以上的老人在总人口的比例已经达到8.5%，在整个19世纪，60岁以上的老年人增加了100万人，其比例上升到12.5%。[1]英国的情况大致也是如此。1851年，英国65岁以上老年人口为97万人，1897年达到158万人。不过，在整个维多利亚时期的英国，老年人在总人口中的比例从未超过5%。(1841年的比例为4.4%，1901年的比例只是4.7%，因此，汉娜·莱斯利称当时的社会为"年轻的社会"。)[2]到了1911年，老年人口已经增加到214万人，老年人在全国总人口中的比例已经达到6%左右。[3]1947年，老年人数量达到500万，照此计算，在半个世纪的时间里，老年人占比从5%上升到11%。在20世纪后半段，65岁以上的人口在每个十年中都在增加，到1981年，65岁及以上的人占人口总数的17%(700余万)。[4]

按照65岁以上老人在人口中比例超过7%即为老龄化社会的标准，欧洲在20世纪上半叶就已经步入老龄化社会。"二战"以后，欧洲人口老龄化的趋势更加严重。在英国，1985年，60岁以上的老

---

[1] Jérôme Bourdieu, Lionel Kesztenbaum and Madeleine Grieve, "Surviving Old Age in an Ageing World Old People in France, 1820–1940", *Population* (English Edition, 2002–), Vol. 62, No. 2 (2007), pp. 184,186.

[2] Leslie Hannah, *Inventing Retirement: The Development of Occupational Pensions in Britain*, Cambridge: Cambridge University Press, 1986, p.4.

[3] B. R. Mitchell, *Abstracts of British Historical Statistics*, Cambridge: Cambridge University Press, 1962, pp.12–13.

[4] 〔英〕阿萨·布里格斯：《英国社会史》，陈叔平、陈小惠、刘幼勤、周俊文译，陈叔平、陈小惠校，第372—373页。

人已经是1901年的4倍,已经达到总人口的25%。到2000年,欧洲15—64岁人口的数量是65岁以上人口的4倍左右。预计到2025年,这一比例将下降到3倍左右。①这意味着,到那个时候,欧洲65岁以上的老年人在总人口中的比例将达到20%以上。参见表15-1。

表15-1 1960—2025年西欧国家15—64岁的人口与65岁以上人口数量的比值

	1960年	1980年	2000年	2025年
英国	5.56	4.26	4.24	3.12
法国	5.32	4.57	4.24	3.12
德国	6.25	4.27	4.24	3.01
意大利	7.04	4.98	4.02	2.9
西班牙	7.81	5.88	4.39	3.38
瑞典	5.52	3.94	3.72	2.6

资料来源:〔英〕斯蒂芬·布劳德伯利、凯文·H.奥罗克编著:《剑桥现代欧洲经济史:1870年至今》,张敏、孔尚会译,第337页。

另外,随着生活水平的提高和生活环境的改善,欧洲人在进入老年之后,可期待的存活时间越来越长。例如,在英国,人们在65岁之后的期待生存时间从1901年的10.6年延长到1981年的13.1年。从老年人的结构来看,1961年,65岁以上的老年人中,有31.5%是75岁以上的老人,而在1901年,这个人群的比例是27.7%。②20世纪末的瑞典,人们在65岁之后的期待存活时间更长,男性为15年左右,而女性要活得更久,要在18年以上,到21世纪初,更是超过20年。参见表15-2。③

---

①〔英〕斯蒂芬·布劳德伯利、凯文·H.奥罗克编著:《剑桥现代欧洲经济史:1870年至今》,张敏、孔尚会译,第337页。

② Paul Johnson, "The Employment and Retirement of Older Men in England and Wales, 1881-1981", *The Economic History Review*, New Series, Vol.47, No.1 (Feb., 1994), pp. 106,116.

③ Gabriella Sjögren Lindquist and Eskil Wadensjö, "Retirement, Pensions and Work in Sweden", *The Geneva Papers on Risk and Insurance*, Vol.34, No.4 (Oct., 2009), p.580.

表15-2　欧洲各国65岁及以上和80岁及以上老年人在人口中的比例（%）

	1975年		2000年		2020年（预计）
	65+	80+	65+	80+	65+
丹麦	13.4	2.4	14.9	4.0	19.0
法国	13.5	2.5	16.0	3.7	18.9
德国	14.8	2.2	16.2	3.5	20.0
意大利	12.0	1.9	18.1	4.0	19.2
瑞典	15.1	2.7	17.3	5.0	20.0
瑞士	12.6	2.1	15.4	4.0	18.7
英国	14.0	2.4	15.7	4.0	19.1
荷兰	10.8	2.0	13.6	3.2	20.1

资料来源：Gabriella Sjögren Lindquist and Eskil Wadensjö, "Retirement, Pensions and Work in Sweden", p.581; Peter H. Lindert, *Growing Public: Social Spending and Economic Growth since the Eighteenth Century*, p.197.

退休

现代"退休"的概念直到19世纪才出现，它是工业社会的产物。在1851年的人口普查中，有一些人是按照之前从事的工作列出的，其中就包括那些被描述为"退休"的人。1881年，在对劳动人口进行定义时，宣称自己"退休"的人被排除在外。这个原则在此后的人口普查中得到坚持（1901年除外）。[①]在英国，1891年，"退休的人"第一次被列为一个单独的群体。在那之前，他们是根据之前的职业来分类的，而不是当前的劳动地位。尽管年龄被认为是退休的主要因素，但"退休"的定义在此后宽泛很多。按照英格兰和威尔士的人口普查结果，65岁以上男性仍然工作的比例，1891

---

① Paul Johnson, "The Employment and Retirement of Older Men in England and Wales, 1881-1981", p. 109.

年是64.8%，1901年是60.6%，到1911年已经减少到56%。1901年，65—74岁的女性参与劳动的比例约为13.3%，而退休的比例为28.14%；75岁以后，劳动参与率也还有6.5%，但退休人员的比例已经高达91.78%。这也显示，工作也是女性维持生存的重要途径。（参见表15-3。）[1]在法国，强制退休开始于19世纪中叶，公务人员最早，开始于1853年，矿工是在1894年，铁路工人是在1895年。而这些人的退休年龄都在60岁左右。[2]

表15-3 英国20岁男性可期待的退休时间（单位：年）

年份	可期待的退休时间	年份	可期待的退休时间	年份	可期待的退休时间
1881	1.76	1931	4.66	1981	10.29
1891	2.44	1941	5.72	1991	13.64
1901	2.84	1951	6.44	2001	15.62
1911	3.17	1961	6.83		
1921	3.96	1971	8.29		

注：随着预期寿命的增长，享受退休生活的年限在不断增长。在20世纪，一名20岁的成年男性可期待退休时间延长了近十三年多。

资料来源：Nicholas Crafts, "Living Standard", p.26。

在19世纪，"正常退休年龄"还不被大众理解。到了20世纪初，退休仍然还是一个可以自由选择的事情。在英国，公共部门、铁路、煤气等部门，雇员退休的选择很宽松。例如，在英国的"南部都市天然气公司"，职业养老金计划开办多年，1919年，20%的工人在55—59岁退休，42%在60—65岁，25%是在66—70岁，9%是在70—78岁。银行和保险公司甚至还有晚至98岁才支付养老金的记

---

[1] Jill S. Quadagno, *Aging in Early Industrial Society: Work, Family and Social Policy in Nineteenth-Century England*, New York: Academic Press, 1982, pp.151-153.

[2] Jérôme Bourdieu, Lionel Kesztenbaum and Gilles Postel-Vinay, "Thrifty Pensioners: Pensions and Savings in France at the Turn of the Twentieth Century", *The Journal of Economic History*, Vol.71, No.2 (June, 2011) p. 394.

录。① 在铁路部门，20世纪初工人的实际退休年龄为64岁。在20世纪30年代，男性职员和管理人员中已经流行65岁退休。但在一些行政机构、银行、烟草等部门，60岁退休的规定仍得到执行。比如，劳埃德银行，1930年将退休年龄提高至65岁，到1974年又降回到60岁；帝国烟草公司在1965年将退休年龄从60提高至65岁，六年之后又改了回来。对于女性而言，养老金计划中的退休年龄很低，只有50岁。直到1936年，参与养老金计划的女性有33.5万人，其中18%的体力工人和37%的管理人员的退休年龄在55岁及以下。②65岁被认为是男性退休的理想年龄，但对于女性而言，这个年龄仍然太高。1940年，就在战争进行期间，英国政府将妇女领取国家养老金的年龄降低到60岁。妻子领取养老金的年龄提前对男性按时退休是一种鼓励。"二战"之后，随着养老金的增加，工人退休的动机更加强烈。到20世纪70年代，大众退休年龄与法律规定已经十分接近，女性平均61岁，男性为64岁。65—69岁的男性仅有9%还参与全职工作，因此，退休年龄之后仍然工作就变成了一种例外。③

除了家庭生产的减少降低了老年人的工作机会、政策的改变增加了对工人的补偿（如《工人补偿方案》[Workmen's Compensation Act]）之外，还有不少因素增加了老年人退出劳动领域的比例。技术的进步和流水线作业改变了传统的生产关系，19世纪末，技术的变化更加迅速。年轻人能灵活地适应技术的变化，老年人自然越来越被排除到技术程度低、报酬少的工作中去。在技术发展较快的行业中，如铁路、电力、器械等，老年工人的比例不足1%。实际上，在许多现代行业，强制退休正在流行。原因大概有以下几种。首先

---

① Cyril F. Warren, "An Investigation into the Mortality Experienced by Pensioners of the Staffs of Banks and Insurance Companies, with a Note on the Mortality Experience of Deferred Annuitants", *Journal of the Institute of Actuaries*, Vol.57, No. 2 (July, 1926), pp.129-159.

② Leslie Hannah, *Inventing Retirement: The Development of Occupational Pensions in Britain*, pp.130-131.

③ A. Zabalza, C. Pissarides and M. Barton, "Social Security and the Choice between Full-Time Work, Part-Time Work and Retirement", *Journal of Public Economics*, Vol.14, No.2 (1980), p.256.

是公共服务部门、铁路、银行等行业的引领。在上述行业中，在固定年龄退休已经成为惯例。尤其是在白领群体中，强制退休的规定更可能流行起来。其次，随着寿命的延长，确立退休年龄、防止过度劳动成为迫切所需。最后，按照劳动力市场的规律，职位晋升是保证劳动积极性的重要因素，过多的超龄员工会造成障碍，尤其是对于白领而言，这种障碍必须破除。按照工资等级，年老员工的工资最高，但与产出已经不匹配。强制退休，领取养老金让他们可以从这种窘境中解脱出来。因此，退休的流行是与养老金计划实施和现代人事管理制度联系在一起的。

对于体力工人而言，很长时间以来都没有强制退休的规定。随着年龄的增大，劳动能力变弱，劳动产出下降，工资水平当然会降低。这尽管遭到工会的强烈批评，但雇主认为其理所当然，而且当工人认识到这一点，他们往往会自愿退休，或转到次要部门。不过，随着支付制度的革新和养老金的提高，雇主愿意强制工人退休，而工人也乐于接受。因此，到20世纪初，强制退休在英国已经是相当流行。[1]因此，要理解退休制度，脱离社会背景和劳资双方的意愿是不可能实现的。

在有些情况下，有些部门也开始提倡"提前退休"。这当然会导致养老金的减少。一些养老金方案会将雇员缴纳的费用退给他，雇主再稍加补偿。不过，到1956年，公共部门中因病提前退休的人会按照服务年限得到相应比例的养老金（如果规定工作年限为40年，在第30年退休，养老金将是既定标准的75%）。到20世纪70年代，私人部门的养老金计划也做出类似的规定，提前退休员工甚至会得到更慷慨的养老金，其数额甚至与正常退休的标准相同。自愿性的提前退休，税务局认可的是在正常退休年龄之前的十年之内，私人部门认可的则是五年之内。[2]

---

[1] Leslie Hannah, *Inventing Retirement: The Development of Occupational Pensions in Britain*, pp.135-136.

[2] Ibid., pp.133-134.

不过，并非所有人都会固定在某一年龄退休，对于低收入者尤其如此。例如，在制鞋业、农业和渔业中，65岁老年人仍工作的分别达到7.4%、8.4%和5.6%。其他一般行业的普通工人中老年人的比例也较高一些。当然也包括工人年老之后，进入这些领域。在传统行业，如农业、园艺、缝纫等，年龄反而是一种优势。在这些行业中，工作是老年人保证收入的一种方式。而那些小店主、杂货商、肉摊主等自己经营的人继续工作的比例更高，因此退休的比例也就较低。为了保证与雇主进行谈判的资本，工会也不愿意雇主以较低的工资使用老年工人。许多工人大多没有传统工匠的一技之长，退休就会丧失收入来源，往往就会陷入贫困。因此，在养老金制度形成之前，退休的特征是贫困和不确定。① 而且，雇主并不强制所有人都在固定年龄退休，而且他们仍然希望有价值的员工能够延迟退休（deferred retirement），补偿当然是必不可少的。到20世纪40年代，延迟退休的人的养老金增加8%已经非常普遍。② 尽管遭到税务部门（Inland Revenue）的反对，这种做法仍在继续。尤其是在"二战"结束之后，劳动力短缺，更多的雇主向延迟退休的员工提供补贴。比如，在公务部门，员工的退休年龄为60岁，退休金为工资的2/3，从1949年开始，那些延迟退休到65岁的人，每年的退休金在此基础上增加1/6。参见表15-4。③

表15-4　英国本土公务人员的退休年龄，1975—1982年

退休年龄（岁）	延迟退休员工，1975/1978年 数量（人）	比例（%）	延迟退休员工，1980/1982年 数量（人）	比例（%）
60	10 373	20	14 781	29
61	3 956	8	14 501	28

---

① Jill S. Quadagno, *Aging in Early Industrial Society: Work, Family and Social Policy in Nineteenth-Century England*, pp.155-169.

② Gordon W. Pingstone, "Group Life and Pension Schemes Including Group Family Income Benefit Schemes", *Journal of the Institute of Actuaries*, Vol.77, Issue 3 (Dec., 1951), p.346.

③ Leslie Hannah, *Inventing Retirement: The Development of Occupational Pensions in Britain*, pp.132-133.

续表

退休年龄（岁）	延迟退休员工，1975/1978年 数量（人）	比例（%）	延迟退休员工，1980/1982年 数量（人）	比例（%）
62	3 862	8	4 927	10
63	4 051	8	3 493	7
64	12 347	24	5 080	10
65	8 718	17	8 206	16
66	2 050	4	253	0
67	1 462	3	111	0
68	1 103	2	74	0
69	873	2	53	0
70	609	1	36	0
71—75	1 235	2	78	0
	50 639	100	51 593	100

在20世纪70年代中后期，尽管仍然有14%的老年人选择在65岁之后继续工作，但到了80年代初期，已经没有人再愿意这样做。这表明，由于生活得到保障，65岁成为老年人退休的标准时间。不仅如此，还有超过50%的人选择提前退休，即在60—61岁左右就退出劳动领域。

资料来源：Leslie Hannah, *Inventing Retirement: The Development of Occupational Pensions in Britain*, p.133。

在下层工人阶级中，退休几乎都是非自愿的，因为退休会引起收入的减少、生活水平的下降、社会地位和工作关系网络的丧失，等等。许多老年人因此不愿意退出劳动领域。在东伦敦，一个店员可能工作到80岁，更多的人是在70岁左右才退休。健康状况的恶化或劳动能力的丧失可能是大多数人被迫选择退休（或提前退休）的主要原因。1954年，养老金部（Ministry of Pensions）进行了一项关于退休或继续工作原因的调查，28%的在65岁领取养老金的人给出的理由是健康恶化、工作压力过大。25%的退休人士则是因为慢性疾病，在具备领取养老金的资格之前至少6个月已经得病。另外28%的人认为，他们被雇主辞退，其余的则称放弃工作是因为他们需要休息或其他原因。尽管数据的可靠性需要斟酌、需要做进一步的研究，但健康状况的恶化被认为是按时或提前退休的主因。在英国东伦敦，因健康问题选择退休的男性人数比例近60%。在54个（占样本总量的39%）50岁之后退休的妇女中，有13个是在50多岁，7个是在60岁，其余的34人是在61岁到74岁之间。退休的原因，很少是被雇主辞退，健康原因和家庭的考虑是妇女退休的主要因素。①

二、收入与养老

老年人的收入结构随着时代的变化而改变，而收入的数量直接决定了老年人的生活质量。

养老模式

直到19世纪末，欧洲人的养老主要还是依靠自己来解决的。整体而言，大约有50%的人主要通过个人收入和财产积累来解决养老问题。但许多老人并没有足够的收入和财产用来养老，因此，对于这些人来说，生活就是一种绝望的挣扎。②如果老年人陷入真正的贫困，他们就成为需要救济的穷人，待遇要比贫困的年轻人好许多。有人认为，他们在19世纪初得到救济堪比20世纪末的养老金。不过，这可能只是一种乐观的估计。英国1834年《济贫法》颁布之后，老年人必须进入济贫院中接受救济。在济贫院中，老年人占据很大比例。据统计，1871—1911年，英格兰和威尔士65岁以上的老年人在济贫院中的比例超过1/4，甚至1/3以上。③到1896年，英国政府改变政策，不仅要求改善各地济贫院的生活条件，还要保证老人的个人空间、起居与探访亲友的自由。同时，向老人提供定额的院外救济，而不强制老年人进入济贫院。根据官方济贫数据，查尔

---

① Peter Towsend, *The Family Life of Old People: An Inquiry in East London*, London: Routledge & Kegan Paul, 1957, pp.142-144, 148.
② Jill S. Quadagno, *Aging in Early Industrial Society: Work, Family and Social Policy in Nineteenth-Century England*, pp.103-104.
③ 丁建定：《从济贫到社会保险：英国现代社会保障制度的建立》，第167页。

斯·布斯估计，1891年，65岁以上的人在接受济贫的人群中的比例，在伦敦为39.5%，在其他城市及其郊区为28.5%，在乡村或半乡村地区为25%。如果有工作的老年人与接受济贫的老年人不存在重叠，那么，没有工作的老年人大部分都在接受济贫法的补贴。地方政府也在济贫之外向65或70岁以上的老人提供一些养老金，加上家庭和朋友的资助，以及慈善救济和个人储蓄，这就是19世纪老人的基本养老方式。[①]就整个欧洲而言，在养老金制度建立之前，老年人需要继续工作，或其依靠他人的支持来养老，比如依赖自己家庭的其他成员或亲属。在19世纪末20世纪初的法国，没有充足收入来养老的人的数量不断增加，大约有一半的老人与一个年轻人住在一起。

对于那些富裕的人而言，他们提前为老年生活进行了储蓄或投资，因此，在退出劳动领域之后，生活水平也不会受到影响。但对于19世纪的工人阶级来讲，储蓄几乎是不可能的。当时的工业保险公司提供的养老产品很少。有人指出，如果从20岁开始每周支付3便士（不够买20支香烟）购买保险，那么便可以从65岁开始领取每周5先令的养老金。即使如此，许多人仍无钱支付，而且许多下层人可能会觉得自己根本活不到65岁。营造家庭、生育孩子等耗掉了大部分人数十年的时间。[②]工人阶级当然可以选择加入互助组织，如友谊会（firendly societies）和行业工会（trade unions），在年轻的时候缴纳一定的会费，期待可以在年老的时候得到一些救助。但这些组织针对的主要是典型工人，而非老年人。它们不断提高会费，将享受养老金的会员资格年限一再延长。因此，往往只有那些较富裕的工人才能最终享受到这种互助基金。到19世纪末，这些互助组织已经引起一系列的问题，它们也不再情愿为老年人提供较稳定的救济。而济贫法的措施逐渐令老年人不能接受，迫使他们靠自己和

---

① Paul Johnson, "The Employment and Retirement of Older Men in England and Wales, 1881-1981", pp.122-124.

② Leslie Hannah, *Inventing Retirement: The Development of Occupational Pensions in Britain*, pp.4-6.

亲属来解决养老问题。①

在英国，还流行这样一种传统。雇主为服务超过一定年限的老员工提供"恩惠"养老金（ex gratia pension）。这种报酬带有慈善性礼物的性质。地方济贫机构偶尔会要求雇主支付此类养老金，而雇员也会要求对方支付。有些家长制的公司直接鼓励雇员参加"工作储蓄银行"（works savings banks）、公积金（provident funds）或友谊会，公司支付这些组织的管理费用。这种做法尽管不能提供充足的养老金，但为年老后收入减少提供了一个补充。在公共服务部门，养老金已经发展得不错。不过，直到1891年，能享受这种"养老金"的雇员人数也不足整个劳动力大军的3%。19世纪初，军队、海关部门，继任者出钱购买前任的职位，这笔钱也就成为养老金。1857年，英国政府开始在公共部门推行养老金，额度相当于雇员年收入的1/6，从60岁开始支付。到19世纪末，教师和许多公共部门已经开始推行这种退休金制度。在其他部门，铁路、燃气、银行等部门，也发展出相应的养老金政策。不过，上述养老金计划的覆盖范围很小，到1900年，参与人员可能也不超过100万，也就是全部劳动力的5%。参见表15-5。②

表15-5 工程师工会（A.S.E）养老金，1864—1920年

年份	每周养老金	会员资格年限	领取年龄
1864	7先令	18年	50岁
	8先令	25年	
	9先令	30年	
1874	7先令	18年	50岁
	8先令	25年	
	9先令	30年	
	10先令	40年	

---

① Bentley B. Gilbert, "The Decay of Nineteeth-Century Provident Institutions and the Coming of Old Age Pensions in Great Britain", *The Economic History Review*, Vol.17, No.3 (1965), pp.551-563.

② Leslie Hannah, *Inventing Retirement: The Development of Occupational Pensions in Britain*, pp.8-14.

第十五章 老年人的消费与生活

续表

年份	每周养老金	会员资格年限	领取年龄
1885	7先令	25年	55岁
	8先令	30年	
	9先令	35年	
	10先令	40年	

表格显示，与二十年之前相比，1884年英国工程师工会成员需要入会更长的年限（最低入会年限由18年提高到25年）、在更高的年龄（由50岁提高到55岁）才能领取养老金。毫无疑问，由于门槛的提高，在这个工会中能够领取养老金的人数大大减少了。

资料来源：C. G. Hanson, "Craft Union, Welfare Benefits and the Case for Trade Union Law Reform, 1867-1875", *Economic History Review*, 1975, Vol.2, p.255。

在19世纪，许多人到了60岁甚至65岁之后仍然参与劳动，直到丧失劳动能力，强制"退休"，是惯常做法。进入19世纪末20世纪之后，随着保险制度的完善，老年人的劳动参与率大大下降了。法国1896年人口普查显示，男性工人中超过45岁的比例不足22%，在公共服务部门中为37%，在铁路公司中为50%，在个体行业中超过2/3。[1]1907年德国的职业调查显示，在工业和手工业中，仅有9.6%的工人年龄超过50岁，交通和商业领域的比例为10.2%。在农业中，50岁以上的工人的比例为17.3%。[2]实际上，在1882—1907年德国成年男性工人中，70岁还在工作的人降低了1/6，从47.3%减少到39%，60—70岁仍在工作的老人减少了1/10，从78.9%降低到71.2%。[3]1871年，英国65岁以上的人仍然工作的比例为92.2%，十年之后，这个数字已经下降到73.6%，到1973年，老年人工作的比例已经很低，男性为18.6%，女性的比例为从最初的18%下降到6.7%。[4]到20世纪80年代，65岁以上男性仍然参与劳动的比例已经

---

[1] Jérôme Bourdieu, Lionel Kesztenbaum and Gilles Postel-Vinay, "Thrifty Pensioners: Pensions and Savings in France at the Turn of the Twentieth Century", p. 389。

[2] Gerhard A. Ritter, *Social Welfare in Germany and Britain*, p.39。

[3] Ibid., p.119。

[4] R. C. O. Matthews, C. H. Feinstein and J. C. Olding-smee, eds., *British Economic Growth, 1856-1973*, p.57. 不过，"二战"以后，由于战争造成的男性劳动力损失，老年女性的参与劳动的比例出现短暂上升：1951年是5.1%，1954年为5.4%，1961年上升到6.7%，1973年下降到6.5%。

低于10%，女性劳动力也显示出同样的趋势。[1]长期趋势可能掩饰了其中的曲折。受战争影响，青壮年劳动力损失严重，老年人工作的比例反而上升。1921年老年人劳动参与率比战争之前上升了两个百分点。据1951年人口普查显示，65—69岁的老年人仍有一半在工作，70岁左右的老年人工作的比例也还有1/3。[2]从年龄段来分析，在英国，1862—1866年出生的男性在20世纪20年代进入老年，当他们65—69岁的时候，其中还有2/3仍然在工作。在70岁的时候，仍然还有40%在工作。1902—1906年出生的人，在20世纪60年代达到领取养老金的年龄，这一年龄段的人到65岁之时，仅还有30%仍然在工作。20世纪70年代中期之后，欧洲经济的"黄金时代"结束，失业率上升，老人的工作也受到影响。在这个时期的英国，1922—1926年出生的人达到60—64岁，他们之中仅还有2/3还在工作。到20世纪80年代中期，到达领取退休金年龄的老人仅还有15%在工作。不过，老年人的收入与壮年人不可同日而语。在19世纪，成年男性劳动力的收入从35岁开始下降。进入20世纪之后，工资在35岁进入高峰期，至少可以持续十五年左右，之后开始下降。参见表15-6。[3]

表15-6 英国老年人（65+）的经济活动参与率，1881—1973年（%）

年份	1881	1891	1901	1911	1921	1931	1941	1951	1961	1973
男性	73.6	65.6	61.4	56.9	58.9	47.9	31.1	24.4	23.5	18.6
女性	18.0	15.8	13.4	11.5	10.0	8.2	5.2	5.4	6.7	6.5

资料来源：R. C. O. Matthews, C. H. Feinstein and J. C. Olding-smee, eds., *British Economic Growth, 1856-1973*, p.564。

---

[1] Leslie Hannah, *Inventing Retirement: The Development of Occupational Pensions in Britain*, pp.7-8, 122-3, 154, 188.

[2] Paul Johnson, "The Employment and Retirement of Older Men in England and Wales, 1881-1981", p. 111.

[3] Paul Johnson and Asghar Zaidi, "Work over the Life Course", in Nicholas Crafts, Ian Gazeley and Andrew Newell, eds., *Work and Pay in Twentieth-Century Britain*, Oxford: Oxford University Press, 2007, pp.101-106.

第十五章 老年人的消费与生活

雇主不可能向老年人支付与年轻员工同样的报酬，老年人工作的机会也在减少。在许多体力工作中，工人在45岁之后很难再待在原来的公司；从55岁开始，工人往往必须完全从技术工作中退出。少数人仍然留任，但已经更换了岗位，更为轻省，工资也较低。一个每周2—3英镑工资的冶炼工，可能得到一个过磅员的职位，每周工资下降到1英镑。矿工也不再下井，而是换到矿井口工作。对于大部分老年工人而言，他们的劳动生涯的结尾往往是获取极低工资的工作：守夜人、洗衣工，或者仅仅是出卖自己种植的蔬菜，或出租自己的空屋。① 在英国东伦敦的贝司纳尔格林地区，50%以上的老年人被视为最底层的劳动力（非技术工人）。在铁路上工作的老年人每周的工资已经从7英镑15先令下降到6英镑，厕所清洁工作每周工资为4.5英镑。有人曾经从事锅炉制造工作，每周可以得到10英镑，但年老后只能去做送信员，每周只有5.5英镑。这还是全职工作，兼职工作的收入和地位更低。② 据保罗·约翰逊的统计，在1881—1981年的一个世纪里，从65岁以上老年人的工作情况中可以看出，老年人主要从事的是农业、制衣、销售和服务部门等，这些部门的特点是工资相对较低，技术要求不高，劳工组织比较脆弱。老年人几乎很少有参与那些劳工组织好、工资高的行业，比如矿业、化工、机械和运输等。③ 那些仍然在工作的老年人还要因疾病遭受收入减少的风险。在19世纪末，英国曼彻斯特共济会（Manchester Unity of Oddfellow）曾披露，其成员每年都有17先令11便士的疾病补贴，相当于一年得病8天，那些65岁以上的人平均每年可以获得9英镑9便士的收入，相当于每年损失60个工作日。也就是说，他们工作年度1/5的时间都在生病。但他们足够幸运，还有许多人

---

① Leslie Hannah, *Inventing Retirement: The Development of Occupational Pensions in Britain*, p.7.
② Peter Towsend, *The Family Life of Old People: An Inquiry in East London*, pp.140-141.
③ Paul Johnson, "The Employment and Retirement of Older Men in England and Wales, 1881-1981", p. 118.

在困难时期没有友谊会或俱乐部来依靠。在农村，老年人工作的机会也不多。由于农业劳动的季节性，个人行动上的不便，农村的老年人没有办法流动。可能全年唯一能赚钱的时间就是收获期间，他们受雇来做一些不需多大体力的工作（如堆垛），但并不代表它们没有危险。1872—1898年的《杰克逊牛津杂志》(Jackson's Oxford Journal)报道了一系列的农场老年工人的事故。虽有危险，但对于他们来讲，也无从选择。[1]

对于妇女而言，可以选择的余地也不大。在19世纪，女性的劳动被视为补充性的，工资较低，而且随着年龄的增加，下降得很快。例如，一个女裁缝发现，当她45岁的时候，工资减少了2先令。[2]仆人可能是妇女经常从事的职业。1880年之后，仆人的年龄呈现出一种增大的趋势，许多年纪较大的妇女在孩子长大之后或因守寡而成为他人家中的仆人。在英国，1911年，尽管65岁及以上的女性仆人的比例从五十年前的1.9%下降到1.3%，但45—64岁的女性仆人的比例却从8.8%上升到9.5%。对于少数女性仆人来讲，她们足够幸运，成为雇主家的朋友，或跟随雇主度完余生，或可以得到雇主提供的养老金。但大部分的女性仆人在年老之后，只能意味着孤独，最终是进入济贫院。约瑟夫·张伯伦在1893年证实，没有人愿意雇佣50岁以上的仆人，她们只能去济贫院。[3]济贫院的证据也清楚地证实了这一点。1871年，在肯辛顿济贫院，63名超过60岁的女性仆人中，3个之前是厨娘，2个是管家，1个是家庭教师。同样，在肯辛顿厅养老院，60岁以上的人有35人，其中9人之前是厨娘，7人之前是管家，1人曾是家庭教师，1人曾是女侍。1911年，在8.8万

---

[1] Jill S. Quadagno, *Aging in Early Industrial Society: Work, Family, and Social Policy in Nineteenth-Century England*, pp.141-143.

[2] Standish Meacham, *A Life Apart: The English Working Class, 1890-1914*, London: Thames and Hudson, 1977, p.101.

[3] Jill S. Quadagno, *Aging in Early Industrial Society: Work, Family, and Social Policy in Nineteenth-century England*, pp.145-148.

个女性养老金领取者中,25%的人曾从事仆人工作。[1]

养老金

当前欧洲的养老金制度主要是强制性的养老保险（compulsory insurance）。在这种制度下，保险往往由国家、雇主和雇员共同支付。基金由公共机构管理，当投保人到达一定年龄，该机构会向其支付保险金。而在斯堪的纳维亚半岛国家（除了瑞典），流行的是"公共保险"，市民到达一定年龄后，都可以领取养老金，不论是否曾经参加工作。无论采取何种方式，欧洲各国的养老金制度都经历了长达一个世纪的发展历程。

欧洲的养老金制度开始于19世纪末，即工业化完成时期，是与其他现代保险制度一起建立的。1889年，德国政府颁布保险法，实行强制性缴费社会养老保险，这在人类历史上尚属首次。对于一般白领工人而言，他们按月交纳十年保险费之后，便可在退休后每月领取养老金，最低只有工资的20%，随后每多交一个月费用，养老金增加1%，缴纳到40年的时候，就可以达到工资的50%。寡妇、孤儿和单亲儿童分别可以领取死者退休工资的40%、13%和8%。[2] 起初，德国的养老金是固定不变的，若遇到通货膨胀，退休职工的生活水平就会下降。这种状态持续了半个世纪之久。1957年，德国对养老金制度进行了重大改革，以便让老年人也能分享经济发展的成果。从此，退休职工的养老金随着全国工资水平的提高而增加。根据现行法律，每个职工参加法定养老保险。保险费占工资的19%，按月缴纳，职工和雇主各付一半。这些保险费用来支付退休者的养老金，不足部分由政府财政支出。

1908年，英国议会通过了《养老金法》，规定对年收入低于21

---

[1] Pamela Horn, *The Rise and Fall of the Victorian Servant*, New York: St. Martin's Press, 1975, p.165.

[2] Gerhard A. Ritter, *Social Welfare in Germany and Britain*, p.94.

英镑的70岁以上的老人每周发放5先令（夫妻是7先令6便士）的养老金，收入更高者，养老金酌减，由国库开支，个人无须缴费。年收入31英镑10先令以上者不在此列。这种养老金制度带有一定的救济性质，到1913年全国大约3/5的70岁以上老人领取养老金。[1] 养老金的发放标准为：年收入21英镑者，每周5先令；年收入在21英镑至23英镑12先令6便士之间者，每周4先令；年收入在23英镑12先令6便士至26英镑5先令之间者，每周3先令；年收入在26英镑5先令至28英镑17先令6便士之间者，每周2先令；年收入在28英镑17先令6便士至31英镑10先令之间者，每周1先令。[2]

1911年，英国又颁布《自付养老金法案》（The Contributory Scheme），两个方案的实施使英国领取养老金的人数不断增加，到"一战"前夕，养老金的覆盖率能够达到1/3。[3] 1925年，在保守党推动下，通过了新的《缴费养老金法》，规定领取养老金的年龄：男性为65岁，女性为60岁。[4] 该法规定，雇主和雇员的缴纳数额分别为：每位男性雇员每周缴纳9便士，其中的4.5便士由雇主负担，自己负担另外的4.5便士；而每位女性雇员每周缴纳4.5便士，其中的2.5便士由雇主负担，自己负担另外的2便士。从1926年7月2日开始，凡是年满70周岁的老人，或者是那些1926年7月2日到1928年1月2日年满70周岁，且在其年满70周岁以前已经参加了国民健康保险制度的老人，提供每周10先令的养老金，且不附带任何关于财产状况的调查。同样，从1928年1月开始，向年龄在65—70周岁的被保险人提供每周10先令的养老金；向年龄为65周岁的老人提供每周10先令的养老金一直到其70周岁；70周岁以上的老人每周同

---

[1] Sidney Pollard, *The Development of the British Economy, 1914-1980*, p.16.

[2] Sydney Wood, *The British Welfare State, 1900-1950*, Cambridge: Cambridge University Press, 1982, p.14；丁建定、杨凤娟：《英国社会保障制度的发展》，第31页。

[3] Paul Johnson, "Self-help versus State Help: Old Age Pensions and Personal Savings in Great Britain, 1906-1937", *Explorations in Economic History*, Vol.21, Issue 4 (Oct., 1984), p.341.

[4] 王章辉：《英国经济史》，第319页。

样可以领取10先令的养老金。如果被保险人的妻子达到65岁并且其丈夫已经开始领取养老金，妻子也可以领取每周为10先令的养老金。① 缴费养老金制度扩大了养老金的适用范围，到"二战"前夕，它的覆盖率已经达到2/3以上。② 这项法律将领取养老金的年龄从70岁降低到65岁，通货紧缩增加了退休金的实际价值。这对65—69岁年龄段的老年人影响最大，因为他们的数量从1921年到1931年增长了一倍多。从1940年开始，新法将女性领取养老金的年龄降低到60岁。

"二战"之前，养老金提供给老年人，而不是退休者。由于退休规则的实施，领取养老金的条件是退休，老年人当中继续工作的比例就大大减少了。英国1948年的《国民保险法》强制所有劳动者都要缴纳养老保险，将养老金的覆盖范围扩大到整个老年人群体，并将其与其他社会保险综合起来，建立统一的国民保险制度。由于领取养老金年龄的降低，加上人口的老龄化，领取养老金的人数大大增加。③ 1966年《国民保险法》改变了只提供维持最低需求养老金的办法，推出一种等级养老金制度。那些缴纳越多的人，获得的养老金也就越多。1970年的《国民保险法》向那些因年纪太大而不能参加1948年养老金体系的80岁及以上的老人提供现金补贴（cash benefits）。1978年英国立法保护那些因为照顾孩子、老人或病人而离开工作的人的养老金权利。④ 在覆盖率方面，到20世纪40年代早期，已经涵盖了84%的老年人。到80年代，养老金法已经涵盖了所有60岁以上的妇女和65岁以上的男人。参见表15-7。⑤

---

① 武琼：《英国养老金制度变迁中政府责任定位研究》，2011年河北大学未刊博士学位论文，第46—47页。
② Paul Johnson, "Self-help versus State Help: Old Age Pensionsand Personal Savings in Great Britain, 1906-1937", p.341.
③ 王章辉：《英国经济史》，第454页。
④ Jill S. Quadagno, *Aging in Early Industrial Society: Work, Family and Social Policy in Nineteenth-Century England*, pp.207-208.
⑤ Leslie Hannah, *Inventing Retirement: The Development of Occupational Pensions in Britain*, p.105.

表15-7 欧洲国家的养老金制度

国家/立法日期	制度类型	管理者	覆盖人员	领取条件	缴纳方式 - 雇员	缴纳方式 - 雇主	缴纳方式 - 国家	保险额度 - 被保险人	保险额度 - 家属
比利时									
1920年	养老金制度	工业、劳工和社会保险部	1861年10月1日前出生的居民	65岁，收入低于养老金	无	无	国家负责5/8，各省负责1/8，社区负责2/8	按照居住社区大小，每年600—720法郎	无
1924年	强制保险	一般储蓄和养老基金，工业、劳工和社会保险部	雇员（矿工除外）	65岁，年收入低于12 000法郎	18岁以下未婚男女每月1法郎；其他人每月3法郎	与被保险人同	根据年龄，每缴纳1法郎，国家补贴0.5—1法郎不等，最高288法郎；寡妇补贴额度为上述1/3；额外补贴	最少每年720法郎，根据个人收入，外加额外补贴	寡妇，减半；半孤儿，每年每人120法郎；全孤儿（父母全无），每人每年240法郎；额外补贴
1924年	强制保险	国家矿工养老基金，工业、劳工和社会保险部	矿工	60岁	2%的工资	3%的工资	每缴纳1法郎，国家补贴0.5—1法郎，最高288法郎；外加额外补贴	最低每年240法郎；30年服务期年金（120—360法郎）；加360法郎（如收入不超过720法郎）	寡妇，360法郎/年，加生活成本补贴；半孤儿，120法郎/年；全孤儿，240法郎/年；额外补贴。

续表

国家/立法日期	制度类型	管理者	覆盖人员	领取条件	缴纳方式 雇员	缴纳方式 雇主	缴纳方式 国家	保险额度 被保险人	保险额度 家属
比利时 1925年	强制保险	高等委员会，工业、劳工和社会保险部	领薪雇员	男性，65岁；女性，60岁；需30年服务期	3%的工资，最高15 000法郎	5%的工资，最高15 000法郎	根据年龄，缴纳1法郎，国家补贴0.5—1法郎不等，最高288法郎	最高每年240法郎，妻子相同；240法郎奖励	寡妇，240法郎/年；半孤儿，120法郎/年；全孤儿，240法郎/年
丹麦 1927年	养老金制度	地方政府	所有居民，丹麦船只上的雇员	65岁；特殊情况，60岁；如果收入减少至正常收入1/3及以下，62岁	无	无	1929年，每人350 000克郎（合计93 800美元），国家：7/20；地方政府：13/20。	按照地区、性别婚姻与否，378—1008克郎/年	无
法国 1928年	强制保险	国民保险办公室，劳工部	年收入低于18 000法郎，没有孩子降低3 000法郎，第二个孩子之后，每个孩子增加2 000法郎	60岁；可以延至65岁；30年服务期。自愿保险：55岁；25年服务期。残疾：480天服务期	5%的工资	同前	根据估算进行补贴	60—65岁：40%的年平均工资；55岁，按比例递减	死亡补贴：20%的年平均工资，最低1 000法郎，不超过2/3的月工资；每个孩子100法郎

续表

国家/立法日期	制度类型	管理者	覆盖人员	领取条件	缴纳方式 雇员	缴纳方式 雇主	缴纳方式 国家	保险额度 被保险人	保险额度 家属
德国									
1889年	强制保险	区域保险办公室，省政府，国民保险办公室	工人、工匠、船员、助手和获得报酬的学徒	65岁；残疾：永久残疾	每年缴纳5%—7%的工资	其余部分	年养老金红利，管理费用	基本数额，1924年1月1日之后缴纳费用的一定比例，国家第二季度1928年第二季度的月平均数额为29.84马克（7.11美元）	1928年第二季度，寡妇补贴的月平均额为19.53马克，儿童为13.04马克
1911年	强制保险	国民保险办公室针对领薪雇员，劳工部	领薪雇员，年收入不超过8400马克	同上	根据工资，每年缴纳2—30马克	其余部分	管理费用	1928年12月1日的月平均数额为83马克	1928年12月1日的月平均寡妇补贴为45马克，儿童为38马克
1923年	强制保险	矿工保险联合协会	矿工	65岁，或丧失赚取2/3收入的权利	所需费用的3/5，约10%的工资	其余2/5	每年为老年和寡妇缴纳72马克，每个儿童36马克	每年168马克+72马克+20%的1924年1月1日之前缴纳费用，每个18岁以下的成员再加90马克	寡妇：3/5的死者工资/年，加72马克，儿童；每年1/2死者基本工资，加36马克

续表

国家/立法日期	制度类型	管理者	覆盖人员	领取条件	缴纳方式			保险额度	
					雇员	雇主	国家	被保险人	家属
英国1925年	强制保险	卫生部，邮政和经权授权的保险协会	16岁及以上的工人，年收入超过250英镑的非体力工人除外	65岁；104周服务期；在英国居住两年；在英国工作	男性：4.5便士/周（9%）；女性：2.5便士/周（5%）	同前	从1926/1927年开始，一年400万镑	被保险人10先令/周；其妻子（65—70岁）可以得到相等数额	寡妇：每周10先令，外加第一个孩子5先令；每个孩子3先令；孤儿，每周7先令6便士
希腊
1907年	强制保险	海员残障基金	注册海员	56岁；25年服务期。残疾：15年服务期	每月3—30希腊元，外加海员的婚姻费，脱离岗位的工资，罚金等	被保险人缴纳费用的80%	沿海地区的部分缴纳；加7%的港口基金	1/25的收入，再乘以服务年限。残疾：1/2基本数额，每年1/30（服务10年以后）；部分地区：1/3基本数额，外加每年2/45（服务10年之后）	寡妇：70%的标准养老金，每个孩子多加10%；孤儿：55%的标准养老金，从第一个开始每加一个加15%

续表

国家/立法日期	制度类型	管理者	覆盖人员	领取条件	缴纳方式			保险额度	
					雇员	雇主	国家	被保险人	家属
希腊 1922年	强制保险	工人保险监督委员会，国民经济部	领薪雇员，工业，手工业，商业，建筑和交通行业工人	由于年老或长期工作而丧失劳动能力，残疾：由于身体或精神紊乱而无法工作	3%—6%的工资或薪金	同前	无	特定委员会制订	寡妇和儿童补助，由特定委员会制订
冰岛 1909年	强制保险	城市和教区办公室	18—60岁的所有人	60岁；之前5年没有获得经济资助。残疾：特殊情况下，需60岁以下	男性：2克郎/年；女性：1克郎/年	同前	每个缴纳人1克郎	老年和残疾：每年20—200克郎	无
意大利 1919年	强制保险	国家和地方保险机构	工业、贸易和专业领域的15—65岁之间的市民雇员	65岁；240个双周纳税。残疾人：120个双周纳税；低于同类工人1/3的收入能力	根据工资，每双周0.5—3里拉	无	每年100里拉；管理费用	年老和残疾：66%的前120个双周缴纳额+50%后120个双周缴纳额+25%剩余缴纳额+100里拉	死亡救济金：寡妇或幼儿，每月50里拉，持续6个月

续表

国家/立法日期	制度类型	管理者	覆盖人员	领取条件	缴纳方式			保险额度	
					雇员	雇主	国家	被保险人	家属
荷兰 1913年	强制保险	国家劳工协会和国家保险银行	年收入低于3 000盾（1 206美元）的劳工	65岁；残疾人：雇主缴纳150周	无	按性别和年龄，工人周工资的16%—24%	无	年老和残疾：基本数额+11.2%的总纳税，但不少于1/5基本数额	寡妇与儿童：20%—100%的死者养老金的数额
挪威 1923年	养老金制度	殖民政府	所有市民雇员或悬挂挪威旗帜的航船上，自满16岁以来至少半年	70岁	无	无	国家缴纳一半（单身，不超过300克朗，80.4美元；夫妻，不超过450克郎），地方政府负责另一半。	收入和基本额之间差距的60%	无
葡萄牙 1919年	强制保险	地方保险机构和中央保险基金	年收入低于900埃斯库多的所有15—65周岁公民	70岁；1410周的纳税。残疾：235周纳税	普通基金，包括其他保险：1.5%的工资，不超过900埃斯库多	普通基金，包括其他保险：6%的工资，最高900埃斯库多	普通基金，包括其他保险：13.33%的工资，最高900埃斯库多；管理成本	年收入的全部数额。残疾：根据缴纳费用而异；最少：1/6年收入；最多可获得全部年收入	死者家属的救济金可能需要额外缴纳；数额根据成员年限和之前缴纳数额而定

续表

国家/立法日期	制度类型	管理者	覆盖人员	领取条件	缴纳方式			保险额度	
					雇员	雇主	国家	被保险人	家属
西班牙1919年	强制保险	国家特定机构	16—65岁之间年收入不超过4 000比塞塔（772美元）的劳工	65岁	根据保险金额度而定	45岁以下的在职工人，每月3比塞塔，至少1月；短期劳工每天缴纳10分	受雇1年的劳工每年12比塞塔（2.32美元）；受雇1个月的劳工，每月1比塞塔	最高每年2 000比塞塔（386美元）	死亡救济金：最高每年5 000比塞塔（965美元）
瑞典1913年	强制保险	国民保险基金和地方保险协会	17—67岁的市民	67岁；残疾：任何年龄	按照年收入，每年3—33克朗（80美分到8.84美元）	无	地方政府无偿缴纳。补偿金部分：国家负责3/4，地方政府负责1/4	年老：一定比例的缴纳额，根据年龄和收入确定；男性，51.3—564.4克朗（13.14—151.23美元），女性，41.04—451.44克朗（11—120.99美元）。残疾人：一定比例的缴纳额，据年龄和收入而定，特定情况下有补贴	无

资料来源："Old-age Pension and Insurance Systems in Foreign Countries", *Monthly Labor Review*, Vol. 30, No. 4 (April, 1930), pp.5-8。

在英国，不应忽视的还有"职业退休金计划"（occupational pension schemes）。在实施之初，这个计划的覆盖范围并不大（在1900年为5%，1936年为13%），但到了20世纪80年代，已经接近50%（1936年的参保人数为20万人，到1979年为370万人，同年参与国家养老金计划的人数为890万人）。该计划对老年人的意义非凡：1979年，一个人的国家退休金是每周19.5英镑，职业退休金的平均数为每周18英镑。对于新退休人员而言，职业退休金是对一定工作期限的补偿，因此他们的职业退休金往往很高。1979年，公共部门退休的雇员每周可以获得28英镑的职业退休金，私人部门的数额为每周20英镑。除此之外，许多人在退休时可以获得很大一笔钱：当年平均为4 000—5 000英镑。[①] 到20世纪末期，英国养老金制度进一步改革，形成了公共养老金、职业养老金和个人养老金结合的养老金制度，更加兼顾效率和公平。20世纪80年代，英国养老金领取者的收入为工作人群平均收入的2/3，在芬兰，这个数字达到79%。所有这些刺激了老年人的流动性和高消费水平，为老年人生活提供了更多的自主权。[②]

1900年之前，法国工人的养老金体系大致可以分为两类：一是全国性的养老金基金企业；二是具有自己的独立的养老金的企业，或者参加一种覆盖一个以上企业的养老金基金。法国的养老金制度最早可以追溯到1790年8月22日，当时的养老金只适用于国家雇员：任何市民为国家服务超过30年，年满60岁即可领取相当于最后一年工资的1/4的养老金。1853年法律重新整合了公务养老金制度，将其扩大到教师和邮政人员，此后虽经多次修订，但基本原则得以保持。1860年全国有12.9万人领取国家养老金。19世纪末，少数私人公司开始向雇员提供养老金。1877年5月1日，法国最大的钢铁

---

① John Benson, *The Rise of Consumer Society in Britain, 1880-1980*, pp.20; Leslie Hannah, *Inventing Retirement: The Development of Occupational Pensions in Britain*, pp.126-127.

② 〔英〕彼得·克拉克：《欧洲城镇史，400—2000年》，宋一然、郑昱、李陶、戴梦译，第280页。

公司施耐德（Schneider）为老年雇员建立养老金制度，公司全额交付，40岁之前是3%的工资，之后是4%或更多，依工种而定。铁路和矿业公司也开始建立类似的养老金制度，依据工种，最低25或30年的服务期限是基本条件，而60岁（或55岁）成为强制退休的年龄。矿工和公司则需要共同负担相当于工资4%的养老金。据一项关于工业公司的调查，只有5%的雇员参与了养老金计划。[①]覆盖率低、不稳定使上述养老金无法保障工人的权益。经过改进，到1905年，法国通过了新的养老金法，工农商业劳动力、家庭雇员、自由职业者的养老金问题得到解决。工人被分成工资劳动者和非工资劳动者，针对前者有强制性规定，它规定养老金费用由雇主和工人分担，国家给予补贴。年收入3 000法郎（120英镑左右）以下者必须参加，可以从当年的7月14日开始领取救济。而那些小雇主、小农场主、鳏寡孤独者、无工资收入者，以及年收入在3 000—5 000英镑之间者可以自愿参加。据估计，当时2 000万人中，1 150万参与了强制保险，600万人参与了自愿保险。领取养老金的人必须65岁以上，那些身体绝对和永久残疾的人也在考虑之列。养老金的来源包括三个方面：参保人的缴纳、雇主缴纳（与参保人的数额相同）和国家补助。在强制制度下，参保的男人每年9法郎，女性6法郎，18岁以下4.5法郎，按工作日来讲分别是每天3.2生丁和1.5生丁（1法郎=100生丁）。参保人需参保至少30年，男性最低缴纳270法郎，女性至少180法郎。国家的补助则根据年龄不同而有差别，如对于35—45岁的人，可领取补贴60法郎。对于自愿入保的人，每年缴纳9—18法郎不等，工资劳动者只需缴纳6—9法郎。[②]到1929年，大约100万老年人在享受养老金，大约是老年人口的1/5。其中领取国家养老金人员60.8万，铁路系统养老金15万，矿业系统8万，互助

---

① Jérôme Bourdieu, Lionel Kesztenbaum and Gilles Postel-Vinay, "Thrifty Pensioners: Pensions and Savings in France at the Turn of the Twentieth Century", pp. 389-390.

② Maurice Bellom, "The New Old Age Pensions Act in France", *The Economic Journal*, Vol. 20, No. 78 (Jun., 1910), pp. 304-307.

协会10.2万人。① 不过，此后养老金制度发展缓慢，直到"二战"之后才发生根本性变化。

战后欧洲普遍实行所谓"现收现付"养老金计划，现在工作的人缴纳的养老金被支付给已经退休的人，而他们的养老金将由未来工作的人负担。这种养老金计划在20世纪50年代至60年代非常普遍。在那个时期，养老金计划中进账的增长要快于支出的增长，这样即使不提高税收，养老金也会增加。在法国和意大利，许多工人在60岁退休之后可以领到相当于他们与物价水平挂钩的平均工资2/3的养老金。② 到20世纪中后期，老年人增加的同时，他们日渐富裕。一般来讲，财富随年龄增长，因为在劳动生涯中，大多数人都在积累个人财产、退休金的权益和其他财产。在进入老年之前，人们已经完成了买房，积蓄也已经达到退休生涯的顶峰，此后日益减少。事实上，自19世纪末以来，老年人积累起越来越多的物质财富，尤其是退休金数额的不断积累。1951年，老年人的平均可支配收入只比非退休人员的收入的2/5多一些，但三十年之后，领取养老金的人的收入已经超过那些工作中的人收入的2/3。20世纪60、70年代退休的人的生活水平不断改善，他们的退休生活是真正的黄金时光。他们在战争、失业和萧条中长大，他们的期望值很低，但退休收入却超出想象。③ 在老年人中，妇女的比例更大，因为她们的寿命更长，她们会继承丈夫遗留下来的财产，也会享受更长时间的养老金。尽管女性的收入与男性还有差距，但这种差距在缩小。妇女的财富在20世纪20年代英格兰和威尔士的个人财富中的比例为33%，到20世纪70年代，比之前增长了20%，几乎达到40%。④

---

① Jérôme Bourdieu, Lionel Kesztenbaum and Gilles Postel-Vinay, "Thrifty Pensioners: Pensions and Savings in France at the Turn of the Twentieth Century", p.390.

② 〔英〕斯蒂芬·布劳德伯利、凯文·H.奥罗克编著：《剑桥现代欧洲经济史：1870年至今》，张敏、孔尚会译，第338页。

③ Leslie Hannah, *Inventing Retirement: The Development of Occupational Pensions in Britain*, p.126.

④ John Benson, *The Rise of Consumer Society in Britain, 1880-1980*, p.21.

最后，再来看一下养老金的价值。1909年和1928年，英国国家养老金额度（每周5先令和10先令）几乎是一个成年男性工人平均收入的1/6。"二战"结束之后，养老金额度提高，但也只是保持在平均工资的1/5左右。20世纪50—70年代，大约1/4的领取养老金的人的水平可以保持在贫困线以上。①一项来自法国的研究对养老金给予了更为积极的评价。1905年，法国对于老年人的补贴是60—200法郎，一般最高为150法郎。但对于个人来讲，这个数额很难保证独立生活，除非有住处。如果进行换算的话，150法郎是相当简单的饮食标准，主要是面包（超过200千克），还有一些脂肪、少量鸡蛋和一些酒，但没有肉。②根据法国一项包含超过25 000个样本的研究，在1900年，不到40%的老年人能够积累起足够的财产，每年可提供150法郎，不足30%的人能够提供500法郎，不足10%的人能够提供2 000法郎。在法国，大约30%的老人在去世时没有任何财产。此后，由于收入增加，这个比例减少。20世纪初，法国财政部（Fiscal Department, *l'Enregistrement*）对老年人的资产进行过一次调查，以便征收继承税（计划是固定税率，后改为累进税率），该数据还辅以来自出生、婚姻和死亡等方面的信息，因此较为完整和有价值。在所考查的这个时期内（1820—1940年），样本中从事可以享受养老金工作的男性和女性分别为不足20%和不足5%。但此类群体在老年人口中的比例在增加，从最初的2%增加到"二战"爆发之前的15%。对于那些领取养老金的人而言，养老金数额在"一战"之前逐渐增加，到1914年，平均可以超过每年800法郎，这使他们能够靠它生活，而保证处于最低生活水平以上。但在退休期间，养老金价值随通涨而贬值，尤其是两次世界大战期间，虽然养老金也在调整，但还是对老年人的生活产生了不小影响。不过，养老金

---

① Paul Johnson, "The Employment and Retirement of Older Men in England and Wales, 1881-1981", pp.122-124.
② Jérôme Bourdieu, Lionel Kesztenbaum and Gilles Postel-Vinay, "Thrifty Pensioners: Pensions and Savings in France at the Turn of the Twentieth Century", pp. 384-385.

使更多的人有可能积累起财产，有养老金的人也有存钱的愿望，这与经验认识不同。有了养老金，基本生活可以得到保障。随着越来越多的老年人获得养老金，尤其是原本从事低技术工作的人享有养老金，缩小了非技术工人与技术工人之间的收入差距，人们的生活模式和理念开始发生重大变化。①

三、需求与生活

在19、20世纪，欧洲老年人的日常生活经历了怎样的变化？这个问题需要从两个方面进行解答：物质生活和精神生活。进入老年之后，除了吃穿住行等日常需求之外，还有两类需求需要满足：第一，作为家庭和社会成员，有些社交活动需要继续。造访亲友、购买礼物、照看孙儿、参加俱乐部和教会活动等。第二，如何打发自己的休闲时光。老年人在退休之后，不再以工作为每天的主要内容，他们有大把的时间供自己自由支配，尤其是在20世纪中后期收入储蓄足够多的时代，他们也更有能力从事更多喜欢的活动。整体来看，在20世纪初之前很长的一段时间里，老年人的收入和生活质量并不高，其生活水平的真正改善开始于福利国家建成之后。

长期以来，老年人的贫困是一个普遍现象。理论上来讲，一个家庭的轨迹大致是这样的：新婚之后的相对舒服阶段，到有孩子之后，养活新成员的困难阶段，到有孩子可以为家庭增加收入的短暂舒缓阶段，最后是老年后重回困难的境地。因此，在19世纪末20世纪初，年老也被认为是造成贫困的重要原因之一。根据查理斯·洛奇的统计，1890年英国65岁以上人口中的17.9%是贫困人口，1892年为19.5%；1906年，60岁以上人口的贫困比例为14.8%—15.7%。70岁以上的人中有24.5%靠救济金生活。社会调查家查尔斯·布斯也发现，老年人已经无力获得充足收入，并超出了他人可以提供帮

---

① Jérôme Bourdieu, Lionel Kesztenbaum and Gilles Postel-Vinay, "Thrifty Pensioners: Pensions and Savings in France at the Turn of the Twentieth Century", pp.386–387, 393–402.

助的能力和意愿范围，成为贫困人口的重要来源。他估计，19世纪末，英国60—65岁老人的贫困率为10%，65—70岁老人为20%，70—75岁老人为30%，75岁以上为40%，整个19世纪90年代，至少40%的英国老年工人及小手工业者遭受贫困的威胁。[1]1906年，领取公共补助的人中，有1/3被称为"老年人和残疾人"。那时，济贫法已经开始改变对待老年人的办法。[2]根据1899年和1951年的两次调查，郎特里发现，年老成为造成贫困的主要原因。1899年，因年老造成的贫困的比例不足5%，而到了1951年，这个比例上升到2/3。造成这个变化的主要原因是老年人口的增加。[3]在英国剑桥郡，那些收入微薄的老人要在食物、住房、燃料和照明方面花费58%的收入，而在那些包含各个年龄段人的家庭中，这个比例为40%。[4]根据1906年的第一次失业普查的证据，在65—74岁的老年人中，失业率为1.14%，但贫困率却高达7%以上。[5]毫无疑问，老年人往往没有多少就业机会，最终需要靠救济金生活。在欧洲其他国家，情况也是如此。1914年之前，德国的老年人仍然不能摆脱"生命收入曲线"（curve of real life-earning）的限制，年老和丧失劳动能力就意味着生活水平的下降。如果没有存款，或者与儿女一起居住，那么，老年人将只能求助于救济。即使如此，这仍然难以维持他们最低生活水平。对于老人而言，他们能做的只剩下帮助看孩子，对于亲属来讲变成了负担。[6]乡村的情况可能更为糟糕。随着城市化的进行，年轻的劳动力从乡村向城市流动，老人则留在了当地。英国

---

[1] Doreen Collins, "The Introduction of the Old Age Pension in Great Britain", *The Historical Journal*, Vol.8, Issue 2 (1965), pp.247-248.

[2] W.H.B.Court, *A Concise Economic History of Britain, from 1750 to Recent Times*, p.277.

[3] A.B.Atkinson, *Poverty in Britain and the Reform of Social Security*, p.44.

[4] D. E. Cole, "The Income Expenditure and Saving of Old People Households in Cambridgeshire", University of Cambridge. Department of Applied Economics, 1957.转引自Peter Towsend, *The Family Life of Old People: An Inquiry in East London*, p.158。

[5] Jill S. Quadagno, *Aging in Early Industrial Society: Work, Family, and Social Policy in Nineteenth-century England*, p.150.

[6] Gerhard A. Ritter, *Social Welfare in Germany and Britain*, pp.118-119.

第十五章 老年人的消费与生活

1891年的普查显示，7.6%的乡村人口是老年人，而在城市，这个比例只有3.3%左右。他们许多人无法得到家人和朋友的支持，提升了贫困率。乡村的老年人有机会通过捡柴、交换花园里的产品来增加收入。或者，他们也寻找一些季节性的工作。但这些零星的收入对他们帮助不大。[1]

为了应付老年人中的贫困现象，欧洲政府最开始（如英国和德国）的对策是，让老年人在济贫院中度过最后时光，但在济贫院中养老条件并不好。济贫院中食品单调，住房拥挤，环境肮脏，精神生活更是乏味。而且，由于人数较多，许多老人根本无法得到充分的照顾。数十人、数百人挤在一起，仿佛一个"人的仓库"。如囚徒般的生活，也给老年人的身心带来了极大的危害。1895年的英国，一名妇女曾在接受调查时称："我宁愿饿死在街头，也不愿再回到济贫院中。"[2]到19世纪末，政府开始认识到老年人在济贫院中面对的问题，一方面，政府提出改善院中老人的生活条件，如扩大个人生活空间，给予更多的自由和便利，并提供烟草、茶叶和糖等；另一方面，开始为老年人提供院外救济，每周提供2先令6便士到3先令不等的救济金，使他们可以在自己家中享受到政府的救济金，避免了济贫院内救济的种种弊端。不过，救济金仍然微不足道。[3]

因此，20世纪初之前，下层老年人的生活都不怎么好。对于那些非技术工人而言，随着老年的到来，如果没有外来的帮助，他们微薄的收入已经不足以提供必需的食物、衣服和住所。对于那些仍然要养家的人，危机更加严重。1909年，利物浦的一个记事本记录了一位超过60岁的P先生（Mr.P）的窘境（表15-8）。他的两个孩子已经工作，但仍然需要养活妻子和其他五个依附者。事实证明，所有的尝试注定失败，慢性营养不良不可避免。其他一般家庭，可能会比这稍好。

---

[1] James H. Treble, *Urban Poverty in Britain 1830–1914*, p.153.

[2] Jill S. Quadagno, *Aging in Early Industrial Society: Work, Family and Social Policy in Nineteenth-Century England*, pp.107-108；丁建定：《从济贫到社会保险：英国现代社会保障制度的建立》，第168页。

[3] 丁建定：《从济贫到社会保险：英国现代社会保障制度的建立》，第170—171页。

表15-8 P先生的食物预算

	早饭	午饭	下午茶	晚饭
周日	面包、人造黄油、茶和鱼	肉、土豆	面包、人造黄油、茶	—
	9便士	8便士	9便士	
周一	面包、人造奶油和茶	冻肉、土豆	面包、人造奶油、茶	—
	8便士	9便士	8便士	
周二	面包、人造奶油	汤	面包、人造奶油	—
	5便士	5便士	6便士	
周三	面包、人造奶油	—	面包、人造奶油	
	5便士		8便士	
周四	—	面包、奶油	面包、人造奶油	
		8便士	7便士	
周五		面包、奶油	面包、人造奶油	
		6便士	8便士	
周六	—	面包、奶油	面包、人造奶油	—
		8便士	8便士	

资料来源：James H. Treble, *Urban Poverty in Britain 1830-1914*, p. 153。

在现代社会中，尽管老年人不再依赖工资收入，但他们的收入无疑要比其他年龄群体多，因为其收入来源是多样的，如自营（self-employment）、慈善性援助（charitable assistance），特别是来自法律规定和私人养老金的计划。收入总是随年龄的增加而增加。不过，只有那些高收入阶层的老年生活才能得到保障。例如，对于那些能够终生为一家雇主（大公司、国有公司和公共服务部门等）工作的人而言，他们在退休之时会得到一笔收入，退休期间还会每年固定得到一笔职业养老金。对于其他人而言，情况就不同了。在20世纪中叶，贫困现象在老年人中间仍然很普遍。因年老而贫困的人数在贫困人口中的比例占25%左右，而到了70年代，这个比例已经翻了一番，甚至达到60%。①皮特·唐森的调查也证实了这一点。他在1968—1969年主导了一项关于贫困现象及其原因的调查。他发现，32%的被列为贫困人口的人是65岁及以上，51.6%的男性老人和59.7%的女性老人生活在贫困中或处于贫困边缘。他将原因归于生命周期和福利政策在各年龄群体分配的不均衡。②

不过，如前所述，贫困是个相对的概念，它并不能代表老年人整体的收入和生活状况。唐森的调查为我们详细展示了20世纪中叶英国东伦敦地区的老年人的收入和物质生活。1954—1955年，在英国东伦敦的贝司纳尔格林地区，被采访的64人中，有25人仍然从事兼职或全职工作。他们的收入每周仍然有7英镑左右，其中4.5英镑给予妻子用来持家。丈夫则负责假日和偶尔的购买奢侈品的支出。退休之后，收入会下降多少？调查显示，新近退休的个人收入下降8—9英镑左右，减少的内容包括工资、残疾和其他救济金，以及妻子的收入。第二个是个人收入的减少，大概3.5—4英镑，包括退休金、国家补助、职业养老金和退休奖金（gratuity）。证据表明，大多数退休人的收入减少的比例在50%，甚至多达2/3以上。③仍然在工作的老年妇女，她们的工作与家庭中的工作类似。比如厨娘、清洁工、店员等。东伦敦地区全职工作的妇女的平均工资是每周5英镑出头，而兼职的工资仅有1英镑15先令。妇女本就认为自己的劳动是对家庭收入的补充。当孩子成家、丈夫退休、生活水平下降的时候，妇女做一些力所能及的工作是能够补充家庭收入的。④

---

① Alan Booth, *The British Economy in the Twentieth Century*, Basingstoke and New York: Palgrave, 2001, p.49.
② Peter Townsend, *Poverty in the United Kingdom*, Berkley: University of California Press, 1979, pp.285-287.
③ Peter Towsend, *The Family Life of Old People : An Inquiry in East London*, pp.137, 145.
④ Ibid., pp.148-150.

表15-9　1954—1955年英国东伦敦贝司纳尔格林地区的老年人的收入状况

	全职工作		兼职工作		退休		养老金（英镑）	国家补贴（英镑）
	周平均收入（英镑）	数量（人）	周平均收入（英镑）	数量（人）	周平均收入（英镑）	数量（人）		
独居[a]	7.8	8	3.4	12	2.5	85	2	2.45
夫妻	8.8	45[b]	6.4	9[b]	4.2	44	3.25	3.8
全部	8.6	53	4.7	21	3.1	129		

注：[a]包括单身和丧偶的老年人；[b]受访者本人或配偶从事全职或兼职工作。

资料来源：Peter Towsend, *The Family Life of Old People: An Inquiry in East London*, p.155。

表15-9显示，在退休之后，东伦敦地区的单身和鳏寡老年人的收入减少了68%，夫妻减少了52%。实际上，在退休之前，老年人的收入已经在减少了，因为他们只能转向更轻松、工资更低的工作。在养老金和国家补贴方面，它们的数量不大。与全英平均周工资相比，在1955年，单个老年人的养老金只是其18%，一对夫妻的养老金也不过是其29%。[①]收入的减少意味着生活水平的降低，而生活必需品的支出在收入中的比例也相应增加了。

在日常生活方面，我们可以看到1955年3月21—27日英国东伦敦地区四份老年人的日记：塔克夫人（Mrs.Tucker，60岁，丈夫残疾）、威廉·詹姆斯（William James，73岁）、图里尔先生（Mr. Tulier，71岁，原是铁路搬运工）和哈克夫人（Mrs.Harker，62岁，寡居）。四份日记包含了作者一周内的饮食和其他活动，可以管窥他们当时的生活状况。它们显示，社会下层劳动者的退休生活虽然简单，但还算不错。以威廉·詹姆斯先生为例，他之前是一名市场搬运工（market porter），现在居住在一所两居室的公寓中。他家中有烤箱、铁炉、收音机等基本设施。每天的早餐是鸡蛋、面包、果酱、西红柿的组合（周日吃蛋和熏肉组合的英式早餐），正餐要丰富许多，有时是猪肉和土豆，有时是羊排、面包、或鱼等，晚饭相

---

① Peter Towsend, *The Family Life of Old People: An Inquiry in East London*, pp.155-156.

对简单，喝茶、面包和果酱就可以打发。他抽烟、读报和听收音机，经常到俱乐部去，打上两个小时的牌，并喝上两杯啤酒，或者在周六的晚上到俱乐部听钢琴演奏，也可以唱一首歌。从詹姆斯先生的日记中可以体会他乐观的生活态度。其他三人的情况大致相差不大（除了塔克太太子女较多，有时感到身体有恙之外），面包、肉类、蔬菜、各类谷物等是主要食物，只是没有那么频繁地在夜晚到俱乐部去消磨时光。① 在住房方面，自从福利国家建立以来，越来越多的老年人拥有自己的房产，但也有人租房。一项调查表明，租房的老人要比有自住房的老人承受更大的陷入贫困的风险。那些与配偶居住比那些与其他人住在一起的人更不容易陷入贫困。② 不过，现代欧洲的老年人有更多选择，还有人居住在政府提供的保障性住房（sheltered housing）之中，或者在养老院中，或者在国家健康体系的医院中。而且，有相当一部分人要在机构（医院、养老院）里度过一段时间，尤其是80岁以后。因此，这很少一部分老人就要与其他老人共同居住在一起。③

无论如何，到了20世纪末，欧洲老年人的生活水平明显很高。在1978年到1988年的10年间，领取养老金人员的收入增加了33%，而最上层的20%人员的收入增长则高达52%。研究表明，此时人们的"生活满意度"（life satisfication）相当稳定，老年人和年轻人、中年人并无区别。④ 以汽车拥有率为例，在1996年的荷兰，65—75岁和75岁以上男性的汽车拥有率分别达到69%和50%（65岁以下的

---

① Peter Townsend, *Poverty in the United Kingdom*, pp.249-264.

② Elizabeth Breeze, Dee A. Jones, Paul Wilkinson, Amina M. Latif, Christopher J.Bulpitt and Astrid E. Fletcher, "Association of Quality of Life in Old Age in Britain with Socioeconomic Position: BaselineData from a Randomised Controlled Trial", *Journal of Epidemiology and Community Health*, Vol. 58, No. 8 (Aug.,2004), pp. 667-673.

③ John Bond, "Living Arrangements of Elderly People", in John Bond, Peter Coleman and Sheila Peace, eds., *Aging in Society: An Introduction to Social Gerontology*, London, Thousands Oaks and New Delhi: Sage Publications, 1993, pp.200-225.

④ Oliver Schilling, "Development of Life Satisfaction in Old Age: Another View on the 'Paradox'", *Social Indicators Research*, Vol. 75, No. 2 (Jan., 2006), pp. 241-271.

男性的汽车拥有率则高达80%，驾照拥有率更高，为90%以上）。①这是老年人生活水平提高的很好证明。

在传统家庭生活中，男人很少过问家里的事情，其权威来自于挣钱养家的能力。持家、看望孩子、访问亲戚等事情是由妇女来做的。男人则经常在酒吧与工友、同事一起喝酒，然后分享运动和工作经历。对于一个男人而言，退休或向低工资工作的转换意味着社会地位和家庭地位的双重降低。对于老年男性而言，退休总是引起紧张和不安。甚至有人说："除非有人拿斧头砍我，我才退休。"因此，对于大多数男性来说，退休是一个"悲剧性事件"，它使当事人的生活幸福指数下降，家庭内外的生活稳定性下降。许多人会想念工作时的情形。他们认为工作可以保持健康，使他们能够保持一定的生活标准。重点是要工作。妻子们则认为，丈夫工作能够让他们快乐，而退休之后，他们往往在家里无事可做。因此，许多老人仍然不定时地工作，尽管那些活很辛苦，有时在晚上，看门人、守夜人、清洁工等是他们经常选择的工作。在英国伦敦，有一名70岁的老人生病六个月之后重新回到一个仓库工作，他在那里要背很重的货物。另一名65岁的老人则在早上6:45离开家，去干12个小时的

---

① Joos Droogleever Fortuijn, "Daily Life of Elderly Women in a Rural Area in The Netherlands", p.188. 关于1996年荷兰老年人的驾照和汽车拥有率（%）的具体数字见下表：

年龄 （岁）	驾照拥有率（%）		汽车拥有率（%）	
	女性	男性	女性	男性
50—60	75	95	37	81
60—65	59	91	26	79
65—75	39	80	18	69
≥75	21	60	13	50
≥18	70	87	33	64

相比之下，老年妇女在汽车的拥有率上比同龄男性要低很多（65岁以上妇女的汽车拥有率不足20%）。

工作。①随着身体能力的下降和反应速度变慢，老年人最终仍然不得不放弃工作，失落感依然不可避免。他们不再是家里的养家糊口的人，而且零花钱也没有了。养老金的数额是固定的，退休的人往往从妻子那里得到2.5—5先令的零花钱。这增强了妻子在家里的地位。妇女的活动范围本来就在家中，在迎接来访的孩子、帮助照顾孩子的孩子、走亲访友中，即使是曾工作的妇女也能重新适应自己在家中的位置。如果妻子身体不好，或没有女儿的话，做家务也成为退休男性的日常工作。而健康的妻子和能干的女儿是不需要他们这样的。退休的男性在家中感到无聊，经常闲逛，遇到熟人会在公园或街角聊上一会儿。最初他们经常遇见同事或工友，但他们逐渐发现，原来的友谊已无法得到维持。在青年或中年工友眼中，他们已经不再重要。他们也逐渐接受退休的事实，更可能的是加入一个老年人俱乐部。如果养老金足够维持较舒适生活的话，他们可能还会在孩子面前保持较高地位。那些退休之后收入高的人外表看起来也更自信。即便如此，他们仍然愿意工作，这能使他们获得成就感。读书、在公园散步、看望孩子、听广播、养花，或偶尔去电影院或俱乐部等事情，看起来是退休人员的日常消遣。那些在家中不能帮助妻子的人没有途径证明自己的价值。退休之所以被视为悲剧，不仅是因为他们觉得工作结束了，而且认为生命都要结束了。大多数社会下层的劳动者在退休之后并没有很多的休闲娱乐活动，因此退休生活不充实，仅比等待死去好一点。②老年人与家庭、社区的联系也会影响他们的心理状态。在英国东伦敦的贝司纳尔格林地区，所选取的样本中，有77%的老年人每周有平均70余次（每天超过10次）的造访与来访（亲戚、子女、邻居、偶尔的工作等），但其余23%的老年人每天与他人联系低于5次，可以说是处于一定的"隔离"状态。这些人可能就会有孤独的感觉。孤独感也不能被视为社

---

① Peter Towsend, *The Family Life of Old People: An Inquiry in East London*, pp.137-140.

② Ibid., pp.146-148.

会环境的简单直接结果，对外部环境的个人反应，不同的老人感觉差异很大。在东伦敦的贝司纳尔格林，46%寡居的人、42%独自居住的人、53%的七八十岁的人、43%的身体不便的人，都会感觉到孤独，在调查的总样本中比例达到27%。在英国中西部的伍尔夫汉普顿（Wolverhampton），那些有孤独感的老年人之中，许多都是寡居或单身的男性，而且相对身体不便。①对于他们而言，养老院更是一个比较合适的去处。

老年人的日常生活是缓慢的、家庭的，任何活动都没有特别规定，日子由吃饭的时间分成若干部分。从东伦敦地区的四位老年人的日记中可以看出，除了家务之外，最频繁的事情就是到孩子那里去或接待来访的孩子（平均每周至少3—4次），与他们聊天、喝茶。这也是耗费时间最长的活动。如果与家人同住，年老的父母可能要担任一定的角色。英国雷丁的一名女糕点师的婆婆在家里负责照看家中唯一的孩子（1岁），但她仍希望婆婆能够找到一份干杂活的工作，这样她可以辞掉工作。②除此之外，老年人的社交活动是偶然的，在街上与偶遇的朋友聊天，去教堂，或到俱乐部里玩牌，喝上一杯酒等都算是打发时间的办法。但更经常的行为是，自己（或与老伴）在家里喝茶抽烟、读书看报，或喂养自己的宠物。③在电影院普及之后，老年人也是重要的观众群体，尤其是老年已婚妇女。而且老人进入电影院的成本已经很低。1946年的一份调查显示，约有11%的60岁以上的已婚妇女每周至少去一次电影院。可能，她们将看电影作为做家务、购物期间的一种休息。④

从20世纪60年代开始，供应者开始尝试开发老年人的消费能力。建筑商开始提供老年庇护院（sheltered housing）、养老院

---

① Peter Towsend, *The Family Life of Old People: An Inquiry in East London*, pp.167-168, 172-173.
② Standish Meacham, *A Life Apart: The English Working Class, 1890-1914*, p.56.
③ Peter Towsend, *The Family Life of Old People: An Inquiry in East London*, pp.249-264.
④ Brad Beaven, "Going to the Cinema: Mass Commercial Leisure and Working Class Cultures in 1930s Britain", p.71.

（nursing home）和退休院（retire home）。一些旅行社开始向50岁以上的人提供专门服务。甚至唱片公司也开始对老年人表现出一定的兴趣，1980年，他们致力于挖掘老年人的怀旧情绪，回忆他们的青春。[1]中产阶级的老人的生活一直就不错。他们在退休之前就已经积累了足够多的财富，并对退休之后的生活有所规划。在苏格兰的阿伯丁，60—64岁的老年人的周收入都高于30英镑，一半以上的人的周收入超过60英镑。这可以给他们带来相当体面的生活。[2]有些人在乡村有住所，可以经常到那里度过快乐时光，他们有如何度过老年生活的指导手册，也有人在各种委员会中有自己的位置，还有人写回忆录或其他自己的事情。在20世纪末的荷兰乡村，老年人的生活已经相当惬意。除了一日三餐，他们收拾屋子，喝茶或咖啡，在花园里干活，看电视，然后上床睡觉，普通的一天时间就这样过去。不过，由于交通工具的便捷，老人们可以活动的范围很大，公共活动也很多，他们经常去俱乐部、教会、酒吧，参加义务劳动等。甚至每周还有两次的跳舞。当然其次数与收入高低、健康状况、家庭条件（如是否拥有汽车）等条件有关。[3]无论如何，进入20世纪后半叶之后，对于大部分老年人而言，生活水平已经是相当高了。

---

[1] John Benson, *The Rise of Consumer Society in Britain, 1880–1980*, p.46.
[2] Alan Walker, "Poverty and Inequality in Old Age", in John Bond, Peter Coleman and Sheila Peace, eds., *Aging in Society: An Introduction to Social Gerontology*, p.289.
[3] Joos Droogleever Fortuijn, "Daily Life of Elderly Women in a Rural Area in The Netherlands", pp.189–192.

结束语

　　中世纪（5—15世纪）欧洲生活水平从经济上说受制于供给与需求，供大于求为生活水平的改善提供了物质条件，否则生活水平可能会恶化。中世纪千年中供给和需求呈现相反趋势。中世纪早中期人口与需求的增加极大地推动了中世纪西北欧的农业革命，加之垦荒运动扩大了耕地面积，食物供给成倍增加。但过快的人口增长也导致了物价上涨，工资下降，供给和需求处于高度紧张状态。中世纪晚期人口和需求剧减，谷物收获比例仍继续缓慢增加，物价下降，工资上升，食物供给超出人口需求，客观上有利于生活水平的改善。中世纪欧洲生活水平从社会层面上说受制于收入分配，更准确地说是受制于决定收入分配的机制。农民收入分配受庄园习惯法制约，习惯法不是领主单方面制定的，而是共同体相沿成习的法律。习惯法成为决定收入分配的至高权威，超过习惯法规定的租税种类和数量往往导致庄园法庭的诉讼乃至农民的反抗。人头税、赞助金和财产税等国税征收则需要得到议会同意，即使为了筹措战争经费，国王也无权擅自征税，否则将可能导致1381年那样的农民起义。雇工工资更多受市场影响，劳动力过剩的中世纪中期工资下降，相反则会上升，即使雇工立法也不能完全阻止工资上涨。中世纪欧洲开创了依据法律和市场机制进行收入分配的现代原则，影响深远。

　　在此基础上，中世纪欧洲普通人生活水平获得普遍改善。中世纪雇工在人口中占有较大比例，英国尤其如此。作为一个底层群体，他们的状况在很大程度上反映了生活水平改善的普惠性。中世纪中期人口激增，雇工名义工资增长缓慢，物价上升导致实际工资或工资购买力下降。中世纪晚期形势出现相反变化，15世纪成为雇工的黄金时代。此外，逐渐或已经失去劳动能力的老年人的养老问题是反映中世纪欧洲生活水平的重要内容，也是衡量社会文明程度的重要标志。中世纪欧洲老年人在人口中的比例不断上升，养老问题引起社会关注。中世纪欧洲养老模式存在着地区差异，西北欧国家的老年人实行退休和转移财产制度，以个人和社会养老为主，奠定了现代养老制度的基础；南欧老年人则没有退休和转移财产的习惯，以子女和亲属养老为主。除了普惠性外，中世纪欧洲生活水平改善也存在差异性，主要表现为中产阶级这一新的收入和消费群体的产生。中产阶级介于贵族－乡绅和普通农民之间，包括富裕农民、富裕工匠、商人和专业人士等，其收入接近甚至超过乡绅和贵族。中产阶级生活水平高于雇工和老年人，他们在服装、住房、各种生活耐用品等方面投入更多消费支出，而食物在家庭支出中的占比即恩格尔系数明显降低。

近代（16—18世纪）欧洲在农业、畜牧业和工业等各个生产领域取得了飞跃性发展，为欧洲人的消费与生活水平的改善提供了物质保障。其中，农业和畜牧业的发展为人们提供了更多的农畜产品，纺织业的发展改变了人们的穿着，食品行业的进步改善了人们的饮食结构，而发达的造船业为商品在欧洲范围内的大规模运输和快速流通提供了可能，这些使得人们的生活所需有了更多的选择余地。随着社会经济的发展，国家可支配的财富远远大于之前的任何时代，这为收入再分配奠定了基础；同时，绝大多数家庭的收入也在不断增加，人们的生活因此得以改善。

首先，近代欧洲社会经济变革促进了中产阶级的发展和壮大，而财富的积累为他们的消费提供了坚实的物质基础。中产阶级的生活水平有了大幅提升，他们不仅十分重视饮食、穿着、住房和出行等基本的生活消费，而且也更关注教育、文化和休闲等改善型消费。也就是说，当中产阶级的基本生活消费得以满足后，他们开始追求更高的消费需求。其次，近代欧洲工人阶级的生活水平总体是不断提高的，即在饮食、穿着、住房和休闲方面均有所改善。但是，我们还要看到部分收入较低的工人阶级家庭，他们生活水平低下的现实。再次，近代欧洲的老年人得到较好的赡养。老年人是社会秩序的象征，他们能否安度晚年被视为社会发展进步的重要表现。近代欧洲的老年人养老主要存在家庭养老、社区养老和机构养老三种类型。其中，机构养老代表了国家福利制度发展的方向。事实上，近代欧洲的老年人养老问题是在以上三种养老类型相互结合的基础上得以解决的。

1845年，恩格斯在《英国工人阶级状况》一书中，对那个时代英国工人的生活水平进行了评价。众所周知，他并不乐观。[1] 自那时开始，工业革命期间英国工人阶级生活水平问题就成为学术界争论的焦点。不过，所有人都同意的是，自19世纪后期以来，这一状况得到了明显改善。工业革命的完成创造了巨大的社会财富，而分配制度上的变革则让社会各阶层（尤其是社会弱势群体）有可能在巨大的"蛋糕"中分享到更大的份额。长期以来，人均GDP和实际工资（或收入）等经济类指标总是被视为评价消费水平和生活质量的重要标准。但随着社会的进步和科学的发展，人口数量（死亡率）、身高状况、预期寿命、受教育水平、社会福利等生物学性指数也被用来作为替代性的衡量标准。[2] 尽管根据不同的评价标准，结论稍有差异，但它们基本上都能证实，在最近两个世纪的时间里，欧洲国家的居民消费标准获得了史无前例的提升。

对于率先完成工业化的英国来讲，社会开始进入高水平发展阶

---

[1] 《马克思恩格斯全集》(第2卷)，第269—587页。
[2] 比如一个现代颇为流行的标准，即联合国于1990年发明并使用的人类发展指数。人类发展指数有三个基本构成指数：寿命、知识和收入。寿命以出生时的预期寿命来衡量，知识以成年人的识字率和青少年的中等教育入学率的加权平均值来衡量，而收入用购买力平价调整后的人均GDP来衡量。通过测量各自和假定的最小值和最大值差距的百分比，将三个要素组成一个单一的指数，取值在0和1之间。经济史家将该指数应用至19世纪。〔英〕斯蒂芬·布劳德伯利、凯文·H.奥罗克编著：《剑桥现代欧洲经济史，1700—1870》，何富彩、钟红英译，第187页。

段。随后，欧洲其他国家和地区也迎头赶上，大众生活日益富裕。进入20世纪以后，欧洲人的消费和生活水平得到前所未有的提高。即便是在两次世界大战期间，欧洲人的工资水平依然上涨，预期寿命在延长，文化水平和生活质量改善。在第二次世界大战结束之后，欧洲人收入和生活标准又有了进一步提升。近些年来，现代化的深入彻底改变了人们的消费习惯和生活方式。在轰轰烈烈的新"消费革命"中，欧洲人迎来了全新的时代。

参考文献

一、史料

Myers, A. R., ed., *English Historical Documents*, Vol. IV, 1327-1485, London: Eyre & Spottiwoode, 1969.

Thirsk, Joan & Cooper, J. P., *Seventeenth-Century Economic Documents*, Oxford: Clarendon Press, 1972.

Whitelock, Dorothy, ed., *English Historical Documents, c. 500-1042*, Volume I, Second Edition, London: Eyre Methuen, 1979.

〔古罗马〕查士丁尼：《法学总论——法学阶梯》，张企泰译，商务印书馆1995年版。

〔古罗马〕塔西佗：《阿古利可拉传 日耳曼尼亚志》，马雍、傅正元译，商务印书馆1985年版。

二、专著与论文

Abel, Wilhelm, *Agricultural Fluctuations in Europe: From the Thirteenth to the Twentieth Centuries*, Translated by Olive Ordish, New York: St. Martin's Press, 1980.

Allen, Robert C., *Enclosure and the Yeoman*, Oxford: Clarendon Press, 1992.

Ambrosius, Gerold and Hubbard, William H., *A Social and Economic History of Twentieth-Century Europe*, Cambridge, Massachusetts, London: Harvard University Press, 1989.

Ashley, W.J., *An Introduction to English Economic History and Theory*, Part II, The End of the Middle Ages, Fourth edition, New York: G.P. Putnam's Sons, 1906.

Atkinson, A.B., *Poverty in Britain and the Reform of Social Security*, Cambridge: Cambridge University Press, 1970.

Bailey, Mark, ed., *The English Manor, c.1200-c.1500, Selected Sources*, Translated and Annotated by Mark Bailey, Manchester: Manchester University Press, 2002.

Bailey, Mark, *The Decline of Serfdom in Late Medieval England: From Bondage to Free*, Woodbridge: The Boydell Press, 2014.

Bailey, Peter, *Leisure and Class in Victorian England: Rational Recreation and the Contest for Control, 1830-1885*, London and New York: Muthen, 1987.

Barry, Jonathan and Brooks, Christopher, *The Middling Sort of People: Culture, Society, and Politics in England, 1550-1800*, New York: St. Martin's Press, 1994.

Benson, John, *The Rise of Consumer Society in Britain, 1880-1980*, London and New York: Longman, 1994.

Berg, Maxine, *Luxury and Pleasure in Eighteenth-Century Britain*, Oxford: Oxford University Press, 2005.

Booth, Alan, *The British Economy in the Twentieth Century*, Basingstoke and New York: Palgrave, 2001.

Borsay, Peter, *The English Urban Renaissance: Culture and Society in the Provincial Town, 1660-1770*, Oxford: Clarendon Press, 2002.

Botelho ,Lynn and Thane, Pat ed., *Women and Ageing in British Society Since 1500*, Harlow, Essex; New York: Pearson Education, 2001.

Botelho, L. A., *Old Age and the English Poor Law, 1500-1700*, Rochester: Boydell Press, 2004.

Botelho, Lynn and Ottaway, Susannah R., *The History of Old Age in England, 1600-1800*, Volume 5-6, London: Pickering & Chatto, 2009.

Bouchard, Constance Brittain, *Life and Society in the West: Antiquity and the Middle Ages*, San Diego: Harcourt Brace Jovanovich, Publishers, 1988.

Bowley, A. L., and Burnett-Hurst, A. R., *Livelihood and Poverty: A Study in the Economic conditions of Working Class Households in Northampton, Warrington, Stanlet and Reading*, London: G. Bell and Sons, 1915.

Brien, Patrick O' and Keyder, Caglar, *Economic Growth in Britain and France, 1780-1914: Tow Paths to the Twentieth Century*, New York: Routlege, 2011.

Britnell, Richard and Hatcher, J. eds., *Progress and Problems in Medieval England, Essays in Honour of Edward Miller*, Cambridge: Cambridge University Press, 1996.

Britnell, Richard, *Britain and Ireland 1050-1530: Economy and Society*, Oxford: 2004.

Britnell, Richard, *The Closing of the Middle Ages? England, 1471-1529*, Oxford: Blackwell Publishers Ltd., 1997.

Broad, John and Schuurman, Anton ed., *Wealth and poverty in European Rural Societies from the Sixteenth to Nineteenth Century*, Turnhout, Belgium: Brepols, 2014.

Brown, E. H. Phelps, *The Growth of British Industrial Relations: A Study from the Standpoint of 1906-1914*, London: Mcmillan, 1959.

Brown, Henry Phelps and Hopkins, Sheila V., *A Perspective of Wages and Prices*, London: New York: Methuen, 1981.

Burke, Peter, ed., *Economy and Society in Early Modern Europe: Essays from Annales*, London: Routledge, 2006.

Burnett, John, *A Social History of Housing 1815-1970*, Newton Abbot: David and Chales, 1978.

Bush, M. L. ed., *Social Orders and Social Classes in Europe since 1500: Studies in Social Stratification*, London and New York: Longman, 1992.

Campbell, Bruce M.S. and Overton, Mark ed., *Land, Labour and Livestock: Historical Studies in European Agricultural Productivity*, Manchester, New York: Manchester University Press, 1991.

Campbell, Bruce M.S., *English Seigniorial Agriculture, 1250-1450*, Cambridge: Cambridge University Press, 2000.

Campbell, Mildred, *The English Yeoman: Under Elizabeth and the Early Stuarts*, London: The Merlin Press, 1942.

Cave, Roy C., and Coulson, Herbert H., *A Source Book For Medieval Economic History*, New York: Biblo and Tannen, 1965.

Chalklin, Christopher, *The Rise of the English Town, 1650-1850*, Cambridge: Cambridge University Press, 2001.

Chambers, J. D., Population, *Economy, and Society in Pre-industrial England*,

London, New York: Oxford University Press, 1972.

Cipolla, C. M., *Before the Industrial Revolution: European Society and Economy, 1000–1700*, London: Methuen, 1980; London, New York: Routledge, 1993.

Clapham, J. H., *Economic Development of France and Germany, 1815–1914*, Cambridge: Cambridge University Press, 1963.

Clay, C. G. A., *Economic Expansion and Social Change: England 1500–1700*, 2 Vol., Cambridge: Cambridge University Press, 1984.

Coleman, D. C., *The Economy of England, 1450–1750*, London; New York: Oxford University Press, 1977.

Court, W. H. B., *A Concise Economic History of Britain, from 1750 to Recent Times*, Cambridge: Cambridge University Press, 1965.

Crawford, John, *Cursus Medicinae or a Complete Theory of Physic*, London: W. Taylor and J. Osborn, 1724.

Crossick, Geoffrey ed., *The Lower Middle Class in Britain, 1870–1914*, London: Croom Helm, 1977.

Crouzet, François, *A History of the European Economy, 1000–2000*, Charlottesville: University Press of Virginia, 2001.

Crouzet, François, *Capital Formation in the Industrial Revolution*, London: Methuen & Co. Ltd., 1972.

Deane, Phyllis and Cole, W. A., *British Economic Growth, 1688–1959: Trends and Structure*, Cambridge: Cambridge University Press, 1962.

Deane, Phyllis, *The First Industrial Revolution*, Cambridge: Cambridge University Press, 1965.

Doehaerd, R., *The Early Middle Ages in the West: Economy and Society*, Translated by W. G. Deakin, Amsterdam, New York, Oxford: North-Holland Publishing Company, 1978.

Duby, Georges, *Rural Economy and Country Life in the Medieval West*, London: Arnold, 1968.

Duby, Georges, *The Early Growth of the European Economy: Warriors and Peasants from the Seventh to the Twelfth Century*, Translated by Howard B. Clarke, New York: Cornell University Press, 1974.

Dyer, Christopher, *Everyday Life in Medieval England*, Rio Grande, Ohio: Hambledon Press. 1994.

Dyer, Christopher, *Making a Living in the Middle Ages: The People of Britain*

850-1520, New Haven and London:Yale university Press, 1988.

Dyer, Christopher, *Standards of Living in the Later Middle Ages: Social Change in England c.1200-1520*, Cambridge: Cambridge University Press, 1989.

Dyos, H. J. ,and Michael Wolf, eds., *Victorian City: Images and Realities*, Vol. I , London: Routledge & Kegan Paul, 1973.

Earle, Peter, *The Making of the English Middle Class: Business , Society and Family Life in London, 1660-1730*, Berkeley and Los Angeles: Methuen and the University of California Press, 1989.

Epstein, Steven A., *Wage Labor & Guilds in Medieval Europe,* Chapel Hill and London: The University of North Carolina Press, 1991.

Finberg, H.P.R., ed., *The Agrarian History of England and Wales*, Vol. I, I. A.D.43-1042, Part I, Cambridge: Cambridge University Press, 1972.

Floud, Roderick, and College, Gresham and Johnson, Paul, *The Cambridge Economic History of Modern Britain*, Vol. I, 1700-1870, Cambridge: Cambridge University Press, 2014.

Floud, Roderick, and McCloskey, Donald, eds., *The Economic History of Britain since 1700*, Vol.2, 1860-1970s, Cambridge, London, New York, New Rochelle, Melbourne, Sydney: Cambridge University Press, 1981.

Fraser, W. Hamish, *The Coming of the Mass Market, 1850-1914*, London: The Macmillan Press, 1981.

French, Henry, and Barry, Jonathan, eds., *Identity and Agency in England, 1500-1800*, Basingstoke, Hampshire; New York: Palgrave Macmillan, 2004.

Frohman, Larry, *Poor Relief and Welfare in Germany from the Reformation to World War I*, Cambridge: Cambridge University Press, 2008.

Gimpel, Jean, *The Medieval Machine: The Industrial Revolution of the Middle Ages*, Harmondsworth, Middlesex: Penguin Books Ltd., 1977.

Hammond, J. L., and Hammond, Barbara, *The Bleak Age*, Middlesex; New York: Penguin Books, 1947.

Hanawalt, Barbara A., *The Ties that Bound, Peasant Families in Medieval England*, Oxford: Oxford University Press, 1986.

Hannah, Leslie, *Inventing Retirement: The Development of Occupational Pensions in Britain*, Cambridge: Cambridge University Press, 1986.

Hatcher, J., Plague, *Population and the English Economy*, London: Macmillan, 1977.

Herlihy, D., *Medieval and Renaissance Pistoia: The Social History of an Italian*

Town, 1200–1430, New Haven: Yale University Press, 1967.

Hilton, Rodney H., *A Medieval Society: The West Midlands at the End of the Thirteenth Century*, Cambridge: Cambridge University Press, 1983.

Hilton, Rodney H., *The Decline of Serfdom in Medieval England*, New York: Palgrave Macmillan, 1969.

Hilton, Rodney, *Class Conflict and the Crisis of Feudalism: Essays in Medieval Social History*, London: The Hambledon Press, 1985.

Hobsbawm, E. J., *Labouring Men: Studies in the History of Labour*, London: Weidenfeld and Nicolson, 1964.

Hoffman, Philip T., *Growth in a Traditional Society: The French Countryside, 1450–1815*, Princeton: Princeton University Press, 1996.

Holderness, B. A., *Pre-industrial England: Economy and Society, 1500–1750*, London: Dent, 1976.

Horn, Pamela, *The Rise and Fall of the Victorian Servant*, New York: St. Martin's Press, 1975.

Hoskins, W.G., *The Age of Plunder: England of Henry*, VIII, 1500–1547, London: Longman, 1976.

Hudson, Ray, and Williams, Alan M., *Divided Britain*, London: Belhaven Press, 1995.

Humphries, Jane, *Childhood and Child Labour in the British Industrial Revolution*, Cambridge: Cambridge University Press, 2010.

Hunt, E. H., *British Labour History, 1815–1914*, London: Weidenfeld and Nicolson, 1981.

Hunt, Margaret R., *The Middling Sort: Commerce, Gender, and the Family in England, 1680–1780*, Berkeley: University of California Press, 1996.

Hyams, P. R., *King, Lords, and Peasants in Medieval England: The Common Law of Villeinage in the Twelfth and Thirteenth Centuries*, Oxford: Clarendon Press, 1980.

Jackson, Alan A., *The Middle Classes, 1900–1950*, Melksham: Redwood Press, 1991.

Johnson, Paul and Thane, Patricia, eds., *Old Age from Antiquity to Post-Modernity*, London; New York: Routledge, 1998.

Jordan, William Chester, *The Great Famine: Northern Europe in the Early Fourteenth Century*, Princeton, New Jersey: Princeton University Press, 1996.

Keen, Maurice, *English Society in the Later Middle Ages, 1348-1500*, London: The Allen Lane Press, 1990.

Kindleberger, Charles P., *Economic Growth in France and Britain, 1851-1950*, Cambridge, Massachusetts: Harvard University Press, 1964.

King, Steven, *Poverty and Welfare in England, 1700-1850*, Manchester; New York: Manchester University Press, 2000.

Kitchen, Martin, *A History of Modern Germany, 1800-2000*, Oxford, Maldon and Carlton: Blackwell, 2006.

Kosminsky, E. A., *Studies in the Agrarian History of England in the Thirteenth Century*, Edited by Hilton, R. H., Translated from the Russian by Ruth Kisch, New York: Kelley & Millman, INC., 1956.

Lains, Pedro, and Pinilla, Vicente, eds., *Agriculture and Economic Development in Europe Since 1870*, London and New York: Routledge, 2009.

Lindert, Peter H., *Growing Public: Social Spending and Economic Growth since the Eighteenth Century*, Vol.1,Story, Cambridge: Cambridge University Press, 2004.

Lowerson, John, *Sport and the English Middle Classes, 1870-1914*, Manchester and New York: Manchester University Press, 1993.

Loyn, H. R., *Anglo-Saxon England and the Norman Conquest*, Second Edition, London and New York: Longman, 1991.

Macaulay, T. B., *Critical and Historical Essays*, London: J. M. Dent and Sons, Ltd., 1907.

Mathias, Peter, *The First Industrial Nation: The Economic History of Britain, 1700-1914*, London and New York: Routledge, 1983.

Mathias, Peter, *The Transformation of England: Essays in the Economic and Social History of England in the Eighteenth Century*, London: Methuen, 1979.

Matthews, R. C. O., Feinstein, C. H., and Olding-smee, J. C., eds., *British Economic Growth, 1856-1973*, Oxford: Clarendon Press, 1982.

Meacham, Standish, *A Life Apart: The English Working Class, 1890-1914*, London: Thames and Hudson, 1977.

Miller, Edward, and Hatcher, John, *Medieval England: Towns, Commerce and Crafts, 1086-1348*, London and New York: Longman Group Limited, 1995.

Miller, Edward, *The Abbey & Bishopric of Ely: The Social History of an Ecclesiastical Estate from the Tenth Century to the Early Fourteenth Century*,

Cambridge: Cambridge University Press, 1951.

Mingay, G. E., ed., *The Agrarian History of England and Wales*, VI, 1750–1850, Part II, Cambridge: Cambridge University Press, 2011.

Miskimin, Harry A., *The Economy of Later Renaissance Europe, 1460–1600*, Cambridge: Cambridge University Press, 1977.

Mitchell, B. R., *Abstracts of British Historical Statistics*, Cambridge: Cambridge University Press, 1962.

Moms, R. J., *Class and Class Consciousness in the Industrial Revolution, 1780–1850*, London: Macmillan, 1979.

Moore, Wilbert E., *Industrialization and Labor: Social Aspects of Economic Development*, Ithaca: Cornell University Press, 1951.

Ottaway, Susannah R., *The Decline of Life: Old Age in Eighteenth-Century England*, Cambridge: Cambridge University Press, 2004.

Page, Frances M., *The Estates of Crowland Abbey: A Study in Manorial Organization*, Cambridge: Cambridge University Press, 1934.

Peden, G.C., *British Economic and Social Policy: Lloyd George to Margaret Thatcher*, New York, London, Toronto, Sydney, Tokyo and Singapore: Philip Allan, 1991.

Perkin, Harold, *Origins of Modern English Society*, London: Ark Paperbacks, 1969.

Pilbeam, Pamela M., *The Middle Classes in Europe,1789–1914: France, Germany, Italy, and Russia*, London: Macmillan, 1990.

Polanyi, Karl, *Origins of Our Times: The Great Transformation*, London: Gollancz, 1945.

Pollard, Sidney, *The Development of the British Economy, 1914–1980*, Baltimore: Edward Arnold, 1983.

Pollock, Frederic, and Maitland, Frederic William, *The History of English Law: Before the Time of Edward I*, Cambridge: Cambridge University Press, 1895.

Poos, L. R., *A Rural Society after the Black Death: Essex 1350–1525*, Cambridge: Cambridge University Press,1991.

Postan, M. M., *The Medieval Economy and Society: An Economic History of Britain in the Middle Ages*, London : Weidenfeld and Nicolson, 1972.

Postan, M. M., *An Economic History of Western Europe, 1945–1964*, London: Muthen Co. Ltd., 1963.

Postan, M. M., *Essays on Medieval Agriculture and General Problems of the Medieval Economy*, Cambridge: Cambridge University Press, 1973.

Pounds, N. J. G., *An Economic History of Medieval Europe*, London: Langman,1994.

Price, Richard, *British society, 1680-1880: Dynamism, Containment, and Change*, Cambridge, New York: Cambridge University Press, 1999.

Quadagno, Jill S., *Aging in Early Industrial Society: Work, Family and Social Policy in Nineteenth-Century England*, New York: Academic Press, 1982.

Raithby, John, ed., *Statutes of the Realm*, London: Dawsons of Pall Mall, 1810, 1816,Reprinted,1963.

Raynes, Harod E., *Social Security in Britain: A History*, London: Sir Isaac Pitman and Sons Ltd., 1960.

Razi, Zvi ,and Smith, Richard, eds., *Medieval Society and the Manor Court*, Oxford: Clarendon Press, 1996.

Rearick, Charles, *Pleasure of the Belle Epoque: Entertainment and Festivity in Turn of the Century France*, New Haven and London: Yale University Press, 1985.

Reay, Barry, *Popular Cultures in England, 1550-1750*, London, New York: Longman, 1998.

Reynolds, Robert L., *Europe Emerges: Transition Toward An Industrial Worldwide Society, 600-1750*, Madison: The University of Wisconsin Press,1961.

Reynolds, Susan, *Kingdoms and Communities in Western Europe, 900-1300*, Oxford: Clarendon Press, 1984.

Rich, Richel, *Bourgeois Consumption: Food, Space and Identity in London and Paris, 1850-1914*, Manchester and New York: Manchester University Press, 2011.

Rimlinger, Gasten V., *Welfare Policy and Industrialization in Europe, America and Russia*, New York: John Wiley and Sons, 1971.

Ritter, Gerhard A., *Social Welfare in Germany and Britain*, Translated from German by Kim Traynor, Leamington Spa and New York: Berg Publishes Ltd., 1986.

Roche, Daniel, *A History of Everyday Things: The Birth of Consumption in France, 1600-1800*, Cambridge: Cambridge University Press, 2000.

Rogers, J. E. T., A History of Agriculture and Prices in England, 7 Vol., Oxford: The Clarendon Press, 1866.

Rogers, J. E. T., *Six Centuries of Work and Wages : The History of English Labour*, London, Leipzig: T. Fisher Unwin Press, 1912.

Routh, Ruy, *Occupation and Pay in Great Britain, 1906-1979*, Basingstoke: Palgrave Macmillan, 1980.

Rowntree, B. S., and Lavers, G. R., *Poverty and the Welfare State*, London: Longmans, 1951.

Rowntree, B. S., *Poverty and Progress: A Second Social Survey of York*, London: Longmans, Green, 1941.

Rowntree, B. S., *Poverty: A Study of Town Life*, London: Mcmillan and Co., 1908.

Royle, Edward, *Modern Britain: A Social History, 1750-1985*, London, New York, Melborne, Aukland: Edward Arnold, 1987.

Rubinstein, W. D., *Men of Property: The very Wealthy in Britain since the Industrial Revolution*, London: Croom Helm, 1981.

Rule, John, *The Experience of Labour in Eighteenth-Century Industry*, London: Croom Helm, 1981.

Rule, John, *The Labouring Classes in Early Industrial England, 1750-1850*, London: New York: Longman, 1986.

Schofield, Phillipp R., *Peasant and Community in Medieval England, 1200-1500*, New York: Palgrave Macmillan, 2003.

Slicher van Bath, B. H., *The Agrarian History of Western Europe, A.D. 500-1850*, Trans., by Oliver Ordish, New York: St. Martin's Press, 1963.

Smelser, Neil J., *Social Change in the Industrial Revolution: An Application of Theory to the British Cotton Industry*, Chicago: The University of Chicago Press, 1959.

Smith, G.D., Dorling D. and Shaw, M., *Poverty, Inequality and Health in Britain: 1800-2000: A Reader*, Bristol: The Policy Press, 2001.

Smith, H. Llewellyn, ed., *New Survey of London Life and Labor: Life and Leisure*, Vol. IX, London: P.S.King and Sons Ltd., 1935.

Smith, R. A. L., *Canterbury Cathedral Priory: A Study in Monastic Administration*, Cambridge: Cambridge University Press, 1943.

Snooks, G. D., *Economics without Time: A Science Blind to the Forces of*

Historical Change, Ann Arbor: University of Michigan Press, 1993.

Stearns, Peter N., ed., *Old Age in Preindustrial Society*, New York: Holmes & Meier, 1982.

Stenton, F.M., *Anglo-Saxon England*, Third Edition, Oxford and New York: Oxford University Press, 1989.

Stolleis, Michael, *Origins of the German Welfare State: Social Policy in Germany to 1945*, Translated from the German by Thomas Dunlap, Springer-Verlag Berlin Heidelberg, 2013.

Swanson, H., *Medieval Artisans: An Urban Class in Late Medieval England*, Oxford: Basil Blackwell, 1989.

Swanson, Heather, *Medieval British Towns*, New York: St. Martin's Press, 1999.

Tawney, R. H., *The Agrarian Problem in the Sixteenth Century*, London: Longmans, Green and Co., 1912.

Thane, Pat, *Old Age in English History: Past Experiences, Present Issues*, Oxford: Oxford University Press, 2000.

Thirsk, John, ed., *The Agrarian History of England and Wales*, IV, 1500-1640, Cambridge: Cambridge University Press, 1967.

Thirsk, Joan, ed., *The Agrarian History of England and Wales*, V, 1640-1750, Part II, Cambridge: Cambridge University Press, 2011.

Thirsk, Joan, ed., *The Agrarian History of England and Wales*, VI, 1750-1850, Part I, Cambridge: Cambridge University Press, 2011.

Thompson, E. P., *The Making of the English Working Class*, London: V. Gollancz, 1963.

Thrupp, Sylvia L., *The Merchant Class of Medieval London, 1300-1500*, Ann Arbor: The University of Michigan Press, 1962.

Titow, J.Z., *English Rural Society 1200-1350*, London: George Allen and Unwin Ltd., 1969.

Townsend, Peter, *Poverty in the United Kingdom*, Berkley: University of California Press, 1979.

Towsend, Peter, *The Family Life of Old People: An Inquiry in East London*, London: Routledge & Kegan Paul, 1957.

Treble, James H., *Urban Poverty in Britain 1830-1914*, London: Batsford Academic, 1979.

Trentmann, Frank, ed., *The Oxford Handbook of the History of Consumption*,

Oxford; New York :Oxford University Press, 2012.

Verhulst, A., *The Carolingian Economy*, Cambridge: Cambridge University Press, 2002.

Vinogradoff, P., *The Growth of the Manor*, London: George Allen & Unwin Ltd., 1904.

Voth, Hans-Joachim, *Time and Work in England, 1750–1830*, Oxford: Oxford University Press, 2001.

Vries, Jan De, and Woude, Ad van der, *The First Modern Economy: Success, Failure, and Perseverance of the Dutch economy, 1500–1815*, Cambridge: Cambridge University Press, 1997.

Vries, Jan De, *The Industrious Revolution:Consumer Behavior and the Household Economy, 1650 to the Present*, Cambridge: Cambridge University Press, 2008.

Watts, S. J., *A Social History of Western Europe, 1450–1720*, London; Dover, N.H., USA: Hutchinson University Library,1984.

Weatherill, L., *Consumer Behaviour and Material Culture in Britain 1660–1760*, London: Routledge, 1988.

Wilson, Arnold Talbot, *Old Age Pensions: An Historical and Critical Study*, London: New York: Oxford University Press, 1941.

Wood, Sydney, *The British Welfare State,1900–1950*, Cambridge: Cambridge University Press, 1982.

Wright, Louis B., *Middle-Class Culture in Elizabethan England*, Ithaca and New York: Cornell University Press, 1958.

Wrigley, E.A. ,and Schofield, R.S., *The Population History of England, 1541–1871: A Reconstruction*, Cambridge: Cambridge University Press, 1981.

Acemoglu, Daron ,and Robinson, James A., "Why Did the West Extend the Franchise? Democracy, Inequality, and Growth in Historical Perspective", *The Quarterly Journal of Economics*, Vol.115, No.4 (Nov., 2000).

Allen, Robert C., "Progress and Poverty in Early Modern Europe", *The Economic History Review*, Vol. 56, No. 3 (Aug., 2003).

Appleby, Andrew B., "Grain Prices and Subsistence Crises in England and France, 1590–1740", *Journal of Economic History*, Vol. XXXIX, No. 4 (1979).

Ashton, T. S., "The Standard of Life of the Workers in England, 1790–1830",

The Journal of Economic History, Vol. 9, Supplement: The Tasks of Economic History (1949).

Beaven, Brad, "Going to the Cinema: Mass Commercial Leisure and Working Class Cultures in 1930s Britain", in Brett Bebber, ed., *Leisure and Cultural Conflict in Twentieth-century Britain*, Manchester and New York: Manchester University Press, 2012.

Beckerman, John Stephen, "Customary Law in English Manorial Courts in the Thirteenth and Fourteenth Centuries", A Thesis Submitted for Degree of Doctor of Philosophy in the University of London, June, 1972.

Bellom, Maurice, "The New Old Age Pensions Act in France", *The Economic Journal*, Vol. 20, No. 78 (Jun., 1910).

Bennett, M.K., "The British Wheat Yield per Acre for Seven Centuries", *Economic History* (Supplement to Economic Journal) (1935).

Beveridge, W.H., "The Yield and Price of Corn in the Middle Ages ", *The Economic Journal*, Vol.37, No,2 (May,1927).

Birrell, Jean, "Manorial Custumals Reconsidered", *Past & Present*, No.224 (August, 2014).

Blackbourn, D., "The Mittelstand in German Society and Politics, 1871–1914", *Social History*, Vol,2, No.4 (Jan.,1977).

Blumin, S. M., "The Hypothesis of Middle Class Formation in Nineteenth-Century America: A Critique and Some Proposals", *The American Historical Review*, Vol.90, No.2 (April,1985).

Bond, John, "Living Arrangements of Elderly People", in John Bond, Peter Coleman and Sheila Peace, eds., *Aging in Society: An Introduction to Social Gerontology*, London, Thousands Oaks and New Delhi: Sage Publications, 1993.

Booker, H. S., "Income Tax and Family Allowances in Britain", *Population Studies*, Vol.3, No.3 (Dec., 1949).

Boot, H. M., "Real Incomes of the British Middle Class, 1760–1850: The Experience of Clerks at the East India Company", *The Economic History Review*, New Series, Vol. 52, No. 4 (Nov., 1999).

Borsay, Anne, "A Middle Class in the Making: The Negotiation of Power and Status at Bath's Early Georgian General Infirmary, c. 1739–65", *Social History*, Vol. 24, No. 3 (Oct., 1999).

参考文献

Bourdieu, Jérôme, and Kesztenbaum, Lionel and Grieve, Madeleine, "Surviving Old Age in an Ageing World Old People in France, 1820-1940", *Population* (English Edition, Vol. 62, No. 2 (2007)).

Bowley, A.L., "Comparison of the Changes in Wages in France, The United States, and the United Kingdom, From 1840 to 1891", *The Economic Journal*, Vol. 8, No. 32 (Dec., 1898).

Boyer, George R., "Living Standards, 1860-1939", in Roderick Floud and Paul Johnson, eds., *The Cambridge Economic History of Modern Britain*, Vol.2, Economic Maturity, 1860-1939, Cambridge: Cambridge University Press, 2004.

Breeze, Elizabeth, and Jones, Dee A. ,and Wilkinson, Paul, Amina M. Latif,and Christopher J. Bulpitt, and Astrid E. Fletcher, "Association of Quality of Life in Old Age in Britain with Socioeconomic Position: Baseline Data from a Randomised Controlled Trial", *Journal of Epidemiology and Community Health*, Vol. 58, No. 8 (Aug., 2004).

Brown, E. H. Phelps, and Hopkins, Sheila V., "Seven Centuries of Building Wages", *Economica*, New Series, Vol. 22, No. 87 (Aug., 1955).

Cage, R. A., "The Making of the Old Scottish Poor Law", *Past & Present*, No.69(1976).

Cipolla, Carlo M., "Currency Depreciation in Medieval Europe", *The Economic History Review*, New Series, Vol.15, No.3 (1963).

Clark, Gregory, "Farm Wages and Living Standards in the Industrial Revolution: England, 1670-1869", *The Economic History Review*, Vol.54, No.3 (Aug., 2001).

Clark, Gregory, "The Condition of the Working Class in England, 1209-2004", *Journal of Political Economy*, Vol.113, No.6 (Dec., 2005).

Class, S. Gunn, "Identity and the Urban: The Middle Class in England", *Urban History*, Vol.31, No.(May, 2004).

Cohen, Mark R., "Introduction: Poverty and Charity in Past Times", *The Journal of Interdisciplinary History*, Vol. 35, No.3 (Winter, 2005).

Cohn, Samuel, "After the Black Death: Labour Legislation and Attitudes towards Labour in late-Medieval Western Europe", *The Economic History Review*, New Series, Vol.60, No.3(Aug., 2007) .

Collins, Doreen, "The Introduction of the Old Age Pension in Great Britain",

The Historical Journal, Vol.8, No.2 (1965).

Cressy, D., "Describing the Social Order of Elizabethan and Stuart England", *Literature and History*, Vol.3 (Mar.,1976).

Dack, C. Nora, "Urbanization and the Middling Sorts in Derbyshire Market Towns: Ashbourne and Wirksworth 1660-1830", Unpublished Ph.D Thesis of University of Leicester, 2010.

Davies, K. G., "The Mess of the Middle Class", *Past & Present*, No.22 (1962).

Dodds, B., "Demesne and Tithe: Peasant Agriculture in the Late Middle Ages", *The Agricultural History Review*, Vol.56, No.2(2008).

Dyer, Christopher, "Did the Peasants Really Starve in Medieval England?" in Martha Carlin and Joel T. Rosenthal, *Food and Eating in Medieval Europe*, London and Rio Grande: The Hambledon Press,1998.

Dyer, Christopher, "Poverty and Its Relief in Late Medieval England", *Past & Present*, No. 216 (2012).

Dyer, Christophy, "A Golden Age Rediscovered: Labourer's Wages in the Fifteenth Century", in Martin Allen and D'Maris Coffman, eds., *Money, Prices and Wages, Essays in Honour of Nicholas Mayhew*, New York: Palgrave Macmillan, 2015.

Farmer, David L., "Grain Yields on the Winchester Manors in the Later Middle Ages", *The Economic History Review*, New Series, Vol.30, No.4 (Nov.,1977).

Farmer, David L., "Prices and Wages, 1200-1350", in H.E.Hallam, ed., *The Agrarian History of England and Wales*, Volume II, 1042-1350, Cambridge: Cambridge University Press, 1988.

Farmer, David L., "Prices and Wages, 1350-1500", in Edward Miller, ed., *The Agrarian History of England and Wales*, Volume III, 1348-1500, Cambridge: Cambridge University Press, 1991.

Farmer, David," The Famuli in the Later Middle Ages", in Richard Britnell and J. Hatcher, eds., *Progress and Problems in Medieval England:Essays in Honour of Edward Miller*, Cambridge: Cambridge University Press,1996.

Feinstein, Charles, "Changes in Nominal Wages, the Cost of Living and Real Wages in the United Kingdom over Two Centuries, 1780-1990", in P. Scholliers and V.Zamagni, eds., *Labour's Reward: Real Wages and Economic Change in 19th-and 20th-century Europe*, Aldershot and Brookfield: Edward Elgar, 1995.

参考文献

Fortuijn, Joos Droogleever, "Daily Life of Elderly Women in a Rural Area in The Netherlands", *GeoJournal*, Vol.48, No.3(1999).

Freeman, Mark, "Seebohm Rowntree and Secondary Poverty, 1899-1954", *The Economic History Review*, Vol. 64, No. 4 (Nov., 2011).

Galbi, Douglas A., "Child Labor and the Division of Labor in the Early English Cotton Mills", *Journal of Population Economics*, Vol. 10, No. 4 (Oct., 1997).

Gilbert, Bentley B., "The Decay of Nineteenth-Century Provident Institutions and the Coming of Old Age Pensions in Great Britain", *The Economic History Review*, Vol.17, No.3 (1965).

Gilboy, Elizabeth W., "The Cost of Living and Real Wages in Eighteenth Century England", *The Review of Economics and Statistics*, Vol. 18, No. 3 (Aug., 1936).

Hobsbawm, E. J., "The British Standard of Living 1790-1850", *The Economic History Review*, New Series, Vol.10, No.1 (1957).

Hobsbawm, E. J., "The Standard of Living during the Industrial Revolution: A Discussion", *The Economic History Review*, New Series, Vol.16, No.1 (1963).

Horrell, S. and Humphries, J., "The Exploitation of Little Children: Child Labor and the Family Economy in the Industrial Revolution", *Explorations in Economic History*, Vol.32, Issue.4 (Oct., 1995).

Johnson, Paul, "Self-help versus State Help: Old Age Pensions and Personal Savings in Great Britain, 1906-1937", *Explorations in Economic History*, 1984, No.21.

Johnson, Paul, "The Employment and Retirement of Older Men in England and Wales, 1881-1981", *The Economic History Review*, Vol.47, No. 1 (Feb.,1994).

Kerridge, Eric, "The Movement of Rent, 1540-1640", *The Economic History Review*, New Series, Vol.6, No.1 (1953).

Kocka, Jürgen, "The Middle Classes in Europe", *The Journal of Modern History*, Vol. 67, No. 4 (Dec., 1995).

Lennard, Reginald, "The Alleged Exhaustion of the Soil in Medieval England", *The Economic Journal*, Vol.32, No.125 (Mar.,1922).

Lindert, Peter H., "English Occupations, 1670-1811", *The Journal of Economic History*, Vol.40, No.4 (Dec., 1980).

Lindquist, Gabriella Sjögren ,and Wadensjö, Eskil, "Retirement, Pensions and Work in Sweden", *The Geneva Papers on Risk and Insurance*, Vol.34,

No.4(Oct., 2009).

Magee, Gary B., "Manufacturing and Technological Change", in Roderick Floud and Paul Johnson, eds., *The Cambridge Economic History of Modern Britain*, Vol.2, 1860-1939, Economic Maturity, Cambridge: Cambridge University Press, 2004.

Mascuch, M., "Social Mobility and Middling Self-identity: The Ethos of British Biographers, 1600-1750", *Social History*, Vol.20, No.1 (Jan.,1995).

Massey, Philip, "The Expenditure of 1,360 British Middle-Class Households in 1938-39", *Journal of the Royal Statistical Society*, Vol.105, No.3 (May,1942).

Matthews, R. C. O., "Why has Britain had Full Employment since the War?" *The Economic Journal*, Vol.78, No.311 (Sep., 1968).

Metzger, Charles R., "Brief History of Income Taxation", *American Bar Association Journal*, Vol. 13, No. 11 (Nov., 1927).

Mitchison, R., "The Making of the Old Scottish Poor Law: A Rejoinder", *Past & Present*, No.69(1975).

Mitchison, R., "The Making of the Old Scottish Poor Law", *Past & Present*, No.63(1974).

Mokyr, Joel, "Intellectual Property Rights, the Industrial Revolution, and the Beginnings of Modern Economic Growth", *The American Economic Review*, Vol.99, No.2(May, 2009).

Natalie Zemon Davis, "Poor Relief, Humanism, and Heresy: The Case of Lyon", *Studies in Medieval and Renaissance History*, Vol. 5 (1968).

Nenadic, Stana, "Middle-Rank Consumers and Domestic Culture in Edinburgh and Glasgow, 1720-1840", *Past & Present*, No.145 (1994).

Nicholas Crafts, "Living Standard", in Nicholas Crafts, Ian Gazeley and Andrew Newell. eds., *Work and Pay in Twentieth-Century Britain*, Oxford University Press, 2007.

Nicholas, Stephen and Steckel, Richard H., "Heights and Living Standards of English Workers During the Early Years of Industrialization, 1770-1815", *The Journal of Economic History*, Vol.51, No.4 (Dec., 1991).

Norman J. Silbering, "British Prices and Business Cycles, 1779 to 1850", *The Review of Economics and Statistics*, Vol. 5, Supplement 2 (Oct., 1923).

Oliver Schilling, "Development of Life Satisfaction in Old Age: Another View on the 'Paradox'", *Social Indicators Research*, Vol.75, No.2 (Jan., 2006).

Payne, P. L., "The Emergence of the Large-scale Company in Great Britain, "1870–1914", *The Economic History Review*, Vol. 20, No.3 (Dec.,1967).

Perroy, E., "Wage labour in France in later Middle Ages", *The Economic History Review*, New Series, Vol.8, No.2 (Dec.,1955).

Piachaud, David, "Poverty in Britain, 1899–1983", *Journal of Social Policy*, Vol.17, No.3 (July,1988).

Pingstone, Gordon, "Group Life and Pension Schemes Including Group Family Income Benefit Schemes", *Journal of the Institute of Actuaries*, Vol.77, Issue 3 (Dec.,1951).

Pollard, Sidney, "Investment, Consumption and the Industrial Revolution", *The Economic History Review*, Vol.11, No.2 (Dec.,1958).

Pullan, Brian, "Catholics, Protestants, and the Poor in Early Modern Europe", *The Journal of Interdisciplinary History*, Vol.35, No.3 (Winter,2005).

Rogers, N., "Making of the English Middle Classes", *Journal of British Studies*, Vol. 32,Issue 4 (Oct.,1993).

Rubinstein, W. D., "Wealth, Elites and the Class Structure of Modern Britain", Past & Present, No. 76 (Aug., 1977).

Russell, J.C., "Late Ancient and Medieval Population", *Transactions of The American Philosophical Society*, Philadelphia, 1958.

Schumpeter, Elizabeth Boody, "English Prices and Public Finance, 1660–1822", *The Review of Economics and Statistics*, Vol.20, No.1 (Feb., 1938).

Shammas, C., "Food Expenditures and Economic Well-Being in Early Modern England", *Journal of Economic History*, Vol.43, No.1(Mar.,1983).

Söderberg, Johan, "Real Wage Trends in Urban Europe, 1730–1850: Stockholm in a Comparative Perspective", *Social History*, Vol.12, No.2 (May, 1987).

Stearns, Peter N., "The Middle Class: Toward a Precise Definition", *Comparative Studies in Society and History*, Vol.21, No.3 (July 1979).

Stone, L., "Social Mobility in England, 1500–1700", *Past & Present*, No.33 (1966).

Tawney, A. J. and Tawney, R. H., "An Occupational Census of the Seventeenth Century", *Economic History Review*, Vol. 5, No. 1 (Oct., 1934).

Thompson, E. P., "Eighteenth-Century Society : Class Struggle without Class ?", *Social History*, Vol.3, No.2(May,1978).

Thompson, E. P., "Patrician Society, Plebeian Culture", *Journal of Social*

History, Vol.7, No.4 (Summer, 1974).

Turner, Michael, "Agriculture, 1860-1914", in Roderick Floud and Paul Johnson, eds., *The Cambridge Economic History of Modern Britain*, Vol.2, 1860-1939, Economic Maturity, Cambridge: Cambridge University Press, 2004.

Usher, A.P., "The General Course of Wheat Prices in France, 1350-1788", *Review of Economics and Statistics*, Vol.12, No. 4 (Nov., 1930).

Verhulst, Adriaan, "The 'Agricultural Revolution'of The Middle Ages Reconsidered", in Bernard S. Bachrach and David Nicholas, eds., *Law, Custom, and the Social Fabric in Medieval Europe: Essays in Honor of Bryce Lyon*, Michigan: : Michigan University, 1990.

Vries, Jan De, "The Industrial Revolution and the Industrious Revolution", *The Journal of Economic History*, Vol.54, No.2 (Jun.,1994).

Wallech, S., "Class versus Rank: The Transformation of Eighteenth-Century English Social Terms and Theories of Production", *Journal of the History of Ideas*, Vol.47, No.3 (July-Sep.1986).

Wallis, Patrick, "Consumption, Retailing and Medicine in Early Modern London", *The Economic History Review*, Vol. 61, No.1 (Feb.,2008).

Warren, Cyril F., "An Investigation into the Mortality Experienced by Pensioners of the Staffs of Banks and Insurance Companies, with a Note on the Mortality Experience of Deferred Annuitants", *Journal of the Institute of Actuaries*, Vol.57, No. 2 (July,1926).

Whitney, Milton, "The Yield of White in England during Seven Centuries", *Science*, New Series, Vol.58, No.1504 (Oct. 26,1923).

Wood, G.H., "Real Wages and the Standard of Comfort since 1850", *Journal of the Royal Statistical Society*, Vol.72, No.1 (Mar., 1909).

Wood, G.H., "The Course of Average Wages Between 1790 and 1860", *The Economic Journal*, Vol. 9, No. 36 (Dec., 1899).

Woodward, Donald, "Wage Rates and Living Standards in Pre-industrial England". *Past & Present*, No.91 (May,1981).

Zabalza, A., C. Pissarides, and M. Barton, "Social Security and the Choice between Full-Time Work, Part-Time Work and Retirement", *Journal of Public Economics*, Vol.14, Issue.2 (1980).

Zanden, J. L.Van, "Wages and the Standard of Living in Europe, 1500-1800",

European Review of Economic History, Vol. 3, No. 2 (Aug., 1999).

《马克思恩格斯全集》(第1、2、4、19、23、26卷),人民出版社1957年、1995年版。

〔德〕桑巴特,维尔纳:《奢侈与资本主义》,王燕平、侯小河译,刘北成校,上海人民出版社2000年版。

〔德〕阿贝尔斯豪泽,韦:《德意志联邦共和国经济史,1945—1980》,张连根、吴衡康译,商务印书馆1988年版。

〔德〕韦伯,马克斯:《经济与社会》上卷,林荣远译,商务印书馆1997年版。

〔法〕布洛赫,马克:《法国农村史》,余中先、张朋浩、车耳译,商务印书馆1991年版。

〔法〕布洛赫,马克:《封建社会》上卷,张绪山译,郭守田、徐家玲校,商务印书馆2004年版。

〔英〕布洛克,A.:《枫丹娜现代思潮辞典》,中国社会科学院文献情报中心译,社会科学文献出版社1988年版。

〔法〕布瓦松纳,P.:《中世纪欧洲生活和劳动(五至十五世纪)》,潘源来译,商务印书馆1985年版。

〔法〕基佐:《法国文明史:自罗马帝国败落起》,沅芷、伊信译,商务印书馆1995年版。

〔法〕勒高夫,雅克:《试谈另一个中世纪——西方的时间、劳动和文化》,周莽译,商务印书馆2014年版。

〔法〕佩尔努,雷吉娜:《法国资产阶级史》上册,康新文等译,上海译文出版社1991年版。

〔古希腊〕亚里士多德:《政治学》,吴寿彭译,商务印书馆1995年版。

〔美〕伯尔曼,哈罗德·J.:《法律与革命》(第一卷):西方法律传统的形成,贺卫方、高鸿钧、张志铭、夏勇译,法律出版社2008年版。

〔美〕费根,布莱恩:《小冰河时代:气候如何改变历史(1300—1850)》,苏静涛译,浙江大学出版社2013年版。

〔美〕盖伊,彼得:《施尼兹勒的世纪:中产阶级文化的形成(1815—1914)》,梁永安译,北京大学出版1995年版。

〔美〕戈德斯通,杰克:《为什么是欧洲?——世界史视角下的西方崛起,1500—1850》,关永强译,浙江大学出版社2010年版。

〔美〕麦克劳,托马斯:《现代资本主义——二次工业革命中的成功者》,赵文书、肖锁章译,江苏人民出版社2006年版。

〔美〕米尔斯，C. 莱特：《白领：美国的资产阶级》，周晓红译，南京大学出版社2016年版。

〔美〕诺思，道格拉斯；托马斯，罗伯特：《西方世界的兴起》，厉以平、蔡磊译，华夏出版社1989年版。

〔美〕诺思，道格拉斯·C.：《经济史上的结构和变迁》，厉以平译，商务印书馆1992年版。

〔美〕塞利格曼，埃德温·罗伯特·安德森：《所得税研究：历史，理论与实务》（英文版），经济科学出版社2014年版。

〔美〕斯梅尔，约翰：《中产阶级文化的起源》，陈勇译，上海人民出版社2006年版。

〔意〕奇波拉，卡洛·M. 主编：《欧洲经济史》（第1、2、3、4卷），徐璇、吴良健等译，商务印书馆1988年、1989年版。

〔英〕安德森，佩里：《从古代到封建主义的过渡》，郭方、刘健译，上海人民出版社2001年版。

〔英〕巴尔，尼古拉斯编：《福利经济学前沿问题》，贺晓波译，中国税务出版社2000年版。

〔英〕贝内特，亨利·斯坦利：《英国庄园生活——1150—1400年农民生活庄园研究》，龙秀清、孙立田、赵文君译，侯建新校，上海人民出版社2005年版。

〔英〕波斯坦，M. M. 等主编：《剑桥欧洲经济史》（第一至第八卷），王春法主译，经济科学出版社2002年、2003年、2004年版。

〔英〕布劳德伯利，斯蒂芬；奥罗克，凯文·H. 编著：《剑桥现代欧洲经济史：1700—1870》，何富彩、钟红英译，中国人民大学出版社2015年版。

〔英〕布劳德伯利，斯蒂芬；奥罗克，凯文·H. 编著：《剑桥现代欧洲经济史：1870年至今》，张敏、孔尚会译，中国人民大学出版社2015年版。

〔英〕布里格斯，阿萨：《英国社会史》，陈叔平、陈小惠、刘幼勤、周俊文译，商务印书馆2015年版。

〔英〕克拉克，彼得：《欧洲城镇史，400—2000年》，宋一然、郑昱、李陶、戴梦译，商务印书馆2015年版。

〔英〕克拉潘，约翰：《简明不列颠经济史：从最早时期到1750年》，范定九、王祖廉译，上海译文出版社1980年版。

〔英〕克拉潘：《现代英国经济史》上、中、下卷，姚曾廙译，商务印书馆2014年版。

〔英〕克里斯托弗，戴尔：《转型的时代：中世纪晚期英国的经济与社会》，莫玉梅译、徐浩审校，社会科学文献出版社2010年版。

〔英〕麦迪逊：《世界经济千年史》，伍晓鹰等译，北京大学出版社2003年版。

〔英〕麦克伊韦迪，科林；琼斯，理查德：《世界人口历史图集》，陈海红、刘文涛译，东方出版社1992版。

〔英〕梅特兰等：《欧陆法律史概览：事件、渊源、人物及运动》，屈文生等译，上海人民出版社2008年版。

〔英〕莫尔顿、台德：《英国工人运动史（1770—1920）》，叶周等译，生活·读书·新知三联书店1962年版。

〔英〕乔叟，杰弗雷：《坎特伯雷故事》，方重译，人民文学出版社2004年版。

〔英〕琼斯，埃里克：《欧洲奇迹：欧亚史中的环境、经济和地缘政治》，陈小白译，华夏出版社2015年版。

〔英〕斯密，亚当：《国民财富的性质和原因的研究》上、下卷，郭大力、王亚南译，商务印书馆2016年版。

〔英〕汤普森，E. P.：《英国工人阶级的形成》，钱乘旦等译，译林出版社2013年版。

〔英〕威廉斯，雷蒙：《关键词：文化与社会的词汇》，刘建基译，生活·读书·新知三联书店2016年版。

〔英〕韦南，理查德：《20世纪欧洲社会史》，张敏、冯韵文、臧韵译，海南出版社2012年版。

〔英〕詹姆斯，劳伦斯：《中产阶级史》，李春玲、杨典译，李春玲校，中国社会科学出版社2015年版。

陈曦文、王乃耀：《英国社会转型时期经济发展研究（16世纪至18世纪中叶）》，首都师范大学出版社2002年版。

陈晓律：《英国福利制度的由来和发展》，南京大学出版社1996年版。

丁建定、杨凤娟：《英国社会保障制度的发展》，中国劳动社会保障出版社2004年版。

丁建定：《从济贫到社会保险：英国现代社会保障制度的建立，1870—1914》，中国社会科学出版社2000年版。

丁建定：《英国济贫法制度史》，人民出版社2014年版。

丁建定：《英国社会保障制度史》，人民出版社2015年版。

贾东岚：《国外最低工资》，中国劳动社会保障出版社2014年版。

李达昌、陈为汉、王小琪编：《战后西方国家股份制的新变化》，商务印书馆2000年版。

李新宽：《国家与市场——英国重商主义时代的历史解读》，中央编译出版社2013年版。

厉以宁：《工业化和制度调整》，商务印书馆2015年版。

沈汉：《英国土地制度史》，学林出版社2005年版。

王章辉：《英国经济史》，中国社会科学出版社2013年版。

吴红列：《工资集体协商：理论、制度和实践》，浙江大学出版社2011年版。

吴友法、黄正柏：《德国资本主义发展史》，武汉大学出版社2000年版。

夏琛舸：《所得税的历史分析和比较研究》，东北财经大学出版社2003年版。

徐浩：《18世纪的中国与世界：农民卷》，辽海出版社1999年版。

杨杰：《从下往上看：英国农业革命》，中国社会科学出版社2009年版。

尹虹：《十六、十七世纪前期英国流民问题研究》，中国社会科学出版社2003年版。

俞金尧：《西欧婚姻、家庭与人口史研究》，现代出版社2014年版。

周晓虹、王浩斌、陆远、张旭凡：《西方中产阶级：理论与实践》，中国人民大学出版社2016年版。

〔英〕波斯坦："中古社会的经济基础"，马克垚译，《世界历史译丛》1980年第4期。

曾尊固："战后英国农业的发展和变化"，《南京大学学报》（哲学·人文科学）1986年第3期。

丁建定、李薇："西方国家家庭补贴制度的发展与改革"，《苏州大学学报》2013年第1期。

刘景竹："战后英国的农业发展战略"，《世界农业》1983年第3期。

滕淑娜、顾銮斋："由课征至补贴：英国惠农政策的由来与现状"，《史学理论研究》2010年第2期。

徐滨："英国工业革命中劳工生活标准的争论与辩驳"，《历史教学》2004年第12期。

徐浩："小持有者与中世纪英格兰农村的雇工和工匠"，北京大学历史学系世界古代史教研室主编：《多元视角下的封建主义》，社会科学文献出版社2013年版。

赵虹："西方学者关于英国工业革命中工人的生活标准讨论"，《云南师范大学学报》2011年第6期。

索 引

B

白领 5, 254, 257, 258, 280, 282, 283, 284, 285, 286, 293, 327, 334, 352

百户区档案 33, 37

百货公司 249

报纸 172, 173, 174, 175, 183, 251, 307, 321

贝弗里奇 4, 16, 17, 21, 23, 24, 25, 272

波斯坦 6, 17, 18, 21, 22, 35, 41, 42, 73, 244, 353, 355

布罗代尔 5

C

财产税 265, 266

储蓄 3, 278, 289, 291, 316, 321, 329, 330, 336, 344

慈善学校运动 170

村法 49, 74

D

带薪假 278

低收入者 3, 60, 65, 68, 70, 195, 222, 257, 260, 261, 262, 265, 272, 273, 279, 306, 307, 308, 309, 311, 312, 313, 314, 315, 316, 317, 320, 321, 322, 327

地产账簿 38

地理大发现 226, 233

第三等级 54, 55, 58, 66

E

恩格尔 1, 2, 316

二次分配 29, 35, 36, 40, 51, 151

F

饭店 297

封建制度 47, 89

福利国家 218, 270, 272, 273, 307, 311, 314, 344, 348

福利政策 2, 264, 266, 268, 269, 270, 273, 284, 322, 346

富裕社会 2, 223

G

工人阶级 2, 5, 89, 104, 152, 153, 154, 178, 183, 184, 185, 186, 187, 188, 189, 190, 191, 192, 193, 194, 195, 196, 197, 198, 199, 222, 253, 267, 277, 278, 283, 284, 294, 297, 301, 302, 304, 309, 311, 319, 320, 321,

531

322, 328, 330, 353

工业革命 1, 4, 5, 10, 28, 53, 89, 90, 91, 132, 179, 182, 185, 186, 187, 188, 189, 190, 194, 199, 222, 223, 226, 229, 233, 238, 240, 242, 246, 247, 249, 253, 254, 262, 265, 280, 281, 282, 297, 312, 313, 353, 355

工资差距 257, 258, 259

工资购买力 2, 3, 4, 5, 42, 79, 80, 81, 136, 253, 256

工资劳动者 1, 2, 22, 29, 31, 37, 42, 43, 51, 53, 71, 73, 74, 77, 79, 80, 115, 123, 131, 132, 133, 159, 167, 178, 179, 180, 181, 182, 183, 184, 185, 189, 199, 257, 258, 267, 341

公路 226, 230, 231, 263

公司 83, 111, 162, 174, 226, 227, 228, 229, 231, 232, 249, 250, 262, 303, 304, 326, 330, 331, 332, 341, 346, 350

股份制 226, 227, 229, 232, 355

雇工 2, 3, 4, 6, 27, 33, 36, 37, 38, 42, 43, 54, 60, 61, 62, 65, 69, 71, 73, 74, 75, 77, 79, 80, 81, 86, 178, 179, 180, 181, 182, 253, 355

国民保险法 271, 314, 335

H

海德 30, 31, 33

喝茶 175, 215, 317, 348, 350, 351

核心家庭 1, 31, 88, 89, 90, 91, 95, 97, 99, 100, 101, 102

黑死病 3, 5, 6, 7, 8, 9, 17, 22, 23, 25, 26, 27, 38, 40, 41, 42, 64, 72, 74, 75, 76, 77, 80, 85, 86, 87, 90, 92, 101, 114, 144, 260

黄金时代 4, 5, 79, 80, 81, 223, 242, 243, 246, 273, 275, 332

霍曼斯 89

J

基本家庭 88

集体协商 260, 261, 355

济贫法 2, 101, 130, 144, 145, 146, 147, 148, 149, 150, 200, 205, 206, 209, 213, 216, 217, 218, 219, 221, 312, 314, 329, 330, 344, 354

继承 11, 35, 39, 48, 50, 77, 81, 82, 84, 89, 90, 91, 92, 94, 102, 119, 120, 155, 157, 178, 179, 186, 209, 217, 342, 343

加洛林 6, 13, 14, 16, 30, 31, 34, 46, 47

家庭史 82, 90, 91, 96

假期 277, 278, 304, 323

价格 1, 2, 3, 4, 5, 14, 19, 20, 21, 22, 23, 24, 25, 26, 27, 38, 42, 43, 64, 74, 79, 80, 113, 115, 116, 122, 123, 124, 125, 126, 127, 128, 129, 132, 133, 136, 137, 140, 141, 142, 143, 147, 166, 167, 172, 174, 187, 190, 195, 211, 223, 230, 232, 233, 235, 236, 241, 246, 247, 250, 253, 256, 262, 263, 264, 268, 289, 295, 296, 297, 298, 300, 301, 302, 303, 304, 315, 318

交通运输革命 232

教区 39, 50, 69, 101, 115, 117, 118, 121, 145, 146, 147, 148, 149, 150,

151, 169, 180, 200, 203, 206, 207, 208, 209, 210, 211, 212, 213, 214, 215, 216, 217, 218, 219, 220, 309, 310, 338
剧院 176, 199, 233, 251, 302, 303

K

咖啡 154, 161, 165, 169, 175, 237, 276, 296, 300, 302, 318, 351
扩大家庭 1, 88, 89, 90, 96, 97, 98, 101, 102

L

拉塞尔 5, 6, 9, 83, 84, 85, 213
郎特里 295, 306, 310, 311, 317, 319, 321
劳动生产率 1, 107, 127, 190, 223, 228, 237, 239, 240, 241, 242, 252, 264
劳役 31, 32, 34, 35, 36, 37, 39, 40, 44, 45, 46, 47, 48, 49, 50, 55, 71, 72, 73, 91, 93
劳役地租 34, 35, 36, 37, 39, 40, 44, 49, 73
老年人 2, 3, 1, 6, 27, 77, 82, 84, 85, 86, 87, 89, 91, 92, 93, 95, 97, 98, 100, 101, 102, 104, 200, 201, 202, 203, 204, 205, 206, 207, 209, 210, 211, 212, 213, 214, 215, 216, 217, 218, 219, 220, 222, 279, 323, 324, 326, 327, 328, 329, 330, 331, 332, 334, 335, 341, 342, 343, 344, 345, 346, 347, 348, 349, 350
老年史 82, 85
连锁店 249, 304

罗杰斯 2, 3, 4, 10, 23, 24, 25, 76, 79, 81
旅游 177, 251, 302
律师 57, 58, 64, 66, 67, 70, 95, 131, 134, 157, 158, 164, 171, 172, 174, 175, 254, 281, 283, 284, 288, 294, 303

M

马车 43, 44, 45, 67, 166, 167, 233, 289, 299, 301
马尔萨斯 5, 2, 3, 10, 28, 189
麦酒 19, 64, 78, 80, 93, 94, 159, 212, 215
名义工资 2, 3, 77, 80, 253
末日审判书 6, 10, 20, 32, 33, 91

N

耐用消费品 1, 65, 249, 250, 251, 275, 276, 292, 322
农业补贴 2, 259, 262, 263, 264

O

欧洲一体化 230, 233, 236

P

贫困 1, 3, 5, 2, 8, 27, 42, 58, 59, 61, 62, 74, 86, 89, 91, 100, 101, 144, 145, 148, 186, 188, 212, 218, 219, 220, 253, 272, 273, 295, 306, 307, 308, 309, 310, 311, 312, 313, 317, 319, 320, 321, 322, 327, 329, 343, 344, 345, 346, 348
仆人 10, 32, 37, 42, 61, 62, 71, 72, 74,

76, 77, 79, 87, 90, 94, 95, 96, 131, 155, 165, 194, 207, 209, 270, 276, 284, 288, 289, 290, 292, 294, 295, 298, 300, 333, 337

Q

乔叟 63, 66, 67, 82, 353

圈地运动 144, 178

全球化 230, 233, 234, 235, 236, 241, 252

R

人头税 6, 34, 35, 57, 62, 69, 72, 91, 144, 265

S

三圃制 12, 13, 14, 21, 23, 34

桑巴特 56, 281, 352

赡养协议 27, 77, 89, 90, 91, 92, 93, 94, 95, 101

社会保障制度 269, 270, 271, 272, 273, 354

社区养老 104, 200, 209, 212, 216, 218, 219, 220

生活水平 2, 3, 1, 4, 5, 6, 23, 27, 53, 65, 93, 104, 111, 116, 129, 132, 151, 152, 160, 169, 177, 178, 185, 186, 187, 188, 189, 190, 191, 192, 197, 199, 200, 216, 222, 223, 226, 233, 236, 246, 250, 252, 253, 254, 259, 260, 270, 274, 275, 276, 277, 278, 289, 297, 306, 307, 308, 314, 315, 316, 317, 322, 324, 328, 330, 334, 342, 343, 344, 345, 347, 348, 351

生命周期仆人 10, 73, 76, 96

时尚经济 163

市场开放 2, 223, 229, 235, 236

市民 55, 56, 57, 58, 64, 65, 67, 70, 95, 99, 100, 116, 118, 155, 156, 160, 248, 272, 283, 290, 321, 334, 339, 340, 341

收入分配 1, 2, 5, 29, 40, 43, 46, 51, 130, 253, 266, 267, 315

收入水平 1, 52, 54, 130, 134, 257, 306

收益率 1, 105, 106, 107, 135, 224

税收减免 267

私家车 277

私有产权 223, 224

死亡率 1, 3, 4, 6, 8, 9, 10, 41, 83, 84, 85, 87, 116, 119, 121, 169, 186, 205, 222, 297, 314

所得税 2, 1, 264, 265, 266, 267, 268, 284, 286, 291, 292, 352, 355

T

特恩权 34

铁路 1, 227, 230, 231, 232, 233, 235, 239, 240, 255, 274, 284, 288, 291, 299, 302, 323, 325, 326, 330, 331, 332, 341, 347

土地市场 102

退休 3, 2, 6, 86, 89, 90, 91, 92, 93, 94, 95, 101, 102, 203, 204, 294, 312, 323, 325, 326, 327, 328, 330, 331, 334, 335, 341, 342, 343, 344, 346, 347, 349, 350

W

维多利亚时代 240, 251, 294, 299, 302
维尔格特 32, 33, 35, 41, 93
维兰 32, 33, 34, 35, 36, 37, 39, 40, 47, 48, 50, 62, 74, 94
温饱 1, 2, 4, 27, 105, 129
温饱经济 1, 105, 129

X

习惯法 1, 29, 43, 45, 46, 47, 48, 51, 95
习艺所 149, 150
下午茶 293, 294, 296, 318, 346
限奢法 56, 57, 62, 67
消费革命 280, 294
消费水平 1, 2, 3, 20, 53, 64, 65, 66, 67, 71, 77, 78, 79, 80, 134, 199, 222, 238, 317, 321, 323, 341
小康 1, 286
薪资劳动者 1, 257, 258
信用卡 251, 297
虚拟转让 97
学费 292, 301, 303
学徒 62, 69, 73, 74, 131, 132, 146, 148, 150, 155, 169, 170, 171, 198, 337

Y

烟草 168, 275, 292, 326, 345
养老 1, 2, 3, 6, 77, 82, 87, 89, 91, 92, 94, 95, 96, 97, 101, 102, 104, 200, 203, 204, 206, 207, 208, 209, 210, 211, 212, 213, 214, 216, 217, 218, 219, 220, 267, 269, 270, 271, 272, 273, 297, 313, 323, 326, 327, 328, 329, 330, 331, 332, 333, 334, 335, 336, 337, 338, 339, 341, 342, 343, 345, 346, 347, 348, 349, 350
养老金 1, 2, 94, 95, 203, 204, 210, 211, 212, 213, 216, 217, 218, 219, 270, 271, 272, 273, 297, 313, 323, 326, 327, 328, 329, 330, 331, 332, 333, 334, 335, 336, 337, 338, 339, 341, 342, 343, 346, 347, 348, 349
医生 58, 66, 67, 134, 157, 158, 159, 167, 168, 169, 171, 173, 174, 201, 207, 213, 254, 271, 281, 283, 284, 285, 288, 296, 301
医药费 169
预期寿命 83, 84, 85, 222, 275, 297, 326
约曼 56, 57, 58, 62, 63, 64, 67, 69, 125, 134, 158, 175, 179

Z

直接经营 14, 15, 16, 17, 36, 37, 46, 50, 51, 72
中产阶级 1, 2, 5, 6, 43, 53, 54, 55, 58, 59, 60, 62, 64, 65, 66, 68, 69, 70, 71, 104, 105, 123, 133, 152, 153, 154, 155, 156, 157, 158, 159, 160, 161, 162, 163, 164, 165, 166, 167, 168, 169, 170, 171, 172, 173, 174, 175, 176, 177, 183, 194, 198, 222, 233, 249, 257, 266, 267, 277, 279, 280, 281, 282, 283, 284, 285, 286, 287, 288, 289, 290, 291, 292, 293, 294, 295, 296, 297, 298, 299, 300, 301, 302, 303, 304, 317, 322, 350, 352, 353, 354, 355

专利 168, 224
庄仆 33, 71, 72, 73, 74, 75, 77, 78
庄园化 31, 32, 51
庄园习惯 46, 47, 48, 50
庄园账簿 14, 16, 17, 21, 76, 77, 78
庄园制 29, 36, 39, 40, 51, 62, 95

自营地 14, 15, 16, 17, 18, 20, 21, 25, 29, 30, 31, 32, 33, 34, 35, 36, 37, 38, 39, 40, 43, 45, 46, 47, 50, 51, 71, 72, 73
最低工资 2, 259, 260, 261, 262, 313, 321, 354